增訂三版

中國近代史

李雲漢　著

三民書局

國家圖書館出版品預行編目資料

中國近代史 / 李雲漢著. －－增訂三版三刷. －－臺北
市：三民，2018
面；　公分
參考書目：面
ISBN 978－957－14－4147－4　（平裝）
1.中國－歷史－近代(1600－　)

627

ⓒ　中國近代史

著 作 人	李雲漢
發 行 人	劉振強
著作財產權人	三民書局股份有限公司
發 行 所	三民書局股份有限公司
	地址　臺北市復興北路386號
	電話　(02)25006600
	郵撥帳號　0009998-5
門 市 部	(復北店)臺北市復興北路386號
	(重南店)臺北市重慶南路一段61號
出版日期	初版一刷　1986年3月
	增訂三版一刷　2014年1月
	增訂三版三刷　2018年1月
編 　 號	S 620140

行政院新聞局登記證局版臺業字第○二○○號

有著作權‧不准侵害

ISBN　978-957-14-4147-4　　（平裝）

http://www.sanmin.com.tw　三民網路書店

增訂三版序言

歷史的發展，有其一貫性、系統性，也有其階段性、地域性。就中國歷史之階段性而言，史家通常區分為上古、中古、近代及現代；其間上古、中古與近代的分際甚為明顯，近代與現代的時空背景則相連貫，精神及內涵亦相密接。著者於撰述本書之初，即決定連接近代、現代為一體，作綜合論述，初版〈弁言〉因謂本書「事實上是一部中國近三百年史」。

本書係中國近代通史，尊重傳統，採用中國紀年：清代部分用諸帝帝號及年分，中華民國部分則用中華民國年紀。惟涉及國際交涉事件、外交文書、戰爭及六十多年來臺海兩岸互動及交流紀事，則以括號互附中西年分，以便於各階層、各年次之廣大讀者閱讀。

本書初版於民國74年，敘事始自滿清建國至民國70年代。94年增訂二版，敘事延展至93年，迄今又過九個年頭。九年來，兩岸關係暨國際情勢均有重大變化，本書自應扣緊歷史發展腳步，為讀者提供適時適度之簡明正確史訊，因而作第三度增訂。增訂重點，在於第十二、十三兩章：第十二章係部分增刪，第十三章則依據最新史料，擴大論述範圍，然亦力求客觀，期能符合真、實、信、達、雅的史筆箴規。印校雖已極盡細慎，恐魯魚亥豕之誤，仍所難免，誠懇期盼各方讀者，隨時惠賜明教。

李雲漢識於臺北

中華民國 102 年 11 月

增訂二版序言

　　這冊《中國近代史》，係於民國74年（1985年）9月初版，迄今已十有九年。十九年來，臺海兩岸的變化都很大，過去隱而不彰的一些史事也由於史料的公佈，而真相大明，因而本書適時予以增訂，以適應史實的發展和讀者的需要。

　　本書增訂後，篇幅已由十二章擴展為十三章，章、節標題也略有改動。第十二、十三兩章全係新稿，其餘各章變動不大，只是把已發現的錯字改正過來，不必要的一些敬稱如「先生」等字樣也刪除了。增訂本計含一十三章，五十一節，一百九十五個子目。註釋文字為眉目清楚起見，採用了目前流行的書（篇）名號。附錄「中國近代史主要參考書目」，增列了近年來出版的數十種優良的傳記、年譜暨專題著述，著作人包括了大陸和海外的數位歷史學者。

　　求真、求實、求全、求信，是著者一貫的態度。增訂時雖再悉心校正，舛誤恐仍難免，敬請讀者隨時指正，萬分感謝。

李雲漢識於臺北木柵

中華民國93年7月24日

弁　言

　　這本書,始自滿清建國至民國70年代,事實上是一部中國近三百年史。不過,重點放在清中葉以後——即大變局的開端;對民國建國以後的政情演變,記述尤力求脈絡分明,完備詳確。

　　在內容與體裁上,著者想把學術專著的精審與大學教學用書的條理,結合為一。因此,本書有引述,有評論,有附註;章節安排上則又盡可能前後連貫,詳其當詳,略其可略。文字亦盡量求其流暢生動,但不失學術著作的莊重性,不作渲染。

　　本書分十二章,每章三至五節,每節又包含三至五個子目。總計十二章,四十九節,一百八十五個子目,逾五十萬言。章節及子目之標題,亦不同於同性質之其他著作,略具新意,自成一格。

　　書內未附照片與圖表,以免篇幅過度膨脹。書末附錄「中國近代史主要參考書目」一種,供有意作深入研究者之參考。這份書目,是經過一番選擇的,尤其是學術專著部分,取捨有一定標準。計選列二百種,希望每種參考書都能為讀者提供正確有用的觀念和知識。

　　本書撰寫時間,幾近四年。著者雖謹慎小心,多方研證,錯誤還是免不了的,敬請史界先進暨讀者諸君時予指正,俾於增訂時修改。

李雲漢

民國 74 年 5 月 18 日

中國近代史

目次

第三章　帝國主義合力侵逼下的民族危機

第六章　民國初年的政治與外交

第七章　新思潮的激盪

第九章　訓政時期的憂患與建設

第十章　艱苦卓絕的對日抗戰

第十一章 和談、行憲與戡亂

第十二章　臺海兩岸的對峙

第十三章　兩岸關係的演變與展望

第一章　大變局的開端

第一節　滿清帝國由盛而衰

一、清的建國與入關

清是滿人建立的朝代，故稱滿清。滿人屬於通古斯族 (Tungus)，乃東胡之支裔，古時叫肅慎，唐宋叫女真，於十二世紀時曾建國號曰金 (1116–1234)，成為宋代的強敵，後為蒙古人所滅。明代屬於建州衛，列為邊夷。雖也有時稱兵寇邊，但在明神宗萬曆 (1573–1619) 以前，並未構成明代嚴重的邊患。

明神宗萬曆四十四年 (1616)，滿人首領努爾哈赤 (1559–1626) 由於其祖父和父親被明兵殺害，決心叛明自立，建立了後金汗國，定都興京，改元天命，是為滿人在中國東北建國之始，亦即清的起源。努爾哈赤後來被尊稱為清太祖。

努爾哈赤確有一番雄心。他倣效明的衛所兵制建立了八旗兵制，有六萬人之多。明萬曆四十六年 (1618)，努爾哈赤以「七大恨」誓師討明❶，且旗開得勝，大敗明兵，趁機滅亡了受明保護的另一部落赫賴，並乘勝攻佔了遼東重鎮的開原、鐵嶺。數年後，又攻佔遼陽、瀋陽。明熹宗天啟五年 (1625)，後金汗國遷都瀋陽，並改名為盛京，儼然是遼東的新興大國了。

---

❶　七大恨是：「我祖宗與南朝看邊進貢，忠順已久，忽將我二祖無罪加誅，恨一。
　　我與北關同是外番，事一處二，恨二。漢人私出挖參，違約傷毀，勒要十夷償
　　命，恨三。北關與我，同是屬夷，衛彼拒我，畸輕畸重，恨四。北關老女改嫁
　　西虜，恨五。逼令退地，田禾丟棄，恨六。蕭伯芝大作威福，百般欺辱，恨七。」

努爾哈赤正想進一步的擴張，卻被明將袁崇煥所敗，受了傷，因而於天啟六年 (1626) 鬱鬱而死。

努爾哈赤死後，其子皇太極繼其位，改元天聰。皇太極是個有勇有謀的人，他暫時避免與明廷正面衝突，先集中兵力征服了朝鮮和察哈爾蒙古各部，然後以反間計讓明思宗崇禎帝「自壞長城」，誤殺守邊名將袁崇煥，於是再無與皇太極對抗的人。皇太極乃於明崇禎九年 (1636)，改國號為大清，改元為崇德元年，他就成為歷史上的清太宗。他一度有意與明廷言和，但不得要領。於是大舉進攻，連陷寧遠、錦州、杏山、松山等地，打通了進兵山海關的通道。又把明將洪承疇俘虜過去替他做領江帶路的人，真是躊躇滿志，眼看就要揮兵進關，卻沒有料到正當此際，皇太極忽然暴斃。這年是明崇禎十六年 (1643)，皇太極一共作了十七年的皇帝。

皇太極死後，由他年僅六歲的兒子福臨繼位，建年號為順治。順治帝年幼，當然不能理事，於是由他的叔父多爾袞來攝政，自稱為皇叔父攝政王。多爾袞自然也有入據中原的野心，碰巧這年——明崇禎十七年，清順治元年 (1644)，流寇李自成攻陷了明的京師北京，崇禎帝自縊身死，又逢到一個「衝冠一怒為紅顏」的山海關總兵吳三桂甘願降清，於是多爾袞統率下的清兵大舉入關，於崇禎十七年五月 (1644 年 6 月) 佔領北京，宣稱代明朝而有天下，是為滿清王朝統治中國的開端。

滿清入關，一時尚不能建立其全面的統治。蓋明廷的宗室和忠臣義士，陸續在江南登位拒清，輾轉奮戰至十八年之久 (1644–1662)，形成北清與南明對抗之局。明的宗室和後裔被擁立為王的，先後有五人：一是為鳳陽總督馬士英所立的福王 (由崧)，以南京為京師，但次年即被俘；一是張煌言等擁立於紹興的魯王 (以海)，稱為監國，甫一年，即被迫逃往海上，後死於金門；一為鄭芝龍所擁立於福州的唐王 (聿鍵)，亦不及一年，便因鄭芝龍降清而被俘遇害；還有一位是在廣州所立的紹武帝，亦係被俘而死；最後的一位也是支持南明殘局長達十六年之久的桂王 (由榔)，亦即永曆帝。他有瞿式耜等謀士，何騰蛟等戰將，一度擁有七省——廣東、廣西、雲南、貴州、江西、湖南、四川，但亦難逃失敗的命運——於順治十五年 (1658) 走

緬甸，旋由緬人送回，於順治十八年 (1661) 被處死。以上五人，史稱「南明五王」，福王、唐王、桂王勢力較大，又合稱為「明末三王」。

五王之外，尚有兩位忠肝義膽，矢志抗清的英雄。一位是孤忠耿耿，據揚州抗清而終以身殉的史可法，「揚州十日」的慘劇也就於此時發生。一位是大義滅親，收復臺灣以為抗清基地，支持至二十三年之久 (1661–1683) 的鄭成功 (1624–1662)。鄭本懷有雄圖壯舉之志，不幸早逝（死年僅三十九歲），子孫不賢，誠令人扼腕嘆息。

二、清的盛世──康雍乾三朝的經營

清入關後的第一個皇帝，是世祖順治帝。他雖是「開國之君」，卻無功績可言，因為六歲即位，十四歲才親政，後來又鬧不正常的戀愛，做了十八年皇帝，二十四歲就死了。蕭一山給他的論斷是：「在位十八年──其實只有十七年，多爾袞攝政八年，戀愛生活過了五年，中間五年，也還是小孩子，有什麼政治可說？」❷ 說真的，清入關後之能平定中國，實在是得力於明朝的降將降臣洪承疇、范文程、吳三桂、孔有德、耿仲明、尚可喜等人。

世祖死後，兒子玄燁繼位，改元康熙。他在位六十一年 (1662–1722)，是中國歷史上在位最久的少數君主之一，死後諡號聖祖。繼康熙帝踐祚者，為世宗雍正，在位十三年 (1723–1735)。接著是一位雄心勃勃的高宗乾隆，他在位六十年 (1736–1795)，文治武功，都燦然可觀。綜計康雍乾三帝共在位一百三十四年，恰巧是清代統治期限二百六十八年 (1644–1911) 的一半，歷史上稱之為清的盛世。三帝治術各有短長，一般的評論是：「聖祖主張寬和，世宗主張猛厲，高宗則折衷其間，寬猛並濟。寬和是德治，猛厲近於法治，寬猛相濟，近於文治。」❸

清廷於入主中國以前，即已採行漢化政策。入關以後，典章制度，大體沿襲明制。康熙帝即位後，更以崇儒為「最高的政治、文化指導方針。」❹

---

❷ 蕭一山，《中國近代史概要》（臺北：三民書局，民國 52 年），頁 29。

❸ 中國近代史教學研討會，《中國近代史》（臺北：幼獅書店，民國 56 年），頁 38。

❹ 呂士朋，〈清代的崇儒與漢化〉，見《國際漢學會議論文集》，頁 533–542。

故清初之建國規模，頗足稱述，即革命黨人亦不否認。蔣中正即曾指陳：
「滿清一代，論其建國規模的宏遠，政制法令的精密，猶能遠紹漢、唐的
餘緒，實可以超越宋、明，更為元代所不及。」❺

　　然而，滿清畢竟是「異族猾夏」的王朝，為了維持其長久的統治，對
內採取嚴厲的控制，以懷柔與高壓交互並用為手段，企圖消滅漢人的反滿
思想。對外則極力開拓，藉強大之聲威，以鞏固其在東亞大陸的宗主地位。

　　清的對內統治政策，主要者有五：其一，對反抗者採武力鎮壓與殘酷
屠殺手段，如「揚州十日」、「嘉定三屠」等是。❻其二，強令薙髮結辮，
改變漢人衣冠，即孔子後裔衍聖公亦不例外。多爾袞於順治二年 (1645) 發
布的薙髮令，有「遵依者為我國之民，遲疑者同逆命之寇，必置重罪」之
規定，已聞磨刀霍霍之聲。其三，立制命官，滿人優先，蒙人次之，漢人
雖亦有「定額保障」，如內閣大學士規定為「滿漢各二人」，但實權則在滿
人，形成「漢人做事，滿人掌權」的怪現象。其四，禁書、焚書、與文字
獄，以消滅漢人的民族思想。乾隆時，一次即焚毀對滿族或邊疆民族不利
的書籍 538 種，13862 部；至於文字獄，自順治九年至乾隆四十七年 (1652–
1782) 之一百三十年間，重要之文字獄凡三十一案，而以莊廷鑨案、戴名世
案、呂留良案、查嗣庭案為尤酷，莊案一案被殺者即達二百二十一人之多。❼
其五，則是開科考，編史書，以籠絡知識分子。碩儒如顧炎武、黃宗羲、
李二曲等雖寧死不入彀，但萬季野（斯同）卻真的入了史館，金人瑞（聖
嘆）則因不爽爽快快應召而見殺。關於清初諸帝處心積慮要消滅漢人民族
思想一節，孫中山曾有極為沉痛的說明：

　　　　在康熙、雍正時候，明朝遺民排滿之風還是很盛，所以康熙、雍正
　　　　時候便出了多少書，如《大義覺迷錄》等，說漢人不應該反對滿洲

---

❺　蔣中正，《中國之命運》（正中書局刊本），頁 16。

❻　詳甡民編，《滿夷猾夏始末記》，民國元年 (1912) 中華圖書局刊印。

❼　均詳《中華民國開國五十年文獻》，第 1 編，第 2 冊：《革命遠源》（民國 52 年
　　8 月版），頁 1–117。

人來做皇帝。他所持的理由，是說：「舜是東夷之人，文王是西夷之人，滿洲人雖是夷狄之人，還可以來做中國的皇帝。」由此便可見康熙、雍正還自認為滿洲人，還忠厚一點。到了乾隆時代，連滿漢兩個字都不准人提起了，把史書都要改過，凡是當中關於宋、元歷史的關係和明清歷史的關係，都通通刪去。所有關於記載滿洲、匈奴、韃靼的書，一概定為禁書，通通把他消滅，不准人藏，不准人看。因為當時違禁的書，經過了好幾次文字獄之後，中國的民族思想，保存文字裡頭的，便完全消滅了。❽

表面上，清廷的壓制政策成功了，漢人逐漸的忘卻了「亡國之痛」，有組織的反抗行動也都一一被鎮壓下來。可是進一步觀察，就會發現問題並非如此簡單，民族思想的種子仍然被祕密會黨保存下來。又如金之俊所建議而祕密流傳於民間的「十從十不從」，也還是孕育民族思想的根源啊。「十從十不從」的內容是：

　　男從女不從，生從死不從，陽從陰不從，官從隸不從，老從少不從，
　　儒從而釋道不從，娼從而優伶不從，仕宦從而婚姻不從，國號從而
　　官號不從，役稅從而言語文字不從。

清初諸帝的對外拓展，成績卻極為輝煌。清的武力係以八旗兵制為基礎，其人數在入關之後已達二十多萬。入關後又增加了綠營──即地方各省的武力，至康熙二十八年 (1689) 時，已近六十萬人。康雍乾三帝即以此項強大武力為憑藉，大肆致力於領土的拓展與經營，卒能建成一個版圖僅次於元代，號稱「已跨越四瀛之界，廣遠綿邈」的大清帝國。

史家每以乾隆時期 (1736–1795) 為清代的鼎盛時代，乾隆亦以「十全武功」自豪，實則就對外禦敵開疆的成就而言，康熙帝的貢獻實較乾隆帝為大。聖祖康熙，是個謹慎、勤勞而又實事求是的人，內亂未靖政權未臻穩

❽　孫文，《民族主義》第三講。

固之前，他不輕易對外開釁。及至平定三藩——平西王吳三桂、平南王尚可喜、靖南王耿精忠——之亂（康熙二十一年，1682），及收復臺灣（康熙二十二年，1683）之後，他就決心致力於邊事。他的第一目標，是解決歷時已達四十年之久的羅剎入侵問題——亦即東北邊境的俄患問題。經過七年（1683–1689）的策畫和行動，終於迫使俄人簽訂了中俄關係史上的第一個條約——《尼布楚條約》(Treaty of Nerchinsk)，使俄人自 1579 年（明神宗萬曆七年）越過烏拉山長驅東進以來，第一次受到武力的阻遏。

《尼布楚條約》簽訂於清康熙二十八年七月二十四日（西元 1689 年 9 月 7 日，俄曆則為 8 月 27 日），中國代表為索額圖、佟國綱，協助他們的是兩位傳教士，即法國的張誠 (Jean François Gerbillon) 和葡萄牙的徐日昇 (Thomas Pereira)，俄國的代表為果羅文（即費耀多羅，Feodore A. Golovin），條約僅有六條，其主要內容為劃界。第一、二兩條規定之中俄國界：

> 北以格爾畢齊河 (Gorbitza River) 及大興安嶺即外興安嶺為界，以至於海；嶺南屬中國，嶺北屬俄國。
> 西以額爾古納河 (Argun River) 為界；河南屬中國，河北屬俄國。

劃定國界之外，《尼布楚條約》並規定中俄和好通商：「以後一切行旅，有准令往來文票者，許其貿易不禁。」因而蔣廷黻說：「《尼布楚條約》，在我國方面，所注重的是劃界；在俄國方面，所注重的是通商。雙方均達到了目的，故此約得實行一百六十餘年。」蔣氏和大多數歷史學者一樣，認為《尼布楚條約》是中國和歐洲國家間所訂的第一個條約，且是一個平等的條約，它保障了中國「大東北」的自然界線，也維持了我國國防上的完整性。蔣廷黻認為中國當時能獲得這樣的成績，一方面係由於俄國的國力尚不強大，一方面則歸功於康熙帝的處置得當。他說：

> 吾國當時所以能得此成績，一則因為俄國彼時在遠東國力之不足，關於遠東地理知識之缺乏，及積極開拓疆土之不感需要，一則因為

康熙帝處置此事之得法，軍事上有充足的準備，而外交上又替俄國留了餘地。其結果不但保存了偌大的疆土，且康熙朝我國在外蒙古的軍事曾未一次受俄國的牽制。❾

誠然，康熙帝於尼布楚交涉中保全了東北疆土之外，還曾征服了準噶爾部，把外蒙收入版圖。這是康熙三十五年 (1696) 的事。二十四年之後——即康熙五十九年 (1720)，康熙帝又平定了西藏。❿武功而外，康熙帝時代的文治，也斐然可觀。蕭一山於列舉他獎勵文學、表章理學、編纂書籍、懲治貪污、南巡治河、蠲免賦稅等「勤政愛民」的政績外，曾讚揚「康熙帝是歷史上有數的君主，他的聰明、才幹、學力，都不亞於漢文帝、唐太宗。」⓫

康熙帝死 (1722) 後，他的第四子胤禛即位，這就是世宗雍正帝。他的政治作風，頗有法家明決精嚴的精神。有些事雖失之嚴苛，卻能矯正康熙帝晚年寬縱的毛病，政風為之一變。對外經營上，他有三點重要的貢獻：一是於雍正五年 (1727) 和俄人訂立了《恰克圖條約》，劃定了外蒙邊境的中俄國界，並使俄國的貿易正規化；⓬一是進一步平服藏亂，並設駐藏大臣於拉薩；一是採納雲貴總督鄂爾泰的建議，實行「改土歸流」，奠定了開闢西南苗疆的基礎。對內政務上，雍正帝的最大改革是設立軍機處，逐漸代替原來的內閣而為中央權力機構，中央集權的制度因而確立。至於他頒刊《大義覺迷錄》等書以及屢興文字獄，一以鞏固其滿清王朝的統治為著眼，於清為貢獻，於漢則為災難，因而他就逃不過民族革命倡導者的譴責了。

雍正帝在位十三年 (1723–1735)，忽然暴斃。他的寵兒弘曆即位，改元

---

❾　蔣廷黻，〈最近三百年東北外患史〉，見《清華學報》，8 卷 1 期。

❿　孟森，《清史講義》，上冊，（臺灣：新文豐出版公司印本），頁 216–232。

⓫　蕭一山，《清史》（中國文化學院刊本），頁 53–55。

⓬　《恰克圖條約》簽訂於清雍正五年九月七日，即西元 1727 年 10 月 21 日，共十一條。全文見蕭一山，《清代通史》，第 1 冊，（臺北：臺灣商務印書館，民國 42 年），頁 765–770。

乾隆，這就是盛清時代最著聲名的皇帝，清高宗。他確也是個有些才略，抱負不凡的人，無論在文治武功方面，都想出人頭地。文治方面，他開辦博學鴻詞科考，拔擢人才，又召用山林隱逸之士，舉辦千叟宴，敬老尊賢，自己也常賦詩填詞，附麗風雅。又曾下令編纂《四庫全書》，為皇皇巨帙。鼓勵屬下讀書，以去粗俗市井之氣。武功方面，乾隆帝自詡為「十全武功」，號稱為「十全老人」，他的「十全武功」是：

> 兩平準噶爾，一定回疆，兩掃金川，一靖臺灣，一降緬甸，一收安南，兩降廓爾喀。

不少史學家，對乾隆帝的「十全武功」都打個折扣。郭廷以認為這「十功」，「半數以上是將就了事」，❸蕭一山認為乾隆帝所誇耀的「十功」，「其實也是三朝積累的事業」，❹連孟森都認定如金川之戰之「預于十全武功之列，皆高宗之侈。」孟森並作如下之評論：

> 十全武功者，除準噶爾兩役，回部一役外，兩定金川為土司，一定臺灣為內地，緬甸安南各一役，廓爾喀兩役，為禦外，疆土無所增加，政教亦無所推展，皆不復及。❺

乾隆帝的「十功」中，就政治意義與國防意義而言，自以平定回疆——就是今天的新疆，為最艱苦，亦最重要。從乾隆二十年到二十四年 (1755–1759) 的四年間，乾隆先後派班第、兆惠等人率大軍轉戰於天山南北路，關疆兩萬餘里，自是「雖勞費而有所收穫」的大事。回疆平定後，乾隆帝令設參贊大臣於喀什噶爾，治理天山各城；又設辦事大臣和領隊大臣，管理軍事。兵威所及，蔥嶺以西各部落哈薩克、布魯特、浩罕、布哈爾、巴達

---

❸　郭廷以，《近代中國史綱》，頁 11。

❹　蕭一山，《清史》，頁 58。

❺　孟森，《清史講義》，上冊，頁 350。

克山、阿富汗等，均遣使入貢，中亞地區遂入於清廷的勢力範圍。

經過康、雍、乾三朝的開拓，盛清時代的疆域東起庫頁島，西逾巴達克山，北到外興安嶺，南達南海中的團沙群島。再加周圍的十幾個屬國，盛清幅員之廣，實已超越漢、唐，僅次於元代。由於盛清諸帝的開疆拓邊，各族內附，因而解決了歷代以來苦於應付的邊患問題，復經過清廷的統治和漢化，中華民族融和的基礎乃告奠立，這於整個民族的生存和發展自是重大的貢獻。

三、清的中衰

表面上看，乾隆一朝，為清運的鼎盛時期。實際上，清政由盛而衰的樞紐，也正是乾隆中葉以後。乾隆帝中年以後，犯了兩項嚴重的錯誤：一是好大喜功，習於驕奢，浪費了不少國帑，致使國力空虛；一是信任權臣和珅和庸將福康安，貪黷專橫，致使吏治敗壞，軍隊腐化，已經到了不可救藥的地步。

提到和珅，史家無不以他為清政敗壞的第一罪人。乾隆用他做了二十年的宰輔，他卻一直在聚斂自肥，貪贓枉法。嘉慶四年 (1799) 下令查抄他的家產，總值竟高達八萬萬兩之多，超過全國二十年歲收的半數。他的日常用具，都係金製，即金碗碟即達四千多件，生活的奢侈，超過皇帝。乾隆用和珅敗壞了政治，信任另一滿人福康安，又敗壞了軍事。蕭一山對福康安曾作痛快淋漓的批評：

> 福康安專征二十年，以外戚邀功，到處婪索財物，每天羅食珍異，並無勳績，但靡巨餉，軍紀為之蕩然，實是罪魁禍首；可是乾隆帝偏要信任他，據說他是帝之私生子，想藉此來封王的。積威至極，循私害公，政治軍事，焉得不壞？ ⑯

當然，乾隆末季，學術思想之沉浸於考據，人口增加而田畝不足的社

---

⑯ 蕭一山，《清史》，頁 81。

會現象，經濟與財政的空前危機，以及軍隊腐化與軍備廢弛等，也都是清政衰敗的原因。總之，乾隆末年，清廷的統治力已大為減弱，各地反抗清朝的行動也就接著發生了。乾隆三十九年 (1774)，山東人王倫以清水教為名，首先倡亂於臨清；四十六年 (1781)，甘肅回民馬明心又起兵造反；五十一年 (1786)，臺灣的林爽文揭出反清義旗，六十年 (1795)——也就是乾隆在位的最後一年，湘、黔一帶的苗民又發生了激變；乾隆未等敉平叛亂即宣布退位，由他的第十五子顒琰嗣皇帝位，是為清仁宗嘉慶帝。

嘉慶即位之初，即面臨著日趨嚴重的白蓮教教亂以及西南地區的苗亂。他初即位的前四年，和珅仍然用事，並不能自行作主。及乾隆帝於嘉慶四年死亡，嘉慶才下了決心，令褫和珅和福康安職務，並賜死和珅，朝野乃為之一振。嘉慶帝擢用傅鼐，得以敉平苗亂。然一波未平，一波又起，白蓮教、天地會到處煽亂，東南沿海海寇又復乘之，致嘉慶帝在位二十五年 (1796–1820)，沒有一天能安閒。及宣宗道光即位，除內部的紛亂外，又面臨著強大的外力壓迫，局面已是江河日下，民族的災難也就越來越嚴重了。

第二節　西力東侵

一、來自海上的西方商人和冒險家

中國與歐洲，自古以來即屬於兩個不同的世界：東方的中國世界與西方的歐洲世界。十五世紀以前，中國與歐洲雖也有若干次的接觸，但都是隨戰爭而起的陸上來往，而且都是間歇性的，構不成中西交通的正常管道。十五世紀初年——明永樂 (1403–1424)、宣德 (1425–1435) 間，鄭和的遠航海外，雖開啟了海上交通的新紀元，促成了中國與南洋各國的接觸，但卻未能對歐陸發生影響。❶ 及葡萄牙人於十五世紀末年開始向東方探險，狄亞士 (Bartolomew Diaz) 先於 1486 年 (明憲宗成化二十二年) 發現非洲南端的好望角 (Cape of Good Hope)，十二年後 (1498，明孝宗弘治十一年)，奧

---

❶　《明史》，卷304，〈鄭和傳〉。

斯達加馬 (Vasco da Gama) 繞經好望角航抵印度半島西南岸的古里 (Calieut)，歐亞間從此開了直接的新航路，中西情勢也就為之改觀。葡、西、荷、英等國的探險家、商人、傳教士，都在其政府的支持下，陸續東來，中國乃成為這些歐洲入侵者的最大目標，原來各自發展的兩個世界遂有了廣泛的接觸。

葡萄牙人是歐洲人向東方發展的先鋒。他們的遠征隊先後控制了紅海，奪取了波斯灣的忽魯模斯 (Hormuy)，遮斷了阿拉伯人海上的出路，進而於 1510 年（明武宗正德五年）擊敗了曾經壟斷歐亞間海上貿易達九個世紀之久的阿拉伯艦隊，佔領了印度西岸的臥亞 (Goa)，設立總督，開始了殖民統治。次年──明正德六年 (1511)，葡人的艦隊便攻佔了東印度群島海上咽喉的滿剌加 (Malacca)，已經侵犯到明代的勢力範圍以內了。

滿剌加在馬來亞的西岸，是明代的藩屬。葡人之侵佔滿剌加，等於向中國的明廷挑戰。滿剌加王也曾遣使向明廷報告，並請求援助。這是中葡間的第一次衝突，明廷如何來應付這次來自海上的侵略？說起來卻令人失望，神宗發一紙空洞的文書，要葡人「返其侵地」，葡人不理，明廷又詔令暹羅等鄰國以救災卹鄰之義，出兵救援，然無應者。❸ 這等於明廷坐視滿剌加滅亡而未能克盡宗主國的責任。葡人於是又繼續前進佔領了盛產香料的美洛居 (Moluccas)，並北上至廣東沿海，直接叩問中國的南大門了。

葡人首次到達廣東粵江口外，係在明正德九年 (1514)，這是歐洲人第一次由海道直達中國。葡人要求通商，不得門徑。兩年後 (1516)，二次前來，由斐斯特羅 (Rafael Perestrello) 率領，要求通市，仍不得要領。又過一年──正德十二年 (1517)，葡船隊第三次到達廣東東莞縣的屯門島，並打算長久居留，其首領為安德魯德 (Fernao Perez D'Andrade)，他的船隊中還包括有馬來船四艘。但他們的通商要求，一直沒有得到滿意的答覆。且於正德十六年至嘉靖二年 (1521–1523) 間與地方當局發生衝突，被逐出廣東。這是葡人東進後首次遭到挫折，也是中國與歐洲國家間的首次戰爭，明軍以逸待勞，獲得全勝。葡人在浙閩沿海，也同樣被逐。

❸　《明史》，卷 325，〈滿剌加傳〉，當時明人稱葡人為佛郎機 (Frangues)。

　　由於中葡的軍事衝突，明廷下令停止葡人的貿易，至嘉靖八年 (1529)，始由於巡撫林富的建議，明廷准許廣東重開對外貿易，於是葡人又隨南洋諸國商人再來廣東。這次葡人學乖了，一方面混在南洋「朝貢諸國」的行列中，裝得很恭順；一方面卻又向地方官吏行賄，於嘉靖十四年 (1535) 獲得寄泊澳門的許可；一方面又協助明廷進剿海盜，終於在嘉靖三十六年 (1557) 取得了與南洋諸國同樣的待遇。

　　葡人在中國獲得的最大成功，乃是租得澳門作為永久的居留地。嘉靖十四年初獲允許寄泊澳門時，每年須繳納「船課」二萬兩，且當時居住的地方，也只限於澳門半島的濠鏡。其後葡人越來越多，居住範圍越拓越廣，其他各國商人逐漸被排除，澳門遂為葡人所獨據，至嘉靖三十六年 (1557)，葡人已在澳門劃設租界，派官治理，澳門遂成為歐洲國家在中國租佔的第一塊土地，到明神宗萬曆四十二年 (1614)，明廷允許葡人長久在澳門住下去，不過海關和司法都還在中國人手裡。清光緒十三年 (1887) 以後，中國對澳門的主權才完全放棄了。

　　西班牙為葡萄牙惟一的陸上鄰國，也是葡萄牙海上霸權的最大競爭者。葡人發現了通往東方的新航路，西人亦同樣為追尋東方而發現了新大陸。當哥倫布 (Christopher Columbus, 1446–1506) 於明孝宗弘治五年 (1492) 開始西航時，即擁有西班牙當局致「契丹大可汗」（即中國皇帝）的國書。**⑲**只是哥倫布始終未能到達中國而已。麥哲倫 (Ferdinand Magellan, 1480–1521) 為葡人，但他的航海計畫卻得到西班牙王室的贊助。他自歐洲出發，經過南美洲，橫渡太平洋，於 1521 年（明武宗正德十六年）發現了菲律賓群島，其後西班牙人自中南美洲接踵而至，統治菲律賓達三個半世紀之久，直到 1898 年在美西戰爭中戰敗，其在菲律賓的統治地位，始由美國人取代。

　　西班牙人未到達菲律賓之前，中國福建一帶的商人即時常到菲島交易貨物，呂宋尤為中國商販聚集之地。及呂宋為西班牙人佔領，對中國商人而言自然是不利的，西班牙人對中國商人也心存疑忌。西班牙人係於明穆宗隆慶五年 (1571) 佔領呂宋，三年後——即明神宗萬曆二年 (1574)，即發

⑲　郭廷以，《近代中國史綱》，頁 18。

生了林鳳進擊呂宋的事。林鳳本為福建海盜，因受不了官軍的追剿，不能
在閩海立足，於是率領部眾四千餘人登陸呂宋，想從西班牙人手中搶得菲
律賓。次年 (1575)，林鳳失敗了。西班牙人因曾與福建官軍共同夾擊林鳳，
因乘機遣使福州要求互市，得到了許可。但到萬曆二十六年 (1598) 西人到
廣州請求通商時，卻被拒絕。

　　統治菲律賓的西班牙人，對在菲華人以及明廷，都不友好，甚至曾有
過以武力征服中國的主張。❷ 萬曆二十一年 (1593)，有一華人憤而將西班
牙的菲律賓總督刺殺，西班牙人遂大事報復，殺害華人甚多。萬曆三十年
(1602)，神宗聽人說呂宋盛產金銀，因令福建巡撫派人前往調查，西人懷疑
明廷將進攻呂宋，在菲華人將為內應，因於次年 (1603) 復大事慘殺華人，
被難者達二萬五千人之多。明廷雖移文數西人擅殺之罪，並令送死者妻子
回華，但西人不理，明廷亦無力討伐。❷

　　明熹宗天啟六年 (1626)，西班牙的菲律賓總督出兵臺灣北部，佔領基
隆。三年後──明崇禎二年 (1629)，西人復入淡水，築城守備，並設領事，
於是臺灣北部遂為西班牙人所據。❷ 直至崇禎十五年 (1642)，西班牙人始
被佔領臺灣南部的荷蘭人所逐，西人佔據臺灣北境已十有六年。❷

　　明崇禎十二年 (1639)，在呂宋的華人苦於西班牙人的苛捐雜稅，曾作
反抗，西人於是又殺害華人二萬餘人，是為西人在菲屠殺華人的第三次。
及清聖祖康熙二年 (1663)，鄭成功收復臺灣，並派神父李科羅至菲律賓，
要求西班牙當局向其納貢。西人不應，復作屠殺華人之舉。鄭成功曾計畫
出兵菲島討伐西班牙，不幸次年 (1664) 即齎志以歿，否則菲律賓的歷史將
是另一種局面。❷

　　繼葡、西兩國之後，浮海東來與中國接觸而引起衝突的歐洲國家，是

❷　同上。

❷　《明史》，卷 323，〈呂宋傳〉。

❷　連橫，《臺灣通史》，頁 10。

❷　同上，頁 13。

❷　同上，頁 26。

荷蘭，明人稱之為紅毛番。荷蘭的第一個目標，是東印度群島──即中國人所稱的南洋群島。荷蘭的商船係於明萬曆二十四年 (1596) 到達東印度群島，這時明廷在南洋已經喪失影響力，荷人並未遭遇任何抵抗。六年以後──萬曆三十年 (1602)，荷人組成了東印度公司，開始對南洋作大規模的經營，至萬曆四十七年 (1619)，荷人設置巴達維亞府 (Batavia)，為統治南洋的政治機構。三百三十年以後，南洋始得脫離荷蘭的統治，建立了獨立國印度尼西亞。

荷蘭人得志於南洋，卻失意於對中國的通商交涉。荷人初至廣州要求通商，係在萬曆三十二年 (1604)，但未得允許，向澳門要求交易，亦為葡人所拒。萬曆三十五年 (1607) 與天啟二年 (1622)，荷人兩度進攻澳門，但都被葡人擊退。荷人乃東向佔領澎湖，又犯福建沿海，但為明軍所敗，且被逐出澎湖。荷人遂入據臺灣南部，築赤嵌城 (Zeelandia)，作長久之計。崇禎十五年 (1642)，驅逐臺灣北部的西班牙人，荷人遂領有全臺。但二十年後──1662 年，在臺灣的荷蘭人遂不得不向鄭成功投降。自天啟四年 (1624) 荷人據臺以來，已歷三十八年，其設施亦頗有可取之處，故連橫曾作「荷人啟之，鄭氏作之」之讚語。

英國人之東進，在十六世紀末葉。時間上在葡、西、荷之後，聲威卻是後來居上。明神宗萬曆十六年 (1588)，新興的英國海軍戰敗了西班牙的無敵艦隊，於是直進印度，與法國抗衡。萬曆二十八年 (1600)，倫敦商人組織之東印度公司成立，並壓倒法國在印度的勢力，獨享印度的管理權與東方貿易的專利權，因此，東印度公司即被視為英國侵略東方的大本營。

英國企圖與明廷建立關係，始於萬曆二十四年 (1596) 英王伊麗莎白 (Elizabeth) 之致書明廷，請求通商。英王派多德雷 (Robert Dudley) 率三船來華送她給中國皇帝的信，但因途中受到西班牙的攻擊，又發生疫疾，致三船英人幾全部喪生，僅一人生還返英。[25] 又過了二十四年──至明光宗泰昌元年 (1620)，英船幽古倫 (Unicorn) 自爪哇航行日本途中，在澳門附近發生海難，華人予以救助並售予二船，方克繼續航行，這是英人來中國之始。

[25]　Hakluyt, Voyages, *Prarels and Discoveries of the English Nation*, III , p.372.

　　明崇禎八年 (1635)，英王查理一世 (Charles I) 頗有雄心，他投資一萬英
鎊為東印度公司股東，並授威忢 (John Weddell) 以代表職銜，於翌年 (1636)
三月率兵船五艘東來，到崇禎十年五月（1637 年 6 月），威忢的船隊已停
泊在澳門的外海。威忢初與澳門葡方聯絡，遭葡方杯葛，與廣東當局交涉，
亦不得要領。威忢乃率船強入珠江，引起了中英有史以來的第一次戰爭。
自六月到八月，先後發生衝突三次。英人憑其堅船利砲，轟毀了虎門砲臺，
中國水師船有三艘被擊沉。戰況雖對中國不利，但英船亦有後援不繼之虞。
於是在葡人的調停下，雙方妥協：英人向中國道歉，中國允英方在廣州購
貨。目的既達，威忢遂率船回國。這是中英通商之始，也是英國首次以武
力來叩擊中國的大門。這次衝突，也可視作是二百年後鴉片戰爭的基因之
一，因為英人在這次衝突中發現中國的積弱和混亂，覺得武力進攻是迫使
中國屈服的最佳手段。

二、西教和西學的傳入

　　文化交流乃人類社會的自然現象。只要機會到來，條件許可，各文化
集團就必然會相互衝擊，相互影響。中國與西方雖是兩個淵源不同，內涵
各異的文化體系，但歷史上也還是明顯的存在著中外文化交流的事實。梁
啟超、張蔭麟等人的著作中，均曾言及。❷⁶近人王懷中則更明確的指陳：
「秦漢而後，中國文化即曾不斷的接受外來的影響，也曾不斷的給予外國
文化以影響。」❷⁷王氏並將明代以前中外文化交流的過程分為三期：漢魏及
兩晉南北朝時期，佛教的傳入與發展，為第一期；隋、唐時代，西方宗教
的傳入與中國工藝的西傳，為第二期；元代蒙古的西征與馬可孛羅 (Marco
Polo) 等人的東來以及羅馬教廷與元的通使，則為第三期。❷⁸至明清之際，
由於新航路的發現和現代科學的萌芽，西教和西學便有計畫的陸續傳來，

---

❷⁶　梁啟超，《中國近三百年學術史》，頁 14；張蔭麟，〈明清之際西學輸入中國考
　　略〉，《清華學報》，1 卷 1 期，民國 13 年 6 月。

❷⁷　王懷中，《中西文化交流的序幕》（德育書局，民國 64 年），頁 2。

❷⁸　同上書，頁 2–5。

形成近代中西文化交流的一個新的高潮。

西教即基督教。基督教中的聶思脫利派 (The Nestorians) 於唐太宗貞觀九年 (635) 由大秦 (羅馬) 傳入中國,稱為景教。宋時的「一賜樂也教」(Israel),元時的「也里可溫教」,也都是基督教的分支,但在中國的勢力很小。明萬曆間 (1573–1619) 來到中國的傳教士,則是屬於基督教新興教派耶穌會 (Society of Jesuits)。

本來,基督教自十六世紀初年發生德人馬丁路得 (Martin Luther, 1483–1546) 倡導的改革運動後,即分為新教 (Protestantism) 和舊教 (Catholicism) 兩大派別,但無論新教、舊教,又都包含著許多小教派。耶穌會係屬於舊教中的改革派,係西班牙人羅育臘(原名為 Inigo Lopor de Recalde, 英譯為 St. Ignatius of Loyola)於 1539 年(明世宗嘉靖十八年)創立,教士們忠於羅馬的教皇,教規嚴密,以向外拓展其傳教事業為中心任務。史學家威爾斯 (H. G. Wells) 在其名著《世界史綱》中,即曾指陳:

> 此輩教徒(耶穌會)以其一身供教會之驅遣,中國明亡後基督教之復入,即係耶穌會教士之力,傳教於印度北美之教徒,亦以耶穌會中人為巨擘。❷❾

宗教改革的浪潮中,舊教亦即天主教所能保持的地盤,僅西班牙和意大利兩個半島。西班牙和葡萄牙兩國政府當時以保教衛道者自命,且正傾力發展其海外拓殖事業,自也樂於接受耶穌會的主張,有計畫的派遣耶穌會士遠涉重洋,去協助推行他們對殖民地的管理和教化。因此,當葡萄牙人佔領了印度西海岸,西班牙人統治了菲律賓之後,耶穌會教士們也就緊跟著航海探險隊和商人之後,湧向了東方——先到印度,再去中國和日本,而以中國為主要目標。

第一位懷著雄圖壯志前來東方的耶穌會士,應推西班牙籍的聖方濟各

---

❷❾ 威爾斯 (H. G. Wells) 著,金鑠增訂,《世界史綱》,(臺南: 人文出版社,民國 47 年),下冊,頁 652。

沙勿略 (St. Francis Xavier, 1506–1552)，他以羅馬教皇的任命，葡萄牙國王的支持，到東方來拓展並管理教務，先到印度，再去日本，最後決定前來中國。依據記載，沙勿略係於明世宗嘉靖三十一年 (1552) 到達中國，但他時運不佳，正逢明廷下令驅逐中國口岸的葡萄牙人出境，只准他們在廣東臺山附近海中的上川島上作暫時性的停留，以交換貨物。沙勿略因此只有在上川島上遙望中國大陸，無法實現其「前往中國京都」的宏願。同年十二月，沙勿略病死在上川島上。❸

　　沙勿略死後三十年內，又先後有五位耶穌會教士想進入中國。其中巴萊多 (Melehior Nunez Barreto) 於明世宗嘉靖三十四年 (1555) 曾在廣州居留兩個月，為第一位進入中國內地的耶穌會士。他的任務在營救被捕的葡人和教士出獄，任務完畢即離華赴日。❸一三年以後，另外的兩位耶穌會士：黎伯臘 (Jean-Baptiste Ribeyra) 及黎耶臘 (Pierre-Bonaventure Riera) 到了澳門，但未能獲准進入中國內地。繼之而來的是范禮安 (Alexandre Valignani)、羅明堅 (Michael Ruggieri) 和巴範濟 (Francisco Pasio)。范禮安曾在澳門召集教士討論進入中國內地傳教的策略，他們得到的結論是：教士欲進入中國，必須學習中國語文，並了解中國風俗和文化。羅明堅就在這一決定下，在澳門學會了流利的華語，他終於在明神宗萬曆十年 (1582)，獲准進入廣東的肇慶，成為在中國傳佈西教和西學的先鋒。

　　在中國傳布西教西學最成功的耶穌會教士，是意大利人利瑪竇 (Matteo Ricci, 1552–1610)。利氏畢業於羅馬學院，通哲學、法律、算術、地理、天文等學術，於萬曆十年 (1582) 來到澳門，次年抵達肇慶，他展出了隨身帶來的各種西洋科學器物：三稜鏡、日晷、自鳴鐘、宗教畫、書籍及一幅最受人注意的《坤輿全圖》。這年利瑪竇三十二歲，他恪遵范禮安在澳門所訂的原則，學華語，服華服，尊重中國文化習俗，而以科學新知和技藝為媒介，結交中國朝野人士。利瑪竇成功了，他於萬曆二十八年 (1600) 獲准進

---

❸　方豪，《中國天主教史人物傳》，第 1 冊，(香港：公教真理學會出版，1970)，頁 59–61。

❸一　楊森富，《中國基督教史》(臺北：臺灣商務印書館，民國 57 年)，頁 58。

入北京，明廷待之為上賓，閣臣兼名儒之徐光啟、李之藻等與之結為知交，利瑪竇的佈道事業乃日益拓展，他於萬曆三十八年 (1610) 病死時，中國的基督教徒約達二千五百人，他的墓地也是由明朝的萬曆帝所「欽賜」。

　　繼利瑪竇之後來華傳教的教士龍華民 (Nicolaus Longbardi)、羅如望 (Goannes de Rocha)、龐迪我 (Didacus Pantoja)、熊三拔 (Sabbathinus de Ursis)、陽瑪諾 (Emmanuel Diaz)、艾儒略 (Julius Aleni)、畢方濟 (Franciscus Sambiasi) 等，亦大體遵循利瑪竇的傳教路線，以傳授西學為贏取信任和尊重的利器。由於他們所著的書，「多為華人所未道」 ❸，又能切合當時的需要，於是講求西學之風日漸流行。至清初，且已達於「承學之士，蒸蒸嚮化，肩背相望」之盛境。 ❸

　　梁啟超說：「西學名目，實自耶穌教會入來所創始。」又謂：「明末清初那一點點科學萌芽，都是從耶穌會教士手中稗販進來。」 ❸ 這都是事實。其時所謂西學，就是傳教士們所介紹進來的天文、曆法、算學、輿圖、物理、火砲、水利、哲學等知識，也有少許西方的美術、建築、音樂和繪畫。教士們的職責是傳教，他們的實際作為卻像是文化使節，所以李敦仁 (Dun J. L.) 說：「在中國人的心目中，他們不僅是傳教士，更重要的，他們是科學家和機械師。」 ❸

　　明清之際，耶穌會士所著或翻譯的書，據統計，總共約有三三七種。有些是宣傳教義，有些是科學新知，即如利瑪竇的著作中，有《山海輿地全圖》、《幾何原本》、《測量法義》等科學入門書籍，更重要的則還是《天主實義》和《乾坤體義》等闡發教義的著作。這些書籍，自然大有助於中國朝野對於西方這個新世界的認識。同時，利瑪竇又將中國的四書譯為西文，比人金尼閣 (Nicolaus Trigault) 亦譯五經為拉丁文，這些譯書西傳後，自然也對西方學術發生若干程度的影響。

---

❸　《明史》，卷 326，〈意大利亞傳〉。

❸　《清史稿》，卷 115，〈疇人傳〉。

❸　梁啟超，《中國近三百年學術史》，頁 28–29。

❸　Dun J Li, *The Ageless Chinese*, pp.379–380.

三、清初禁教及其影響

明代末世，基督教的發展已獲得驚人的成就，郭廷以有一段話，說明當時的情形：

> 利瑪竇卒時，信徒約兩千五百人。三十年後，達十萬以上，而以崇禎朝 (1628-1644) 為最盛。徐光啟嘗向崇禎進天主之說，湯若望出入禁中，亦屢以為言，宮中立有教堂。一六三六至一六四〇年間，后妃入教者三人，宮女七十八人，內監四十人，皇室一百十四人，各省無不有教堂教徒。南明弘光及隆武曾遣耶穌會士赴澳門求兵，永曆為教徒瞿式耜（教名 Thomas）所擁立，皇太后、皇后、太子均受洗禮。 ❸❻

清於 1644 年入關。原來為明廷效力的耶穌會士轉而擁護滿清的新政權，因而清攝政王多爾袞甚感滿意。事實上清廷也需要耶穌會士在天文、曆法和火砲方面的知識，對於教士，不但不迫害，且加以保護。如曾為明廷設局造砲並精通天文曆法及光學的日耳曼人湯若望 (Jean Adam Schall Von Bell)，即被任命為新朝廷的欽天監正，且成為順治帝的寵臣。傳教事業也繼續發展，廣東一地就有教堂七所。康熙二年 (1663) 時，全國的教徒已近二十萬人。

順治十七年 (1660)，反對新曆法的楊光先上奏參劾湯若望，順治不聽。次年，順治死，康熙即位。康熙年少，輔臣鰲拜黨於楊光先，於康熙三年 (1664) 下湯若望於獄，是為清初發生的第一次曆獄，基督教人士稱之為教難。 ❸❼但康熙帝親政以後，不僅恢復了西洋教士原有的地位，且破格給予較順治時更優渥的待遇。他於康熙八年 (1669) 罷黜舊派的欽天監正楊光先，授比利時籍的南懷仁 (Ferdinand Verbiest) 為欽天監副，實際負責製曆。

---

❸❻　郭廷以，《近代中國史綱》，頁 28。

❸❼　楊森富，《中國基督教史》，頁 122。

南懷仁不負康熙帝期望，他建造了一所完備的天文臺，製成天體儀、地平儀等天文儀器數十種，並設廠鑄砲，協助平定三藩之亂，康熙帝因而對他優禮有加。看郭廷以的敘述：

> 他（南懷仁）是利瑪竇、湯若望之後的第三位傑出的耶穌會士。吳三桂亂起，南懷仁又奉命鑄砲，先後成六百八十尊。召見時賜坐、賜饌，禮遇之隆為滿、漢大臣所罕有。他歿於一六八八年，追贈禮部侍郎，予諡勤敏，派大臣致祭，此又為西人所未有過的殊榮。❸❽

康熙帝在位的前四十年 (1662–1702)，是在華耶穌會士的黃金時代。招納教徒的工作進行順利，康熙三十五年 (1696) 時，僅北京一地受洗者，即有六百三十人之多。東西的文化交流，也創下空前的記錄，張誠一次進京，就攜帶著天象儀器和書籍三十箱之多。康熙帝親自向南懷仁學習幾何、代數，並為世家子弟特別設立了算學館，選八旗子弟入學，學習算術、曆象及樂律。法籍的耶穌會士白進 (Joachim Bouvet) 等十數人，以十年的時間，測量繪製成一部中國有史以來的第一部地圖《皇輿全覽圖》，流行達二百年之久。這種情形如繼續發展下去，中西文化將可於此時合流，中國的近代化也將於此時開其端。

但是不幸的事件發生了。教士們由於教派的內訌，惹起了教皇的干預，於是發生了所謂「禮儀問題」——即是否准許教徒遵守中國傳統習俗敬祖祀天的問題。耶穌會派自利瑪竇以來，一直認為敬祖祀天與崇信天主並不衝突，後數十年進入中國的多明我會士 (Dominicans)、方濟各會士 (Franciscans) 則持相反意見，籲請教皇下令禁止耶穌會士所為。教皇格勒門十一世 (Clement XI) 先於康熙四十二年 (1703) 任命一位素不以耶穌會士為然的顏璫 (Caralus Maigrot) 為遠東主教，次年 (1704) 又制訂禁約，不准中國教徒祭祖、祭孔，並派遣一位完全不了解東方情形的多羅 (Carolus Thomas Maillard de Tournon) 為專使，東來執行。多羅於康熙四十四年 (1705) 到北京晉

---

❸❽ 郭廷以，《近代中國史綱》，頁 29。

見康熙帝。次年，顏璫又至。康熙本對彼等甚為禮遇，剴切說明中國政情及傳統禮俗。無如多羅、顏璫悍然不顧，於康熙四十六年 (1707) 公布教皇禁條而令各教士遵行，康熙帝乃不再容忍，傳諭在京西人：「今後如不遵利瑪竇的規矩，斷不准在中國住，必逐回去。」於是令將顏璫發往黑龍江，多羅押送澳門叫葡人看管。此為康熙帝的第一次禁教。十年以後——康熙五十七年 (1718)，教皇重申其禁令，並派主教嘉樂 (Carolus de Mezzabarba) 來中國交涉，不得要領。康熙帝乃於五十九年 (1720) 下諭：「以後不必西洋人在中國傳教，禁止可也，免得多事。」❸——這是康熙帝的第二次禁教。

世宗雍正即位時，由於內廷中的耶穌會士多同情於他的皇位爭奪者——皇八子允禩和皇九子允禟等人，葡籍教士穆敬遠 (Joannes Mourao) 尤為允禟所敬愛，雍正（胤禛）心懷怨恨，即位後即以閩浙總督覺羅滿保之奏請，頒令禁教。這次嚴格的多了，所有西洋人除在京效力人員外，一律送往澳門；各地天主堂，或被拆毀，或改為公廨、祠廟和義學；穆敬遠則被褫解京治罪。惟京師教堂存在如故，欽天監內的耶穌會士亦照舊供職。

高宗乾隆即位 (1736) 的前一年 (1735)，教皇下令停止耶穌會士的在華工作，教士們雖曾表示不滿，但亦無可如何。乾隆帝並未解除雍正的禁教令，且對教士的管理日趨嚴格。乾隆十一年 (1746)，下令福建、廣東兩省，不准行教開堂；其後三十年間，教士涉案被拘捕治罪者，時有所聞。惟乾隆帝亦重視教士們所傳入的西學，他留用了一群有特殊技能，但無政治野心的教士，其中以工於繪圖的意大利人郎世寧 (Joseph Castiglione) 為最知名，次為戴進賢 (Ignaz Kögler)、蔣友仁 (Michael Benoist)、艾啟蒙 (Ignatius Sichelbarth) 及王致誠 (J. Denis Affiret)。乾隆帝視西方的教士有如僕傭，可以各盡所長，亦可給予相當的尊重，但絕不能違背中國的道統和治統，否則從嚴論罪。他並嚴令旗人與漢人，不准信奉天主教，違者處以重刑。

經康、雍、乾三朝連續施行禁教措施後，西教在中國已是不絕如縷。西學本係隨西教而興，西教禁，西學當然衰。至嘉慶、道光之世，教士在華幾不能容身，欽天監內的西人，也逐漸減少以至於絕跡。

❸　《康熙與羅馬使節關係文書》，第 14 篇，（故宮博物院，民國 21 年影印本）。

　　史家對於清初諸帝的禁教，多致扼腕。認為西教與西學互為憑藉，西教既禁，西學亦必隨之而絕，以是禁教措施，無異自絕於西方文化。尤其是中國禁教後的一個世紀，為西方變化最大進步最快的時代，學術、政治、工業、運輸等，均發生了驚天動地的變動，尤其是科學發明和民主思潮，已把西方世界推送到一個新時代，而中國卻在同一時期內，故步自封，自絕於世，以致昧然不知世界大勢，造成了清末事事落後人人愚昧的現象，無力也無法與西方抗衡了。**❹**

　　這一論斷，自然是出之於真切而沉痛的愛國之忱。然認定清初之禁教為愚昧之舉，則亦有失其平。事實上，康熙帝之禁教，乃是對教皇無理干涉中國內政，漠視中國民族尊嚴的正當對策，如果照教皇的「禁約」行之中國，則中國教徒率皆成為數典忘祖之人，是教皇無異從文化上亡我中國，康熙帝如何能允諾？明末清初，教士尚保持不參與政爭的常軌，雍正帝即位前，教士們卻捲入了皇位繼承的宮廷之爭，公然與雍正帝立於反對立場，雍正帝如何不存銜恨之思！乾隆帝要求教權服屬於政權，教士與庶民平等，也是正當而且應當的事。所以禁教之舉，教皇與教士也得負大部分責任。清初諸帝的錯誤不在禁教，而在未將禁教與西學分開，亦即未能真正認識西學的重要與西方世界的真面貌。倘乾隆時代能認清時代，改變觀念，制訂正確的通商政策，加強中西學術文化的交流，則十九世紀中葉以後的危機或不致發生。

第三節　中西第一次交鋒──鴉片戰爭

一、戰前的中英關係

　　發生於清道光十九年至二十二年 (1839–1842) 之間的中英戰爭，中國人稱之為鴉片戰爭，英國人則稱之為通商戰爭 (Trade War)。事實上，兩方

---

❹ 中國近代史教學研討會，《中國近代史》(幼獅書店，民國 60 年 6 月)，頁 15–16；郭廷以，《近代中國史綱》，頁 35

面都有理由。戰爭的遠因，不能不說是英國向清廷要挾以平等的地位通商而未能達到目的，因而訴諸武力；戰爭的近因，則起因於林則徐 (1784–1850) 在廣州的強烈禁煙，立即危害到英國商人的地位以及作鴉片買賣的巨大利益。不管是由於通商交涉受挫，或是由於禁絕鴉片，這一場戰爭是不折不扣的中英交鋒——蔣廷黻稱之為「東西對打」，❹也是歐洲人的武力首次逼上國門，衰弱的清廷想做鴕鳥也做不成了。

　　要探究鴉片戰爭的遠因，不能不追溯一下戰前的中英關係。英國人的勢力來到中國，雖在葡、西、荷三國之後，但卻是「後來居上」，因為英國人的條件比葡、西、荷三國優，擴張的慾望更遠比三國強。說英國人的條件優，是因為英國為最早發生工業革命的國家，1815 年之後，英國的海權和工業都稱霸於世界，兩者又都是對外擴張的有力工具。說英國人的擴張慾望強，是因為英國人已超越了葡、荷等國的要求，於通商權利之外，更有意與中國建立起帶有近代意義的外交關係。可是清廷不明瞭世界大勢，不知道英國的虛實，也不想謀求較為合理的肆應，一意拒絕英國的要求，又沒有力量抵禦英國的武力，因而「人為刀俎我為魚肉」的悲劇遲早是會發生的！

　　史學家都承認，英國的第一個使華團——馬戛爾尼使團 (The Macartney Mission)——的成敗，是近代中英關係的重大關鍵。王曾才評述說：

　　　就中西關係與中國外交史的觀點而言，馬戛爾尼使團有其重大的意義。十八世紀下半期以後，以中國的「防堵」和西方的「擴張」為其特色的中西接觸，已面臨了最緊要的關頭。美國歷史學者普理查德 (Earl H. Pritchard) 因而稱一七五〇至一八〇〇年間的中英關係為「緊急的年頭」。❷

英國政府決定派遣馬戛爾尼使團來華，係在 1791 年（乾隆五十六年）

---

❹　蔣廷黻，《中國近代史大綱》，頁 20。

❷　王曾才，《中英外交史論集》（臺北：聯經出版事業公司，民國 68 年），頁 39。

12 月間，但這個使團到達中國的時候，已是 1793 年 8 月（乾隆五十八年六月末）。派遣使團的表面理由是為祝賀乾隆帝的大壽，**❸** 實際上的目的則在藉此使團以求打破中英間貿易的僵局，並建立領事級的關係，英國政府為了這一使團，煞費周章。選擇了一位有地位、有名望且極出色的外交官與殖民行政首長馬戛爾尼 (George Macartney) 為團長；**❹** 遴選了各有專長的八十三名文武官員（三十名文職人員，五十三名軍職人員）為團員，**❺** 並以機警老練的司當東 (George Leonard Staunton) 為「使團祕書」，賦以在大使死亡或喪失行為能力時代行大使職權的權力；攜帶了價值高達一萬五千六百一十鎊的禮物——包裝成六百箱，後來用九十輛大車，四十輛單輪手推車，二百匹馬和三千名苦力運抵北京；英國海軍部並特別指派裝有六十四門砲的「雄獅」號 (Lion) 兵艦為馬戛爾尼的座艦，東印度公司除負擔使團全部費用外，並另派兩船專程運送大使的隨員和禮品——馬戛爾尼於出發前觀見英王喬治三世時行了吻手禮，並宣誓就任為英國的樞密大臣。這一切措施，表明了英國對馬戛爾尼這次使華任務的重視。平心而論，英

❸ 使團初以慶賀乾隆帝八十大壽為由，惟未料及抵達中國時乾隆八十壽誕已過，故馬戛爾尼帶來英國國王喬治三世的賀函中，寫的是祝賀乾隆帝八秩晉三壽誕。

❹ 馬戛爾尼，於 1737 年出生於愛爾蘭，曾任英國駐俄公使 (1764–1767)、愛爾蘭行政大臣 (1769–1772)、西印度石榴島 (Grenada) 總督 (1775–1779)、聖喬治堡（印度馬德拉斯）總督 (1780–1786) 等職。亦曾出任過國會議員。1764 年受封為爵士，1774 年受封為利散諾爾男爵 (Baron of Lissanoure)，1792 年使華以後受封為子爵 (Viscount Marcartney of Deroock)，1794 年復受封為伯爵 (Earl of Marcartney)，皆屬愛爾蘭貴族。1806 年去世。羅賓士 (Helen H. Robbins) 著有《我們的首任華使》(*Our First Ambassador to China*, London, 1908) 一書，述其使華經過。王曾才撰有〈馬戛爾尼使團評述〉專文，見王著《中英外交史論集》，頁 17–40。

❺ 文職人員計為大使一人，祕書一人，副祕書二人，翻譯官二人，主計官二人，外科醫生一人，科學師一人，機匠師一人，畫師兼製圖員一人，技師三人（冶金、紡織、製陶各一人），僕役十人，樂師六人（文職人員最後又加一人，為三十一人）；軍職人員包括三十五名輕裝備步兵，十五名砲兵和三名軍官。

國當時是以東方大國的地位來看待中國的。

馬戛爾尼使團於 1792 年 9 月 26 日出航東來，經過將近十一個月的航行，於 1793 年 8 月 5 日（乾隆五十八年六月二十九日）到達中國北方的大沽，六天後到達天津。清廷派直隸總督梁肯堂迎接馬戛爾尼，告訴他乾隆皇帝現在熱河，要他去熱河覲見。馬戛爾尼於 9 月 2 日（農曆七月二十七日）到達熱河，卻由於禮儀問題使他大感為難。清廷要他覲見乾隆帝時行跪拜禮，馬戛爾尼卻以英國並非中國藩屬，執意不肯。後來雖然商定了一個折衷辦法——覲見時用英國禮節，屈一膝，但略去吻手禮，使問題獲得解決，馬戛爾尼也被安排在 9 月 14 日（八月初十）的早晨，在熱河萬樹園正式覲見了乾隆皇帝，並呈遞了國書，❹以後又曾見過乾隆兩三次，但由於清廷不願和他多談兩國間的問題，只希望他們早日離去，免得生事，馬戛爾尼的使華任務註定是要失敗了。

除呈遞國書外，馬戛爾尼並曾向清軍機大臣和珅以書面提出六項要求：㈠准許英商至舟山、寧波、天津等地貿易；㈡英商得仿俄例，於京師設一商館，收儲貨物發賣；㈢給予舟山附近無城砦小海島一處，為英國居留儲貨之所；㈣在廣州給予類似權利；㈤英商得在廣州、澳門由內河運輸貨物，請予免稅或減稅；㈥粵海關正稅以外各種規費悉予免除，並頒給關稅額例，以資存查。❹這六項要求，仍不出商業範圍，但只是要求英國方面的權利，卻未提到英商應盡的義務。清廷既決定不和英國有官方來往，認定「派一爾國之人，住居天朝，照管爾國買賣一節，此則與天朝體制不合，斷不可行。」❹因此馬戛爾尼的最後要求也被擱置了。

馬戛爾尼的使華任務失敗了。他率團於 1794 年 1 月 10 日（乾隆五十八年十二月九日）離開中國，同年 9 月 5 日回到了英國。馬戛爾尼在自熱

---

❹ 秦仲龢編譯，《英使謁見乾隆紀實》（臺北：文海出版社，影印本），頁 143。

❹ 郭廷以，《近代中國史》，第 1 冊，頁 243；王曾才，《中英外交史論集》，頁 34-35。

❹ 乾隆五十八年八月十九日（1793 年 9 月 23 日）敕諭，見王氏《東華錄》，〈乾隆朝〉，頁 118。

河至廣州的旅程中，曾以悒悒心情觀察中國的事物，他看穿了中國的積弱，他甚至一度有用武力迫使中國就範的想法，後來怕惹起俄國乘虛而入，因而作罷。⁴⁹馬氏和他的祕書司當東都寫下了記述此次使華過程的書，也促使英國人對於這個古怪的東方大國發生覬覦的野心。

馬戛爾尼使華的失敗，對英國政府自然也是一個刺激。但當時英國正捲入歐陸反拿破崙 (Napoléon) 的戰爭，無暇他顧，因而未能即時有所行動。中國也於 1795 年更換了皇帝：乾隆帝於做滿六十年的皇帝後退位，兒子顒琰於 1796 年即位，改元嘉慶，是為仁宗。嘉慶十三年 (1808) 的時候，英法戰爭曾一度波及於中國——英軍恐法軍奪取澳門，乃先發制人，強行登陸，欲圖永久佔領。兩廣總督吳熊光也不甘示弱，他於勸告英人撤退不遂後，即斷然下令封艙，斷絕對英貿易，英艦亦進駐虎門、黃埔，戰端一觸即發。最後由於外商的調停，英人始行離去。不消說，中英雙方面的感情是越來越壞了。

滑鐵盧 (Waterloo) 一役，拿破崙一敗塗地。英國在 1814 至 1815 年召開的維也納會議 (Congress of Vienna) 中，正式吞併了戰時佔有的海外領土，成為執世界牛耳的強國，於是再度注意到中國的問題。因而在 1816 年（清嘉慶二十一年），英國又派出了第二次的使華團，即亞美士德 (Lord Amherst) 的使華。亞氏所受的訓令和馬戛爾尼使華時的要求差不太多，只是更強調要在北京派駐使節，英國外相卡斯壘 (Lord Castlereagh) 更視之為當務之急。⁵⁰亞美士德的命運比馬戛爾尼更糟，他到中國時，清廷仍視之為「英吉利國遣使入貢」，強迫他行三跪九叩之禮，他不肯遵從，因而沒有見到嘉慶帝的面就被斥為「狡詐無禮」，下令「將該貢使等即日遣回」。嘉慶帝且嚴令沿海各省：「此後如有英吉利國夷船駛近海口，即行驅逐，不許寄碇停泊，亦不准其一人登岸。」⁵¹

---

⁴⁹ 王曾才，《中英外交史論集》，頁 40；秦仲龢，《英使謁見乾隆記實》，頁 2。

⁵⁰ 王曾才，《中英外交史論集》，頁 44。

⁵¹ 〈清軍機處字寄沿海各督撫上諭〉，嘉慶二十一年七月初八日（1816 年 8 月 30 日），見《中華民國開國五十年文獻》，第 1 編，第 3 冊：《列強侵略》，頁 486。

英國兩次遣使來華交涉，毫無成就可言，清廷的大門關得反倒更緊了。英國人已知道和平交涉的路走不通，必須想別的辦法。他們決定暫時中止北京駐使的要求，而以在廣東建立其官方關係為起點。1834 年（清道光十四年），英國政府廢止東印度公司在中國的商業專利權，由政府直接介入對華貿易事務後，兩國間的衝突也就在所難免了。

英國政府於 1834 年新派了一位駐中國的商務監督 (Chief Superintendent of the British Trade in China)，這人就是貴族出身曾任上議院議員的律勞卑 (William John Lord Napier)。他認為他是在華英僑的保護者和商業活動的監督者，同時也是英國政府的代表。帶了英國政府的訓令，趾高氣揚的來到廣州，要以完全平等的地位與中國兩廣當局建立官方的關係。但是兩廣總督盧坤仍把律勞卑視作是東印度公司派來的「大班」(chief manager)，既退還了律勞卑直接送來的國書，又要律勞卑離開廣州退居澳門。在盧坤看來，律勞卑不依舊章由行商轉呈「陳稟」且擅行前來廣州要求面謁，是違背中國「國體」的事，「未便稍涉遷就」。律勞卑表示不能接受盧坤的要求離去廣州，盧坤就下令「封艙」，停止對「夷館」的一切供應和交易。律勞卑也不甘示弱，下令停泊外海的英艦兩艘突入虎門，砲轟要塞，進抵黃埔。這是 1834 年（道光十四年）9 月間的事，歷史上稱之為「律勞卑事件」。

律勞卑的命運不算好。他雖有心以武力解決問題，但卻染了病，且外商認為他的鹵莽行動破壞了他們的商業利益，於是嘖有煩言。律勞卑最後還是忍氣吞聲的離去廣州，想回到澳門後計畫再「捲土重來」，但回到澳門才不過半個月，就病死了。

「律勞卑事件」過後，英艦撤退，盧坤也下令「開艙」。其後繼任的商務監督德庇時 (John Francis Davis) 和羅賓遜 (George Best Robinson)，暫時採取了「緘默政策」(Quiescent Policy)，才又維持了兩年多的安定。到 1836 年（道光十六年）12 月，義律 (Capt. Charles Elliot) 到廣州來接任商務監督後，情勢就又變得緊張。這時盧坤已死，繼任為粵督的人是遠比盧坤懦弱的鄧廷楨。及至林則徐於道光十八年 (1838) 以欽差大臣身分來廣東禁煙，義律決定與其對抗，調來了英國東印度艦隊的兩艘軍艦，中英間的戰爭就

無法避免了。

二、禁煙問題與中英開戰

鴉片 (opium) 之傳入中國，始自唐代。當時僅係用作藥材，用以治療痢疾、肚痛等病症。明以後有人拿來做煙吸，稱之為鴉片煙，其效果為刺激神經，使人興奮。如吸食過度，久而成癮，則可造成神經衰弱，體力不支，構成個人及社會的嚴重災害。惟當年輸入量不多，尚未形成大害。及英國統治印度後，在印度有計畫的獎勵種植鴉片，並由東印度公司統制向中國運銷，輸入量乃漸增。1773 年（清乾隆三十八年），東印度公司取得孟加拉灣一帶之鴉片專賣權後，鴉片之輸入便成為中英間的一個爭論的問題。英國人一心一意想作鴉片買賣，賺大錢，不管道德不道德，人道不人道；中國人雖明知有害，但禁之無力，希望英國能約制其商人，英國人又不理會，於是對英國人自然而然就更加深了惡感。直到一個半世紀後的今天，一位歷史學者於述及鴉片戰爭時，仍憤憤而言：

> 英國是有史以來最大的鴉片走私國。它至遲在十八世紀中葉，已知曉利用鴉片買賣，是對中國最好的經濟侵略方式。……東印度公司雖持有英國政府的特許狀，仍只算是民間的企業組織，為了追求私利，不顧名譽，在重商的英國人來說，乃是當然的事。❷

清廷亦並非不知鴉片之為害，雍正七年 (1729)，乾隆四十五年 (1780)，嘉慶元年 (1796)、四年 (1799)、二十二年 (1817)，均曾下令禁止鴉片煙的吸食、販賣和種植，但效果不彰。道光帝即位 (1821) 後，再嚴申禁令，但禁者自禁，鴉片不但銷售如故，反而數量愈來愈多。請看徐頌周的統計：

> 嘉慶二十一年 (1816)，就有（鴉片年輸入量）三二一〇箱。其後逐年增加，道光元年至八年 (1821 至 1828) 增至九千餘箱；九年至十

---

❷ 段昌國，《中國近代史》（大中國圖書公司，民國 64 年 9 月），頁 31–33。

五年（1829 至 1835），竟增至一萬八千箱；至道光十六年 (1836)，竟高達二七、一一一箱。短短二十年之間，增加將近九倍之多。❸

　　鴉片輸入量激增的數字相當驚人，到道光十九年 (1839) 即戰爭爆發之年，已達五萬箱左右。面臨這一空前嚴重的災害，朝廷和權臣們也在討論防制禍患的辦法。他們的意見大抵分為兩派：一派主張既然「禁不勝禁」，乾脆就「弛禁」，這是兩廣總督盧坤和太常寺少卿許乃濟的主張。盧坤未敢明白主張「弛禁」，許乃濟卻於道光十六年 (1836) 向清廷上了一道奏摺，建議准許鴉片進口，惟課以重稅；准許一般人民吸食並准許內地種植，以國貨來抵制外貨。這種甘冒天下之大不韙的建議，當然不可能被採納，而且引起了強烈的反對。道光十八年 (1838)，任職為鴻臚寺卿的黃爵滋給道光帝上了一封奏摺，大聲疾呼的主張嚴禁，是為「嚴禁論」的代表性主張。黃在奏摺中，首先說明因鴉片氾濫所造成的國家財政上的重大損失：

> 自道光三年至十一年，歲漏銀一千七百萬兩；自十一年至十四年，歲漏銀二千餘萬兩；自十四年至今，漸漏至三千萬兩之多。此外福建、江、浙、山東、天津各海口，合之亦數千萬兩。以中國有用之財，填海外無窮之壑。易此害人之物，漸成病國之憂。日復一日，年復一年，臣不知伊於胡底。❹

他接著提出嚴禁鴉片的辦法，主張嚴法峻刑，吸食者應治以死罪：

> 臣請皇上嚴降諭旨，自今年某月日起，至明年某月日止，准給一年期限戒煙，雖至大之癮，未有不能斷絕。若一年之後，仍然吸食，是不奉法之亂民，置之重刑，無不平允。查舊例：吸食鴉片者，罪

---

❸　徐頌周，〈鴉片輸入中國考〉，見《中國近代史論叢》，第 1 輯，第 3 冊，頁 158。
❹　黃爵滋，〈請嚴塞漏卮以培國本摺〉，清道光十八年閏四月初十日（1838 年 5 月 3 日）。

僅枷杖。其不指出興販者，罪杖一百，徒三年；然皆係活罪。斷癮
之苦，甚於枷杖與徒，故甘犯明刑，不肯斷絕。若罪以死論，是臨
刑之慘急，更苦於斷癮之苟延。臣知其情願絕癮而死於家，必不願
受刑而死於市。推皇上明慎用刑之意，誠恐立法稍嚴，互相告訐，
必至波及無辜。然吸食鴉片者，有癮，到官熬審，立刻可辨；如非
吸食之人，雖大怨深仇，不能誣枉良善。果係吸食，究亦無從掩飾，
故雖用重刑，並無流弊。 ❺❺

　　道光帝本身對於鴉片是很痛心的，為了鄭重，他下令要各省督撫表示
意見。覆奏的回文有二十餘件，除了直隸總督琦善外，其餘都贊成禁煙，
湖廣（即兩湖）總督林則徐的態度尤為激昂，其辦法亦最為徹底。道光帝
終於下定了決心，要把吸食鴉片和販賣者完全禁止。他於道光十八年十一
月（1838 年 12 月）令派林則徐為欽差大臣，馳赴廣東去主持禁煙。這位
林欽差 (Commissioner Lin) 一時成為中外所注目的風雲人物。
　　這位福建侯官籍，進士出身，年屆五十四歲的林則徐，確是位相當有
遠見、有魄力的官員。他於道光十九年正月二十五日（1839 年 3 月 10 日），
到達廣州。一個星期後，就開始了禁烟的實際行動。他通知在廣州的外商
──主要是英國販運鴉片的商人，要做兩件事：一是趕快把現存的鴉片煙
全數繳出來；一是出具甘結，保證以後不再販運鴉片來華，否則一經查出，
「貨盡沒官，人即正法」。他是以雷厲風行的手段執行他的命令，外商初尚
猶豫，林即以斷絕食品、僕役等供應，並封閉港口以威逼之。英國的商務
監督義律毫無辦法，不得不將外商的鴉片煙繳出來，總共是兩萬零二百八
十三箱。林則徐命令把這些煙土悉數燒毀，他的第一個目標達到了。可是
要外商出具甘結的事卻遭到阻礙。義律不同意作此保證，他一面將廣州英
商撤往澳門，斷絕貿易，一面將他們在廣州的遭遇報告英國政府，請求採
取保護措施。同時，英國的軍艦也開始在海面尋釁。林則徐也知道英國人
還會再來，因此也開始加強廣州的城防和虎門要塞的防備，並號召廣東人

────────────
❺❺　同上。

民準備共同抵抗英人可能的入侵!

1839 年的 7 月 7 日發生的「林維喜事件」，使局勢更加惡化。林維喜，是九龍的一個村民，被酗酒的英國水兵打死。林則徐要求英方交出兇手，義律拒絕，林則徐遂帶兵至澳門要求葡人驅逐英商，致有英人五十七家搬至船上，林則徐又命令沿海居民不予接濟。義律氣急敗壞，遂於 8 月 31 日率艦砲轟九龍的水師船隻，造成了中國水兵二死六傷的損失。11 月 3 日，中英海艦又在九龍附近的穿鼻海面發生衝突，這就是「穿鼻之役」，揭開了中英鴉片戰爭的序幕。

三、戰爭的經過

雖然義律被林則徐所困，而又不斷發生海面上的衝突，但是否發展為中英間的全面戰爭，關鍵還在英國政府。因為林則徐的佈置僅在防敵而已，他沒有計畫也沒有力量主動出擊，清廷也沒有向英國叫戰的勇氣。這時的英國，正值維多利亞女王 (Queen Victoria) 統治時代，首相是保守黨 (Tory) 的格雷 (Grey)，外相則是被蔣廷黻指為「有名的好大喜功的帝國主義者」的巴麥尊 (Lord Palmerston)。❺❻由於英國政府連續接到義律的請援報告和英國商人請求保護的請願書，於是就向國會提出了出兵中國的提案。林則徐雖也有照會給英國政府說明他的立場，但一點也不會發生作用。

英國國會於討論出兵案時，有不少議員認為因強售鴉片而對中國用兵，是很不名譽的事；贊成出兵的人則認為英國的名譽已受損害，必須對中國作報復性的討伐。經過激烈的辯論後，始於 1840 年 4 月以二百七十一票對二百六十二票之九票之差的多數，通過了出兵案，決定派遣所謂「東方遠征軍」(Eastern Expeditionary Forces) 東來，並調任好望角英軍司令海軍提督喬治懿律 (George Elliot) 為統帥，授以全權公使銜，指揮著英國印度洋艦隊司令伯麥 (Sir James John Gordon Bremer) 統率下的海軍，和陸軍統帶布爾利上校 (Colonel Burrell) 統率的陸軍，於 1840 年 6 月中旬（道光二十年五月中旬）陸續來到了廣東海面。

❺❻ 蔣廷黻，《中國近代史大綱》，頁 23。

　　林則徐在廣東沿海加強戒備，是預料到英國的艦隊會以廣東為進攻目標。但這一著料錯了，懿律依據英國政府的訓令，是僅與廣東當局照會一下，接著封鎖廣州，然後率艦隊北上，要和清廷直接打打交道。懿律的艦隊遵海北航，未遇抵抗，於是佔領舟山，直抵大沽，威逼天津。清廷這才慌了手腳，派直隸總督琦善到大沽去和英方會商，這就是道光二十年八月四日（1840 年 8 月 30 日）的「大沽會議」。懿律提出了英國外相巴麥尊致「中國皇相」的一封公文書 (Palmerston's Letter to the Minister of the Chinese Emperor)，❺❼ 提出了償還被沒收的鴉片，給英國官員以文明待遇，償還商欠，讓一個或數個島嶼給英國永久使用，賠償戰費等五項要求。❺❽ 由於英國的公文書中有一句 "to demand from the Emperor satisfaction and redress" 的話，翻譯的人譯為「求討皇帝昭雪伸冤」，清廷就誤認懿律率船北來是為了「告御狀」，認為這是林則徐「措置失當」而惹來的麻煩，因此一方面下令處分林則徐，一方面又勸說懿律回到廣東去和清廷的新任欽差大臣交涉。奇怪的是，懿律居然答應了，英艦又回到了廣東，清廷新派前來交涉的欽差大臣就是琦善。

　　這位琦善，蔣廷黻說「可說是中國近九十年大變局中的第一任外交總長」，❺❾ 但就他到粵後辦理交涉的情形看，卻不是懿律的對手。懿律提出賠款開港和割讓香港的條件，琦善不敢答應，也不敢對清廷報告，一味蒙混拖延。懿律不耐煩了，乾脆突擊沙角、大角砲臺，英軍以「四十人受傷」的輕微代價，換得中國軍隊七百多人的傷亡。❻⓪ 這迫得琦善不能不立即言和，於 1841 年 1 月 20 日和懿律簽訂了《穿鼻草約》，其要點是：

　㈠割讓香港，中國仍可在此徵稅。

---

❺❼　Arthur Waley, *The Opium War Through Chinese Eyes* (Stanford University Press, 1958), p.245.

❺❽　《中華民國開國五十年文獻》，第 1 編，第 4 冊：《列強侵略》，頁 5–6、21–51。

❺❾　蔣廷黻，〈琦善與鴉片戰爭〉，見《清華學報》，6 卷 3 期。

❻⓪　依《東華續錄》，清軍傷亡將弁四十四員，兵丁七百十八名，共為七百六十二人。

㈡賠償六百萬元。

㈢兩國文書平行。

㈣恢復商務。

㈤釋放浙江所俘英人。

㈥英軍退出所佔砲臺，交還定海。**❻¹**

如果這個《穿鼻草約》，能為中英兩國政府接受，鴉片戰爭就算告一段落。無如雙方政府均不滿意。清廷斥琦善「無能不堪之至」，撤職查辦，另派御前領侍衛大臣奕山為靖逆將軍，戶部尚書隆文及湖南提督楊芳為參贊大臣，率兵前往廣東「剿辦」。英國政府亦認為懿律的態度不夠嚴峻，兵力也不足，於是改派樸鼎查 (Sir Henry Pottinger) 為全權，率陸海軍東來。於是鴉片戰爭進入了第二個階段，英軍一方面在廣州迫奕山作了「城下之盟」，一方面發動第二次「北征」，再陷定海、鎮海、乍浦、寧波，直攻淞滬，深入長江，於道光二十二年六月初三（1842 年 7 月 21 日）攻佔鎮江，威脅南京。到了這個時候，清廷就不能不認輸，趕快命兩江總督牛鑑，以欽差大臣在浙江督辦洋務的耆英以及乍浦副都督伊里布，往見樸鼎查請和。這三位清廷的宗室重臣對於英人所開的條款，只有「一切如命」而已。清道光二十二年七月二十四日（1842 年 8 月 29 日），耆英、伊里布、牛鑑三人在樸鼎查的旗艦「皋華麗號」(Cornwallis) 上，共同簽字於無異於城下之盟的《南京條約》——中國近代訂立的第一個不平等條約，也是清廷入關以來首次遭受到戰敗求和的奇恥大辱，中華民族的危難時代已經開始了。

四、《南京條約》與耆英外交

《中英南京條約》的條文，計一十三條。**❻²**其要點有七：

㈠開廣州、福州、廈門、寧波、上海為通商口岸，英國得設置領事，

---

❻¹　Morse, *The International Relations of the Chinese Empire*, I, p. 271.

❻²　《南京條約》全文見《道光朝籌辦夷務始末》，卷 59，頁 43–46；英文條文見 Treaties, Conuentions, etc., *Between China and Foreign States*, I (Shanghai, 1917), pp. 351–356.

專理商務。（第二條）

㈡割讓香港給英國。（第三條）

㈢中國賠償廣州沒收之鴉片煙價六百萬元，商欠三百萬元，軍費一千
二百萬元，共計二千一百萬元。（第四～七條）

㈣英人得在中國各地自由遊歷。（第八條）

㈤重訂稅則，英國貨物不得重複加稅。（第十條）

㈥兩國間公文來往，採平等格式。（第十一條）

㈦賠款全數付清後，英國始交還舟山群島及廈門港內之鼓浪嶼。（第十
二條）

這一條約，清廷於同年八月二日（9月4日）批准。九月十四日（10月
17日），清廷復任命伊里布為廣州將軍，並加欽差大臣榮銜，與已被英政
府任命為首任香港總督的樸鼎查，商訂一項比較詳細的通商章程。但伊里
布於次年二月（1843年3月）死亡，清廷乃特任原任兩江總督耆英為欽差
大臣，至廣東繼續與樸鼎查交涉。耆英於道光二十三年五月二十九日（1843
年6月26日）來到香港，先與樸鼎查交換兩國批准《南京條約》的文書，
同時並議訂了一種《五口通商稅則章程》，允諾關稅稅率為「值百抽五」，
許與英國以領事裁判權以及在通商口岸停泊英艦的權利。❻❸同年八月十五
日（1843年10月8日），耆英又與樸鼎查簽訂了《中英虎門條約》——正
式的名稱是《中英五口通商附粘善後條款》，❻❹給予英人以「最惠國待遇」
（原約第八條），同意英人在通商口岸內「議定界址」，這就是租界的起源。

對英國的商務交涉告一段落，耆英就想離粵回其兩江總督任所，卻又
發現美、法兩國已派來使節要求訂約通商，美國的公使顧盛（Caleb Cushing）
並揚言要去北京談判。❻❺清廷覺得所有外國人的交涉還是在廣州辦理好，

---

❻❸ 章程共十五條，見「道光條約」第2，頁12–16；《中華民國開國五十年文獻》，
第1編，第4冊，頁137–141。

❻❹ 全文見「道光條約」第3，頁24–30；《中華民國開國五十年文獻》，第1編，
第4冊，頁142–147。

❻❺ 李定一，《中美早期外交史》（臺北：傳記文學出版社，民國67年），頁139–

乃於道光二十四年二月一日（1844 年 3 月 19 日），下令免了兩廣總督祁墳
的職而以耆英繼其任，仍授以欽差大臣銜，任務為「辦理各省通商善後事
宜」。❻自此以後，兩廣總督加欽差大臣銜辦理對外交涉幾成為定例，垂二
十年之久。

　　耆英被視為是當時「通達夷務」的人，也是「撫夷派」的中心人物。
由於他想「撫綏夷商」，對外交涉很爽快，也很慷慨。道光二十四年五月十
八日（1844 年 7 月 3 日），耆英就和顧盛在澳門的望廈村簽訂了《中美望
廈條約》，❼美國人除獲得《中英南京條約》割地賠款以外的權利外，並強
調了最惠國條款和領事裁判權。顧盛很得意，他於訂約後第二天，即特別
將條約中有領事裁判權的部分報告美國政府。❽同年九月十三日（10 月 22
日），耆英又與法使剌蕚尼 (Theodore de Lagrene) 簽訂了《中法黃埔條
約》，❾法國人除享受英美在中國的特權外，並獲得宣教權——中國准許法
人在華傳教，並負責保護教士和教堂。耆英確是很大方，對於要求訂約通
商的外國，幾乎是有求必應，先後與比利時、瑞典、挪威、荷蘭、西班牙、
普魯士、丹麥等國訂立了商約，也都依「利益均沾」原則賦予以特權。直
到道光二十七年耆英才因英人的強行入城問題感到頭痛，自請議處，次年
就回北京「入覲」，不再回任，結束了清廷對外交涉的「耆英時代」。❼⓪

142。

❻　《道光朝籌辦夷務始末》，卷 69，頁 39；卷 71，頁 18–19。

❼　《望廈條約》共三十四條，全文見「道光條約」第 4，頁 15-22；《中華民國開
　　國五十年文獻》，第 1 編，第 4 冊，頁 148–154。

❽　李定一，《中美早期外交史》，頁 152。

❾　《中法黃埔條約》全文三十五條，見《道光朝籌辦夷務始末》，卷 73。

❼⓪　《清史列傳》，卷 40，〈耆英傳〉。

第四節　列強首次聯合行動

一、英法聯軍之役

對西方國家而言，中國的門戶已在鴉片戰爭中被英國的「砲艦政策」(Gunboat Policy) 打開了，各國在中國群相競逐的時代已經來臨。而清廷卻仍故步自封，不能適時作適當的肆應，因此鴉片戰後的二十年間，出現在歷史上的是逐漸形成的英、法、美、俄四國同時但以不同方式對中國進行侵略的局面。

這一局面的形成，清廷本身當然要負很大的責任。鴉片戰爭的失敗並未能促成清廷朝野的真正醒悟，對西方仍然認識不清楚，既然訂立了條約開五口通商，卻又仍持深閉固拒的態度。先是「撫夷」，後來又要「剿夷」，[71] 其實兩者都不是正道，也都非常危險。道光帝做了三十年 (1821–1850) 的皇帝，死了，兒子奕詝於 1850 年即位，這就是咸豐帝。咸豐的命運比道光更不如，在他做皇帝的十一年 (1851–1861) 間，內有太平天國的戰亂，外則為「撫夷」或「剿夷」所困擾，舉棋不定，終至爆發了英法聯軍侵陷京師的戰爭，不能不屈膝求和，受盡屈辱。

英法聯軍之役 (1856–1860)，出兵的固是英、法兩國，參與策畫並予以支持的尚有美國。而俄國趁火打劫，從陸上侵逼以策應英、法、美的海上攻勢，因而英法聯軍的幕後，實是英、法、美、俄合力謀我的一次列強聯合侵華行動。

英國仍是這次侵略行動的先鋒。其初期的藉口有二：一是英人進入廣州城問題，清廷由於廣東民間的反英情緒強烈，一味採拖延政策，使問題遲遲不得解決；一是要求修約，以期獲得更多的特權和利益，但清廷亦嘗饗以閉門羹，不得要領。

其實，這兩項藉口，英國都沒有法理上的堅強依據。關於入城問題，

71　蔣廷黻，《中國近代史大綱》，頁 27–39。

《南京條約》第二條僅規定「自今以後，大皇帝恩准英國人民帶同所屬家眷，寄居沿海之廣州、福州、廈門、寧波、上海等五處港口，貿易通商無礙。」[72] 並未規定必須「入城」居住。嚴格說來，港口並不包括各都市的全部城區。但英國人卻堅持要進入廣州城居住，而粵吏及廣東民眾則又率皆反對，英國交涉不成，就想動武。至於修約，《南京條約》並無修約的規定，英國引用最惠國待遇要求依《中美望廈條約》十二年修約一次的規定修改《南京條約》，已屬勉強，而不待十二年期限到來即提前於 1854 年同美、法聯合提出修約的主張，尤屬無理。對於這點，蔣廷黻分析得很清楚：

> 按《中英南京條約》是政治條約，並非通商條約，且是無限期的，當然沒有修改的例定辦法。《中英虎門條約》是通商條約，但是沒有修改的年限，不過第八條許了英國最惠國待遇。《中美望廈條約》大部分是通商條約，並且第三十四款規定十二年後雙方得派代表和平交涉條約的修改。這約是道光二十四年，西曆一八四四年，簽字的；修改的時期當在咸豐六年，西曆一八五六年。英國依據最惠待遇一款要求於咸豐四年修約，因為咸豐四年距《南京條約》的締結正十二年，這個要求是不合法的：第一，因為《南京條約》的性質及其無年期的限制；第二，因為英國的要求既然根據最惠國一款，那麼不應在咸豐六年以前——在美國修約以前；第三，條約本身不應包括在最惠條款之內，倘中美修約以後，中國又給美國新的權利，英國自然可以要求同樣的權利，但英國自己不能要求修約。事實上，英、美、法各有最惠待遇一款，各有其修約目的，故在咸豐四年，三國就聯合要求修約。[73]

當時的清廷與清吏，如大學士穆彰阿以及負責辦理對外交涉的兩廣總

---

[72]　陸欽墀，〈英法聯軍佔據廣州始末〉，見《中華民國開國五十年文獻》，第 1 編，第 4 冊，頁 177。

[73]　蔣廷黻，《近代中國外交史資料輯要》，上集，頁 174。

督者英等人，國際法的知識和國際交涉的經驗都不足，未能據法理力爭。耆英即是因為沒有辦法解決英人的要求「入城」問題，才千方百計的要求調回北京。繼任的兩廣總督徐廣縉，任期只有四年，運氣好，沒發生大災禍。及頑強而又糊塗的葉名琛於咸豐二年 (1852) 由廣東巡撫陞任兩廣總督後，麻煩就更多了。這位「漢陽葉相」，**❼**在英法聯軍之役過程中要負最大的「敗壞局勢」的責任，最後被俘並客死異域，實亦不值得同情。

促成英法聯軍進擊中國的關鍵人物，是數度出任英國外相並於 1859 年出任首相的巴麥尊。他聽信英國駐廣州領事包令 (John Bowring) 和主張「帶甲拳頭」政策的譯員巴夏禮 (Harry S. Parkes) 的報告，於 1850 年即想用兵，但次年他下臺了。1854 年起，英國捲入了克里米亞戰爭 (Crimean War, 1854–1856)，次年巴麥尊又上臺了，且被認為是克里米亞戰爭獲勝的主要設計者，老彼得 (Pitt the Elder) 以來英國最傑出的政治家，卻也是極端的擴張主義者。他於 1859 年出任英國首相，對中國的出兵已屬不可避免。

咸豐六年 (1856) 夏天發生的兩件事，構成了英法聯軍之役的直接導因。一是九月十日（10 月 8 日）發生的「亞羅船」(The Arrow Boat) 事件——船為中國人所有，在香港註冊但有效期間已過，仍懸英旗，清兵上船搜查犯人時，拔去英旗，英國領事巴夏禮即認為中國官兵侵犯了英國，提出強硬交涉及節外生枝的無理要求，要求不遂，就向英政府請求出兵討伐。另一件事是發生於同年正月（2 月）間的廣西西林縣知縣張鳴鳳，懷疑法籍馬神父 (Piere Auguste Chapdelaine) 為通匪而加以逮捕處死。法國駐華代辦顧隨 (M. de Courcy) 依據教士的報告，引為藉口，一方面向兩廣總督葉名琛提出交涉，一方面請求法國政府出兵。這時的法國係由拿破崙三世執政，極想揚威於東方，於是決定和英國取一致態度，組織聯軍進逼中國。

英國首相巴麥尊係於 1856 年 12 月接獲亞羅船事件及對葉名琛交涉得不到滿意答覆的報告，他報告女皇，並於 1857 年 2 月向國會提出了對中國出兵案。但在國會中遭到了強烈的反對，參議員德彼伯爵 (Earl of Derby E.

---

❼　這是薛福成挖苦葉名琛的用語，薛撰有〈書漢陽葉相廣州之變〉一文，見《庸庵文續編》，卷下，頁 22–34。

G. S. Stanley) 怒問：「亞羅號船乃中國人造，中國人賣，中國人買，中國人使用，中國人之所有，為中國人所捕，英國何可干涉？」**❼❺** 眾議院則經過辯論後，予以否決。首相巴麥尊憤而解散國會，新國會竟通過了他的出兵案。1857 年 4 月，英國政府遂派額爾金 (Elgin) 為全權專使率兵東來，法國亦派葛羅 (Baron Gros) 為統帥，率兵來華，英法聯軍之役遂於咸豐七年十一月十四日（1857 年 12 月 29 日）正式展開，英法聯軍當日即完全佔領了廣州城。——由於這次戰役係起因於中英鴉片戰爭後的一些懸案與爭議，因此史家有時亦稱之為第二次鴉片戰爭。

英法聯軍之役實際上包括兩次戰役，亦即兩個階段。自咸豐七年十一月（1857 年 12 月）廣州陷落到咸豐八年五月（1858 年 6 月）天津簽約，是為第一階段；自咸豐九年五月（1859 年 6 月）因英使進京換約而再度爆發全面性戰爭，中經北京淪陷，至咸豐十年九月（1860 年 10 月）北京簽約，是為第二階段。戰爭中，負責禦敵的清將為科爾沁親王僧格林沁，擔任議和任務者則為大學士桂良，吏部尚書花沙納，最後於京師淪陷清帝逃亡後負責議和以收拾殘局者，則為咸豐帝的弟弟恭親王奕訢 (1833–99)。第一階段戰爭於締結《天津條約》後，本可結束，損失也還輕些；但由於咸豐本人和他的群臣們的無知，竟然挑起了第二階段的戰爭，招致了聯軍進陷北京燒毀圓明園的慘禍。這是清自建國以來國都首次淪陷，清帝后也是第一次逃亡，而天津、北京兩次簽約的犧牲和慘痛，也屬於史無前例！

咸豐八年 (1858) 的天津條約和咸豐十年 (1860) 的《北京條約》，條款甚多，其主要的規定可歸納為七端：

㈠開始和各國通使。

㈡增開商埠，並開放長江。

㈢傳教及遊歷自由。

㈣領事裁判權。

㈤內河航行權。

㈥賠償英法軍費各八百萬兩，割九龍司海岸於英國。

---

❼❺　陸欽墀，〈英法聯軍佔據廣州始末〉。

㈦發還 1724 年（雍正二年）以來被沒收的天主教財產，又給予法國教
　　士以買地、建屋的特權。❼❻

　　蔣廷黻指陳說：鴉片戰爭失敗後中國還不明白失敗的理由，仍無改革
圖強之意，以致使「中華民族喪失了二十年的寶貴光陰」，至英法聯軍之役
後，清廷才開始有了覺悟。這是真的，恭親王奕訢就是個例子。《北京條約》
是他親手簽訂的，經過這次慘痛的教訓，他改變了原來蔑視洋人的觀念，
建議設立「總理各國事務衙門」及南北洋通商大臣，開始和外人辦理外交
和商務來往，其後他更是滿清親貴中一位開明的洋務運動支持者。

二、美國要求修約及伯駕侵臺野心

　　簽訂於道光二十四年即西元 1844 年的《中美望廈條約》第三十四條，
有如下的規定：

> 和約一經議定，兩國各宜遵守，不得輕有更改。至各口情形不一，
> 所有貿易及海面各項，恐不無稍有變通之處，應俟十二年後，兩國
> 派員公平酌辦。又和約既經批准後，兩國官民人等均應恪遵，至合
> 眾國中各國均不得遣員到來，另有異議。❼❼

　　根據這一規定，美國應於 1856 年始可要求修約。但英國於 1854 年採
用最惠國待遇要求美、法共同向中國提出修約要求時，美國竟表示同意並
予以支持，派遣麥蓮 (Robert Melane) 為使華委員，前往中國與英法作「審
慎的」合作。麥蓮先到了香港，曾向兩廣總督葉名琛提出要求，葉以「公
忙」支吾。❼❽ 他又北上福建，求晤總督，亦未如願。乃去上海，求見兩江
總督怡良獲得許可，他並訪問了南京的太平軍。他向怡良提出了未經美國
政府同意的一些要求，當為怡良所拒。怡良要他回到廣州去和葉名琛交涉，

---

❼❻　中英、中法天津及北京條約全文，均見《咸豐朝籌辦夷務始末》，卷 28。

❼❼　《中華民國開國五十年文獻》，第 1 編，第 4 冊，頁 154。

❼❽　《咸豐朝籌辦夷務始末》，卷 7，頁 33。

他並未遵命，且與英、法兩使決定聯袂北上，於 1854 年 10 月到達了大沽，向清廷提出談判修約的要求。清廷派前任長蘆鹽政崇綸和他們談判，但沒有獲得結果。❼麥蓮曾把北上交涉修約的經過向美國總統提出報告，並建議由美國直接派軍艦至大沽要脅，如中國皇帝不允修約，即由美、英、法三國海軍聯合封鎖中國的白河、長江、閩江及黃浦江口，直到中國屈服為止。但美國總統對麥蓮這一毫無理性的狂妄建議，予以否決，麥蓮才黯然辭去使華外交委員的職務，而由在中國已有十年交涉經驗的伯駕 (Peter Parkes) 繼其任，繼續進行對中國的修約交涉。

美國政府的目的，見於給予伯駕的訓令中，包括三點：

㈠外交使節可以進駐北京。

㈡無限度的擴張美國對華貿易。

㈢廢除所有中國政府加諸於美僑個人自由的限制。❽

但伯駕的行動卻有超過美國政府的規定之處，他熱心於促成英、美、法聯合對中國壓迫，曾到倫敦去訪問過英國外相，以致連英國政府都誤信美國政府希望建立起「三國同盟」(Triple Alliance)。伯駕亦曾到巴黎會見過法國外長瓦勒斯基 (Com. Count Waleski)，似乎也沒有得到顯著的效果。

在中國，伯駕亦算得上是「僕僕風塵」。在廣州，再上國書於葉名琛請其轉達，葉又拒絕。又致書於江蘇巡撫吉爾杭阿，也得不到有利的反應。伯駕乃於 1856 年 7 月乘軍艦自香港北上，8 月到上海，並放言即將北上。9 月間，美國東亞艦隊 (United States Naval Forces, East India and China Seas) 司令奄師大郎 (James Armstrong) 乘火輪來到上海，清廷聞之，頗為之一驚。但伯駕以未得英、法艦隊的合作，終未敢貿然逞強，他於 1856 年底又由上海回駐香港，這當然是很失顏面的事。

伯駕為挽回面子，他竟又有請美國國務院准他進佔臺灣的建議。奄師大郎司令支持他，決定對葉名琛也要採強硬態度。1856 年 11 月，遂有了「橫檔事件」的發生。蓋 1856 年 11 月 15 日美海軍將廣州美僑撤出時，曾

❼　李定一，《中美早期外交史》，頁 273–280。

❽　同上，頁 283。

被中國橫檔砲臺誤以為係英艦而加轟擊。次日，奄師大郎即下令美海軍將橫檔砲臺摧毀，並逼得葉名琛道歉。這是中美兩國有史以來的第一次武裝衝突。事後才證明這只是奄師大郎個人的行動，並不代表美國政府的政策。

伯駕曾於 1856 年 12 月 12 日，1857 年 2 月 12 日，同年 3 月 10 日，三次向美國國務院提出侵臺建議，但為美國政府所否決。美國東亞艦隊的兵力尚不足以佔領臺灣，伯駕也只能派人在高雄以商業機構名義，懸出美國國旗。1857 年 3 月 4 日，美國新任總統繆坎南 (James Buchanan) 就職，他決定將「有點瘋狂」的伯駕調回美國，另派列威廉 (William B. Reed) 為駐華公使，到中國來進行修約的交涉。伯駕既去，侵臺的計畫成為泡影，在高雄懸掛了將近兩年的美國國旗也跟著消逝。

列威廉是美國第一位以公使名義出使中國的外交官員。國務院頒給他極為詳盡的使華訓令，一方面要他在牢記美國並非與中國處於戰爭狀態下，向中國提出修約的要求，一方面要向中國表明美國總統相信英、法兩國的目的乃「公正及有利」者──這等於支持英法，一方面又明告列威廉：「應與俄國使節維持與對待英、法使節同樣之友好關係，可以接收俄國使節的支持。」**⑧¹** 此一各面討好的政策確是收到了預期的效果，故列威廉在英法聯軍進攻中國期間，一方面與英、法、俄三使採一致行動，同時至大沽談判，一方面又能隨時掌握主動，以調和者姿態出現，因此兩江總督何桂清曾建議清廷採取「聯美俄以制英法」的「以夷制夷」政策。**⑧²** 但代理直隸總督譚廷襄則有更深入的瞭解，他奏稱：「大抵俄酋陰為主謀，英、法則恃強要挾，美酋則兩相依附，詭計多端，合而圖我。」**⑧³**

天津談判中，中俄間的條約簽字最早（1858 年 6 月 13 日，咸豐八年五月初三日），次之為中、美條約，係於咸豐八年五月初八日，1858 年 6 月 18 日簽字，共三十款。**⑧⁴** 雖亦增加了不少通商口岸，領事裁判權的規定更

---

⑧¹ 同上，頁 320–321。

⑧² 《咸豐朝籌辦夷務始末》，卷 19，頁 20–22。

⑧³ 同上，頁 20。

⑧⁴ 全文見楊月波等編，《中國條約彙編》，頁 126–129。

為明確，但與英國條約之五十六條比較，顯然較為溫和。明年 (1859) 的換約交涉及英法聯軍二次進兵時，美國的新任公使華若翰 (John E. Ward) 也曾曲盡周旋之責。以是中國方面對美國存有好感，視作友人。李定一有一段論述：

> 綜觀《中美天津條約》訂立之經過，美國真正達到坐享其成的目的。不僅此也，由於中國初欲實行「以夷制夷」政策，遂思示好美俄，其後發現俄國包藏禍心，終在各國比較之下，發覺美國野心較小，態度較好；而在虎視眈眈的列強中，選中了美國作朋友，希望真能憑藉美國的友誼與善意，減輕一些列強對中國的壓迫。清廷這種希望，由第一位美國駐京公使蒲安臣 (Anson Burlingame)，將之發揮到頂點。此後，儘管中美之間尚有若干局部的糾紛發生，但均為從此時開始發展的中國對美國的友誼與善意所掩沒，所沖淡了。這是美國在《中美天津條約》中真正的收穫！ ❽❺

三、俄人趁火打劫強佔大半個東北

英法聯軍之役以前，清廷與俄國已兩次訂約。一次是康熙二十八年 (1689) 訂立了《尼布楚條約》，劃定了中國東北和俄屬西伯利亞的界線；一次是雍正五年 (1727) 訂立的《恰克圖條約》，劃定了外蒙與西伯利亞的界線，以及互市通商的辦法。其時正值清季盛世，俄人則力有未逮，故能維持一百五十多年的和平相處關係。

十九世紀初年，俄國開始組織遠東調查隊，調查黑龍江下游和庫頁島的情形。一度派果羅甫金 (Colovkin) 來華交涉，想向中國要求黑龍江的航行權和中俄沿界的自由通商權，但為清廷駐庫倫辦事大臣蘊端多爾濟所阻，不准果羅甫金進京。這是 1803 年（嘉慶八年）發生的事，俄國雖感到遣使失敗的恥辱，但亦無可如何。以後就不再照會中國，逕自向黑龍江流域進

❽❺　李定一，《中美早期外交史》，頁 337。

行調查。

1825 年（清道光五年）俄皇尼古拉一世 (Nicolas I) 登基。這是位好大喜功的帝王，採取同時向近東、中亞和遠東發展的政策，並與美國角逐北美的領土。中國在鴉片戰爭中敗於英國，弱點暴露，自然也激發了俄皇染指中國領土的野心。《中英南京條約》簽訂後第五年──1847 年（道光二十七年），俄皇任命一位少壯軍人兼冒險家的木里斐岳幅 (Count Muraviev) 為東部西伯利亞 (East Siberia) 總督，這就是要開始行動的信號。經過更進一步的調查後，木氏果於 1851 年（咸豐元年）進入黑龍江，並佔領了庫頁島，同時要求俄國政府索性佔領黑龍江北岸的全部土地。但由於當時近東情勢危急，俄皇未敢立即接受木里斐岳幅的建議，木氏也只好暫時等待。

1853 年（咸豐三年），近東問題引起了一場戰爭：土耳其首先對俄宣戰，英法聯軍於次年加入戰線，援助土耳其，這就是克里米亞戰爭。這一戰爭，不但未牽制木里斐岳幅的行動，反倒給他提供了求之不得的藉口，他說為了防範英國艦隊的進襲堪察加俄國海軍基地，俄軍必須出黑龍江進入鄂霍次克海，於是木氏遂於 1854 年（咸豐四年）春，率其全隊闖入黑龍江。木氏發現清廷防護黑龍江的清軍，仍以弓箭木矛為武器，簡直落伍得可憐，心理上已經沒有什麼顧慮。不過，他還是通過庫倫辦事大臣和駐在北京的俄國教堂主教巴拉第 (Palladius) 上書清廷的理藩院，對他的行動提出解釋。❽❻

克里米亞戰爭於 1856 年（咸豐六年）結束，俄國打了敗仗。在近東的擴張受到了阻遏，乃向遠東求取補償，於是在東方的行動更積極起來了。就在這年，清廷的江南大營為太平軍所破，廣東方面又與英、法起了衝突，清廷內外交困，更使俄人燃起了趁火打劫的慾火。

1857 年（咸豐七年），俄皇先是派他的海軍大將普提雅廷 (Poutiatine) 為駐華公使，想到北京來以外交途徑揀到便宜，沒想到被清廷擋了駕，不准他進京。隨後俄皇又允許了木里斐岳幅的請求，給他全權及充分的兵力和接濟，去強迫中國割讓東北的土地。

---

❻ 蔣廷黻，《最近三百年東北外患史》。

木里斐岳幅於 1858 年（咸豐八年）春，率軍進駐了黑龍江沿岸璦琿對岸的海蘭泡。這時英法聯軍已開始作首次北上的行動，清廷不願與俄國再有大衝突，於是派曾在廣州作城下之盟的奕山為黑龍江將軍，到璦琿去和木里斐岳幅談判劃界。木氏沒有用兵，僅憑「勃然大怒，舉止猖狂」的行動就嚇住了奕山，迫使他於 1858 年 5 月 28 日（咸豐八年四月十六日）在木氏送來的約稿上簽了字，這就是《璦琿條約》。條約僅兩條，一條談劃界，一條談貿易。❽❼根據這一條約，中俄北疆以黑龍江為界，烏蘇里江以東土地則為中俄共管，「舉凡《尼布楚條約》所爭得之大興安嶺以南之廣漠土地，與《恰克圖條約》所規定兩國共有之烏得河流域，俱化為烏有。」❽❽

　　清廷對於奕山之「越權割地」，至感憤怒，褫了奕山的職，並「枷跪黑龍江畔三日夜」。但《璦琿條約》還是承認了的。因為在英法聯軍逼至大沽口的時候，普提雅廷又出現了，他施展了口蜜腹劍的伎倆，騙得了清欽差大臣桂良的暫時信任，奢想俄人能助清以抗英法。❽❾桂良不僅承認了《璦琿條約》，還和俄人訂立了《天津條約》，承諾要再調整國界。及英法聯軍二次北進，普提雅廷又做了些欺東騙西的工夫，以同情者與調停者自居。及中國被迫與英、法分別簽訂《北京條約》，俄人竟以調停有功自居，向清廷要求報酬，恭親王奕訢於新敗之際，深懼俄人藉故興兵，乃又於 1860 年 11 月 2 日（咸豐十年十月初二日）與俄使訂立了《北京條約》十五條，不僅喪失了烏蘇里江以東的土地，且又損失了西北邊界的土地和權利，開放了庫倫、張家口和喀什噶爾為通商口岸，許俄國設領事！

　　俄國人趁英法聯軍進逼中國的危難時期，於三年 (1858–1860) 之內，強迫清廷與之訂立了三個條約——《璦琿條約》、《天津條約》和《北京條約》，搶走了中國四十萬零九百一十三方英里的土地，而未費一槍一彈，歷史學

---

❽❼　全文見《咸豐朝籌辦夷務始末》，卷 25，頁 16；《中華民國開國五十年文獻》，第 1 編，第 3 冊，頁 274。

❽❽　陳翔冰，〈帝俄之東方政策〉，見《現代學報》，1 卷 9、10 期合刊，民國 26 年 9 月。

❽❾　吳相湘，《俄帝侵略中國史》，頁 39–41。

者認為這一割讓土地的紀錄是世界歷史上的新例！中國在這三年內喪失給俄國的土地，略等於現在的東三省再加上江蘇，超過了德法兩國面積的總和。蔣廷黻於述及東北的外患時，曾說過這樣的傷心話：「咸豐以後的東北可稱為半東北，殘東北，因其面積縮小了一半有餘，且因為她東邊無門戶，北邊無自然防具——她是殘缺的！」❾⓿

---

❾⓿　蔣廷黻，《最近三百年東北外患史》。

第二章　太平天國與自強運動

第一節　太平天國的興亡

一、洪秀全的時代和思想

　　清自嘉慶 (1796–1820) 以後，各省即不斷發生變亂。道光 (1821–1850) 之季，由於外患日亟，內亂更是頻頻發生，而以廣東、湖南、河南、山東、雲南、甘肅、新疆等省區的匪亂，最為嚴重。這些變亂的發動者，北方多為白蓮教的餘黨，南方多為天地、哥老等會黨。及道光三十年十二月 (1851年 1 月)，太平天國勃興戰亂達十四年 (1851–1864)，波及一十七省，幾使清廷為之動搖，構成中國近代歷史上非常生動精彩的一幕。

　　太平天國的領袖，是廣東花縣客家人洪秀全 (1814–1864)。洪氏並非大仁大智，僅是一個科第失意的知識分子，曾經應過四次考，均未得中，心中自然是十分不平與怨恨。道光十七年 (1837) 第二次去應試時，在街頭遇到了基督教傳教士梁發——一名梁亞發，梁贈他一本宣傳小冊《勸世良言》。第三次應考又失敗了，精神受了很大的刺激，曾大病四十多天，夢到各種幻象，認為自己是受有「天王大道君王全」的人，要「替天行道」。於是把自己的名字由洪仁坤改為洪秀全，立志要做「手握乾坤殺伐權，斬邪留正解民懸」的事，開始有了「易象飛龍定在天」的帝王思想。❶

　　道光二十三年 (1843)——鴉片戰敗後第一年，社會上呈現著失望和不安的景象。洪秀全再細讀《勸世良言》，愈感書中所說一些虛構的神話和他夢中所見，若合符節，因而更加確定自己是受命於天的真命天子，《勸世良

---

❶　蕭一山，《中國近代史概要》，頁 179。

言》是上帝賜他的「天書」，於是就創立了「拜上帝會」，以上帝為天父，耶穌基督為天兄，男盡兄弟，女皆姊妹，並找到他的同鄉同學馮雲山為伙伴，開始作混合宗教與政治為一體的宣道活動。❷道光二十七年 (1847)，洪秀全曾到廣州去會見過美國浸禮會教士羅孝全 (Issachar J. Roberts, 1802–1871)，相處約四個月，詳覽《舊約》，對基督教義自有更深一層的了解，但他始終未曾受洗為基督教徒。

洪秀全是具有民族思想的。他的民族思想有兩個來源：一為自己的觀察與體驗，認為居於少數的滿人統治多數的漢人是不公平的，滿人的統治手段又陰險敗壞，非推翻不可；另一民族思想的來源，則是祕密會黨，不過洪秀全只主張反清，而不主張復明，他的計畫是推翻清廷後要建立一個新的王朝。

宗教意識、民族革命與社會平等觀念三者，構成了洪秀全的基本思想。但他的認識並不徹底，其言行又時常自相矛盾，尤其是建都南京之後，封建思想又成為非常顯著的特色。因此，歷史學者對洪秀全的思想和作為，頗多批評。甚至對太平天國的革命意義一向加以強調的蕭一山，也不能不對洪秀全作如下的貶謫：「洪秀全的知識太差，沒有駕馭群雄的本領。」「他只是一個三家村學究，智識是低級的、落伍的，他的思想，大半受祕密社會的影響，他的政制完全是封建的殘留。」❸

二、太平天國的建立

洪秀全和馮雲山創立「拜上帝會」以後，並不在他們的故鄉花縣活動，而向廣西桂平一帶發展。雖然馮雲山曾兩次被捕，但都能逃脫。他們的活動成績很不錯，桂平平隘山中的燒灰工人和貴縣北山里礦山中的礦工，大部分已被他們吸收為基本群眾了。❹他們並已贏得楊秀清、蕭朝貴、韋正

---

❷　郭廷以，《近代中國史綱》，頁90。

❸　蕭一山，前引書，頁187、189。

❹　羅香林，〈太平天國洪天王家世考〉，見《廣州學報》，1卷2期，民國26年4月1日。

（昌輝）、石達開、曾玉珍、胡以晃、秦日綱等一干驍勇善戰卻帶有「山大
王」氣息的人物的合作，這些人後來都是太平天國的重要戰將。

　　道光三十年正月（1850 年 2 月），這位經歷過鴉片戰敗之恥的清皇帝
死了。繼承皇位的是他的四子奕詝，明年 (1851) 改元咸豐。這時謠言很多，
社會上呈現動盪不安的景象。洪秀全認為這是一個好機會，他祕密的召集
拜上帝會的群眾集於桂平一帶，準備行動。洪秀全選擇他三十八歲生日的
那一天——道光三十年十二月初十日（1851 年 1 月 11 日），在廣西省桂平
縣金田村宣布起事，定國號為「太平天國」，自稱為「天王」，他的軍隊則
稱為「太平軍」。清廣西提督向榮派兵來攻打金田村，卻被太平軍打敗了。
太平軍乘勝出擊，於咸豐元年閏八月初一日（1851 年 9 月 25 日）攻佔了
永安（蒙山縣）。這是太平軍攻佔的第一座城池，洪秀全就以永安為太平天
國暫時的首都。政治建制也開始建立了，他分封五位重要的將領為王：東
王楊秀清、西王蕭朝貴、南王馮雲山、北王韋昌輝、翼王石達開。秦日綱、
胡以晃等則被封為丞相。這時太平軍已有部眾三萬餘人，出身不一，背景
亦甚為複雜。據郭廷以分析：

　　　　約略言之，太平軍的成員，就其領導人物來看，有失意而有野心的
　　　　知識分子，如洪秀全、馮雲山；有境遇逆齮的工農，如楊秀清、蕭
　　　　朝貴；有家本素封，通曉詩書的紳士地主，如韋正、石達開、胡以
　　　　晃；秦日綱則曾充鄉勇。至其下級，農工以外，有挑夫、船夫、商
　　　　販、散兵、游勇、海盜。如以籍貫說，太平軍上下，幾盡屬兩粵之
　　　　人，而以廣西為多，客家的地位頗為重要。❺

　　太平天國在永安停留半年多。軍制建立了，公布了新曆法，名曰「天
曆」，更發表了一篇揭櫫民族革命宗旨的文告：〈奉天討胡檄〉，文字淋漓雄
健，確是一項強有力的政治號召。❻稱滿清為胡虜、為妖人，數滿清之玷

---

❺　郭廷以，《近代中國史綱》，頁 92。

❻　這篇檄文，係以楊秀清和蕭朝貴的名義發布的。全文見蕭一山，《太平天國叢

辱中國，尤有不勝髮指之慨，且讀其原文：

夫中國首也，胡虜足也，中國神州也，胡虜妖人也。奈何足反加首，妖人反盜神州，驅我中國悉變妖魔？罄南山之竹簡，寫不盡滿地淫污，決東海之波濤，洗不淨彌天罪孽！予謹按彰著人間者，約略言之。夫中國有中國之衣冠，今滿洲另置頂戴，胡衣猴冠，壞先代之服冕，是使中國之人忘其根本也。中國有中國之配偶，今滿洲妖魔悉收中國之美姬，為奴為妾，三千粉黛，皆為羯狗所污，百萬紅顏，竟與騷狐同寢，言之慟心，談之污舌，是盡中國之女子而玷辱之也。中國有中國之制度，今滿洲造為妖魔條律，使我中國之人無能脫其網羅，無所措其手足，是盡中國之男兒而脅制之也。官以賄得，刑以錢免，富兒當權，豪傑絕望，是使我中國之英俊抑鬱而死也。凡有起義興復中國者，動誣以謀反大逆，夷其九族，是欲絕我中國英雄之謀也。滿洲之所以愚弄中國，欺侮中國者，無所不用其極，巧矣哉！ ❼

太平軍起義，清吏自不能坐視。清廷派大學士賽尚阿督率廣西提督向榮及廣州副都統烏蘭泰等部，進圍永安，歷時半年，而不能克。咸豐二年二月（1852 年 3 月），洪秀全下令太平軍全力突圍，獲得成功，清將烏蘭泰且於追擊途中，傷重而死。太平軍進攻桂林，卻也無力攻下。乃改變戰略，主力北攻湖南，南王馮雲山於蓑衣渡之役戰死。太平軍棄舟登陸，直薄長沙，西王蕭朝貴卻又中砲而亡。一連損失兩員戰將，自然是太平軍的大損失。但洪秀全、楊秀清並不氣餒，決定捨長沙北攻武漢，於咸豐二年十二月（1853 年 1 月）攻佔了漢陽、漢口和武昌，清廷為之震驚。這是太平軍作戰的第一個階段——直前北伐，戰略的運用甚為成功，軍紀亦甚良好，兵力已擴張至五十萬人以上。又由於在岳州獲得了吳三桂留下來的一

書》，第 1 集，商務印書館版。

❼ 〈太平天國奉天討胡檄〉。

批軍械，並掠來五千多隻帆船，戰鬥力和機動力也都大為增強。

太平軍在武漢停留了不到兩個月，便又接受了一位儒生錢江的建議，全軍沿江而下，直趨南京。這次軍容甚盛，大有先聲奪人之勢。清吏清軍則多「文武棄城遠避，兵勇聞風先散」，以是太平軍勢如破竹，連陷九江、安慶、蕪湖，於咸豐三年二月八日（1853 年 3 月 19 日）攻佔南京，駐防的旗人兩萬餘，幾同一爐。兩江總督陸建瀛亦戰敗殉職。洪秀全和楊秀清遂以南京為太平天國首都，改稱「天京」。❽復分兵攻佔鎮江、揚州，與南京鼎峙而三。局勢乃告穩固。太平軍第二階段的作戰——由武漢東征，至是完全勝利。

建都南京後甫二月，太平軍又開始了西征和北伐的軍事行動，這是太平軍初期作戰的第三個階段。西征是回師武漢——因為太平軍自武漢東下後，武漢復被清軍佔領，擔任西征任務的是春官正丞相胡以晃和夏官正丞相賴漢英。北伐是北攻豫魯，直搗京津，以倒清廷。負責此一任務的是地官正丞相李開芳、天官副丞相林鳳祥。北伐的行動係於咸豐三年四月（1853年 5 月）開始，五個月後，太平軍的前哨部隊即進至天津附近，距北京僅二百四十里，全局震動。這可說是太平軍軍威的極盛時代。但由於軍力不足，輜重不繼，太平軍又多南人，不耐北地苦寒，終至為清將僧格林沁所破，李、林均遇害。於是清廷始能以全力制太平軍於東南，太平軍也不能不由主動變為被動了。

北伐進軍未克收功，西征行動亦因遇勁敵而甚艱苦。第一位勁敵是南昌守將江忠源，胡以晃和賴漢英合攻南昌而不能下，乃捨南昌西入湖北，石達開、秦日綱又率援軍前來，始於咸豐三年十二月（1854 年 1 月）底定了安徽，迫使已調陞為安徽巡撫的江忠源自殺。西征入鄂的太平軍雖曾三佔漢口、漢陽，並曾再佔岳州，繞過長沙直下湘潭，但卻發現遭遇到新的強敵——這就是曾國藩訓練的湘軍。太平軍被迫退出湖南，湘軍卻跟蹤而下，咸豐四年 (1854) 春季以後的太平軍，就只能在長江上下游和湘軍以及

---

❽　太平天國發表〈建天京於金陵論〉四十篇，說明建都金陵的種種優點，這說明當時各領袖對建都南京意見，似未盡一致。

後起的淮軍纏鬥了。

三、太平天國的制度與政策

太平天國初起時係以民族革命為主要的政治號召，奠都南京後的政制和政策，卻是以嚴厲的統制為其特徵，這與其早期號召是有相當的距離的。對外政策，也顯得愚昧無知。然而，太平天國的思想和制度，也絕對不是一無可取，還是有不少能突破時代的創意和建樹。蕭公權的評論頗為公允：

> 太平天國自洪秀全定都南京至城破自殺，雖僅有十餘年之存在，而其在政治思想上之意義，及其對近代政治史之實際影響，均頗為重大。蓋太平天國以基督教義相號召，為中土第一次受外來文化激動而引起之思想革命。稽之往古，實無先例。無論其思想內容是否可觀，其歷史上的意義則未容忽視也。洪楊以失意之平民，起事一隅，不逾三年而建都稱王，蔓延及於十省。苟非曾國藩等之力征及外人之協助，滿洲政權顛覆，殆屬可能之事。清廷經此嚴重打擊，元氣因以大傷。本已就衰之國勢，此後更趨於微弱。辛亥革命之成功，未始間接非受太平天國之賜。故曰其實際上之影響頗為重大也。❾

由於宗教對於太平天國有極大的影響力，洪秀全就把他的統治權威建立在「天」的觀念上。他自稱天王，代表天父上帝的意志而為人間真主，這等於說他的地位是惟我獨尊的，他的權力是至高無上的。基於這一觀念，太平天國的中央政制等級森嚴，差別甚大。天王稱萬歲，東王九千歲，西王八千歲，南王七千歲，北王六千歲，翼王五千歲。東王的地位僅次於天王，楊秀清又跋扈成性，奏事時他可以立於階下，其餘諸王則須跪於階下。天王的權威是絕對的，但他的發號施令每又乞靈於迷信，因而更增加了太平天國專制政治的神秘性。但建築在神道上面的權威是不可靠的，其後各王的自相殘殺，證明他們並不真心尊重彼此的地位和權威。

❾　蕭公權，《中國政治思想史》，頁 674。

太平軍初起時，即建立了一種軍民合一的軍制，《太平軍目》一書即是比較完整的記載。❿每佔領一地，即將一部分民眾編入兵籍，以是其部眾愈戰愈多。軍制仿自《周官》，以軍為最大單位，其統率官稱為軍帥，其下為師帥、旅帥、卒長、兩司馬、伍長。每軍官兵合計約一萬三千餘人。又以兵種之區分，設有土營、水營、木營、金匠營、織營、鞋營、錦繡營、鐫刻營等。土營等於今之工兵，由礦工組成，專司穴地攻城。水營等於今日之海軍，專司江中與海上之運輸與作戰任務。其餘各營總稱諸匠營，係後勤支援單位。又曾有女營與童子兵的設置，其理想是要做到全民皆兵。所謂「家備戎裝，人執軍械」，軍事與政治組織形成一元化。但實施起來，卻困難多多。太平軍的兵源，大部係出於脅迫而來。軍律雖嚴，軍心則未必鞏固。

　　太平天國政制中的最大特色，為其「聖庫」與「田畝制度」，其理想則是要「公用公享」。聖庫就是國庫，掌管一切財物，凡攻戰所得之金寶財物以及人民解繳之糧米穀類，均應交獻聖庫。至於田畝制度亦即其土地制度，有《天朝田畝制度》一書傳世。⓫它的原則有五：一是土地公有，即所謂「天下之田」，依照產量分為自「尚尚」至「下下」九等。二為計口授田，不論男女，按家口之多寡，分別授田，雜以九等，好醜各半，十六歲以上者授田量多於十五歲以下者一半。三為豐荒相通，即年歲之凶荒不同，不可不有以調濟之。故天朝田畝制度規定：「凡天下之田，天下人同耕。此處不足，則遷彼處，彼處不足則遷此處。凡天下田豐荒相通，此處荒則移彼豐處以賑此荒處，彼處荒則移此豐處以賑彼荒處。務使天下共享天父上主皇上帝大福。」四為國庫，每二十五家設一國庫，收成時除足每人所食可接新穀外，其餘均歸國庫。不獨米穀如此，凡麥豆、苧麻、布、帛、雞、犬各物及銀錢，亦均如此。人民中之鰥寡孤獨廢疾者之扶養，以及婚娶嘉禮

❿　太平天國壬子二年 (1852) 刻印，43 頁，巴黎倫敦均有藏本。

⓫　太平天國癸好三年 (1853) 刻印，英倫博物院藏；又見程演生，《太平天國史料》，第 1 集，(北京大學出版，民國 15 年)；及蕭一山，《太平天國叢書》，第 1 集，(國立編譯館出版，商務印書館印行)。

彌月喜慶等之慶賀，則均由國庫依「定式」供給。五為自給自足，每家種桑、養蠶、績縫、養雞、養彘，農隙之暇，並可兼營陶冶、木石等業。其最高理想，則在實現「有田同耕，有衣同穿，有錢同用，無處不均勻，無人不飽煖。」❷

太平天國的知識分子政策，亦頗值得一述。基本上，洪秀全囿於所謂上帝教的教義，是反對儒家思想的，並曾下令禁絕一切孔孟及諸子百家之書。但對於知識分子，則又不能不力事爭取，故曾出榜招賢，亦曾開科取士。名分上，亦有秀才、舉人、進士之分，然取士試題內容則多出於上帝會教義及太平天國各項詔書。考試及格者，即封授官職，但對於被擄之知識分子，則極端凌辱。名義上，婦女亦得應考，且曾有「女狀元」出現，但婦女並未得到真正的平等與解放，所謂「女館」、「女官」，則又構成對於婦女的桎梏與禁制，反使其喪失了自由發展能力與人格尊嚴。禁娼、禁多妻、禁纏足都具社會改革意義，然並未嚴格實行。而太平軍諸王之蓄養大批婢妾，則又形同對婦女的蹂躪，實為極大的諷刺。言行不能一致，恐怕是太平天國最大的致命傷。

四、太平天國的失敗及其影響

洪秀全起事於道光三十年 (1850)，咸豐三年 (1853) 定都於南京，同治三年 (1864) 城陷自殺，又過了兩年，太平軍的餘黨才為左宗棠完全平定。故太平軍之役，首尾合為一十七年。十七年的歷史中，以清咸豐八年 (1858) 為一界限，分為兩個階段：前一階段為太平軍的開拓與內鬨，主要人物為洪秀全、楊秀清、韋昌輝和石達開；後一階段為太平軍的重振與敗亡，主要人物為洪仁玕、李秀成和陳玉成。

史家無不承認，太平天國諸王的內鬨是其失敗的主要原因。太平天國定都南京後，雖曾西征北伐，但都未能達到預期的目的。南京又始終在清軍的「江南大營」和「江北大營」的監視下，❸形成一大威脅。咸豐六年

---

❷　蕭公權，《中國政治思想史》，頁 682–83；郭廷以，《近代中國史綱》，頁 108–109。

(1856)，楊秀清率太平軍攻破了清軍的江南大營，解除了南京的威脅，楊因此驕縱跋扈，連洪秀全也看不在眼裡。洪秀全懷疑楊秀清要取而代之，乃陰令韋昌輝和秦日綱捕殺之，楊的黨羽株連的有二萬餘人。原來奉命西征的石達開聞變後，自湖北趕回南京，責備韋昌輝不應該濫殺異己，韋又欲除石達開，石乃率部離開南京西上，後來進入了四川。洪秀全又發現韋昌輝專橫跋扈一如楊秀清，他又設計殺死了韋昌輝和秦日綱。一年之內，南京先後發生三次內變，一將出走，三將被殺，以是軍心離貳，人人自危，太平天國的危機已到達無法解除的地步了。

由於太平天國諸王內鬨，清軍乃重整江南大營，江北大營亦進駐浦口，對南京取夾擊態勢。同時，曾國藩所部湘軍也沿江而下，陳兵安徽境內。所幸太平軍此時有兩位後起之秀的將領，大顯身手，才解除了南京被困的危機，重振了太平軍的聲威。這兩位將領，一是忠王李秀成，一是英王陳玉成，兩人聯合奮戰，先破江北大營，再敗皖境湘軍，繼又蕩平蘇、浙要衝，進抵上海外郊。南京城外的江南大營也被拔除，太平軍的聲威已使外人刮目相看。而洪仁玕於咸豐九年 (1859) 到南京佐其兄洪秀全，倡行新政，亦頗有起色。這時清廷正困於英法聯軍之役，乃是太平天國最好的發展機會。無如洪秀全未能把握機勢，及清廷與英法議和，英法等外人反而助清之後，太平軍已無法挽救其腹背受敵的困境了。

洪秀全的拜上帝會本是基於基督教的教義，這點是很容易獲得西方國家的同情的。英法聯軍期間，上海是外人外艦的集中地，正是太平天國對外接觸的好機會。英國的香港總督兼駐華公使文翰和美國的使臣麥蓮等，都曾訪問過南京，至於祕密派遣前往調查太平軍虛實的外人人數更多。外人固然是想藉和太平軍的來往以要挾清廷，企圖攫取更多的權利和利益，然如太平天國方面妥為肆應，建立良好關係以反制清廷，對其發展自大有幫助。也許是由於愚昧、狂傲和無知，太平天國犯了兩大錯誤：一是盲目

---

❸　太平軍自武漢東下南京後，清廷命欽差大臣向榮督師追剿，向軍進抵南京外圍後，屯駐於南京城東南郊，號為「江南大營」。另一股清軍屯駐於揚州城北郊，稱「江北大營」。

的進攻上海，惹起了外人的聯合防範行動；一是要求外人承認洪秀全的至高無上地位，否則拒絕來往。這一來，外人不但不支持太平天國，反倒去協助曾國藩、李鴻章攻打太平軍了。因而，先後由美人華爾 (Frederick Townsend Ward)、白齊文 (Henry Andrea Burgevine)、英人戈登 (Charles George Gordon) 統率的「常勝軍」，便成為協助李鴻章底定長江下游的主力。在李鴻章、左宗棠、曾國荃的聯合攻擊下，南京終於在同治三年 (1864) 六月被陷，洪秀全則早於四月間即服毒自殺。他的兒子十六歲的洪福瑱（即洪天貴福）於南京陷落後逃到江西，也被清軍捉到磔死在南昌。李秀成被擒後殉難，他留下了一篇兩萬八千多字的供詞，成為研究太平天國的重要史料。❶

　　洪秀全的太平天國失敗了，但卻發生了極為重大的影響。對清廷而言，太平天國的影響有兩點：一是促成督撫權力的轉移，亦即曾國藩、李鴻章、左宗棠等漢人代滿人而執掌政治權力，打破了滿人壟斷政權的局面；一是由於曾、李等人在平定太平天國過程中與外人有了接觸，得到外人的協助很多，因此認識了外人的「長技」，決定學習人家的東西，因而大力提倡洋務運動——後世歷史學者則多稱之為自強運動。對革命運動而言，太平天國的影響，也有兩點：一是使祕密會黨的民族思想，得以重振並廣泛的流傳，而且哥老會的勢力也深入湘軍，左宗棠、曾國荃都曾有被推為「大龍頭」的事，❶為後來革命黨人利用會黨及新軍舖好了路。一是對孫中山的革命思想和行動發生了啟發作用，孫氏幼年時代常聽太平天國遺事，並以洪秀全第二自許，太平天國的餘黨也有參加孫氏領導的革命運動的，如於光緒二十九年 (1903) 與謝纘泰、李紀堂在廣州起事的洪全福，本來就是太平天國的鍈王三千歲。蕭一山說得不錯：「就近代民族革命的立場而論，它無疑的是一個承先啟後的重要階段，為民族革命作初步之結束，為國民革

---

❶　羅爾綱，〈湘鄉曾氏藏忠王李秀成原供考證〉，見羅著《太平天國史考證集》（上海獨立出版社，民國 37 年 10 月）及吳相湘等編，《中國近代史論叢》，第 1 輯，第 4 冊：《太平軍》，頁 114–132。

❶　孫文，《民族主義》，第三講，及《清稗類鈔會黨類》，均有敍述。

命開嶄新的道路。」❶⑥

五、捻亂、苗亂、回亂

清文宗咸豐帝，真是個倒楣的皇帝，他沒有一天的好日子可過。英法聯軍的外患和太平天國的內憂之同時，華北、西南及西北地區，也都狼煙遍地，民不聊生，這就是接連不斷的捻亂、苗亂和回亂。

捻，是黃河下游與淮水流域之間的一種祕密結社，其成員初為農村間的無賴之徒。捻的組織，早在康熙年間即已存在，由於初期力量不大，又不公然反抗官軍，以是未嘗惹人注意。及太平天國起事並北伐時，捻遂成軍，予以響應，其首領李昭壽、張洛行其後也曾與李秀成、陳玉成合作過。清廷初派僧格林沁率兵進剿，僧格林沁亦頗盡力，但由於捻眾飄忽不定，機動力強，僧格林沁竟於同治四年 (1865) 在山東曹州，全軍覆沒，僧亦殉難。時太平天國已敗亡，清廷調曾國藩以兩江總督加欽差大臣銜，督湘軍進剿，卻徒勞無功。捻眾又分兩股，東股入魯，稱東捻，西股由河南入陝甘，稱西捻。清廷再以李鴻章為欽差大臣，率淮軍進剿，陝甘總督左宗棠亦協力圍擊，經三年追逐，始於同治七年 (1868) 將捻亂敉平。捻首張宗禹、賴文光等被殺。計捻眾先後馳騁於安徽、河南、山東、江蘇、湖北、陝西、山西、直隸等八省，傾湘、淮軍全力始克平定，雖由於捻軍善戰，實亦由於官軍暮氣太重，而湘軍師老，淮軍驕縱。捻亂雖平，中北各省已是瘡痍滿目，民生益為艱苦。

苗亂，係指咸豐五年至同治十一年 (1855–1872) 間發生於貴州和雲南兩省的叛亂，雖名之曰苗亂，參與其事者則不只是苗人，夷、回、漢人亦均有份。貴州苗亂較單純，亂首張秀眉於咸豐五年起事，雖得石達開之助逼攻過貴陽，但迄無大作為，最後於同治十一年敗於湘軍，被捕見殺。

雲南的回亂較貴州的苗亂就複雜得多，因為回民「有信仰、有組織、文化程度高、民族意識強」，❶⑦叛軍首領杜文秀、馬如龍，亦非等閒之輩。❶⑧

---

❶⑥　蕭一山，《中國近代史概要》，頁 197。

❶⑦　郭廷以，《近代中國史綱》，頁 175。

一據大理，一據昆明，建號設治，且曾布告各方，為回族有組織的抗清行動，駐在昆明的雲貴總督恆春自縊，繼任的潘鐸被殺，最後還是靠了岑毓英撫剿兼施的辦法，才得平定，前後歷時一十八年。

同治元年 (1862)，太平軍的一股進入陝西，導發了陝甘回民的叛亂。其首領為馬化龍、白彥虎，聲勢亦頗不小，其根據地則在寧夏的金積堡，清廷初以湘軍將領楊岳斌為陝甘總督進剿之，楊竟一籌莫展。乃改任左宗棠，經拚死力戰，始攻下金積堡，殺馬化龍，白彥虎西逃入新疆。左宗棠的一員勇將劉松山陣亡，損失亦不可謂不重。陝甘回亂歷時十年 (1862–71)，始平。

左宗棠有遠見，有魄力，平定陝甘只是他西征計畫的第一階段，第二階段是進軍新疆，也就是收復新疆。新疆自同治三年 (1864) 起，回民布格聶（Burghanuddin, 即黃和卓）據南疆稱叛，稱東土耳其斯坦王。北疆的安明亦據烏魯木齊（迪化）為中心，盡陷各城。及浩罕人阿古柏 (Yakub Beg) 入疆，統一全境，於同治七年 (1868) 自稱回疆國王，奉土耳其為上國，以英國為後援，於是新疆實際上已完全脫離清廷的統治，俄人則趁機進佔伊犁。就實力而言，清廷實無力收復新疆，李鴻章亦主張暫停西進。獨左宗棠力排眾議，突破萬難，於光緒二年 (1876) 開始行動，經八個月的奮戰，於同年十一月克復了喀什噶爾，收復了淪沒已十三年之久的新疆。左宗棠的勝利，並不像蔣廷黻所說的「運氣真好」，❶❾而是憑了果決的意志，周密的計畫，勇敢善戰的湖南子弟兵，以及他經營西北的雄心壯志所贏得之各方面的支持。

---

❶❽ 杜文秀為保山秀才，甚有才略，據大理建「平南」年號，揭反滿主張。馬如龍為臨安武生，勇狠善戰，後歸順清廷。

❶❾ 蔣廷黻，《中國近代史大綱》，頁94。

第二節　曾國藩、李鴻章、左宗棠

一、維護傳統文化的曾國藩

清廷於先後平定太平軍及捻、苗、回亂後，不僅政權可以延續下去，而且出現了所謂「同治中興」的新氣象。與造成這一局面最有關係的三個人，是湖南湘鄉的曾國藩 (1811–1872)，安徽合肥的李鴻章 (1823–1901)，湖南湘陰的左宗棠 (1812–1885)。

曾國藩原名子城，字伯涵，號滌生。二十八歲時才改名國藩。死後諡號文正，以是後人喜歡敬稱他為曾文正，或曾文正公。

曾國藩出身於中國舊時代的耕讀之家，是個典型的科舉時代的讀書人，他的道路是「學而優則仕」。二十八歲（道光十八年，1838）時考中了進士，並獲授為翰林院庶吉士。他在北京住了十四年，於經、史、詞章以外，特別注重經世之學，也結交了不少政、學界的師友，收了一些門生。曾先後做過六部中五部——禮、吏、兵、刑、工——的侍郎，對官場的認識和行政的經驗，都很老到。❷⓪

咸豐二年 (1852) 夏天，曾國藩奉派為江西省鄉試主考官，途次遭到母喪，自然要依禮制辭官回籍奔喪，這叫做丁憂。就在這時，太平軍北伐進了湖南，並佔領了武漢，清廷急了，一方面要地方督撫趕快剿辦，一方面要曾國藩以在籍侍郎身分，襄辦團練，護衛鄉里。曾國藩為一文士，並不知兵，但頗羨慕戚繼光的為人，也經不起湘撫張亮基好友郭嵩燾的懇勸，決定擔負起練兵打仗的任務來。所謂團練，就是組訓地方民兵，目的是為了自衛。但兩年以後，曾國藩卻奉令統率他訓練的民團離開湖南，沿長江而下去追擊太平軍。他的軍隊稱為湘軍，一生的事業也多半靠了這支湘軍。蔣廷黻曾指出曾國藩訓練的湘軍有兩個特點：一是注重精神教育，一是以

❷⓪　何烈，〈曾國藩〉，見王壽南總編，《中國歷代思想家》，第 43 冊，（臺灣：商務印書館，民國 67 年 6 月）。

家族觀念和鄉土觀念為結合的基礎。蔣氏說：

> 曾國藩是孔孟的忠實信徒，他所選的官佐，都是他的忠實同志。他
> 是軍隊主帥，同時也是士兵的導師。所以湘軍是個有主義的軍隊。
> 其實，精神教育是曾國藩終身事業的基礎，也是他在我國近代史上
> 地位的特點。他的行政用人都首重主義，他覺得政治的改革，必須
> 先由精神的改革。前清末年的官吏，出自曾文正門下者，皆比較正
> 派，足見其感化力之大。
> 曾國藩不但利用中國的舊禮教作軍隊的精神基礎，而且利用宗族觀
> 念和鄉土觀念來加強軍隊的團結力。他選的官佐幾全是湖南人，而
> 且大半是湘鄉人。這些官佐都回本地去招兵，因此士兵都是同族或
> 同里的人。這樣，他的部下的互助精神特別濃厚。這是湘軍的第二
> 特點。**㉑**

　　曾國藩以維護名教為號召，可以說完全抓住了洪秀全的弱點。他在出
師時發表的〈討粵匪檄文〉，成了對付太平軍的有利武器。他指責太平軍最
嚴厲的一段話是：

> 舉中國數千年禮義人倫詩書典則，一旦掃地蕩盡，此豈獨我大清之
> 變，乃開闢以來名教之奇變。我孔子孟子之所痛哭於九泉，凡讀書
> 識字者，又焉能袖手坐視，不思一為之所也？自古生有功德，沒則
> 為神，王道治明，神道治幽，雖亂臣賊子，窮凶極醜，亦往往敬畏
> 神祇。李自成至曲阜，不犯聖廟；張獻忠至梓潼，亦祭文昌。粵匪
> 焚郴州之學宮，毀宣聖之木主，十哲兩廡，狼藉滿地，所過州縣，
> 先毀廟宇，即忠臣義士，如關帝、岳王之凜凜，亦污其宮室，殘其
> 身首，以至佛庭道院，城隍社壇，無廟不焚，無像不滅，此又神鬼
> 所共憤怒，欲一雪此憾於冥冥之中者也。**㉒**

㉑　蔣廷黻，《中國近代史大綱》，頁60。

　　就整個中華民族傳統文化的保存和發展而言，曾國藩是有貢獻的。而且他不僅是一位固有名教的衛道者，他也從縝密的觀察和親身的經驗中，認識了時代的精神和需要，因而倡辦洋務，被認為是開創新時代的先驅。平心而論，他是舊時代的知識分子，尚未能擺脫功名利祿；他也有了新時代的覺悟，決心要做「師夷之長技以制夷」的事業；他對舊社會病態的觀察，尤其鞭辟入裡，認為高級知識分子負有移風易俗，刷新舊社會的責任。

　　曾國藩的道德、學問，固可稱之為一代士人的典型，但他有虧於民族大義，卻受到嚴厲的批評和指責。不僅革命黨的領袖孫中山以及章炳麟等人，義正詞嚴的責斥曾氏，❷即使是對曾氏道德、學問和事功推崇備至的人如何貽焜、蔣星德等，也不能不為曾氏之甘心「為異族效力」而大感遺憾。❷

　　曾國藩之能平定太平天國，也絕不是一件容易事。他並不是一位軍事長才，湘軍的組織、訓練和戰鬥精神，也並不是盡善盡美。從咸豐二年 (1852) 開始組訓團練，到同治三年 (1864) 攻破了太平天國的首都南京，曾國藩在十二年間，不曉得打過多少敗仗。他曾因戰敗而想投水自殺，也曾在戰地中遭到太平軍偷襲，全軍皆沒，他自己幾乎被俘，咸豐十年 (1860) 的祁門之敗，他已作好了遺書，準備殉難盡忠了。若不是靠了胡林翼的接濟和左宗棠的救援，曾國藩能否成功，大有問題。尤有進者，清廷並不十分信任他，咸豐十年以前，並未授給他任何地方長官的權位，使他始終沒有固定的地盤來支持他的軍隊。❷他最後終於攻破了南京，成為權重一時的權臣，但他卻又不能不被迫把湘軍解散，以致後來奉命去黃淮流域追剿捻軍時，毫無作為，失盡顏面！

---

❷　《曾文正公全集》，〈文集〉，卷3。

❷　孫先生對曾國藩的批評，見〈太平天國戰史序〉及民族主義講演；章炳麟的批評見《章氏叢書檢論》，卷8。

❷　何貽焜著有《曾國藩評傳》，蔣星德作有《曾國藩之生平與事業》，均持此一立場。

❷　何烈，〈曾國藩〉，頁 32–41。

平定太平天國之後的曾國藩，可說是位高而權不重。他本是兩江總督，同治七年 (1868)，被明昇暗降的調為直隸總督，從此離開了三江兩湖的發祥地，「一到直隸，便全無依傍了。」同治九年 (1870) 天津教案發生，他的處置並不失大體，但卻受到各方面的指責，清廷又要他三度回任兩江總督，而由本是部屬但卻意見相左的李鴻章來接替他直隸總督的遺缺，這是很大的諷刺。曾國藩的委曲，自己不好說出口，倒是蔣廷黻──曾的湖南同鄉──在曾氏死後六十餘年，作了露骨的說明：「他要維持滿清，但滿人反而嫉忌他，排斥他。」「他成了大事，並不是因為滿清和官僚自動的把政權交給他，是因為他們的失敗迫著他們求曾國藩出來任事，迫著他們給他一個做事的機會和權利。」❷❻

二、知有朝廷不知有國民的李鴻章

與曾國藩相比，李鴻章的學問和德性都差一截，他的運道和應變能力卻好得多。太平天國失敗後，李鴻章又做了曾國藩沒能做到的事：平定捻亂，因而無往而不利，居內政與外交重要權臣地位，達二十年之久。他的封號和官秩──肅毅伯、文華殿大學士、北洋通商大臣兼直隸總督等一連串榮銜，也遠超過了曾國藩。

李鴻章，字少荃，晚年自號儀叟。由於籍隸合肥，時人多稱他為李合肥；謚號文忠，學者中有人敬稱他為李文忠公。出身於世宦之家，二十二歲（道光二十五年，1845）中了進士。少時就顯露出才氣和抱負，和比他大十二歲的曾國藩有師生之誼。何烈指出：

> 道光二十五年 (1845)，李鴻章入京考進士。他是曾國藩同榜進士李文安的兒子，文安命他跟著曾國藩讀書，學作文章，曾、李二人因此建立了師生的關係。❷❼

---

❷❻ 蔣廷黻，《中國近代史大綱》，頁 62。

❷❼ 何烈，〈曾國藩〉，頁 19。

　　李鴻章早年的事業，也是曾國藩一手提拔起來的。曾國藩很欣賞李鴻章的才華，認為「才可大用」，❷因此拉李來參加湘軍剿伐太平軍的行動。不過，最初曾國藩只把李鴻章看作是幕賓，是偏將，直到咸豐十年 (1860) 以後，才要李鴻章到安徽去招募兵士，以備協助曾國藩的弟弟曾國荃赴援上海。❷由於曾國荃別有打算，不願援滬——曾國荃邀功心切，一意想進攻南京，建立首功，曾國藩這才決定以李鴻章為援滬的主將。❸其實是曾國荃太傻，他不瞭解上海地位的重要，白白送給李鴻章發展武力建立功業的最好機會。

　　李鴻章最初在安徽招募的軍隊，仍以他早年在皖辦理團練時的幹部和兵士為主。當時稱為淮勇，咸豐十一年 (1861) 冬進軍鎮江之後，始稱為淮軍。淮軍的規制起初完全依照湘軍，曾國藩並撥湘軍八營歸李鴻章指揮。淮軍的最基本隊伍，有所謂銘、樹、鼎、慶、春五營。銘字營即劉銘傳部，樹字營即張樹聲部，鼎字營為潘鼎新部，慶字營為吳長慶部，春字營為張遇春部。這五位將領，成為李鴻章的嫡系幹部，其中以劉銘傳最具識見，以後的成就也最大。

　　淮軍的素質不齊，裝備亦甚差。但於進軍長江下游後，不出半年，即有了顯著的改變，編制裝備都已自成體系，脫離了湘軍的舊規。這是因為李鴻章毅然決定倣效西制，趕造洋槍洋砲，並接受上海洋人組成之常勝軍的協助，共制太平軍，而曾國藩初尚猶豫。譬如說，購買外國輪船槍砲一事，恭親王奕訢首於咸豐十一年 (1861) 提出建議，清帝令曾國藩、胡林翼等「妥為籌議」，意外的，曾國藩竟奏覆說洋人的輪船槍砲對於打太平軍，沒有多大用處，❸李鴻章卻毫不遲疑的實行了。這說明曾國藩對外情的認識，不及奕訢，也趕不上李鴻章。等曾國藩也決定購買洋槍洋砲時，已經落在李鴻章的後頭了。這也就是李鴻章的淮軍很快的能超越曾國藩的湘軍

---

❷　《曾文正公全集》，〈書札〉，卷 3，頁 39，「致李鴻章書」。

❷　王爾敏，《淮軍志》，頁 40。

❸　王爾敏，《淮軍志》，頁 61；李守孔，《李鴻章傳》，頁 41。

❸　何烈，〈曾國藩〉，頁 52。

的關鍵。《湘軍志》的作者王闓運曾慨乎言之：

> 淮軍本傚湘軍以興，未一年盡改舊制，更傚夷軍，後之湘軍，又更
> 傚之。❸

《湘軍記》的作者王定安，說得更清楚：

> 淮軍之興，發軔於滬，浸淫至於畿輔。然其初起由湘軍，故營制餉
> 糈皆同，將裨間用楚皖人，獨用西洋火器，與湘軍異，湘軍亦往往
> 傚之。❸

　　當然，李鴻章部淮軍所需洋槍洋炮及械彈，不能全靠向洋商購買，他
要設廠製造。同治二年 (1863)，他曾在上海設立砲局三所，分別由英人馬
格里 (Halliday Macartney) 及直隸知州劉佐禹、副將韓殿甲、蘇松太道丁日
昌主持。馬格里主持之砲局旋移設蘇州，稱蘇州機器局，這是中國新式軍
需工業的發端。❹由於李鴻章能敞開胸懷開辦洋務，因而被認為是同光之
世自強運動的中心人物。他曾於同治三年 (1864) 寫一封長信給朝廷中的奕
訢和文祥，主張「天下事窮則變，變則通。」這封信，被蔣廷黻稱譽為「是
中國十九世紀最大的政治家最具有歷史價值的一篇文章。」❺
　　李鴻章的淮軍在平定太平軍之役中雖是配角，但起的作用很大。追剿
捻軍並予以消滅，則是淮軍的最大功勞。淮軍代湘軍而為清廷的國防主力，
歷二十餘年，直到甲午（光緒二十年，1894）在中日戰爭中慘敗，淮軍的
時代才算結束了。
　　李鴻章於戡定內亂及推動自強運動，是有成就和貢獻的。至於他的外

---

❸　王闓運，《湘軍志》，卷15，頁2。
❸　王定安，《湘軍記》，卷10，頁1。
❹　李守孔，《李鴻章傳》（臺灣：學生書局，民國67年），頁62–63。
❺　蔣廷黻，《中國近代史大綱》，頁72–73。

交見解和政策，則又顯得幼稚和落後了。他本被國人認作是老謀深算的人，但與外人打交道時，經常被洋人玩弄於手掌之上，尤其是日本人和俄國人最會欺負他。李鴻章先後主持了中法越南交涉 (1884–1885)、中日馬關交涉 (1895)、中俄談判 (1896) 及庚子之役的交涉 (1900–1901)，幾乎沒有一次不是喪權辱國，光緒二十二年 (1896) 的訪俄竟然引狼入室——訂立《中俄密約》，更是大得不可饒恕的失策。張之洞亦拉下臉來，痛言：「各國聞之尚為我危，苦口勸阻，中國稍有忠君愛國之心者，亦皆痛心疾首，請勿畫押，豈得謂為謬論？此李相一人偏執己見，必欲成之而後快，實所不解。」**㊱**

　　李鴻章和曾國藩一樣，一生都死心塌地的效忠清廷。但清廷則視之為「家奴」，動輒訓斥。李鴻章自以為位極人臣，於訪問歐美歸來後，曾於光緒二十四年九月（1898 年 10 月）私入頤和園玩賞一番，竟為言官所彈劾，光緒帝並令「著交部議處」，「議處」的結果竟是「革職」，經光緒帝「加恩」，才改為「罰俸一年，不准抵銷。」這是多麼大的諷刺？這又是多麼大的侮辱？聲名赫赫的李鴻章竟唯唯受之，專制君主之淫威竟如是其烈！梁啟超批評李鴻章「知有朝廷而不知有國民」，**㊲**亦係有所感而發！

三、特立獨行的左宗棠

　　「身無半畝，心憂天下」，這是左宗棠的自我評價。前句雖不一定真實，後句他卻真的是做到了。左宗棠在湘軍將帥中，是個守原則，有魄力，富有愛國心，且係疾惡若仇的人。他的毛病是自視甚高，與人處常不和洽，與李鴻章固落落難合，形同政敵，對一手提拔過他的曾國藩，竟也鬧得公然絕交，同治三年 (1864) 以後即不相往來了。

　　左宗棠，字季高，道光十二年 (1832) 中過舉人，但沒能像曾國藩、李鴻章一樣得到進士的榮銜。他是個胸懷大志的人，他的事業是自東南發展到西北，做過閩浙、陝甘、兩江三任總督，晚年受封為東閣大學士、恪靖侯，也是清政府中主要的棟樑之材。死後諡號文襄，時人稱之為左文襄公。

㊱　　王彥威輯，王亮編，《西巡大事記》，卷 9，頁 6–7。

㊲　　梁啟超，《論李鴻章》（中華書局，民國 25 年 10 月），頁 41。

　　太平軍自廣西起事北伐時，左宗棠初佐駱秉章籌謀防制之策。左以知兵見稱，駱秉章倚為左右手。至咸豐十年 (1860)，曾國藩屯駐安徽，計畫向長江下游進軍時，邀左宗棠自湖南前來會商，並決定由左回湘召募鄉勇，然後回到皖南來獨當一面。左宗棠在贛、皖間連戰皆捷，解了祁門之危，曾國藩決定畀以率師入浙的重任。他果然不負所期，到同治三年 (1864) 春，完全底定浙江，與李鴻章、曾國荃同為敉平太平軍之戰的功臣。以功授任為閩浙總督。

　　左宗棠在浙江與太平軍作戰期間，曾得到法國人日意格 (Prosper Giquel) 所組織的「花勇」——又名「常捷軍」——之助，因而對西洋武器有了認識，同時也受到淮軍諸將領的影響，左宗棠在太平軍戡定之後，其軍隊已普遍使用西洋武器，不過大部分軍隊都在曾國藩的命令下裁撤了。

　　左宗棠是最早注意到中國東南海防的人。他於同治五年五月十三日（1866 年 6 月 25 日）上奏清廷，請求准設造船廠製造輪船，以固海防。他的奏摺第一句話是：「竊維東南大利在水而不在陸」，可謂一語破的。❸❽他說從道光十九年 (1839) 鴉片戰爭開始時，即注意海事，「凡唐宋以來史傳別錄說部，及國朝志乘載記官私各書有關海國故事者，每涉獵及之，粗悉梗概。」❸❾他認為設廠造船的利益殊多，「輪船成，則漕政興，軍政舉，商民之困紓，海關之稅旺，一時之費，數世之利也。」❹⓿清廷核准了左宗棠的請求，左就在同一年內創建了馬尾船政局，自法國購進了機器和材料，開始設廠造船——這就是馬尾造船廠的由來，它並附設了一所規模粗具的船政學校。

　　左宗棠在浙、閩的新政甫行開端，清廷就又任命他為陝甘總督，於是他的事業由東南轉向西北。他第一步先清勦了竄入陝甘境內的捻匪，第二步就是進軍新疆，要收回已經被叛回侵佔的廣大領土——這是自乾隆以來的首次壯舉。當時朝廷內外，有不少人反對他，說他好大喜功，不切實際，

❸❽　全文見《左文襄公全集》，〈奏稿〉，卷 16，頁 1–6。

❸❾　同上。

❹⓿　同上。

李鴻章也為日本侵略臺灣的行動所困，不主張對西北用兵，甚至主張放棄。李主張先辦海防，理由是：「新疆不復，於肢體之元氣無傷；海疆不防，則腹心之大患愈棘。」❹左宗棠不以為然，他不止一次的上奏力爭，曾經激動的說：

> 重新疆所以保蒙古，保蒙古所以衛京師。俄人拓境日廣，由西而東萬餘里，與我北境相連，惟中段隔有蒙古。徙薪宜遠，曲突宜先……臣以一介書生，極高位顯爵，今年已六十有五，豈尚有功名之念。惟是俄據伊犁，阿古柏帕夏據喀什噶爾；若付之不問，後患將不可知。❷

　　史家對李、左的爭論，多認為各有道理。蔣廷黻說「左宗棠的言論比較動聽，李的比較合理；左是高調，李是低調。」❸蕭一山大體上同意蔣廷黻的看法，惟謂「左的識見宏遠」而「李則顧及現實，先其所急。」❹歷史事實卻已作出了裁判：左宗棠是真真實實的收復了新疆——道光以後收復失地的惟一案例；李鴻章的「合理」言論卻阻止不了列強的海上攻勢，安南、琉球、臺灣、朝鮮都在李鴻章主政的時代喪失了。

　　左宗棠平定了新疆，但不負責與俄國談判收復伊犁。這個責任，清廷初令崇厚去擔當，想不到崇厚誤國喪權，最後還是由曾紀澤去挽回了面子。曾紀澤因此大受推重，連英國駐俄國的大使德佛椚 (Lord Dufferin) 都認定這位曾侯是「憑外交從俄國取回它已佔領的土地的第一人」。❺然而，曾紀澤的機會是左宗棠給他創造出來的。沒有左宗棠的收復新疆，又怎麼可能

---

❹ 《李文忠公全集》，〈奏稿〉，卷 24，頁 18–19。

❷ 《左文襄公全集》，〈奏稿〉，卷 48，頁 35。

❸ 蔣廷黻，《中國近代史大綱》，頁 93–94。

❹ 蕭一山，《中國近代史概要》，頁 242。

❺ 李恩涵，《曾紀澤的外交》（中央研究院近代史研究所專刊，民國 55 年 5 月），頁 160。

要曾紀澤去俄國作交還伊犁的交涉呢！

左宗棠從新疆回來，清廷派他去接劉坤一的任，做兩江總督。他於光緒七年 (1881) 到任，十年離職 (1884)，四年的任期之內，由於和北洋的李鴻章「關係不協，頗存敵意」，❻因此沒有太多的建樹，且時時受到批評。光緒十年 (1885)，中法戰起，清廷要左宗棠去福建督師，未能一展身手，即告積勞病逝。他活了七十四歲，著有《盾鼻餘瀋》一書及〈奏議〉一百二十卷，他的家書存稿不少，也很可觀。

第三節　洋務運動的推動

一、倡導人物及其言論

自咸豐十一年到光緒二十年 (1861–1894) 的三十餘年間——亦即十九世紀的六十年代到九十年代，在朝廷重臣奕訢 (1833–1898)、文祥 (1817–1876) 和地方大吏曾國藩、李鴻章、左宗棠等人的合作下，開始了以學習西器和西藝為中心的洋務運動，洋務運動的目的在富國強兵，所以又稱作自強運動。

洋務運動是中國人對西力衝擊所表現出的第一次強烈反應，也是當時一部分政治主持人和知識分子開始認真的認識西方，模仿西方，並在某種程度下信仰西方的開端。這一運動的思想淵源，可以溯自龔自珍 (1792–1841)「與其贈來者以勍改革，孰若自改革」❼的改革論；林則徐則是首先發現清軍「器不良」、「技不熟」，無法與西方海軍對抗，而立意要瞭解西方並學習西方的人。❽林則徐在鴉片戰爭前夕，便著手編譯一冊介紹西方的《四洲志》。戰爭結束後，林即請他的友人魏源 (1794–1856) 根據鴉片戰爭前後所獲得對西方的材料和知識，編纂成一部介紹世界大勢的名著《海國

---

❻　王爾敏，《淮軍志》，頁 154、256。

❼　龔自珍，《定盦全集》，卷 1，〈乙丙之際箸議〉，第七。

❽　林則徐，〈致姚春木王冬壽書〉，見《道咸光名人手札》，第 2 集，卷 1。

圖志》。魏源在這書的序言中，提出他著書宗旨是：

是書何以作？ 曰：為以夷攻夷而作，為以夷款夷而作，為師夷之長技以制夷而作。 **❹**

魏源這句「師夷之長技以制夷」，被認為是應付世變的最好方策，也就成了後來洋務運動的基本理論依據，魏源也就被認為「可能是（鴉片）戰後第一位體會到時代已開始在變與西方影響中國之大的中國學者。」**❺**一位日本學者小野川秀美更推崇魏源說：「肅人心，進人材，瞭解西洋的情形，輸入西洋的長處，講求對抗西洋之道，這些都顯示在《海國圖志》的思想中。尤其是輸入西洋的長處，是為當時最具先見的主張。」**❺**

魏源的《海國圖志》出版後第四年 (1848)，徐繼畬出版了他的《瀛寰志略》，內容的正確性超過《海國圖志》，使人們耳目一新。隨後英法聯軍之役 (1856–1860) 和太平天國之役 (1850–1864) 同時發生，構成對洋務運動的刺激和啟發，倡導洋務運動的人也就多起來了。最主要的幾位是：馮桂芬 (1809–1874)、洪仁玕 (1822–1864)、王韜 (1828–1897)、容閎 (1826–1912)、郭嵩燾 (1818–1891)、曾紀澤 (1839–1890)、薛福成 (1838–1894)、鄭觀應 (1842–1922)、何啟 (1859–1914)、胡禮垣 (1847–1916)。他們各自著書立說，**❺**直接間接對曾國藩、李鴻章等人提出了興辦洋務的種種建議。

這些洋務運動的倡導人物中，主張最具體影響力也最大的人，應當是

---

❹　魏源，〈海國圖志自序〉。

❺　郭廷以，《近代中國史綱》，頁 80。

❺　小野川秀美著，林明德、黃福慶譯，《晚清政治思想研究》（臺北：時報文化出版事業有限公司出版，民國 71 年 5 月），頁 3。

❺　馮桂芬著有《校邠廬抗議》(1861)、洪仁玕著有《資政新編》(1859)、王韜著有《弢園文錄外編》(1880)、容閎著有《西學東漸記》（商務印書館）、郭嵩燾著有《養知書屋文集》、薛福成著有《籌洋芻議》(1885)、曾紀澤著有《中國先睡後醒論》、鄭觀應著有《盛世危言》(1884–1885)、何啟、胡禮垣著有《新政真詮》(1887–1900)。

馮桂芬。馮桂芬曾經和林則徐共過事，與曾國藩有過接觸，對李鴻章更曾
作過很多的啟示。他的權威著作是咸豐十一年 (1861) 寫成的《校邠廬抗
議》，主張「既須反求諸己，亦須取法於人」，既要「師夷之長技」，尤應著
手於內政之改革。舉凡軍備、吏治、外交、科舉、教育、實業諸大端，馮
氏均曾論及；其改革的前提，則仍是以中國之倫常名教為本，輔以西方之
術與藝，論者每謂馮氏之主張，開所謂「中學為體，西學為用」的先河。❺❸

二、重要建樹

　　三十餘年間洋務運動的項目，大體係以西器和西藝為主：最初是船艦、
槍砲；隨後擴及鐵路、開礦、電報、郵政、銀行、鑄銀，以及農、工、商
業；亦稍涉及政治制度；派遣留學生及建立同文、武備等學堂，亦為顯著
的特色。時間上，洋務運動的進展可分為三期：第一期自咸豐十一年至同
治十二年 (1861–1873)，這一時期的主要領導人為奕訢和曾國藩。第二期自
同治十二年至光緒十一年 (1873–1885)，由於曾國藩於同治十一年 (1872)
病逝，奕訢喪失了慈禧太后的崇信，左宗棠被派去西北平定回亂，李鴻章
以北洋大臣兼直隸總督的地位，成為這一時期洋務運動的主腦人物。❺❹ 第
三期自光緒十一年至二十一年 (1885–1895)，亦即自中法戰爭 (1884–1885)
至中日甲午戰爭 (1894–1895) 之間的十年間，李鴻章雖仍為主要的領導人
物，但兩位新起的總督——湖廣總督張之洞 (1837–1909)、兩江總督劉坤一
(1830–1902) 以及臺灣巡撫劉銘傳 (1837–1894) 已受到重視，醇親王奕譞在
朝廷中亦有代奕訢而起的形勢。總括而言，李鴻章確是洋務運動的中心人
物，大部分的洋務措施和事業，都出於李鴻章的籌畫和創辦。

　　洋務事業，或稱之為自強新政，可分為八類：一是軍事工業，即造砲
製船；二是交通，即鐵路、電訊及郵政；三是礦冶，即開礦與冶金；四是
新式教育，文者如同文館及廣方言館的設立，武者如各處武備學堂的開辦；
五是派遣學生出國留學，朝廷與各省均曾派遣；六是創建海軍，先後成立

---

❺❸　郭廷以，《近代中國史綱》，頁 305。

❺❹　李守孔，《李鴻章傳》（臺灣：學生書局，民國 67 年），頁 145–180。

南洋及北洋艦隊；七是改善對外關係，即總理各國事務衙門的設立及遣使訂約；八是民生工業，即紡織、造紙及火柴等廠的設置。茲以各項措施或事業開辦的年代為序，列舉其最主要者如下：

年代	大事紀
咸豐十一年 (1861)	奕訢和文祥開始聘請外國軍官，在天津訓練新軍。北京同文館開辦，為中國新教育的開始。 奕訢和文祥託海關總稅務司英人赫德 (Robert Hart, 1835–1911) 向外國購買砲艦，並聘請英國海軍人員來華，協助訓練新水師。
同治元年 (1862)	曾國藩命徐壽、華蘅芳創辦軍械所於安慶，試製輪船與兵器。
同治二年 (1863)	李鴻章創設製械局於上海及蘇州。並設立上海廣方言館（同治九年，1870年，併入江南製造局）。
同治三年 (1864)	廣東廣方言館成立。
同治四年 (1865)	曾國藩、李鴻章設江南製造局於上海，附設譯書局翻譯西書。
同治五年 (1866)	左宗棠創福州船政局，設造船廠於馬尾，並附設船政學校。 李鴻章設立金陵製造局。
同治六年 (1867)	崇厚設立天津製造局（後改稱北洋機器局）。
同治九年 (1870)	李鴻章整頓並擴充天津製造局。
同治十年 (1871)	李鴻章建議在大沽設置洋式砲臺。
同治十一年 (1872)	曾國藩、李鴻章選派首批幼童四十人

	赴美留學，為中國政府派遣公費留美學生之始。
	李鴻章設輪船招商局於上海，為國人首次創辦之輪船公司。
同治十三年 (1874)	沈葆楨奏准安設福州、廈門、臺灣電線。
光緒元年 (1875)	李鴻章籌辦鐵甲兵船。清廷設海軍衙門，開始興辦海軍。
光緒二年 (1876)	李鴻章派遣武官，分赴德國學陸軍；派福州船政學堂學生分赴英、法，學習造船和駕駛。
光緒四年 (1878)	左宗棠設甘肅製呢總局。李鴻章開辦開平礦務局。
光緒六年 (1880)	李鴻章設水師學堂於天津，設立天津電報學堂，請修鐵路。
光緒七年 (1881)	李鴻章設電報總局、開平礦務局修築開平唐山間十八英里之鐵路——即唐（山）胥（各莊）鐵路，為中國第一條築成而能繼續發展的鐵路。李鴻章設立官督商辦之貿易公司。
光緒八年 (1882)	李鴻章築旅順軍港，創辦上海機器織布廠。
光緒十一年 (1885)	李鴻章設天津武備學堂。
光緒十三年 (1887)	李鴻章開辦黑龍江漠河金礦。
光緒十四年 (1888)	李鴻章成立北洋艦隊。
光緒十五年 (1889)	張之洞奏請在廣東設立織布局及煉鋼廠。

光緒十六年 (1890)	張之洞設大冶鐵廠及漢陽兵工廠。
	旅順船塢及砲臺，建築完成。
光緒十七年 (1891)	李鴻章設倫章造紙廠於上海。
	劉銘傳築成臺灣基隆至臺北間之鐵路。
光緒十九年 (1893)	李鴻章設機器紡織總局於上海。
	張之洞設湖北織布、紡紗、製蔴、繅絲等四局，嗣合併為湖北官布局。
	臺灣鐵路自臺北展築至新竹。
光緒二十年 (1894)	李鴻章設醫學堂於天津。
	湖北設聚昌、盛昌等火柴公司。

　　自強運動建設過程中，臺灣建設之成就乃為一大特色。臺灣建設，得力於三位福建巡撫沈葆楨 (1820–1879)，丁日昌 (1823–1882) 和劉銘傳 (1837–1894) 的苦心經營。沈葆楨為最先發現臺灣在國防上之重要地位與經濟上的潛在價值之人，他提出了經營臺灣以固國疆的呼籲。丁日昌在福建巡撫任內更親至臺灣考察，幾乎傾其全力於臺灣建設的規畫。❺❺可惜丁日昌僅任閩撫二年即告退休，臺灣亦於光緒十一年 (1885) 建為行省。繼沈葆楨、丁日昌全力經營臺灣者，為首任巡撫劉銘傳。他獲得李鴻章的支持，在臺灣大力興革，如重定行政區劃，整頓財政，清理土地，建築鐵路，購買輪船，開採礦產，改良農業，獎勵貿易，創設電訊電燈及自來水，興辦各類新式學堂等，均著成效。❺❻郭廷以對劉銘傳的評論甚好：「經過六年 (1885–1891) 慘淡經營，臺灣步步前進。中國的自強運動已三十年，而以劉銘傳為最努力，在二十三省中臺灣最具規模。」❺❼

---

❺❺　呂實強，《丁日昌與自強運動》，頁 282–317。

❺❻　臺灣史蹟源流研究會六十七年會友年會，《劉銘傳專刊》；羅剛，《劉公銘傳年譜初稿》，下冊，（正中書局，民國 72 年）。

❺❼　郭廷以，《近代中國史綱》，頁 259。

三、外人的地位及其影響

　　無論在形式上、實質上，自強運動帶有顯著的西化色彩，來到中國的外國人自然也就不可避免的參與其間，扮演了各種不同的角色，直接間接發生過不同程度的影響。試一檢查同、光時期的新政，無論軍事、外交、教育、學術、海關、郵政、醫學等方面，都曾借助於洋客們的協助。❺❽有些改革係出自外人的建議，如威妥瑪 (Thamas F. Wade, 1818–1895) 在同治四年 (1865) 提出的〈新議略論〉以及赫德 (Robert Hart, 1835–1911) 在同治五年 (1866) 發表的〈局外旁觀論〉，❺❾都有切中時弊的條陳，大部分意見也都被清廷所採納。有些新設施則係由外人主動的倡辦與管理，如中國第一座天文臺──上海徐家匯的天文臺，係由法國人建造 (1873)，香港至上海間於同治十年 (1871) 竣工的海底電線，係由丹麥人所完成。

　　外人參加中國的軍事行動，始自太平天國之後。在同治年間，曾國藩的湘軍和李鴻章的淮軍都曾聘用過外國軍人來幫忙打仗和訓練人才，左宗棠也同樣用法國人編組過「常捷軍」，據統計參加或協助敉平太平天國戰役的外人數以百計，美人華爾、英人戈登、法人日意格乃其著者。太平軍也僱用過一百零四個外國人，還用了一個美籍教士羅孝全 (Issachar Jacox Roberts, 1802–1871) 為丞相，主持外務。❻❶敉平太平天國後，曾、李、左都努力建立兵工廠和造船廠，也都請外人為技師，李鴻章興辦海軍時，也是聘請一個英國人琅威理 (W. M. Lang) 擔任總教練，天津武備學堂中則有德籍教官來協助訓練。

　　外交方面具有影響力的外人，赫德、威妥瑪之外，要推美國人蒲安臣

---

❺❽　介紹這些外人的中文專著有三：一是王樹槐，《外人與戊戌變法》（中央研究院近代史研究所，民國 54 年）；二是姚崧齡，《影響我國維新的幾個外國人》（傳記文學社，民國 60 年）；三是胡光麃，《影響中國現代化的一百洋客》（傳記文學社，民國 72 年）。

❺❾　威妥瑪與赫德兩文，均見《同治朝籌辦夷務始末》，卷 40。

❻❶　Yuan-Chung Teng,"Reverend I. J. Roberts and Taiping Rebellion,"*Journal of Asian Studies*, NO. 23, Nov. 1963.

(Anson Burlingame, 1820–1870)，他於咸豐十一年 (1861) 奉派出使中國，倡導「合作政策」(Cooperative Policy)。同治二年 (1863) 蒲安臣促成上海英、美租界合併為公共租界，是件做得非常漂亮的事，中、美、英三國都感到滿意。同治六年 (1867) 任期屆滿後退休，他卻為清廷禮聘為特使，率領一個中國代表團前往美、英、法、德、俄等十一個國家訪問，並曾於同治七年 (1868) 代表中國政府在華盛頓和美國政府簽訂了一項條約——即所謂《蒲安臣條約》(Burlingame Treaty)，❻同治九年 (1870) 春，蒲安臣訪問俄國時染病逝世。中國有史以來派遣的第一個外交訪問團，竟是在一個美國退休外交官的率領下，這是外交史上的佳話，同時也反映出同光之世外交上依恃外人的情形。與蒲安臣前後媲美的人，要算是法國人日意格。他曾於光緒二年 (1876) 與清廷所派道員李鳳苞同任出洋監督，率領福州船政學堂的學生遠赴英法實習海軍。曾紀澤於光緒六年 (1880) 去俄國辦理交涉時，也曾邀其隨往相助。日意格並入籍中國，以便於為中國政府服務。❻

欲仿行西學西藝，必須訓練外國語文方面的人才。故清廷於創立總理各國事務衙門之際，即同時設立兩個附屬機構，一為辦理海關事務之總稅務司署，一為學習西文西語之同文館。這兩個新設機構，都聘請了西方人士來協助，甚至主持。赫德是協助中國首創海關的人，他在總稅務司任內，又創辦了郵政，並為我國海關和郵政建立了良好的制度。❻對同文館最有貢獻的西方人，則是來自美國的傳教士丁韙良 (William A. P. Martin, 1827–1916)，他先後出任北京同文館的英文教習和總教習，歷時近三十年。繼北

---

❻　蒲安臣使團 (1868–72) 經過，詳見李定一，《中美早期外交史》(1784–1894)，頁 451–88。《蒲安臣條約》係於 1868 年 7 月 28 日，訂於華盛頓，全文八條，為 1858 年《中美和好條約》的補充條約，1869 年 11 月 24 日在北京換約後，正式生效。

❻　胡光麃，《影響中國現代化的一百洋客》，頁 20–22。

❻　赫德初於咸豐九年 (1859) 任廣東海關稅務司，咸豐十一年 (1861) 至北京，同治二年 (1863) 實授總稅務司，次年頒布海關組織法，建立海關人事制度。光緒四年 (1878) 受命試辦華洋信局，且在光緒二十二年 (1896) 管理全國郵局，訂立我國郵政制度。

京同文館而成立的語文機構，是上海的廣方言館和廣州的同文館，前者的英文教習為林樂知 (Young John Allen, 1836–1907)，後者的英文教習為譚順，兩人都是美國教士。

外國教士們也在中國開始創辦教會學校，美國的新教傳教士們態度更為積極。他們最初創辦的教會學校稱為會館或書院，逐漸擴充或合併，終於發展為大學。北京的燕京大學、輔仁大學，濟南的齊魯大學，上海的滬江大學、聖約翰大學、東吳大學，南京的金陵大學，杭州的之江大學，福州的協和大學，廣州的嶺南大學，漢口的華中大學，長沙的雅禮大學及成都的華西大學，都是由教會書院蛻變而來成績甚為優良的高等學府。**❻❹**

西書的翻譯為自強運動的過程中，至為可觀的一項成就，外籍教士在這方面的貢獻也甚大。官立機構如北京的同文館，上海的江南製造局，都曾有計畫的翻譯西書。丁韙良把美人惠頓 (Henry Wheaton) 所著的《國際法要旨》(*Elements of International Law*) 譯為中文，定書名曰《萬國公法》，是為最早介紹國際公法到中國來的著述。同治三年 (1864)，總理各國事務衙門引用該書所載的國際法則例，竟使普魯士將在中國領海內截獲之丹麥商船，移交中國。**❻❺**兩位英國教士偉烈亞力 (Alexander Wylie, 1815–1887) 和傅蘭雅 (John Fryer, 1839–1928)，對譯書事業的貢獻尤大。偉烈亞力在上海設立了一所墨海書館，開譯書風氣之先，他自己也和中國數學家李善蘭 (1811–82) 合譯了幾何學方面的西書。傅蘭雅主持上海格致書院，同時編譯科學圖書，譯出的書籍最多。中國學者參與翻譯西方科技書籍著有成績者，則為徐壽 (1818–84)、李善蘭、華蘅芳 (1833–1902) 等人。**❻❻**徐是著名的化

---

❻❹ 關於教會學校的發展，參閱 Jessie Gregory Lutz, *China and the Christian Colleges, 1850–1950* (Ithaca and London, Cornell University Press, 1971).

❻❺ 事情的經過是：同治三年 (1864) 春，普魯士公使烈斐士 (M. Van Rehfues) 乘軍艦抵大沽外海，遇到兩艘丹麥商船，由於普、丹正在交戰，烈斐士即將丹麥商船捕獲，當作戰利品。清恭親王奕訢認為烈斐士的行為已侵犯了中國的領海，拒絕接見，並以丁韙良所譯《萬國公法》為依據，要求放船並賠償損失。烈斐士只好釋放兩船，並賠償一千五百銀元。奕訢因購《國際公法》二百本，分送各省參用。

學家；李擅數學與物理，並曾出任北京同文館、天文算學館總教習；華是數學家，所譯數學方面的書籍，通暢易懂，影響力亦較大。

外人在中國所辦的報紙和期刊，也是西學輸入的重要門徑，對新知識的推廣極有效果。報刊發行方面，林樂知是最有名的「教會報人」。他於同治七年 (1868)，在上海創辦《教會新報》(*Church News*)，為中國最早的定期刊物。同治十三年 (1874)，《教會新報》改為《萬國公報》(*Review of the Times* 或 *The Globe Magazine*)，以介紹新學為宗旨，影響至大。光緒七年 (1881)，林樂知與威廉臣 (Alexander Williamson) 及李提摩泰 (Timothy Richard, 1845–1919) 等人，在上海組成了廣學會，被認為是新知識交換的總匯，於嗣後維新思想的傳播，貢獻至大。

外人的另一項貢獻，是西方醫學知識和技術的傳入。教士中不少是醫生出身，他們在各地設立醫院，附設醫校，並編譯醫學書籍，單是在廣州行醫的嘉約翰 (John G. Karr) 一人，在 1859 至 1886 年間編譯出版的西醫書籍，就有二十餘種。北京、廣州、上海等地也先後創刊介紹西醫的刊物。其中以上海出版的《博醫匯報》影響較大，它就是後來的《中華醫學雜誌外文版》的前身。❻⓿

第四節　自強運動的失敗

同、光年代曾國藩、李鴻章等「中興名臣」所舉辦的自強事業，表面上看來，盛極一時，蔚然可觀，尤其是海軍軍艦的噸位曾高列世界第八位，凌駕日本之上。事實卻證明，這些事業尚經不起考驗。經過兩次對外戰爭——乙酉中法之戰與甲午中日之戰——的挫敗，自強運動便也宣告落幕了。吳相湘氏深致感慨：

> 英法聯軍攻佔北京 (1860) 之後，若干人士纔不得不面對現實，承認

---

❻❻　木鐸出版社，《中國科學文明史》，頁 646–701。
❻⓿　《中國科學文明史》，頁 698–701。

這個「大變局」，由是奮起而思有所作為，以期能自強圖存。此後三十餘年間，全國都籠罩在這個自強運動之中，國內充滿了許多新興的事物，國際上對中國也有刮目相看的趨勢。在舉國上下都沾沾自喜，陶醉在這三十餘年努力成果的氣氛當中時，日本人在朝鮮的礮聲，結束了這一場美夢。❻❽

　　自強運動不足以救國，已是眾所公認的事實。然則自強運動失敗的原因何在呢？歷史學者們曾就各種不同的角度，去作檢討。下述四點，乃是自強運動失敗之最明顯的原因：

　　其一，守舊派的反對：自強運動一開始，就受到一部分朝廷重臣和地方士紳的掣肘。朝廷中，以醇親王奕譞和大學士倭仁為中心，形成了一個反對派，堅稱：「立國之道，尚禮義，不尚權謀；根本之途，在人心，不在技藝。」❻❾他們幾乎反對所有的西藝和西學。地方士紳中反對自強運動者亦復不少，王闓運 (1832–1916)、葉德輝 (1864–1927) 乃其著者，甚至如俞樾 (1821–1907)，亦不贊成使用機器，組織公司等西法來大量開礦。❼❿自強運動時代的主政者，大部分年代是慈禧后那拉氏，❼❶她本身就是個只關心個人權位並不熱心國家安危的人。在她絕對的威權之下，奕訢、李鴻章等自強運動的倡導者，並不敢放手去做。郭嵩燾且被守舊派斥為「漢奸」，曾紀澤回國後甚至不敢進京，抑鬱以死。

　　其二，領導人物的缺點：自強運動的領導者，其求富求強的動機是純正的、適切的，但這些人士在觀念、學養甚至品格方面，都有些無法克服

❻❽　吳相湘等，《中國近代史論叢》，第 1 輯，第 5 冊：《自強運動》，〈導論〉，（臺北：正中書局，民國 45 年）。

❻❾　《籌辦夷務始末（同治朝）》，卷 47，〈倭仁奏摺〉。

❼❿　有關自強運動各項事業贊成與反對的論爭，孫廣德著《晚清傳統與西化的爭論》（臺灣：商務印書館，民國 71 年 5 月）一書，有翔實的論述。

❼❶　同治帝即位 (1862) 時，慈禧即聽政。十二年後 (1873) 同治親政，不到一年就死了。光緒帝即位 (1875) 後，慈禧二度親政，達十五年之久 (1875–1889)，光緒帝親政 (1889) 後僅五年便發生了甲午戰爭 (1894)，自強運動就告結束了。

的缺點和弱點，使他們不可能把自強運動做到徹底。譬如說，他們的思想中，忠君的觀念根深柢固，視皇帝和太后的意旨為金科玉律，不敢面對專制落後的清廷政制提出改革，因此慈禧要挪用海軍的費用去修頤和園，李鴻章就只有「奉命惟謹」。曾、李等人的知識，也只限於中國傳統的經世知識，對世界大勢的認識僅是皮毛，因此他們的學習西方，並不徹底。因此蔣廷黻批評曾國藩等人「雖向近代化方面走了好幾步，但是他們不徹底，仍不能救國救民族。」**❼❷** 李鴻章是自強運動的中心人物，他的心志和知識都是受到更多的批評。梁啟超固然說他「知有兵事而不知有民政，知有外交而不知有內政，知有朝廷而不知有國民」。**❼❸**《清史稿》中給他作傳的人也批評李鴻章「惟才氣自喜，好以利祿驅眾，志節之士，多不樂為用，緩急莫恃，卒致敗誤。」**❼❹**

其三，人才的缺乏：自強運動開始，有百端並舉之勢，自然需要大量真正懂得西藝西學的人才。曾、李等人，雖也曾興辦學堂，派遣學生出國留學；但前者有名無實，後者緩不濟急。自己既沒有人才，只有聘用洋人，有些事業也非任用洋人不可。但任用洋人也有麻煩，第一，所用的洋人並不一定是專家，如金陵製造局的技術指導人英人麥加理，不過是個醫生；為左宗棠所信任的福州造船廠的法國技術師德克碑 (Paul D. Arquebell)，事實上僅是中級軍官，從來沒有做過造船的事。第二，洋人忠於清廷的人並非沒有，但心懷異志一心攬權以控制中國的侵略者，為數也不少。英人李泰國 (Horatio N. Lay) 受清廷之託購進英艦七艘，竟不聽命令，完全把指揮權交於英國海軍上校阿思本 (Sherard Osborn)，若非蒲安臣出面調停，麻煩可就大了。就連中國人很信得過的同文館總教習丁韙良，在庚子 (1900) 拳變的時候，竟也同意由各國來瓜分中國，**❼❺** 這如何不叫人警惕！自強運動推行三十餘年，並沒能培植出足夠的可用人才來，實在是一項致敗的主要

❼❷　蔣廷黻，《中國近代史大綱》，頁 77。

❼❸　梁啟超，《論李鴻章》(中華書局，民國 25 年 9 月)，頁 41。

❼❹　《清史稿》，卷 401，〈李鴻章傳〉。

❼❺　姚崧齡，《影響我國維新的幾個外國人》，頁 32–33。

原因！

　　其四，民間的迷信：自強運動的事業，無非是以國防為中心的現代化建設的開端。現代化建設需要有現代化的環境來配合，更需要有現代化的國民來推動，但這兩個條件，當時顯然都不具備。民間的迷信思想——民眾迷信，士紳也迷信，構成阻礙進步的一大阻力，造成了損失，甚至招惹了禍患。如各地教案的發生，泰半係起源於民間的迷信與愚昧。又如鐵路的建設，明明是富國利民的事業，民間偏偏有人把鐵路視作是西洋人的魔術，足以破壞風水，因而大加反對。英國的怡和洋行 (Jardine, Matheson & Co. Ltd) 於同治十三年 (1874) 開始興建一條由吳淞到上海的鐵路，到光緒二年 (1876) 江灣、上海間之一段開始通車，不料卻受到地方士紳和人民的反對，藉口所謂利權和風水問題，於次年 (1877) 出錢買回來，把它拆毀。現在看來，簡直是愚不可及的大笑話。無知的官吏、士紳和民眾，對於埋電桿、裝電線，也認為影響風水，力加反對。給事中陳彝於光緒元年 (1875) 的上奏中，即曾大言電線電桿足以破壞地脈而使「為子孫者心何以安」的道理，今日讀來也只能叫人啼笑皆非。還有一位翰林在看過電報機收發情形的表演後，卻輕蔑的說：「中國四千年來沒有過電報，固仍泱泱大國也。」**❼❻** 士紳有這種故步自封的思想，自強運動又何能紮根落實！

---

❼❻　《中國科學文明史》，頁 703。

第三章　帝國主義合力侵逼下的民族危機

第一節　英俄日攫我邊藩

一、中英滇案交涉與煙臺條約

英國的勢力侵入印度後，即以印度為基地，東圖緬甸，北窺西藏。在英法聯軍之役 (1856–1860) 前，英國實際上已侵佔緬南。英法聯軍之役中國慘敗，英國的侵略野心益熾，計畫建築一條自仰光到雲南的鐵路，以打開中國西南的門戶。自同治七年 (1868) 起，即不斷派人進入滇、緬邊區來探測路線。

同治十三年 (1874)，又有一支英國的探測隊進入雲南。人數有兩百人，由柏郎 (H. A. Browne) 率領，計畫進入雲南後，再由雲南前往北京，因此英國駐北京的公使威妥瑪派了一位書記官馬嘉里 (Augustus R. Margary) 前往滇邊相迎。威妥瑪把這事通知了清廷的總理各國事務衙門——即所謂「總署」，亦即當時實際上的外交部。馬嘉里取道湖南、貴州，進入雲南，已經是光緒元年 (1875) 二月了。他通過雲南進入緬甸，接到柏郎探測隊返回雲南時卻意外的被殺害了。事情的背景是這樣的：

前幾年，雲南一直鬧回亂。回亂的首領杜文秀曾與英人有來往，因此雲南巡撫兼署雲貴總督岑毓英很厭惡英人。這時滇西秩序仍未大定，岑督對於馬嘉里此來，深具戒心，馬嘉里過騰越時，參將李珍國受岑的指使，曾與當地士紳共謀阻止，未能成功。及馬嘉里會同柏郎自緬境折返至蠻允地面，即被殺害。柏郎則退回緬境八莫。時

為光緒元年正月十六日即一八七五年二月二十一日，史稱「滇案」，亦稱「馬嘉里案」或「馬嘉里被害事件」。❶

　　就這一事實而言，岑毓英當然是不對的，他應當對馬案負責。但他並沒有把事實真象向清廷報告，而把殺害馬嘉里的責任諉之於滇邊的「野人」。英國公使威妥瑪卻不放過這一可對清廷大肆要挾的機會，他一下就提出六項要求，其中就有三項與馬案無關。總理各國事務衙門沒有完全答應威妥瑪的要求，他即以絕交相威脅，並下旗出京赴滬，並要求英國政府對中國開戰。總稅務司英人赫德亦乘機向李鴻章恫嚇，謂英國即將用兵於中國。這兩位一向被認為是支持中國自強運動且為李鴻章友人的英國人，這時卻擺出一副侵略者的姿態，國人深感失望。

　　清廷對於滇案，亦缺乏明快果斷的政策。先是飭令岑毓英「確切查辦」，後來知道岑毓英不講實話，又命湖廣總督李瀚章赴滇查辦。李瀚章遲遲其行，其查辦報告又認為馬嘉里之被殺，由於野人索過山禮不遂所致，與岑毓英無涉。這一報告，自然不為英國人接受。威妥瑪乃回到北京直接向總署交涉，並提出嚴懲岑毓英，加開商埠，重訂貿易章程，謝罪等嚴苛條件。

　　滇案的交涉拖了一年多，還沒有結果。威妥瑪深知清總署諸事均取決於北洋大臣兼直隸總督李鴻章，因向李轉施壓力，又命英國的遠東艦隊直逼渤海，以相威脅。其實，這是威妥瑪的虛聲恫嚇，英政府因土耳其問題趨於緊張，並無意對中國開戰。李鴻章震於威妥瑪的橫暴，因請赫德向威妥瑪調停。威妥瑪同意與李鴻章在煙臺談判，這已是光緒二年閏五月（1876年7月）間的事了。七月初三日（8月21日），李鴻章和威妥瑪在煙臺談判，幾經波折，終於在七月二十六日（9月13日）簽訂了《中英煙臺條約》。這一條約的內容，分為三端，十六款。❷其要點：

　　㈠昭雪馬嘉里事件：包括派使赴英謝罪，賠償二十萬兩及商訂通商章程。

　　㈡雙方往來禮節及審辦案件與交涉事項：包括妥訂各國公使、領事與

---

❶　中國近代史教學研討會，《中國近代史》（幼獅書店，民國 60 年），頁 172–173。

❷　全文見李守孔，《中國近代史》（三民書局版），頁 75–76。

中國官員往來禮節，及各口岸承審章程，准英國在上海設立承審公堂等項。

㈢通商事務：包括租界內免收洋貨釐金，開宜昌、蕪湖、溫州、北海為商埠，英國得駐領事，重慶亦可由英國派員「駐寓查看」，長江六處地方准英輪停泊上下客商貨物等項。❸

此約另有一項專款，規定英國可派員由北京出發，經由甘肅、青海，或經由四川，以進入西藏及印度，探訪路程。這等於把西藏對英國人開放了，也證明英人已有侵略西藏的野心。在《煙臺條約》中，威妥瑪的要求除提審岑毓英一項外，全都得到了。這是中英間的第三個不平等條約，中國所受的損失，僅次於 1842 年的《南京條約》與 1858 年的《天津條約》。條約談妥後，清廷即派郭嵩燾為首任駐英公使，去為「滇案」謝罪。❹郭嵩燾是清廷第一次派出去的駐外使節，他的第一件任務卻是向駐在國政府謝罪，這也是世界外交史上少有的諷刺。

二、中俄伊犁交涉

俄國於新疆發生回亂期間，乘機於同治十年 (1871) 五月以「維持邊境治安」為名，出兵進佔伊犁。同年冬，俄軍復以通商為名，進兵至綏來縣境，為當地民軍將領徐學功擊敗，遂不復進。俄人深知伊犁為新疆經濟上與軍事上的重地，據有伊犁即可控制新疆，因而在伊犁建築廣袤二十里的市區，遷來大量俄人，並將電報系統延伸至伊城，作永久佔領之計。❺次年四月，俄國並強迫阿古柏與之訂約，允俄人自由通商，俄人則承認阿古柏為回疆的領袖。

---

❸　准英輪停泊上下客商貨物的長江口岸是：大通、安慶、湖口、武穴、沙市、陸溪口。

❹　彭澤益，〈郭嵩燾之出使歐西及其貢獻〉，原刊《文史雜誌》，4 卷 3、4 期合刊，重慶，民國 33 年；又見吳相湘等編，《中國近代史論叢》，第 1 輯，第 7 冊，頁 62–78。

❺　田鵬，《中俄邦交之研究》（正中書局，民國 26 年 6 月）；吳其玉，〈清季收回伊犁交涉始末〉，《國聞週報》，11 卷 19 期，民國 23 年 5 月。

但俄人畢竟缺乏進佔伊犁的充分理由。駐華俄使把這情形通知清廷總署時，自稱為「保民義舉」，總署責問並令其交還時，俄使則諉稱一俟中國戡平新疆回亂，威信和政令再及於伊犁可保國境之安全時，俄國即將伊犁歸還。俄人之所以作此承諾，蓋由於斷定清廷並無平定回亂之力，初不料左宗棠竟能於光緒三年 (1877) 平定回亂，再度控制了新疆。

清廷不斷派人和俄國交涉，要求收回伊犁。最初派新任伊犁將軍榮全到塔城去談判，俄人不予理會。後又由總署直接向駐京俄使布策 (Butzov) 談判，俄使卻於 1878 年（光緒四年）回國去了。清廷不得已，只有派遣崇厚為出使俄國大臣，前往俄京與俄外交部長格爾斯 (M. N. de Giers) 進行磋商。崇厚這個人，雖也曾參加過英法聯軍之役的交涉，擔任過三口通商大臣，又曾出使法國及做過總署大臣，但卻是出名的庸懦無能，於俄情及新疆情勢皆無所知。他到俄國後，俄人要求把商務、賠款、分界三事，一起談判解決，北京的總署認為不能接受，崇厚卻擅作主張，於光緒五年八月十六日（1879 年 10 月 1 日）和俄人在里發第亞 (Livadia) 簽訂了一十八條的《返還伊犁條約》。❻依據這個條約，中國付出收回伊犁空城的代價是：

㈠伊犁西境及南境大片土地盡為俄有。

㈡償款五百萬盧布，合銀約二百八十萬兩。

㈢准俄人在蒙古、新疆無稅貿易，可自嘉峪關至西安、漢中以及自張
　　家口至通州、天津，往來販運；開嘉峪關、烏里雅蘇臺、科布多、
　　哈密、吐魯番、烏魯木齊、古城（庫車）為商埠，俄人得駐領事。

㈣俄船可航行於松花江。

㈤改定塔爾巴哈臺界址。

㈥承認已入俄籍的伊犁人，准俄人在伊犁置產營商。

這一損失太大了，大得駭人聽聞。消息傳來，朝野大譁。清廷宣稱不予承認，並嚴懲崇厚的誤國之罪，判「斬監候」。左宗棠、張之洞等堅主以

---

❻　條約原文清廷始終未曾公布，惟見於光緒六年 (1880) 二月二十二日總理各國
　　事務衙門〈俄國分界通商各事經審訂簽註擬議辦法」奏摺〉的附件，題曰「簽
　　訂中俄條約十八條」，今見《清季外交史料》，卷 19，頁 23–35。

武力收復伊犁，李鴻章雖不同意用武，但也主張修改崇厚所訂條約。俄國亦不甘示弱，除增兵中亞外，並調遣艦隊東來，中俄間關係緊張，戰爭有一觸即發之勢。

然而戰爭並未發生，情勢反倒慢慢緩和下來。這是由於中、俄兩國政府均發現開戰未必有利。俄在遠東兵力有限，徵調運輸亦困難，倘如開戰，英國和日本的態度均值得顧慮。至於清廷，一方面由於治崇厚重罪，國際間的反應不佳，一方面由於與日本因琉球問題正在緊張，再則經過戈登的坦率警告後，❼確實發現本身的力量不足以抗俄，且風聞外人有以李鴻章取代清帝之陰謀，於是清廷態度趨軟，令派駐英公使曾紀澤赴俄交涉另訂新約。

曾紀澤於光緒六年六月（1880 年 7 月），抵達俄京聖彼得堡。他以不亢不卑的態度，與俄外長格爾斯及駐華公使布策等會商，困難是有的，曾紀澤都能設法克服，經過將近六個月的談判，終於在光緒七年正月二十六日即 1881 年 2 月 24 日，與俄方議定了一份《中俄改定條約》，亦即是收回伊犁的條約。❽這一條約與原約不同的地方是：收回伊犁以南特克斯 (Tekes) 河一帶土地，西方俄商販運至嘉峪關為止，取消俄船在松花江航權，願入俄籍的伊犁人應遷入俄境，賠款增為九百萬盧布──合白銀五百多萬兩。

曾紀澤憑外交手腕，為中國爭回了已被俄人佔領的土地，也多少限制了俄人在華北和東北的行動，他的聲望因而提高，「曾紀澤的外交」也就成為歷史學者研究的主題。❾光緒八年 (1882)，伊犁收回來了。以欽差大臣

---

❼　清廷把戈登請回中國來，原是要他協助作戰的。這位英國軍官卻建議清廷切勿輕言對俄作戰。如果作戰，必須遷都西安，準備作十年的長期抵抗，滿人準備放棄政權。他並率直的告訴一心主戰的清廷王公大臣：「主戰簡直是瘋癲 (in-sane)」。

❽　全文共二十款，另同時簽訂《中俄續改陸路通商章程》十七款，及《中俄議定專條》一款。均見商務印書館編印，《國際條約大全》，上編，卷3。

❾　李恩涵，《曾紀澤的外交》(臺北：中央研究院近代史研究所出版，民國 55 年)；同著者，〈曾紀澤與中俄伊犁交涉〉，《新加坡新社季刊》，5 卷 4 期，1974 年 12 月。

身分督辦新疆軍務的劉錦棠建議改新疆為行省，清廷也採納了，新疆從此成為中國政府直接管轄的領土，這實在是當時憂患中的一大幸事。

三、日本侵犯臺灣與吞併琉球

侵略中國，幾乎是日本歷史上的一項傳統。第八世紀的晚唐和十六世紀的明末，中國都曾派兵到朝鮮半島抵禦入侵的日軍。豐臣秀吉的夢想如果實現，中國在明末就要亡國。十九世紀中葉，日本和中國同樣遭遇到西方的侵凌，也曾經和西方訂立過不平等的條約。但日本人反應快，變得徹底，明治天皇於 1868 年（清同治七年）宣布維新，全力西化，氣象為之一新，身價也就大漲。明治維新給日本帶來了一個世紀的強盛，但其強大的基礎卻是建立在對外的侵略和掠奪上，中國則是日本侵略的第一個目標，這就是日本在明治維新後採行的「大陸政策」，從侵略琉球、臺灣、朝鮮開始，最後目標則是囊括中國，在亞洲大陸上建立霸權。

明治維新後第二年——明治三年，中國同治九年 (1870)，日本派外務省大臣柳原前光到中國來商訂「修好條約」，這是近代兩國首次的外交接觸。清廷總署的態度是「准其通商，但不必立約」，[10] 但柳原說服了李鴻章，李致書奕訢，認為可以把日本「聯為外援」，主張「宜先通好，以冀同心協力。」[11] 總署於是改變了態度，同意讓日本派遣全權專使前來訂約，給日本的照會用詞也不甚客氣：

> 貴國來員柳原等，堅以立約為請；惟議立條約，事關重大，應特派使臣與中國大臣會同定議，貴國今欲與中國通商立約，應俟貴國有特派大臣到時，中國自當奏請欽派大臣，會議章程，明定條約，以垂久遠，而固邦交。[12]

---

[10] 〈總理各國事務衙門奏與日本訂立條約摺〉，同治九年十月（1870 年 11 月）。

[11] 《同治朝籌辦夷務始末》，卷 77，頁 35。

[12] 同上，卷 78。

柳原前光回到日本去報告，日本政府因於次年（同治十年，1871）派其大藏卿伊達宗城為全權大臣，偕柳原前光再來中國議約，經過四個月的談判，終於在同治十年七月二十九日（1871 年 9 月 13 日）簽訂了《中日修好條約》三十三款，這是中日兩國間的第一個條約，也是李鴻章經手簽訂的第一個條約。但日本表示不滿意，因為未能得到「利益均沾」及領事裁判權，第二年 (1872)，日外務大臣副島種臣就來北京要求修改，清廷不答應。又拖了一年，到同治十二年 (1873) 才在天津換約。這時日本已經為琉球漁民被臺灣蕃人殺害事件，開始向清廷試探虛實，準備開始侵略行動了。

琉球漁民漂流到臺灣被蕃民殺害事件，發生在同治十年 (1871) 十月。有琉球漁民六十六人因遇颱風漂流到臺灣南部，上陸後為當地牡丹社山地人所掠，有五十四人被殺，另十二人被救護送回琉球。琉球是中國藩屬，臺灣是中國領土，這件事如果成為問題，也是中國的內部問題，只有中國才有資格處理。但日本當局卻藉口琉球於明末萬曆年間已隸於薩摩藩治下，日本政府有權保護琉民，乃計畫出兵侵臺。但又做賊心虛，副島種臣於同治十二年 (1873) 到天津換約時，就同時向總理各國事務衙門提出臺民殺害琉人的事，名為質問，實則想探測清廷對此一事件的態度。不料總理各國事務衙門的一位糊塗大臣毛昶熙告以臺灣雖屬中國，但土蕃係化外之民，中國政府對其行動不能負責。副島得到這個答覆後，就很高興的回到日本，明目張膽的進行其侵併琉球與出兵臺灣的行動。

1874 年（清同治十三年，日本明治七年），是日本侵略臺、琉的行動年。日本政府竟然設立了「臺灣蕃地事務局」，以陸軍中將西鄉從道為都督，大隈重信為事務局長官，準備大舉侵臺。由於惹起了英、美、俄、意及西班牙等國的質問，日本才稍有顧忌。❸最後還是不顧一切的出兵了，西鄉從道率日本海軍於 3 月 22 日在臺灣琅𤩝（恆春）登陸，4 月 3 日開始進攻蕃社，但受到牡丹社原住民的抵抗，日本人有傷亡，牡丹社頭目阿祿父子也殉難，經過一個多月，日軍才將南臺灣十八蕃社控制了。日本軍閥的頭

---

❸　蘇振申，《中日關係史事年表》（華岡出版有限公司，民國 66 年），頁 96–98。

號人物山縣有朋提出所謂「外征三策」，計畫奪取臺灣為日本的屬地。

　　事情卻並不像山縣有朋和西鄉從道想像的那麼簡單。他們發現福建船政大臣沈葆楨也帶著中國兵船來到了臺灣，閩浙總督李鴻年且照會西鄉從道，抗議日軍在臺灣登陸，要求立即撤退。沈葆楨大整軍旅，準備一戰。日本政府乃以內務卿大久保利通為全權大臣，到中國來辦理臺灣事件的交涉。這樣的交涉，當然是不會順利的，費了四個月的時間，開過七次正式的會議，最後還是由於英使威妥瑪的斡旋，協議才告成立。內容有三：

　　㈠日本此次行動為保民義舉，中國不認為不是。

　　㈡中國賠償撫卹的難民十萬兩，修路建屋費四十萬兩。

　　㈢約束生蕃，以後不再加害航民。❹

　　第一條無異承認琉民為日本國民，第二條無異默認中國在臺灣戰敗，第三條更有干涉中國內政之嫌，這個協議真是糟透了，連李鴻章都承認「稍損國體，漸長寇志。」庸臣誤國，這又是一證！

　　這一來，日本可以大膽而嚴厲的處置琉球了。日本前已廢琉球為藩(1873)，宣稱琉球已歸日本。犯臺事件解決後，就又宣布派兵駐琉，禁止琉球入貢中國及受中國冊封，並廢中國正朔改行日本明治年號 (1875)。到了光緒五年 (1879) 三月，日本就乾脆廢除琉球名號，夷為沖繩縣。中琉間自明洪武五年 (1372) 以來五百餘年的宗主與藩屬關係，從此斷絕。

　　清廷對於日本悍然吞併琉球提出了強烈抗議，日本回答說，琉球之廢藩改縣為內政問題。琉球國王也派了使者向德宏到中國來哭訴並請援，士大夫間亦有主張訴諸武力者，如王先謙是。剛好美國前總統格蘭特 (M. S. Grant) 到中國和日本遊歷，李鴻章便託他調停。日本表示願將琉球南部之宮古、八重山兩群島劃歸中國，但以修改《中日商約》允日本以「最惠國待遇」為交換條件，清廷則主張三分琉球，北部屬日本，南部屬中國，中部各大島仍歸琉王統治，「俾延一線之祀，庶不負存亡繼絕之心」。❺日本堅持原議，派竹添進一郎來華與李鴻章商談。李鴻章一方面因為對俄國的

---

　　❹　劉彥，《中國外交史》，頁89。

　　❺　《清光緒朝中日交涉史料》，卷2，頁14。

伊犁交涉正緊急，一方面又懼於士紳的批評，遲遲不敢有所決定。他以為最好的辦法是「延宕」，曾奏稱：「今俄事方殷，中國之力暫難兼顧，且日人多所要求，允之則大受其損，拒之則多樹一敵，惟有用延宕之一法最為相宜。」❶這一延宕，就使琉球問題成為懸案，以後就再沒有談判的機會。

第二節　中法戰爭與西南藩屬的喪失

一、中南半島與中國

中南半島，西方人稱作 Indo-China Peninsula，日本人譯作「印度支那半島」。「支那」，是日本人對中國的稱呼，且含有輕視之意，我國在民國30年 (1941) 以前，卻也採用過「印度支那半島」這一名詞。民國30年2月，于右任建議將「印度支那半島」正名為中南半島，當為國人所採納，普遍採用。于氏對中南半島之命名，曾作如下之說明：

> 今命其名曰「中南半島」，表示其地居中國之南部，亦指示「半島」在中國與南洋之間，除彰明其重要之外，使世界人士於大戰結束創痛之餘，知所紀念警惕，並希望「半島」上各民族，皆成自由國家，所謂「中南」者，不過表示親愛接近之意耳。❷

事實上，中南半島無論在地理形勢，民族血統，文化淵源，政治關係等方面，都與中國有悠久密切的關係。至於印度，與中南半島幾乎無任何關係可言。在清代中葉以前，中國是亞洲惟一的強國，整個中南半島以及北婆羅洲都在中國的勢力範圍之內。中南半島上的三個國家：安南（即今之越南、寮國和高棉）、緬甸和暹羅（今之泰國），都是中國的藩屬，定期

---

❶ 同上，卷2，頁15。

❷ 于右任，〈中南半島之範圍與命名問題〉，見重慶《大公報》，民國30年2月9日。

進貢，接受冊封，甚至採用中國的文字、典章和制度。尤其是安南，自秦至宋的一千一百餘年間，均為中國郡縣，宋以後為中國藩屬，受中國文化薰陶二千多年，在姓氏、服色、飲食、習慣各方面，幾與粵、桂人民無異，已無漢人、越人之分。❶安南全國學童誦讀的四字經，也有「系出神農，首肇封疆」的語句，自承與漢族同源。據近代民族學者的研究，暹羅的撣族，緬甸的羅族，都與我國西南各省內的少數氏族族同而名異。❶基於此等事實，中南半島之命名較諸「印度支那半島」，更為確切，更合實際，也更具歷史和政治的意義。

中南半島三國之外，在印度與西藏之間，尚有三個小國──尼泊爾、錫金（哲孟雄）和不丹，從乾隆時代開始稱藩入貢，未曾間斷。歷史學者為方便計，常稱這三個小國為藏南三國，與中南半島的三國合稱為中國的「西南藩屬」。

十九世紀中葉，英國和法國的侵略勢力撲向中國，中南半島自然也是他們必欲染指的首要目標。英、法是主要的入侵者，西班牙亦一度參加法國侵略安南的行動。清廷對於中南半島諸藩屬國的危機，採取消極的應付態度，只要藩屬國不向清廷報告或求助，清廷就不採取行動。直到法國決定吞併整個安南，不允許中國過問安南事務時，清廷才決定採取行動以維護中國的宗主權。結果是爆發了光緒十年至十一年 (1884–1885) 間的中法戰爭，造成了西南藩屬喪失淨盡，滇桂門戶為之洞開的挫敗和屈辱。

二、中法戰爭

法國之注意安南，始自清初。最初進入安南的法國人，是傳教士。蓋法國教士於 1657 年（順治十四年）組成一個「異域傳教會」，即以安南及其鄰近地區為傳教區域。這些教士們首先進入安南的南部──南圻，至乾隆晚期，安南的傳教事業已全為法國教士壟斷。繼傳教士進入安南的，是法國東印度公司所派出的商務人員。十八世紀中期，法人在印度和英國競

---

❶ 呂士朋，《北屬時期的越南》，香港中文大學新亞研究所刊本。

❶ 周昆田，《中國邊疆民族簡史》（中華大典編印會，民國 50 年），頁 213、227。

爭失敗了，其勢力被英人摧毀，法人遂謀取償於安南。安南此時又是南北對峙的分裂局面，因而為法國人提供了參與安南事務的機會。

安南的分裂，始自明末。萬曆二十八年 (1600) 起，分裂為兩國：北為黎氏之大越，南為阮氏之廣南。乾隆三十八年 (1773)，廣南又發生新阮、舊阮之爭，新阮首領阮文惠竟能於乾隆五十二年 (1787) 以武力統一了安南，自立為安南國王，兩年後並獲得清乾隆帝的冊封。但原大越國王黎維祁逃入中國，原廣南舊阮國王阮福淳之子阮福映則南走西貢、暹羅，他們都繼續反對新阮，阮福映尤其積極的從事復國運動。

阮福映在暹羅，結識了法國主教百多祿 (Pigneau de Behaine，亦譯作畢尼約，或畢約)。這位教士，建議阮福映向法國求援，阮福映同意這樣做，並派百多祿為全權代表到巴黎去和法政府接洽。百多祿於乾隆五十二年 (1787) 代表阮福映與法國當局簽約於凡爾賽，約定法國以槍炮、艦艇及兵員援助阮福映復國，成功後，阮則割讓沱瀼 (Tourane，即今峴港) 及崑崙島予法，以為酬謝。但因法國政局不穩，兩年後 (1789) 又爆發了大革命，因此凡爾賽的約定並未實行。只由百多祿以個人名義，從駐在印度的法人中召募一批軍人組成志願軍，到南圻去協助阮福映作戰。經過十四年 (1789–1802) 的作戰，阮福映終於完成了復國的宏願，統一了安南全境，立國號為越南，遣使至北京請求冊封。嘉慶九年 (1804)，清廷承認阮福映的地位，遣使冊封他為越南國王。

由於復國過程中曾獲法人協助，阮福映在位期間 (1802–1819) 對法人甚為優遇，但不承認百多祿簽訂的《凡爾賽條約》，拒絕割讓土地。法國傳教士的態度亦不甚良好，因而逐漸引起越南人的反感。因此，繼阮福映為國王的阮福皎 (1820–1841)、阮福暶 (1841–1847) 在位期間，採取排外政策，拒訂商約，禁止傳教，並迫害教士。法國因於道光二十七年 (1847) 派海軍轟擊沱瀼 (峴港)，摧毀了港內的越南水師。越王阮福暶亦因而憂憤成疾，旋即死去。其子阮福珊繼位，仍採激烈排外政策，且有殺害教士事件發生。但法國方面，卻由於路易拿破崙的上臺 (1848 年掌政，1852 年稱帝，是為拿破崙三世)，態度卻強硬起來。阮福珊的排外及殘害教士，適足給予拿破

崙三世以侵略的藉口。

　　清咸豐七年 (1857)，法國開始侵略中國的行動了。它和英國組成了聯軍，挑起了英法聯軍之役。次年 (1858)，由中國得勝而歸的法軍又與西班牙聯合，以越南殺害兩國教士為藉口，組成法西聯軍向越南進攻。先陷中圻的峴港，又次年 (1859) 攻陷南圻的西貢，到咸豐十一年 (1861) 已佔有越南南部四省（嘉定、邊和、定祥、永隆）。越南政府不得已於同治元年 (1862) 與法國訂立《西貢條約》，割地（南圻三省及崑崙島）、賠款、開口岸通商、允自由傳教。法國意猶未足，繼續以制壓反法活動為名，盡佔南圻六省之地，並控制了柬埔寨（高棉）。這是法國侵略越南的第一階段，越南未向清廷報告，清廷亦茫無所知。

　　法國佔有越南南部，在西貢設立了總督府。總督游悲黎（Marie Jules Duperre，或譯作白蕾）一意北侵，數度派人探測可以通往中國雲南的航道。剛好有法國軍火商人屠普義 (Jean Dupuis) 因私運越鹽至雲南被取締，乃向游悲黎進言應派軍進佔紅江（紅水河，在中國境內一段稱富良江），以通雲南。游悲黎於是派海軍軍官同時也是地理學家和殖民主義者的安鄴 (Francis Garnier, 1839–1873) 率軍北上，進佔河內及附近地區。越南政府於是召來劉永福 (1837–1917) 的黑旗軍抗拒法人，劉永福果然表現不凡，一舉收復河內，並把安鄴擊斃於戰場上。這是法國侵略越南的第二階段，時間是同治十二年 (1873)。安鄴是法國的殖民英雄，❷⓿ 他的戰死，延緩了中法間的衝突，卻是對法國人的一大刺激。但法國由於甫在普法戰爭 (1870) 中慘敗，一時尚無力對越南及中國報復。但卻施展了有效的外交手腕，誘迫越南與其訂立《和平同盟條約》，承認越南為獨立國，但越南卻須付出極為昂貴的代價：承認法國對南圻六省的統治，開放紅江給法國，闢河內、寧海、東奈為商埠，並同意由法國代弭內亂與外患。這一條約，不但否定了中越關係，且使越南陷入法國人布置的陷阱中，等於是簽訂了一張賣身契。奇怪的是，越南並未因法國的承認其獨立而改變其對清廷的態度，仍然向清廷

❷⓿　陳三井，〈安鄴與中國〉，《近代外交史論集》（學海出版社，民國 66 年），頁 21–48。

進貢，並請求清廷出兵代為平亂——清廷最後一次代越平亂及越南入貢，係在光緒五年 (1879)。

　　光緒六年 (1880) 起，法國一方面由於醉心於殖民主義的茹費禮 (Jules F. C. Ferry) 出任總理，一方面受到德國表示不反對法國在越南擴張的鼓勵，乃對越南採取積極干涉態度，準備出兵，並訓令其駐華公使寶海 (Frederic A. Bouree) 照會清廷不承認中國對越南的宗主權，並謂越南自《西貢條約》後即為法國的保護國。

　　光緒七年至十年 (1881–1884) 間，中法對於越南問題展開了好幾回合的談判。駐英公使曾紀澤也盡全力去交涉，法軍進佔河內後並與清軍發生局部的衝突。中國朝野仍是主和主戰，議論不一。李鴻章鑒於日本已在朝鮮作挑釁性的行動，主張對法國採退讓態度。他經由前天津稅務司德人德璀琳 (Gustav Detring) 的介紹，光緒十年四月（1884 年 5 月）與法國海軍艦長福祿諾 (F. E. Fournier) 在天津會商，並初步達成協議：中國撤回在越北的駐軍，法國不索取賠償，法國協助「保全」中國南部邊疆，中國准法國通商，法國與越南議改舊約不得有傷害中國體面字樣，三個月內雙方會訂詳約。這一協議，通稱《李福簡約》或《天津簡約》。但這一「簡約」，雙方都不滿意。剛好法軍急於要進駐諒山，但中國軍隊尚未奉令撤退，於是衝突再起。法國乃又藉口中國違約，動員海陸軍大舉進攻，中法戰爭遂告全面爆發。

　　戰爭分海、陸兩個戰場：海戰在臺、閩海域，陸戰在中越邊境。無論海陸，都是法國主動進攻。法國海軍由提督孤拔 (A. A. P. Courbet) 統率，於光緒十年七月（1884 年 8 月）進攻臺灣基隆，一度登陸，但被督辦臺灣軍務的劉銘傳逐退了。又進攻福州，擊沉了中國兵船七艘，破壞了馬尾船廠。孤拔再東攻臺灣，陷基隆，登陸滬尾（淡水），想一舉攻下臺北，卻遭到當地中國軍隊的堅強抵抗，激戰四天，法軍未能越雷池一步。孤拔乃改變策略，進陷澎湖，並宣布封鎖臺灣。至於陸戰，法軍是先勝後敗。法軍先陷諒山並焚掠鎮南關，但到中國滇、桂兩省的援軍趕到，法軍就無能為力了。光緒十一年二月至三月（1885 年 3 月至 4 月）間，馮子材、蘇元春、

王孝祺等部展開反攻，屢破法軍，尤其是反攻諒山一役，法軍傷亡慘重，統領尼意立 (de Neglir) 也受了傷。中國人稱為「諒山大捷」，馮子材以七十高齡，仍勇邁絕倫，聲名益振。馮等於恢復原有越北陣地後，正擬乘勝進擊，西路滇軍亦積極反攻，卻傳來消息，中法已經簽約，清廷已經決定放棄越南這個具有二千年密切關係的藩屬了。

　　事實上，中法雖爆發戰爭，但雙方的戰志都不堅定。因此，戰爭進行期間，調整與談判仍不斷的進行。美使楊約翰 (John R. Young)，英使巴夏禮 (Harry Parkes)，德人德璀琳等，都曾參與調停，赫德尤為有力。赫德命其總稅務司駐倫敦委員金登幹 (James Duncan Campbell) 前往巴黎與茹費禮商談，並達成協議，然後由李鴻章與法國新任駐華公使巴德諾 (Jules Pat Nôtte) 在天津作形式上的簽訂。條約稱做《中法越南新約》，簽訂日期為光緒十一年四月二十七日 （1885 年 6 月 9 日），內容有十條。㉑根據此約，法人自臺灣撤退，不索賠償，中國則承認越南歸法國保護，自越北撤軍，會勘邊界，開埠通商，中國建築鐵路應請法人相助。法國不僅取得了越南，其勢力且因其後龍州、蒙自和蠻耗的開埠以及滇越鐵路的興建，其勢力已進入雲南和廣西，我國西南的危機也因而更為加深了。清廷外交的失敗，這是最明顯的一例！

三、英滅緬甸及控制藏南三國

　　中法戰爭不僅喪失了越南，也同時促成英國滅亡緬甸的決心。英國的印度總督藉口緬甸政府扣留英商木材，進兵攻佔曼德勒 (Mandalay)，俘虜緬王，並於 1886 年 1 月 1 日單方面公告合併緬甸為英國領土。

　　本來，英國自佔有印度 (1600) 後，東方的緬甸與北方的西藏，都是英國下一步的侵略目標。但當時緬甸的國勢正盛，英國一時也還力有未逮，因此遂能維持了兩百年的和平。直到嘉慶二十四年 (1819)，緬王孟既 (Bagyidaw) 對印緬邊境的曼尼坡 (Manipur) 及阿薩密 (Assam) 兩個部落用兵時，才使在印度的英國人感到震驚。四年後 (1823)，緬軍又派兵攻佔印

㉑　全文見《光緒朝東華續錄》。

度吉大港 (Chittagong) 外的刷浦黎島 (Shahpuri)，英領印度當局乃加反擊，於次年 (1824) 發動了第一次對緬戰爭，逼緬甸賠款、割地，允英國駐使緬京。咸豐二年 (1852)，英國的印度總督又發動第二次對緬戰爭，強割了整部分的下緬甸。緬王曼同 (Mindon) 引為大恥，拖延了十年才無可奈何的批准了割讓下緬甸的條約。英國對緬甸的侵略行動，與法國侵略越南之先佔南圻，如出一轍。

　　緬王曼同是個有心勵精圖治的人，但因最富庶的下緬甸已為英人所佔，終不能振敝起廢。曼同死後，幼子錫袍 (Thibaw) 繼位，緬政就每況愈下了。緬王很想藉法國力量與英對抗，於是與法國訂約 (1885)，允法在緬境內築路，設立銀行，開採紅寶石礦藏等特權，這一來就引起英國的斷然行動，光緒十年十月（1885 年 11 月）英軍一舉攻陷曼德勒，滅亡了緬甸。是為第三次英緬戰爭。緬甸純粹是亡於英國的武力侵併。緬王及其皇后被俘後放逐到孟買海濱的一個小島上，與英法聯軍之役時被俘的兩廣總督葉名琛同一命運。

　　緬甸在歷史上與中國的關係，雖不如越南密切，但自元代以後即為中國藩屬。清高宗乾隆以後，緬王接受清廷冊封，定十年一貢之例。光緒元年 (1875)，緬甸仍遣使進貢。英國並非不知道中國為緬甸的宗主國，於滅亡緬甸後乃由其駐北京公使通知總理各國事務衙門。清廷雖令駐英公使曾紀澤向英政府提出抗議，曾紀澤亦盡力交涉，但清廷以新敗之國，自然無法改變現實。英國人也很聰明，表示願代緬甸向中國進貢以換取清廷對英國擁有緬甸主權的承認。交涉結果，由英使歐格納 (Nichalas R. O'Conor) 與清廷的慶親王奕劻，於光緒十二年六月二十三日（1886 年 7 月 24 日）簽訂了《中英緬甸條約》，中國承認英國對緬甸的主權，英國答允先由緬甸當局循例向中國進貢，邊界由兩國派員會勘。中國又受騙了，英國答允代緬人執行的「十年一貢」，從未履行。

　　法併越南，英攻緬甸之同年 (1885)，英國脅迫尼泊爾與其重訂新約（英、尼初次訂約在嘉慶二十年，1815），取得了尼泊爾外交與軍事控制權，雖未明言否認中國對尼泊爾的宗主權，事實上已把尼泊爾置於英國的勢力之下。

錫金又名哲孟雄，人種風俗均與西藏同，本是西藏的屬邦。由於錫人反英，英人先於咸豐十一年 (1861) 出兵攻錫金，迫訂不平等條約，取得特權，經於光緒十三年 (1887) 以驅逐藏軍為藉口再攻錫金，俘錫金王，視其地為英人屬地。清廷派人交涉，於光緒十六年 (1890) 簽訂《中英藏印條約》，中國承認錫金歸英國保護。至於不丹，早在同治四年 (1865) 英人即藉口不丹襲擊英人，攻入不丹，迫訂條約並割取其比當及噶倫堡二地，英國並派專員駐不丹。宣統元年十一月二十七日（1910 年 1 月 8 日），英再迫不丹重訂新約，取得不丹的外交權。清廷雖不予承認，然亦無可如何。藏南三國相繼為英國裹脅以去，西藏也在英國的挑唆下，從此多事了。

四、暹羅之脫藩與自立

中國在中南半島上的第三個藩屬，是介於緬甸和越南間的暹羅（今之泰國）。這個地方在隋代 (581–617) 稱為赤土國，唐時屬於真臘（柬埔寨，即今高棉），宋時則為緬甸所滅，緬人離去後，分為若干小邦，至元代，始分建暹、羅斛二國，均曾向元帝朝貢。元末，泰族人新建之阿瑜陀耶王朝統一了暹和羅斛，稱為暹羅斛國，亦稱暹羅，是為以暹羅為國號之始，明洪武四年 (1370)，暹王奉明太祖詔諭遣使奉表入貢，遂為中國藩屬，直至清咸豐年間，朝貢不絕。

暹羅民族分為暹、泰兩族，泰族為我西南各省散居之邊疆民族之遠支。由廣東、海南移居之華人，為數亦甚夥。清乾隆中，緬甸再度侵暹，華裔暹將鄭昭（實名鄭信）起兵復國，被推為暹王，後為其部將所殺。披耶卻克里 (Chao Pya Chakri) 王朝代興，稱拉瑪一世 (Rama I)，惟對清廷仍冒稱鄭昭子孫，用鄭華、鄭佛、鄭福、鄭明等名字，相繼承襲。這幾位國王，一方面與清廷維持良好的宗藩關係，一方面對西方國家開放門戶，允許通商，態度頗為開明。

清咸豐元年 (1851)，暹王鄭明遣使入北京進貢。貢使行至廣州，清廷以道光帝甫去世，令其不必進京，貢使只好折返。明年 (1852)，鄭明再遣貢使來華，這次到了北京，並得到咸豐帝很多賞賜，但在回國途中，卻被

劫掠一空，向地方官員申訴，也無法追回被搶去之財物，貢使悒悒返暹。時中國正逢太平軍之亂，秩序敗壞。鄭明以中國既不可依恃，遂決定不再進貢，但不否認為中國藩屬。

　　光緒十一年 (1885)，法併越南，英滅緬甸，暹羅遂陷英、法兩強的覬覦之下。湄公河就成為英、法爭相侵佔的目標。英國人藉口湄公河中游兩岸有撣人居住，而撣人大部分係居住緬甸境內，英人認為湄公河兩岸的撣人亦應歸英緬管轄，要求暹羅割讓，否則出兵佔領。法國人則謂湄公河兩岸土地原屬越南，即強行佔有，且派兵自湄南河口上溯，威脅暹都曼谷。暹羅政府處此困境，只有妥為肆應，一方面割一部分土地給法國，且允法國要求在湄公河西岸不設防，一方面也答應英國要求，把湄公河上游劃為中立區，以避免英、法間的直接衝突。這種英、法對立的形勢繼續到光緒十九年 (1893)，兩國才達成協議：以湄南河為兩國勢力範圍的分界線，河以西歸英，河以東歸法；但兩國共同承認暹羅的獨立，均不派兵入境或要求特權，以作緩衝。三年後 (1896)，英法正式簽訂協約，聲明尊重暹羅的獨立地位。暹羅既為列強承認為完全獨立國，其與中國的藩屬關係也就無形中解除了。中南半島三國中，暹羅是最幸運的!

第三節　中日甲午戰爭

一、朝鮮問題──日本侵略中國大陸的第一步

　　中國諸藩屬中，朝鮮和中國發生關係最早。殷商後裔箕子及戰國時燕人衛滿先後進入朝鮮，助成了朝鮮的開國，稱為古朝鮮。漢武帝時，北朝鮮直隸中國，設樂浪、臨屯、真番、玄菟四郡，南朝鮮則為馬韓、弁韓、辰韓對峙之局。其後，馬韓建為百濟，弁韓建為伽倻，辰韓建為新羅，仍是三邦鼎立。北朝鮮的四郡則建為高句麗、扶餘兩國，後又蛻變為渤海、後高句麗（摩震、泰封），至西元 918 年（中國後梁末帝貞明四年），定國號為高麗。到 1392 年（明太祖洪武二十五年），李成桂統一了全韓，建國

號為朝鮮，一直傳到 1910 年被日本吞併為止。歷史上，朝鮮雖亦數度與中國兵戎相見，但最後總被平服，李氏朝鮮建國後對明、清兩代的朝廷，均奉命惟謹，為最恭順的藩屬，並未發生所謂「朝鮮問題」。等到日本明治維新以後，決心向大陸擴張，開始侵凌朝鮮，並否定中國對朝鮮的宗主權，於是朝鮮乃成為中日衝突的焦點，也就形成了所謂「朝鮮問題」。

日本首先想打開朝鮮的門戶，以承認朝鮮的獨立自主地位為餌，誘迫朝鮮與其建立商務與外交關係。明治天皇致書於朝鮮國王，要求訂交，但遭到拒絕。1870 到 1873 年間，日本數度試探與詰問，朝鮮當政的大院君李昰應——國王李熙的父親——不加理會。於是日本重臣如木戶孝允、西鄉隆盛等力主「征韓」。由於內部意見未能一致，又怕惹清廷的干涉，未能冒失行事。副島種臣於同治十二年（1873，日本明治六年）到中國來換約時，即曾向總理各國事務衙門問起朝鮮的地位問題，以試探中國的態度。中國的答覆是：朝鮮雖為中國屬國，但對其內治外交，向不過問。日本遂決定直接對朝鮮進行壓迫，不復顧慮中國的干預，且自臺灣事件交涉中獲知清廷官員的無知與無能，對清廷甚為輕視。

光緒元年 (1875)，日本派艦艇雲揚號到朝鮮外海進行測量，由於事先未得朝鮮的允許，遭到砲擊，日艦亦還擊。日本就以這事做藉口，派黑田清隆率艦隊到朝鮮，脅迫朝鮮訂立了《江華條約》，准日本駐使、通商，日本則承認朝鮮的自主地位。❷❷——這是日本公然向中國對朝鮮宗主權挑戰的先聲，新任日本駐華公使森有禮到北京後見李鴻章，更是盛氣凌人，他對李鴻章說：「和約沒甚用處」，「國家舉事，只看誰強，不必盡依著條約。」「高麗與印度同在亞細亞，不算中國屬國。」❷❸

《日韓江華條約》，不僅否定了中國對朝鮮的宗主權，更由於准許日本設立公使館，無異為日本提供了插足朝鮮舞臺的合法基礎，日本得以監視朝鮮政情，挑撥朝鮮黨爭，並培植親日的新興勢力，並進一步壟斷朝鮮的對外貿易。日本駐朝鮮的公使館，也是後來策動「壬午」與「甲申」兩次

❷❷　《日韓江華條約》計十二條。

❷❸　李鴻章與森有禮問答節略，見《清光緒朝中日交涉史料》，卷1，頁7–9。

事變的大本營。

王午之變，發生於光緒八年 (1882) 七、八月間，本質上是朝鮮新、舊兩派間的政爭，實際煽動者則是日本公使花房義質。朝鮮的舊派亦稱「事大派」，主張服從中國，以大院君李昰應為首；新派稱「開化派」，主張親日，以閔妃一族諸臣及少數留日學生為主力。新派於光緒七年 (1881) 獲得了權力，效法日本編練軍隊，聘日本公使館護衛堀本禮造擔任教練，選拔朝鮮青年百餘人接受日本式軍事教育。失勢的大院君不服，伺機報復。軍隊因欠餉緣故，亦銜恨閔族，終於在大院君的鼓煽下，軍隊於光緒八年七月發動暴動，殺死了日本教練堀本禮造，並襲擊日本公使館。公使花房義質放火自焚使館，逃亡仁川，於是日本政府派出了「朝鮮問罪軍」，海軍登陸仁川，陸軍進入漢城——所幸清廷派吳長慶率兵到來，先逮捕大院君送回中國，再剿平亂軍，恢復了秩序，使日人喪失了「問罪」的對象，也使朝鮮避免了一次戰火。在吳長慶的軍中有一位年青的官員袁世凱 (1859–1916)，他在以後十二年的朝鮮政局中扮演了相當重要的角色。

中國對朝鮮「壬午事變」的處置，軍事是成功的，外交卻是失算的。日本藉口公使館被焚毀及堀本禮造被殺，向朝鮮提出懲兇、賠償、駐兵等要求，清廷未能反駁，反聽由朝鮮與日人直接交涉。結果，朝鮮又與日本訂立了第二個條約——《濟物浦（仁川舊港之名稱）條約》，朝鮮允懲兇謝罪，賠款五十五萬元，並准日本駐兵保護使館。最後一項允日本駐兵，這又伏下了兩年以後「甲申之變」的禍源。

「甲申之變」發生於光緒十年十月十七日（1884 年 12 月 4 日），是朝鮮「開化黨」人金玉均、洪英植、朴泳孝、徐光範（日文資料記為徐洪範）等人，在日本駐朝鮮公使竹添進一郎的操縱下所發動的一次政變。竹添指揮日兵衝入王宮，殺害了親中國派大臣閔台鎬、閔泳穆、趙寧夏、李祖淵、尹泰駿等多人。金玉均等主張把朝鮮國王囚禁於江華島，日本方面則主張送往東京，另立國王的九歲幼子為新國王以便於操縱。所幸當時在朝鮮擔任「總理營務處會辦朝鮮軍務」的袁世凱當機立斷，率軍鎮壓，並從日軍手中救回朝鮮國王，打死了親日的洪英植。朝鮮人深恨日人，日使竹添進

一郎再度放火焚燒公使館後，與金玉均等逃回日本。

袁世凱於平定「甲申之變」後即向清廷報告，他預知日本不肯就此罷休，請求李鴻章派兵來援。李鴻章一則因為正為中法間的越南戰爭窮於應付，一則由於怕事態擴大後會有更多糾紛，他雖與受命赴朝鮮查辦的吳大澂商定派丁汝昌率艦前往，但卻只派四百多人，且令袁不要妄動。日本政府卻派出二千多人的軍隊，由外務大臣井上馨親自統率來到了朝鮮，向朝鮮國王李熙提出謝罪、撫卹、賠償等要求。在日本強大兵力的威脅下，朝鮮國王又被迫與日本訂立第三個條約——《京城條約》，也叫做《漢城條約》，簽訂的日期是光緒十年十一月二十四日（1885 年 1 月 9 日），朝鮮答允「修國書向日本國表明謝意」、懲兇，並賠出十三萬元，作為撫卹、器物損害及重建日本公使館的費用。

日本企圖進一步獲得對朝鮮事務的發言權，故於壓迫朝鮮簽訂《漢城條約》後，便又派伊藤博文為全權代表前來天津，與李鴻章就朝鮮問題展開談判。經過了六次會議，李鴻章又與伊藤博文於光緒十一年三月四日（1885 年 4 月 18 日）簽訂了《天津條約》，內容有三：

㈠中日兩國在朝鮮駐軍，於四個月內撤退。

㈡兩國均可應朝鮮國王之請，派員替朝鮮練兵。

㈢朝鮮有重大事件需要出兵時，應先相互照會。

這一條約，中國無異放棄了對朝鮮的宗主權，承認日本對朝鮮與中國居於同等的地位。此為李鴻章對日外交的又一錯誤，造成了十年後日本出兵朝鮮的依據，因而爆發了甲午戰爭。

當然，李鴻章也有他的想法。他向清廷報告說：「以後彼此照約撤兵，永息爭端，俾朝鮮整軍經武，徐為自強之謀。」❷❹他判斷日本尚無立即併吞朝鮮之決心，力量也不足，因此在十年內盡力經營朝鮮，庶可自保。因此，他一方面鼓勵朝鮮國王採開放政策，先後與美、英、俄、德等國訂約，通商設使；一方面又與朝鮮訂立商約，派袁世凱為「總理朝鮮交涉通商事宜委員」，一步一步的加強對朝鮮的控制，袁實際上變成了朝鮮的「監國」。❷❺

❷❹ 《李文忠公全集》，〈奏議〉，卷53，頁26-27。

表面上看，李鴻章和袁世凱的朝鮮政策成功了，實際上卻又損傷了朝鮮人的自尊心，給日本和俄國造出勾結朝鮮反華分子圖謀不軌的藉口和機會。李鴻章完全漠視了朝鮮的地位和日本的野心，等日本的擴軍計畫於 1892 年完成後，「為朝鮮與中國一戰」的日子也就到了。

二、甲午戰爭的爆發

甲午戰爭的遠因，是日本蓄意對中國進行侵略。近因有二：一為俄國於 1891 年決定修建的西伯利亞鐵路，日本惟恐俄人勢力伸入遠東，決定先發制人；一為朝鮮的親日派首領金玉均於 1894 年 3 月被朝鮮人洪鐘宇誘至上海殺害，中國應朝鮮政府之請將金屍及兇手運回朝鮮，要朝鮮自行處理，朝鮮政府不理日使勸告，將金屍凌遲，並超賞洪鐘宇為五品官，日人引以為辱。❷至於引起戰爭的導火線，則為朝鮮的東學黨叛亂。

朝鮮的東學黨，是在甲午年之前三十四年 (1860) 由慶州人崔濟愚所倡導的一種排外宗教，是將朝鮮固有的天神崇拜和儒、釋、道三家的思想以及讖緯、符咒術等摻合在一起，以對抗「西學」（天主教）為號召而自稱「東學」的一種教派，標榜「地上天國」，吸引愚民信仰。❷朝鮮國王指為邪教，嚴加取締，將「教祖」崔濟愚處死，其黨徒則四散各處，祕密活動。甲午春間，朝鮮農民因生活困苦，發生暴動，東學黨人趁機與農民結合，擴大叛亂。日本的浪人團體「玄洋社」乃陰謀介入，組成了一個「天佑俠團」到朝鮮來對東學黨徒進行煽動與接濟，東學黨的叛亂遂一發不可收拾。事實上，玄洋社是受了陸軍參謀本部次長川上操六的密令，自始就在幕後協助東學黨。朝鮮國王無法應付，只有請求中國出兵去平亂。中國決定出兵，並依《天津條約》的規定照會日本。事實上，日本在沒有接到中國照會前就已經開始動員，並組成了大本營，以最快速度運送了一個旅的精銳兵力

---

❷ 袁世凱在朝鮮的作為，見林明德，《袁世凱與朝鮮》（中央研究院近代史研究所，民國 59 年），頁 137–308。

❷ 姚錫光，〈釁始篇〉，《東方兵事紀略》。

❷ 古屋奎二編、中央日報社譯印，《蔣總統祕錄》，第 1 冊，頁 148–149。

進駐漢城。

甲午五月（1894 年 6 月）間，中、日兩國的軍隊都開到了朝鮮。中國軍隊為海軍濟遠、揚威二艦，以及由直隸提督葉志超統率的步兵一千五百人；日本派來的是陸軍第五師第九旅，五千多人，旅長是大島義昌，另有軍艦八艘。就雙方兵力比較，日軍為華軍的三倍。這是由於日本在派兵之初，即已決定要與中國一戰。

在中、日雙方軍隊到朝鮮前，東學黨已經受撫，亂事已平。中國要求日本依《天津條約》，同時撤兵，日本不惟不允，且要求改革朝鮮內政。朝鮮是中國屬國，日本本無權過問朝鮮內政，但日本內閣決議即使中國不贊同，日本也要單獨強迫朝鮮實行改革。日本外相陸奧宗光是挑動戰爭的主謀者,他曾致電給派遣朝鮮的外務省參事官本野一郎說:「今天的當務之急，是促成日中之間的衝突，為了決心實行，可以不擇手段，一切責任，由我承擔。」❷⓼

中、日兩國的關係尖銳對立中，日本是志在必戰，陸海軍繼續開到朝鮮，中國則竭力避免與日本破裂，且寄望於英國的調停和俄國的支持。李鴻章並不明悉日本的決心，也不懂得國際間的陰謀和詐術——英國不願捲入，美國同情日本，俄國則實行推李入火坑的騙術，直到日軍已在漢城、仁川積極備戰的最後時機，李鴻章才調派衛汝貴、馬玉崑等部增援。六月十二日（7 月 14 日），總署已接到日使小村壽太郎送來的所謂「第二次絕交書」——等於是最後通牒，清廷的大臣會議仍決定入朝鮮各軍目的在「護商」,「不明言戰，以待英人調停。」——光緒皇帝是主戰的，李鴻章有些畏葸，疆吏中的意見亦甚紛歧，這使得李鴻章進退維谷，徒然喪失了動員備戰的時機。

光緒二十年六月二十一日（1894 年 7 月 23 日），日軍開始軍事行動，先包圍了朝鮮王宮，控制了國王，並攻掠中國駐朝鮮的總理公署。兩天之後——六月二十三日（7 月 25 日），日本海軍在仁川港外的豐島附近海面上向中國的運兵船艦進行偷襲，致中國向英國租用的「高陞」號 (S. S. Kuw-

❷⓼　同上書，頁 155。

shing) 被擊沉，官兵一千一百餘人溺斃，「廣乙」艦觸礁焚毀，「操江」艦被俘。這就是甲午戰爭的序幕——「豐島之役」。

豐島海戰後兩天——六月二十七日（7月29日），原駐牙山的中國陸軍四千人移駐成歡——由漢城到牙山的衝要之地，遭到日本陸軍的攻擊，打了敗仗。這是甲午戰爭陸上戰場的首次接觸。

七月初一日（8月1日），中日兩國同時發出宣戰通告。中國的通告指責日本「不遵條約，不守公法」，「釁開自彼，公論昭然」，「倭人渝盟肇釁，無理已極，勢難再予姑容」；❷⁹日本的宣戰詔書，則指中國「派大兵於韓土，要擊我艦於韓海，狂妄已極」，因而「不得不公然宣戰」。❸⁰

戰爭有陸、海兩個戰場。陸戰戰場為朝鮮半島，後來日軍進兵到了遼東和遼南。主要戰役為平壤之役和遼陽之役。海戰戰場在黃海海面，關鍵性的戰役為大東溝之役，後來日本海軍追擊到山東半島，並於和議開始後強行佔領了臺灣海峽中的澎湖列島。無論陸戰和海戰，中國都是一敗塗地。

平壤之戰，發生在甲午八月十五日（9月14日），這天正是中秋節。日軍在第三師團司令野津道貫的指揮下，向中國軍隊猛烈進攻，第二天的戰鬥最為劇烈。防守東路的總兵馬玉崑及防守南路的總兵衛汝貴均拚力以拒，防守北路的總兵左寶貴奮戰而死，但身為主帥的葉志超卻倉惶棄城而走，軍械糧糗盡失，華軍死傷兩千餘人。日軍於十七日（16日）佔領平壤。一個月後，日本陸軍分兩路進攻奉天：一路是山縣有朋的第一軍，渡過鴨綠江後擊敗宋慶所部淮軍，連陷安東、九連城、鳳凰城等地；一路是大山巖統率的第二軍，登陸遼東半島，攻陷了大連、旅順和營口，大肆殺戮中國平民。據當時英國《泰晤士報》報導，日軍在旅順不問軍民男女大事殘殺，全城內的中國人活命的只有三十六個！❸¹

平壤陷落後的第二天——八月十八日（9月17日），日本海軍艦隊在司令伊東祐亨的指揮下，向中國海軍提督丁汝昌統率下的北洋艦隊實行突

❷⁹　全文見《清光緒朝中日交涉史料》，卷16，頁2-3。

❸⁰　譯文見王芸生，《六十年來中國與日本》，卷2。

❸¹　《蔣總統秘錄》，第1冊，頁164。

擊，地點在鴨綠江口的大東溝海面，故稱大東溝之役或黃海之役。由於是突擊，日艦的速度又比中國艦隻快，經過六個小時的海戰後，中國艦隊慘敗了。中國損失了五艘軍艦（揚威、超勇、致遠、經遠、廣甲），其餘七艦也受到重創，死傷一千餘人，丁汝昌也受了傷。這是決定戰爭勝負的一次戰役，中國海軍再無招架之力。日本決心殲滅中國的殘餘艦隊，於歲末進攻山東半島的威海衛基地，造成丁汝昌自殺，大小十一艦被逼向日本投降的空前大恥辱。李鴻章所經營的北洋艦隊全軍覆沒了，日本人假惺惺的遣「廣濟」艦送還丁汝昌的遺體，以增加中國人的羞辱！

三、屈辱苛毒的《馬關條約》

仗打敗了，只有遣使求和。恭親王奕訢起初還想邀請英、美、德、法、俄五國來調停，可是這五國各懷鬼胎，沒有誠意，日本則表示一定要中國直接向日本求和。旅順陷落後，日本接受中國遣使議和，但對中國派出的使節百般刁難。清廷本欲派天津海關稅務司德璀琳持李鴻章信函前往日本，日本說他資格不合，拒絕接待。清廷遂改派戶部侍郎張蔭桓及湖南巡撫邵友濂為議和專使，兩人且已到了廣島，伊藤博文卻又藉口張、邵全權不足，拒不開議，且指責中國缺乏誠信，扣留了張、邵所發回的密電。清廷答應修改國書，授張、邵以訂約全權，日本也不理會。伊藤博文和陸奧宗光這兩位被稱為「陰謀政治家」的勝利者，指名要叫奕訢或是李鴻章去談判。慈禧太后沒別的辦法，只有派李鴻章為「頭等全權大臣」，並密諭李鴻章「有商讓土地之權」。❸❷

光緒二十一年二月十八日（1895 年 3 月 14 日），李鴻章及其隨員自天津乘輪東渡，二十三日（3 月 19 日）抵達馬關（下關）。次日下午與伊藤博文等會見於春帆樓，互相交閱敕書後即開始談判。李鴻章要求停戰，伊藤博文不惟不允許，反於談判開始後第三天——二月二十七日（3 月 23 日）派艦進攻澎湖，兩天後將其佔領。伊藤的胃口不小，他於第二次會議時提出的停戰條件是：

---

❸❷　李守孔，《李鴻章傳》，頁 265。

日軍佔領山海關、天津、大沽，該地華軍一律繳械；天津至山海關鐵路歸日軍管理，中國負擔停戰期日本軍費。

李鴻章沒有答應，但也不敢再要求先行停戰。二月二十八日（3 月 24 日）第三次會議後返寓途中，一個名叫小山豐太郎的日本暴徒向李鴻章行刺，彈中左頰。這一暴行，當為國際間所不容恕。伊藤博文和陸奧宗光稍微改變一下態度，允諾停戰。李鴻章和日方共會議五次，幾經辯難，終於達成了和議條款，於光緒二十一年三月二十三日（1895 年 4 月 17 日）正式簽字，這就是內容極其苛刻的《馬關條約》。日本人把這條約稱作是《日清媾和條約》，實際上是強逼李鴻章所作的「城下之盟」，日本外相陸奧宗光曾沾沾自喜的說：「媾和條件之大體，皆照我要求，使之承諾。」❸

《馬關條約》計共十一條，另有一項包括三條的附約。其要點是：

㈠中國承認朝鮮之獨立自主。（第一條）

㈡中國割讓奉天南部及臺灣、澎湖。（第二條）

㈢賠款二萬萬兩，分八次付清。（第四條）

㈣開沙市、重慶、蘇州、杭州為通商口岸。（第六條第一款）

㈤給予日本人在中國境內設廠、製造、減稅、內河航行等特權。（第六條第二、三、四款）

㈥另訂商約，日本得享有領事裁判權及片面的最惠國待遇。（第六條）

㈦允日軍佔領威海衛，以待賠款交清，商約批准，佔領軍費用每年五十萬兩歸中國負擔。（第八條，附約第一條）

《馬關條約》是世界外交史上最嚴苛的條約之一，日本直欲把中國置於萬劫不復之境。就割地而言，北割遼東，是準備進侵東北與華北；南割臺灣，是計畫控制華中和華南；以鉗形攻勢指向中國南北，最後的目的在使東亞大陸悉為其所有。就賠款言，中國賠款兩萬萬兩，再加遼東贖款三千萬兩，總額超過鴉片戰爭賠款二千一百萬兩之十倍，相當於當時的日幣

---

❸ 陸奧宗光著，龔德柏譯，《日本侵略中國外交祕史》，原名《蹇蹇錄》，民國 22 年，商務印書館出版。

三億六千萬元，等於日本當時四年歲入的總和，也是日本政府所公布的軍費兩億零四十七萬元的一‧八倍。日本即以中國此次鉅額賠款為基礎，實行了貨幣改革──由銀本位改為金本位，設立國營八幡製鐵廠，並獎勵其軍需工業，於是一變而為東方的一等強國，同時也成為此後侵略中國最為兇毒的國家，四十二年之後 (1937) 終不免又爆發了第二次全面性的中日大戰。

至於朝鮮，更為可憐。《馬關條約》第一條保證其為「完全無缺之獨立自主」，朝鮮也改名為「大韓帝國」，但僅僅十年 (1905) 就變成了日本的保護國，又過了五年 (1910)，就被日本滅亡了，❸❹直到三十五年之後 (1945) 才在中國的協助下，得以復國。

四、三國干涉與臺灣抗日

中日戰爭爆發前，李鴻章本希望俄國能支持中國，俄人也曾有過同情中國的表示，只是口惠而實不至。及戰爭爆發，日軍深入遼南，俄國才懍於本身在遠東的利益已受到日本的威脅，因而開始介入中日間的議和問題。俄國一方面由其駐日公使希特洛渥 (Hitravo) 告訴陸奧宗光，日本如欲佔有臺灣，俄國或不反對，意在暗示日本不能佔有東北領土；一方面又向中國駐俄大臣許景澄透露，如日本要求太奢，俄將約英、法干涉。日本人沒有體會出俄國的決心，定要割讓遼東半島，俄國的干涉也就不可避免了。

俄國初欲邀請英、法等國，聯合對日勸阻。法國因與俄國締有盟約，當不反對；英國則不願開罪戰勝的日本，且欲聯日以制俄，故表示不願介入。倒是德國由於有意示小惠於中國以取得報償，願意與俄、法一致行動。❸❺光緒二十一年三月二十九日（1895 年 4 月 23 日）──即《中日馬關條約》簽訂後第六日，俄、法、德三國駐日公使聯合向日本外務省提出覺書，勸告日本政府「應放棄領有遼東半島」。❸❻

---

❸❹　〈朝鮮亡國史話〉，見《新民叢報》，第三年第 5、6 號；〈日韓合併〉，見新加坡《星洲晨報》，庚戌年八至九月（1910 年 9 月至 10 月）紀事。

❸❺　李國祁，〈三國干涉還遼後中德有關租借港灣的洽商與德璀琳上德政府建議書〉，見《中央研究院近代史研究所集刊》，第 1 期。

　　日本對三國的干涉不感意外，但卻震驚。明治天皇召集了「御前會議」，研商對策。對三國拒絕，日本當然不敢；召開國際會議公斷，對日本亦未必有利。因此，日本最後的決定是：對於三國即令最後不能不讓步，然對於中國則一步不讓。

　　日本亦曾向英、美進行活動，想藉英、美的支持以對抗俄、法、德三國。但英國不願直接介入，美國只允勸中國早日批准《馬關條約》。日本又想與俄國討價還價，要求保留遼東半島的金州廳；但俄國始終不讓日本領有旅順口，堅持日本必須放棄《馬關條約》中割讓的遼東半島全部土地。日本最後的決定是：同意接受三國勸告，歸還遼東，但必須向中國索取昂貴的代價。日本將此一決定答覆三國，三國於四月十五日（5月9日）表示滿意。至於向中國要索之贖金，日本要求五千萬兩，俄國認為過鉅，最後商定為三千萬兩。

　　八月二十六日（10月14日），清廷令派李鴻章為全權大臣，與日本駐華公使林董會商交還遼東事宜。日本仍持拖延態度，至九月三日（10月20日）始行開議。九月二十日（11月8日）雙方簽訂《日本交還奉天省南邊地方條約》，中國允於八天內交付三千萬兩贖金，日軍則於三個月內自遼南地方撤退。**㊲**

　　同為《馬關條約》內的割讓地，遼東半島因俄、法、德干涉而贖回，臺灣及澎湖卻在日本的武力攻取下，淪為日本的殖民地達五十一年之久。

　　割臺之議定後，不僅全臺震動，哭聲震天，全國輿論亦為之譁然，即光緒皇帝亦嘆謂：「臺灣割則天下人心皆去，朕何以為天下主！」各方奏章如雪片飛來，請清廷不要批准《馬關條約》，臺籍京官及赴北京參加會試之舉人，亦啼泣陳詞：「如其生為降虜，不如死為義民！」張之洞、唐景崧等亦嘗計畫借助於英法！但臺灣與遼東地位不同，俄國人不讓日本割遼東寸土卻鼓勵日本侵佔全臺！清廷毫無辦法，忍痛於四月八日（5月2日）批准了《馬關條約》，同月十四日（5月8日）在煙臺互換。四天之後，日本

㊱　同**㉝**。

㊲　全文見《清光緒朝中日交涉史料》，卷48。

派任海軍大將樺山資紀為臺灣總督，並電請清廷立即派員交接。清廷於四月二十四日（5月18日）令李鴻章的兒子李經方赴臺辦理交割事宜，但李經方不敢登陸臺灣，在美國人福士德 (John W. Foster) 的協助下，於五月初十日（6月2日）在基隆港外完成了交割手續。

清廷既無能為力，外援又無法求取，臺灣紳民只有奮起自救。在名紳丘逢甲的倡議下，於光緒二十一年五月初二日（1895年5月24日）宣告建為「臺灣民主國」，決心「據為島國，固守以待轉機」，並發表〈抗日檄文〉，聲言：「願人人戰死而失臺，決不願拱手來讓臺！」❸❽

「臺灣民主國」，以唐景崧為民主總統，製藍地黃虎國旗，建號「永清」，以示「永戴聖清」之意。政府內設內務、外務、軍務三衙門，分別由丘逢甲、陳季同、劉永福主持，另設議院，以陳儒林等為議員。唐景崧電奏清廷，表明「遵奉正朔，遙作屏藩」之意。❸❾唐並張出告示，曉諭全臺紳民：

> 定臺灣為民主國。國中一切新政，應先立議院，公舉議員，詳律例，定章程。惟臺灣疆土，荷大清經營締造二百餘年，今雖為自主國，宜感念列聖舊恩，仍恭奉正朔，遙作屏藩，氣脈相通，無異中土。❹⓿

義軍蜂起，臺灣紳民的抗日情緒極為高漲。林維源一家即捐款百萬以助軍費，兩廣總督譚鍾麟與兩江總督張之洞亦表示支持。日本政府亦深知臺民之不可輕侮，乃出動北白川宮能久親王所統率的近衛師團，進行武力征服。其後又增加了伏見宮親王所統率的一個混成旅團，自臺灣中部海上登陸。總計日軍出動七萬五千人，海軍一萬人之眾，軍艦及運輸船隻四十餘艘，儼然如對強敵。

日軍於五月初七日（5月29日）在臺灣北部三貂角（金瓜石一帶海灘）登陸，四天後陷基隆，再過四天（五月十五日，6月6日）佔領臺北，唐

---

❸❽　全文見王炳輝，《甲午中日戰輯》，卷3。

❸❾　唐電見《清光緒朝中日交涉史料》，卷45，頁6。

❹⓿　全文見《中華民國開國五十年文獻》，第1編，第5冊，頁599–600。

景崧見形勢不佳，潛回廈門去了。日軍自臺北南下，卻遭到各地義軍和黑旗軍的堅強抵抗。義軍悲壯英勇，黑旗軍諸將領亦驍勇能戰，新竹、苗栗、彰化、雲林、嘉義等地均發生激戰，彰化之戰尤其慘烈。義軍首領姜紹祖、吳彭年、吳湯興、楊泗洪、徐驤等十多人，均先後壯烈犧牲。❹劉永福以古稀老將，據守臺南，支持到八月下旬（10 月中旬），始行內渡。日軍於九月初三日（10 月 20 日）佔領臺南，侵臺軍事始告一段落。日軍作戰近五個月，死傷五千多人，患病者高達二萬七千多人，其中多數不治，即近衛師團長能久親王亦未能生還，於九月十一日（10 月 28 日）在臺南死亡。

　　日軍以遭受到重大傷亡，佔領全臺後即行報復，大肆屠殺。臺灣抗日首領丘逢甲、劉永福等雖離臺回國，臺灣的抗日運動，終日本統治臺灣的五十年間，未曾停止。而中國革命黨人於辛亥革命前後在臺灣發動的抗日運動，尤為轟轟烈烈。❹

第四節　瓜分危機與排外災禍

一、列強劃定勢力範圍

　　甲午慘敗，對中國人的打擊太大了！民族的危機也越來越嚴重了！鴉片戰爭、英法聯軍之役以及中法越南之戰，中國只是打了敗仗，尚未構成亡國的威脅，且由於自強運動的倡導，中國人多少還抱些希望。甲午以後，希望成為泡影，俄、德、英、法、日等帝國主義國家紛紛提出無理而嚴苛的要索，他們在中國已劃定勢力範圍，開始作「分割」中國的準備了。甲午戰敗後的六年間 (1895–1900)，真正是中華民族的危急存亡之秋！

　　對中國要索最多，手段亦最奸詐的國家，首推俄國。對干涉日本以歸還遼東自居有功，因對中國肆行欺逼。一方面迫令清廷向俄國借款——駐

---

❹　吳德功，《讓臺記》。

❹　朱傳譽，《中國國民黨與臺灣》，頁 6–8；李雲漢，《國民革命與臺灣光復的歷史淵源》，頁 21–31。

俄使臣許景澄與俄外相羅拔諾夫 (Lobanov) 簽訂《中俄四厘借款合同》，總額為一萬萬兩；一方面向清廷要求「借地築路」——要中國同意其西伯利亞鐵路穿過中國東北的心臟。剛好李鴻章、張之洞等計畫「聯俄制日」，俄國便要求清廷派李鴻章為俄皇尼古拉二世 (Nicholas II) 加冕典禮致賀專使，前往俄國訪問。

李鴻章係於光緒二十二年三月十八日（1896 年 4 月 30 日）抵達俄國的行都聖彼得堡。俄皇派財相威特（S. J. Witte，亦譯作微德）和李鴻章談判，威特素以手腕老練著稱，李鴻章當然不是他的對手。談判的結果，就是同年四月二十二日（6 月 3 日）由李鴻章和俄外相羅拔諾夫在莫斯科簽訂的《中俄密約》。❸ 條約前言中說明這是一項「禦敵互相援助條約」，因此亦被稱為《中俄同盟條約》。計有六款，其要點：

㈠日本如侵佔中、俄或朝鮮土地，中、俄陸海軍互相援助。

㈡非經兩國公商，一國不能獨自與敵議和。

㈢戰爭期間，中國所有口岸准俄艦駛入。

㈣允俄國修築貫穿黑龍江、吉林以達海參崴的鐵路，並由華俄銀行承辦，另訂合同。

㈤上項鐵路，無論戰時或平時，俄國均可運兵、運糧。

㈥此約自鐵路合同批准之日起有效，以十五年為限。

李鴻章得到的只是「共同禦敵」的空言，俄國得到的則是整個中國東北的控制，這是俄國人設計的騙局，可憐李鴻章引狼入室，而不自知。他於訂立密約後，繼續訪問德、法、英、美等國，並獲得德皇、英王及美國總統接見，也確是風光了一番。

「《中俄密約》者，瓜分中國之先鋒也。」❹ 繼這一密約之後，德、英、法、日相繼向中國提出了租借港灣，建築鐵路，開採礦產，限制某一地區

❸ 原件影印版見《中華民國開國五十年文獻》，第 1 編，第 6 冊，卷首。簽訂日期農曆為四月二十二日，西曆為 6 月 3 日，俄曆則為 5 月 22 日。

❹ 裴毓塵，《清代軼聞》，卷 4，《中華民國開國五十年文獻》，第 1 編，第 6 冊，頁 1。

不得轉讓他國的要求。光緒二十三至二十五年 (1897–1899) 的三年間，列強爭相攫奪中國的利權，除意大利要求租借三門灣為清廷所拒絕外，其他各國無不如願以償。茲將各國在這數年間所取得的中國利權，作一摘要：

德國：光緒二十一年 (1895) 取得漢口、天津租界，二十三年 (1897) 藉口教士二人在山東鉅野被害，佔領膠州灣。次年 (1898) 迫訂《膠州灣租借條約》，租期九十九年；並獲得山東膠濟鐵路建築權，鐵路附近三十里內煤礦開採權及其他事務的優先權。山東遂成為德國勢力範圍。

俄國：俄、德相互勾結，威廉二世與尼古拉二世於 1897 年 8 月相會，共謀宰制中國。德租膠州灣的同時，俄強租旅順和大連，租期二十五年。租借地包括金州所屬，較《馬關條約》中規定割於日本者，少不了多少。俄國將旅順、大連地區建為「關東省」，以亞勒克塞夫 (Alexiev) 為總督，有永久佔領之意圖。威廉二世曾致賀尼古拉二世，說他已成為北京的主人了。

英國：光緒二十三年 (1897)，取得滇緬鐵路建築權，及山西省的採礦權；次年 (1898) 要求長江流域不割讓於他國，海關總稅務司永遠由英人擔任；強租威海衛與九龍半島，前者租期二十五年，後者九十九年；光緒二十五年 (1899) 與德國同時獲得津浦鐵路的建築權。

法國：法國早在光緒二十一年 (1895) 即取得滇、桂、粵三省礦產的優先開採權，及滇越鐵路建築權；光緒二十三年 (1897)，獲允將滇越鐵路展至百色，海南島及廣東海岸不得許他國屯煤；次年 (1898) 又租借了廣州灣，租期九十九年，取得北海、南寧鐵路建築權，要求中國不得將雲南、廣東、廣西讓與他國。

日本：繼《馬關條約》之後，日本又於光緒二十二年 (1896) 依改訂後之商約，完全享有西方各國在中國的特權，並取得天津、漢口、廈門、福州、杭州、蘇州、沙市、重慶八處租界；光緒二十四年 (1898) 又獲得中國不將福建沿海讓租他國的認可。

各國侵略中國的競爭中，美國是個後來但未居上的國家，但也並未置身事外。光緒二十四年 (1898)，是美國勢力擴展到亞洲東部的一年，它打

敗了西班牙，取得了關島和菲律賓，並已插手於中國粵漢鐵路的借款。但美國畢竟是個晚到的國家，英、法、德、俄、日已在中國劃定了勢力範圍，美國已失去了參加角逐的機會，因此當英國有意提出開放中國門戶以免各國作惡性競爭時，美國即欣然同意。光緒二十五年八月二日（1899 年 9 月 6 日），美國國務卿海約翰 (John Hay) 向英、德、法、俄、日、意等國發出照會，提出在中國互不干涉，利益均沾的主張，亦即是機會均等原則的起源。各國的反應並未能一致，但海約翰毅然於光緒二十六年二月二十日（1900 年 3 月 20 日）通告前曾照會之各國：「當初貴國承認時所附之條件——一切關係列國同樣承認合眾國之提議——現已成立，故本政府視貴國對此提議為最後及最確立之承諾。」❹這就是有名的門戶開放政策 (Open Door Policy)，得以暫時協調了各國的步驟，使中國免於被瓜分的悲劇。❻

　　海約翰最初主張中國門戶開放，仍然係以美國的商業利益為考慮，並沒有保護中國利益的意思。他仍承認所謂勢力範圍，僅要求均等的貿易機會與待遇而已。但要實現機會均等，中國必須是個完整的國家才有可能。因此當義和團之亂發生時，海約翰再發通牒給各國政府，將門戶開放原則擴大為維持中國行政領土的完整，並構成此後美國對華政策的基礎。

二、義和團招來大禍——八國聯軍之役

　　列強對中國的侵逼，不平等條約的壓榨，各地反教情緒的高漲，由天災人禍造成的社會動盪不安，以及清廷中慈禧太后一派對外人的憎恨，交織成一種強烈的排外思想，到光緒二十六年 (1900) 藉了義和團的一些無知愚民爆發出來了，造成了中國近代史上可憐可諒亦復可恥可嘆的一幕。蕭一山對義和團的排外行動曾作如下的批評：

　　　　雖然他們的行動極端幼稚可笑，愚昧堪憐，但他們的用心是愛國的、
　　　　自救的，也可以說是一種民族自覺運動，不過不是革命的正軌，而

---

❹　Tomimas, *The Open Door Policy and Territorial Integrity of China*, p. 40.

❻　George F. Kennan, *American Diplomacy, 1900–1950* (Chicago, 1951), pp. 21–37.

是反動的橫流罷了！　**❹**

　　義和團原名義和拳，是起源於山東民間的一種鄉社組織。史家多認為義和拳原是白蓮教支派八卦教的嫡傳，戴玄之則認為義和拳源於咸、同年間的鄉團，與八卦教、白蓮教無關。**❹**初起的目的，係在以拳術來「保衛身家，防禦盜賊，守望相助」，於歷年梅花季節比較拳勇，因此又叫梅花拳。起初並無仇外思想，光緒十三年 (1887) 山東冠縣梨園屯發生教案，引起民、教互仇，梅花拳遂演變為仇教團體，自稱「義和神拳」。他們叫外國人為大毛子，叫信奉外教或使用外貨的中國人為二毛子。不管大毛子、二毛子，都在他們仇視之列。這些拳民託名神怪，祭壇吞符，自稱槍刀不入，實則荒誕不經。但山東巡撫李秉衡視之為義民，繼任魯撫張汝梅亦多方縱容。及毓賢於光緒二十五年 (1899) 春繼任山東巡撫，欲藉拳民之力以排拒洋人，並將義和拳改為義和團，拳民乃高張紅旗，遍設拳廠，其勢力幾遍全省，反教事件時有所聞。各國公使因向清廷要求撤換毓賢，美使康格 (E. W. Conger) 的態度尤為強硬。清廷乃被迫將毓賢調任山西巡撫，另派袁世凱帶了他在天津小站新練成的一部軍隊到山東來接替毓賢。

　　袁世凱深知義和團這些拳民無知妄為，徒招外人干涉，因而予以鎮壓，拳民遂避入直隸境內。直隸總督裕祿，初亦欲剿辦，但察知慈禧有迴護義和團眾使之拒外之意，遂亦對義和團不加禁止。庚子三、四月間（1900 年 4、5 月），直隸各地皆有義和團的活動，且公然在北京近郊各地殺害教士，燒毀教堂及教民房舍，且有拳民悍然向官軍攻擊。

　　義和團之猖獗，自與慈禧寵臣毓賢、剛毅、徐桐、載漪、趙舒翹等人的曲意縱庇，大有關係。慈禧自「戊戌政變」(1898) 以來，深恨外人，但對義和團之有無真實力量，初亦懷疑。五月九日及十日（6 月 5 日及 6 日）慈禧分派軍機大臣趙舒翹赴涿州，協辦大學士剛毅赴保定，名為曉諭，實則觀察其實力，趙、剛二人回報慈禧說義和團真乃「神拳」，慈禧於是決心

❹　蕭一山，《中國近代史概要》，頁 288–289。

❹　戴玄之，〈義和團與白蓮教無關考〉，見《大陸雜誌》，25 卷 3 期。

利用義和團以制外人。吏部左侍郎許景澄、太常寺卿袁昶、內閣學士聯元、兵部尚書徐用儀等認為義和團萬不可恃，但不見聽。

外國使團對義和團在京、津地區的仇視與破壞行動，自然也驚懼萬分。他們一方面向清廷警告，一方面不俟許可即召來軍隊衞護使館，於是慈禧就命令董福祥所部甘軍進駐北京。董並讓義和團湧入京師，到處設立神壇，高張「助清滅洋，替天行道」旗幟，馴至董部與義和團合流，載漪的「虎神營」幾乎全部都變成了義和團，北京全城已成為義和團眾控制下的恐怖世界。

北京的公使團處在危險中。他們再要求駐天津的各國海軍派隊來援。英、俄、德、法、美、日、意、奧八國海軍司令官決定派遣二千人開北京赴援，於五月十四日（6月10日）由英國海軍提督西摩 (E. H. Seymour) 率領出發。但一出天津，就與義和團和聶士成部清軍衝突了。十五日（6月11日）董福祥部士兵殺死了日本公使館的書記官杉山彬，第二天義和團便大舉出動，肆行焚燒教堂及教民住宅以及經售洋貨的店鋪，火光燭天，通宵達旦，電報局、海關署等機關，亦同遭搶劫。天津的外軍也開始進攻大沽砲臺，戰爭已經爆發。五月二十至二十四日（6月16至20日），慈禧連續召開四次御前會議，決定開戰。五月二十四日（6月20日）下午，清軍及義和團開始圍攻使館區的東交民巷，德國公使克林德 (Freiherr Von Keffeler) 被載漪的部下殺害。第二天——五月二十五日（6月21日），清廷正式下詔宣戰。

清廷的〈宣戰上諭〉中，對三十年來洋人的「欺凌我國家，侵犯我土地，蹂躪我人民，勒索我財物」，予以痛斥，並表示了「涕泣以告先廟，慷慨以誓師徒，與其苟且圖存，貽羞萬古；孰若大張撻伐，一決雌雄」的決心。但宣戰詔書中只提到「遠人」，卻沒有說明究竟是對那個或那些國家宣戰，因此被譏笑為「真是古今所未有的奇文。」 **49**

清廷下詔宣戰的同時，也令各省督撫組織民團，採取同樣的「滅洋」行動。但兩江總督劉坤一、湖廣總督張之洞、兩廣總督李鴻章、山東巡撫

---

49 宣戰上諭全文見《中華民國開國五十年文獻》，第 1 編，第 6 冊，頁 241。

袁世凱等人，卻不奉詔行事。他們單獨和外人商訂《東南互保條約》，表示「兩不侵犯」。東南半壁因此得免於戰火的塗炭，自屬幸事；但亦因此而開地方抗拒中央之先例，實不足法。北部各省，則多有排外反教之事，山西尤烈，教士被殺者達一百七十八人，外國醫院、學校亦被焚。被殺害者，且有婦女及兒童在內！

清廷對外宣戰的結果，招惹起八國聯軍的進陷北京。八國係在北京東交民巷設有使館且被圍困的英、俄、德、法、美、日、意、奧，總兵力為十萬人，統帥為德國將領瓦德西 (Alfred Von Waldersee)。❺⓪經過五十天的戰鬥，聯軍於七月二十日（8 月 14 日）佔領北京，解了使館之圍。慈禧與光緒帝則倉惶逃出北京，一口氣跑到了陝西省的西安！

聯軍佔領北京後，以追剿拳匪為名，繼續出兵。東至山海關，北至張家口，南至正定、滄州，西至固關，皆淪陷於聯軍鐵蹄蹂躪之下，人民飽受摧殘。教民結隊成群，四處打家劫舍，認賊作父，尤為可惡。最兇殘的俄國人則趁機佔領了東三省，是為中國東北的第一次淪陷！

三、《辛丑和約》

仗打敗了，只有向外國請和。清廷命李鴻章和奕劻為全權大臣，負責與各國交涉。年已七十九歲的李鴻章雖也猶豫了一陣，最後還是離開廣州北上，再度擔負起另一次屈辱的使命。談判的對象，除交戰的八國外，尚有比利時、荷蘭和西班牙，西班牙的公使葛絡幹 (Cologan) 且為領袖公使。談判的結果，就是光緒二十七年七月二十五日（1901 年 9 月 7 日）簽訂的《辛丑和約》，❺❶成為中國近代史上最大的恥辱和災禍！

《辛丑和約》全文十二款，其內容可歸納為下列七項：

　㈠遣使謝罪：清廷派醇親王載灃赴德，戶部侍郎那桐赴日，分別為克林德、杉山彬遇害事表示歉意，並於克林德遇害處建碑紀念。

---

❺⓪　德、俄、英各二萬人，日本二萬二千人，法軍一萬五千人，美軍七千五百人，意軍二千人，奧軍一百四十人；另有比軍六百人。

❺❶　全文見《光緒朝東華錄㈧》，頁 4681–4698；王彥威，《西巡大事記》，卷 10。

(二)懲罰中國臣民：

(1)「首禍諸臣」載勛、英年、趙舒翹賜令自盡；毓賢、啟秀、徐承煜正法；剛毅、徐桐、李秉衡已死，仍「追奪原官，即行革職」；載漪、載瀾定斬監候，發往新疆永遠監禁。

(2)曾殺害並虐待外人之地區，停止文武考試五年。

(3)懲治地方官員，並懸示不得仇教，地方官員有保護教民教士之責，違者處死罪，或予革職，永不敘用。

(三)賠款：總額四萬萬五千萬兩，分三十九年付清，利息四厘。約相當於中國五年的收入。加上利息，將為九萬萬八千萬兩，如再加上各省教案賠款及折合金價的損失，總數在十萬萬兩以上，以關稅、鹽稅作擔保。

(四)駐兵：

(1)在北京劃定使館界，由各國駐兵保護。中國人不准居住界內。

(2)准各國駐兵於黃村、廊房、楊村、天津、軍糧城、塘沽、蘆臺、唐山、灤州、昌平、秦皇島、山海關等十二處，「以保京師至海通道無斷絕之虞」。

(五)解除中國國防：

(1)對中國實施禁運軍火及國防器材兩年，並可延長期限。

(2)拆除自北京至大沽口之所有砲臺。

(六)便利外國通商：

(1)修改商約。

(2)疏濬北（白）河、黃浦江水道。

(七)將總理各國事務衙門改為外務部，班列六部之首，並改善各國使節覲見禮節。

和約簽訂後，外國應允於光緒二十七年八月初五日（1901 年 9 月 17 日），自北京撤兵；於八月初十日（9 月 22 日），自直隸全省撤兵。慈禧后與光緒帝於外兵撤退後，於八月二十四日（10 月 6 日）自西安取道河南回鑾，十一月二十八日（1902 年 1 月 7 日）始回到北京。目睹滿目瘡痍之慘

象，雖也不勝感傷，但於國家大政上卻仍無意改絃更轍，不過託名改革略作粉飾而已，實則因循如故，腐敗如故。

第五節　列強在華勢力的擴張

一、日俄戰爭與日本對東北的控制

　　俄國於義和團之亂時侵佔東北，應屬於八國聯軍行動的一部分。《辛丑和約》訂立後，俄軍理應自東北撤退。但俄國別有所圖，一開始即壓迫清吏清廷謀單獨解決。旅順俄海軍提督先以武力脅迫無異俘虜的清盛京將軍增祺私簽協定，置奉天於俄軍控制之下；❺❷清廷不予承認，派駐俄使臣楊儒交涉，俄又提出簽訂另一次「密約」的要求，竟欲將東北、蒙古、新疆甚至華北劃為俄國的統制範圍。俄國的野心，使英、日等國大為震動，遂有 1902 年 1 月《英日同盟條約》的締結，❺❸以對付俄國；美、德兩國亦表示支持。俄國在此種國際形勢的壓力下，始於光緒二十八年三月一日（1902 年 4 月 8 日）與中國簽訂《中俄交收東北條約》，同意俄軍分三期自東北撤退，期限為十八個月。❺❹但這是俄國的緩兵之計，第一期撤兵時故作姿態，僅將遼河西岸俄軍東調南滿鐵路一帶，到第二期撤兵時，不但兵不撤，反倒向中國提出新的無理要求，❺❺不僅中國不能答應，日本也無法再忍耐了。同時俄國在朝鮮也與日本直接衝突，日本便向俄國提出詰問，並進行了將近半年的談判。俄國不讓步，日本就斷然於 1904 年 2 月 10 日（清光緒二十九年十二月二十五日）對俄國宣戰，俄國也同時對日本宣戰。這是日俄

❺❷　稱《暫且章程》，共九條，全文見《清季外交史料》，卷 144，頁 16–19。

❺❸　《英日同盟條約》係於 1902 年 1 月 30 日，簽於倫敦，共六條，有效期間為五年，其後三度續約，至 1921 年華盛頓會議後始為《四國協約》所替代。

❺❹　簽約日期，俄曆為 3 月 26 日，由中國駐俄使臣胡惟德與俄外相拉姆斯獨夫所簽訂。全文共四條，見《清季外交史料》，卷 158，頁 2–15。

❺❺　計七項，各報均曾披露，已收入《中華民國開國五十年文獻》，第 1 編，第 6 冊，頁 469–470。

兩國間為爭奪中國東北而發動的戰爭，也是兩國有史以來的第一次全面戰爭。

日俄戰爭為中國領土而起，在中國領土內進行，受害者為中國人民，蹂躪者為中國土地和財產。但清廷毫無辦法，只有宣布中立，並劃奉天省遼河以東為戰區。中國民間則恨俄遠勝於仇日，東北之地方鄉團與綠林鬍匪並曾組織「正義軍」，以破壞交通及襲擊俄軍後方等行動，對日軍提供協助。美國也祕密的援助日本，英國因係日本的同盟國，對俄國自也盡力牽制，在國際形勢上俄國實已立於極為不利的地位。

日本的海軍表現得可圈可點，突襲旅順後又加以封鎖，使俄國的遠東艦隊成為甕中之鱉。及俄國調波羅的海艦隊東來，又被日本艦隊在對馬海峽打了個落花流水，三十八艘戰艦中有三十三艘被擊沉或被俘獲。日本的海軍司令官東鄉平八郎乃被稱為名將。日本陸軍有三支：第一軍司令官為黑木乃禎，由朝鮮攻安東；第二軍司令官奧保鞏，登陸遼東半島，攻大連、遼陽；第三軍司令官乃木希典最出風頭，以四個半月的苦戰攻下了旅順，要俄軍司令官斯德色爾投降，乃木遂成為日本家喻戶曉的人物。最後的決戰在奉天（今瀋陽），日軍又獲得壓倒性的勝利，於是俄國不能不承認失敗，接受美國總統羅斯福 (Theodore Roosevelt) 的調停，於 1905 年 9 月 5 日（日本明治三十八年九月五日，清光緒三十一年八月七日）與日本簽訂了《樸資茅斯條約》(Treaty of Portsmouth)，對日本作了下面的承諾：

㈠承認朝鮮歸日本保護。

㈡將旅順、大連的租借權及一切特權轉讓給日本。

㈢將南滿鐵路及其支線的管理權，及附屬之一切權利、財產與礦權，均轉讓給日本。

㈣割讓庫頁島南部給日本。

事實上，日本戰勝俄國所獲得的「戰利品」，絕大部分是取自中國。本來，日本的決定就是「日本戰勝之報酬，不必逕取之於俄」，不消說，是要取之於中國。日本出席樸資茅斯會議並簽署條約的全權代表小村壽太郎回國後，又立即受命前來北京談判。清廷派外務部尚書瞿鴻禨及北洋大臣袁

世凱和小村及日本駐華公使內田康哉會商。自光緒三十一年十月至十一月
（1905 年 11 月至 12 月），計開會二十二次，最後於十一月二十六日（12 月
22 日）簽訂了《中日東三省善後事宜條約》三條，附約十二款。❺❻日本除
將《樸資茅斯條約》中俄國轉讓之各項權利獲得清廷承認外，並強迫清廷
答允了一些新的要求，主要的是：

　㈠東三省境內，增闢商埠十六處。❺❼

　㈡中國承認日本建築並管理安東至奉天鐵路的既成事實。

　㈢南滿鐵路一切材料，免除稅捐釐金。

　㈣在營口、奉天、安東各地，商劃日本租界。

　㈤准日本採伐鴨綠江右岸木材。

　㈥滿韓邊境通商，按最惠國條款辦理。

　翌年（1906），日本設立了兩個侵略機關：一是關東總督府，旋因中國
抗議改稱關東都督府，任命大島義昌為關東都督，視同日本領土來管理；
一是南滿鐵道株式會社，任兒玉源太郎為委員長，主管鐵路業務及煤礦、
製鐵、電氣、航運、港灣、教育、學術、調查等業務，為侵略東北的經濟
機關。光緒三十三年（1907），日俄化敵為友，訂立第一次密約，將東北劃
分南滿北滿，日本承認北滿及外蒙為俄國勢力範圍，俄國承認南滿與朝鮮
為日本勢力範圍。日、俄兩國已把中國東北作了無形的瓜分。

　清廷對於東三省的危機，也急謀應付。光緒三十三年三月（1907 年 4
月），令將盛京將軍改為東三省總督，三省分設巡撫。首任總督徐世昌，繼
任總督錫良，亦頗欲有所作為，曾依袁世凱、唐紹儀等人之議，倡議開放
東北，並歡迎美國投資興建鐵路，以使東北國際化，避免為日俄所分佔。
美國的鐵路企業家哈利曼（E. H. Harriman），駐瀋陽總領事司戴德（W.
Straight）曾分別與日本及中國接洽，前者與日本訂收購南滿鐵路合同，後

---

❺❻　全文見《清季外交史料》，卷 195，頁 8–12。

❺❼　十六商埠是：奉天省之鳳凰城、遼陽、新民屯、鐵嶺、通江子、法庫門；吉林
　　省之長春（即寬城子）、吉林省城（永吉）、哈爾濱、寧古塔、琿春、三姓；黑
　　龍江省內之齊齊哈爾、海拉爾、璦琿、滿洲里。

者與袁世凱、唐紹儀商投資興建法（庫）新（民）鐵路等事業，且一度議組中美德同盟。但由於日本的破壞，一切都落了空。日本駐美公使高平小五郎說服了美國國務卿羅德 (E. Root)，於 1908 年（光緒三十四年，日本明治四十一年）簽訂了《高平—羅德換文》(Root-Takahira Notes)，美國同意維持在華工商業機會均等的政策，不與日本為難。宣統元年 (1909)，美國新任國務卿諾克斯 (P. C. Knox) 又提出「滿洲鐵路中立計畫」，但各國反應冷淡，美國孤掌難鳴，日、俄且於次年 (1910) 簽訂第二次密約，嚴拒第三國插手東北，美國也就只有放棄和日本在東北角逐的想法。

　　自光緒三十三年至宣統三年 (1907–1911) 的五年間，日本在東三省製造了不少問題，提出了不少要求，如吉（林）長（春）鐵路問題，安（東）奉（天）鐵路擴建問題，撫順煤礦問題，間島主權問題，錦（州）璦（琿）鐵路問題，營口支線問題等是。❸這些問題有的解決了，日本獲得不少便宜；有的沒有解決，成為「懸案」，構成了日本於民國 20 年 (1931) 發動瀋陽事變的一項藉口。

　　日本不僅侵略東北、山東，華南亦有日人挑釁圖利的紀錄。一個叫西澤吉次的日本人，竟於光緒三十三年 (1907) 侵入了東沙島，插上了日本國旗，妄稱為日本領土。經先後兩任兩廣總督張人駿、袁樹勳的力爭，至宣統元年 (1909) 始與廣州日本領事訂約，日本承認東沙島為中國領土。

二、英俄對西藏的挑唆

　　英國於統治印度後進一步覬覦西藏，乃意料中事。不意俄皇尼古拉二世，亦欲插手其間。俄人的手段極為巧妙，先鼓勵布里雅特人 (Buriat) 信奉喇嘛教，赴藏結歡於達賴喇嘛，以爭取其親俄。有多治夫 (Dorjieff) 其人者，通俄語，抱親俄思想，他在拉薩居住甚久，且深得達賴十三信任。光緒十五年 (1889) 英軍曾進攻西藏，次年並與中國訂立《藏印條約》，達賴遂深恨英人，兼亦不滿於清廷。多治夫從而挑唆，達賴遂親俄，光緒二十五至二十七年間 (1899–1901)，俄與西藏有三次通使，俄且有要求中國與訂《西藏

---

❸　柳克述，《近百年世界外交史》，頁 176–181。

密約》之說，英人為之大譁。英、俄為西藏問題，相互提出質問，關係趨於緊張。及光緒三十年 (1904) 日俄戰起，英國遂由印度總督派其邊務大臣榮赫鵬 (Younghusband) 率兵侵藏。達賴因而對英宣戰，是為英藏間的第二次戰爭。

藏兵當然不是英兵的對手，英兵陷江孜，直趨拉薩。達賴北走青海，想去俄國求援，但中途聽到俄國被日本打敗消息，乃轉走庫倫。西藏的政務由攝政大臣主持，在榮赫鵬的威脅下，訂立了《拉薩條約》（光緒三十年七月二十八日，1904 年 9 月 7 日），規定：

> 西藏開江孜、噶大克、亞東三處為商埠，賠償英國軍費五十萬鎊，准英國駐兵春丕，削平藏印間的砲臺與山塞，非得英允許，西藏不可將土地、鐵路、道路、電線、礦產讓與外國，亦不得將稅收或貨物金銀向外國抵押，西藏一切事務均不許任何外國干涉。❺❾

英國人也太狠毒了，簡直把西藏變成了英國的殖民地。這樣的條約，中國當然不承認，清廷於是派外務部侍郎唐紹儀和英方交涉。唐紹儀先到加爾各答和印度當局談判，沒有結果，回到北京後再與英國駐華公使薩道義 (E. M. Satow) 商談，到光緒三十二年三月（1906 年 4 月）始簽訂了一份《藏印續約》，把《拉薩條約》作為附約，惟英國聲明不佔領藏地，不干涉藏政，中國亦聲明不允許他國佔領藏地或干涉藏政。這一條約的最大收穫，是英國承認了中國對西藏的宗主權，此一事實，復為英俄兩國於次年 (1907) 簽訂的《英俄協約》，共同確認。

《藏印續約》簽訂後，中國亦決定重建在西藏的威權。清廷派張蔭棠為查辦藏事大臣，對藏人多所開導；繼又任趙爾豐為川滇邊務大臣，負責經營西康，以巴塘為基地，練兵備戰。

在中英西藏交涉中，達賴喇嘛十三世扮演了一個不名譽的悲劇腳色。他在庫倫，仍想求援於俄，但俄國新敗之後，無力支持他。想到北京來挽

❺❾　劉彥，《中國外交史》，頁 318–319。

回情面，清廷卻遲遲不加理會。直到光緒三十四年 (1908) 八月，清廷才召達賴到北京來，但待以屬臣之禮，令其返回西藏。達賴在京，曾與英使朱爾典 (John N. Jordan) 交歡，於是由反英一變而為親英。次年 (1909) 回藏後，就開始親英反華，清廷乃命趙爾豐出兵征討。趙派遣其部將鍾穎率勁旅入藏，於宣統二年一月（1910 年 2 月）進駐拉薩，達賴乃南走大吉嶺，入印度請求保護，清廷怒而革除了他的名號。到辛亥 (1911) 革命爆發，達賴才又在英人的教唆和支持下回到西藏，中英也為西藏問題展開了另一回合的談判。就在辛亥年，英國人又出兵侵佔了雲南西境的片馬和江心坡大片土地。

三、商埠、租界和領事裁判權的擴展

列強每次與清廷簽約，都要求開放新的通商口岸或是擴大原來商埠的權利範圍。開商埠的本義，乃在便利通商，後來商埠中卻又有了租界，租界中又有了領事裁判權，於是中國的政治和法律，都受到嚴重的侵害。

從《南京條約》(1842) 開五口通商，到辛亥革命 (1911) 近半個世紀期間，中國在廣東、廣西、浙江、福建、臺灣、江蘇、安徽、江西、直隸、山東、河南、奉天、吉林、黑龍江、湖北、湖南、四川、雲南、西藏、甘肅、新疆、蒙古等二十二個省區中，開了一百零一個商埠。只有貴州、山西、陝西三省沒有開埠，但也不是沒有外人勢力，如法人之計畫把滇越鐵路延至貴州，英人之有權在山西開礦是。

租界，是列強侵略中國的產物，是中國獨有而世界各國所無的特殊現象，對中國人而言，是一項最大的恥辱。它不僅是「國中有國」，「權上有權」，⑥⓪而且是「毒犯的策源」，「娼賭盜匪的淵藪」。⑥① 尤其是上海法租界，被稱之成「東方藏垢納污的大本營」。⑥②

---

⑥⓪ 徐公肅、丘瑾璋，〈上海公共租界制度〉，見《中央研究院社會科學研究所專刊》，第 8 號，民國 21 年。

⑥① 蔣中正，《中國之命運》（正中書局印本），頁 65。

⑥② 陶菊隱，《美國侵華史料》（中華書局，1951），頁 9。

　　租界始創於上海，起於英國人，其後法、美、日、俄、德諸國亦均要求闢設租界，到辛亥革命 (1911) 時，有英、美、日、法、俄、德、比、意、奧匈等九國家，在中國上海、廣州、廈門、福州、天津、鎮江、漢口、九江、煙臺、蕪湖、重慶、杭州、蘇州、沙市、鼓浪嶼、長沙、營口、安東、奉天等十九個城市；設有四十七處租界。其分配如下表：

國別＼城市	上海	廣州	廈門	福州	天津	鎮江	漢口	九江	煙臺	蕪湖	重慶	杭州	蘇州	沙市	鼓浪嶼	長沙	營口	奉天	安東	總計
英	✓	✓	✓	✓	✓	✓	✓	✓	✓	✓		✓			✓	✓				13
美	✓		✓						✓			✓			✓	✓				6
日			✓	✓	✓		✓		✓	✓	✓	✓	✓	✓	✓	✓	✓	✓	✓	15
法	✓	✓			✓		✓		✓											5
俄					✓		✓													2
德					✓		✓		✓											3
比					✓															1
意					✓															1
奧匈					✓															1
小計	3	2	3	2	8	1	5	1	5	2	1	3	1	1	3	3	1	1	1	47

　　就上表分析，九國中以日本、英國的租界最多，日本十五處，英國十三處；這說明日本和英國在中國的利益最大。日本在中國的人數最多，英國在中國的投資額、貿易額、設廠數等經濟勢力最大。

　　租界有許多附屬的權利，有的有條約依據，有的並無條約依據。領事

裁判權損害中國的法權最大，但有條約依據，駐兵及設警亦對中國主權和人民的安全構成威脅，乃由事實發展而成，並不見於條約的明文規定。其中領事裁判權，使中國人與外國人之間不復居於平等地位，國家的主權和人民的人權，都受到嚴重的損害。

四、經濟的壟斷與榨取

《辛丑和約》第十一條規定，中外商約應行修改，各國遂多利用修約機會，擴大其利益範圍，或是對條約任意作單方面之引伸，以便其從事各項營利性活動。更明顯的說，八國聯軍之役後，列強對中國的經濟侵略，大為增加。

首先是光緒二十八年 (1902)《中英續行通商行船條約》（英國代表為馬凱 James L. Mackay，故習稱《馬凱條約》），擴大了英國經濟侵略的範圍，這一條約的要點有三：一是要中國廢除釐金，外國俟各國都同意後可提高關稅稅率：進口稅提高至百分之十二‧五，出口稅提高至百分之七‧五。二是內河航行與商業便利的擴大，外輪可於西江沿岸十餘處停泊載客，加開惠州、安慶、長沙、萬縣、奉天、安東、大東溝及北京為商埠，往來於此等商埠之中國帆船繳稅額不得低於輪船（幾乎全為外國經營）。三為給外人以投資的便利，准華、洋合股經商，妥訂礦務章程，製定國幣，統一度量衡。第一項表面上似對中國有利，但卻口惠而實不至，關稅仍抽百分之五。二、三兩項純為外人謀利益，故中國對外貿易的入超日增，十年之間，多至三倍，外人投資亦增加一倍以上。外貨充斥，但有減免稅釐的特權，不僅國貨無法與其競爭，且因清廷為賠款而只有加重對中國人稅捐，中國人的生活也就越來越艱苦了。

列強不僅有關稅的支配權，且有關餘──即每年關稅攤還賠款之外的餘款──的保管權。關餘存入外國銀行，利息為外人所得，這等於是：「不獨中國經濟的精華，為帝國主義者所吸取，即帝國主義者的餕餘，亦為其並蓄兼收，點滴無餘了。」[63]

---

[63] 蔣中正，《中國之命運》，頁37。

　　列強為了在中國從事經濟活動的方便，開辦了數十家銀行以及具有金融事業性質的公司。其主要者為七國、二十九家，如下表：

國家	名　稱	備註
英國	(1)匯豐銀行 (Hongkong and Shanghai Banking Corporation) (2)麥加利銀行 (The Chartered Bank of India Australia, and China) (3)中英公司 (British and Chinese Corporation) (4)北京銀公司——即福公司 (Peking Syndicate, Ltd.) (5)華中鐵路公司 (The Chinese Central Railways, Ltd.) (6)寶林公司 (Pauling & Co.) (7)大成公司 (Peason & Son Ltd.) (8)英國公業技術協會 (British Engineering Association in China)	
美國	(1)花旗銀行 (International Banking Corporation) (2)博益公司 (American International Corporation) (3)裕中公司 (Siems Carey Rail Way and Canal Co. of St. Paul) (4)華美啟興公司 (American China Development Co.) (5)友華銀行 (Asia Banking Corporation)	
俄國	華俄道勝銀行 (Bank of Russo-Asiatic)	
法國	(1)東方匯理銀行 (Bank of India-China) (2)中法實業銀行 (Bank Industrial of China)	
比	(1)華比銀行 (Sino-Belgian Bank) (2)比利時銀公司 (Belgian Group)	
德國	德華銀行 (Deutsche-Asiatische Bank)	
日本	(1)橫濱正金銀行 (2)臺灣銀行 (3)朝鮮銀行 (4)日本興業銀行 (5)正隆銀行 (6)中華匯業銀行 (7)東亞興業會社 (8)中日實業會社	

(9)東洋拓殖會社
(10)日本特種銀行團

外國銀行在中國的勢力，遠較中國人辦的銀行為大。如辛亥革命時，上海一地即有外國銀行一十九家，中國人開設者不過十一家，且資金較外國銀行相差遠甚。外國銀行的主要業務為進出口貿易，國際匯兌，吸收存款，發行鈔票，及對中國借款。外國銀行幾乎壟斷了中國的金融貿易，中國的鐵路工礦同受控制。

海關、郵政都在外國人的管理下，外國人且可在中國私設郵局——叫做客郵，也嚴重侵害了中國郵權，構成一項經濟侵略。[64]鋼鐵業百分之百在外人手裡，鐵路有百分之九十三受外人控制，外人對礦業的投資佔百分之八十，運輸業外國人的勢力，則為百分之八十四，中國人所能興辦者不過一小部分輕工業如紡織、麵粉的製造而已。[65]首倡革命的孫中山對於列強對中國的經濟侵略特別敏感，他估計外人的經濟侵略每年要從中國人身上榨取十二萬萬元的鉅款。因而提醒國人：「經濟力的壓迫，比較政治力的壓迫還要厲害。」[66]

---

[64] 林泉，〈太平洋會議與各國在華客郵之撤銷 (1921～1922)〉，見《中國現代史專題研究報告》，第 2 輯，頁 355–387。

[65] Hou Chi-ming, *Foreign Investment and Economic Development in China, 1840–1937* (Harvard, 1965).

[66] 《國父全集》，第 1 冊，頁 23。

第四章　民族自救的道路——由改革到革命

第一節　孫中山首倡革命

一、孫中山的時代與環境

　　甲午戰爭的慘敗，直接刺激了孫中山 (1866–1925) 的革命行動，也促成了康有為 (1858–1927) 上書清廷要求變法維新的「千餘人的大舉」。❶甲午前半年——中日戰爭的前夕，孫中山到過天津想見見李鴻章，但未成功；康有為也到過北京，他是和梁啟超 (1873–1929) 一道去參加會試。孫、康都親眼看到了戰前的緊急情勢，但兩人的感受和反應卻不相同。孫於戰爭爆發後，即由上海前往夏威夷開始革命行動的第一步——創立興中會，主張「驅除韃虜」；康卻回到了廣東，又到廣西桂林遊覽一番，次年 (乙未，1895) 3 月才又北上，聯絡十八省舉人一千二百人來個「公車上書」，請求拒和、遷都、變法。❷這時候，孫中山已在香港積極籌畫其第一次革命起義了。❸因此，孫中山的政治警覺與對時局的觀察力，比康有為敏感而深刻，其行動也能劍及履及。郭廷以說「八十年代中期以後，第一位領導中國政治革新運動的為孫文」，❹就是因為孫中山的革命行動比康有為的維新變法，開

---

❶　康有為自詡其發動「公車上書」為「至此千餘人之大舉，尤為國朝所無」，見《康南海自訂年譜》，頁 30。

❷　《康南海自訂年譜》，頁 30。

❸　羅家倫主編，黃季陸增訂，《國父年譜》，上冊，(中央黨史會，民國 58 年 11 月)，頁 64–73。

❹　郭廷以，《近代中國史綱》，頁 308。

端為早。

孫中山的本名為孫文，號逸仙，譜名德明，在基督教的教名為日新。三十二歲 (1897) 旅居日本時曾署名為中山樵，黨人多稱他為中山先生，辛亥革命前後國人多稱孫中山。孫氏於民國 14 年 (1925) 去世後，紀念他的設施如中山縣、中山艦、中山大學、中山陵等，亦均以中山名之。近年來，學者中亦有堅持以稱孫逸仙為是者。❺本書依習慣稱孫中山，或稱其職銜。民國 29 年 4 月 1 日，國民政府曾明令通告全國，敬稱孫中山為中華民國國父。

孫中山是廣東香山人。香山密邇澳門，距香港、廣州都不遠。在地理與歷史環境上，孫中山的家鄉對他最少有三點明顯的影響：

其一，與西方接觸最早，開風氣之先。第一位赴歐研究宗教並擔任天主教神職的鄭惟信 (1633–73)，第一位留美獲得博士學位的學生容閎 (1828–1912)，都是香山人，買辦出身卻曾大力鼓吹革新運動的鄭觀應（亦作官應，1842–1923），也與孫中山同籍，並在早年思想上頗為相近的朋友。❻

其二，香山縣屬的金星港當時是中外交通的樞紐，香山人因此赴海外謀生的甚多，孫中山的長兄孫眉 (1854–1915) 在十八歲的時候就到檀香山去謀求發展，孫中山本人也於十四歲之年 (1879) 前往檀香山，自稱此行「始見輪舟之奇，滄海之闊，自是有慕西學之心，窮天地之想。」❼

其三，孫中山的先世，曾參加過抗清義師。❽祖父孫敬賢 (1788–1849) 曾與一位原為太平天國謀臣的鍾姓術士相識。孫中山幼年時代，也常聽到故鄉的太平天國老兵馮爽觀等講述金田舊事，所以在十一歲時，就曾想做「洪秀全」。毫無疑問的，太平天國的革命運動對孫中山的革命思想有著深深的影響。這一點，與康有為完全不同。日人小野川秀美曾作很適當的說明：

　　康（有為）氏（祖父康贊修，父親康達初）是因參加討伐太平天國

---

❺ 吳相湘著，《孫逸仙先生傳》（臺北：遠東圖書公司，民國 71 年）。

❻ 吳相湘上書，頁 7–10。

❼ 孫文，〈自傳〉（手書）。

❽ 羅香林，《國父家世源流考》（重慶：商務印書館，民國 31 年）。

之亂而出頭的。具有這種家世的康有為與出生鄰縣素有華僑之鄉之
稱的香山縣，且又係貧窮的農家，在聆聽有關洪秀全的故事中而成
長的孫中山比較，實為強烈的對比。兩個人在日後所扮演的角色，
似乎在起步時，就已經註定了。❾

　　就國外而言，孫中山出生前後的十年間 (1861–1870)，美、亞、歐三洲
都發生了足以影響世界情勢的重大事件。美國的南北戰爭於 1865 年結束
了，林肯 (Abraham Lincoln, 1809–1865) 雖於勝利後被刺殺，但他的民主政
治理念卻構成美國民主制度的礎石，也贏得世界各國人士的欽佩與尊敬。
孫中山深受林肯政治思想的影響，乃是盡人皆知的事。日本於明治元年
(1868) 開始「明治維新」，崛起為東方的一個新興強國，一度成為中國人義
慕及效法的榜樣。歐洲的普魯士先於 1866 年征服了奧地利，繼於 1870 年
戰敗了法蘭西；失敗的法國從此確立了民主共和的政體，勝利的普國也在
民族主義的號召下，統一了德意志，開始了俾士麥 (Otto Bismarck, 1815–
1898) 的國家社會主義時代。這幾件大事所代表的意義是：民主政治的確
立，和民族主義思潮的勃興，這是十九世紀下半葉的時代精神，當然會深
深影響到在國外受教育並奔走革命的孫中山思想的發展。

　　此外，達爾文 (Charles Robert Darwin, 1809–1882) 學說的流行，❿亨利
喬治 (Henry George, 1837–1897) 著作的問世，⓫以及第一國際的成立及其
對馬克思 (Karl Marx, 1818–1883) 主張的採用等，⓬亦構成當時世界潮流的
支派，助成社會主義思潮的發展。對於孫中山的思想和活動，當然也具有
相當的影響。他曾說在青年時代，「於西學則雅癖達文之道 (Darwinism)」，⓭

❾　小野川秀美著，林明德、黃福慶譯，《晚清政治思想研究》(臺北：時報文化出
　　版事業有限公司，民國 71 年)，頁 89。

❿　達爾文，《物種由來》(*On the Origins of Species by Means of Natural Selection*, or
　　the Preservation of Favoured Races in the Struggle for Life)。

⓫　亨利喬治的名著《進步與貧乏》(*Progress and Proverty*) 於 1879 年出版。

⓬　鄭學稼，〈孫中山先生年表〉，見鄭著《中共興亡史》，下冊，(臺北：中華雜誌
　　社，民國 59 年)，附錄三，1866 與 1868 年紀事。

不過晚年他又批評達爾文學說不適用於人類的進化。

二、早年的思想

　　孫中山童年時代——十四歲到十八歲 (1879–1883)，是在檀香山接受相當於中學程度的教育。這個五年時間，已經培育了自由而開明的思想，一回到故鄉，就不能不發表一些改革習俗的言論，甚至為破除迷信而毀壞神像，因而觸怒鄉人。十八歲 (1883) 那年冬天，到香港入拔萃書屋 (Diacessan Home) 讀書，並受洗為基督教徒，思想為之一變。次年 (1884) 轉入香港中央書院 (Central School)——亦即後來的皇仁書院 (Queen's College)，❹就在這一年，中法戰爭爆發了。孫中山由於再去檀香山一次，回到香港時已是乙酉三月（1885 年 4 月），戰爭已經結束了，清廷與法國訂約，讓安南淪為法國的殖民地。這件事，對孫中山形成極大的刺激。他一方面看到清廷的腐敗與愚昧，感到痛心；一方面又因香港華工拒為法國修船卸貨的愛國表現，獲得鼓勵。❺於是他決心革命，推翻滿清。他後來自述：

　　　　「予自乙酉中法戰敗之年，始決傾覆清廷，創建民國之志。」❻

　　從這一年起，孫中山確是不斷的放言革命。次年 (1886) 他結識了三合會出身的鄭士良 (1863–1901)，和祕密會黨有了接觸。肄業香港西醫書院 (The College of Medicine for Chinese, Hong Kong) 的五年又六個月（1887 年 1 月至 1892 年 7 月）的時間，又嘗與陳少白 (1869–1934)、尢列 (1865–1936)、楊鶴齡 (1868–1934) 等人大談革命，被稱為「四大寇」。他同時也受

---

❸　孫文，〈自傳〉（手書）。

❹　中央書院於 1889 年改稱維多利亞書院 (Victoria College)，1894 年改稱皇仁書院，見 Gweneth Stokes, *Queen's College, 1862–1962*, p.52.

❺　林百克 (Paul Myron W. Linebarger) 著，徐植仁譯，《孫逸仙傳記》（原標題為：*Sun Yat-sen and the Chinese Republic*），第三章，在香港的生活。

❻　《孫文學說》，第八章。

到西醫書院創辦人何啟 (1859–1914) 之改革思想的影響，❶對於家鄉的改良與建設也極具熱誠。孫中山後來曾對香港大學師生說過一段往事：

> 我之思想發源地即為香港。至於如何得之，則三十年前在香港讀書，暇時輒閒步市街，見其秩序整齊，建築閎美，工作進步不斷，腦海中留有甚深之印象。
>
> 我每年回故里香山二次，兩地相較，情形迥異，香港整齊而安穩，香山反是。我在里中時竟須自做警察以自衛，時時留意防身之器完好否？恆默念香山、香港相距僅五十英里，何以如此不同？外人能在七八十年間在荒島上成此偉蹟，中國以四千年之文明，乃無一地如香港，其故安在？
>
> 我曾一度勸其鄉中父老，為小規模之改良工作，如修橋、造路等，父老韙之。但為無錢辦事，我於放假時自告奮勇，並得他人之助，冀以自己之勞力貫徹主張。顧修路之事涉及鄉村土地，頻起糾葛，遂將此計畫作罷。未幾我又呈請於縣令，縣令深表同情，允於下次假期中助之進行。迨假期既屆，縣令適又更迭，新縣官乃行賄五萬元買得此缺者，我無復希望，祇得回香港。❶

孫中山在香港讀書期間，曾於二十五歲（清光緒十六年，1890）那年，趁假期回鄉之便，向曾經出任駐美使臣現已歸家養病的香山人鄭藻如 (1824–1894) 上書，提出「重農桑」、「禁鴉片」、「興文教」三項主張，希望鄭氏能加倡導，先在香山縣試驗。❶這一書信，是孫中山第一次提出其政治主張，可惜鄭藻如年事已高，不能依孫中山之意見予以倡導。

可能是在上書鄭藻如的次年——光緒十七年 (1891)，孫中山撰了一篇

---

❶　吳相湘，《孫逸仙先生傳》，頁 52–55。

❶　《國父全集》，第 2 冊，頁 515。

❶　孫文，〈致鄭藻如書〉，見《國父全集補編》；吳相湘，〈國父與鄭藻如關係初探〉，見《傳記文學》，第 218 期，臺北，民國 69 年 7 月。

〈農功〉，後來收入鄭觀應編撰的《盛世危言》一書內。❷ 他認為中國古時及西洋近代都重視農業，現時中國農村則落後破產，主張學習西方「農部有專官，農功有專學」的制度及科學新法——「機器耕種」，為近代倡導農業改良之先聲。

清光緒二十年 (1894) 甲午，孫中山二十九歲。他提出了有名的〈上李鴻章敷陳救國大計書〉，係一份代表其早期救國思想的歷史文件。孫中山在這份約九千字的文件中，提出了「富強之大經，治國之大本」的四項綱領：人盡其才，地盡其利，物盡其用，貨暢其流。四項綱領之下，並各具進行要則：

> 人盡其才——教養有道，鼓勵以方，任使得法。
> 地盡其利——農政有官，農務有學，耕耨有器。
> 物盡其用——窮理日精，機器日巧，不作無益以害有益。
> 貨暢其流——關卡之無阻難，保商之有善法，多輪船鐵道之載運。

孫中山這四項綱領，分別就中國之士、農、工、商四者，力謀改革，大事建設，而於農業之振興，尤殷殷致意，認為國計民生之最基本者。次年 (1895)，孫中山復發起創設農學會，主張翻譯各國農桑新書，設立各級農業學堂，造就農業專才，改良土壤，開墾荒地及獎勵農民，以提高農民知識與地位，確立民生富強之基。孫中山為中國社會的建設，懸出一個崇高目標：全面普及教育，做到「無民非士，無士非民」，以打破傳統上「士為四民之首」的社會階級，與西方強國並駕齊驅。他下面的幾句話，誠足發人深省：「欲我國轉弱為強，反衰為盛，必俟學校振興，家絃戶誦，無民

---

❷ 吳相湘，《孫逸仙先生傳》，上冊，頁 82–84；蔣永敬，《國父革命運動史要及其思想之演進》(正中書局，民國 64 年)，頁 16。亦有歷史學者懷疑〈農功〉為孫中山所撰，如王爾敏。見王撰〈對於吳著「孫逸仙先生傳」的補充〉，見國立政治大學，《歷史學報》，第 2 期，臺北木柵，民國 73 年 3 月，頁 229–232。

非士，無士非民，而後可與泰西諸國並駕齊驅，馳騁於地球之上。」㉑

三、革命的第一步

孫中山二十歲時就立下了傾覆清廷的志向。他一方面不斷的宣傳革命，甲午前一年（光緒十九年，1893）且已在廣州與同志討論到革命的進行方針，㉒一方面也想說動鄭藻如、李鴻章等人，接受其意見大力改革，以挽救危亡。但他對李鴻章失望了，甲午戰爭既起必將帶給中國更大的災禍，於是決心開始革命救國的實際行動，於甲午十月來到了檀香山，並於同年十月二十七日（西曆 1894 年 11 月 24 日），創立了中國近代的第一個革命團體——興中會。

誠然，興中會初創立時會員人數並不多；出席 11 月 24 日成立會的檀香山華僑僅二十餘人，至次年 (1895) 9 月以前繳費列名的檀香山華僑，亦只一百一十三人。㉓香港、日本等地入會者，自然不包括在內。興中會成立的最大歷史意義，是代表中國革命行動的一個開端，也是中國近代歷史的一個新的起點：十七年後的辛亥革命，完全改變了中國政治的面貌。

興中會會員入會時，均須宣誓。誓詞是孫中山擬訂的：「驅除韃虜，恢復中國，創立合眾政府。」㉔孫中山同時也擬訂了一份為史學家稱之為「中國現代大革命的號聲」㉕的「宣言書」，也就是興中會初創時的章程。這份文件中首先指出當時「蠶食鯨吞，已效尤於踵接，瓜分豆剖，實堪慮於目前」的危機，這一危機的造成乃由於「庸奴誤國」，因此「有心人不禁大聲疾呼，亟拯斯民於水火，切扶大廈之將傾」，「集會眾以興中，協賢豪而共濟」，於是組成了興中會，目的在「振興中華」，並且要「聯絡中外華人」來「以申民志，而扶國宗。」㉖

㉑　《國父全集》，第 3 冊，頁 12。

㉒　《國父年譜》，上冊，頁 55。

㉓　〈興中會會員及收入會銀時日與進支表〉，《革命文獻》，第 3 輯，頁 16。

㉔　馮自由，《華僑革命開國史》（臺灣：商務印書館，民國 64 年），頁 26。

㉕　吳相湘，《孫逸仙先生傳》，上冊，頁 114。

興中會成立後約兩月餘，孫中山即由檀香山來到香港，與楊衢雲 (1861–1901)、謝纘泰 (1872–1937) 等人於 1892 年組成的「輔仁文社」合作，建立了興中會總機關部，對外則用「乾亨行」的名號。並將檀香山成立時的章程重加增訂，❷誓詞亦正式確定為「驅除韃虜，恢復中華，創立合眾政府。」❷

香港興中會總機關部的建立，係在乙未（光緒二十一年）正月二十七日（1895 年 2 月 21 日）。二十天以後的二月十七日（3 月 13 日），孫中山即與楊衢雲、謝纘泰、黃詠商等籌商在廣州起事的計畫，又過了三天，興中會幹部會議決定了襲取廣州的進行計畫，並決定採用由陸皓東 (1868–95) 設計的青天白日旗幟為革命軍旗。這一革命計畫，並得到何啟、《士蔑西報》(Hong Kong Telegraph) 主筆鄧肯 (Chesney Dunchan) 和《德臣西報》(China Mail) 主筆黎德 (Thomas H. Reid) 的贊助。❷這時甲午戰爭期間召募的兵丁已被遣散，成為游勇，與會黨合流，興中會乃由鄭士良負責聯絡，以之為發動革命的主力。

起事的日期，定於農曆九月初九日重陽節（陽曆為 10 月 26 日）。起事前約一個月，孫中山進入廣州，以創設農學會為掩護，實際指揮廣州的祕密機關部進行起事的準備，香港方面則由楊衢雲負責接濟。革命軍決定起事的口號是「除暴安良」，並以紅帶纏臂作為暗號。

起事的日期到了，卻因為一位名叫朱湘的人，以其弟朱淇參加革命活動深恐受害，竟假朱淇之名向清廣州當局自首，起事的計畫遂告洩露，又因香港方面聯絡不實，黨人乘輪抵廣州時，清吏已先期獲得消息，致有四十多人於下船時即被逮捕。起義的計畫完全失敗了，陸皓東等數人殉難，

---

❷　全文見《革命文獻》，第 3 輯，頁 2–3。

❷　章程由九條增訂為十條，內容更加充實。全文見《革命文獻》，第 3 輯，頁 3–6。

❷　馮自由，《中華民國開國前革命史》，上冊，頁 6–10；〈興中會組織史〉，《革命逸史》，第 4 集，頁 9。

❷　謝纘泰，《中華民國革命秘史》；Harold Z. Schiffrin, *Sun Yat-sen and the Origins of the Chinese Revolution* (University of California Press, 1968), p. 71.

孫中山則幸而脫險，經澳門返回香港。

這次起事，是孫中山親自領導的第一次革命行動，史稱「乙未廣州首義」，亦稱「重陽首義」。陸皓東是第一位為革命而犧牲的烈士，年僅二十九歲。他於審訊時慨述革命宗旨及決心：

> 今日非廢滅滿清，決不足以光復漢族；非誅除漢奸，又不足以廢滅滿清。……一我可殺，而繼我而起者不可盡殺。**⑩**

廣州首義雖沒有成功，革命的聲威卻因而遠播，香港、日本的報紙也都刊載了這一消息，清廣東當局發出懸賞緝拿「逆犯」的佈告，孫中山居首，緝捕賞金一千元，楊衢雲列第五，賞金則為孫中山的十分之一，一百元。這無異替革命黨人作義務宣傳，留心中國政情的中外人士無不獲知孫文這個人是中國革命黨的領導人。這時候的康有為，卻以中了進士而獲任為工部主事，正想通過翁同龢 (1830–1904) 來說服清光緒帝「舉大事」、「行新政」，**⑪** 兩人的立場與行事，截然不同！

四、倫敦蒙難

孫中山自廣州脫險返抵香港後，自知在香港難再居留，乃偕鄭士良、陳少白前去日本，楊衢雲則經過新加坡等地到南非去了。果然，香港當局於 1896 年 3 月 4 日下令放逐孫中山出境，以五年為期。**⑫**

孫中山到日本後，作了將近三個月的停留。對未來的革命進行計畫，他作了如下的部署：其一，成立橫濱興中會，推馮鏡如為會長，建為興中會的第三個活動中心；其二，派鄭士良回到國內去聯絡會黨，徐圖再舉；其三，留陳少白在日本，與日本朝野聯絡；其四，孫中山本人決定遠遊美、

---

⑩　中國國民黨中央黨史會編，《革命先烈先進傳》，頁 5。

⑪　《康南海自訂年譜》，頁 37。

⑫　陸丹林，〈總理在香港〉，《革命史譚》；又見《革命之倡導與黨的建立》（中國國民黨建黨七十週年紀念專刊，民國 53 年），上冊，頁 108–116。

歐,向華僑宣傳革命並籌募款項。乙未十二月(1896 年 1 月),孫中山「斷髮改裝」由橫濱前往檀香山,開始了他首度的環球之旅。

孫中山在檀香山也停留了近三個月,然後前往舊金山,再橫過美洲大陸,經紐約前往英國。他隨到之處,無不宣傳革命,結合同志,聯絡洪門致公堂以激發其民族意識,但他的行動也惹起清廷駐美使館的注意,清駐美公使楊儒不僅派密探尾隨,且將其行蹤電告北京及駐英公使龔照瑗。因此當孫中山於 1896 年 10 月到達倫敦後不久,即被誘捕於清使館。——孫中山係於農曆九月初五日(10 月 11 日)被誘捕,經業師康德黎 (James Cantlie, 1851–1926) 及孟生 (Patrick Manson, 1844–1922) 之營救,始於九月十七日(10 月 23 日)脫險,計被拘十二天,是為孫中山從事革命以來的首次蒙難,他寫了一冊《倫敦被難記》(*Kidnapped in London*),記述此一事件的詳細經過。❸❸

由於英國外交部對清廷駐英公使館之非法誘捕孫中山,曾出面干涉,也由於倫敦各報以醒目的標題報導了這一消息,立使這件事成為轟動一時的新聞,孫中山的聲名因而傳播全球。即清廷駐英公使館武官鳳凌,亦不能不承認「十九日獲孫文一案,反為該人成名」。❸❹

孫中山重獲自由後,就暫時在倫敦住下來。他已成為各方注目的人物,除了投書各報申謝英政府及報界援助之盛情外,並應英國漢學家翟爾斯 (Herbert A. Giles) 之請,親筆寫了一篇簡單的自傳,由翟氏發表在他編的《中國名人辭典》(*Chinese Biographical Dictionary*)。孫中山稍後發表了他的《倫敦被難記》,同時又發表一篇〈中國的現狀與未來〉(China's Present and Future),❸❺先刊於 1897 年 3 月 1 日的倫敦《兩週評論》(*Fortnightly Review*),後又由一種俄文雜誌《俄羅斯的財富》第 5 期所轉載。此為孫中山首次以英文對世界人士公開發表其政治主張。他說明滿清政府的腐敗情形,

---

❸❸ Harold Z. Schiffrin, *Sun Yat-sen and the Origins of the Chinese Revolution*, pp. 98–139.

❸❹ 羅家倫,《中山先生倫敦蒙難史料考訂》,頁 66,引鳳凌日記。

❸❺ 中文件見《國父全集》,第 2 冊,頁 40–56;英文件見同書,第 5 冊,頁 81–109。

其本身的改革已屬無望。中國的前途繫於中國的革命，中國革命成功不僅是中國人之福，對世界和平也有很大的貢獻。中國人並不排外，只是反對外人的侵略。孫中山最後提到中國自然資源的開發，將可增進世界的繁榮。他也呼籲英國朝野對中國事務保持善意的中立──不妨礙革命黨改善中國現狀使其脫離危險的努力。

　　孫中山在倫敦住了八個多月，他最大的收穫，是到大英博物院圖書館中去博覽群書，完成了三民主義的思想架構。孫中山自述：「倫敦脫險後，則暫留歐洲，以實行考察其政治風俗並結交朝野賢豪」，他說「所見所聞，殊多心得」，最大的心得乃是：「始知徒致國家富強，民權發達，如歐洲列強者，猶未能登斯民於極樂之鄉也。是以歐洲志士，猶有社會革命之運動也。予為一勞永逸之計，乃採取民生主義，以與民族、民權問題同時解決。此三民主義之主張所由完成也。」❸❻

　　孫中山在倫敦，確曾結識了不少「此地賢豪」。如軍事學家摩根 (Rowland J. Muekern)，國會議員高黎 (Sir Edward Gourley)，愛爾蘭愛國志士戴維特 (Michael Davilt)，俄國革命黨人沃爾科夫斯基 (Felex Volkhovsky) 等，都曾與孫中山交談過，並對孫中山表示欽佩與同情，對他的事業也樂於贊助。❸❼當時旅居英倫的日本生物學家南方熊楠，也成為孫中山的好友。❸❽

　　孫中山於 1897 年 7 月 2 日 (農曆六月三日)，離開倫敦，經過加拿大，於 8 月 16 日 (農曆七月十九日) 到達日本橫濱。此後他即以日本為基地，並結交日本朝野人士，來進行其革命活動。他派陳少白到臺灣建立了興中會臺灣分會，託平山周到中國內地調查會黨，其後並促成了興漢會的成立，他也曾經與菲律賓獨立黨人發生聯繫，贊助過菲律賓的獨立運動。❸❾及康

❸❻　《國父全集》，第 1 冊，頁 494。

❸❼　同❸❸書，頁 128。

❸❽　木下彪，〈孫中山與南方熊楠〉，見《中西文化》，第 9 期，臺北，民國 57 年 3 月 1 日；陳鵬仁，〈南方熊楠日記中的國父〉，見陳譯《論中國革命與先烈》（臺北：黎明文化事業公司，民國 68 年），頁 259-267。

❸❾　李雲漢，〈中山先生與菲律賓獨立運動 (1899~1900)〉，《中國現代史論和史料》（臺北：臺灣商務印書館，民國 68 年），上冊，頁 36-81。

有為、梁啟超於戊戌變法 (1898) 失敗來到日本後，就有日本熱心人士如宮崎寅藏其人者，想促成孫、康兩派的合作，革命與維新兩派的關係也進入了新的階段。

第二節　康有為、梁啟超與維新運動

一、康有為的維新思想與活動

中國近代的改革運動，始自十八世紀六十及七十年代的改制論。及甲午戰爭失敗後，康有為起而為維新變法的主張，形成歷史上的維新運動。康有為及其學生梁啟超等一系倡導維新變法的人，就稱之為維新派，也有人稱之為改良派。他們的中心主張是君主立憲，因此歷史學者又多稱之為立憲派。

康有為是廣東南海縣人，是個很有才學的人，致力於史學、理學、經學，而以經世致用為歸，他也涉獵西學，但不能直接閱讀西書，戊戌政變以前未曾到過國外，因而對外國政情缺乏直接的觀察。他也生性自負，有目無餘人之概。這些都是缺陷，頗有妨礙於他的思想和事業的發展。他的門人梁啟超、張伯楨等為他作傳，頗多揄揚阿私之辭，❹ 實則康有為與其他的學者、思想家一樣，有其創見與獨到之處，但也絕非無可訾議。❹ 康有為的歷史地位，郭廷以有幾句話說得頗為貼切：

> 知識分子之致力於中國制度改革運動已二十年，而掀起其高潮並一度使之見於實施的為康有為。他不是此一運動的首倡者，而是積極的推行者。❹

---

❹　梁啟超著有《康南海傳》，張伯楨著有《南海康先生傳》，對康氏均有過度頌揚之處。

❹　錢穆即曾指出康有為著〈禮運注〉時，「倒填年月，以欺人耳」之不當。見錢著《中國近三百年學術史》，下冊，頁 699。

　　光緒八年 (1882)，康有為二十五歲，他北上參加鄉試，失敗了，乃北遊京師，返經上海時看到上海的繁盛，才買了些西書回去，開始講求西學。❹
第二年 (1883)，他就有了反對婦女纏足的心願，曾與一位曾經旅居美洲的鄉人區諤良議設不纏足會。中法戰爭的爆發 (1884–1885)，對康也是個刺激，他於戰後 (1886) 曾勸兩廣總督張之洞擴大翻譯西書，並注重政治書籍。又過了兩年——光緒十四年 (1888)，康有為再去北京應考，並上書皇帝，請求「變成法、通下情、慎左右」。這是康有為的首次上書，雖勇氣十足，內容卻甚空泛，誠如小野川秀美所評述者：「康有為在這次上書中，雖然提到『講求變法之宜，而次第行之』，然而幾乎沒有涉及具體方法。甲午戰爭後，其變法的構想才逐漸具體化。」❹

　　這次上書沒能上達皇帝，考試又失敗，失望之餘，回到廣東故鄉，在廣州著書立說，聚徒講學。他的講學處所標名曰「萬木草堂」，最得意的學生為梁啟超。重要的著作有三：一為《新學偽經考》，二為《孔子改制考》，三為《大同書》。這三種著作有一個共同的中心旨意，即抓緊孔子，證明孔子託古改制，也是一個維新派，用孔子來支持自己的變法主張。惟據今人研究，倡孔子改制之說者首為蜀人廖平，康受廖平的影響而加以推衍，故葉德輝說：「康有為之學，出自蜀人廖平」。❹ 小野川秀美曾譏笑康有為：

在安徽會館康、廖的會晤，對康而言，實具有劃時期的重要性。他在自編年譜中，不僅沒談到此次會晤的事，而且連有關廖平之事也隻字未提，也許他不忍心將創意之功讓給別人之故吧！❹

　　甲午（光緒二十年，1894）這年，康有為已三十七歲，他和梁啟超一

---

❹　郭廷以，《近代中國史綱》，頁 310。

❹　《康南海自編年譜》，頁 12–13。

❹　小野川秀美著，林明德、黃福慶譯，《晚清政治思想研究》，頁 103。

❹　葉德輝，《師伏堂未刊日記》，光緒二十三年十二月初六日記事。

❹　小野川秀美前書，頁 109。

道去北京參加會試，考過後就又回廣東，甲午戰爭前夕的風雲變幻，似乎對師徒二人都沒發生劇烈的影響，次年 (1895) 三月，兩人再去北京時，亦正值戰敗簽約之際，康有為才發起邀集十八省舉人一千二百多人列名上書請願，這就是有名的「公車上書」。❹ 書稿係由康氏執筆，稱萬言書，內容則係建議「拒和、遷都、變法」。❹ 但這一上書，都察院拒不代遞。及會試發榜，康有為中了第八名進士。他得到鼓勵，於是又單獨上書一次，專論變法。這次上書到了光緒帝手中，軍機大臣翁同龢訪康晤談，康大為興奮。六月間，在北京創辦了《中外公報》，七月間，又組織了「強學會」，同時結識了李提摩泰 (Timothy Richard)，也獲得一批官員如陳熾、沈曾植、袁世凱的贊助，和孫家鼐、張之洞、劉坤一等表面上的贊許。康有為確實風光一時，在北京內外激起了不算小的波瀾。但為時不到四個月，便引起守舊大臣大學士徐桐、剛毅及御史褚成博等的攻訐，康只有離京南下，《中外公報》和「強學會」也都遭到封禁。

乙未年的「公車上書」，是康有為政治活動的開端。他雖然未能影響北京清廷的政策，卻把維新變法的風氣開創起來了。他回到了廣東，梁啟超先在上海，繼去長沙，不少知識分子附和他們，此後三年 (1895–1897) 間，維新派在各地的活動都很活躍。到光緒二十三年 (1897) 外國競相攫取中國沿海港灣並劃分勢力範圍，康有為也就決定再赴北京去請求「變法圖強」，於是出現了光緒二十四年 (1898) 由變政到政變的一幕。

二、梁啟超和譚嗣同

梁啟超是康有為的得意門生，也是他倡導維新運動過程中最得力的夥伴。梁字卓如，號任公，他的學生以及尊敬他的人，都喜歡稱他任公先生。

---

❹　公車，係指舉人而言。上書日期為光緒二十一年四月八日 (1895 年 5 月 2 日)。《康南海自訂年譜》謂為一千二百多人，梁啟超〈三十自述〉又稱三千人。惟日人小野川秀美據原始文件查證，實際簽名者為「十六省的六○三人」，見小野川秀美著，《晚清政治思想研究》，頁 116，註一。

❹　全文見《皇朝經世文編》，卷 16，頁 5–13。

他有一枝犀利、雄健，而又帶有感情的筆，張朋園說「任公一生以言論起家，也以言論影響最為深遠。」❹

康有為自甲午 (1894) 以後，三次去北京，都邀梁啟超同行。乙未 (1895) 夏秋間，康有為開強學會於北京，梁啟超任書記，辦《中外公報》，又以梁為編輯。康為避禍離開北京後，梁啟超仍在北京以康之代表人地位，同各方聯絡。及強學會被解散、《中外公報》被封閉，梁啟超又被安排到上海去，主持《時務報》的筆政。就在此時，梁發表了他的名作〈變法通義〉，❺ 聲名乃日盛。

思想上，梁啟超早年當然深受康有為的影響，衍述公羊傳春秋三世之義。但他的心胸較康開放，容易接受西方的思想。所以在上海《時務報》時代的言論，已超出了康有為的規範，隱隱攻訐君主政體採行愚民政策，並開始注意到民權問題。他認為「能興民權者，斷無可亡之理」，並曾為民權下定義說：

> 西方之言曰：人人有自主之權。何謂自主之權？各盡其所當為之事，各得其所應有之利，公莫大焉，如此則天下平矣。❺

梁啟超主持《時務報》，不用孔子紀年，不言孔子改制，僅把重點放在變法上。他的變法觀念是：變法之本在育人才，人才之興在開學校，學校之立在變科舉，而一切要其大成在變官制；要變官制，就要興民權，因此必須設立議院以申民意。這一說法，深合人心，於是《時務報》的言論，「一時風靡海內，數月之間，銷行至萬餘份。」❺

光緒二十三年 (1897) 十月，梁啟超應邀前往湖南，擔任時務學堂的總教習。這年他才二十五歲。❺ 湖南在甲午戰後的二、三年間，由巡撫陳寶

---

❹　張朋園，《梁啟超與清季革命》（中央研究院近代史研究所，民國 52 年），頁 48。

❺　原稿連載於《時務報》，第 1 冊至 39 冊。

❺　梁啟超，〈論中國積弱由於防弊〉，見《時務報》，第 9 冊。

❺　梁啟超，《飲冰室文集》之六，頁 52。

箴，學政江標、徐仁鑄，署理按察使黃遵憲等人的倡導，興辦新政。於是
創辦了《湘學報》，成立了南學會，並設立了時務學堂。梁啟超去任總教習
雖只四個多月，但發生的影響很大，不僅結識了熊希齡、唐才常等人，時
務學堂的學生蔡鍔、林圭等人也成為他維新事業的追隨者，梁啟超有意在
湖南以南學會為革新的據點，大大幹一番。但忽然患了大病，到上海去就
醫。病癒後就又受康有為之召去北京，沒再回湘。

戊戌變法前維新運動的第三位值得介紹的人物，應當是譚嗣同 (1866–
1898)。譚字復生，湖南瀏陽人。早在十八歲時（光緒十年，1884），曾作
〈治言〉，透露其求變的意識。❺❹他深受王夫之（船山）思想的影響，曾因
「私淑船山」而寫成〈王志〉。❺❺甲午戰爭的失敗，同樣給他很大的刺激。
從此時起，他益倡新學，呼號變法。光緒二十一年 (1895)，他在北京和康
有為、梁啟超見面。他很欽佩康有為；梁啟超則讚稱「譚復生才識明達，
魄力絕倫，所見未有其比。」❺❻

譚嗣同的代表作是《仁學》，係於光緒二十二至二十三年間 (1896–1897)
寫成的一冊書。約五萬字，其內容將西學與佛學及中國百家之學並舉。就
變法思想而言，譚比康、梁更為激烈，反滿的色彩也更濃厚。他自稱他的
思想是「一種衝決網羅之學」，強調社會、政治甚至倫理的變化性，要打破
道德上、政治上與社會上的一切束縛。譚嗣同初在南京、武昌間，往來活
動，光緒二十四年 (1898) 正月返回湖南，成為湖南革新的中心人物之一，
與唐才常最為投契。譚不僅思想最激烈，決心亦最堅強，在湖南受到守舊
派的攻擊時，就曾準備犧牲。他說：「今日中國能鬧到新舊兩黨流血遍地，
方有復興之望。不然，則真亡種矣。」❺❼果然，八月間戊戌政變發生後，他

---

❺❸ 丁文江，《梁任公先生年譜長編初稿》（臺北：世界書局，民國 61 年再刊本），
頁 37。

❺❹ 已收入《譚嗣同全集》，頁 109，譚謂：「自開闢以來，事會之變，日新月異，
不可紀極。」

❺❺ 見〈三十自紀〉，《譚嗣同全集》，頁 205。

❺❻ 《梁任公先生年譜長編初稿》，卷上，頁 26。

❺❼ 〈上歐陽辦薑師書〉，《譚嗣同全集》，頁 302。

是惟一自願為主張而流血的人。

倡導維新的人物，自然不只康、梁、譚及其師友們。學者嚴復 (1853–1921)，疆吏張之洞 (1837–1909) 等人，也極盡鼓吹，倡行之力。維新運動也得到西方的影響，儘管外國人贊助中國革新的動機並不純是為了中國的利益，但他們的贊助還是利多於弊。❺❽在中外人士的合力倡率下，光緒二十一年至二十三年 (1895–1897) 間，維新的言論已大為流行。郭廷以指出：

> 自一八九五至一八九七年，維新人士最活躍的地區為北京、上海、天津、湖南，次為湖北、江西、廣西、浙江、福建、陝西等省。他們的機構有學會、報館、學堂。參加公車上書的舉人散歸各地後，自有推動的作用。學會的成立，有如雨後春筍，據說多至百餘，報紙亦由十九種增至七十種。清代禁止士民結社論政，現在已被打破。❺❾

三、百日維新的悲劇

光緒二十三年 (1897) 十月，康有為前來北京。十一月，因德國藉口鉅野教案而侵佔膠州灣的事件發生，康有為又上書力陳變法之不可再緩，這是他的第五次上書。但為工部尚書淞桂所阻，沒能上達。經過翁同龢向光緒帝的關說，光緒帝才命總理衙門邀康有為去問問他變法的見解，並命令把康有為所著《日本變政記》、《俄彼得變政記》等書呈上去看看；光緒帝也同時命令以後康有為如有條陳，應即呈奏，不得阻攔。康得到可以隨時提出條陳的特許，也就開始公開而快捷的活動起來了。

光緒二十四年 (1898) 戊戌，是康有為政治事業中的關鍵年代。他向光緒帝呈奏了不少條陳，請求斷然變法。他說世界各國皆以變法而強，守舊而亡；中國目前的情形是「雖無亡之形，而有亡之實」，要求光緒帝了解：

---

❺❽　王樹槐，《外人與戊戌變法》(中央研究院近代史研究所，民國 54 年)，頁 92。

❺❾　郭廷以前書，頁 315。

「能變則全，不變則亡，全變則強，小變仍亡。」❻他建議的具體內容是：

> 請誓群臣以定國是，開制度局以定新制，別開法律局、度支局、學
> 校局、農局、商局、工局、礦局、鐵路、郵信、會社、海軍、陸軍
> 十二局，以行新法，各省設民政局，舉辦地方自治。❻

康有為也把梁啟超、譚嗣同等召到北京來了。梁啟超、麥夢華又再發動了一次「公車上書」，請「拒俄變法」。❻三月間，康有為又在北京設立了「保國會」，提出保國、保種、保教三者為號召，並令其維新派分子在各地設立分會。北京保國會曾有三次集會，每次集會人數都超過一百人，據稱每日來訪康者有數十人，應接不暇，康有為立即成為北京政界中的熱門人物。❻

光緒帝是很欣賞康有為的，也有振奮自強的志向。但朝廷中的守舊派榮祿、剛毅、許應騤等都對康有為痛惡萬分，守舊派的幕後支持者則有慈禧太后，因此，變法問題一開始就形成新舊之爭與帝后之爭。光緒帝最後下了決心，於四月二十三日（6月11日）下了一紙「明定國是」的「上諭」，正式開始了「戊戌變法」的一幕。

光緒帝的國是詔下，維新派諸人自然興奮鼓舞。四月二十八日（6月16日），光緒帝召見了康有為——這是第一次，也是最後的一次「君臣相見」，雙方都很滿意。光緒帝授給康有為「在總理衙門章京上行走」的權位，康就開始接連不斷的提出變法的奏摺，光緒帝也就據以發布「上諭」，有時一天下諭數次。❻其內容大致可歸納為下開四類：

---

❻ 康有為，〈應詔統籌全局疏〉，光緒二十四年正月七日（1898年1月29日）。

❻ 同上；又見《康南海自編年譜》，頁43。

❻ 《梁任公先生年譜長編初稿》，頁49。

❻ 小野川秀美前書，頁145–147。

❻ 康有為這些奏稿，共有六十三件，由麥仲華錄其重要者四十件編為《南海先生戊戌奏稿》，於辛亥（1911）五月出版。

㈠教育學術：主要者為廢除八股取士；開設學堂——京師設大學堂，各省設高等學堂，各府、州、縣設中小學堂；辦理官報；設譯書局；開經濟特科。

㈡經濟建設：主要者為設立鐵路礦務總局，農工商總局（各省設分局），設農會，辦農報，購農器，翻譯西方農學書籍，採行中西各法以行開墾、獎勵開發地利，設商務局，擴展通商等項。

㈢軍事：行徵兵制，裁併各省綠營及練勇，以西式兵操練兵，準備舉辦民兵，獎勵興造槍砲，籌設武備大學堂，武科停試弓箭騎劍，一律改試槍砲。

㈣政治：最主要的措施是：裁撤詹事府、通政司、光祿寺、鴻臚寺、太常寺、太僕寺、大理寺及廣東、雲南、湖北巡撫、河道總督；令各部院於交辦事項，剋期議覆，違誤者嚴懲；保舉新人及能員，士民上書由地方官署隨時代奏；旗民應從事工商各業。

此外，維新派在外交方面，主張親英聯日，這與李鴻章的主張聯俄，大異其趣。康有為還有很多計畫，譬如他很想建議把孔學定為國教，甚至還想建議更改年號。他似乎沒有想到只上一些空洞的奏章是沒有用的，抓住光緒帝一個人也不濟事，因為真正的大權還在慈禧手裡。事實上，光緒帝頒發國是詔後第四天，身為帝師且為變法運動有力支持人的翁同龢，便被革職，慈禧派其親信榮祿署理直隸總督兼北洋大臣，光緒帝和維新派都已立於被監視的不利地位。康有為毫無警覺性，仍然想假手光緒帝大刀闊斧的全面改革，結果卻是連光緒帝也害了，慈禧一怒之下就把光緒帝囚於瀛臺！

七月下旬，帝后兩派的衝突已發展到空前嚴重的階段，光緒帝密諭康有為、楊銳等，說他「位幾不保」，令康「設法相救」。❻❺康有為、譚嗣同等想拉攏在小站練兵的袁世凱以制榮祿，光緒帝也召見了袁世凱，卻不料袁出賣了維新派，把他們要在九月天津閱操時「保聖主，復大權，清君側，肅宮廷」的密謀，統統告訴了榮祿。榮祿立即報告慈禧，慈禧遂決定重行

❻❺　梁啟超，《戊戌政變記》（臺灣：中華書局，民國48年臺一版），頁65。

臨朝，她於八月六日（9 月 21 日）宣布回朝聽政，並幽禁了光緒帝。這是慈禧的第三次掌政，一直控制清廷到光緒三十四年 (1908) 死去為止。

康有為的「戊戌變法」為期近百天，故稱「百日維新」。康有為於政變前一天得到消息，由於英人的協助逃到了香港，梁啟超則由於日人的救援逃到了日本，逃不掉的維新派分子，只有被捕聽候處置。譚嗣同可以逃而不逃，自願流血，他與劉光第、楊深秀、楊銳、林旭、康廣仁俱於八月十三日（9 月 28 日）被殺，史家稱他們為「戊戌六君子」。**❻** 此外，與變法有關的清吏張蔭桓、李端棻、徐致靖等十數人，也都分別受到不同程度的懲戒。**❻**

慈禧發動政變後，第一步就是下令廢除百日維新期間所宣佈的新政。除京師大學堂保留外，一切新措施都被推翻了。慈禧恨光緒帝，很想廢掉他，但當試探各方面的意見時，兩江總督劉坤一明示反對，說「君臣之義已定，中外之口難防」，慈禧不得不重作考慮，最後接受李鴻章的建議，於光緒二十五年十二月二十四日（1900 年 1 月 24 日）立端郡王載漪的兒子溥儁為「大阿哥」——係滿語，即太子之意，這件事史稱「己亥建儲」。又因康、梁係由英國人和日本人的保護下逃走的，變法之事又得到外人的支持，英國駐華公使竇納樂 (Chaude M. MacDonald) 且曾有干涉廢立的暗示，慈禧后因而遷怒於外人，縱容義和團排外，終至演成庚子 (1900) 八國聯軍進陷北京的大災禍。

四、徘徊於勤王與革命之間的自立軍之役

戊戌政變，是維新派的第一次大失敗，也應當是康有為、梁啟超的一次大打擊、大教訓。梁啟超是在日人平山周的保護下來到日本的，康有為隨後也係由日人宮崎寅藏從香港把他接來東京。這時孫中山已早在日本，並已與日本朝野及中國一部分留學生有很好的關係。孫中山希望康、梁經

---

❻ 梁啟超稱他們為「六烈士」，並作了〈殉難六烈士傳〉，見《戊戌政變記》，頁 95–112。

❻ 梁啟超上書，頁 89–92。

此次教訓，應有所覺悟，想把革命維新兩派結合起來，一致行動，平山和宮崎也極力撮合，於是有己亥、庚子間 (1899–1900) 兩派合作的醞釀。

　　對中國的前途而言，革命與維新兩派的合作是個重大的關鍵。不論就主觀條件和客觀環境而言，兩派的合作是極可能的。第一，戊戌以前，兩派即已有過合作的試探，陳少白在乙未 (1895) 春間在上海見過康、梁，❻❽謝纘泰在香港也曾與康廣仁、康有為談過合作的事；❻❾第二，孫中山、陳少白等採取主動，日本政界要人犬養毅有意撮合，而康有為門下的所謂「十三太保」也大部分主張與革命派合作；❼⓿第三，梁啟超逃亡日本後，即於戊戌十月（1898 年 11 月）在橫濱創刊《清議報》，大倡民權，鼓吹自由，攻擊慈禧的反動政治，實際上他已變成了革命派的鼓吹者。康有為於己亥 (1899) 二月離開日本前往加拿大後，梁啟超與孫中山更為接近，同年夏秋間已談到聯合組黨問題，預定推孫中山為新黨的會長，梁啟超副之。❼❶事為康有為所知，大為反對。蓋康已於同年六月，在加拿大組成「保救大清皇帝會」——簡稱「保皇會」，❼❷他命令梁啟超前往夏威夷去發展保皇黨務。梁去夏威夷時，孫中山給他寫了介紹信，但他到檀香山後卻大倡「名為保皇實則革命」的詭論，把興中會在夏威夷的基礎動搖了。梁啟超不講信義，孫中山大為失望，自然就不可能再談合作了。

　　戊戌 (1898) 前後，東京的中國留學生不過數十人，戢翼翬、沈翔雲、吳祿貞等乃其著者。彼等已與住在橫濱的孫中山有來往，並介紹有革命傾

---

❻❽　陳少白口述，許師慎筆記，《興中會革命史要》（臺北：中央文物供應社，民國 45 年），頁 24。

❻❾　馮自由，《中華民國開國前革命史》（臺北：世界書局，民國 43 年影印版），第 1 冊，頁 43。

❼⓿　十三人的姓名是：梁啟超、韓文舉、歐榘甲、羅普、羅伯雅、張智若、李敬通、陳侶笙、梁子剛、譚柏生、黃為之、唐才常、林圭（述唐）。彼等與革命派接觸情形，見馮自由，〈康門十三太保與革命黨〉，《革命逸史》，第 2 集，頁 31–35。

❼❶　馮自由，《革命逸史》，第 2 集，頁 31。

❼❷　保皇會對外又稱「中國維新會」，英文用 Chinese Reform Association。

向的留學生與孫中山見面。戊戌政變發生後，湖南時務學堂被封閉，一些與湖南新政有關的人物如唐才常、畢永年以及湖南時務學堂的學生秦鼎彝（力山）、林圭等十數人也來到了東京。梁啟超設立了一所東京大同高等學校，來收容這些青年，一部分廣東學生馮自由、鄭貫一等也考進來，學生總數到了三十多人。❼這些青年的思想，像梁啟超一樣，徘徊於勤王與革命之間，一方面很欽佩孫中山的革命道理，一方面又不能忘懷所謂「君臣之義」。彭澤周的觀察是：

> 在一九〇〇年八月唐才常的勤王運動——自立軍失敗以前，革命派與保皇派的界限似乎是渾沌不清的。東京大同高等學校的多數學生，以及梁啟超的知友唐才常等，便在這種渾沌不清的狀態下，一面帶著反滿的革命意識，一面又打著保皇的招牌。這種自相矛盾的現象，正表示著勤王運動時期的一種特有的性格。❼

　　唐才常決定發動勤王行動，可能是己亥 (1899) 秋季，他在東京，見過孫中山，談過合作的事；也與康有為、梁啟超討論過勤王的步驟，康梁答應籌款贊助。他的朋友畢永年勸他決心革命，他的決定卻是以勤王為號召，與革命「殊途同歸」。❼他在這年冬由日回國時，梁啟超、孫中山等都同時為他餞行，隨他一道歸國的林圭於行前並親訪孫中山請益，孫為他介紹一位在漢口的興中會會員容星橋相助。

　　唐才常回到上海後，先以日人田野橘次名義開辦了一個東文學社，同時又祕密組織了「正氣會」，他手訂正氣會章程，序言中既言「君臣之義，如何能廢」，又言「非我族類，其心必異」，❼自相矛盾，足見其當時心理。

❼　彭澤周，〈梁啟超與東京大同高等學校〉，《近代中日關係研究論集》（臺北：藝文印書館，民國 67 年），頁 51–83。

❼　同上書，頁 75。

❼　馮自由，《中華民國開國前革命史》，第 1 冊，（臺北：世界書局，民國 43 年影印版），頁 66。

次年拳變發生，唐才常為便於號召，改「正氣會」為「自立會」，暗示要建立「自立之國」。唐才常的進行，分政治與軍事兩方面。政治方面，他於光緒二十六年六月十一日（1900 年 7 月 26 日）在上海設立了「國會」，推容閎為會長，嚴復為副會長，他自己擔任總幹事，計畫組織「自立軍」來「勤王」。軍事方面，他採納林圭的計畫，分自立軍為七軍：大通為前軍，秦力山統之；安慶為後軍，田邦璿統之；常德為左軍，陳猶龍統之；新堤為右軍，沈藎統之；漢口為中軍，林圭統之；另設總督親軍及先鋒軍。唐自己則為「諸軍督辦」。**⓱**

　　唐才常決定的起事日期為七月十五日（8 月 9 日），由於康、梁海外的接濟未到，又想改期於七月二十九日（8 月 23 日）。大通按期於十五日起事，失敗了，秦力山僅以身免；漢口尚未到起事日期，湖廣總督張之洞便於七月二十七日逮捕了唐才常、林圭等人，次日即予以殺害。湘、鄂各地的自立軍也都被消滅了。**⓲**張之洞大興黨獄，前後株連處死者二三百人。

　　唐才常勤王之役的失敗，是對維新派的第二次致命打擊。保皇黨人從此不敢再言起兵勤王，只有在海外大喊君主立憲的空論了。參加自立軍之役脫險東渡的康梁黨人，如秦力山、陳猶龍等，乃大悟「保皇」之非，從此轉化為革命派，以實際行動否定了康梁的路線。秦力山將其別號遯厂改為遯公，以示從此脫離康有為的羈絆。南洋的黃乃裳、黃世仲、黃伯耀、陳楚楠、張永福、區慎剛等也都由維新派轉變為革命派，**⓳**即對康、梁提供經濟支持最多的新加坡巨商邱菽園，不久也與康有為斷絕來往。並在《天南日報》上公開聲明，與保皇黨脫離一切關係。**⓴**

⓰　馮自由，《中華民國開國前革命史》，第 1 冊，頁 67–68；李守孔，〈唐才常與自立軍〉，見吳相湘編，《中國現代史叢刊》，第 6 冊，（臺北：文星書店），頁 87–88。

⓱　《中華民國開國前革命史》，第 1 冊，頁 72。

⓲　李守孔，〈唐才常與自立軍〉。

⓳　顏清湟著，李恩涵譯，《星馬華人與辛亥革命》（臺北：聯經出版事業公司，民國 71 年），頁 58、69、82、191。

⓴　顏清湟前書，頁 85。

第三節 波瀾壯闊的革命浪潮

一、興中會的第二次革命行動

清光緒二十六年庚子 (1900)，無論對清廷、對維新派、對革命黨而言，都是關係重大的一年。清廷由於義和團之變而招致八國聯軍的入侵，幾乎瓦解。維新派則又由於起兵勤王的失敗，而致組織渙散，思想動搖，不少維新之士轉而投身於革命。孫中山領導下的興中會，於庚子這年內發動了兩件重要的行動：一為通過香港總督卜力 (Henry Blake) 的關係，計畫說服兩廣總督李鴻章在華南獨立，建立共和政府；一為發動惠州三洲田起義，計畫一舉佔領廣州。前項行動沒有成功，亦沒有損失；後項行動雖亦歸於失敗，卻在整個革命歷程上有著重要而深遠的影響。

孫中山決定發動惠州革命，是庚子五月間的事。他授權鄭士良聯絡廣東惠、潮、嘉三府的會黨與游勇，在惠州起事後，直逼廣州。他同時命史堅如、鄧蔭南潛入廣州，密謀響應；楊衢雲、李紀堂、陳少白等人則奉命在香港籌畫接濟。**㉛**日人宮崎寅藏、平山周、福本誠等也參與了籌畫，山田良政也趕至孫中山身邊相助。

為便於策畫惠州軍事，孫中山於本年閏八月初五日（9 月 28 日）自日本神戶抵達臺北，日人山田良政和清藤幸七郎同行。**㉜**這是孫中山第一次到達臺灣，但興中會臺灣分會則已於三年前建立。**㉝**當時的臺灣總督兒玉源太郎、民政長官後藤新平都奉令援助中國革命，允於革命軍起事後助以人員及械彈，以便孫中山內渡大陸。

閏八月十五日（10 月 8 日），鄭士良統率下的革命軍正式舉義於惠州三洲田，旗開得勝，生擒了歸善縣丞兼清軍管帶杜鳳梧，然後進圍博羅縣

㉛ 《國父年譜》，上冊，頁 121。

㉜ 吳相湘，《孫逸仙先生傳》，上冊，頁 280。

㉝ 李雲漢，《國民革命與臺灣光復的歷史淵源》（臺北：幼獅書店，民國 62 年）。

城。❽粵督德壽乃派大隊清軍前來圍攻，革命軍雖連戰俱捷，而接濟不至。蓋日本政府恰於此時改組，伊藤博文繼山縣有朋出任首相，一改前內閣的政策，不惟不允臺灣當局援助中國革命軍，並令臺灣總督於必要時令孫中山離去。❽對惠州的接濟已不可能，孫中山只有派山田良政送信至惠州前線，要鄭士良暫行解散，以保存實力。山田良政交付孫中山的信件後，不幸因迷途被捕，遂及於難。是為日人為中國革命而犧牲的第一人，其後孫中山曾於山田故鄉弘前立碑紀念。

九月初六日（10 月 28 日），史堅如 (1879–1900) 在廣州謀炸清兩廣總督兼廣東巡撫德壽，但沒有成功，以二十二歲的英年被捕就義。孫中山曾謂史堅如「聰明好學，真摯誠懇」，與陸皓東同為「命世之英才」，遽爾犧牲，「誠為革命前途之大不幸！」❽

惠州革命軍既敗，廣州亦失事，孫中山留臺無益，乃又回到日本。他係於九月十九日（11 月 10 日）離臺，此次在臺灣停留四十五天，對已經淪為日本統治下之臺灣同胞，實有特別深厚的眷念之情！

惠州之役，是孫中山親自領導的第二次革命起義。革命軍初起時，曾致函香港《士蔑西報》(Hong Kong Telegraph) 說明其立場與目標，要求外國中立。這一文書，係以會黨的名義發出的，開宗明義就謂「某等並非義和團黨，乃大政治家大會黨耳。」《士蔑西報》刊出了這一文件，香港當局因對革命軍採同情態度。❽國人對革命軍的態度也大為轉變，孫中山記曰：「經此次失敗之後，回顧國中之人心，已覺與前有別矣！」「庚子失敗之後，則鮮聞一般人之惡聲相加，而有識之士，且多為扼腕歎息，恨其事之不成矣。」❽

---

❽　馮自由，《中華民國開國前革命史》，第 1 冊，頁 93。

❽　吳相湘，《孫逸仙先生傳》，上冊，頁 284。

❽　《國父全集》，第 1 冊，頁 496。

❽　吳相湘，《孫逸仙先生傳》，上冊，頁 287–288。

❽　同❽。

二、革命言論與團體

中國國民黨的一份文件指出:「中國之革命,發軔於甲午以後,盛於庚子,而成於辛亥,卒顛覆君政。」❽誠然,庚子是革命勢力消長的一個分水嶺。庚子以前,是孫中山等少數人在艱難的環境中奮鬥,庚子以後,革命風潮首先就在東京、上海以及兩湖地區高漲起來了。

庚子前後,留學日本的中國留學生約為一百人。由於庚子動亂的刺激,公自費留日學生的數字逐年急驟的增加。辛丑 (1901) 年約二百八十人,壬寅 (1902) 年約七百二十人,癸卯 (1903) 年約一千三百人,甲辰 (1904) 年約三千三百人,乙巳 (1905) 年高達八千人以上,到丙午 (1906) 年到達最高峰,人數在一萬五千人左右。❾革命思想首先在留學生中擴散起來,很快就發展成一股壯闊的潮流。因思想而結合,各種不同名稱的革命團體也像雨後春筍般的出現了。

留日學生組織的第一個團體是「勵志會」,發行《譯書彙編》,介紹西方革命思想和歷史,每月出一期。另有一種半月刊《開智錄》,也抱同樣的目的。這兩種雜誌具有啟蒙性的貢獻,對留日學生思想上的影響得到很高的評價。

第一份以宣揚民族主義為宗旨的刊物,是由秦力山為主編,於 1901 年 5 月創刊的《國民報》。第一個以鼓吹民族革命為號召的團體,是由王寵惠等人組織的「廣東獨立協會」。兩者均得到孫中山的支持,馮自由認為廣東獨立協會成立的意義是:「粵籍留日學生與興中會合作自此始。」❾

壬寅正月 (1902 年 2 月),梁啟超創刊了《新民叢報》,他雖然還不是完全的革命黨人,但對民族與民權思想的鼓吹,極為用力。三月十九日 (4

---

❽　〈中國國民黨第一次全國代表大會宣言〉,見《革命文獻》(中國國民黨中央黨史會編印),第 8 輯,頁 117;第 69 輯,頁 84。

❾　黃福慶,《清末留日學生》(中央研究院近代史研究所,民國 64 年),頁 84;呂芳上,〈朱執信的早年及其革命思想的萌芽〉,見《中華學報》,1 卷 2 期。

❾　馮自由,《革命逸史》,第 1 集,頁 146。

月 26 日) 為明思宗崇禎帝殉國的日子，又自南明永曆帝出亡已滿二百四十二年，章炳麟等發起「支那亡國二百四十二年紀念會」，章並與孫中山談論均田、定都等問題，是為章氏由維新轉向革命之始。十月（11 月）間，上海中國教育會會長蔡元培 (1868-1939) 協助南洋公學退學學生成立「愛國學社」，發行《學生世界》，是為上海學界昌言革命的開始。

　　癸卯 (1903) 年，是愛國浪潮空前澎湃的一年。各省留日學生多組成團體，編刊宣傳革命的書刊，尤以《湖南游學譯編》、《江蘇》、《浙江潮》、《湖北學生界》等雜誌的影響最大。正月初一日（1 月 29 日）留日學生舉行新年團拜時，馬君武、劉成禺兩人相繼登臺演說革命，在場清吏為之大驚失色。及四月間，拒俄運動發生，留日學生立即行動起來了。彼等先組成拒俄義勇隊，繼改名為學生軍，由於日本當局的干涉，又改稱為軍國民教育會，並派人回國實行革命，黃興便是其中的一人。❷他回到湖南長沙，於十一月間便組成了長江中游的第一個革命團體——華興會，明年 (1904) 便發動了長沙之役，雖未成功，卻使清廷為之震驚。一位愛國情殷的華興會員陳天華 (1875-1905) 先後著成《警世鐘》、《猛回頭》等書，為革命作了有力的宣傳。

　　上海的革命空氣，也空前緊張。拒法、拒俄，都是上海學界喊出的口號。東京留學生拒俄風潮起後，上海亦起而響應，於四月初一日（4 月 27 日）在張園召開拒俄大會，又組成對俄同志會、四民公會——旋易名為國民公會，電請各方抗拒俄人之入據中國東北領土，民氣為之大振。

　　癸卯五月間（1903 年 6 月），轟動中外的上海「蘇報案」發生了。其導火線則是由於章炳麟在《蘇報》上撰文介紹鄒容的《革命軍》。鄒容 (1885-1905)，字蔚丹，四川人，是位被稱之為「青年之神」的革命志士。他於王寅 (1902) 到日本留學一年，為一激烈的排滿主義者與民主政治倡導者。他寫了一冊《革命軍》，闡述革命的原因與獨立的大義，文筆犀利，情感激越，字字血淚，感人至深。他於癸卯春回到上海來，出示《革命軍》原稿與章炳麟，請章修飾文字。章炳麟作了序，並把它刊登在五月初一日（5 月 27 日）

❷　李雲漢，《黃克強先生年譜》（中央黨史會，民國 62 年），頁 54-58。

的《蘇報》上，十二天之後——五月十三日（6月8日），《蘇報》又刊出章炳麟的〈讀革命軍〉一文，推許《革命軍》為「今日國民教育之第一教科書」。章炳麟又曾發表過一篇〈客民篇〉，倡革命排滿之論。❸於是清兩江總督魏光燾開始鎮壓，洽由公共租界當局於閏五月初五日（6月29日）逮捕了章炳麟，兩天後，鄒容自行到上海巡捕房投案。租界當局並應魏光燾之請求，查封了《蘇報》，也解散了蔡元培辦的愛國學社。後來章炳麟被判監禁三年，鄒容兩年。鄒容未及刑期屆滿，即病死獄中，他才二十一歲。他的《革命軍》卻因「蘇報案」的風波而大為流行，海內外共銷售一百萬冊以上，佔清末革命書刊銷路的第一位，南洋、美洲、日本以及上海等地，都曾不只一次的大量印行，至二十幾版之多。❹孫中山曾有極高的評價：「鄒容著有《革命軍》一書，為排滿最激烈之言論，華僑極為歡迎，其開導華僑風氣，為力甚大，此則革命初盛時代也。」❺

　　《蘇報》被查封後，章士釗、何梅士等又辦了一份《國民日日報》繼續宣傳革命，當時人稱之為《蘇報》第二，但出刊不到四個月，就停刊了。蔡元培於是創辦《俄事警聞》以報導東北俄情為主，卻不用清帝年號，暗示不承認清廷之意。❻甲辰（1904）一月，《俄事警聞》改為《警鐘日報》。秋，以龔寶銓、蔡元培為發動者的光復會便成立了。光復會代表蘇、浙、皖一帶的革命勢力，蔡元培為會長，其誓詞則為：「光復漢族，還我河山，以身許國，功成身退。」❼其成員除知識分子外，主要為江浙等省的會黨。至此長江中游有華興會，長江下游有光復會，與海外的興中會相互呼應，成為同盟會成立前最重要的三個革命團體。

❸　《蘇報案記事》，頁7-21。

❹　杜呈祥，〈鄒容的思想演變及其在中國現代革命史上的地位〉，見《中國現代史叢刊》，第1冊，頁200。

❺　《國父全集》，第1冊，頁497。

❻　陶英惠，《蔡元培年譜》（中央研究院近代史研究所，民國65年），頁143-144。

❼　張玉法，《清季的革命團體》（中央研究院近代史研究所，民國64年），頁288-291。

三、革命力量的團結──同盟會成立

庚子 (1900) 以後，革命風潮日益高漲。孫中山居住日本，一方面與一部分留學生來往，一方面也利用機會擴大革命的組織。壬寅（光緒二十八年，1902）十一月，他曾到河內，建立了興中會分會，又曾到西貢和曼谷去聯絡同志。癸卯 (1903) 六月，他回到日本，見到了來自上海的黃宗仰、陳範、陳撷芬等人，以及留學生馬君武、廖仲愷、程家檉、張繼等，暢談時事，並想進一步組織革命團體。他先商得犬養毅的協助，在東京青山開辦了一所革命軍事學校，學生雖只胡毅生、黎仲實等十餘人，卻正式填寫盟書以表示革命的決心。孫中山把原來興中會的誓詞，改為：

驅除韃虜，恢復中華，創立民國，平均地權。❾❽

這一誓詞，已經涵蘊了民族、民權、民生三大主義的綱領在內，代表孫中山革命思想的新發展。同年年底，他開始了第二次的環球之行，一方面是為了對抗保皇黨人散佈的反革命言論，一方面是想結合海外的會黨與留學生，結成更大的團體。他先到了檀香山，把《隆記報》改組為黨報，並發表很多次演說以及〈敬告同鄉書〉等文件，以掃除保皇的謬論。然後又到了舊金山，為致公堂重新改訂章程，規定「本堂以驅除韃虜，恢復中華，創立民國，平均地權為宗旨。」❾❾這樣致公堂就變為革命團體了。孫中山遍歷美國各埠，於甲辰 (1904) 秋間到了紐約。他又發表了一篇英文文告，題曰〈中國問題之真解決〉(The True Solution of the Chinese Question)──實際上這是一份告歐美人士書，也是孫中山第一次對美國人民宣告革命本義，希望得到美國人士的同情與援助。

甲辰歲末，孫中山應留歐學生的邀請，由美國去了歐洲。有半年的時間，他先後訪問了倫敦、布魯塞爾、柏林、巴黎的中國留學生七十餘人，

---

❾❽　胡毅生，〈同盟會成立前二三事之回憶〉，見《革命文獻》，第 2 輯，頁 107。

❾❾　孫中山，〈重訂致公堂新章要義〉，第 2 條，全文見東京《民報》，第 1 號，1905。

並組織了革命團體——朱和中稱為歐洲同盟會。所用的誓詞就是同盟會的誓詞，是孫中山組織新革命團體計畫中很重要的一步。

乙巳（光緒三十一年，1905）春、夏之間，正當孫中山在歐洲訪問留學生組織革命團體之際，華興會的主要領導人黃興、宋教仁、陳天華等，也於長沙起義 (1904) 失敗後，先後東渡日本。他們創辦了一份雜誌：《二十世紀之支那》，是第一份以全國為號召的革命期刊。彼等也有繼續組黨革命的計畫，想找一位有聲望、有能力，足資號召全局的人來領導。就在此時，孫中山由歐洲來到了日本。在宮崎寅藏的介紹以及程家檉等人的聯絡下，孫中山和黃興見了面，同意團結各方面的革命勢力，組織一個全國性的革命團體，這就是中國革命同盟會——對外簡稱為同盟會。

同盟會成立時，開過兩次會。一次是在六月二十八日（7月30日）召開的籌備會，到七十餘人，決定了名稱、誓詞，到會的人並簽名加盟，當場宣誓。一次是七月二十日（8月20日）舉行的正式成立會，到會加盟者三百餘人，由黃興主持，通過了章程，並公推孫中山為總理。決定以《二十世紀之支那》雜誌為機關報。⑩但由於《二十世紀之支那》旋被日人封禁，故改稱《民報》，於同年十月三十日（11月26日）出刊。孫中山親自撰寫了一篇發刊詞，正式揭出了民族、民權、民生三大主義，並宣稱「舉政治革命社會革命畢其功於一役」。⑩

同盟會的成立，代表著多種重要的歷史意義：其一，國內外各不相屬的革命團體由此統一，愛國青年的意志和力量因得集中；其二，確定三民主義為中國革命的最高綱領，有了革命建國的共同目標；其三，孫中山成為革命黨人一致公認的領袖，消除了群雄並起的顧慮；其四，會員在籍貫上包括中國本部十七個省，只甘肅一省當時尚無留學生，職業上含有學、工、商、軍各界及會黨，奠定了全民革命的基礎。孫中山曾說出他對同盟會成立的評價：

⑩ 同盟會成立紀事，參考馮自由，〈記中國同盟會〉；田桐，〈同盟會成立記〉，及宋教仁，《我之歷史》。

⑩ 《民報》，第1號，頁1–3。

乙巳之秋，集合全國之英俊，而成立革命同盟會於東京之日，吾始
信革命大業，可及身而成矣。於是乃敢定立中華民國之名稱，而公
布於黨員，使之各回本省，鼓吹革命主義，而傳佈中華民國之思想
焉。⑩

同盟會是一個全國性的革命組織，在國內各省及海外各地，都建立了
分會或支部。⑩革命勢力，發展至速，不到一年，會員即達萬餘人。次年
（光緒三十二年丙午，1906）冬，同盟會本部制定了《革命方略》，⑩其中
〈軍政府宣言〉，對革命的性質、綱領、程序，都有了明確的規定。革命之
性質是：

前代為英雄革命，今日為國民革命。所謂國民革命者，一國之人，
皆有自由，平等，博愛之精神，即皆負革命之責任，軍政府特為其
樞機而已。

革命之綱領有四：驅除韃虜，恢復中華，建立民國，平均地權。建國
之程序有三：軍法之治，約法之治，憲法之治。軍政時期之政府稱之曰軍
政府，革命軍稱國民軍，起義之首領稱為都督。這一方略，為革命軍歷次
起義所沿用，直到辛亥武昌起義時所發布之對內對外文告，大體上仍引用
同盟會《革命方略》之條文。

四、風起雲湧的革命行動

孫中山於自述其革命經歷時，提及曾經歷十次失敗，到武昌起義始告
成功。⑩十次起義是：

---

⑩　《國父全集》，第 1 冊，頁 498。

⑩　張玉法，《清季的革命團體》，頁 321–338；李雲漢，〈同盟會與辛亥革命〉，見
　　《辛亥革命研討會論文集》（中央研究院近代史研究所，民國 72 年），頁 201。

⑩　全文見《國父全集》，第 1 集，頁 285–311。

乙未（光緒二十一年，1895）	廣州之役
庚子（光緒二十六年，1900）	惠州三洲田之役
丁未（光緒三十三年，1907）	黃岡之役
丁未（光緒三十三年，1907）	惠州七女湖之役
丁未（光緒三十三年，1907）	欽州之役
丁未（光緒三十三年，1907）	鎮南關之役
戊申（光緒三十四年，1908）	欽、廉、上思之役
戊申（光緒三十四年，1908）	河口之役
庚戌（宣統二年，1910）	廣州新軍之役
辛亥（宣統三年，1911）	廣州三二九之役

十次起義中，同盟會成立前有兩次，同盟會成立後有八次。這十次起義，係指孫中山親自策畫發動者而言。另外由其他革命團體或黨員個人發動之革命行動，亦為十次。其主要者：

癸卯（光緒二十九年，1903）	廣州之役
癸卯（光緒二十九年，1903）	臨安之役
甲辰（光緒三十年，1904）	長沙之役
乙巳（光緒三十一年，1905）	潮州之役
丙午（光緒三十二年，1906）	萍瀏醴之役
丁未（光緒三十三年，1907）	安慶之役
丁未（光緒三十三年，1907）	四川諸役 ⑩
丁未（光緒三十三年，1907）	紹興之役
戊申（光緒三十四年，1908）	安慶之役
戊申（光緒三十四年，1908）	廣州之役 ⑩

---

⑩ 《孫文學說》，第八章，〈有志竟成篇〉。
⑩ 係同盟會四川支部策動，以敘府為中心，計畫在江安、瀘州、成都、隆昌等地發難，事洩而敗。見黃季陸，〈光緒三十三年十月四川起義的歷史意義〉，《傳記文學》，10 卷，1~3 期。

　　這十次起義中，同盟會成立前者四次，同盟會成立後者六次。其中規模最大者，為萍瀏醴之役，革命軍奮戰近四十日，清軍動員鄂、湘、贛、皖、蘇五省兵力，始克平定。同盟會員劉道一死難，係留學生為革命犧牲的第一人。死事最烈者，為徐錫麟和秋瑾，尤其是秋瑾，係第一位獻身革命的婦女，她有才華，有理想，有志氣，辦過報，辦過學校，也是同盟會浙江省的主盟人，同時也是光復會的主要領導者，她就義時所書「秋雨秋風愁煞人」名句，傳誦一時。⓱至廣州辛亥三月二十九日（1911 年 4 月 27日）之役，更是驚天地，泣鬼神的壯舉，七十二烈士慷慨赴義的悲壯義烈，永遠照耀著青史，激勵著愛國青年們的心。

　　集體武裝起義之外，亦有不少革命黨員實行「個人主義」——即從事暗殺，目的在以最小的犧牲換取最大的代價。自甲辰 (1904) 十月萬福華在上海謀刺前廣西巡撫王之春，到民國元年 (1912) 1 月彭家珍在北京炸死清廷禁衛軍統領良弼，黨人曾實行暗殺十多次。其中以吳樾於乙巳 (1905) 九月在北京炸出洋考察五大臣，及汪兆銘(精衛)、黃樹中(復生)於庚戌 (1910)三月到北京謀炸清攝政王載灃兩事，轟動中外，影響最大。而孚琦、鳳山之先後在廣州被黨人槍殺，使清吏狡黠如李準者，亦為之喪膽。武昌起義以後，他就不敢不派人向在香港的同盟會負責人胡漢民接頭，表示願意助成廣東的光復。

　　據概略的統計，同盟會時期 (1905-1911) 的革命行動，接近四十次。平均每年有三至四次，光緒三十三年 (1907) 一年之內，就有七次之多，出現了風起雲湧的現象。有幾次起義的規模亦甚大，像鎮南關之役，孫中山和同盟會兩位重要的領導人黃興、胡漢民，都親臨陣地，法文的《東京日報》連續數日刊載革命軍勝利的消息，以讚揚的口氣說「紅藍白三色之革命旗飄飄然招展其上。」⓲清兩廣總督張人駿和廣西巡撫張鳴岐奏報鎮南關之役

⓱　亦稱廣州保亞票事件，係鄒魯等策動，譚馥、葛謙、嚴國豐等死難。詳鄒魯，《中國國民黨史稿》（臺灣：商務印書館，民國 54 年再版本），頁 772–774。

⓲　鮑家麟，〈秋瑾與清末婦女運動〉，見《中國現代史專題研究報告》，第 4 輯，（中華民國史料研究中心，民國 63 年），頁 1–29。

的呈文中，也承認：「七晝夜血戰，令人感泣。是役的肉搏相持，陣擒者均受重傷，不能訊供。」⑩ 又如河口之役，清雲貴總督錫良的電奏中，亦謂「與孫黨血戰幾及三日，官軍傷亡甚多」，「逆黨眾多，械精餉足，非小醜跳梁僅踞偏隅者可比。」⑪

起義頻繁，犧牲也大。熊成基 (1887-1910) 安慶之役，軍士學生被害者不下三百人，庚戌廣州新軍之役，犧牲者亦在百人以上，包括革命軍主帥倪映典 (1884-1910) 在內。三二九之役就義黨人經查明者雖為八十有六，實際死難者當不止此數。

參加革命起義之黨人中，有留學生、教員、新聞記者、編輯、軍人、工人、農人、商人及會黨，更有不少婦女。據一項研究論文的初步統計，同盟會時代參加革命活動的婦女人數達兩百人以上。⑫

革命起義，自然需要相當數目的經費。這一方面，革命黨就遠不如保皇黨的勢力雄厚了。革命起義經費的來源不外三途。一是黨人的毀家紓難，如孫眉、李紀堂、張人傑等，都曾因大量捐助革命經費，而致瀕臨破產。二是華僑捐募，孫中山說「其慷慨助餉，多為華僑」，⑬ 華僑捐款約佔起義費用總數的百分之八十，尤以廣州「三二九之役」的經費，百分之百來自華僑的資助。⑭ 三為外人及外國政府的餽贈，如日本政府於 1907 年應清廷之要求迫令孫中山離去時，曾以五千元相餽，東京股票商鈴木久五郎亦贈一萬元，孫中山便以這筆錢用作在粵、桂起義的費用，卻不料引起章炳麟的誤會，竟對孫大加攻訐。⑮

⑩　《中華民國開國前革命史》，第 2 冊，頁 196。

⑩　同上，頁 198-199。

⑪　同上，頁 219。

⑫　林維紅，〈同盟會時代女革命志士的活動（一九〇五～一九一二）〉，見《中國婦女史論文集》，頁 129-178。

⑬　《國父全集》，第 2 冊，頁 186。

⑭　蔣永敬，〈辛亥革命前十次起義經費之研究〉，見《新知雜誌》，第 1 年，第 6 期，臺北，民國 60 年 12 月。

⑮　《國父年譜》，上冊，頁 234；吳相湘，《孫逸仙先生傳》，上冊，頁 624-625。

由於史料的欠缺，同盟會時期孫中山親自策畫八次起義所用經費的總數，迄無正確的統計。鄭憲認為最低限度的數額，是港幣五十七萬九千八百元，合美金為二十八萬九千九百元。❶就這一數字而言，來支持一個風起雲湧的革命大局面，當然是不夠的。有好幾次起義的失敗就是由於費用的不足。

五、革命思想戰的勝利

清末革命的工作有三方面：一是立黨，即發展革命黨的組織；一是起義，以武力來推翻滿清政府；一是宣傳，藉文字、圖畫、語言及其他傳播媒介，把革命思想深植於人心。宣傳，就是思想戰。所謂「文字收功日，全球革命潮」，思想戰的功效是無法估計的重大。

在思想戰的戰場上，革命黨所面臨的最大威脅，不是清廷，而是康有為、梁啟超領導的保皇黨。保皇黨擁護已在幽囚中的光緒帝，主張君主立憲，否定革命的必要與可能；革命黨為貫徹其革命主張，自然不能不予以反擊。1903 至 1908（光緒二十九年至三十四年）的六年間，革命與君憲展開了激烈的論戰，其間最尖銳的時期是 1906 至 1907 的兩年間。

兩派的論戰，實肇因於康有為的發表〈政見書〉與梁啟超思想的又起轉變。蓋康有為於光緒二十八年 (1902) 發表了討論君憲與革命的兩封信，一為〈致美洲華僑論中國只可行君主立憲不可行革命書〉，一封為〈與同學諸子梁啟超等論印度亡國由於各省自立書〉，❷梁啟超把後信冠以「南海先生辨革命書」的標題，刊於《新民叢報》第 16 號，康門諸人復將這兩封信合刊為〈南海先生最近政見書〉，向僑眾散發，力辯革命排滿之非。革命黨的報紙不能不反擊，論戰於是就展開了。

論戰的前哨戰，起於香港和廣州。壬寅歲尾（1903 年 1 月），洪全福、李紀堂、謝纘泰等合謀起事於廣州，事洩失敗，廣州康派的《嶺海報》遂

---

❶　Shelley H. Cheng, *The Tung-meng-hui: Its Organization, Leadership and Finances, 1905–1912*, p. 202.

❷　丁文江，《梁任公先生年譜長編初稿》，上冊，頁 158。

斥革命排滿為「大逆不道」，香港革命黨報《中國日報》遂嚴詞反駁，雙方辯駁達一月以上。革命書刊的銷路因而大增。⑱癸卯五月（1903 年 6 月）間，章炳麟在上海《蘇報》連續發表批判康有為的論說，康派的《中外日報》也發表〈革命駁議〉等反對革命言論，論戰就在上海的輿論界形成風潮。章炳麟的〈駁康有為書〉中，有「載湉小醜，未辨菽麥」一語，因而導致了「蘇報案」，章被捕，論戰略息。章炳麟謂：「余駁康書雖無效，而清政府至遣律師代表，與吾黨對質，震動全國，革命黨聲勢大盛矣。」⑲

革命與君憲論戰的主戰場在日本，其最激烈的高潮係在同盟會成立與《民報》創刊之後，論戰的態勢是革命的《民報》與君憲的《新民叢報》對壘，「雙方針鋒相對，壁壘森嚴，為文立論，掘奧探微，均從理論與事實兩方面辯難。」⑳辯論的主題，則不外革命是否有必要，革命是否召瓜分，社會革命有無可能等幾個問題。歸納雙方的論點是：

《民報》方面認為：

㈠政治革命與種族革命必須齊頭並進。

㈡社會革命必須與政治革命同時完成。

㈢革命決不至召致列強的瓜分。

㈣革命決不至使中國發生內亂。

《新民叢報》方面認為：

㈠中國只宜行政治革命，不能行種族革命。

㈡可以行政治革命，不能行社會革命。

㈢革命即將召致瓜分亡國的慘禍。

㈣雖不亡國，也將產生內亂，且亂無已時。㉑

⑱ 馮自由，《革命逸史》，第 1 集，頁 101–102。

⑲ 章炳麟，《自訂年譜》，頁 10。

⑳ 亓冰峰，《清末革命與君憲的論爭》（中央研究院近代史研究所，民國 55 年），頁 145。

㉑ 張朋園，《梁啟超與清季革命》（中央研究院近代史研究所，民國 53 年），頁 207–209。

　　當然，兩黨論戰的焦點，仍集中於排滿與排皇問題。革命黨人一貫主張推翻滿清帝制，建立民主共和，保皇黨人則認為種族問題並不存在，承認滿清的合法正統地位，反對慈禧太后但擁戴光緒帝。簡言之，革命黨主張民主共和，保皇黨堅持君主立憲。前者迎合世界潮流，提高人民的地位；後者遷就現實，想在君憲政體下謀求改革。前者徹底而堅定，富開創性；後者因循且近妥協，保守色彩濃厚。因此，在基本主張上，君憲派已居於弱勢地位。更加人才方面，《民報》方面人才多多，《新民叢報》方面則惟梁啟超一人披掛上陣，不及半年，梁已感不易招架，乞助於上海的徐佛蘇。並曾向革命黨方面要求「調停」，但為黃興拒絕。⑫徐佛蘇在《新民叢報》發表〈勸告停止駁論意見書〉，《民報》則不予理會，高唱革命力斥保皇如故。

　　光緒三十二年 (1906)，是雙方論戰最激烈的一年，也是革命黨的聲勢最高漲的一年。梁啟超也承認「革命黨現在東京占極大之勢力，萬餘學生從之者過半」，認為是「腹心之大患，萬不能輕視。」⑬梁這時實亦感到有改絃更張的必要，開始與楊度、蔣觀雲、徐佛蘇等籌組新黨，顯然已有擺脫康有為的羈絆，自立門戶之意。

　　論戰兩年之後，《新民叢報》於光緒三十三年七月（1907 年 8 月）停刊，君憲派等於已偃旗息鼓。但革命派之《民報》繼續進攻，直到《民報》於光緒三十四年九月（1908 年 10 月）被日本警方應清廷之請予以封禁為止。論戰的結果，毫無疑問的是革命戰勝君憲，即楊度亦說：「革命排滿」四字，「幾成為無理由之宗教」。⑭可是梁啟超有意掩蓋事實，他對康有為說「革命黨巢穴已破，吾黨全收肅清克復之功。」⑮歷史學者則毫不容情，如郭廷以即曾糾正梁啟超的說法：

---

⑫　章炳麟，《自訂年譜》，頁 11。

⑬　丁文江，《梁任公先生年譜長編初稿》，頁 218。

⑭　上書，頁 237，〈楊度致梁啟超書〉。

⑮　上書，頁 245。

《民報》週年紀念會，到者近萬人。一九〇七年七月，梁對康有為說，革命黨在東京銷聲匿跡，為《新民叢報》血戰之功。但事實全不如此，是年正為革命黨積極的行動年。❶❷⑥

在美洲戰場與南洋戰場，君憲派也同樣失利。尤其在南洋，論戰的情形甚為激烈，革命黨人秦力山、胡漢民、尤列、汪兆銘、居正等均發揮了文字及語言的威力，孫中山亦曾親自撰文斥責保皇派新聞記者「平實」。❶❷⑦保皇派的《總匯報》主筆伍憲子、徐勤等始終處於被圍攻的態勢。胡漢民謂論戰結果「保皇軍既墨，華僑乃漸趨於革命旗幟之下」，❶❷⑧居正則謂「總（匯報）師全潰，總將徐勤出奔唐山」，❶❷⑨兩氏所言雖有盛氣凌人之概，大體上尚接近事實。顏清湟的評述更為平實：「革命派必須一方面致力於在中國的某些地區發動革命，一方面又須分配一部分的實力與維新派競爭；除去在報紙上作思想性的論戰之外，雙方也為控制僑社內的社團組織而展開鬥爭。此種鬥爭常常非常激烈，在很多的場合上，兩派的支持者甚至有時發生暴力性的打鬥事件。新加坡支持革命的《中興日報》尤猛烈攻擊散布改革思想的維新派報紙南洋《總匯報》，不遺餘力。競爭也常擴展到控制中華商會，華文學校及僑社內各福利性社團的控制方面，一般常常是革命派獲得勝利。」❶③⓪

---

❶❷⑥　郭廷以，《近代中國史綱》，頁 383，註一。

❶❷⑦　孫中山以「南洋小學生」筆名，在新加坡《中興日報》發表〈論懼革命召瓜分者乃不識時務者也〉、〈平實尚不肯認錯〉等文，已編入《國父全集》，第 2 冊。

❶❷⑧　胡漢民，〈自傳〉，見《革命文獻》，第 3 輯，總頁 402。

❶❷⑨　藥石（居正），〈夏六月總匯新報及中興報戰於南洋新加坡總師全潰總將徐勤出奔唐山〉，見《中興日報》，1908 年 7 月 29 日，第 2 版。

❶③⓪　顏清湟，《星馬華人與辛亥革命》，頁 10。

第四節 立憲派的活動及其趨向

一、立憲派與立憲團體

立憲，是近代國家的政體，亦即是一切依據憲法而施政的政治。立憲國家有兩種：一為君主立憲，一為民主立憲。清末於光緒三十一年 (1905) 起，一部分疆吏、士紳及知識分子，再三要求清廷制訂憲法及召集國會，清廷也作出若干預備立憲的行動，這就是清末的立憲運動。主張並要求清廷立憲的個人和團體，歷史學者稱之為立憲派。❸但立憲派的分子複雜，主張亦未盡一致，不能視作是一個現代的有嚴密組織的政黨。

雖然康有為在戊戌變法的條陳中，曾有召集國會的請求，但他未曾積極的參與立憲運動的發動，他的中心思想仍然死抱住光緒帝。梁啟超之積極參與立憲運動，也是在光緒三十三年 (1907) 以後的事。不過，一方面由於梁啟超對於憲政理論的有效宣傳，一方面由於他組織的政聞社與國內的立憲主張者祕密的結合起來，梁啟超便被認為是立憲派思想上的指導者。梁也把立憲運動視作是政治上的惟一出路。

在國內，倡導立憲最早推動立憲最積極的人，應為張謇 (1853–1926)。光緒二十九年 (1903)，張謇去日本遊歷，對日本的君主立憲頗為欣賞，次年回國後，就慫恿張之洞奏請立憲，又說服袁世凱採取同一行動。日本在日俄之戰 (1904–1905) 中戰敗俄國，張謇、張之洞、袁世凱等都認為是立憲戰勝專制的明證，因而堅定了奏請立憲的決心。光緒三十一年六月 (1905 年 7 月)，袁世凱、張之洞及兩江總督周馥聯名奏請立憲，清廷遂有派遣五大臣出洋考察各國憲政之舉，並下令設立政治考察館，編訂憲政書籍，以為將來實行立憲的預備。

光緒三十二年七月 (1906 年 8 月)，清廷依據五大臣出國考察的報告，

---

❸ 張朋園寫了一冊《立憲派與辛亥革命》(中國學術著作獎助委員會，民國 58 年)，是第一位有系統的研究立憲運動的學者。

下詔仿行憲政，並先議定官制，以為預備立憲的基礎。這一政治舉措，對國內的立憲派人士與國外的保皇黨人物，都是一種誘導力。同年十一月，張謇就與湯壽潛、鄭孝胥發起組成了「預備立憲公會」，成為國內各立憲團體的先驅。**❸②** 繼之而起的，則有湖南「憲政公會」、貴州「憲政預備會」、廣東「粵商自治會」、湖北「憲政籌備會」等或大或小的團體十數個。立憲乃成為一種政治上的新氣象。

國外的康有為、梁啟超，也認為這是最好的機會，梁且認為清廷的預備立憲，「從此政治革命可告一段落」。康有為為迎合立憲，於光緒三十二年九月（1906 年 10 月）宣布將保皇會改名為「國民憲政會」，繼又改名為「中華帝國憲政會」，簡稱「帝國憲政會」。梁啟超則想另立門戶，希望與楊度合作。但楊度有他自己的打算，不甘屈居人下，結果分道揚鑣。楊度於光緒三十三年 (1907) 四月，在東京成立了「憲政公會」，並移植於他的故鄉湖南，成為湖南憲政公會。梁啟超則經過近一年的醞釀，於光緒三十三年九月組成了「政聞社」。由於康、梁都還在清廷的通緝名單中，不能出面，不得已推出上海的馬良 (1840–1939) 為「總務員」，並通過馬良的關係，於光緒三十四年 (1908) 遷總社於上海，竟然公開活動起來。但到同年七月，清廷就把政聞社查禁了。**❸③** 康、梁此後與國內的立憲派，仍然只能從事幕後的祕密聯絡。代表梁氏公開在國內與各省立憲派人士聯絡的，則為徐佛蘇等人，宣統元年 (1909) 在北京發行的立憲派言論機關《國民公報》，即係由徐佛蘇為主筆。

梁啟超於組成政聞社時，也同時創刊一份《政論》，作為政聞社的機關報。《政論》是月刊，第一期在日本發行，第二期以後，隨政聞社遷到了上海。主編人則是蔣智由，梁啟超發表文字則多用筆名「憲民」。政聞社被封禁，「《政論》亦廢」。**❸④** 到宣統二年 (1910) 一月，梁又以其信徒何國植出面，

---

❸② 張玉法，《清季的立憲團體》（中央研究院近代史研究所，民國 60 年），頁 365–370。

❸③ 查禁政聞社「上諭」，見光緒三十四年七月十八日上海《申報》。陽曆為 1908 年 8 月 13 日。

在上海創辦一份《國風報》——實際上是旬刊，鼓吹立憲。**⑬**梁氏在政治活動上起伏不定，但他始終不忘在言論上努力，這是他的聰明處，也是他後來在學術界被推為領袖人物的重要因素。

二、各省諮議局與資政院

　　清末立憲運動過程中，各省諮議局的成立與資政院的出現，是一項促成政治變化的重要因素。兩個民意機構的籌設，都起於光緒三十三年 (1907)，其正式成立則分別在宣統元年 (1909) 與二年 (1910)，成員則多為曾任官吏的士紳，也有不少議員係科第及留日學生出身，爭取的目標是請求清廷縮短立憲的期限，早日成立正式國會。

　　張玉法和張朋園兩位現代史學者，有一個共同的看法：立憲團體與革命團體，立場互異，手段對立，但兩者的活動卻產生了相輔相成的效果。**⑬**張玉法並指出：「當革命的活動激烈之際，清廷對立憲的要求易作讓步；當清廷立憲的措施不滿人望時，革命的勢力便與日俱增。」**⑬**證諸光緒三十三年 (1907) 和宣統三年 (1911) 的歷史，情形確是如此。

　　光緒三十三年 (1907)，是革命行動最為激烈的一年，廣東、廣西、雲南、四川、安徽、浙江等六省內，都發生了有組織有力量的革命起義。尤其是清安徽巡撫恩銘被徐錫麟槍殺，大令清廷的王公大臣驚恐。就在這件事發生後，清廷下詔各省督撫徵詢關於預備立憲的意見，袁世凱便乘機奏請昭示大信，採內閣制，設資政院，各省設諮議局，州、府、縣設議事會。**⑬**清廷接受了，於七月開始，採取了一連串的行動，把政治考察館改為憲政

---

⑬　梁啟超，〈蒞報界歡迎會演說辭〉，《飲冰室文集》，第 57 冊。

⑬　張朋園，《梁啟超與清季革命》(中央研究院近代史研究所，民國 53 年)，頁 312–321。

⑬　張玉法，《清季的立憲團體》，頁 510–511；Chang Peng-yuan, "The Constitutionists," Mary Clabaugh Wright, ed. *China in Revolution, The First Phase, 1900–1913* (Yale University Press, 1968), pp. 145–183.

⑬　張玉法前書，頁 511。

⑬　郭廷以，《近代中國史綱》，頁 388。

編查館，諭設資政院，並令各省籌設諮議局，並創刊了《政治官報》，以宣達立憲政令，並介紹各國的憲政思想與制度。顯然清廷意在以積極籌備立憲的姿態，來抵制日趨高漲的革命排滿風潮。❶❸❾

　　光緒三十四年 (1908) 春，一方面由於革命黨繼續在廣東、廣西（欽廉、上思之役）、雲南（河口之役）起事，一方面由於政聞社由於東京遷到了上海，以全體社員名義致電憲政編查館要求三年內召集國會，梁啟超又發動海外華僑紛紛上書要求速行立憲，清廷遂又採取了進一步的立憲措施，公布了諮議局章程及議員選舉條例，同時頒佈了《憲法大綱》，以九年為召開國會實施立憲之期。繼又頒布了城鎮鄉自治章程、調查戶口章程、清理財政章程、以及設立變通旗制處。但令梁啟超感到尷尬的是：清廷於宣示九年立憲的同時，卻將自認為立憲先鋒的政聞社封禁，這表示：立憲可以，叫康、梁因立憲而出頭則不能容忍，慈禧對康、梁的舊恨新怨太深了。

　　清廷有關憲政的行動，未嘗不使立憲派人士為之色喜。但如稍作深入的觀察，就不難發現清廷並無立憲的誠意。立憲的目的，本在限制君權，保障民權，但清廷於光緒三十四年公布的《憲法大綱》，卻把皇帝的權力提高到比日本明治天皇的權力還大。❶❹❶ 郭廷以有段很感慨的敘述：

> 憲法綱要訂明永遠尊戴大清皇帝，君上神聖尊嚴，不可侵犯，有制定法律權，有召集關閉解散議院權，有設官、黜陟權，有統率海陸軍及編制軍制權，有宣戰、戒嚴權，有總攬司法權；臣民在法律範圍內，得為官吏、議員，有言論、集會、結社自由，有納稅、當兵義務。一言以蔽之，不外永保君主地位，極度提高君主的權力。❶❹❶

《憲法大綱》頒布後不到一百天，清光緒帝與慈禧太后相繼死亡。❶❹❷

---

❶❸❾　楚元王，〈論立憲黨〉，見《天討》（民報社，1907）；蔣智由，〈立憲之上諭又出矣〉，見《政論》。

❶❹❶　國立編譯館主編，《中國近代現代史》（幼獅書店，民國 63 年），頁 47。

❶❹❶　郭廷以前書，頁 388–389。

慈禧於死亡前二天，命將醇親王載灃的兒子溥儀 (1906–1967) 帶來宮中，光緒死後，就由溥儀繼位，年號宣統。溥儀年僅三歲，他的父親載灃便以攝政王的身分，實際主持朝政。載灃罷黜了袁世凱，起用了幾位年輕的皇族親貴來統率陸海軍，清廷的實際行動與立憲派的要求，真如南轅北轍。

　　儘管政治環境日趨不利於立憲，各省諮議局還是於宣統元年九月（1909年 10 月）成立了。全國共有二十一省設立了諮議局，僅新疆一省因條件不夠，未獲成立。諮議員係民選產生，任期三年。當選諮議局議長的人，如江蘇的張謇、湖南的譚延闓、四川的蒲殿俊等，也都是一時之選。諮議員的出身以鄉紳最多，教育程度很不錯，論者每謂各省諮議局的成立，是清末憲政運動中的最大成就。**⑭**

　　各省諮議局的共同政治要求，是向清廷請願早日設立國會。張謇儼然是各省諮議局的領袖，在他的策動下，各省諮議局在此後兩年間 (1909–1910) 有了三次請願。為了請願，就有了各省諮議局聯合會的組織，是為策畫請願及其他政治活動的主流。**⑭**

　　三次請願，都沒有達到目的；但三次請願的規模、人數和代表性，一次比一次擴大，如宣統二年七月（1910 年 8 月）第二次請願時，除諮議局外，就有各省商會、教育會、政治性會社，旗籍紳民及華僑代表參加。同年十月的第三次請願，則不僅要求速開國會，並要求組織責任內閣，已經接觸到權力分配的問題了。清廷雖同意將九年預備立憲之期，縮短為六年──預定於宣統五年 (1913) 召開議會，但對一些仍留北京嘵嘵不休的請願者，毫不容情，下令押解回籍，第二年（1911 年 1 月），且將號召各省罷學，速開國會的全國學界同志會會長溫世霖，遣戍新疆。

　　諮議局是省級民意機構，資政院則是全國性中央級的半民意機構。清

---

⑭　光緒帝死於光緒三十四年十月二十一日（1908 年 11 月 14 日），次日，慈禧死。
　　光緒帝年僅三十八歲，慈禧則享年七十四歲 (1835–1908)。
⑭　張玉法，《清季的立憲團體》，頁 386。
⑭　李守孔，〈各省諮議局聯合會與辛亥革命〉，見《中國現代史叢刊》，第 3 冊，
　　（正中書局，民國 50 年），頁 321–373。

廷下令籌設係在光緒三十二年 (1906)，次年 (1907) 八月，清廷派溥倫為資政院總裁，會同軍機大臣妥擬院章，完成後於宣統元年 (1909) 七月八日由清廷明諭公布。其正式成立開院，則在宣統二年九月一日（1910 年 10 月 14 日）。

依據資政院章程，資政院議員分兩種：一為欽選，即清廷指派的王公大臣及其他人士；一為互選，由各省諮議局互選若干，各省督撫遴選若干，一併作為該省區選出之議員，由各省督撫具送資政院。因此，資政院的官方色彩重於地方民意，最多只能視之為官紳混合機構。議員總數為一九六人，欽選與各地方互選者各佔半數。漢人占七成，平均年齡四十歲。**⑮**總裁溥倫，副總裁沈家本，仍然是滿正漢副。

資政院開院後的第一件大事，為處理各省諮議局發動的第三次請願。這次請願書，是由資政院轉呈的。資政院的態度也很認真，曾開全院會議討論，全體議員均表贊成。這無形中增加了請願的力量。溥倫亦曾向攝政王載灃力陳縮短立憲年限的必要，因而獲得了由九年縮為六年的結果。此後卻甚少表現，直至宣統三年 (1911) 八月武昌起義後，資政院才又提出了一項《憲法十九信條》，但為時已晚，起不了什麼作用。

三、失敗後的路向——贊助革命

清宣統三年——也是近代歷史上大放異彩的辛亥年 (1911)，清廷、立憲、革命三方面的勢力作了最後的攤牌：清廷被革命勢力推翻，革命成功原因之一，乃是由於立憲派的參與；而立憲派的轉向革命，則係由於對清廷立憲的絕望。

四月十日（5 月 8 月），清廷頒布內閣官制十九條，並任命了所謂責任內閣的閣員，這是立憲派人士感受到的最大絕望。先看這張名單：

---

⑮　張玉法，《清季的立憲團體》，頁 435。

職務	任職者
內閣總理大臣	奕　劻
協理大臣	那　桐　徐世昌
外務大臣	梁敦彥
民政大臣	善　耆
度支大臣	載　澤
法部大臣	紹　昌
陸軍大臣	廕　昌
海軍大臣	載　洵
學部大臣	唐景崇
農工商大臣	溥　倫
郵傳大臣	盛宣懷
理藩大臣	壽　耆

以上十三人中，滿人占了八名，漢人四名，壽耆為蒙古人。滿人八名中，皇族又占了五名，因此被稱之為「皇族內閣」。滿人的聲名也不好，奕劻聲名狼藉，餘或昏庸無知，或為紈絝少年。國人無不失望，立憲派失望尤甚。各省諮議局聯合會奏呈了一份抗議性的意見書，毫不客氣的說：「以皇族組織內閣，不合君主立憲公例，請另簡大員組織內閣。」清廷的答覆卻是嚴峻的申斥：

> 黜陟百司，係君上大權，載在先朝欽定憲法大綱，並註明議員不得干預。值茲預備立憲之時，凡我君民上下，何得稍出乎大綱範圍之外？乃該員等一再陳請，議論漸近囂張，若不亟為申明，日久恐滋流弊。朝廷用人，審時度勢，一秉大公，爾臣民等均當懍遵欽定憲法大綱，不得率行干請，以符君主立憲之本旨。❿

---

❿　此諭發佈於辛亥六月初十日，文見同日《政治官報》、次日《時報》及《東方雜誌》，第 8 卷，第 6 號。

　　對「皇族內閣」的抗議未息，四川的保路風潮又起。四川的立憲派人士為商民請命，力爭路權，結果卻是被捕被辱。四川諮議局議長蒲殿俊，副議長羅綸等人於七月十五日（9月6日）被捕後，和平的爭路運動就不能不轉變為革命黨掌握下武力抗清的行動了。這是立憲派在辛亥年遭受到的第二次凌辱，顯示清廷已不復對立憲派作任何的遷就。立憲派連年來的奔走和努力，顯然已經失敗了。

　　立憲派失敗的原因，有歷史的因素、社會的因素，更重要的還是政治的因素。❹ 康有為一生最大的錯誤，在於迷戀於光緒帝。梁啟超一度傾向於民主政治，1903年以後卻又倒退到君主立憲的舊路。主張君主立憲的人，動機自然是救國強國，但卻把大前提看錯了，錯認清廷是有誠意的，錯認只憑呼籲與請願，就可壓迫清廷接受他們的主張的。他們也沒有認清當時國人思想的傾向。守舊的人服從清廷，激進的青年知識分子和新軍官兵又都傾向於革命，封疆大吏和一部分商紳，只是為了保持自己的地位和利益。真心誠意為君主立憲這個目標而奮鬥的，並不佔多數，也不可能憑君主立憲四個字做招牌，就能造成鼓動人心的政治新局面。

　　辛亥夏季，立憲派的領袖們不能不作轉向的打算了。轉向何方？只有贊助革命。正如張朋園所論斷的：「立憲派人求和平的改革不成，復受當時籠罩全國革命氣氛的影響，除了轉向同情革命，似乎沒有更佳的選擇。」❹ 張謇、湯壽潛、譚延闓、湯化龍、孫洪伊等人在辛亥革命時的行動，證實了他們轉變後的新方向。

---

❹　張玉法，《清季的立憲團體》，頁511–512。
❹　張朋園，《立憲派與辛亥革命》，頁112。

第五章　辛亥革命與民國創建

第一節　武昌起義前的革命形勢

一、湖北革命團體

　　辛亥革命爆發於武昌，湖北人引以為榮。李廉方——原名李步青——寫《辛亥武昌首義紀》一書，開宗明義，第一段話就是：

> 武昌首義，湖北人獨有其對國家民族之特負使命，與其創立史蹟。蓋武漢控長江中心，橫綰南北，進取利，號召便。是以歷代驅除異族，必由楚人憑其地以發難。❶

　　誠然，湖北是有革命傳統的一個省區。就中國中部諸省而言，湖北的革命團體建立最早，實力亦深厚，甲辰 (1904)、丙午 (1906) 兩役雖曾受到取締，但實力發展並未受到嚴重的影響。論者亦嘗言近代湖北革命空氣之形成，應溯源於湖廣總督張之洞之屬行改革。張之洞自清光緒十五年 (1889) 出任湖廣總督，至光緒三十三年 (1907) 因補授軍機大臣而離職，經營湖北十九年，❷開學校、練新軍、辦實業，成績斐然可觀，兩湖遂為全國風氣開通的重要地區之一。李廉方述及張之洞的貢獻謂：

---

❶　李廉方，《辛亥武昌首義紀》(湖北通志館，民國 36 年)，頁 1。

❷　光緒二十年 (1894) 張之洞奉令調署兩江總督，但未開去湖廣總督本缺，次年 (1895) 十一月即回湖廣總督本任。見許同莘，《張文襄公年譜》(臺灣：商務印書館，民國 58 年)，頁 97。

　　自張文襄公督鄂以來，以建設地方振興國家，實大有造於辛亥革命。
最彰著者，首在作育楚材非以自植勢力為務。其所設文武學堂之多
且優良，冠乎各省，湖南少年有志者，皆來武昌就學。軍事則設兵
工、鋼藥兩廠，新軍練一鎮一協，招收士兵，必須識字，後且命題
考試，衡文以定去取，有志之士，至有棄舉義輟學籍而入伍者。壬
癸之交，多派高材生先後赴東西各國留學，分習文武學科，黃興即
其中遣派之一人。此出洋生驚睹外國文明，如夢初醒，紛紛為文宣
傳，激勵其鄉人。加以中山先生領導革命，一旦海外親炙，更深信
仰，最初贊助先生發起同盟會者，大抵皆湖北學生也。❸

　　然張之洞的思想，仍逃不出「忠君愛國」的範圍，他提倡改革，卻反
對康（有為）梁（啟超），更大力壓制革命活動。所以他對革命的影響是間
接的，不是直接的；是在他意料之外的，不是他有意培植革命勢力。

　　湖北留學生之鼓吹革命，始於光緒二十八年 (1902) 秋，劉成禺、藍天
蔚等之創刊《湖北學生界》月刊。次年 (1903)，吳祿貞、黃興等先後到湖
北散佈革命思想，鄒容的《革命軍》也已在湖北祕密流傳，李步青、張榮
楣等幾十位青年知識分子，也時常聚集在花園山李步青處談論時事，革命
的空氣因之形成。湖北留日學生又在上海設立了一所「昌明公司」，一方面
負責招待出洋學生，一方面祕密輸送革命書刊至湖北，同時傳達海內外消
息，革命思想因得日益開展。同年十一月，黃興在湖南創立華興會，湖北
一部分青年學生也參加活動，革命很快就由宣傳進入行動階段。

　　光緒三十年 (1904) 五月，張難先、胡瑛、呂大森、曹亞伯等在武昌組
成了湖北第一個革命團體——科學補習所，推呂大森為所長，名為研究科
學，實際則以革命排滿為宗旨。❹六月，黃興到武昌來接洽，科學補習所

---

❸　李廉方，《辛亥武昌首義紀》，頁 1–2。關於張之洞在湖北政績，參閱蘇雲峰，
　　《張之洞與湖北教育改革》（中央研究院近代史研究所，民國 65 年）；《中國現
　　代化區域研究，湖北省，一八六○～一九一六》（中央研究院近代史研究所，
　　民國 70 年），頁 159–444。

諸人遂贊助黃興於十月間在長沙起義計畫。及長沙事敗，武昌科學補習所也被張之洞下令查封，宋教仁及歐陽瑞驊因而被開除文普通學堂的學籍。科學補習所一位二十二歲的會員王漢卻做了一件革命壯舉：從漢口尾隨清戶部侍郎鐵良到河南彰德，想刺殺鐵良，卻因失事投井而死。

同盟會成立後，湖北分會長余誠奉命回到武昌活動。他發現湖北黨人劉敬庵已得聖公會會長胡蘭亭之助，借聖公會閱覽書報之所之日知會進行革命宣傳與活動。余誠遂依劉敬庵以日知會為革命機關，並加擴大。光緒三十二年 (1906) 正月，日知會正式開成立會，到會者百餘人，聲勢頗盛。五月間，孫中山派喬義齋陪一法人歐吉羅（Captain Ozil, 亦作 Ogal）前來訪問，劉敬庵等開會歡迎。及十月萍瀏醴革命失敗，日知會遂被波及，劉敬庵、朱子龍、胡瑛等九人被捕，日知會也被張之洞封閉。

日知會被封禁後，黨人開始向軍界活動，而以進入新軍為新的革命道路，成績相當好。光緒三十四年 (1908) 六月——日知會被封後一年又六月，一個新的革命團體出現了，名叫軍隊同盟會。四個月後，改組為群治學社；又過了十個月，改組為振武學社；到宣統三年 (1911) 正月，再改組為文學社——這就是辛亥武昌起義前兩大革命團體之一，在新軍中有相當潛勢力的文學社。

文學社，名義上係「聯合同志研究文學」，❺實際上卻是以新軍兵士為主體以革命起義為目的的革命團體。社長是蔣翊武，副社長是王憲章，設文書、評議兩部，由詹大悲、劉堯澂（復基）分任部長，胡瑛在獄中亦參與計畫。其他重要幹部有蔡大輔、王守愚、鄒毓琳、張廷輔、章裕昆等，以《大江報》為機關報，由詹大悲、何海鳴主持。但至辛亥八月，以連續發表〈大亂者救中國之妙藥也〉、〈亡中國者和平也〉兩文，而被湖北當局查封。

由湖北軍隊同盟會遞嬗而至文學社，一脈相承，自成系統。與文學社同時在湖北活動，而以會黨為基本群眾的革命團體，則是孫武、居正、楊

❹　李廉方前書，頁 4；張玉法，《清季的革命團體》，頁 543–550。

❺　章裕昆，《文學社武昌首義紀實》，原稿。

時傑、楊玉如等人主持的共進會。

共進會係於光緒三十三年 (1907) 冬成立於東京，是由同盟會員組成的一個團體，但把同盟會誓詞中的「平均地權」改為「平均人權」。❻宣統元年 (1909) 春，孫武回到湖北建立共進會組織，得居正、劉公之助，發展亦甚迅速。其後亦向軍界發展，鄧玉麟、黃申薌、查光佛等任聯絡之責，勢力亦因之大張。共進會在軍中所用名號不一，宗旨亦有所變通，如新軍第八鎮第十六協第三十二標之〈共進會祕密規約〉規定的宗旨是：「昭雪國恥，恢復漢業。」❼又如胡祖舜加入共進會後，仍以他原創之蘭友社相號召。❽

文學社與共進會，名稱雖異，而革命排滿之大目標則完全一致。兩個團體均以湖北人為主體，均與同盟會人黃興、宋教仁、譚人鳳等保持聯絡，以是兩會間亦有意相互合作，結為一體，以免力量分散。劉堯澂、譚人鳳於兩會之合作，尤為熱心。此項合作，於宣統三年 (1911) 四月間開始進行，至七月間開聯合會議，決定共同策進武昌起義，革命形勢至是已成引滿待發之勢。

二、廣州三二九之役與同盟會中部總會

庚戌（宣統二年，1910）正月廣州新軍起義失敗後，孫中山即計畫廣集款項及人員，發起一次大規模的起義。當時他在美國，託美籍友人荷馬李 (Homer Lea) 及波司 (Charles B. Boothe) 與美國實業家聯絡籌款，並曾與荷馬李等在洛杉磯長堤 (Long Beach) 舉行會議。❾但這一計畫未能成功。孫中山因於是年二月離美赴檀香山，五月至日本旋即前往新加坡，計畫以新加坡為基地，整理同盟會會務並策畫起事。十月，孫中山在馬來西亞庇能（Penang, 即檳榔嶼）召集黃興、趙聲、胡漢民、鄧澤如等舉行了一次會議，決定在廣州舉行一次大規模的革命行動，這就是全國震動的辛亥三月

---

❻ 胡祖舜，〈武昌開國實錄〉，見《革命文獻》，第 4 輯，頁 9。

❼ 林岳，〈湖北前三十二標革命實錄〉。

❽ 胡祖舜，〈六十談往〉。

❾ 《國父年譜》，上冊，頁 301–306。

二十九日（1911年4月27日）廣州之役。❿

　　依據庇能會議的計畫，這次起義的籌畫工作由黃興負責，趙聲、胡漢民協助之。會後，黃興、胡漢民等先在南洋各地籌款，繼歸香港設立統籌部主持其事。黃興依據庇能會議的決定，以同盟會員和廣州新軍為發難主力；發難地點在廣州，而以長江流域各省為響應，期能一舉而控制大半個中國，促成清廷的早日崩潰。統籌部設有八課，其中有一交通課，其任務即在聯絡蘇、浙、皖、鄂、湘、川、滇、桂、閩、直等省的革命機關與黨人，主持人乃是素與蘇、皖各省革命黨人有密切關係的趙聲(1881–1911)。⓫依黃興的計畫，廣州起義成功後，革命軍即分兵北上，進取武漢及江西；武漢、南京及上海等地黨人則急起響應。也就是說，辛亥三月二十九日的廣州之役是一次全面性的計畫，廣州為起點，目標則在長江流域，期使粵江、長江兩流域的革命勢力聯為一體。黃興曾不只一次的公開說明他這一計畫。如起義失敗後與胡漢民聯名〈致加拿大同志書〉中，黃興即說：

> 當時以廣東為主動，而雲南、廣西、湖北、湖南、江西、安徽、四川、福建、直隸諸省為響應，各處皆有黨人在新軍中預備反正，擬廣東省城一得手，則以次繼起。⓬

　　民國元年5月15日，黃興在南京講述「廣州三月二十九日革命之前因後果」時，對當時長江流域的部署，說得更為清楚：

> 起義地點預定廣東省，因運有機關槍四十五支在彼，又廣西軍隊中

---

❿ 鄧澤如，《中國國民黨二十年史蹟》（正中書局，民國36年），頁37–38；鄒魯，《廣州三月二十九革命史》（臺灣：商務印書館，民國56年），頁2–4。

⓫ 八課為調度、儲備、交通、祕書、編輯、出納、調查、總務。趙聲係統籌部副部長兼交通課負責人。趙為江蘇人，出身於南京陸師學堂，曾任新軍第九鎮（駐南京）軍官，蘇皖等省革命黨人多為其友人或部下。

⓬ 中國國民黨中央黨史會，《黃克強先生全集》，頁168。

諸同志，有為之援應。至於內地之布置，長江一帶，譚人鳳先生任之。譚先生身體多病，此時亦力疾冒險至鄂，其時鄂有居正、孫武及繫獄之胡瑛諸先生暗中籌畫。湘省則有焦達峰先生力謀進行，異常敏速。上海則今都督陳其美先生極力運動。當時交通部公舉趙伯先（聲）先生主持，蓋趙與興皆駐在香港者也。而又議定：趙由閩出江蘇，興出湖南，譚人鳳出江西。此時北軍亦有暗為援助者，東京同志則歸國援助者極多。**⓭**

為加強長江流域各省的聯絡，黃興曾先後三次派人前往接洽。第一次係派謝介僧、劉承烈自日本入長江，至武漢和長沙。謝、劉帶有黃興致居正函件，要居正主持策應廣州舉事事宜。**⓮**並攜有小型製彈機及炸藥，交與長沙革命黨負責人曾伯興（傑）使用。**⓯**第二次係派譚人鳳由香港北上長江，譚帶了五千元，到上海後交給鄭贊丞三千元，要鄭辦理蘇、浙、皖、贛等省響應廣州起義事；到武昌，交居正八百元，囑於廣州起事時急起響應；譚再去長沙，以七百元交於曾伯興，部署湘事。第三次係派盧叔雍帶了黃興的親筆函，自香港往廣州至長沙訪曾伯興，囑曾於廣州起義後速為響應。**⓰**

廣州起義不幸失敗了，長江各省的革命黨人自然不敢輕舉妄動，暫時忍耐著等待另一次機會。果然，廣州之役失敗後不到六個月，武昌便爆發了石破天驚的大革命。

廣州起義前，蘇、皖等省的革命黨人曾南下參加。宋玉琳等早到了，趕上參加起義並壯烈犧牲；宋教仁、陳其美遲了一步，等他們趕到香港時，廣州起事已經失敗，兩人只有再回到上海，在于右任的《民立報》上繼續

⓭　《黃克強先生全集》，頁39。

⓮　居正，〈辛亥箚記〉。

⓯　曾伯興，〈黃花岡與中部同盟會〉，見《中華民國開國五十年文獻》，第2編，第1冊：《武昌首義》，頁15。

⓰　同上。

作文字的鼓吹。譚人鳳是到了廣州，但因年老且不熟悉武器的使用，黃興不讓他參加，他自然感到很悲憤。失敗後，譚人鳳也到了上海，也去過武漢一次，他和宋教仁、陳其美決定在上海組成一個新革命團體，計畫在長江流域發動革命。這個新團體的名稱是：同盟會中部總會；也有學者稱之為中部同盟會。❶

同盟會中部總會成立於辛亥 (1911) 閏六月初六日（7 月 31 日），地點在上海四川路湖北小學。簽名於成立大會的發起人有二十九位，並通過了章程和宣言。❶章程是宋教仁起草的，明定「以推翻清政府建設民主的立憲政體為主義」，❶宣言為譚人鳳起稿，他說明這一團體的地位是：「定名為同盟會中部總會者，奉東京本會為主體，認南部分會為友邦，而以中部別之，名義上自可無衝突也。」❷

同盟會中部總會的領導機構，稱總務會，由總務幹事五人組成。五位總務幹事是陳其美、潘祖彝、宋教仁、譚人鳳、楊譜笙，譚人鳳並被公推為總務會議長。於各省要地則設立分會，其名稱及主持人是：湖北分會居正，湖南分會焦達峰、曾傑，南京分會鄭贊丞、章梓，安徽分會范鴻仙，四川分會吳永珊、張懋隆。❷同盟會中部總會成立後，譚人鳳再赴南京及武漢聯絡，長江中游與下游的革命勢力遂聯為一氣。

三、四川路潮

四川路潮，即四川紳民發動的爭路風潮。爭路亦稱保路；路，是指川漢路——計畫自四川成都修至湖北廣水以與蘆漢鐵路（今平漢路，中共建立政權後，將平漢、粵漢兩路合稱京廣路）銜接的一條鐵路。路潮的起因，

❶　王聿均，〈中部同盟會與辛亥革命〉，見《辛亥革命研討會論文集》（中央研究院近代史研究所，民國 72 年），頁 231–243。

❶　同盟會中部總會全部原始文件，見《武昌首義》，頁 1–12。

❶　〈同盟會中部總會章程〉第三條。

❷　《武昌首義》，頁 9。

❷　張難先，《湖北革命知之錄》，頁 211–236。

係清廷於宣統三年 (1911) 四月十一日下令鐵路幹線收歸國有。最早提出此一建議者為給事中石長信，極力贊成並大力推行終至惹起反對風潮的人，則是當時的郵傳部尚書盛宣懷 (1844-1916)——依恃李鴻章、張之洞起家的官僚企業家。⑳

　平心而論，鐵路國有政策乃一個統一國家的常規，未可厚非。但清廷實施鐵路國有的時機和辦法都不對，盛宣懷又向英德法美四國銀行團以極苛刻的條件借債來修路，使「國有」成為「外有」，便惹起人民的反對與指責了。清廷要收歸國有的幹路，主要的是粵漢、川漢兩路，因此發起爭路風潮的有廣東、湖南、湖北、四川四省，而以四川的紳民最為激昂，再加清廷的處置失當，終至一發不可收拾，四川全局糜爛。

　川漢路的興建，始於光緒二十九年 (1903) 川督錫良的建議。起初是官辦性質，可是經過三年的努力，並無成效，四川紳商要求改歸商辦，光緒帝也核准了。四川紳商遂成立商辦川漢鐵路有限公司於成都，主持其事。四川的重要紳商如顏楷、蒲殿俊、羅綸、張瀾等人，都成為川漢路的股東，一般人民也要按成繳納稅金以作鐵路費用。至辛亥五月，四川所籌建路的款已達一千六百六十餘萬兩，距全路需用款數九千萬兩相差固然甚遠，但在粵、湘、鄂、川四省中是籌款最多的。㉓清廷突然要下令收歸國有，而所規定的處理民股辦法又是「優於湘粵，而獨薄於四川」，㉔且又係借外債修路，無異斷送國權路權，於是川人於深感鐵路之經濟利益被奪之外又增加了民族的憂患意識。一位參加爭路運動的老人蒙裁成即說過「鐵路完了，四川也亡了」之類的痛心話。劉岱的觀察則是：「四川保路運動自始便含蘊著深厚的民族憂患情操和救國的意義。」㉕

⑳　盛宣懷一生的事蹟見謝世佳，《盛宣懷與他所創辦的企業》（臺北：中央圖書供應社，民國 60 年）。

㉓　全漢昇，〈鐵路國有問題與辛亥革命〉，見《中國現代史叢刊》，第 1 冊，（臺北：正中書局，民國 57 年）。

㉔　周開慶，《四川與辛亥革命》（臺灣：學生書店，民國 53 年），頁 45-46。

㉕　劉岱，〈川路風潮——武昌起義前的一把火炬〉，見《中華民國建國史討論集》，第 1 冊。

　　四川的保路運動，開始時係以四川紳商——大部分為立憲派人——為主要策畫者，除爭取路權外並無明顯的政治目的。但自五月二十一日（6月17日）川漢鐵路總公司召開臨時股東大會，決定成立四川保路同志會以後，保路運動遂發展為政治性的群眾運動，連小學生黃學典（季陸）都組成了小學生保路同志會。**❷❻**在保路聲中，成都於七月初一日（8月24日）開始罷市。七月十五日（9月7日）發起大請願，川督趙爾豐以嚴厲態度對付，民眾被槍殺三十二人，蒲殿俊、羅綸等九人被捕，局勢至此已不可收拾，和平保路運動已轉化為武裝抗清運動了。

　　四川保路風潮之所以釀為燎原之火，有兩項主要的因素：一為革命黨人之參與運用，一為滿清政府之蠻橫高壓政策。

　　依據四川革命黨人的記述，保路運動一開始，黨人即決定使之轉化為革命運動。五月二十一日股東大會的召開以及同志會與同志軍的成立，均為同盟會人活動的結果。**❷❼**同盟會的決策是：藉保路之名，行革命之實，其辦法則是：

> 一為透過股東大會，成立四川保路同志會，使革命黨人在各地活動，獲得合法的掩護。二為分派同志分赴各縣，祕密聯絡同志會黨，組織民眾，待機大舉。三為策動鐵路股東及成都各界民眾，表面擁護蒲、羅等，離間所謂官紳間的感情，以期擴大事態。四為派盧師諦赴東京總部，報告川中情形及探察各省革命消息，加強聯繫。**❷❽**

　　七月十五日請願失敗後，革命黨人遂進行組織川南各地民眾，準備起義。八月十二日（10月2日），榮縣在同盟會人王天杰的主持下，宣布獨立，為全國各地最早對清廷宣布獨立者，而其明揭「驅除韃虜，恢復中華，

---

❷❻　楊開甲，《辛亥四川革命之寫真》。

❷❼　曹叔實，〈四川保路同志會與四川保路同志軍之真象〉；華生，〈辛亥四川保路運動的真相〉，均見國史館編，《辛亥年四川保路運動史料彙編》，下冊。

❷❽　《辛亥年四川保路運動史料彙編》，下冊，頁 336–337。

創立民國，平均地權」之革命旗幟，國人始明悉川局之變實為革命黨人主動。❷⁹

　　革命黨對四川路潮激變之另一影響力，為宋教仁在上海《民立報》之著論鼓吹。宋一連發表了四篇評論川事的文章，❸⁰斥清廷的政策為倒行逆施，鼓動川人採積極態度，與各省人民一致行動，去從事革命。宋並不否認革命黨人有所企圖於四川：

> 革黨雄心未已也。革黨未遂願於粵省，今趁川人爭路風潮，分途潛往川省，隱為援助，堅持商辦，否則主張獨立，另製國旗，死抗政府之壓制，誓脫污吏之束縛，全蜀人心永固，恐悲風慘雨，一變而為槍子炸彈之劇也。❸¹

　　對於川路風潮，清廷最大的錯誤便是一味採取高壓政策。四月十一日宣布鐵路國有的「上諭」中，就有「如有不顧大局，故意擾亂路政，煽惑抵抗，即照違制論」的威脅，用意已極明顯。四川護理總督王人文同情保路，力主和平應付，竟被申斥。及趙爾豐於閏六月初一日繼任川督，冥頑如故，致釀七月十五日流血慘劇，川人人心盡去。而清廷竟又令端方率兵入川鎮壓，端方率原駐武昌之新軍三一、三二兩標入川，武昌革命黨人遂乘虛而動，於是有八月十九日之首義。而端方入川亦無補於事，其本人亦在資州被殺，可謂清廷高壓政策下的犧牲者。❸²

---

❷⁹　曹叔實前文。

❸⁰　宋教仁的四篇論文是，〈論近日政府之倒行逆施〉、〈論川人爭路事〉、〈川亂感論〉、〈論川鄂有連合之勢〉。

❸¹　漁父，〈川亂感論〉，見《民立報》，辛亥七月二十七日。

❸²　端方被殺在辛亥十月初七日（1911 年 11 月 27 日），其弟亦同時被殺。見天笑生編，《中華民國大事記》，第 1 冊，（上海：有正書局，民國元年 3 月）。

第二節 武昌首義與各省光復

一、武昌起義

辛亥 (1911) 七月初，文學社與共進會舉行聯合會議後，即已議及起義時的指揮問題，同意推蔣翊武為起義時的總指揮，孫武為參謀長，劉堯澂、蔡濟民等十多人為軍事籌備員，分頭進行。總指揮部則設於武昌小朝街八十五號，這裡本是文學社的社本部。

革命起義，自然需要相當數目的費用。碰巧劉公的父親給他大筆款項要他到北京去捐個官位，經同志說勸，劉公同意捐出五千元來做革命經費。❸ 黨人有了這筆錢，就決定派居正和楊玉如到上海去購買手槍，並邀黃興、譚人鳳等來武昌指揮。居、楊於七月二十四日（9 月 16 日）啟程赴滬，到滬後始知黃興尚在香港，於是託呂志伊、劉芷芬赴港向黃興報告，黃乃決定於稍事安排後即行去鄂。

八月開始，武漢的風雲更趨緊急。新軍中的一部分，已由端方帶領開赴四川去鎮壓川亂，一部分又奉令移駐宜昌及襄陽，湖廣總督瑞澂 (1863–1912) 向清廷報告說，他已獲得革命黨正醞釀起事的情報，將全力防範。八月初三日（9 月 24 日），駐南湖砲隊的黨人，由於為一位請假離營的同志梅青天送行，酒酣聲狂，不聽排長制止，且欲乘機起事，但因砲上撞針已被卸走，才只喧鬧一陣作罷。這件事，使清吏提高警覺，把子彈都收繳起來，對軍士的控制更加嚴厲。

黨人以情勢緊急，決定於八月十五日（10 月 6 日）起事。風聲所播，市面已遍傳「八月十五殺韃子」的流言。清吏因於十二日召集會議，決定自十二日至十六日實施戒嚴，中秋節也提前一日慶賀。在此種風聲鶴唳的狀態下，未敢猝發，乃再改期於八月十八日（10 月 9 日）起事，並通知已隨部隊移駐岳州之蔣翊武等即行返歸。孫武等則在漢口機關部全力準備。

---

❸ 胡祖舜，〈武昌開國實錄〉。

　　八月十八日上午十時，孫武等在漢口俄租界寶善里十四號機關部試驗炸藥，不小心爆炸了。孫受了傷。他本人雖由同志救護及時送入日人開設之同仁醫院治療，但機關部卻受到聞聲而至之俄警的搜查，所有旗幟、徽章、印信、文告及新印中華銀行鈔票等，均被擄走，並通告江漢關道齊耀珊，轉報於湖廣總督瑞澂。瑞澂就開始部署軍警，準備搜捕。也就在八月十八日這天，蔣翊武從岳州趕回武昌，與劉堯澂、彭楚藩、龔霞初等在小朝街機關部會商起義的事。及聞漢口寶善里機關被破獲，決定當晚行動。蔣翊武以臨時總司令名義於下午五時發布了第一張作戰命令，通令各單位黨人：

　　　　本軍於今夜十二時舉義，興復漢族，驅逐滿奴。❸❹

　　但時間已經晚了，街上已嚴密戒嚴，無法通行，命令並未能按時傳達至各營。及近十二時，小朝街機關部亦被軍警衝入，劉堯澂、彭楚藩、蔣翊武等均被捕。楊宏勝於送信及炸彈至工程營後，亦於家中被獲。是夜黨人為清軍逮捕者有三十二人，❸❺除蔣翊武因蓄長辮，且狀似學究，無人留意，故能乘間逃脫外，其餘均被嚴刑鞫訊。其中劉堯澂、彭楚藩、楊宏勝三人，自承革命黨人，痛斥審訊清吏，慷慨激昂，一如黃花岡七十二烈士所表現者。次晨遂均被殺害，是為中華民國開國史上灑血於武昌督署轅門之三烈士。❸❻

　　八月十九日（10月10日），武昌城內風聲鶴唳，人心惶惶。由於革命機關悉被破獲，黨人名冊俱被搜去，清吏將按名追捕，各營隊中之黨人人

---

❸❹　命令第一條，見李廉方，《辛亥武昌首義紀》，頁75。

❸❺　《中華民國開國五十年文獻》，第 2 編，第 1 冊：《武昌首義》，頁 258–259，瑞澂奏電。

❸❻　劉堯澂，即劉復基，原名汝夔，湖南常德人，同盟會員，且為文學社評議部長。足智多謀，亦擅文才。彭楚藩，字青雲，湖北鄂城人，為現役憲兵，然自日知會以來，即為革命黨人。楊宏勝，字益三，湖北穀城人，農民出身，其後以雜貨小店為掩護，負責為黨人密運彈藥及命令傳達。

人自危。工程第八營之黨人總代表熊秉坤——他在軍中的職務僅係棚長，即今之班長，決定先發制人，於當晚九時晚點名後舉事。他祕密派人通知新軍各營中之負責黨人蔡濟民、方維等，諸人亦慨允同時響應。至夜十二時，黨人金兆龍、程定國與前來誘擒彼等之排長陶啟勝搏鬥，熊秉坤適時趕到放出了第一槍。據熊秉坤自述當時情形：

> 陶啟勝決計帶護兵姚洪盛、李傳福，先去該排三棚，捕（黨人）金兆龍，然後轉入一排捕坤，會同解送。因是先到金兆龍棚，見金仰臥，即召手笑謂金曰：「余與汝有話談。」金意以陶欲加入革命，不之疑，欣然往。甫出棚門，陶本孔武有力，執金雙腕，大喝曰：「汝膽特大，竟欲革命造反乎？左右為我縛之。」而左右不敢應，陶與金互糾成團，正掙扎不能分解時，金情急即呼同志曰：「此時仍不動手，等待何時？」同志程定國即取槍在手，不敢擊，恐傷其他，即倒轉槍托，向陶頭部猛力一擊，血花四迸，陶呀然一聲，即釋金，捧頭向外樓梯口逃，與坤遇，以槍擊之，不中。❸

　　熊秉坤當即集合黨人，宣告起義，直趨楚望臺，佔領軍械庫。二十九標蔡濟民、三十標方維及南湖砲隊均如約響應，乃推工程第八營左隊隊官吳兆麟為臨時總指揮，下令向督署攻擊。砲隊轟擊督署，極具威力，總督瑞澂偕統制張彪 (1860–1927) 逃登楚豫艦。至二十日（10 月 11 日）正午，武昌全城遂告光復。當夜，革命黨人光復漢陽；二十一日（10 月 12 日）晨，漢口亦告光復。至是武漢三鎮遍懸九角十八星之革命軍旗，❸一個新的國家——中華民國，遂告誕生。

---

❸　熊秉坤，〈辛亥湖北武昌首義事前運動之經過暨臨時發難之著述〉，中央黨史會藏，原件。

❸　亦稱星旗，紅底，星為黃色，十八星係代表中國本部十八省。係共進會採用之革命旗幟，亦為同盟會於制訂「革命方略」時所提出旗式之一種。其後由臨時參議院定為陸軍旗。

二、各國中立與陽夏對戰

武昌光復之日——八月二十日（10月11日）上午，革命黨人聚集於湖北諮議局，決議組織中華民國軍政府，並推第二十一混成協統領黎元洪 (1864–1928) 為都督。黎字宋卿，湖北黃陂人，本為海軍軍官，以得張之洞賞識得任職統領。為人謹厚，然識能不足。黎非革命黨人，武昌事起，曾藏匿於其參謀劉文吉私宅，經黨人尋得強其出任都督。湖北諮議局局長湯化龍 (1874–1918) 則被推為政事部長，主持軍政府之政務。同時由起義軍官蔡濟民、吳醒漢等十五人組織謀略處，籌畫作戰機宜。當日即以「中華民國軍政府鄂軍都督黎」名義發出告示，號召各界人士「執鞭來歸」，以「共圖光復事業」，「立期建立中華民國」。❸ 年號用黃帝紀元四千六百有九年字樣，廢除清帝年號。

武漢三鎮雖迅告光復，然局勢並非穩定。蓋軍政府面臨兩項重大問題：一為外交，即如何能使駐漢各國領事不干涉革命軍的行事，能援助革命軍則更好；一為軍事，即如何編組軍旅，振奮士氣，以抵抗清軍必然發動的反攻，且能致勝。

外交方面，軍政府政事部下設外交司，由夏壽康任司長。軍政府建立後的第二日，即對駐在漢口的英、法、德、俄、日五國領事館發出第一份外交照會，說明軍政府起事的背景以及外交政策。照會說：

> 我軍政府自廣州之役，團體潰後，乃轉而向西，遂得志於四川。在昔各友邦未遽認我為與國者，以惟有人民主權而無土地故耳。今既取得四川所屬之土地，國家之三要素於是乎備矣。軍政府復祖國之情切，憤滿清之無狀，復命本都督起兵武昌，共圖討賊，推倒專制政府，建立民國。❹

---

❸ 全文見李廉方前書，頁 106。

❹ 張難先，《湖北革命知之錄》，頁 271。

　　至於軍政府宣布的外交政策七條，其內容與同盟會《革命方略》中〈對外宣言〉所列者，完全相同。其要點：起義前清廷與外國所訂條約均繼續有效，外債負責償還，外人應加保護；起義後所訂條約及債務則概不承認，各國如助清政府，概以敵人視之，接濟清政府之物資一概沒收。**❹¹**軍政府派夏維松等持此照會與各國領事館交涉，要求各國贊助革命軍承認為交戰團體。**❹²**

　　革命軍初起時，瑞澂、張彪等於逃登楚豫艦後，曾請駐漢口德國領事令德艦轟擊革命軍，德領事雖有意相助，但礙於《辛丑和約》之規定，不能單獨行動。乃開領事團會商，各國領事初無成見，惟法領事羅氏 (Ulysse-Raphaël Réau) 為孫中山舊交，深悉革命內情，亟言孫中山之革命係以改良政治為目的，不能與義和團一例看待，而加干涉。**❹³**俄國領事敖得夫 (Ostro-verkhov) 為領袖領事，贊同羅氏之說。今得軍政府照會，並觀察革命軍實際行動，益信革命軍無任何排外性質，乃於八月二十五日（10 月 16 日）決議嚴守中立，二十七日（18 日）各國領事正式布告：「嚴守中立，並照租界規定不准攜帶軍械之武裝人員在租界內發現及在租界內儲藏各式軍械及炸藥等事」，領事團且宣告：如兩方交戰，必須距租界十英里以外進行。**❹⁴**此無異已承認革命軍為交戰團體，乃為武昌軍政府外交上之一大成功，亦為辛亥革命成功之一項因素。

　　至於抵抗清軍的反攻，此後卻展開為期近五十天的對戰。清廷初聞武昌變起，即革瑞澂、張彪之職，派廕昌率軍南下，薩鎮冰 (1859–1960) 率海軍溯江西上，對武漢採水陸夾攻之勢。清攝政王載灃並捐棄前嫌，起用袁世凱為湖廣總督。革命軍──當時稱民軍，亦迅速編組為四旅，由宋錫全、何錫藩等部扼守漢陽、漢口。民軍訓練裝備雖遜於清軍，惟士氣旺盛，與清軍戰於大智門一帶，頗為英勇，居正在前線督戰，且受輕傷。兩軍對峙

---

❹¹　李雲漢，〈同盟會與辛亥革命〉，見《辛亥革命研討會論文集》，頁 213。

❹²　李廉方前書，頁 128。

❹³　《孫文學說》，第八章，〈有志竟成篇〉。

❹⁴　李廉方前書，頁 129。

之形勢，維持至半月之久，至九月初旬，袁世凱以欽差大臣名義派北洋精銳馮國璋、段祺瑞兩部來攻，形勢乃驟變。革命軍漸趨劣勢。

正當漢口陷於馮國璋部清軍優勢兵力的壓力之下，武漢人心已見慌亂之際，黃興於九月初七日（10月28日）抵達武昌。黎元洪使人持「黃興到」大字標旗遊行街頭，民心士氣為之復振。黃興於次晨即前往漢口督師，經四日夜之戰鬥，但未能挽回頹勢，漢口於十一日為清軍攻佔，民軍退守漢陽。清軍在漢口大肆燒掠，外人亦為之側目。

九月十三日（11月3日），黃興受任為民軍戰時總司令，督率各部民軍防守漢陽。總司令部設於漢陽西門外昭忠祠，昔日留日陸軍士官生李書城等均來投效，南京陸軍中學學生陳果夫等自動前來參戰，日人萱野長知等亦率兵工人員前來相助。一時情勢轉好，黃興並於九月二十六日（11月16日）下令反攻漢口。但由於新兵訓練不夠，不耐久戰，致功敗垂成。繼續支持至十月初七日（11月27日），漢陽亦告不守。黃興深感痛憤，他致電廣東都督胡漢民嘆曰：「鄂軍怯，湘軍驕，敗無疑也。」**❹❺**

漢口、漢陽相繼為袁世凱部清軍攻陷，武昌亦岌岌可危。所幸此時各省已紛紛光復，尤以上海與南京之光復，足以彌補武漢之失，革命的聲勢反而益盛。黃興於漢陽失守後，亦東下上海，革命勢力的中心已由武漢東移至寧滬。袁世凱於武漢戰事告一段落後，停止進攻，並派出代表與革命軍接洽停戰。

三、各省光復及海軍附義

武昌起義是辛亥革命的開端，但不是辛亥革命的全貌。武昌起義後各省紛起響應，才迫使清廷處於大勢已去的困境，革命的成功才形成必然的趨勢。及中華民國臨時政府建立，清帝退位，辛亥革命才有了結果。因之，著者的觀察是：「辛亥革命成功與否的關鍵，不在漢口或漢陽的戰場，而在武昌起義之後兩個月內南中各省的相繼光復。」**❹❻**

---

❹❺　胡漢民，〈自傳〉，見《革命文獻》，第3輯，總頁424。

❹❻　各省光復史料，大部分已收入《中華民國開國五十年文獻》，第2編，第3～5

武昌起義後第十二天——九月初一日（10 月 22 日），湖南和陝西同告光復，是最早響應武昌起義的兩個省區。對武漢而言，湖南的光復尤其重要。本來湖北與湖南的革命運動是分不開的，湖北在策畫起義時也同時約焦達峰在湖南響應，湖南過了十二天才有了響應的行動，為時已嫌過遲。湖南光復時焦達峰、陳作新分任正副都督，諮議局議長譚延闓 (1879–1930) 被推為參議院議長。九天之後——九月初十日（10 月 31 日），發生兵變，焦、陳遇害，譚繼任都督，隨即出兵援鄂。譚沖和中正，為立憲派人士轉向革命後始終如一的開國元勳。

繼長沙、西安之後，繼之宣告光復者有九江、太原、昆明、南昌、上海、貴陽、杭州、蘇州、壽州、桂林、鎮江、廣州、福州、重慶、安慶、濟南、南京、成都、伊犁等重要城市；如以省籍計算，則為湖北、湖南、陝西、江西、山西、雲南、貴州、江蘇、浙江、廣西、福建、廣東、安徽、四川、山東等十五省。中國本部十八省中，僅直隸、河南、甘肅尚未光復。

各地光復的情形大致如下表所示：

省區	城市	起事日期	主要發動人	都督姓名	備考
湖北	武昌	八、十九 (10、10)	蔣翊武　孫武　居正 胡瑛　熊秉坤　蔡濟民	黎元洪	
	漢陽	八、二〇 (10、11)			
	漢口	八、二〇 (10、11)			
湖南	長沙	九、一 (10、22)	焦達峰　陳作新　曾傑	焦達峰 譚延闓	
陝西	西安	九、一 (10、22)	張鳳翽　井勿幕　郭希仁 張鈁	張鳳翽	
江西	九江	九、二 (10、23)	林森　蔣群　吳鐵城	馬毓寶	
	南昌	九、十	蔣群　蔡公時	吳介璋	

冊：《各省光復》（上）、（中）、（下）。

省	城市	日期	人物	都督	備註
		(10、31)		彭程萬	
山西	太原	九、八 (10、29)	閻錫山　溫壽泉　姚以价　王用賓	閻錫山	
雲南	騰越	九、六 (10、27)	張文光	張文光	稱滇西軍都督
	昆明	九、九 (10、30)	蔡鍔　李根源　李烈鈞　羅佩金	蔡鍔	
江蘇	上海	九、十四 (11、4)	陳其美　李平書　李燮和	陳其美	稱滬軍都督
	蘇州	九、十五 (11、5)	顧忠琛　鈕永建　范鴻仙	程德全	稱江蘇都督
	鎮江	九、十七 (11、7)	林述慶　許崇灝　柏文蔚	林述慶	稱鎮軍都督
	南京	十、十二 (12、2)	徐紹楨　林述慶　朱瑞　柏文蔚		
貴州	貴陽	九、十四 (11、4)	張百麟　黃澤霖　周培藝　趙德全　平剛	楊藎誠	
浙江	杭州	九、十五 (11、5)	顧乃斌　褚輔成　朱瑞　蔣介石	湯壽潛　蔣尊簋	
廣西	桂林	九、十七 (11、7)	潘在漢　劉崛　劉震寰	沈秉堃　陸榮廷	
廣東	廣州	九、十九 (11、9)	胡漢民　姚雨平　江孔殷　鄧幕韓	胡漢民	胡漢民未到任前，由蔣尊簋代理。
	惠州	九、十五 (11、5)	陳炯明　鄧鏗　林激貞		
福建	福州	九、十九 (11、9)	鄭祖蔭　許崇智　林斯琛　彭壽松	孫道仁	
安徽	壽州	九、十五 (11、5)	王慶雲　張孟介		
	安慶	九、十八 (11、8)	吳暘谷　柏文蔚	朱家寶　孫毓筠	
四川	重慶	十、二 (11、22)	朱叔癡　夏之時　楊庶堪　張培爵	張培爵	稱蜀軍都督
	成都	十、七 (11、27)	蒲殿俊　朱慶瀾　楊開甲　羅綸	蒲殿俊　尹昌衡	十月十八日 (12月8日)

					兵變，尹昌衡繼蒲殿俊為川督。
山東	濟南	九、二十三 (11、13)	丁惟汾　丁世嶧　謝鴻燾 徐鏡心　王訥　侯延爽 夏繼泉	孫寶琦	

　　上表開列十五省，係於中華民國臨時政府成立前宣告光復者，實則革命行動並不限於十五省，如直隸灤州之第二十鎮策畫兵諫事件，吳祿貞與山西密組燕晉聯軍因而被刺殺事件，河南同盟會員張鍾端等結合綠林在開封起事失敗事件，以及新疆伊犁宣布獨立事件等，相繼發生，革命烽火已遍全國，即東三省亦有半獨立性質之國民保安會出現。藍天蔚等並有在東北起義的計畫，曾經獲上海陳其美、戴傳賢等人的贊助，不幸未能成功。情形比較特殊的是山東，巡撫孫寶琦在濟南各界聯合會的要求下，於九月二十三日（11月13日）宣布獨立，十二天後又取消了，充分表現出孫寶琦首鼠兩端的醜態。但山東東部煙臺一帶，則始終為革命黨人所據有。

　　前述光復各省區中，以革命軍的實力及戰略地位而言，自然以滬、寧光復為最重要。主持蘇浙地區革命運動的黨人，主要的是陳其美 (1877-1916)，光復會人李燮和也有貢獻，立憲派人張謇、湯壽潛等也予以支持。上海係於九月十三日（11月3日）光復，次日杭州亦由新軍將領顧乃斌、朱瑞及由上海前來支援的蔣介石等，合力攻克；蘇州亦於同日贊成革命，原任江蘇巡撫程德全被推為都督。三天之後，鎮江亦為鎮軍統領林述慶光復。於是蘇、浙、滬三處革命軍合組聯軍，推徐紹楨 (1861-1936) 為總司令，進攻南京，經兩晝夜之激戰，革命軍終於在十月十二日（12月2日）完全佔領了這一曾為六朝舊都的東南重鎮名城。滬、寧光復的重要性，孫中山有幾句非常實在的話：

　　　時響應之最有力而影響於全國最大者，厥為上海。陳英士（其美）

在此積極進行，故漢口一失，英士則能取上海以抵之，由上海乃能
窺取南京。後漢陽一失，吾黨又得南京以抵之，革命之大局因以益
振，則上海英士一木之支者，較他省尤多也。**❹**

辛亥革命過程中，清海軍的態度亦為影響成敗的一項因素。革命軍在
武昌起義後，清廷令海軍提督薩鎮冰調集艦艇於長江，上援武漢。時海軍
總司令官為吳應科，海軍司令部長為黃鍾瑛，第二艦隊司令官為湯薌銘。
計有巡洋艦三艘，砲艦十二艘，驅逐艦一艘，共計十六艘。薩鎮冰親率海
籌、海容、海琛等主力艦上駛武漢江面，與陸上清軍夾擊革命軍，黎元洪
雖三次致書薩氏勸說，薩卻始終不悟。但海軍艦艇官兵中，不乏革命黨人，
如海琛艦正電官張懌伯等即早有起義計畫。武漢戰役中，張聯絡海籌艦正
電官何渭生及海容艦正電官金璪章，密囑砲手不瞄準革命軍，非射向天空，
即射入江中。**❽**及上海、鎮江光復，停泊兩處江面之艦隻立即歸順革命軍。
薩乃率艦自武漢下駛，抵九江時各艦皆懸白旗表示響應革命，受到江西黨
人李烈鈞、林森、吳鐵城等人之歡迎。薩鎮冰時已悄然離去，由海籌艦長
黃鍾瑛任臨時司令。至是海軍遂悉歸革命陣營，旋奉令回駛武漢，協助革
命軍作戰。繼復駛滬，換青天白日滿地紅旗幟，成為中華民國新海軍之主
力。

誠然，各省光復的發動人及光復後的軍政主持人，並非皆為同盟會人。
有立憲派人士，有新軍將領，有清廷在野及在職官吏。要之，彼等均已服
膺推翻滿清，建立民國的革命宗旨，其行動已與革命黨人一致，故辛亥革
命可視為各派革命勢力的聯合行動。惟就各派革命勢力之實力與作用加以
分析，則又顯見同盟會人實居於主導地位。同盟會固然不是辛亥革命時惟
一的革命團體，但卻是個力量最大的團體，會員分布在中國的每個省區，
沒有一個省區沒有同盟會員參加。**❾**

---

❹　《國父全集》，第 1 冊，頁 503–504。

❽　張懌伯，〈辛亥海軍舉義記〉，見《革命文獻》，第 4 輯，頁 101。

❾　李雲漢，〈同盟會與辛亥革命〉。

四、北方革命活動

由於革命運動發軔於華南，很容易使人誤解北方民氣消沈，革命黨人並無所部署。實則同盟會成立之初，即曾計畫在山東煙臺設立支部，負責推動北方革命運動。山東、直隸、山西、陝西等省的同盟會人極為活躍，其他各省革命黨人亦有為謀求實現「中央革命」而潛至北方活動者，在日學習軍事之同盟會員黃郛、李書城、何成濬等進入清廷軍事機關，閻錫山、張鳳翽等則回至故鄉，任新軍的統兵官。徐鏡心、劉冠三、蔣大同、商震、陳幹等黨人更不時往來華北及東北各省，建立革命組織，並從事革命宣傳。❺辛亥武昌起義後，北方各省革命黨人亦積極活動。誠如林能士所論斷者：「武昌起義後，北方各省黨人或策動獨立，或計畫響應，與南方地區相較，並不遜色。」❺

武昌起義後第十九天──九月初八日（10 月 29 日），駐防灤州的第二十鎮統制張紹曾與第二混成協統領藍天蔚,聯名通電要求清政府宣布立憲；就在同一天，山西宣布獨立。這是北方黨人響應武昌起義的第一步，使北京處於兩面夾擊之中。清廷於張紹曾通電的次日，即下詔「罪己」，聲明要與「國民」來「維新更始，實行憲政」，❺這等於接受了張的要求，資政院也確曾依據張紹曾所提出的政綱，快馬加鞭的制訂了「憲法十九信條」。❺但張紹曾並不滿意，他一方面暗中與東北民黨張榕等暗通聲氣，一方面致電黎元洪遙為聲援，他並且再電清廷，以「所部不穩」相要挾，反對清廷派兵進攻武漢革命軍。實際上，張紹曾已與其現任第六鎮統制的日本士官學校同期同學吳祿貞密約，共謀於適當時機進圍北京。❺

❺　參見丁惟汾，《山東革命黨史稿》；寧武，《東北革命運動史》；胡鄂公，《辛亥革命北方實錄》。

❺　林能士，〈辛亥革命時期北方地區的革命活動〉，見《孫中山先生與辛亥革命》（臺北：中華民國史料研究中心出版，民國 70 年），頁 1175–1222。

❺　文見《宣統政紀》，卷 62，頁 49–50。

❺　谷鍾秀，《中華民國開國史》，頁 26–28。

❺　陳春生，〈記吳祿貞、張紹曾辛亥策劃反正始末〉，見《中華民國開國五十年文

吳祿貞（1880-1911）實為北方革命運動成敗的關鍵人物。他是第六鎮統制，山西獨立後清軍又任命他為山西巡撫，率部進駐石家莊。他就趁此時機，分別與灤州張紹曾，太原閻錫山密約，組織聯軍，作進軍北京之準備，又下令扣留由京漢路南運武漢的軍火，以減輕武漢革命軍的壓力。吳並致電清廷，請治馮國璋在漢口焚殺之罪。但吳祿貞的計畫失敗了，九月十九日（11月7日）晨，他被刺殺於石家莊車站。❺❺吳的朋友孔庚說過一段悼惜的話：

> 吳祿貞，是個雄才大略，辯才無礙的人物。尤其是識見過人，熱心愛國。假使他這次事能成功，袁世凱當時決不存在，北洋派也不至禍國十餘年。民國成立後必有一番新氣象。可惜其才大而疏，稍欠謹慎，終竟為人所算，功敗垂成。❺❻

吳祿貞被刺殺，清廷又調虎離山，任命張紹曾為長江宣撫大臣，把他的兵權解除了。但是第二十鎮中的革命黨人王金銘、施從雲、孫諫聲、馮玉祥等數十人，繼續祕密活動，並與北方共和會，京津同盟會等團體聯繫，於辛亥年十一月十五日（民國元年1月3日）在灤州宣布獨立，成立北方革命軍政府，推王金銘為大都督，施從雲為總司令，通電全國，表示其「民清不兩立，漢滿不並存」的立場。❺❼當王金銘等率師西上時卻為王懷慶所紿，而遭敗績。是為「灤州起義」，王金銘、施從雲、白逾崐等三十餘人，均告殉難。

在北方活動的革命團體，如丁開嶂所創的鐵血會，胡鄂公所創的共和會，張榕所創的急進會等，亦活動頻繁。尤其以汪兆銘、李煜瀛為正副會長的京津同盟會，組織至為龐大。惟汪、李初採「聯袁倒清」策略，及見

獻》，第2編，第5冊，《各省光復》（下），頁241-245。

❺❺　孔庚，〈先烈吳祿貞石家莊殉難記〉，見《各省光復》（下），頁253-260。

❺❻　同上。

❺❼　羅正緯，《灤州革命紀實》，黨史會藏。

袁世凱徘徊觀望，居心叵測，亦決定予以制裁，此乃張先培等於民國元年
1月16日謀刺袁世凱之由來。26日，京津同盟會暗殺部部長彭家珍復有炸
斃良弼 (1886–1912) 之舉。良弼時為清廷禁衛軍總領兼軍諮處副辦，為清廷
親貴中頗具膽識且又知兵之人。他反對清帝退位，也不滿意於袁世凱，計
畫與鐵良、那桐等組織宗社黨，以衛護清室。良弼既斃，清王公人人震恐，
不敢復言反對共和，上海議和乃能急轉直下，本來南北所爭持的國體問題，
一變而為清帝的退位問題——何時退位及如何退位而已。❺❽

第三節　中華民國之建立

一、組織統一機關的籌議

　　十五省先後光復，雖在中華民國的統一名號下各自建立軍政府，但無
統一的政治機構，於處理全國性事務及對外辦理交涉，自有不便。湖北軍
政府因於九月十七日（11月7日），以鄂軍都督黎元洪名義通電各省，徵
詢設立統一機關的意見。十九日（9日）黎元洪再發一電，說明「亟應建
立聯邦國家，為對外之交涉，要求各省速派全權委員來鄂。」與黎電同時，
廣西、雲南亦發出通電，建議組織統一的機關，雲南並主張各省派代表集
會武昌，籌議「國體」與「政體」。❺❾是為籌組臨時政府最早的倡議。
　　由於蕪湖、九江間的電報損壞，武漢的兩電並未能按時傳至東南各省。
九月二十一日（11月11日），蘇督程德全與浙督湯壽潛聯名致電滬督陳其
美，提議仿效美國獨立時召開十三州會議的制度，由各省派代表到上海組
織臨時議事機關，以磋商對內對外有關事宜。程、湯通電中並提出「集議
方法」四條及「提議大綱」三條：

---

❺❽　曹亞伯，《武昌革命真史》，頁 618。

❺❾　許師慎，《國父當選臨時大總統實錄》，下冊，（臺北：國史叢編社，民國56年），
　　　頁 3–5。

集議方法：

(1)各省舊時諮議局，各派代表一人；(2)各省現時都督府各派代表一人均常駐上海；(3)以江蘇教育總會為招待所；(4)有兩省以上代表到會，即行開議，續到者隨到隨與議。

提議大綱：

(1)公認外交代表；(2)對於軍事進行之聯絡方法；(3)對清皇室之處置。**⑩**

　　陳其美自然同意程、湯的提議。外交代表一職，洽請前駐美公使伍廷芳出任，伍氏亦欣然允諾。九月二十三日（11 月 13 日）陳其美正式致電各省，請公舉代表來滬，議商建立臨時政府。蘇、浙、閩、滬、魯等省代表隨即到滬，於九月二十五日（11 月 15 日）舉行首次會議，定名為「各省都督府代表聯合會」──簡稱各省代表會，並正式推定伍廷芳、溫宗堯為臨時外交正副總代表，辦理對外交涉。三十日（11 月 20 日），復決議承認湖北軍政府為民國中央軍政府，由鄂軍都督執行中央政務並統籌全局，且請黎元洪以中央軍政府名義，予伍廷芳、溫宗堯以正式委任。

　　武漢方面，同意由伍廷芳辦理外交。但以武漢亦早電請各省派代表至漢會商，湘、贛、粵、桂、黔、滇等省代表即將到達，因仍請在滬各省代表赴漢，並派居正、陶鳳集赴滬邀約。居、陶於十月初三日（11 月 23 日）抵滬，向各省代表說明黎意。各省代表遂決議前往武漢開會，惟每省仍派一人留駐上海，負責聯絡，對外仍用各省都督府代表聯合會名義。

　　各省代表由上海到達武漢之際，亦正是漢陽失守，武昌面臨被攻擊之危急之時。代表會遂不得不假漢口英租界順昌洋行為會所，並先由各省代表聯名發表致武漢各界慰勞文，以安民心。**⑪**十月十日（11 月 30 日），到漢各省代表舉行首次會議，推譚人鳳為臨時議長，舉黎元洪為中央軍政府大都督，並推雷奮、馬君武、王正廷等起草《中華民國臨時政府組織大綱》，

⑩　《革命文獻》，第 1 輯，頁 1–2。

⑪　同上，頁 4–6。

次日即草草予以通過。 **⑥**各省代表又復決議：如袁世凱反正，當公舉為臨時大總統。 **⑥**

　　武昌岌岌可危，各省代表的心情自甚惶惑。十月十四日（12 月 4 日），接上海來電得知南京已於兩日前光復，於是決議：以南京為臨時政府所在地，各省代表於七日內齊集南京；若有十省以上之代表到南京，即開臨時大總統選舉會。 **⑥**

　　適於此際，發生選舉假定大元帥、副元帥的爭議問題。蓋漢陽陷落後，黃興、宋教仁等均回返上海。陳其美、宋教仁以武昌正在危急中，赴鄂代表未必能達成組織臨時政府任務，而此一中心機構之建立不宜再事拖延，因於十月十四日邀集留滬各省代表，議定暫以南京為臨時政府所在地，公舉黃興為假定大元帥，黎元洪為副元帥，俟赴鄂代表返滬再行正式發表。 **⑥**但消息傳至武漢，黎元洪表示不能接受，在漢各省代表亦表示不能承認，留滬各省代表乃於十月二十六日（12 月 16 日）改選黎元洪為大元帥，黃興為副元帥代行大元帥職權。但無論大元帥或副元帥，黃興均謙辭不就。 **⑥**

　　赴漢各省代表於十月二十一至二十三日（12 月 11 日–13 日）間，先後抵達南京。並於二十四日（14 日）決議，定二十六日（12 月 16 日）在南京開臨時大總統選舉會。但二十五日即又決議「暫延時日」，其理由乃是因為「特別事故」。 **⑥**此「特別事故」為何？谷鍾秀記為「袁內閣亦主共和，於是緩舉臨時大總統」， **⑥**其實不然，乃因孫中山歸國已抵新加坡， **⑥**黃興獲得通知， **⑦**各省代表遂決意等待孫中山返國後再行選舉。孫中山於十一

⑥　共四章，二十一條，全文見谷鍾秀，《中華民國開國史》，頁 35–39。

⑥　谷鍾秀前書，頁 35。

⑥　同上，頁 40。

⑥　吳相湘，《宋教仁：中國民主憲政的先驅》，上冊，（傳記文學社印本），頁 109–110。

⑥　李雲漢，《黃克強先生年譜》（中央黨史會，民國 62 年），頁 210–216。

⑥　《革命文獻》，第 1 輯，頁 10。

⑥　谷鍾秀前書，頁 47–48。

⑥　《國父年譜》，上冊，頁 402。

月初六日（12 月 25 日）抵上海，次日各省代表會即通告臨時總統選舉會定於十一月初十日（12 月 29 日）上午在南京舉行。

二、孫中山回國

孫中山為中國革命的倡導者，也是同盟會的總理，他被考慮為新中國的政治首領，自是順理成章的事。武昌起義之夕，孫中山適行抵美國科羅拉多州 (Colorado) 的丹佛城 (Denver)。次日從報紙上獲知武昌起義消息，他可以立即動身經由太平洋回國，那樣他將受到英雄式的歡迎，對各省革命黨人自然也是一大鼓勵。但孫中山沒有這樣做，他決定由美赴歐先致力於外交交涉，以爭取各國對中國革命事業的贊助。他之所以作此決定，一方面是由於獲知黃興已決定前去武漢督戰，戰陣之事可以放心， ❼⓿ 一方面是認定他所能致力者，「不在疆場之上，而在樽俎之間」。 ❼⓶ 對於當時世界列強對中國革命的態度，孫氏作如下的分析：

> 列強之與中國最有關係者有六焉：美、法二國則當表同情者也；德、俄二國則當反對革命者也；日本則民間表同情，而其政府反對者也；英國則民間同情，而其政府未定者也。是故我之外交關鍵，可以舉足輕重為我成敗存亡所繫者，厥為英國。倘英國佑我，則日本不能為患矣。 ❼⓷

既以英國為交涉重點，孫中山「乃起程赴紐約，覓船渡英」。然據美國政府檔案，孫中山在赴紐約前先到華盛頓，致函美國國務卿諾克斯 (Philan-

---

❼⓿ 李書城，〈辛亥前後黃克強先生的革命活動〉，見左舜生，《黃興評傳》，頁 142。

❼⓵ 黃興在決定前去武漢前，曾函馮自由，並曾致電孫中山「請速匯款應急」。黃興到武漢後第三日——陽曆 11 月 1 日，孫中山即由紐約電告在倫敦之荷馬李：「黃將軍安抵漢口」(General Huang arrived Hankow safely.)。

❼⓶ 《國父全集》，第 1 冊，頁 504。

❼⓷ 同上，頁 504–505。

der C. Knox) 要求晤談，但諾克斯未作反應。❼孫再去紐約，於九月十二日（11月2日）東渡英倫，時美籍友人荷馬李已在倫敦相候。經由荷馬李的介紹，孫與英、法、德、美四國銀行團的負責人見面商請停付清廷的借款，並委託維加砲廠總理——即維克兵工廠 (Messrs Vickers, Sons and Maxim) 的負責人道生 (Sir Trever Dawson)，❼向英國外交部提出三項請求：一、停止清廷一切借款，二、制止日本援助清廷，三、取消各地英屬政府之放逐令，以便取道回國；英政府都同意了。孫中山再商請銀行團借款於革命政府，銀行團允諾於民國新政府成立後，再行磋商。孫中山在英交涉之成功，不僅斷絕了清廷國外的財政支援，且使其國際聲望為之墜失，於辛亥革命之成功，則有極為有利之影響。

十月一日（11月21日），孫中山自倫敦到達巴黎。他在巴黎只停留三日，卻與法國朝野作了廣泛的接觸。會見過其後出任法國總理的克里孟梭 (George Clemenseau)、外交部長畢恭 (Stebhen Pichon) 及文學家米爾 (Pierre Mille)，並曾訪問過法國下議院，且與法國東方匯理銀行 (Banque de I'Indochine) 總裁西蒙 (Stanislas Simon) 就借款問題與革命展望、庚款、日俄同盟、列強與中國財政等問題，坦誠的交換意見。❼

孫中山決定自巴黎前往馬賽，登輪返國。啟程之際，他致電上海《民立報》轉民國軍政府，告以「文已循途東歸」並表明對民國政治的看法：

> 今聞已有上海會議之組織，欣悉總統自當推定黎君，聞黎有推袁之說，合宜亦善。總之，隨宜推定，但求早鞏固國基。滿清時代權勢利祿之爭，我人必久厭薄，此後社會當以工商實業為競點，為新中國開一新局面。至於政權，皆以服務視之為要領。❼

---

❼ 李雲漢，《中國現代史論和史料》，上冊，頁95。

❼ 王曾才，〈英國政府對辛亥革命所持的態度〉，見《中國現代史專題研究報告》，第3輯，（中華民國史料研究中心，民國62年），頁30–50。

❼ 陳三井，〈法文資料中所見的孫中山先生〉，見《研究中山先生的史料與史學》（中華民國史料研究中心，民國64年），頁275–290。

孫中山光明磊落，廓然大公，實乃大政治家之風範。在他未歸國前，蘇督程德全即早於九月二十四日（11 月 14 日）致電各省，提議「公電懇請孫中山先生迅速回國，組織臨時政府，一以事權」，蓋以「中山先生為首創革命之人，中外人民皆深信仰，組織臨時政府，舍伊莫屬。」❼❽《民立報》則早於九月十九日（11 月 9 日），即以「革命家之雄」為題發表評論，希望「人望所歸經驗素富」之孫中山，早日歸國。陳其美、蔣雁行等亦均認為中華民國之政治領袖，非孫中山莫屬。

孫中山經新加坡、香港，於十一月初六日（12 月 25 日）回抵上海，同盟會各重要幹部均在滬相迎。已光復各省均函電歡迎。黨人黃乃裳的電報更為親切：「老友黃乃裳歡迎我君，歡祝我君，並勸我君勉為泰東第一華盛頓。」❼❾

三、臨時政府成立

孫中山抵滬之次日——十一月初七日（12 月 26 日），召集同盟會幹部會議，會商政府組織問題。宋教仁主張內閣制，孫中山堅持總統制更能發揮政治功效，馬君武、張人傑等亦均主張總統制。❽⓿眾人遂決議採行總統制，並推黃興於次日前往南京向各省代表聯合會會商。黃到京後即向各省代表會提議三事：

㈠改用陽曆。

㈡起義時以黃帝紀元，今應改為中華民國紀元。

㈢政府組織取總統制。❽❶

各省代表會討論後，對三項提議完全接受。決定十一月初九日舉行臨時大總統選舉會預備會——選出總統候選人，初十日正式選舉臨時大總統。

---

❼❼　《革命文獻》，第 1 輯，頁 1。

❼❽　《革命文獻》，第 1 輯，頁 4。

❼❾　《國父當選臨時大總統實錄》，上冊，頁 51-58。

❽⓿　居正，〈辛亥箚記〉。

❽❶　《黃克強先生年譜》，頁 220。

辛亥十一月初十日（1911 年 12 月 29 日），中國有史以來之第一次大總統選舉會，於上午九時在南京正式舉行。到直隸、奉天、山東、河南、湖北、湖南、廣東、廣西、福建、山西、陝西、雲南、江西、安徽、四川、江蘇、浙江等十七省代表，共四十五人。上海《民立報》報導其進行情形如下：

今晨（初十日）十時起，開正式選舉會，劉之潔代程都督（德全）開箱驗票，由湯議長（爾和）聲明：此次選舉為四千年來歷史上別開生面，眾歡呼拍掌。及開昨夜（選舉會預備會）票箱，有被選資格者得孫君文、黎君元洪、黃君興三人；當即分票於十七省代表，由議長按省分次序逐呼省名，挨次投票。開票之結果，孫君文得十六票，黃君興得一票，眾呼中華共和萬歲三聲。是時音樂大作，在場軍學各界互相慶賀，喜悅之情達於極點。❷

依據《中華民國臨時政府組織大綱》第一條之規定，各省地位平等，均以投一票為限，故投十七票。孫中山以十六票當選，係絕對多數票。各省代表會並決定由議長湯爾和，副議長王寵惠去上海歡迎孫氏，並通告中外。十一月十三日（1912 年 1 月 1 日），孫氏偕胡漢民等由上海前往南京，於當日午後十時在江蘇諮議局舊址，宣誓就中華民國臨時大總統職。誓詞是：

顛覆滿洲專制政府，鞏固中華民國，圖謀民生幸福，此國民之公意，文實遵之。以忠於國，為眾服務。至專制政府既倒，國內無變亂，民國卓立於世界，為列邦公認，斯時文當解臨時大總統之職，謹以此誓於國民。❸

---

❷ 《民立報》，辛亥十一月十一日。

❸ 《國父當選臨時大總統實錄》，上冊，頁70。

中華民國採用陽曆，以孫大總統就職之日即辛亥（清宣統三年）十一月十三日——1912 年 1 月 1 日，為中華民國元年元旦。孫大總統就職之當日即發布〈中華民國大總統孫文宣言書〉，揭示中華民國的立國方針是：

> 國家之本，在於人民，合漢、滿、蒙、回、藏諸地為一國，即合漢、滿、蒙、回、藏諸族為一人，是曰民族之統一。武漢首義，十數行省先後獨立。所謂獨立對於清廷為脫離，對於各省為聯合，蒙古、西藏，意亦同此。行動既一，決無歧趨，樞機成於中央，斯經緯周於四至，是曰領土之統一。血鐘一鳴，義旗四起，擁甲帶戈之士，遍於十餘行省，雖編制不一，號令或不齊，而目的所在，則無不同。由共同之目的，以為共同之行動，整齊劃一，夫豈其難？是曰軍政之統一。國家幅員遼闊，各省自有其風氣所宜，前此清廷強以中央集權之法行之，遂其偽立憲之術。今者各省聯合，互謀自治，此後行政，期於中央政府與各省之關係調劑得宜，大綱既挈，條目自舉，是曰內治之統一。滿清時代藉立憲之名，行斂財之實，雜捐苛細，民不聊生！此後國家經費取給於民，必期合於理財學理，而尤在改良社會經濟組織，使人民知有生之樂，是曰財政之統一。

〈宣言書〉同時宣告中華民國之外交方針：

> 臨時政府成立以後，當盡文明國應盡之義務，以期享文明國應享之權利。滿清時代辱國之舉措與排外之心理，務一洗而去之，與我友邦益增睦誼，持和平主義，將使中國見重於國際社會，且將使世界漸趨於大同。❽❹

各省代表會前在武漢集會時所決議之《中華民國臨時政府組織大綱》二十一條，以係在戰火威脅下匆匆制定，內容不夠完備，如漏列副總統一

❽❹ 宣言原件，黨史會藏，已製版發表於《革命文獻》，第 1 輯。

職即為一例。且政府既採總統制，自應重加修正。民國開國前一日，各省代表會因將原《大綱》加以增刪，增列副總統，刪除大元帥、副元帥之條文。各省代表會復制訂〈中國民國臨時政府中央行政各部及其權限〉，規定臨時政府暫設陸軍、海軍、外交、司法、財政、內務、教育、實業、交通九部；各部設總長、次長各一人，總長由大總統提名經各省代表會同意後任命，次長則由大總統直接簡派。

　　民國元年元月 3 日，各省代表會選舉黎元洪為副總統，黎副總統於元月 8 日在武昌就職。各省代表會復於 3 日同意孫大總統提名之各部總長人選，孫大總統當日即將各部總、次長正式任命，名單如下：

部　別	總　長	次　長
陸軍部	黃　興	蔣作賓
海軍部	黃鍾瑛	湯薌銘
司法部	伍廷芳	呂志伊
財政部	陳錦濤	王鴻猷
外交部	王寵惠	魏宸組
內務部	程德全	居　正
教育部	蔡元培	景耀月
實業部	張　謇	馬君武
交通部	湯壽潛	于右任

　　以上九位總長中，僅黃興、王寵惠、蔡元培三人為同盟會員，其餘則為立憲派人士及清吏之新贊同革命者。次長則皆為同盟會員，且為青年才智之士。總統府之幕僚長稱祕書長，孫大總統指派胡漢民擔任。1 月 9 日，令設參謀部以掌理軍令，由黃興兼任參謀總長，鈕永建為參謀副長。另設南京衛戍總督，任徐紹楨出任；設警察總監，為吳忠信。總統府除各部外，尚有五個局：法制局，局長宋教仁；公報局，局長但燾；印鑄局，局長黃復生；稽勳局，局長馮自由；銓敘局，局長未及任命，臨時政府即告北遷。

　　依據《臨時政府組織大綱》，臨時立法機關稱臨時參議院，由各省都督府指派參議員三人組成之。臨時參議院成立前，由各省代表會代行其職權。各省代表會亦同時電請各省都督遴派參議員，並以「精通法政及富於經驗」為條件。1月下旬，各省所派參議員陸續到寧──亦有少數省區未另派參議員，即以原代表會之代表代行參議員職務者，臨時參議院遂於1月28日正式成立。出席十七省參議員，共三十一人，孫大總統及各部總、次長亦均到會觀禮，孫大總統並致賀詞，有謂：「北虜未滅，戰雲方急，立法事業，在在與戎機相待為用，破壞建設之二難，畢萃於茲，諸君子勉哉！」 **⑧⑤**

　　1月29日，臨時參議院選舉林森為議長，陳陶怡為副議長。旋因陳陶怡辭職，於3月15日改選王正廷為副議長。為審查法案方便，臨時參議院推選審查員後，分財政、法律、外交、請願四部門，而推李肇甫為全院審議長。臨時參議院於建立國家法制，貢獻甚大，其尤為重要者，為制定《中華民國臨時約法》一種，**⑧⑥** 由孫大總統於民國元年3月11日明令公佈，是為中華民國之第一部根本大法。依據《臨時約法》，中央政制採行內閣制，故臨時政府北遷北京後，有國務總理一職之設置。而確定「主權在民」之原則（第二條），明定人民之基本權利與義務（第二章各條）二者，尤足表現《臨時約法》之民主精神與進步特性。

四、開國規模

　　孫中山於其就任臨時大總統之後發表的〈宣言書〉中，提到「民國新建，外交內政，百緒繁生」，又謂「臨時之政府，革命時代之政府也」。這把南京臨時政府的地位說得非常明白。臨時政府是由已宣告光復的各省區協議設立的政府，代表革命陣營的中央首腦部，其任務乃在與北方清廷及袁世凱的勢力周旋，以實現「推翻帝制」與「創立民國」的目標。臨時政府成立時，與北方的議和已經開始，但難以確定議和一定會成功。倘議和不成，勢必用兵。所以臨時政府的首要任務，在於對北方的交涉，同時也

---

⑧⑤　《國父全集》，第4冊，頁1396。

⑧⑥　共七章，五十六條，全文見谷鍾秀，《中華民國開國史》，頁84–92。

要作軍事的準備。軍事需要經費，因此軍事與財政是臨時政府所欲解決的問題，但卻遭遇到極大的阻礙——有的來自外部的壓力，有的起自內部的紛歧，致使餉糈緊迫，困難重重。黃興身任陸軍總長兼參謀總長，應付為難，苦心焦思，艱難支拄，祕書長胡漢民函告張謇謂黃「寢食俱廢，至於吐血。」**⑧⑦**

處境儘管困難，臨時政府卻能「在困難中建立宏偉遠大的開國規模」。**⑧⑧**具有改革性、開創性的措施甚多，茲舉其犖犖大者如下：

其一、建立新政治觀念：孫大總統首開風氣，視公職為「服務」，官吏的地位為「國民公僕」，任職須宣誓「以忠於國」，一掃專制時代君主以國民為臣民奴僕的舊習，並將「忠君」觀念轉變為忠於國家，忠於人民，實為政治觀念的最大改革。

其二、樹立平等觀念：漢、滿、蒙、回、藏五族共和，民族平等；革除官廳的「大人」「老爺」稱謂，均以官職相稱，民間往來互稱「君」或「先生」，以達到人格平等與社會平等。

其三、革除社會舊習：嚴令剪除髮辮、禁止纏足、取締賭博、廢止跪拜、破除迷信、改善祠祭。

其四、保障人權：有三方面意義：一為明令解放閩粵之蜑戶、浙江之惰民、河南之丐戶以及家奴、皂隸、理髮者、倡優等人，使其與全國人民同樣享有選舉、參政等公權，及居住、言論、出版、集會、信教之自由等私權；一為明令禁止刑訊、體罰，鞫獄當視證據為斷；一為禁止買賣人口，嚴禁販賣豬仔（私運人口出境），保護華僑。

其五、尊重言論、出版自由：民國初建，言論充分自由，致有龐雜逾越之感，內務部曾公布〈暫時報律〉以約束之，報界反對，孫大總統即令取消，以是民國元年之言論自由，大放異彩。

其六、提倡女權：辛亥革命，婦女有參與之功。《臨時約法》雖未明定女子參政權，同盟會政綱中則明定「主張男女平權」。**⑧⑨**臨時政府對於婦女

---

⑧⑦　張孝若，《南通張季直先生傳記》（臺灣：學生書店，民國 63 年），頁 176。

⑧⑧　吳相湘，《孫逸仙先生傳》，上冊，頁 1029。

團體之成立,力予贊助,廣東省議會且有女議員十人,為亞洲各國之創例。❾⓪

其七、保護華僑權益: 臨時政府於元年 1 月 5 日發表對外宣言,基於平等與和平立場,信守國際條約義務,但自革命以後之不平等待遇,則堅決反對。山東即墨民軍未依照光緒二十四年 (1898) 之《中德膠澳租借條約》,先期與青島德國當局協商,即逕行進駐即墨縣城,德國提出交涉後,孫大總統即令即墨民軍撤出。❾① 但南洋荷屬爪哇島泗水埠 (Soerabaya) 華僑因燃炮升旗慶祝中華民國成立,而遭荷蘭當局干涉並殘害,外交部即提出強硬交涉,終於迫使荷蘭懲兇、撫卹、賠償並擔保給予華人平等待遇。是為自鴉片戰爭以來,中國政府以外交力量保護華僑權益獲得成功的第一次。❾②

其八、採行新教育宗旨及新學制: 教育總長蔡元培於就任後,銳意改革。先於 1 月 19 日頒行〈普通教育暫行辦法〉,改學堂為學校;監督、堂長改稱校長;小學男女同校,禁止讀經。繼於 2 月上旬發表〈對於新教育之意見〉專文,❾③ 提出新的教育觀念與宗旨,主張以「軍國民主義教育、實利主義教育、公民道德教育、世界觀教育及美感教育」為今後教育方針。

其九、發展農、工實業: 臨時政府設實業部,管理農、工、商、礦、漁、林、牧、獵及度量衡事務,監督所轄各官署。孫大總統復令內務部通飭各省「慎重農事」,勞徠農民,嚴加保護,並酌情貸給耕具,以廣耕作。並令財政部策畫開辦商業銀行,以流通金融,發展實業。實業部為鼓勵民間發展工業,因推動發起組織「中華民國工業建設會」。實業部及各省實業司均對工、商界及華僑回國投資發展工、礦,給予協助。

其十、重視史權: 胡漢民,黃興等九十七人聯名呈請設立國史院,以

❽⑨　鄒魯,《中國國民黨史稿》,頁 79。

❾⓪　胡漢民,〈自傳〉,見《革命文獻》,第 3 輯,頁 49。

❾①　《山東革命黨史稿》,手稿本,卷 11;《國父當選臨時大總統實錄》,上冊,頁 272–273。

❾②　《中華民國史事紀要》,民國元年 2 月 23 日條;《國父當選臨時大總統實錄》,上冊,頁 486–494。

❾③　全文見《臨時政府公報》,第 13 號。

撰輯中華民國建國史，孫大總統批示「深表贊同」，並即咨請臨時參議院審議。蓋史權獨立，為中國重要政治特點，民國政府文武官員於開國之初，即以宏揚史權為請，誠屬難能可貴。

　　然以南京臨時政府，為時僅三個月。上述良法美意，不可能全部見諸實施。惟其蓬蓬勃勃之朝氣，及除舊佈新之熱誠與決心，均足為中華民國建國史首放光彩。胡適謂辛亥革命為中國近代一切改革的開始，確是公正持平之論。即對臨時政府持批評態度之郭廷以，也承認：「以上政令，雖一時未能貫徹實行，社會觀感則逐漸轉變，平等自由思想遂以普及。」❹

第四節　清帝退位與南北統一

一、袁世凱的地位與態度

　　辛亥革命，帶給袁世凱東山再起的機會。袁於清光緒三十四年 (1908) 被罷斥後，隱居河南彰德（今安陽），已歷三年。武昌事起，腐朽無能的清廷就不能不起用他，結果卻又被他挾持，成了他謀取秉國大權過程中的犧牲品。

　　清廷對袁，自然也是懷有戒心的。武昌起義後第二天，清廷派出前往武漢督師「剿辦」革命軍的是陸軍大臣廕昌，不是袁世凱。廕昌下面的三軍指揮官，除廕昌本人兼統第一軍外，第二軍是馮國璋 (1859–1919)，第三軍是載濤，滿二漢一，還是以滿人為主。但廕昌、載濤太不爭氣，指揮不動袁世凱訓練過的軍隊。清廷不得已，只有授任袁世凱為湖廣總督，要他調度長江一帶水陸各軍，去打武漢的革命軍。袁為報復攝政王載灃當年以「足疾」為辭硬逼他退隱，現在說是「足疾未愈」，辭不受任，事實上是以退為進。清廷派徐世昌前往彰德勸說，袁就毫不客氣的提出了六項條件：

　　㈠為明年即開國會。

　　㈡為組織責任內閣。

---

❹　郭廷以，《近代中國史綱》，頁 419。

㈢為寬容武昌事變人員。

㈣為解除黨禁。

㈤為總攬兵權。

㈥為寬予軍費。 **⑨⑤**

袁世凱曉得，清廷在此時非用他不可。事實也確是如此，清廷先於九月初四日（10月25日）照袁的意思，任命馮國璋、段祺瑞分任第一、二軍統領，次日再下令撤回廕昌，授袁為欽差大臣，節制各軍，袁遂親到湖北孝感，指揮馮、段兩部進攻漢口的革命軍。

九月十一日（11月1日），袁軍攻陷漢口。就在同一天，清廷發表袁世凱為內閣總理大臣，以代替奕劻（1836-1916）。至是軍權、政權完全落到袁世凱手裡，清廷已失去主體地位，袁已成為影響南北局勢變化的關鍵人物。

對於革命黨，袁表示不逼人太甚，他要軟硬兼施。於攻佔漢口、漢陽後，他就不再進攻武昌，接受英國駐漢領事葛福（Herbert Goffe）的斡旋，與黎元洪談判停戰。 **⑨⑥** 他的目的不在消滅革命黨，而是壓迫革命黨對他退讓，甚至支持他為未來新政權的首領。

袁於九月二十三日（11月13日），由湖北回到北京，三天後，他的內閣成立，十位大臣中，沒有一位滿人， **⑨⑦** 也同時剝奪了軍機大臣每月入對奏事的權力。清廷被架空了，幾乎一切政務都集中於內閣，取決於袁。原來的攝政王載灃，本是袁的政敵，袁也通過各種不同的管道，壓迫他退休。最後，隆裕太后不能不忍痛於民國元年1月6日准載灃退歸藩邸。

於是，袁開始從各種不同的方向，去作謀取民國大總統的努力。 **⑨⑧** 外

⑨⑤ 李廉方，《辛亥武昌首義紀》，頁145。

⑨⑥ 李廉方，前引書，頁214；郭廷以，《近代中國史綱》，頁412。

⑨⑦ 十位大臣是：外務梁敦彥，民政趙秉鈞，度支嚴修，學務唐景崇，陸軍王士珍，海軍薩鎮冰，司法沈家本，工商張謇，郵傳楊士琦，理藩達壽。

⑨⑧ 吳相湘，〈袁世凱謀取臨時大總統之經過〉，見《中國現代史叢刊》，第1冊，（正中書局，民國49年），頁5-26。

交方面，他的老友英國駐華公使朱爾典 (John Jordan) 替他活動，說他是東方的強人，只有他才能維持中國的安定。內部則有立憲派領袖張謇為他計畫並拉攏，連梁啟超這樣曾和袁水火難容的人，也轉變態度要「和袁」，袁也在他的內閣名單中把梁啟超列為法務部的副大臣以示好感。袁也想利用革命黨人作為橋梁，以便與南方談判並獲得支持他為民國總統的承諾。汪兆銘（精衛）從獄中獲釋後即與袁的長子袁克定結交，並與楊度組織國事共濟會，為袁的攫取大權鋪路。從法國回來的李煜瀛，從日本回來的朱芾煌，都以同盟會員而主張擁袁，並都曾為促成革命黨人與袁的妥協而呼籲，奔走。❾❾

很明顯的，袁世凱出任清內閣總理大臣並壓迫清廷親貴退職後，南北情勢已非革命與清廷之爭，而是革命與袁世凱的對立。袁有實力作後盾，其地位係舉足輕重。他對清廷可擁可廢，對革命黨可和可戰，其關鍵乃在他欲為民國大總統的欲望進行得是否順利。因此，袁於攻克漢口、漢陽之後即不再言戰，千方百計的要與革命黨人談判——以談判來爭取革命黨的承諾，也以談判作為改變國體迫使清廷退位的手段。

二、南北議和

袁世凱對和談的試探，始於辛亥九月八日（1911 年 10 月 29 日）派劉承恩到漢口，以與黎元洪舊識鄉人關係，致書於黎請「務宜設法和平了結」。黎沒有理會。九月十五日（11 月 5 日），劉再致書黎，仍為黎所拒。九月二十日（11 月 10 日）袁再派蔡廷幹會同劉承恩到武昌見黎元洪遊說，黎元洪召集會議討論後予以拒絕，並復書勸袁「反正來歸」。劉、蔡無功而返，卻已瞭解了革命黨內部的虛實。袁深知空言無益，於是一方面加強攻擊漢陽的軍事行動，一方面又由袁克定私派朱芾煌南下武漢祕密與黎接觸，要求南北聯合倒清舉袁。

---

❾❾ 林能士，〈辛亥革命時期北方地區的革命活動〉，見《孫中山先生與辛亥革命》，下冊，頁 1175；蔣永敬，〈朱芾煌與辛亥南北議和〉，見《傳記文學》，19 卷 2 期。

　　經過近月的戰鬥，袁軍終能於十月七日（11 月 27 日）佔領漢陽，朱芾煌也於十月九日（11 月 29 日）到達武昌，與黎元洪的代表李國鏞、馬伯援等有所接觸，朱甚至為不明底細之馮國璋所逮捕，袁克定親函馮國璋證明始得脫難。⓯漢陽既失，武昌在袁軍砲火威脅之下，黎元洪已準備移駐葛店。各省代表會適於此時由上海來到漢口，在英租界內勉強開會，並於十月十二日（12 月 2 日）作了「袁世凱如反正當公舉為臨時大總統」的決定。⓰據吳相湘判斷，這一提議，係江蘇代表雷奮在張謇的授意下提出者。⓱顯然立憲派人士已在各省代表會以及各省諮議局中，積極進行擁袁的政治活動。

　　但袁在佔領漢陽後的有利形勢，至為短暫。一則由於革命陣營中的中心人物黃興已前往上海，與黎元洪談判沒有大用；一則江浙聯軍於漢陽陷落後的第五日——十月十二日（12 月 2 日）光復了南京，全盤形勢為之驟變。各省代表會也不能不決定以南京為臨時政府所在地，並通告各省代表於七天內到南京去開會。革命勢力的大本營已在滬寧，武漢顯然已喪失了影響全局的地位。

　　十月十五日（12 月 5 日），袁世凱內閣致電武昌，同意繼續停戰，並決定派唐紹儀 (1860–1938) 為代表，南下議和。各省代表會接電後，亦作成四點議和綱要：一、推倒滿清政府；二、主張共和政體；三、禮遇舊皇室；四、以人道主義待滿人。並議決電請伍廷芳為民軍議和總代表。⓲十七日（12 月 7 日），唐紹儀離京南下。唐為袁的老友，他的計畫是透過召集國民會議以決定共和國體的方式，擁袁登上總統的高位。唐先到武漢，旋即東下上海，於十月二十八日（12 月 18 日）午後二時，南北雙方代表在英

⓯　吳相湘，前引文；蔣永敬，前引文。又見胡適，〈跋中央研究院歷史語言研究所所藏的「毅軍函札」中的袁克定給馮國璋的手札〉，見《中國現代史叢刊》，第 1 冊，頁 1–4。

⓰　谷鍾秀，《中華民國開國史》，頁 35。

⓱　吳相湘，前引文。

⓲　谷鍾秀，前引書，頁 41。

租界市政廳舉行首次會議，是為上海南北議和的正式開端。

　　雙方的陣容，均甚整齊。南方即革命軍方面，以伍廷芳為總代表，溫宗堯、汪兆銘、王寵惠、鈕永建為參贊，湖北黎元洪亦派胡瑛、王正廷參加。北方即清廷——實即為袁世凱方面，唐紹儀而外，尚有楊士琦及各省代表十餘人，汪兆銘、魏宸組、楊度亦隨唐紹儀來滬活動。汪同時被南北雙方列為參贊，地位更為特殊。北方代表團被安置在滄州旅館，唐本人則下榻於英商李德立 (E. S. Little) 住宅，與英國駐滬總領事傅磊斯 (E. H. Frazser) 保持聯繫。會議開始後之次日——十月二十九日（12 月 19 日），英、美、日、俄、法、德六國公使分電伍廷芳、唐紹儀勸告速行和平解決，意在為北方一壯聲勢以迫使南方多作讓步。

　　十一月初一日（12 月 20 日），伍、唐舉行第二次會議，唐紹儀明告伍廷芳：「共和立憲，我等由北京來者，無反對之意向。」❿並提醒伍氏：「黃興有電致袁內閣云，若能贊成共和，必可舉為總統。」❾由於唐的意思至為明顯，會議的進行至為順利。第三次會議——十一月初十日（12 月 29 日）一開始，唐即告伍「昨夜得袁內閣之令，囑我洽商閣下，召開國民會議，決定君主、民主問題。」兩人並談及清帝及滿蒙回藏之待遇。❿第四次會議——十一月十一日（12 月 30 日）時，唐更明言：「我料（國民會議）投票必為共和，但形式上事耳。」❿於是伍、唐商定了召開國民會議的條件：

　　㈠國民會議由各處代表組織；每一省為一處，內外蒙古合為一處，前後藏合為一處。

　　㈡每處各派代表三人，每人一票；若有某處到會代表不及三人者，仍有投三票之權。

　　㈢開會之日，如各處到會人數，有四分之三，即可開議。

　　㈣各處代表江蘇、安徽、江西、湖北、湖南、山西、陝西、浙江、福

❿　《中華民國開國五十年文獻》，第 2 編，第 2 冊：《開國規模》，頁 499。

❿　同上書。

❿　同上書，頁 503–505。

❿　同上書，頁 510。

建、廣東、廣西、四川、雲南、貴州，由中華民國臨時政府發電召集。直隸、山東、河南、東三省、甘肅、新疆由清政府發電召集，並由民國政府電知該省諮議局。內外蒙古、西藏，由兩政府分電召集。❶⓿⓼

次日——十一月十二日（12月31日），伍、唐舉行第五次會議，伍提議國民會議日期為十一月二十日（1912年1月8日），地點在上海。唐允電請袁內閣從速答覆。❶⓿⓽

以上是南京臨時政府成立前，伍廷芳與唐紹儀在上海公開談判的情形和決定。與伍、唐談判的同時，另外一項祕密的談判在進行，其目的在於獲得革命黨方面同意舉袁為民國總統的承諾。

發動這一祕密談判的兩個人，是廖宇春和靳雲鵬，廖更居於主動地位。廖字少游，本為保定姚村陸軍小學堂的監督。靳字翼青，原在雲南任總參議，昆明光復後被逐回北京，對段祺瑞有相當影響力。他們的計畫是先取得革命軍方面的保證後，再說服北方的將領，共同支持袁世凱，壓迫清廷退位。廖為達到此一目的，於十月下旬經武漢祕密來滬，經文明書局經理俞慶介紹，得晤江浙聯軍參謀長顧忠琛，經由顧的關係報告於黃興。黃於十一月初一日（12月20日）委任顧忠琛與廖宇春「商訂一切」，顧、廖因祕密商定五條：

㈠確定共和政體。

㈡優待清皇室。

㈢先推覆清政府者為大總統。

㈣南北滿漢軍出力將士，各享其應得之優待，並不負戰時害敵之責任。

㈤同時組織臨時議會恢復各地之秩序。❶❶⓿

廖持此一條款，密訪段祺瑞等袁軍高級將領，段表示贊同。廖與段、靳等商定壓迫清帝退位的三種辦法：一為運動親貴由內廷降旨自行宣布共

---

❶⓿⓼　同上書，頁511。

❶⓿⓽　同上書，頁516。

❶❶⓿　廖宇春，《新中國武裝和平解決記》，影印原件。

和；二為由各軍隊聯名要求宣布共和；三為用武力脅迫要求宣布共和。⑪
先按第一種辦法進行，如達不到目的，則採第二辦法。最後如有必要，則
不惜出以武力威脅。軍隊是袁的政治資本，也是他對付清廷之決定性的籌
碼。

　　無論就召開國民會議解決國體問題的公開決定，或是就廖、靳策畫的
武力脅迫祕密策略而言，袁之獲取為民國大總統，應無問題。但南京臨時
政府成立，孫中山就任臨時大總統後，袁深恐無法達到其政治目的，乃撤
除唐紹儀的議和總代表職務，並對南京政府之成立表示異議。所幸孫大總
統敝屣尊榮，數度電袁表示「推功讓能」的決心，伍廷芳、張謇亦分電袁
氏解釋，袁乃釋卻疑慮，逐步對清廷施加壓力。要清廷盡快作交出政權的
決定。對於臨時政府，則又利用繼續進行中的上海談判，討價還價。

三、清帝退位

　　袁世凱就任內閣總理大臣後，清廷的命運即已操於袁氏之手。袁既欲
謀取民國臨時大總統，其迫使清帝退位乃是必然之舉。伍廷芳於民國元年
1 月 18 日致電孫大總統，即曾明言：「唐（紹儀）言皆係表面文字，其實
袁運動清帝退位，未嘗少輟。」⑫

　　袁世凱的企圖，清廷自亦有所聞見。王公親貴如溥偉、載澤、鐵良、
良弼等組成宗社黨，指袁不忠於清室，因集矢於袁，大有得之而後心甘之
概。南方革命黨人則又對袁的誠意表示懷疑，黃興有編組軍旅，以六路北
伐的計畫。⑬袁也有些不耐了，乃於 1 月 16 日以全體內閣閣員名義奏請清
帝后下個決心，改制共和，以免重蹈法蘭西革命路易皇室被慘殺的覆轍。
想不到袁這天退朝回府途中，遇到了革命黨人張先培、楊禹昌、黃之萌之
擲彈行刺。⑭袁雖僥倖不死，卻已是驚弓之鳥。此後即託病請假不再入朝！

---

⑪　同上書，頁 50。
⑫　《開國規模》，頁 590。
⑬　鄒魯，《中國國民黨史稿》，頁 1019。
⑭　《中華民國史事紀要》，民國元年部分，頁 91–92。

局勢在急劇的變化著。1月18日，宗社黨發表激烈宣言，並公開活動，19日駐俄使臣陸徵祥二度奏請清帝退位——首次奏請係在1月3日。22日，孫大總統提出議和的最後條件，促清帝速行退位，也要求袁世凱立即宣布政見，贊同共和。**⑮**清駐意使臣吳宗濂、駐日使臣汪大燮奏請清帝退位的電報也於同一天到達北京。北方軍人也開始行動了。身任湖廣總督且握重兵的段祺瑞於1月23日、25日兩電內閣，一稱軍心動搖，共和思想難以遏止，一責清廷親貴阻撓共和，說是各將領憤憤不平，將要聯銜有所陳請。**⑯**26日，段祺瑞等四十七名將領發出通電，要求清廷「渙汗大號，明降諭旨，宣示中外，立定共和政體」，並以「現在內閣及閣務大臣等暫時代表政府」，辦理外交，召集國會，組織共和政府，與民維新。**⑰**就在段祺瑞等發出電報對清廷實行聯名威脅的26日，宗社黨的健將也是最頑強的帝制派軍諮使良弼，被革命黨人彭家珍炸斃，於是反對退位的親貴為之喪膽，善者逃到大連，溥偉奔向青島，分別託庇於日本、德國的勢力下，從此淪為沒有國籍的政治垃圾。

局勢發展到此際，清廷惟一的希望就是得民國政府的優待，保全性命。1月26日的一次御前會議中，隆裕皇太后掩面哭泣，哀痛的說：「梁士詒啊！趙秉鈞啊！胡惟德啊！我母子二人性命，都在你三人手中，你們回去好好對袁世凱說，務要保全我們母子二人性命！」**⑱**

清廷於此性命交關之際，封袁世凱為一等侯爵，袁再四不受。禁衛軍總統馮國璋亦提出辭呈，表示不再負京師治安之責。隆裕后於1月29、30兩日召開御前會議，王公大臣對於退位無人再敢持異議。隆裕乃決定自行宣布退位，於2月3日命袁世凱全權與南方商優待條件，用不到再開國民會議了。段祺瑞在武漢再燒起一把火，他於2月5日直接致電近支王公，說是要「率全體將士入京，與王公痛陳利害」，**⑲**目的不過要迫使清廷盡快

---

⑮　《國父年譜》，上冊，頁424–425。

⑯　《中華民國史事紀要》，民國元年部分，頁128。

⑰　全文見吳廷燮，《合肥執政年譜》，頁20–21。

⑱　岑學呂，《三水梁燕孫先生年譜》，上冊，頁111。

宣布退位，讓袁上臺。

優待清室，本是上海南北議和時討論過的，南京臨時政府也已同意。優待條例是張謇起草的，於 2 月 10 日提到臨時參議院通過。依此條例，清帝辭位，仍可保留尊號，暫居宮禁，日後移居頤和園；民國政府待以外國君主之禮，給以歲用四百萬元，其宗廟、陵寢及清帝私產，亦由民國政府予以保護。滿清皇族及滿蒙回藏各族亦均依法予以優待。**⓴**

民國元年 2 月 12 日（清宣統三年十二月二十五日），隆裕太后宣布宣統皇帝「辭位懿旨」，正式結束了自世祖順治帝入關以來，二百六十八年之統治。退位詔書本為南京所擬稿，係出張謇之手，但送到北京發布前，袁世凱擅自加入「命袁世凱以全權組織臨時政府」一句話，作為他自立政府向南京要挾的依據。袁之用心，可謂精細而狡詐。

四、臨時政府北遷

清帝退位前後，袁對南京卻又是另外一副面孔。他怕孫大總統不辭職，或是臨時參議院不選舉他，因而再三表示其贊成共和的決心。清帝退位前一日——2 月 11 日，袁致電南京孫大總統、參議院及各部總長，說：

> 大清皇帝既明詔遜位，業經世凱署名，則宣布之日，為帝政之終局，即民國之始基，從此努力進行，務令達到圓滿地位，永不使君主政體再行於中國。**㉑**

孫大總統信守諾言，於清帝退位之次日——2 月 13 日，向臨時參議院提出辭職，並薦袁世凱以自代。但孫中山也對袁提出幾點限制：

其一，致電袁世凱，告訴他，「共和政府不能由清帝委任組織，若果行

---

⑲ 電文見張國淦，《辛亥革命史料》。

⓴ 清帝優待條件共八條，皇族待遇條件四條，滿蒙回藏各族條件七條，均見谷鍾秀，《中華民國開國史》，頁 74–76。

㉑ 觀渡廬（伍廷芳），《共和關鍵錄》，第 1 編，頁 141。

之，必生莫大枝節。」**⑫**

　其二，咨告臨時參議院，選袁為臨時大總統有三項條件：㈠臨時政府設於南京，不能更改；㈡新總統須親到南京受任；㈢《臨時約法》及臨時政府所頒之一切法制章程，新總統必須遵守。**⑬**

　2月15日，南京臨時參議院以十七票之全票選舉袁世凱為第二任臨時大總統。參議院電告袁世凱，賀勉他做了「我中華民國之第一華盛頓」。袁在北京，本來自稱為「首領」，及聞已被選任為臨時大總統，不待正式受命，即行改稱為「新舉臨時大總統」，但對於赴南京就職一事，則表示無法「舍北就南」。臨時參議院對於臨時政府地點問題，又發生爭議，2月14日決定設於北京，15日複議時決議改設南京。參議員中不少支持袁世凱的人，袁乃藉口北方秩序無人維持，拒絕南下就職。

　2月18日，孫大總統派出一個專使團，由教育總長蔡元培為專使，團員包括魏宸組、劉冠雄、鈕永建、宋教仁、曾昭文、黃愷元、王正廷、汪兆銘等八人，偕同唐紹儀前往北京，迎接袁世凱南下就職。**⑭**蔡等於27日到達北京，袁亦表示熱烈歡迎。不意29日夜晚便發生了兵變，且波及通州、天津及保定一帶駐軍。**⑮**黎元洪、馮國璋、段祺瑞等都講話了，力言政府須在北京，各國公使亦調兵前來「保護」，京津確有風聲鶴唳之象。此次兵變，發動者為曹錕之第三鎮兵卒。是否出於袁的授意，迄無定論，兵變後之肇事官兵未受任何處分，則係事實，梁士詒年譜亦曾指出：「變兵實有圍嚇南來諸使住所情事，當不無政治意味。」**⑯**

　兵變發生過後，袁世凱派唐在禮、范源廉帶了他的信，去南京向孫大總統解釋，並表明他不能「倉猝遠離」的處境，認為「中央政府之統一」乃為「今日之所最急」。**⑰**蔡元培知袁已決心拒絕南下，以大局為重，乃於

⑫　《臨時政府公報》，第18號，民國元年2月21日。

⑬　《國父全集》，第4冊，頁16–17。

⑭　《臨時政府公報》，第20號，民國元年2月23日。

⑮　詳國事新聞社編，《北京兵變始末記》，文星書店影印，民國51年。

⑯　《三水梁燕孫先生年譜》，上冊，頁113。

3月2日建議南京臨時參議院變通辦法，准袁在北京就職。參議院亦遂於
3月6日，作如下之決議：

㈠由參議院電知袁大總統，允其在北京受職。

㈡袁大總統接電後，即電參議院宣誓。

㈢參議院接到宣誓之後，即覆電認為受職，並通告全國。

㈣袁大總統既受職後，即將擬派國務總理及國務員姓名電知參議院，
　求其同意。

㈤國務總理及國務員任定後，即在南京接收臨時政府交代事宜。

㈥孫大總統於交代之日始行解職。 ❽

袁世凱遵照此一決議，於3月8日將其誓詞電達南京參議院，9日由
孫大總統公布於全國，10日袁即在北京受任為臨時大總統。袁大總統的誓
詞是：

> 民國建設造端，百凡待治。世凱深願竭其能力，發揚共和之精神，
> 滌蕩專制之瑕穢。謹守憲法，依國民之願望，蘄達國家於安全強固
> 之域，俾五大民族，同臻樂利。凡茲志願，率履勿渝！俟召集國會，
> 選定第一期大總統，世凱即行解職。謹掬誠悃，誓告同胞。大中華
> 民國元年三月初八日。袁世凱。 ❾

袁大總統提名唐紹儀為國務總理，經臨時參議院同意後3月13日正式
任命。3月25日，唐紹儀到達南京向臨時參議院提出國務員名單，除交通
總長梁如浩外，均於29日獲得同意。名單是：

> 外交總長陸徵祥，內務總長趙秉鈞，陸軍總長段祺瑞，海軍總長劉
> 冠雄，財政總長熊希齡，司法總長王寵惠，教育總長蔡元培，農林

---

❿　原函影印件，見《開國規模》，頁630之附頁。

❽　《臨時政府公報》，第41號。

❾　《民立報》，民國元年3月10日。

總長宋教仁，工商總長陳其美，交通總長暫由唐紹儀兼（四月六日參議院同意改任施肇基）。

唐紹儀為表示合作之誠意，於 3 月 30 日由蔡元培、黃興介紹加入同盟會。4 月 1 日，孫大總統解職。原任陸軍總長黃興改任南京留守，負責收束南方軍事。4 月 5 日，臨時參議院議決臨時政府移於北京，南京臨時政府遂告結束。6 月 4 日，黃興辭卸南京留守職務，⓭南京遂隸江蘇都督程德全治下，成為江蘇省之首府。

第五節　辛亥革命與臺灣抗日

一、臺灣革命黨人及其活動

臺灣雖因中國在甲午戰爭中敗績而割讓於日本，中國革命黨人卻一直視之為中國人居住之地區，興中會、同盟會均曾在臺灣建立組織。也有不少臺灣人士參加革命活動，希望革命成功後的中國能夠把臺灣收復。

第一位到臺灣來住居的革命黨人，是廣東香山人楊帝鏡 (1868–1946)。⓭楊字正樂，號心如，與孫中山同里，是楊鶴齡的侄兒。他是興中會會員，曾參加乙未 (1895) 廣州第一次起義，失敗後來到臺灣，傳播革命思想。陳少白於光緒二十三、四年 (1897–1898) 兩度前來臺灣活動，並創立了興中會臺灣分會。⓭據楊心如記述，當時曾得同志二十三人，惟有姓名可考的僅吳文秀、趙滿潮、容祺年等五六人。⓭陳少白並曾在臺灣募到「二三千塊」錢，作革命用費。⓭在日本的臺灣同胞，也有參加興中會的，蔡

⓭　李雲漢，《黃克強先生年譜》，頁 284。

⓭　冒鶴亭，〈楊帝鏡傳〉，見《國史館館刊》，1 卷 3 號，南京，民國 37 年 8 月。

⓭　陳少白，《興中會革命史要》（中央文物供應社印本，民國 45 年），頁 29–32。

⓭　曾迺碩，〈興中會臺灣分會史實〉，見《中國現代史專題研究報告》，第 5 輯，頁 230–246。

智堪 (1888–1955) 就是一例。他說:「孫國父以余之資財及日本的學識為用,加入興中會,專向日本宣傳中國革命。」❸

　　同盟會成立後,革命風潮日盛。在廣東的臺灣民族革命志士丘逢甲,在臺灣本島的愛國史學家連橫,詩人許南英等,都熱心於革命宣傳,或培育革命人才。❸惟建立同盟會在臺灣的組織,則在宣統二年 (1910)。一位同盟會會員王兆培來到臺北,在臺北醫學校註冊入學,因而介紹臺籍同學翁俊明 (1891–1943)、蔣渭水 (1890–1931) 等參加同盟會。翁俊明——當時的名字是翁樵,被委任為同盟會「交通委員」,他建立了同盟會在臺灣的組織——對外用「復元會」的名稱,會員分佈的範圍,則由臺北醫學校推廣到當時的「國語學校」及「農事試驗場」。

　　辛亥年三月二十九日的廣州之役,臺灣籍的革命黨人曾有出錢出力的貢獻。出錢的人是林肇權——就是林薇閣,他和他的財產經理人蔡法平,都是林森領導的革命團體「福建學生會」的會員,後來也是同盟會會員。三二九之役發動前,福建籍的留日學生林文等應黃興之約前往參加,同時並派陳與燊到臺灣來募集用費,林肇權一人便捐出了日幣三千元。❸出力的人,則是許贊元和羅福星 (1886–1914),他們實際參加了三二九之役的革命行動,許贊元被捕,但為清軍副將黃培松釋放,羅福星受傷,卻也能安全脫險,與胡漢民一道又回到了南洋。❸來臺最早的黨人楊帝鏡也曾應召到香港參加策畫,但沒有到廣州去參與起義。

---

❸　陳少白,前引書,頁 36。

❸　蔡智堪〈自述〉,見《革命人物誌》,第 10 集 (中央黨史會編,民國 61 年),頁 580。

❸　李雲漢,《國民革命與臺灣光復的歷史淵源》(幼獅書店,民國 60 年),頁 22–24。

❸　鄭烈,〈黃花岡之役與臺灣〉。惟據陳漢光〈黃花岡一役與臺灣人士〉一文,依林熊祥口述資料,捐款數額是日幣五千元。

❸　李雲漢,前引書,頁 28–29。

二、羅福星策動臺灣抗日

臺籍革命黨人中，羅福星是一位生活多彩多姿，能力堅強卓越的領導人。羅字東亞，號國權，原籍廣東鎮平（今蕉嶺）縣人，他出生於印尼的巴達維亞——即今日的雅加達，十八歲時隨祖父來到臺灣，住在苗栗，並就讀於苗栗公學，從此以臺灣人自居，也決心為達成臺灣的光復而參加中國革命黨人的奮鬥！

羅福星係於二十二歲（光緒三十三年，1907）返廣東故鄉路過廈門時，參加了同盟會。他受知於丘逢甲，因丘之命前往南洋辦理華僑教育並從事革命，羅福星自述革命經歷：

> 奉當時廣東學務部長丘逢甲君之命，赴爪哇視察學務，達到目的後，返回廣東。丁未年 (1907) 春，任新加坡華僑學校校長，在職二年，不適水土，故辭職而往巴達維亞，為當地華僑學校校長。辛亥年 (1911) 春，與胡漢民、趙聲、林時爽（塽）遊歷各島。三月二十日，至西印度機關部，時溫生才於三月十九日（應為三月十日）刺殺孚琦將軍，接電報云二十九日將於廣州舉事，同志四人，自西印度歸省，三月二十六日抵香港，二十七日到省城。是日（二十九日），百餘名志士攻擊總督衙門，於此舉黃興左手指（應為右手指）遭槍傷。四月三日我與胡漢民避難香港，聞林時爽於三十日被槍殺於總督衙門，我與胡漢民同赴暹羅避難。五月杪往巴達維亞，不意與黃興相會。❸

武昌起義消息傳至南洋，羅福星曾組織義軍，回國效命。先到廣州領取武器彈藥，然後奉令北伐，進軍上海，蘇州，此時和議已成，清帝退位，

---

❸ 〈羅福星自敘傳〉，見《臺灣總督府公文類纂》，卷 36，永久保存類第六門，原件係日文，譯文見《中華民國開國五十年文獻》，第 2 編，第 5 冊：《各省光復》（下），頁 515。

羅遂解散其部隊，再從事教育工作。民國元年 11 月，羅福星率領十二位革命黨人潛來臺灣，開始了一項全面性的抗日復臺大計畫。⑭他的打算是：

> 革命，以先糾合同志，後日與中國政府相謀，求得中國之支援，使臺灣復為中國領土為目的。⑭

依據羅福星本人的敘述，他是於民國元年 10 月 6 日，奉福建都督孫道仁之命，與十二名志士一同來到臺灣的。到臺北後，與臺灣的聯絡人劉士朋等祕密會商，經過詳細的討論，最後作成四點決定：

㈠立即成立「同盟會支部」，但為求慎重起見，對外採用「革命聯絡會館」名義。

㈡革命總機關設在苗栗，而以臺北的大瀛旅館作為分部辦事處。

㈢目前任務，以招募黨員，發展組織為主。對在日本機關擔任公職之漢人，應列為優先爭取對象。

㈣由羅福星前往聯絡各地抗日志士，並予納入組織，統一指揮。⑭

計畫既定，羅福星及其同志便展開活動，利用各種宗教性、職業性、慈善性的名義，建立各地組織。入會的人都要經過宣誓，並寫下祖宗三代的姓名。他的得力助手則為劉士朋、吳覺民、吳頌賢等人。劉士朋、吳覺民負責發展組織，吳頌賢則負責與閩、粵兩省聯絡。民國 2 年 3 月 15 日，羅福星祕密發布宣言書，號召臺胞奮起抗日。同時並派人赴大陸與國民黨人聯絡，黃興且曾派人到基隆召集過會議。這段事實，羅福星曾有如下的記述：

---

⑭　十二志士除羅本人外，有劉習修、徐金固、吳達江、江巴山、林修五、吳修建、金星橋、陳震東、林志遠、古維新、羅國亞。

⑭　羅福星供詞，見《各省光復》（下），頁 538–540。

⑭　羅秋昭，《羅福星傳》（黎明文化事業股份有限公司，民國 63 年），頁 47；陳三井，〈羅福星與中國革命〉，見《中華民國建國史討論集》，第 1 冊，頁 339。

余於（民二）三月十九日致書吳頌賢託轉奉廣東都督，諸都督承諾同志克復臺灣。吳頌賢募集職員，組織共和聯絡會館，而臺灣亦派人赴華民聯絡會館募集會員，謀大舉。八月一日，廣東都督更派吳覺民君調查共和聯絡會館會員數。當其時，已達五六千名，而八月十六日，余於臺北大瀛旅館與吳覺民、吳頌賢兩君相會，所議十九日派遣金星橋君叩詢閩都督，得該都督同意，已於九月十六日接都督公文，今也閩粵兩省亦已聯合矣。

余欲再告諸君：本年六月黃興先生特派潘君來臺灣運動募集革命黨員。至七月，黃興先生更派陳士、王淵兩君來臺調查黨員，二十七日會於基隆承洋館，開祕密會議，革命旨趣已提出該會議討論，余於二月在臺南一帶視察會員，見林李商知有會員二萬，今也四會，再聯合華民聯絡會館宜可以大有為矣。**❹**

　　由於羅福星及其黨人積極活動，自然會引起在臺日人的注意。況且，受到中國辛亥革命成功的鼓舞而在臺發動反日的人——有的與羅福星有聯絡，有的沒有聯絡，在民國 2 年一年內，先後發動了四次抗日事件，那是陳阿榮的「南投事件」、張火爐的「大湖事件」、李阿齊的「關帝廟事件」，以及賴來的「東勢角事件」——而且賴來也是到中國大陸去又回到臺灣的人，他的家中被搜出了中華民國國旗。於是日本當局開始嚴密偵察革命黨人的活動，特別是新竹大湖支廳倉庫中失去槍枝六支，據稱是革命黨人所為，日人乃大肆搜捕革命黨人，總共被捕者達九百二十一人之多。**❹**

　　羅福星的幹部葉水全、吳頌賢等被捕了。羅見情勢緊急，遂隱藏於淡水農民李稻穗家，打算找機會密渡回國。但他的行蹤已為當地警員探悉，不幸於民國 2 年 12 月 18 日被捕。日本臺灣總督府因開臨時法庭於苗栗，判處羅福星等二十位志士死刑。羅福星於民國 3 年 3 月 3 日慷慨就義，年僅二十九歲。臨刑前，他寫了一首「祝我民國詞」，特別把「中華民國孫逸

---

❹ 羅福星，〈革命宣言書〉，見《臺灣省通志稿》，卷 9，〈革命志〉，〈抗日篇〉。

❹ 《各省光復》（下），頁 504。

仙救」八個字嵌於句首，以表示其革命志節。這首詞的原文是：

> 「中」土如斯更富強，
> 「華」封共祝著邊疆；
> 「民」情四海皆兄弟，
> 「國」本苞桑氣運昌。
> 「孫」真國手著初唐，
> 「逸」樂中原久益彰；
> 「仙」客早沾靈妙藥，
> 「救」人千病一身當。**⑭**

與羅福星同時被處死刑的人，亦多坦承為中國革命黨人，目的在光復臺灣。例如一位名叫周齊仔的黨人，曾對日本司法警察說出一段毫無掩飾的話：

> 革命黨之首領為羅東亞。臺灣原為中國領土，中國統治時代，賦稅輕微，人民幸福。日人來臺以後，賦稅加重，飲食小販叫賣於市場時，警察前來取締罰金，人民甚苦之；故募集革命黨員，與日人戰，以光復臺灣為目的。我贊成此議，乃加盟。羅東亞信任我，來我家投宿，談及種種，後互相深信，密為主從之約。**⑭**

日本當局把羅福星、陳阿榮、張火爐、李阿齊、賴來等人的抗日行動，稱之為「苗栗事件」。**⑭**同時被株連的達一千二百多人。日人雖有意掩飾臺灣志士與中國革命黨的關係，但其若干記載又在有意無意間透露臺人抗日運動實受中國辛亥革命的影響。如臺灣總督府編的《警察沿革誌》，即率直

---

⑭　《羅福星抗日革命案全檔》（臺灣省文獻委員會，民國54年），頁48。

⑭　〈羅福星案判決報告〉，見《各省光復》（下），頁550-561。

⑭　詳《臺灣省通志稿》，卷9，〈革命志〉，〈抗日篇〉，頁87-96。

說出:「苗栗事件之共同原因,可謂由於臺灣人不平分子對於本島施政之不滿。然自其遠因觀之,實由於辛亥年十月之中國革命,成功之迅速,出人意料之外。滿清二百六十年間之帝政,轉瞬滅亡。而創建中華民國之偉大工作,亦實現於旦夕之間,本島民眾瀰漫革命思想有以致之,殆無可置疑者也。」民國 2 年 12 月 9 日日本御用報紙《臺灣日日新報》於分析羅福星抗日事件的原因時,其結論亦謂:「總之,以支那革命之影響為主因,則無人不為其信之也。」❽

三、西來庵事件

羅福星殉難的次年——民國 4 年 (1915),臺灣南部爆發了另一次大規模的反日革命事件——西來庵事件。三位主要的領導人是:余清芳、江定和羅俊。余清芳是臺南人,為乙未割臺 (1895) 時抗日義民的倖存者,亦為這次抗日行動的主腦人物。江定是余清芳的臺南同鄉,早年也因參加抗日失敗而被迫隱居深山中的逋逃客,他在這次抗日事件中是余清芳的副將。羅俊的身分更為特殊,他是嘉義人,是一位早懷抗日壯志且又篤信佛教的人,民族意識特別強烈,受到中國辛亥革命的影響亦最深。他在這次抗日行動中,是副將、參謀長,也是與中國內地的聯絡人。

羅俊早於民國前 12 年——清光緒二十六年 (1900),即因參加一次抗日行動失敗而回到中國內地。七年後回到臺灣一次,眼見日人的統治已使臺灣景物全非,於是再去大陸,借行醫及在寺廟中活動,等待時機。辛亥革命發生與中華民國創建這幕劇大的變化,羅俊是親眼看到的,他認為中國革命成功後,臺灣志士們亦應隨之而起,光復臺灣。但他主張恢復明朝正朔,繼承鄭成功的精神。民國 3 年 8 月,羅俊獲悉余清芳在臺灣南部祕密策畫抗日,同時他嘉義籍的同志也派人送旅費給他,請他回臺灣與余清芳、江定一致行動,羅俊因於同年 12 月偕同六位同志從廈門回到臺灣,祕密的在淡水上岸。❾

---

❽ 朱傳譽,《中國國民黨與臺灣》(中央黨史會,民國 53 年),頁 31。

❾ 李雲漢,前引書,頁 41。

羅俊去臺南見到余清芳，決定締盟結誓，分頭行動。余清芳和江定在南部活動，羅俊則負責向中北部發展。他們進行得甚為順利，短短幾個月內，即在臺北、臺中、南投、嘉義等地建立了據點。民國4年5月，這三位志士決定由余清芳以「大明慈悲國大元帥」名義，揭出了起義的告示：以中華為主國，自視為明代的延續，將民族思想與佛教教義融而為一，號召驅逐日人。「告示」中有幾句話是：

> 今年乙卯五月，倭賊到臺二十有年已滿。氣數為終，天地不容，神人共怒。我朝大明國運初興，本帥奉天，舉義討賊，大會四海英雄，攻滅倭賊，安良鋤暴，解萬民之倒懸，救群生之生命。❿

余、羅派一位蘇東海由基隆搭船赴廈門聯絡，卻失事被捕，事情就洩露了。羅俊進入嘉義山區，但為日警偵悉拘捕。余清芳、江定乃於7月9日以西來庵為中心，發動攻擊屏東甲仙埔、臺南噍吧哖等處的日本警察分駐所，殺日警五十餘人，前後奮戰四十餘日。但無法抗拒優勢的日軍，余、江均失敗被捕，與羅俊同被殺害。由於作戰最激烈的一役是在噍吧哖，故亦稱噍吧哖事件。

因這次抗日事件而被日人慘殺的臺灣同胞，據說近三萬人，連小學生亦在日人集體屠殺之列，情況極慘。經臺南臨時法院檢舉者有一千五百九十七人，判死刑的有八百六十六人，有期徒刑的四百五十三人。❺在臺灣歷次抗日事件中，犧牲最為慘重。

---

❿　《臺灣省通志稿》，卷9，頁102–104。

❺　朱傳譽，前引書，頁33。

第六章　民國初年的政治與外交

第一節　民初政象

一、黨社林立及其分合

　　民國初建，氣象一新，言論結社完全自由，黨社的紛紛出現，乃是當然的現象。❶這些名目繁多的黨社，主要的還是由原來的革命黨和立憲派蛻變演化而來，這種現象，李劍農稱之為「化分」與「化合」。❷分、合之間，仍不脫革命派和立憲派兩大壁壘的痕跡。然而自袁世凱就任臨時大總統及臨時政府北遷北京之後，政黨並不是政治的中心力量，真正的政治權力操在北洋派手裡。革命黨人還有勇氣和力量與北洋派抗衡一番，老立憲派人則一入民國即持擁袁的主張，成為袁的政治資本。

　　辛亥革命以前，同盟會以「推翻滿清」為首要目標。滿清既倒，同盟會的責任在「鞏固中華民國」，遂不能不改組為公開的政黨，制定新政綱，以推動政黨政治。民國元年 1 月 21 日，同盟會舉行首次會員大會於南京。時清帝尚未退位，大會因將誓詞改為「顛覆滿清政府，鞏固中華民國，實行民生主義」——暗示三民主義的精神，同時也曾討論到改組為一般性政黨的問題。❸3 月 3 日，同盟會再開會員大會於南京。時清帝已經退位，

---

❶　張玉法，〈民初政黨的調查與分析〉，見《中央研究院近代史研究所集刊》，第 5 期，（臺北，民國 65 年）。

❷　李劍農，《中國近百年政治史》，下冊，（臺灣：商務印書館，民國 48 年），頁 363。

❸　上海《民立報》，民國元年 1 月 22 日；吳相湘，《宋教仁》（臺北：傳記文學出

因確定新的宗旨是「鞏固中華民國，實行民生主義」，政綱則有九條：一、完成行政統一，促進地方自治，二、實行種族同化，三、採用國家社會政策，四、普及義務教育，五、主張男女平權，六、厲行徵兵制度，七、整理財政，釐定稅制，八、力謀國際平等，九、注重移民開墾事業。大會並舉定孫中山為總理，黃興和黎元洪為協理。❹孫、黃為實際的領袖，黎則僅係掛名，實際上他從未與同盟會採取一致的立場。

　　由於同盟會改組為普通政黨，對黨員的限制放寬，因而人數驟形增多，品質自亦良莠不齊。少數老同盟會員，此時亦囿於私見與私利，別立門戶。章炳麟先於元年 1 月 3 日創立中華民國聯合會，繼於 3 月 2 日與張謇、湯壽潛等江浙立憲派人合組統一黨，於臨時參議院中對同盟會抗衡。❺湖北的孫武、藍天蔚、劉成禺等則與張伯烈、饒漢祥合流，倡言擁護黎元洪，於 1 月 20 日發表〈民社緣起〉，❻組成民社，亦在臨時參議院中對同盟會大掣其肘。民社聲言以盧騷 (J. J. Rausseau) 的《民約論》為理論依據，實際則為湖北黨人中之不滿南京臨時政府者之結合，於 5 月 5 日併入舊立憲派人組成之共和黨。

　　舊立憲派人士的分化，較同盟會更為顯著而複雜。張謇一派與章炳麟合流組成統一黨；籍忠寅、周大烈等則組織國民協進會；張國維、黃群等組成國民公會；潘鴻鼎、沈彭年等組成國民黨（與同盟會改組成之國民黨毫無關係），這幾個黨派與湖北人組成之民社合作組成共和黨，可說是立憲派人士的首次再結合。但在共和黨之外，另有湯化龍、林長民等組織的共和建設討論會，孫洪伊等組成的共和統一黨以及共和俱進會、共和促進會、國民新政社等團體，同時活動。立憲派人士組成的黨社，由於梁啟超尚未回國，名義上都支持黎元洪，且為袁世凱的與黨。

　　臨時參議院為政黨角逐的場所。無論在南京時代，或是北遷北京以後，

版社，民國 60 年），頁 159。

❹　〈中國同盟會總章〉，第 2~3 條。

❺　楊幼炯，《中國政黨史》（臺灣：商務印書館，民國 68 年），頁 51–53。

❻　上海《民立報》，民國元年 1 月 20 日。

同盟會雖在臨時參議院中居第一大黨地位，卻也面臨著統一黨及共和黨的前後抵制。尤其北遷之後，共和黨以有袁、黎支持，形成同盟會的一大威脅。6 月，唐紹儀內閣總辭之後，同盟會的黨勢更見轉弱。宋教仁為一熱心實行政黨政治的人，於是開始推動擴大同盟會為一大黨的計畫。此一計畫，黨內獲得孫中山、黃興的同意，黨外得到統一共和黨、國民共進會、國民實進會及國民公黨的支持，經數度協商，卒於 8 月 13 日發表組織宣言，25 日正式在北京組成國民黨。❼

國民黨的政綱有五：促進政治統一，發展地方自治，促進種族同化，注重民生政策，維持國際和平。這已較同盟會政綱為保守，乃是調和五黨主張的結果。較之共和黨之政綱強調國家主義者，則又顯有進步。蓋共和黨之政綱，無一語提及地方自治及民生政策也。❽由大會選舉孫中山、黃興、宋教仁、王寵惠、王芝祥、王人文、吳景濂、張鳳翽、貢桑諾爾布等九人為理事，再由各理事選舉孫中山為理事長。孫中山以無法在北京主持黨務，理事長職務旋即委由宋教仁代理。❾

國民黨成立後，在臨時參議院一百二十個席位中約佔六十席，共和黨僅得四十席，且統一黨又聲明退出共和黨恢復其自主地位，於是以共和建設討論會為中心的舊立憲派一系人士，在梁啟超的慫恿下，開始「組織大黨」的活動。梁啟超在辛亥革命爆發後，初尚主張「虛君共和」，及見清帝已不可能成為「虛君」，乃發表〈中國立國方針商榷書〉，表示擁護共和。❿但他不肯贊同革命黨，決心「和袁」，及袁世凱當選臨時大總統，梁又開始「聯袁」，甚至「捧袁」，不但拍電報祝賀袁的當選，且寫長信給袁，就財政政黨諸問題，為袁畫策，建議袁「惟有利用健全之大黨」以制革命黨中之不能與袁合作者。⓫梁一心一意回國來組一大黨，袁世凱表示歡迎。10 月

---

❼　《革命文獻》，第 41 輯，頁 1–10。

❽　共和黨的三項政綱是：一、保持全國統一，採取國家主義；二、以國家權力扶持國民進步；三、應世界之大勢，以平和實利立國。

❾　《國父年譜》，上冊，頁 481–482。

❿　張朋園，《梁啟超與民國政治》（臺北：食貨出版社，民國 67 年），頁 6。

8日，梁返抵天津；20日，到了北京。27日，共和建設討論會、國民協會、共和統一會、共和促進會、國民新政社等五個舊立憲派人組織的政團，便聯合組成一個民主黨──這是立憲派人的第二波結合，成為國民、共和兩黨之外的第三個大黨，「大體仍為原先的立憲派」。**⑫**

　　民主黨推湯化龍為幹事長，實際上的領導人則是梁啟超。梁自然不以民主黨的建立為滿足，他很想與共和、統一兩黨合併，但共和黨中的民社分子反對梁啟超，致梁的大黨計畫未能立即實現，及至2年2月，國會議員的選舉揭曉，民主黨當選者寥寥二三十席，梁痛歎「我黨敗矣」，乃又加入共和黨以擴大他的聲勢。梁組織大黨的主要目的，是在與國民黨抗衡，這也是袁的希望，因此袁暗助梁的組黨活動。2年5月，梁終於說服民主、共和、統一三黨，合併組成進步黨。名義上奉黎元洪為理事長，實際上的領導人則是梁啟超，其行動綱領，則為擁護臨時大總統袁世凱，而為國民黨政治上的勁敵。袁與梁的政治關係，張朋園曾作甚為持平的說明：

　　　任公與袁世凱的接近，得袁的精神與財力支持，是其享有堅強領導地位的有力因素。進步黨原擬推袁世凱為黨魁。以宋教仁被刺，袁為避免個人黨見的表面化，未予接受。另一方面，共和、民主兩黨亦主慎重，所以改而以黎元洪居領袖的名義。袁世凱甚望立憲派人組一大黨與國民黨相抗，表示願意給予物質精神上的支持。政黨醞釀合併期間，任公向其明白表示，非有足夠之財力不能辦黨。袁氏立即同意給予二十萬，任公則要求五十萬。我們不知道袁世凱對進步黨的財力支持詳情，但其津貼反國民黨的黨派，則是事實。**⑬**

民國元、2年間，除革命、立憲兩派人士組織的兩大壁壘之外，尚有

---

⑪　丁文江，《梁任公先生年譜長編初稿》，下冊，（世界書局，民國61年再版本），頁380–382。

⑫　張朋園，前引書，頁26。

⑬　張朋園，前引書，頁31–32。

若干游離於兩者之間的小政黨。其中以江亢虎的中國社會黨較有勢力，據稱曾建有支部四百餘處，黨員五十萬人。❹其次為李懷霜、戴天仇（傳賢）等組織的自由黨，以《天鐸報》與《民權報》為號召，其主張則與同盟會接近。其後，李懷霜亦加入國民黨，並任上海執行部評議部議員。❺

二、六月政潮與協定政綱

袁世凱任命唐紹儀為首任國務總理，唐紹儀本人也加入了同盟會，他的內閣閣員中有四人屬同盟會，六人為袁的部屬或友人，熊希齡且為與立憲派一氣的統一黨人。表面上看，這是由同盟會、北洋系及立憲派組成的混合內閣，是「調和南北」的最好安排。事實卻又不然，唐內閣一開始就隱伏了南轅北轍的危機。

唐紹儀的困難來自三方面：

一是臨時參議院的反對力量。臨時參議院在南京時，同盟會是多數黨，北遷後名額擴大為一百二十人，選舉議長時，同盟會籍原任議長林森落選，統一共和黨的吳景濂與共和建設討論會的湯化龍分別當選正副議長，同盟會失去了控制力。及共和黨成立，對同盟會的國務總理更是極盡掣肘之能事。

二是國務員趙秉鈞、熊希齡、劉冠雄等人的傲慢、專擅和敵視態度。趙秉鈞從不出席國務會議，劉冠雄也不肯到國務院，熊希齡則因借款問題與唐紹儀公然齟齬。❻即交通總長施肇基亦因病在津療養，久不參加國務會議，對唐紹儀持冷漠態度。

三是袁、唐間的權力衝突。唐紹儀本是袁世凱的親信，有將近三十年的交情。但在上海和議時，唐的態度引起袁的猜疑。唐加入同盟會，且曾勸袁南下就職，都有違袁的本意。尤其是唐紹儀堅持《臨時約法》中規定

---

❹　謝彬，《民國政黨史》，頁 41；吳相湘，〈江亢虎與中國社會黨〉，見《民國政治人物》（文星書店，民國 52 年），頁 145–164。

❺　〈國民黨上海交通部職員錄〉，《革命文獻》，第 41 輯，頁 82–84。

❻　黃遠庸，《遠生遺著》，上冊，頁 136、137、166。

的國務總理的職權，更使袁有無法忍受的感覺。唐與宋教仁交歡，而宋又力主政黨內閣，袁認為唐紹儀已出賣了他，必欲逼唐去職而後始能心安。

6 月中旬，袁、唐間的衝突終於發生了。導火線是直隸都督的任命問題。3 月間，臨時參議院在南京時議決接收北方統治權案，曾規定各省督撫一律改稱都督，各省諮議局改稱省議會，都督由省議會公舉。直隸諮議局遂依據此一規定公舉王芝祥為直隸都督，唐紹儀當即承認，向袁報告時，袁亦同意。唐乃電王至北京，等候袁的召見與任命。不意袁以直隸軍人反對為藉口，不再任王督直，而另委王赴南京遣散軍隊。唐拒絕副署，袁遂以未經國務總理副署之命令交王芝祥。唐以事關《約法》規定之國務總理權責問題，無法忍受袁有意的欺侮，遂於 6 月 15 日憤然辭職離京。同盟會籍四位國務員宋教仁、陳其美、蔡元培、王寵惠為貫徹政黨內閣連帶負責精神，亦相繼提出辭呈。❼熊希齡、施肇基不安於位，自請免官，唐紹儀內閣遂告瓦解，形成民國開國以來之第一次政潮。

時同盟會主張政黨內閣，共和黨則主張「超然內閣」，即所謂「只論才不才，不論黨不黨」。黎元洪建議由無黨派的陸徵祥為國務總理，袁世凱接受了。6 月 29 日，袁大總統咨請臨時參議院同意，參議院也同意了，不意陸徵祥於 7 月 18 日向參議院提出司法、財政、教育、農林、工商、交通六部總長人選時，卻為參議院完全否決。袁大為不滿，一方面要陸徵祥再提閣員名單，一方面又暗示北京軍警對參議院武裝威脅，結果六位新總長的名單是通過了，參議院卻又提出對陸徵祥的彈劾案，陸乃稱病，不理政務。內閣的政潮已發展為袁與參議院的對立。袁只有暫令內務總長趙秉鈞代理國務總理，並聲言繼任人選將俟孫中山、黃興兩位革命領袖到北京後，共同商定。

孫中山應袁世凱大總統邀請，於 8 月 18 日北上，24 日抵北京。黃興、陳其美繼於 9 月 11 日到達京師。袁將國務總理人選問題，與孫、黃磋商，而實屬意於趙秉鈞。孫、黃顧全大局，同意由趙秉鈞出任國務總理，惟黃

❼ 陳其美、王寵惠辭職在民國元年 6 月 21 日，蔡元培、宋教仁辭職在 6 月 22 日。辭呈均見《政府公報》，第 61 號。

興主張全體國務員均加入國民黨，袁亦同意，此即所謂「內閣政黨」，事實上卻是袁、趙敷衍黃興的騙局。❸9 月 25 日，總統府祕書廳發表了被稱為是〈國民、共和兩黨首領與臨時大總統協定政策大綱〉的一份文件，❹列舉了施政方針八條：

 ㈠立國取統一制度。

 ㈡主持是非善惡之真公道，以正民俗。

 ㈢暫時收束武備，先儲備海陸軍人才。

 ㈣開放門戶，輸入外資，興辦鐵路礦山，建置鋼鐵工廠以厚民生。

 ㈤提倡資助國民實業，先著手於農林工商。

 ㈥軍事、外交、財政、司法、交通，皆取中央集權主義，其餘斟酌各省情形，兼採地方分權主義。

 ㈦迅速整理財政。

 ㈧竭力調和黨見，維持秩序，為承認之根本。

這八條政綱，無異使袁世凱集國家大權於一身。孫中山志在為國家修建鐵路，黃興亦願致力於鐵路與礦業，兩位革命領袖均願以在野之身，致力於實業建設。至於湖北的黎元洪，則惟袁命是聽。這實在是袁世凱的另一次機會——發揮其才幹，確立中國華盛頓的地位。但由於狹褊的心胸和落伍的思想，使他無法把握住這個機會，終於走上了排除異己，獨裁專制，帝制自為的自絕之路。

三、國會選舉與宋教仁被刺

《中華民國臨時約法》第五十三條規定：「本約法施行後，限十個月內，由臨時大總統召集國會。其國會之組織及選舉法，由參議院定之。」臨時參議院根據此項規定，即於元年 7、8 月間議決〈國會組織法〉、〈參議院議員組織法〉、〈眾議院議員組織法〉及〈籌備國會事務局官制〉等法規，並於

---

❸ 黃遠庸，前引書，上冊，頁 250。

❹ 全文見張維翰輯，《民初文獻一束》。此一文件，亦被稱為〈孫、黃、袁、黎協定政綱〉。

8 月 10 日同時公布。

依據〈國會組織法〉，中華民國國會大體仿效美國國會的組織，分參、眾兩院。眾院議員由各省區以人口比例選出，每人口滿八十萬人選出一名，人口不滿八百萬之省，亦得選出議員十名，任期三年。參議院議員則分別由各省省議會、蒙古、西藏、青海三地方之選舉會、中央學會、華僑選舉會依分配比例選出，任期六年，每二年改選三分之一。❷北京政府於元年 9 月 5 日公布眾議員選舉日期：元年 12 月 10 日初選，2 年 1 月 10 日複選。儘管選舉的實質難如理想，❷卻也並無重大的糾紛發生。2 年 1 月選舉結果已告揭曉，各黨所佔議席的比例如下表：❷

黨　籍	眾議院人數	參議院人數	合　計
國民黨	二六九	一二三	三九二
共和黨	一二〇	五五	一七五
統一黨	一八	六	二四
民主黨	一六	八	二四
跨黨者	一四七	三八	一八五
無所屬	二六	四四	七〇
總　計	五九六	二七四	八七〇

就上項統計觀察，國民黨之獲得壓倒性勝利，殆無疑問。此一結果，自然使袁世凱感到焦慮，蓋國會有兩大任務，一為選舉正式總統，一為制定憲法。國民黨人在國會中佔絕對多數，亦即對這兩件與袁有密切關聯的事有決定權，袁已預知對他大為不利。而宋教仁以國民黨實際領導人身分，於選舉過程中先後在長沙、武漢、南京、上海等地發表演說，對袁政府多

❷　顧敦鍒，《中國議會史》（臺灣：東海大學出版，民國 51 年），頁 77–78。

❷　張朋園，〈清末民初的兩次議會選舉〉，見《中國現代史專題研究報告》，第 5
　　輯，頁 83–104。

❷　謝彬，《民國政黨史》，頁 51–52；楊幼炯，《中國政黨史》，頁 61；李劍農，《中
　　國近百年政治史》，下冊，頁 383。

所批評。㉓宋又發表〈大政見〉，㉔對袁政府作強烈之指責：

> 民國成立，已屆年餘，而政治之紛擾，無一定策畫如故也。政治之
> 污穢，無掃蕩方法如故也。以若斯之政府，而欲求得良善之政治，
> 既不可能亦不可望矣。㉕

宋教仁一向主張責任內閣制，把總統置於不負責任的地位。宋在〈大
政見〉中，宣布他的構想說：

> 責任內閣制之要義，即總統不負責任，而內閣代總統對於議會負責
> 任是也。今吾國之現行制，責任內閣制也。然有責任內閣之名，而
> 無責任內閣之實，故政治因之不舉。吾黨主張將來憲法上仍採用責
> 任內閣制，並主張正式政府，由政黨組織內閣，實行擔負責任，凡
> 總統命令不特須閣員副署，並須由內閣起草，使總統處於無責任的
> 地位，以保其安全焉。㉖

宋並主張國務總理不由總統提名，而由眾議院選出，總理有權決定國
務員人選，不須經國會同意。在袁世凱及其幕僚人員看來，宋教仁之將總
統大權轉移於國務總理，是由於他自己有意出任此一職務。而且謠傳宋教
仁有擁護黎元洪為總統之說，㉗果真如此，袁欲留任虛位總統亦不可得。
面臨此一困境，袁對宋教仁既妒且恨，遂謀所以對付之策。

袁世凱亦深知宋教仁為一幹才，初欲以金錢籠絡之，曾贈宋五十萬元

㉓　吳相湘，《宋教仁》，頁 217–220。
㉔　原題為〈代草國民黨之大政見〉，全文見葉楚傖等編，《宋漁父》（文星書店，
　　民國 52 年影印版），頁 1–15。
㉕　《宋教仁先生文集》，下冊，頁 180。
㉖　同上書，頁 181–182。
㉗　吳相湘、郭廷以均認定推黎之說並非空穴來風，乃有實據。見吳著《宋教仁》，
　　頁 224–226；郭著《近代中國史綱》，頁 433。

之支票。但宋「原票奉璧」，使袁極感難堪。❷❽袁乃一方面支持梁啟超組織進步黨以在國會中抵制國民黨，一方面計畫「除宋」以絕禍根。時國會已定於 4 月 8 日在北京成立，宋教仁訂期於 3 月 20 日由上海前往北京，不意是晚甫步入上海滬寧路車站，即遭預伏之奸徒狙擊，至 22 日不治身死。這就是舉國震驚之「宋案」——民國開國後最嚴重的一次政治謀殺。

宋案發生後第三天，凶手武士英被緝獲。武士英係為應夔丞所收買，應則受命於內務部祕書洪述祖，洪的主使者為內務總長趙秉鈞，趙的背後竟是臨時大總統袁世凱。當江蘇都督程德全與民政長應德閎於 4 月 26 日，將宋案證據公布後，國人為之譁然。李劍農所作的論斷是：「我們看了前面的證據，不惟可以斷定趙秉鈞是謀殺的嫌疑犯，就是袁世凱也不能不被認為是謀殺嫌疑犯之一，參以後來應桂馨與趙秉鈞暴死的經過，袁之為謀殺犯，尤很明白。」❷❾

儘管宋案發生，國民黨籍議員仍如期前往北京報到，正式國會遂於民國 2 年 4 月 8 日開幕。參議院選出張繼、王正廷分任正副議長，張、王均為國民黨籍；眾議院選出之議長為民主黨之湯化龍，副議長為共和黨之陳國祥。國會甫成立，即有袁政府不經國會同意，逕行簽訂《善後大借款合同》之違法事件發生，袁已不尊重國會的權力，而一意準備以武力對付國民黨，戰火實已不可避免了。

四、蒙藏交涉

俄國垂涎外蒙，由來已久。日俄戰爭 (1904–1905) 中打了敗仗，在中國滿洲地區的擴張受到日人的阻遏，遂專心經營外蒙。日本又於 1907、1910 兩度與俄國簽訂密約，承認了俄國在外蒙的特殊地位與利益，俄人的窺伺益亟。清廷處此情形下，也改變了以往對外蒙的消極政策，一方面鼓勵漢蒙通婚並允許漢人入蒙開墾，一方面又令駐庫倫大臣三多實施「新政」。但三多態度專橫，措置欠當，不僅不能防止俄人的覬覦，且招致外蒙活佛哲

---

❷❽ 宋教仁，〈致袁世凱辭還所賜金錢函〉，見《宋教仁先生文集》，下冊，頁 400。

❷❾ 李劍農，《中國近百年政治史》，下冊，頁 388。

布尊丹巴及一部分王公的疑懼與不滿。俄人從中煽惑，庫倫活佛遂於辛亥六月十五日（1911 年 7 月 10 日）召集會議，密議獨立。❸並派遣由親俄派首領杭達多爾濟親王率領的一個代表團，攜了活佛與四公爵親筆簽名的信件，前往莫斯科，請求沙皇支援。❸這件事，蒙人稱之為「民族運動」，清廷則認定是叛逆行動，宣布杭愛多爾濟等人應處死刑。❸

俄國人很狡猾。對於外蒙代表團忸怩作態，初則拒絕接見，繼則允予支持，但不明言「支持獨立」，表示願作調人。對於中國則又態度蠻橫，於1911 年 8 月 28 日（陰曆七月五日）由駐北京俄使向清廷提出抗議，要求清廷「即日停辦」外蒙的新政，「否則，俄國不能漠視。」❸清廷由於辛亥革命爆發，無力北顧，外蒙遂趁機於宣統三年十月十日（1911 年 11 月 30日）宣布獨立，建立所謂「大蒙古國」，並限令清廷駐蒙的文武官員離蒙。三多經西伯利亞回到內地，受到了「革職候辦」的處分。

俄國人又施出先發制人的策略。一方面向清廷提出要求說：中國如允諾俄人自庫倫至俄國邊境的鐵路建築權，並同意不在外蒙駐兵、不向外蒙殖民、允許蒙人自治的條件，俄政府願意與中國政府商談外蒙問題。❸一方面派克羅斯多維茲 (Ivan Krostowetz) 為全權公使，到庫倫去和外蒙當局談判，要求獲得殖民權和土地佔有權。俄首相闊闊夫策業夫 (Kokovtsov) 曾口頭訓示克羅斯多維茲：「俄羅斯對於蒙古的協助，為了保護他們，甚至不惜使用武力。所以我們應當得到若干報酬，尤其必須要求俄羅斯在蒙古有殖民權，和土地獲得的權利。」❸

中華民國成立後，臨時大總統孫中山以民族平等相號召，希望蒙人覺悟。繼任臨時大總統袁世凱亦就外蒙利害，函勸外蒙取消獨立。外蒙「皇

---

❸　呂秋文，《中俄外蒙交涉始末》（臺北，成文出版社，民國 65 年），頁 10。

❸　札奇斯欽，《蒙古之今昔》（中華文化事業出版委員會，民國 44 年），頁 211。

❸　同上書，頁 212。

❸　陳崇祖，《外蒙古近世史》（商務印書館，民國 15 年），第 1 編，頁 7。

❸　劉彥，《中國外交史》，頁 381。

❸　札奇斯欽，前引書，頁 217–218。

帝」哲布尊丹巴答覆袁大總統:「(獨立事)業經布告中外,起滅何能自由,必欲如此,請即商之鄰邦,杜絕異議。」❸❻這位外蒙政教領袖,顯然並不否認俄人對外蒙的操縱。

俄國想控制外蒙,當然也顧慮到日本和英國的態度。於是先於民國元年 (1912) 7 月,與日本簽訂第三次密約,劃分南北滿和東西蒙的界線,日本支持俄在北滿及外蒙的擴張。俄政府又派其外交部長沙佐諾夫 (Sajonov) 訪問倫敦,以西藏為對英國的交換條件,達成兩國互不干涉的協議,外蒙與西藏其後且於民國 2 年 1 月 10 日私訂協約,互相承認為獨立國。❸❼外交部署妥當後,俄國遂與外蒙在民國元年 11 月 3 日簽訂了所謂《俄蒙協約》及《俄蒙商約》,❸❽俄人因此在外蒙獲得練兵權,領事裁判權,免稅權,自由居住權,開辦銀行、郵政權,租購土地權,河流航行權,經營工商林礦等特權,外蒙實際上已成為俄國殖民地;外蒙所得到者,僅是俄人支持外蒙自治,不准中國派人移民的保證而已。

《俄蒙協約》公布後,中國政府當然抗議。輿論亦至為激昂,「征蒙」之說一時喧騰眾口。但袁世凱大總統顧慮很多,他決定仍然要以與俄國談判的方法來爭回對外蒙的宗主權。先由外交總長陸徵祥與俄國駐華公使庫朋斯基 (Kroupensky) 在北京談判,自民國元年 11 月 30 日至 2 年 5 月 28 日,歷時六個月,會談二十次,達到了五項協議,幾乎把《俄蒙協約》全部承認了。❸❾袁世凱大總統把「協議」提到國會請求批准時,遭到了否決,於是由繼任外交總長孫寶琦再與庫朋斯基談判,於民國 2 年 11 月 5 日達成協議,由於國會已於前一日因袁世凱追繳國民黨籍議員證書而無法開會,此項協議即由袁世凱以聲明文件方式予以接受。雙方又同意於 3 年 9 月 8 日由中、俄、蒙三方在恰克圖會議,以使外蒙接受中俄間的協議。恰克圖

---

❸❻ 呂秋文,前引書,頁 13。

❸❼ 郭廷以,《中華民國史事日誌》,第 1 冊,(中央研究院近代史研究所,民國 68 年),頁 79。

❸❽ 《協約》為四條,《商約》係附約,計十七條。

❸❾ 呂秋文,前引書,頁 61。

會議中，中國代表為畢桂芳、陳籙，俄方代表為亞力山大米勒，蒙方代表
為達喇嘛達錫札布。由於蒙人的不肯就範及俄人的百般刁難，費了九個月
的時間，開了四十八次會，最後才決定了一份《中俄蒙協約》，於民國 4 年
6 月 7 日簽字。依此協約，外蒙承認中國宗主權，俄國承認外蒙為中國領
土，中國則承認外蒙的自治地位以及《俄蒙協約》中俄人所取得的一切權
利。所謂中國的宗主權，亦僅限於冊封外蒙活佛、公文用中國年曆，中國
可在庫倫設辦事大員及在科布多等數處設置專員等幾項權力而已。民國 4
年 6 月 16 日，北京政府特任陳籙為駐蒙都護使，擾攘五年之久的外蒙問題
暫時告一段落。

　　與俄國對於外蒙的企圖大致相似，英國對於西藏的侵略於辛亥革命之
時，亦告轉急。清宣統二年 (1910)，川軍平定了藏亂後就留一部分軍隊駐
在拉薩，達賴十三世逃亡到了印度。清廷任聯豫為駐藏大臣，駐軍統領為
鍾穎。鍾的部屬則多為四川哥老會分子，訓練紀律都不很好。武昌革命之
消息傳抵西藏後，川軍譁變，搶掠寺廟及藏民，於是釀成了藏人與漢人間
的衝突，藏人仇殺漢人，並驅逐了駐藏官吏。達賴十三在印度聞訊後，即
返回拉薩，宣布西藏獨立。達賴因有英國的餉械之助，不僅控制了西藏，
且進兵西康，直薄川邊，連陷裡塘、巴塘及鑪城等要地，對四川、雲南均
已形成威脅。

　　時已民國元年 4 月，臨時大總統袁世凱除聲明西藏為中國領土外，並
派四川都督尹昌衡為征藏總司令，並令雲南都督蔡鍔亦出兵應援。6 月 16
日，四川西征軍自成都出動，英國駐華公使朱爾典亦於同日會見袁世凱，
對藏事表示關切。川軍於 7 月 5 日首敗藏軍，克復了裡塘。尹昌衡也親至
康定督戰。7 月下旬，藏軍不支，退回藏邊。川滇軍有意略事整補後追擊
入藏，英使卻於此際以奉有英國政府訓令，向北京政府提出照會，表示「不
能承認中國有干預西藏內政之權」，並以中國如不能與英政府「訂成條約」，
英政府即不能承認中華民國相要挾。❹

　　時袁世凱方於平定「二次革命」之後，應可據理力爭。但由於他一向

❹　外交部政務司，《藏案紀略》，頁 14。

依恃英使朱爾典為政治上的奧援，不願與英為敵，且蒙事亦尚未解決，遂決定接受英使提議，與英、藏談判。元年 10 月 6 日，袁電令尹昌衡部萬勿過江達以西。10 月 29 日，又明令恢復了達賴十三的名號，「仍請主持黃教」。❹但達賴態度極頑強，不願到北京來商談「如何恢復藏中舊制」。外交部與英使間自民國 2 年 1 月 8 日至 7 月 29 日之間，經過九次磋商，始決定接受以中、英、藏三方代表地位平等的立場，各派全權，至印度西姆拉 (Simla) 舉行會議。

西姆拉會議，係於民國 2 年 (1913) 10 月 14 日開始，中國代表為陳貽範，副代表王海平；英國代表為麥克馬洪 (A. H. McMahon)，西藏代表為西藏「總理大臣」倫興香托拉（Long Chen Shatra，亦譯作廈札）。會議的過程，甚為艱苦，先是藏方提出無理的提案，繼是英方專橫的壓迫，中國方面的意見不受重視。直到民國 3 年 (1914) 4 月 27 日才依據英國方面的「調停案」，訂一暫時草約，內容大要是：分西藏為內藏與外藏二部分，以青海南部及四川西部為內藏，以南及以西之地為外藏，內藏由中國管理，外藏自治；中國應允不在西藏駐兵、設官、殖民，僅可於拉薩駐一大員，英國亦派一商務專員，並各置衛隊；英國承認中國對西藏之宗主權，中國則擔保不將西藏劃為行省。❷陳貽範在草約上簽了字，但向北京政府請示時，得到的答覆是「政府不能承認，應即聲明取消。」❸北京政府也同時致電駐英公使劉玉麟，令其轉告英政府，中國政府對西姆拉會議之條件不能承認。

西姆拉會議中爭執最烈者，為劃界問題。7 月 2 日，英國逕與西藏簽訂正約並換文，麥克馬洪並順手以紅筆劃定藏印東界，無端劃去了西藏的一片土地，這就是所謂「麥克馬洪線」，中國政府一直都拒絕承認。其後十數年間，達賴十三屢次興兵東犯，西藏事實上等於脫離了中國，直到民國 17 年國民政府統一全國後，中央與西藏間的關係才略見轉機。

---

❹　呂秋文，《中英西藏交涉始末》（臺灣：商務印書館，民國 63 年），頁 216–217。

❷　陸興祺，《西藏交涉紀要》，頁 46。

❸　呂秋文，前引書，頁 554。

五、日本趁火打劫──苛毒的《二十一條》

日本是俄、英而外，利用中國辛亥革命民國初建的不穩定時期對華侵略的第三個國家。俄國志在攫取外蒙，英國企圖控制西藏，日本的野心則在把全中國置於其支配之下。從辛亥革命時期的意圖干涉，到民國 4 年之提出《二十一條》，日本的三屆內閣──西園寺公望，桂太郎與大隈重信，一步步加緊侵逼中國的步伐。

辛亥革命時，日本對中國北方的清廷和南方的革命政府，施行兩面政策，企圖造成中國分裂以便日本分別予以控制。日本是不希望中國成為統一的民主國家的，曾經提議國際干涉，並曾有意阻撓各國對中華民國政府的承認。❹但日本的計畫失敗了，中國南北終於成立了統一的民主共和政府。日本乃於民國元年 7 月 8 日與俄國簽訂第三次密約，把南滿東蒙劃為日本勢力範圍，處心積慮的力謀擴張其經濟與政治勢力。

日本的第一步，是提出韓滿通商減稅三分之一的要求。蓋光緒三十三年 (1907) 簽訂的《中日會議東三省事宜附約》曾有滿韓陸路通商應按照最惠國待遇辦理的規定，日本即據以要求比照《中俄中東路合同》的規定准減關稅三分之一。清廷則以滿韓間隔了鴨綠江，不能視作是陸路通商而加拒絕。民國元年，日本把滿韓間的鴨綠江鐵橋建成了，於是再度提出減稅的要求。袁世凱此時已決定對國民黨實行武力鎮壓，亟願交好日本，乃答應了日本的要求，由總稅務司安格聯與日本駐華公使伊集院彥吉於民國 2 年 (1913) 5 月 29 日簽訂了一份《中日朝鮮南滿往來運貨減稅試行辦法》，准減關稅三分之一，日本在南滿的貿易遂居於絕對優勢的有利地位。

日本的第二步，便是藉口民國 2 年 9 月 1 日張勳的辮子兵攻佔南京時，曾有三個日本人被殺害，因而要求懲兇、賠償、道歉；並利用袁世凱有意拉攏日人的弱點，乘機勒索，提出了建築滿蒙五路的要求。袁世凱為了當選正式大總統之後能得到日本的承認，乃於當選大總統的前一天──民國

---

❹　彭澤周，〈辛亥革命與日本西園寺內閣〉，見彭著《近代中日關係研究論集》（臺北：藝文印書館，民國 67 年），頁 387–430。

2 年 10 月 5 日，滿足了日本的慾望——訂立《中日滿蒙鐵路借款預約辦法大綱》，亦稱《中日滿蒙五路換文》。五條鐵路是：㈠四平街至鄭家屯（遼源），㈡開原至海龍，㈢長春至洮南，㈣洮南至承德，㈤海龍至吉林（永吉）。五路合計一千六百公里，均與南滿及安奉鐵路銜接，將南滿、東蒙及朝鮮聯為一體，形成一個鐵路網，來榨取東北的豐富資源。

民國 3 年 (1914) 7 月 28 日，第一次世界大戰爆發。日本以英日同盟關係，於 8 月 23 日對德宣戰。中國已於 8 月 6 日宣布中立，但日本毫無忌憚的登陸龍口，穿越山東半島進攻青島，並於 10 月 6 日進佔濟南。中國政府也曾再三抗議，日本悍然不顧，其欲囊括山東之野心，已為世人共見。11 月 7 日，日軍攻陷青島。中國以戰爭告一結束，要求日本撤出山東，日本不惟不理，且於民國 4 年 (1915) 1 月 18 日由其駐華公使日置益親向袁世凱大總統提出了舉世震駭的《二十一條要求》。❹這是亡人之國的條件，內容分為五號：

第一號四條，目的在佔有山東全省。要求中國承認日本承繼德國在山東的全部權利外，並承諾沿海土地島嶼概不讓與或租借給他國，允日本建築自煙臺或龍口連接膠濟鐵路之鐵路，並開放山東省內主要城市為商埠。

第二號七條，係進一步攫取南滿、東蒙的權利，使日本居於長期獨佔的地位。要求將旅順大連及南滿、安奉兩路的租借期限展期為九十九年，日人在滿、蒙有土地租借權、所有權、設廠權、耕作權、自由居住往來權、經營工商業權、開礦權、建築鐵路權，日本政府則對中國之向外貸款與聘請顧問之同意權，吉林至長春鐵路交由日本管理九十九年。

第三號兩條，漢冶萍公司作為中日合辦，屬於該公司各礦的附近礦山，不准他人開採。

第四號一條，中國政府允准所有沿海港灣及島嶼，概不讓與或租借於他國。

第五號七條，目的在控制中國全國的政治、財政與軍事，中國政府聘

---

❹ 李毓澍，《中日二十一條交涉（上）》（中央研究院近代史研究所，民國 55 年），頁 216–217。

日人為政治、財政、軍事顧問，日本在中國內地之病院、寺院及學校均享有土地所有權，中國警察作為中日合辦，中國所需軍械半數以上採購日本軍械或由中日合辦軍械廠，允日本建築武昌至九江、南昌至杭州、南昌至潮州間之鐵路，日本對福建籌辦鐵路、礦山、及整理港口、船廠，有優先投股權，日人在中國有宣教權。

這是日本大隈內閣處心積慮的侵華計畫，也是世界外交史中最苛毒的一件文書。日置益不循正常的外交途徑送達中國政府，竟直接交與身居元首地位的袁世凱，且以「嚴守祕密，不得洩露」相威脅，尤屬狂妄無禮。然而，袁世凱竟亦未曾拒絕接受此一文件，他令外交總長陸徵祥、次長曹汝霖和日使日置益，參贊小幡酉吉談判。陸不諳日情，僅居名義而已，實際主持《二十一條》交涉的則是臭名昭彰的親日派曹汝霖。

談判於民國 4 年 2 月 2 日開始，袁政府的政事堂通告嚴禁外交人員及各部院錄事洩露談判消息。日本一開始就擺出張牙舞爪姿態，聲言如談判不成，即行出兵，事實上日本海軍艦艇已經在渤海海面游弋示威。但英、法、美諸使已聽到風聲，分別向中、日雙方查詢，日本乃將第一至四號內容通知各國，惟否認侵犯中國主權的獨立。中國報紙刊出《二十一條》消息，日置益數度向曹汝霖警告。至 4 月 17 日，雙方已開會二十四次，由於日本絲毫不肯讓步，交涉暫告停頓。26 日，日本提出《二十四條修正案》，說這是最後的條件，不允再作變更。5 月 7 日，日本即向中國送出了最後通牒，要求中國在四十八小時內——即 5 月 9 日午後六時以前，必須將「第一號、第二號、第三號、第四號之各項，及第五號中國關於福建省公文互換之件，照四月二十六日提出之修正案所記載者，不加以何等之更改，速行允諾。」❹⁶

收到了日本的最後通牒，袁大總統召開了緊急會議，最後的決定卻是忍辱承認。袁派曹汝霖先將中國的決定通知日置益，日置益堅持中國的覆文須先經他閱過，認為滿意，始行接受。袁政府又屈服了，令曹汝霖將覆文文稿送給日置益，日置益要求在「除第五類中五項」一句下加添「容日

---

❹⁶　張忠紱，《中華民國外交史㈠》（正中書局，民國 32 年），頁 156。

後協商」五字，曹汝霖竟也利令智昏的照日置益的吩咐添註上這後患無窮的五個字。中國政府承認《二十一條》的覆文於 5 月 9 日在日人規定的時限內送出，中國的國恥史上又增加了一項「五九國恥」。日置益在接到中國的覆文之後，立即電奏日本天皇:「兵不血刃，獲得了外交上的輝煌勝利!」❹

5 月 25 日，陸徵祥和日置益正式簽訂了《二十一條》交涉的最後協議，稱之曰《中日協約》，亦稱《中日新約》，並互換照會。❹6 月 2 日，袁世凱批准了《中日協約》與換文。8 日，中日兩國互換新約。至是《二十一條件》的交涉告一段落，國民反日惡袁的情緒卻因而高漲。❹袁世凱為換取日本對他帝制運動的支持，竟甘為喪權辱國的罪魁禍首，且於 6 月 18 日發布〈取締抵制日貨運動及革命黨煽亂活動〉的命令，擺出磨刀霍霍的姿態，兩個月後帝制運動的一幕就開始上演了。

第二節　討袁運動

一、二次革命與中華革命黨成立

「二次革命」，亦稱「贛寧之役」，或曰「癸丑之役」。這是國民黨人於辛亥革命之後，發動的另一次武裝革命行動。辛亥革命以推翻清廷，創建民國為目標;二次革命則以討袁為號召，亦即舉兵討伐當時的臨時大總統袁世凱。

實在說來，國民黨之討袁是一種被動的反擊行動，袁世凱本人才是挑起「討袁」的主動者。早自民國元年 11 月間，袁已對國民黨人發出警告，表示如有「亂黨」搗亂，必將嚴辦。民國 2 年 3 月 20 日之購兇刺殺宋教仁，

---

❹　古屋奎二，《蔣總統秘錄》(中央日報社譯印本)，第 4 冊，頁 172。

❹　計條約二件，換文十三件。

❹　民間發起排斥日貨運動，以為抵制。漢口商民於民國 4 年 5 月 13 日即因排斥日貨與日人衝突，日人五名受傷。鎮江、蕪湖、漢陽、瀋陽等地，均發生排日風潮。

乃是袁氏決心不惜以任何手段對付國民黨的先聲。孫中山這時正在日本訪問，他於聞變之後即行返國，於 3 月 25 日與黃興等商討對付袁世凱的辦法，主張先發制人，以武力討伐。但黃興不同意，主張靜候法律解決。❺⓪國民黨人因此延緩了應付袁氏挑戰的行動，使袁有了更充裕的時間來完成其武力鎮壓國民黨的部署。

　　4 月 26 日，袁政府的財政總長周學熙擅行與英、法、德、俄、日五國銀行團簽訂了所謂《善後大借款合同》，借款二千五百萬鎊，合二億五千萬元。借款一事，本來在清末即已開始進行，民國建國後，唐紹儀、熊希齡也曾繼續商談，但因五國銀行團的條件過苛，唐、熊拒絕接受。袁世凱為了對付國民黨人，急需這項借款，竟令周學熙不經國會同意，就以非法的手段簽約。借款的條件又苛刻無比：年息五厘，八四折交款，以鹽稅作擔保，收稅開支均受外國人審定、監督，嚴重損害了中國的主權。❺① 消息傳出，國人無不視之為倒行逆施，反對之聲浪有如潮湧。國民黨人反對尤烈，❺②國會更提案彈劾。❺③ 湘、贛、皖、粵四省都督譚延闓、李烈鈞、柏文蔚、胡漢民於 5 月 5 日聯名通電反對，要求袁世凱「立罷前議」，希望副總統、國會及各省各黨「協力抗爭」。❺④ 袁世凱也斷然還以顏色，嗾使北方各省都督馮國璋等於 5 月 15 日聯名通電詆諆黃興，袁於同日頒令撤銷黃興之陸軍上將，並誣指黃興為北方暗殺團體「血光團」團長，聲稱要加「傳訊」。❺⑤ 袁的京畿陸軍執法處處長陸建章並於 5 月 17 日，以「血光團」嫌疑拘捕了國會議員謝持，北京城內真的已見「刀光血影」在向國民黨人閃閃而動了。

---

❺⓪ 孫中山，〈與黃興論癸丑失敗之由並勸其歸國函〉，民國 4 年 4 月。

❺① 王綱領，《民初列強對華貸款之聯合控制——兩次善後大借款之研究》（中國學術著作獎助會，民國 71 年），頁 49–54。

❺② 《革命文獻》，第 42、43 合輯，頁 329–344，國民黨反對違法大借款之文件。

❺③ 鄒魯等彈劾違法大借款之提案，見上海《民立報》，民國 2 年 5 月 7 日。

❺④ 上海《民立報》，民國 2 年 5 月 8 日。

❺⑤ 所謂「血光團」事件，係由一變節黨員周予儆自稱「女子暗殺團團長」，向北京地方檢查廳自首，謂奉「血光團」團長黃興命進行暗殺，北京地方檢查廳遂欲傳訊黃興，實係對於江蘇地方檢查廳之傳訊趙秉鈞所作之對抗行動。

　　6月9日，袁世凱斷然下令將江西都督李烈鈞免職。五天後又下令免了粵督胡漢民，接著就核准漢粵川鐵路督辦岑春煊的辭職。湖北的黎元洪配合袁世凱的行動，於6月24日搜查國民黨人在漢口辦的《民國日報》，捕去了國民黨員四十餘人。30日，袁又下令免除了安徽都督柏文蔚的職務。同時期內，袁已密令北洋嫡系的第六師李純部進入皖贛，並派人將湖南長沙的軍械庫爆炸，使譚延闓不敢輕舉妄動。

　　袁世凱步步進逼，國民黨人也只有以兵戎相見了。7月12日，李烈鈞在江西湖口宣布獨立，通電討袁，揭開了二次革命的序幕。接著黃興在南京（7月15日）、柏文蔚在安慶（7月17日）、陳其美在上海（7月18日）、陳炯明在廣州（7月18日）、許崇智在福建（7月19日），先後宣布討袁。參議院院長張繼發表宣言斥袁罪狀，孫中山亦發表宣言並致電袁氏，勸其辭職。❺❻7月25日，湖南宣布獨立，至8月4日，熊克武又在重慶起兵討袁。討袁軍事先後興起於贛、蘇、皖、粵、閩、湘、川七省，聲勢亦頗能轟動一時。但討袁軍係倉卒起兵，力量薄弱，上海討袁軍屢攻製造局而不能下，黃興又以南京不穩而離去，安慶發生兵變，陳炯明、許崇智又均被迫出走，討袁軍很快就都失敗了。9月12日，重慶的討袁軍為擁袁的滇、川軍所逐，二次革命遂告完全失敗。

　　袁世凱決心完全摧毀國民黨的勢力。他先已下令拏辦李烈鈞，褫奪黃興、陳其美、柏文蔚等人官職及榮典，並於7月23日下令撤消孫中山的「籌辦全國鐵路全權」。31日令國民黨於三日內開除黃興等人黨籍，並懸賞緝拏黃興、陳其美等二次革命首要。對於國會，袁世凱尚需要有法定數額的議員選舉他為正式大總統，暫緩採取行動，但已有議員丁象謙、褚輔成等八人被捕，❺❼伍漢持、徐秀鈞等人被殺。❺❽及10月6日，袁威脅國會選他

---

❺❻　《國父年譜》，上冊，頁524。

❺❼　被捕八議員是參議員丁象謙、趙世鈺、朱念祖、張我華、高蔭藻，眾議員褚輔成、常恆芳、劉恩格；被捕日期是民國2年8月27日。

❺❽　伍漢持係眾議員，8月1日被捕，同月19日被槍殺於天津。徐秀鈞亦為眾議員，於7月間被捕，9月1日被殺於九江。

為正式大總統，並於 10 月 10 日就職後，遂於 10 月 15 日由北京總檢查廳明令通緝孫中山、黃興、張繼等國民黨領袖及二次革命之發動者二十餘人。❺❾11 月 4 日，袁終於下令解散了國民黨，並取消了國民黨籍的國會議員資格。❻⓿八天以後，袁再下令各省省議會中之國民黨籍議員資格，也一律取消。

二次革命失敗後，國民黨的領袖孫中山及主要領導幹部，又都亡命到海外。孫中山、黃興、陳其美等到了日本，李烈鈞、陳炯明、柏文蔚等去了南洋。大家檢討這次失敗，看法未盡一致；對今後進行計畫，亦有急進、緩進之分。孫中山則深以此次討袁行動中事權不統一，黨員太散漫為戒。他決定創立一個新的革命黨──中華革命黨，繼續進行討袁革命。他係於民國 2 年 8 月 18 日到達日本東京，四十天後的 9 月 27 日就已有王統、黃元秀、朱卓文等五人宣誓入黨，其態度之堅決與行動之迅速，可見一斑。❻①

中華革命黨雖在民國 2 年 9 月即已開始接納黨員入黨，但遲至民國 3 年 6 月 23 日始舉行選舉大會，選舉孫中山為總理。7 月 8 日，孫氏宣誓就職，同時頒布〈中華革命黨總章〉，宣告中華革命黨正式成立。依據〈總章〉，中華革命黨「以實行民權、民生兩主義為宗旨」，「以掃除專制政治，建設完全民國為目的。」並將進行程序分為三期：㈠軍政時期；㈡訓政時期；㈢憲政時期。黨員入黨的條件則是：「必須以犧牲一己之身命自由權利而圖革命之成功為條件，立約宣誓，永久遵守。」❻②

中華革命黨的機關報為《民國雜誌》，創刊於民國 3 年 5 月 10 日。總編輯為胡漢民，編輯為居正、戴傳賢、朱執信、邵元沖等人。黨本部分設總務、黨務、財政、軍事、政治五部，分別由孫中山任命陳其美、居正、張人傑、許崇智、胡漢民為部長。❻③

---

❺❾　鄧澤如，《中國國民黨二十年史蹟》，頁 116–118。

❻⓿　白蕉，《袁世凱與中華民國》，頁 79–82。

❻①　首批宣誓入黨的五人是王統（亦名王統一）、黃元秀、朱卓文、陸惠生、馬素。

❻②　《革命文獻》，第 5 輯，頁 3–4。

❻③　居正，〈中華革命黨時代的回憶〉。

中華革命黨的首要目標，為進行討袁。黨本部於民國 3 年 9 至 12 月間召開革命方略討論會，制訂〈革命方略〉一種，為組織中華革命軍在國內進行討袁的最高依據。❻❹民國 2 年至 5 年間，中華革命黨曾分別在江蘇、浙江、江西、廣東、湖南、湖北、山東、奉天等省發動討袁軍事，負主要責任者則為陳其美、范光啟（鴻仙）、朱執信、鄧鏗、蔣中正（介石）、夏爾璵、夏之麒、楊王鵬、吳藻華、居正等人，范光啟、楊王鵬、陳其美、夏爾璵、夏之麒等且以身殉。❻❺

二、袁世凱成為「變相的君主」

袁世凱一生最大的弱點，便是思想落伍。他的封建意識濃厚，權力慾特強。他不喜歡《約法》，也不想要憲法，只想集全國大權於一身，由臨時大總統成為正式大總統，由任期大總統變為終身大總統，最後的打算則是把自己由中華民國的大總統變成「中華帝國」的「大皇帝」。

袁討厭國會，也不喜歡內閣。趙秉鈞以袁的私人出任國務總理時，袁即令他把唐紹儀所設的國務會議移至總統府，內閣制的精神已完全喪失。❻❻民國 2 年 11 月 4 日解散國民黨，並收繳國民黨籍國會議員的證書後，國會事實上已無法開會。袁這一摧殘民意機關的非法行動，使一向親袁的進步黨籍議員也感到不平，鄧毓怡等一百九十三位議員曾聯名提出質問。❻❼詎袁世凱不予理會，到民國 3 年 1 月 10 日乾脆就把國會解散了。隨後又停辦各省自治會，解散各省省議會，使中華民國這個民主共和國除了「中華民國」四個字的國號外，再也沒有半點民主共和的氣息。

當然，袁世凱也需要個御用機構，作為他建立獨裁統治的墊腳石。這

❻❹　討論會議紀錄見《革命文獻》，第 45 輯，頁 1–16；〈革命方略〉全文見《國父全集》，第 1 冊，頁 313–418。

❻❺　范光啟於民國 3 年 9 月 20 日於上海被刺，夏之麒於民國 4 年 11 月 7 日在上海被刺，楊王鵬於民國 5 年 2 月 19 日在長沙戰死，夏爾璵於 5 年 5 月 1 日在杭州殉難，陳其美於 5 年 5 月 18 日在上海被刺。

❻❻　白蕉，《袁世凱與中華民國》，頁 48。

❻❼　上書，頁 82–87。

個機構叫做「中央政治會議」，係由袁於民國 2 年 11 月 26 日以行政命令設立的，會長是前清時代的雲貴總督李經羲，政治會議建議袁解散國會，另設一個「造法機關」，照袁的意思來另造一部「約法」。民國 3 年 3 月 18 日，所謂「造法機關」的「約法會議」正式在北京開幕。議長是孫毓筠，副議長是施愚，議員有六十人，不是清朝遺老，就是供袁驅策的軍閥和政客。「約法會議」為袁制訂了一種《中華民國約法》，由袁以大總統名義於 5 月 1 日公布。時人稱之為《新約法》或《袁記約法》。

《新約法》的最大特點，是把大總統的職權提高到和君主國的君主差不多相同的地位，總攬全國的「統治權」。[68] 大總統為「行政首長」，廢除了國務院和國務總理，另於總統府內設一「政事堂」，以國務卿為首領，下設左、右兩丞來協助國務卿。袁世凱特任徐世昌為國務卿，而由袁的兩位親信楊士琦、錢能訓為左、右丞，實際上不過是袁的家僕而已。袁又改訂了地方官制，裁撤了各省都督，改由中央將軍府派將軍駐省為軍政最高長官，原來的民政長改稱巡按使，建立了充滿封建色彩的中央集權制度。

袁建立其獨裁地位的另一步工作，便是把一些不屬於北洋系統，或是在二次革命時態度曖昧的封疆大吏，內調北京加以監視，另派其北洋將領接替。第一個被內調的是湖北的黎元洪，袁要他去北京專任副總統，湖北都督一職由段祺瑞接替。湖南的譚延闓和福建的孫道仁，曾在名義上參加二次革命，當然免職。浙江的朱瑞和雲南的蔡鍔也因在二次革命時持中立立場，而被免職內調。尤其是蔡鍔，袁實在不放心他，因此調他到北京去做「昭威將軍」以便於監視。袁自己清楚，蔡也心裡明白。蔡虛與委蛇一年又半，最後還是設計脫出了袁的掌握，成為討袁的健將。

被袁玩弄於掌上的政治人物，還有梁啟超及其領導下的進步黨一系人士。梁是真心真意支持袁世凱的，進步黨更是袁在國會中的御用黨。袁於平定二次革命後，曾於民國 2 年 9 月特任熊希齡為國務總理，組成了包括梁啟超在內的所謂「人才內閣」——實際上可說是進步黨內閣。梁啟超「名義上主持司法，實則與熊希齡共決大計。」[69] 此時梁的得意，是可以想像得

─────────

[68]　全文見白蕉，《袁世凱與中華民國》，頁 125–136。

到的，他最少有三封信為袁劃策，並建議袁「挾國會以號召天下」。**⑩** 但梁
啟超錯了。袁並不需要國會，他解散了國會。進步黨人本係以國會為活動
場地，國會解散，進步黨人也就不再有利用價值，熊內閣倒臺，梁啟超也
就被袁閒置一邊了。郭廷以批評梁說：「戊戌變法，梁等曾為袁所賣，現又
重嚐苦果。」**⑪**

三、洪憲帝制一幕醜劇

　　袁氏《新約法》規定立法機關為「立法院」，由大總統召集；另又規定
設一「參政院」，其職務為「應大總統之諮詢審議重要政務」。「立法院」始
終未曾成立，而由參政院代行其職務，參政院成立於民國 3 年 5 月 26 日，
由黎元洪，汪大燮分任正副院長，參政員七十三人都是袁世凱聘任的，大
半是前清舊臣，但也包括梁啟超和蔡鍔等少數進步黨人士。參政院的職責，
在為袁世凱的擴大權力開路。民國 3 年 8 月，修改了原由國會制訂的〈大
總統選舉法〉，把大總統的任期由五年改為十年，期滿參政院得議決繼續連
任，連任屆次並無限制，如須改選，現任大總統得推薦三人為候選人，等
於大總統繼任人由現任大總統指定。這一來，袁世凱就成了有「法律」依
據的終身大總統，且可指定繼承人，與世襲的君主毫無二樣。但袁尚不以
此為滿足，他要做一個實質上的大皇帝。

　　民國 3 年這一年，袁世凱一方面恢復帝制時代的政制，一方面起用滿
清政府的遺臣，因此有人誤以為袁有意要清帝復辟。勞乃宣、宋育仁這般
頭腦冬烘的復辟論者，都犯了這個毛病，經肅政史夏壽康一彈劾，宋育仁
就被「遞解回籍」，並被扣上一個「邪詞惑眾」的罪名。到了民國 4 年袁接
受日本的《二十一條》後，帝制自為的野心已是路人皆知。於是善於投機
的「六君子」——楊度、孫毓筠、嚴復、劉師培、李燮和及胡瑛，就於 4
年 8 月 14 日發起組織一個「籌安會」，甘心作袁氏帝制運動的馬前卒。有

⑥⑨　張朋園，《梁啟超與民國政治》，頁 33。

⑦⓪　丁文江，《梁任公先生年譜長編初稿》，頁 422–424。

⑦①　郭廷以，《近代中國史綱》，頁 437。

人指出這六個「君子」，有四條鴉片煙槍，一個縱橫之士，一個失意軍人，兩個變節的革命黨人，還有兩個守舊派的學者。❼❷六人之中，似乎沒有一個可以稱得上是真正的君子！

8月3日，袁政府的憲法顧問美國政治學教授古德諾 (Frank J. Goodnow) 發表了一篇〈共和與君主論〉的文章，認為中國在目前情形下，「君主體制較共和體制為宜」。❼❸於是籌安會就以這句話做根據，於8月16日在各報大登啟事，作帝制鼓吹。雖然古德諾次日對新聞記者加以聲辯，說是籌安會誤解了他的話，但民間的印象已經形成，沒法抹掉了。❼❹袁的另一法律顧問日本人有賀長雄，也發表了幾篇文章，旁推側敲的為帝制張目。❼❺楊度本人也於8月26日發表了他的〈君憲救國論〉，公然宣傳帝制，袁世凱絲毫不加干涉。

籌安會於8月14日發起，23日正式成立，楊度為理事長，孫毓筠為副理事長，其餘四個「君子」為理事。雖然有反對者呈請取消籌安會之舉，袁卻表示籌安會只限於國體討論，不必管它。籌安會的進行辦法是發動各種公民團體，向參政院請願變更國體。袁的祕書長梁士詒卻嫌其迂緩，又爭著立擁戴之功，因於9月19日組成「變更國體全國請願聯合會」，推沈雲霈為會長，向參政院建議以「國民代表大會」來解決國體。參政院遂指派梁士詒等起草召集「國民代表大會」的辦法，梁士詒遂代替楊度而成為帝制運動的先鋒人物。楊度於失望之餘，於10月15日將籌安會改組為「憲政協進會」。

在梁士詒、朱啟鈐等一干帝制分子推動下，變更國體的行動加速度的進行。所謂「國民代表大會」的代表選舉，於10月25日至11月5日的十

---

❼❷　臺灣中華書局編輯部，《袁世凱竊國記》（民國43年1月），頁338。

❼❸　古德諾文發表於民國4年8月3日，全文見白蕉，《袁世凱與中華民國》，頁162–174。

❼❹　邳玉汝，〈袁世凱的憲法顧問古德諾〉，見《中國現代史專題研究報告》，第7輯，頁123–147。

❼❺　林明德，〈日本與洪憲帝制〉，見《中國現代史專題研究報告》，第3輯，頁149–218。

天內辦竣，同時在當地舉行國體投票。投票時並同時具呈「推戴書」，文字
是規定好的，一字也不能更改。朱啟鈐、周自齊、梁士詒等於投票前密電
各省：

> 國體投票解決後，應用之國民推戴書文，內有必須照敘字樣，曰：
> 國民代表等「謹以國民公意，恭戴今大總統袁世凱為中華帝國皇帝，
> 並以國家最上完全主權奉之於皇帝，承天建極，傳之萬世。」此四十
> 五字，萬勿絲毫更改為要。**❼❻**

　　果然，全國「國民代表大會」代表投票數一千九百九十三票，全部贊
成帝制，推戴書文字完全照錄朱電中的四十五字。這種自欺欺人，掩耳盜
鈴的做法，只有利令智昏的人才能做得出來。參政院於 12 月 11 日向袁世
凱呈遞了這些推戴書，12 日袁就接受了。他並接受文武官員的祝賀，並設
立了「大典籌備處」，以朱啟鈐為處長，大肆鋪張，準備於民國 5 年元旦登
基。12 月 21 日，袁世凱申令改明年為「中華帝國洪憲元年」，中華民國的
命運就這樣被袁世凱斷送了。

　　可是袁世凱沒有想到，皇帝的美夢雖甜，但不可能長久。因為國內的
反袁勢力以及國際間的壓力，都不允許他長此倒行逆施。從「洪憲」元年
元旦開始，到 3 月 22 日被迫撤消承認帝位案，23 日正式廢止「洪憲」年
號，一共為八十三天，袁的帝制迷夢終於破滅了。又過了七十三天，他終
於在極不名譽的情形下羞憤而死！

四、護國之役

　　袁世凱洪憲帝制之失敗，一方面由於國內反袁勢力之強大——尤其是
中華革命軍與護國軍的軍事力量，一方面也是由於列強的干涉——尤其是
日本，施展了先縱後擒的伎倆，構成了帝制運動的致命傷。

　　就國內而言，袁世凱面對著五部分反對的勢力：一是中華革命黨，二

---

❼❻　黃毅，《袁氏盜國記》（文星書店影印本），頁 91。

是雲南護國軍，三是國會議員，四是社會名流，五是袁的一部分北洋將領。這五種反袁力量逐漸形成了聯合行動，使袁陷於眾叛親離的悲慘境地，洪憲帝制就難逃覆亡的命運了。

最先發難，且反袁意志最堅決的是革命黨人。被認為是激進派的中華革命黨，固然是武裝討袁的先鋒，即以溫和派自許的「歐事研究會」，民國5年以後也成為反袁運動的主要力量。[77] 從民國3年6月至5年5月的兩年間，中華革命黨人先後在國內發動十多次討袁行動，其中以下開九次規模較大：

㈠ 3年6月28日，李國柱起討袁軍於湖南郴縣，苦戰兩月，死難官兵兩千餘人。

㈡ 4年7月17日，鍾明光謀炸廣東將軍龍濟光，不成，遇難。

㈢ 4年11月10日，陳其美命王曉峰、王明山刺殺上海鎮守使鄭汝成。

㈣ 4年12月5日，陳其美、蔣中正等在上海策動肇和軍艦起義，並進攻製造局、警察局、工程總局，歷時兩日，甚為壯烈。

㈤ 5年1月6日，陳炯明、鄧鏗等起討袁軍於廣東，進攻惠州，與龍濟光軍激戰五日。

㈥ 5年2月18日，蔡濟民等發動武昌南湖馬隊起義討袁，不成。

㈦ 5年2月19日，廖湘芸、楊王鵬等率眾進攻長沙省署，楊王鵬等二十八人死難。

㈧ 5年4月14日，蔣中正率革命軍佔領江陰砲臺。

㈨ 5年5月4日，居正舉兵於山東濰縣，稱中華革命軍東北軍，擁有兩師之眾，佔領魯中十數縣，一度進攻濟南。

當然，勢力最強大，具有決定性影響的討袁力量，是民國4年12月25日在雲南昆明以討袁義師號召全國的護國軍。[78] 這一全面性的討袁行動，包括了三派力量：一是雲貴兩省的軍人，以唐繼堯為首，劉顯世和之；一

---

[77]　蔣永敬，〈歐事研究會的由來與活動〉，見《傳記文學》，34卷5期。

[78]　有關護國軍討袁史料，見曾毅編，《護國軍紀事》；《革命文獻》，第47輯；梁啟超，〈團體戰爭躬歷談〉，《盾鼻集》；《李宗黃回憶錄》。

是進步黨人，以蔡鍔為首，影響蔡鍔頗力的人是梁啟超；一是被稱為溫和派的老國民黨人，即李烈鈞和方聲濤。其中以唐繼堯、蔡鍔、李烈鈞三人為首，國人共認為「護國三傑」。

籌安會公然宣傳帝制後不久，梁啟超發表一篇〈異哉所謂國體問題者〉的文章，公開反對帝制，轟動一時。梁的反帝制意志很堅決，他說即令全國四萬萬人中三萬萬九千九百九十九萬九千九百九十九人贊成帝制，剩他一人也「斷不能贊成」。❼❾蔡鍔在北京亦祕密與滇黔聯絡，滇黔亦派戴戡、王伯群北上謁蔡密商。❽❾再經梁啟超的說動與策畫，蔡鍔遂離京赴津，旋經日本、臺灣及越南，潛返昆明。蔡與黃興有聯絡，蔡的祕書長周鍾嶽於稍後返滇時，繞道東京，曾晉見孫中山，有所請示。❽❶以是雲南起義與中華革命黨亦非毫無關係，且雲南軍中的中級幹部鄧泰中、楊蓁、田鍾穀、董鴻勳等人，亦均為中華革命黨黨員。❽❷

護國軍於 4 年 12 月 25 日起義後，蔡鍔任第一軍司令官，進兵四川、貴州，李烈鈞為第二軍司令官，進兵廣西，以圖廣東，唐繼堯以雲南都督兼第三軍司令官，留守雲南。5 年 1、2 月間，貴州雖響應，護國軍在川作戰，並不順利。3 月 15 日，廣西陸榮廷宣布獨立，護國軍聲勢始為之一振。其後，廣東、浙江兩省相繼獨立。5 月 1 日，成立兩廣護國軍都司令部於肇慶，8 日擴大為護國軍軍務院，以唐繼堯為撫軍長，岑春煊為撫軍副長，梁啟超為政務委員會委員長，李烈鈞等為撫軍，是為西南各省護國軍的統一指揮機構，軍務院且宣稱代行國務院職權，反袁但仍擁護黎元洪。

國會議員谷鍾秀、張耀曾、孫洪伊等在上海組成「共和維持會」，創刊《中華新報》，呼籲反袁，唐紹儀、伍廷芳甚至張謇等人，亦不滿意袁氏所為，勸袁引退。最後迫使袁世凱取消帝制的壓力，還是來自北洋系內部。5 年 3 月 20 日，袁發現了馮國璋、張勳、李純、靳雲鵬、朱瑞等聯合各省

---

❼❾ 丁文江，《梁任公先生年譜長編初稿》，頁 458。

❽❾ 〈王伯群報告〉，《革命文獻》，第 47 輯，頁 6。

❽❶ 周鍾嶽，〈雲南起義史實之回顧〉，見重慶《中央日報》，民國 32 年 12 月 26 日。

❽❷ 《革命文獻》，第 47 輯，頁 37，劉德澤文。

要求取消帝制的密電，因而有 22 日取消帝制的宣布。及 5 月間，馮國璋發起南京會議而陝西又宣布獨立，袁遂把「政事堂」改稱國務院，任命段祺瑞為國務總理，表示恢復民國官制。但已經沒法挽救其命運了，十九省公民代表宣言否認袁的總統地位，中華革命黨和護國軍軍務院又堅持非袁下野不可。5 月 22 日，四川將軍陳宧宣布與袁斷絕關係，七天後，湖南將軍湯薌銘也宣布獨立。這兩個袁的爪牙一一離袁而去，袁乃於 5 月 29 日宣布了帝制案始末，表示認輸了，一病竟不起！

　　國際間對洪憲帝制的厭棄及日本的反臉成仇，也為袁世凱所始料不及。他於發動帝制之初，曾與英使朱爾典，美使芮恩施 (Paul S. Reinsch) 透露過，朱爾典表示贊成，芮恩施認為這是中國內政，不加干涉。日本當局，更是或明或暗的對袁慫恿，甚至表示於必要時予以協助。❽ 及至帝制運動真的成為事實，列強卻都改變了態度。4 年 10 月 28 日，英、俄、日三國首次對袁提出勸告。12 月 15 日，英、俄、法、意、日五國公使再度對袁提出警告。袁世凱迫於壓力，所以決定採對內用洪憲，對外仍稱民國之兩面態度。

　　袁世凱也曉得挑起國際干涉的主動者，是日本。他想派農商總長周自齊為特使以慶賀大正天皇正位為名，前往日本疏通，日本政府本也同意了，不料忽於 5 年 1 月 16 日改變了態度，拒絕接待袁的特使，使袁大感狼狽。3 月間，日本內閣正式決議反對袁的帝制，並公然支持中華革命軍與護國軍，袁進退失據，就只有宣布取消帝制了。袁於 4 年 5 月接受日本《二十一條要求》，本在換取日本對他稱帝一事的支持，事實卻又為日本所賣，袁真是有口難言，這也反映出一個媚外賣國之「一代梟雄」的悲哀。

第三節　法統之爭

一、貌合神離的一年

　　袁世凱於民國 5 年 (1916) 6 月 6 日死亡，洪憲帝制的醜劇遂告落幕。

---

❽　林明德，〈日本與洪憲帝制〉。

但一個新的問題——中華民國的法統問題，卻又形成了南北爭執的焦點，發展為長達六年的護法運動。

袁世凱死後，由副總統黎元洪繼任大總統，自然是順理成章的。擁黎本是護國軍軍務院的主張，孫中山也不反對。但黎元洪繼任大總統的法理依據——係依據民國元年的《舊約法》還是民國三年的《新約法》？卻成了問題。根據《民元約法》，黎是「繼任」大總統，任期直至滿了袁的五年任期（民國 2 年 10 月至 7 年 10 月）為止。若是根據《民三約法》，黎僅是「代行」大總統職權，期限依規定祇有三天，三天之內就要辦理新總統的選舉。兩種情形截然不同，黎元洪本人卻弄不清楚，一任國務總理段祺瑞的擺佈。

段祺瑞於袁死之日，以國務院名義發表的通電說，副總統黎元洪係依據《民三約法》第二十九條，代行大總統職權，黎的就職誓詞則謂「當依據民國元年頒布之《臨時約法》接任大總統之職權」。就法理言，依據《民元約法》才是對的。對段來說，《民元約法》採行內閣制，對他是有利的，但他反對《民元約法》，是因為他不願意恢復被袁世凱解散過的國會。段這個人在北洋軍人中，無論能力和人品都是很不錯的，但他倔強成性，剛愎自用，這次的約法之爭完全是由於段一個人固執成見。

護國軍軍務院、中華革命黨及國會議員們，函電交馳，堅持恢復《民元約法》，召開國會並懲辦帝制禍首，岑春煊、孫中山、黃興、唐繼堯等數度致電黎元洪促其表明立場。黎是同意恢復《民元約法》的，但他要看國務總理段祺瑞的臉色行事。段仍執迷不悟，於 6 月 22 日通電反對《民元約法》，堅持以《民三約法》為行政標準。第二天，孫中山致電段祺瑞，警告他「不為莠言所惑，重陷天下於糾紛」，[84] 梁啟超等也電段氏，提醒他身為國務總理，國務院這一機關就是根據《民元約法》而設立的，反對《民元約法》，自己就先喪失了立場。[85] 但段仍託詞狡辯。6 月 25 日，駐滬海軍總司令李鼎新，第一艦隊司令林葆懌等宣布加入護國軍，要求恢復《民元約法》及召集民二國會，段祺瑞這才軟化下來。[86] 6 月 29 日，黎元洪申令

[84]　《國父年譜》，下冊，頁 649。

[85]　李劍農，《中國近百年政治史》，下冊，頁 478–479。

仍然遵行民國元年 3 月 11 日公佈之《臨時約法》，並定 8 月 1 日繼續召集民國 2 年 4 月 8 日開幕，3 年 1 月為袁世凱解散之國會。袁死後的法統之爭，才算告一段落。

　　5 年 7 月 6 日，北京政府下令將各省將軍改稱督軍，巡按使改稱省長。14 日，下令通緝楊度、孫毓筠、梁士詒等十數名帝制禍首，算是接受了南方的要求。於是護國軍軍務院也就在 7 月 14 日這一天，宣布撤消，國家在名義上復歸於統一。8 月 1 日，國會正式復會。10 月 10 日國慶日，黎元洪令授孫中山大勳位，蔡鍔一等勳位，以表示真誠合作之意。政治上暫時出現了令人欣慰的和諧氣氛，只可惜這只是表面現象，實際政治圈裡卻依然在波濤詭譎，黎段間固同床異夢，南與北亦貌合神離！

　　首先，北京政府內部就有府院對立，互相傾軋的現象。府是總統府，院是國務院。國務院的祕書長徐樹錚 (1880-1925) 跋扈專擅，不把大總統看在眼裡，這使得總統府祕書長丁世嶧 (1888-1930) 大為不滿，兩人成積不相能之勢。國務院內也有徐樹錚和內務總長孫洪伊 (1869-1936) 之水火難容，以及外交總長唐紹儀為段系北方軍人所阻不能到職之事。孫洪伊是老進步黨人，討袁期間轉變為國民黨人，他在廣東的龍（濟光）李（烈鈞）衝突中主張嚴懲龍濟光，又主張選舉馮國璋為副總統，因此為段、徐不滿，必欲去之而後快。段祺瑞曾面請黎元洪免孫洪伊職，黎未同意。及國會於 10 月 30 日選出馮國璋為副總統，孫始辭內務總長職，徐樹錚亦因各方責難而不安於位，繼孫之後辭職，段派張國淦接任國務院祕書長職。

　　國會復會後，也出現了派系凌轢，紛然雜陳的現象。本來在討袁期間，岑春煊、梁啟超都提出「不黨」的主張，孫中山也同意在國會中不採大黨主義。但當國會進行制憲時，舊進步黨人與舊國民黨人都又組成了若干小派系，經過一段醞釀與演化，就又形成了兩派對立的形勢：一派是國民黨籍國會議員張繼、孫洪伊、林森、吳景濂等組成之「憲政商榷會」，主張憲法中規定省憲大綱，省長民選；❽❼一派是進步黨人梁啟超、湯化龍、王家

---

❽❻　《東方雜誌》，13 卷 8 號。

❽❼　憲政商榷會成立於民國 5 年 9 月 9 日，內分四系：政學會、益友社、政餘俱樂

襄、林長民等組成的「憲法研究會」──習稱「研究系」,支持段祺瑞之主張,力主中央集權、省長官派。⑧由於研究系採行依附段祺瑞之政治路線,在國會中處處與舊國民黨人對立,一部分國民黨人又出以激烈的手段對付,因而形成積不相能的局面。5 年 12 月 8 日,參眾兩院舉行憲法會議時,兩派議員因爭執省憲大綱列入憲法問題,發生毆鬥。6 年 2 月以後,對德奧參戰問題發生,政潮就一發而不可收拾,終又導致了國會第二度被解散的悲劇,為復辟分子製造了為禍民國的機會。

二、 參戰案與溥儀復辟

民國 6 年 (1917) 2 月 1 日,德國宣布以潛艇實施海上封鎖,美國遂於 2 月 3 日對德絕交,並希望中國政府採取一致行動。國務總理段祺瑞與研究系領袖梁啟超相互結納,認為這是個發展勢力的好機會,不僅主張對德絕交,且進而加入協約國,對德、奧宣戰。2 月 9 日,北京政府對德抗議;3 月 14 日,對德絕交。雖然有不少人反對,段祺瑞都一一做到了。但到 5 月間,參戰案提出於國會時,卻導發了軒然大波。

堅決主張參戰的人,一個是段祺瑞,一個是梁啟超。段主張參戰,是想藉參戰的機會向日本借款和購買軍械,以增強其武力,作為對付國內反對派的資本。梁之熱衷於參戰,一方面是出於政治的動機想巴結段祺瑞,一方面藉參戰獲得近利──如收回德、奧租界,延期交付庚子賠款等,並提高中國的國際地位。⑧但身為大總統的黎元洪不贊成參戰,在野的政黨領袖和社會名流孫中山、唐紹儀、章炳麟等,反對尤烈。孫中山曾為參戰問題,著成《中國存亡問題》一書,詳析參加協約國的有害無利,主張嚴守中立。⑨社會輿論及各商民團體,亦多反對參戰,即副總統馮國璋,亦不以參戰為得計。

部、民友社。

⑧ 憲法討論會成立於民國 5 年 9 月 13 日。

⑧ 張朋園,《梁啟超與民國政治》,頁 144。

⑨ 此書係孫中山口授要旨,由朱執信執筆撰成。已收入《國父全集》。

外國人的態度和活動，更使得參戰案趨於複雜。德國公使辛慈 (P. Von Hintze) 曾祕密與各方面接觸，多方活動，以阻止北京政府對德宣戰。**⑨**日本則剛好相反，極力慫恿段祺瑞參戰，以便從中加強對北京政府的控制，以攫取更大的政治與經濟利益。**⑨**美國希望中國參戰，目的比較單純，主要在加強協約國的聲勢，俾戰爭得以早日結束。但美使芮恩施周旋於馮國璋、伍廷芳等人間不時游說，實有助於段祺瑞的參戰主張。**⑨**

國會中的議員，屬於研究系者均贊成參戰，代表中華革命黨之丙辰俱樂部派堅決反對，屬於舊國民黨系之益友社派和政學會派，則又贊成。以是段祺瑞提出之參戰案，並非不可能通過。**⑨**無如段祺瑞不明政情，一開始就採用了威脅手段，先於 6 年 4 月 25 日召集各省督軍開會，組成督軍團，通電主張對德宣戰，繼於 5 月 10 日眾院開會審查宣戰案時，竟嗾使一批所謂「公民請願團」的亂民包圍該院，威脅議員必須於當日通過該案，並毆打反對派議員，百端辱罵。段祺瑞錯了，弄巧成拙，不但眾院議員憤恨，其內閣外交、司法、農商、海軍四總長伍廷芳、張耀曾、谷鍾秀、程璧光亦引以為恥，提出辭職；孫中山、岑春煊等又電請黎元洪嚴懲滋擾眾院之暴民，辭語嚴峻；而國會眾議院則以內閣閣員多數已辭職為理由，於 5 月 19 日決議暫緩討論對德宣戰案，並要求內閣先行改組。

一方面是國會堅欲段祺瑞內閣改組——迫段去職，一方面則是以段為首的督軍團藉口憲法草案議決的條文不適於國情，要求黎元洪解散國會，身為大總統的黎元洪應當怎樣應付這一困局呢？黎本是個優柔寡斷的人，不意這次竟意外的採取了斷然行動，他於 5 月 23 日以外交總長伍廷芳副署的命令，免除段祺瑞的國務總理職務。段也不甘示弱，他於當日到天津去

⑨　李國祁，〈德國檔案中有關中國參加第一次世界大戰的幾項記載〉，見《中國現代史專題研究報告》，第 4 輯，頁 317–334。

⑨　陳三井，〈中國派兵參加歐戰之交涉〉，《中華民國歷史與文化學術討論會論文》，民國 73 年 5 月。

⑨　姚崧齡，《芮恩施使華紀要》，頁 66–67。

⑨　張君勱，〈致梁啟超書〉，見《梁任公先生年譜長編初稿》，頁 515。

發出通電，說他被免職的命令未經他本人副署，不能發生效力，他並聲言
「將來地方國家因此而發生何等影響，祺瑞概不能負責。」❾❺這無異暗示各
省督軍們：你們說，怎麼辦！

　　果然，段派的那批督軍們開始行動了。首先是安徽省長倪嗣沖宣布「獨
立」，繼之為陝西、河南、浙江、奉天、黑龍江、山東、直隸、福建、山西
等省的督軍或省長，也宣布與黎政府脫離關係。就政府體制和法紀而言，
這些督軍的行為是背叛，所以有的史學家稱之為「督軍團叛變」。安徽督軍
張勳沒有宣佈獨立，他卻以「十三省區聯合會」的名義，電請黎元洪退職。
黎處在這些軍閥的武力威脅下，真的狼狽不堪了。他任命李經羲為國務總
理，李卻不敢就職。他寄望梁啟超調停，梁卻離京赴津，幫段拆黎的臺。❾❻
黎束手無策，坐困愁城，最後取了下下策，召張勳來京調停。誰料得張勳
帶兵進北京後，首先就威脅黎元洪解散國會。黎初堅持，不久就屈服了。
6月13日，用步兵統領江朝宗以代理國務總理副署的命令，宣布「將參眾
兩院即日解散」。❾❼又過了十七天——6年7月1日，張勳就在北京導演了
溥儀復辟的一幕醜劇。黎元洪逃進了日本公使館，通電各方要求出兵討伐
張勳等一干國賊，「以期復我共和，而救危亡。」❾❽

　　張勳自然是「復辟」醜劇的渠首，但倡之者並非他一人，徐世昌、倪
嗣沖、康有為等均為祕密活動者，日本人亦脫不了干係。7月1日，北京
城內又出現了滿清政府的龍旗，這一天又變成了大清帝國宣統九年五月十
三日，一班滿清遺臣劉廷琛、沈曾植、勞乃宣、阮忠樞、梁鼎芬、康有為
等，又都爭著向溥儀大叩其頭了。但北京以外的人——包括段祺瑞一系的
北洋軍人，卻正準備討伐這班危害民國的叛逆。

　　7月3日，段祺瑞在天津南郊的馬廠就任討逆軍總司令，誓師討賊。
副總統馮國璋則在南京宣布代行大總統職務，與段一致行動。徐世昌見風

---

❾❺　段電見《革命文獻》，第7輯，頁29。

❾❻　郭廷以，《近代中國史綱》，頁467。

❾❼　《革命文獻》，第7輯，頁37–38。

❾❽　黎電全文見上海《中華新報》，民國6年7月7日。

轉舵，拒至北京就任「太傅」。**⑨**7 月 12 日，討逆軍攻入北京，張勳逃入
荷蘭公使館，溥儀又表演一次「退位」。張勳認為他被出賣了，心有未甘，
曾通電痛斥北洋軍人之賣友背盟，竟也說什麼「翻雲覆雨，出於俄頃，人
心如此，實堪浩歎。」**⑩**新聞界則譏為「張勳豎子」，其失敗「則仍係張勳
所自取」。**⑩**張勳這個人也從此退出政治舞臺，民國 12 年死亡後，溥儀還
不忘「復辟」之恩，諡他為「忠武」。

三、護法運動

　　自參戰案以迄督軍團叛變的紛擾過程中，孫中山一直堅持維護國會與
《約法》的立場。在上海的岑春煊、章炳麟、唐紹儀等與孫中山同一主張。
倪嗣沖等軍閥倡言「獨立」之際，各省督軍省長中又有以「中立」為標榜
者，孫中山均嚴詞斥責，認為「脫離總統政府，亦與叛逆不殊」。**⑩**及聞倪
嗣沖等欲在天津另組政府，孫中山即預見其「為復辟先聲」，因致電粵、桂、
黔、湘、滇、川各省當局，促請出師討逆。孫中山說：

　　　　國會為民國中心，憲法為立國根本，公等既忠誠愛國，擁護中央，
　　　　即應以擁護國會與憲法為惟一任務。今日法律已失制裁之力，非以
　　　　武力聲罪致討，殲滅群逆，不足以清亂源，定大局。**⑩**

　　雲南唐繼堯於 6 月 9 日通電擁護黎元洪並維持共和國體，表示響應孫
先生的號召。廣西陸榮廷亦通電擁護共和，然態度尚不夠明朗。孫中山因
於 6 月 14 日派胡漢民至粵、桂，與桂系諸將領商討逆護法，粵督陳炳焜、
桂督譚浩明遂於 6 月 20 日宣告自主。至是西南各省在原則上已同意採取護

⑨　沈雲龍，《徐世昌評傳》（傳記文學出版社，民國 68 年），頁 306–308。
⑩　同上書，頁 309–310。
⑩　上海《新聞報》，民國 6 年 7 月 12 日。
⑩　《國父全集》，第 3 冊，頁 451，民國 6 年 6 月 6 日電。
⑩　《國父全集》，第 3 冊，頁 451，民國 6 年 6 月 8 日電。

法立場，主張維持國會，進行討逆，「逆」就是陰謀破壞共和國體——亦即主張解散國會，弁髦《約法》的人，據孫中山、章炳麟 6 月 10 日致黎元洪的電報，列為禍國罪魁者為徐世昌、段祺瑞、張勳、梁啟超、湯化龍、熊希齡等人。❿

護法運動的發動，海軍的支持為一重要因素。海軍總長程璧光於 6 月 4 日曾勸黎元洪暫離北京以免受叛督要挾，並表示擁黎討逆，但黎畏首畏尾，不敢有所決定。程乃與外交總長伍廷芳計商，決赴上海助孫中山。程於 6 月 9 日抵滬，當日即謁孫中山商進行步驟，孫中山助以經費，駐滬海軍遂決定擁護孫中山討逆護法。❺

7 月 1 日復辟醜劇發生，伍廷芳於 4 日到滬，參與護法討逆之策畫。段祺瑞雖復以國務總理名義討伐張勳，但解散國會本係段的主張，孫中山以段亦毀壞民國法統之人，不可信任，遂決定由上海前往廣州，電邀國會議員南下開會，倡導護法。

孫中山係 7 月 17 日抵達廣州，粵督陳炳焜，省長朱慶瀾均表示歡迎。他致電段祺瑞，勸其誅戮群逆，以功贖罪，當然得不到結果。7 月 21 日，程璧光在上海發表宣言，要求段祺瑞擁護《約法》，恢復國會，懲辦禍首，程同日即率海軍艦隊自滬駛粵，參加護法陣營。❻

國會議員亦陸續應邀至粵，於 8 月 19 日舉行談話會，決定採用國會非常會議名稱，25 日起在廣州開會。31 日，國會非常會議通過〈中華民國軍政府組織大綱〉，規定以「戡定叛亂，恢復《臨時約法》」為軍政府的任務。軍政府設大元帥一人，元帥三人，主持一切。9 月 1 日，國會非常會議選舉孫中山為大元帥，翌日再選唐繼堯、陸榮廷為元帥（另一元帥本預定為程璧光，程不願，故是日僅選二人）。10 日，孫大元帥就職，同時任命外交、內政、財政、交通、陸軍、海軍各部總長。❼國人習慣上稱之為護法

---

❿　上書，頁 454。

❺　《國父年譜》，下冊，頁 674–675。

❻　宣言全文見《革命文獻》，第 7 輯，頁 82。

❼　外交伍廷芳、內政孫洪伊、財政唐紹儀、交通胡漢民、陸軍張開儒、海軍程璧

政府，或稱革命政府，亦稱南方政府。軍政府以戡伐毀法亂紀之北京政府，以期恢復國會與約法為目標，自然要對北方用兵，故稱之曰護法戰爭，或護法之役。孫中山的說明是：「自五年至於今（十二年），國內之革命戰爭，可統名之曰護法之役。」⑩

護法事業，堂堂正正，但進行並不順利。⑩孫中山以廣州為護法基地，但卻兩度遭受挫折，不能不離開廣州。他雖能主動掌握機勢，兩度返粵重建護法基地，但護法勢力迄未能發展至北方，而外交上的困境亦始終未能打開。⑩

孫中山護法事業的第一次挫折，不是敗於段祺瑞的武力進攻，而是挫於桂系武人陸榮廷與政學會政客岑春煊等人的政治破壞。陸氏之桂軍據有桂、粵兩省，不欲孫中山建立以護法大義相號召的政府，因而橫加壓迫摧殘，而雲南唐繼堯則又妄自尊大，抱隔岸觀火政策。桂系軍人初藉「護法各省聯合會」名義對抗軍政府，繼又收買國會中的政學會議員提案改組軍政府，並刺殺了海軍總長程璧光。⑪7 年 5 月 4 日，國會通過了改組軍政府案——改大元帥制為七總裁合議制，並於 5 月 20 日選舉孫中山、伍廷芳、陸榮廷、唐繼堯、林葆懌、劉顯世、岑春煊為總裁，其後又推岑春煊為主席總裁，這無異是排孫擁岑的政治把戲。孫中山因而辭去大元帥職，離開廣州，經臺灣、日本回到上海。他在上海先後著成《孫文學說》、《實業計畫》等建國方略方面的專著，並創辦了《建設》雜誌，於國民心理的啟發及革命理論的闡揚，極著功效。

孫中山離開後的廣東軍政府，係由桂系及政學系把持，雖仍以護法政府自命，實則已放棄護法宗旨，一意與北方妥協，先於 7 年 6 月賄使北軍

　　光。惟伍、孫、唐並未就職，由次長代理部務。

⑩　《國父全集》，第 2 冊，頁 190。

⑩　邵元沖，〈總理護法實錄〉。

⑩　李雲漢，〈中山先生護法時期的對美交涉〉，見《中華民國史料研究中心十週年紀念論文集》，頁 337–376；〈孫中山先生護法時期的對日政策〉，見《孫中山先生與辛亥革命》，中冊，頁 659–672。

⑪　程璧光於民國 7 年 2 月 26 日被刺殺，事詳莫汝非，《程璧光殉國記》。

吳佩孚部自湖南撤防言和，繼於 8 年 2 月至 5 月間與北京政府在上海舉行南北和議。⑫但和議失敗了，內部又糾紛迭起。孫中山憤而辭去政務總裁職務，唐繼堯亦因駐粵滇軍統率權被岑、陸所奪，而與岑、陸反目。伍廷芳、唐紹儀及國會領袖林森、吳景濂等先後離粵，宣言廣州軍政府已失去合法地位。9 年 8 月，駐閩粵軍陳炯明部奉孫中山命誓師討桂，於 10 月 29 日佔領廣州，岑春煊之軍政府因而瓦解。

民國 9 年 11 月 29 日，孫中山偕伍廷芳、唐紹儀等回到廣州，恢復軍政府。雲南唐繼堯宣稱與孫中山一致行動，湖南譚延闓則隨孫中山至粵，以實際行動贊助護法。

孫中山此次回粵重建軍政府，他的護法事業進入了第二階段。為了改善對外關係，孫中山主張建立正式政府。這一建議為國會非常會議採納，於 10 年 4 月 7 日議決〈中華民國政府組織大綱〉，選舉孫中山為大總統，於 5 月 5 日正式就職，史稱非常大總統，⑬孫中山旋即移師西征，先後攻佔南寧、桂林，迫陸榮廷退入越邊。孫中山設大本營於桂林，計畫出師北伐以完成護法宗旨。11 年 2 月，孫中山下令李烈鈞部出江西，許崇智部出湖南，但北伐軍甫抵湖南，問題便發生了。先是湖南趙恆惕 (1880–1971) 拒絕北伐軍入境，繼之陳炯明公然阻撓，於 3 月 21 日嗾人刺殺粵軍參謀長兼第一師師長鄧鏗於廣州，並拒絕供應北伐軍餉糈。孫中山因免陳炯明粵軍總司令兼廣東省長職，並回師廣州鎮懾。初不意陳炯明密令所部於 6 月 16 日發動叛變，使孫中山的北伐計畫為之中輟。⑭這是孫中山護法事業的第二次挫折，其嚴重性遠超過 7 年 5 月之軍政府改組。

6 月 16 日之變，孫中山脫險後先登楚豫軍艦，繼於 23 日移駐永豐軍艦，指揮海軍艦艇及一部分陸軍抵抗叛軍，他下令北伐部隊許崇智、李烈鈞、朱培德等部回師廣州討逆，但北伐軍敗於陳部，許部退入福建，李、

⑫　有關南北議和詳細資料，參閱《革命文獻》，第 50 輯，護法戰爭及南北議和史料。

⑬　《國父年譜》，下冊，頁 822–823。

⑭　胡漢民，〈六月十六日之迴顧〉，見《胡漢民先生文集》，第 2 冊，頁 186。

朱等部則進入廣西。29 日，蔣中正赴難來粵，隨侍孫中山指揮策畫，「而籌策多中」。⑪⑤孫中山在艦中支持五十六日，至 8 月 9 日始偕蔣中正等離粵經港北上，於 8 月 14 日抵達上海。

陳炯明之叛變，對孫中山的護法事業發生兩方面的影響：一是鑒於中國國民黨的組織和紀律尚有缺點，孫中山到滬後即著手黨務的改進，並接受蘇俄代表的建議開始聯俄的談判，接納中共黨員以個人身分參加國民黨，是為「聯俄容共」政策的起源。一是直系軍閥吳佩孚、孫傳芳等與陳炯明勾結，通電要求召集民國 6 年國會以「恢復法統」，並要求北方的徐世昌、南方的孫中山同時下野，徐世昌以其總統的地位本不合法，因而宣布下臺，舊國會議員吳景濂等一百五十餘人便於 6 月 1 日在天津開會，宣稱法統恢復。這就使孫中山無法再作護法的號召。因此，12 年 1 月，孫中山於命令滇桂聯軍及粵軍驅逐陳炯明再度回到廣州後，改建大元帥大本營，以大元帥名義號召中外，不再以護法為旗幟。護法運動至此已告結束，孫中山對六年來的護法之役，作了如下的評價：

> 護法之戰，前後六載，國家損失，不為不重，人民犧牲，不為不大，軍興既久，所在以養兵為地方患。故余於護法事業將告結束之際，發起化兵為工之主張以補救之。如實行此主張，於國利民福，當有所裨；否則護法之役，所得效果，惟留法之不可毀之一念於國人腦中而已。較辛亥丙辰所得結果，不能有加也。⑪⑥

四、軍閥干政及其混戰

清末由袁世凱編練的新軍，稱為北洋軍，是袁氏自民國開國以來攬權當政的最大政治資本。袁在世的時候，北洋軍有共同的統帥，派系的分野並不明顯。民國 5 年 6 月袁死之後，馮國璋、段祺瑞兩派軍人便形成直、

---

⑪⑤　孫文，〈孫大總統廣州蒙難記序〉。

⑪⑥　《國父全集》，第 2 冊，頁 191。

皖兩系，相互傾軋，終至以兵戎相見。綠林出身的張作霖則以東北為禁臠，崛起而為奉軍的渠帥，且抱問鼎中原之野心。三系軍閥各具實力，各有地盤，均以排除異己以控制中央政府為目標。以是直系的馮國璋、曹錕做過總統，皖系的段祺瑞歷任陸軍總長、國務總理、參戰督辦以及臨時執政，奉系的張作霖則以東北巡閱使、東北保安總司令，最後自封為軍政府的大元帥。自民國5年至16年(1916–1927)這段時期，北京政府的權力大部分時間都操之於軍閥之手，故稱北洋軍閥統治時期。⑪

當然，軍閥係以直、皖、奉三系為主要派系，但非僅限於這三系。次要的軍系如山西閻錫山、西北馮玉祥、以至雲南唐繼堯、廣西陸榮廷、湖南趙恆惕及四川劉存厚、劉文輝、楊森等人，亦被視為軍閥。只是他們各有固定的地盤，各依扶於大軍閥的旗幟下，其興趣在做地方的「土皇帝」，無力甚至亦無意與直、皖、奉三系渠帥，一爭雌雄。

軍閥並不一定都是粗人，如段祺瑞、馮國璋、吳佩孚、孫傳芳等，都有很好的軍事學歷。軍閥也並非完全沒有國家觀念，其實大多數的軍閥都以愛國軍人自命，吳佩孚、馮玉祥等也都有愛國事蹟的表現。軍閥的最大缺點是觀念錯誤，亦即思想落伍——他們沒有遠大的政治理想和世界眼光，僅著眼於現實權力與個人虛榮，因而無法推進國家建設的進步與人民生活的改善。

5年6月袁世凱死後，黎元洪繼任為大總統，實權卻操在國務總理段祺瑞手裡。馮國璋是副總統，但兼江蘇督軍，常駐南京。6年7月討伐復辟之役過後，黎退馮繼，但段仍為國務總理，馮身為大總統，但處處受段掣肘。地方督軍中，馮之直系僅有蘇督李純、贛督陳光遠、鄂督王占元及直督曹錕，其餘各省多為段系將領或依扶皖段之人。7年10月，皖段操縱之安福國會選出徐世昌為大總統，權力仍歸段氏。一直到9年7月直皖之戰爭落敗為止，可稱為皖段掌權時代。

段祺瑞嘗以繼承袁世凱的衣缽自任，他在北洋將領中也確為翹楚，更

⑪ 陶菊隱寫了一部介紹北洋軍閥的書，標題印曰《北洋軍閥統治時期史話》。丁中江也有一部《北洋軍閥史話》，內容大致相同。

自詡有「三造共和」之功，⑱但他在掌權期間，卻犯了兩項嚴重錯誤：

其一，不尊重國家法統，一味植黨營私，毀法亂紀。段一向不重視《民元約法》和國會，因此復辟之役過後，他拒不恢復黎元洪在張勳的要挾下下令解散的國會。梁啟超及其研究系人士從中挑撥，段終於接受梁的建議，另外成立一個「臨時參議院」以為過渡，最後目的則在製造一個「新國會」。⑲「臨時參議院」於6年11月10日成立，由皖系政客王揖唐(1877–1946)為議長。「臨時參議院」依段的意旨，進行「新國會」的選舉，7年8月「新國會」便成立了，稱之為「第二屆國會」，選出王揖唐為眾議院議長，梁士詒為參議院議長。⑳這個「新國會」的議員，絕大多數為徐樹錚、王揖唐等皖系人物所組織之「安福俱樂部」成員，故國人稱之曰「安福國會」，㉑南方護法人士則視之為非法國會。9月4日，這個新國會選舉徐世昌為大總統，南方同樣視徐的大總統係非法產生。最可憐的是梁啟超的研究系，曾經為段出過大力，新國會中卻僅佔寥寥數十席，梁也未被邀請參加內閣，他一氣之下，就到歐洲去旅遊了，從此脫離了政治舞臺。

其二，段祺瑞迷信武力，對內「戰而不宣」，要以武力摧毀護法政府；對外於6年8月14日對德、奧「宣而不戰」，卻藉口參戰，向日本訂約借款，殘害民命。計自6年8月至7年9月間，先後與日本簽訂《中日陸軍共同防敵軍事協定》及《中日海軍共同防敵軍事協定》，將中國陸海軍及軍械，訓練均置於日本控制之下，並由曹汝霖(1877–1966)等經手與日本代表人西原龜三先後簽訂八筆借款，稱之為「西原借款」。㉒連同西原借款之外的其他借款，合計在十五次以上，數達五萬萬元之鉅。㉓這些借款，都附有嚴重損害中國主權的條件，故國人稱之為「賣國借款」。段祺瑞最不能見

⑱　一次是指辛亥革命時領銜通電壓迫清帝退位，一次是民國5年反對袁世凱稱帝，一次是民國6年7月討伐張勳復辟，恢復共和國體。

⑲　張朋園，《梁啟超與民國政治》，頁96。

⑳　顧敦鍒，《中國議會史》，頁149–150。

㉑　全體議員四百餘人中，有三百八十餘人屬於安福俱樂部。

㉒　古屋奎二原著，中央日報社譯印，《蔣總統秘錄》，第5冊，頁83–86。

㉓　柳克述，《近百年世界外交史》(臺北：正中書局，民國50年)，頁202–204。

諒於國人者，乃係於 7 年 9 月 24 日令駐日公使章宗祥 (1876–1961) 與日本外相後藤新平成立高（密）徐（州）及濟（南）順（德）二路換文及《山東問題換文》，對後藤所提有關山東權利條款，竟表示「欣然同意」。❷ 這使日本所得到的權利，遠超過了他原先所強行繼承的德國在山東的特權。

民國 9 年 7 月，直皖戰爭爆發，這是北洋軍閥內部第一次公開而全面的軍事衝突。直系軍閥的主將是曹錕，實際指揮作戰的則是第三師師長，臨時稱為「討賊軍」前敵總司令的吳佩孚。皖系方面，段祺瑞自任「定國軍」總司令，徐樹錚為副總司令兼參謀長，段芝貴為前敵總指揮，頗有先聲奪人氣慨。戰爭於 7 月 14 日開始，分東西兩線，不到三天，皖軍就打了敗仗。❷ 段祺瑞兩年來在日本扶植下編練的參戰軍竟不堪一擊，他只有解除一切職務。徐樹錚、王揖唐等皖系分子被通緝，安福俱樂部被解散，新國會也因之解體。

直系在直皖之爭中獲勝，一方面是由於吳佩孚部的善戰，一方面是由於奉軍張作霖的支援。因之直皖戰後的北京政府，就成為直、奉兩系所共同控制的局面，曹錕、張作霖取代了段祺瑞的地位，兩人協議由靳雲鵬 (1877–1951) 回任國務總理，徐世昌這個大總統只不過發布名義上的一紙命令而已。

直系的三大首領——曹錕、吳佩孚、李純，在直皖戰後都有了巡閱使或副使的頭銜，管理兩省以上的地盤：曹錕是直魯豫巡閱使，仍兼直隸督軍；吳佩孚是直魯豫巡閱副使，民國 10 年以後又兼了兩湖巡閱使，開府洛陽，權勢最重；李純是蘇皖贛巡閱使，仍兼江蘇督軍，他於民國 10 年 12 月自殺後，由齊燮元繼其職。另一位直系將領王占元 (1861–1930)，本也是兩湖巡閱使，還不斷的搞什麼「七省聯防」的名堂，野心也不在小，但他不爭氣，民國 10 年被兩湖地方勢力驅逐了，吳佩孚令蕭耀南為鄂督以接替王占元。孫傳芳 (1885–1935) 則於此時脫穎而出，受任為長江上游總司令。奉系的張作霖則以東三省巡閱使兼蒙疆經略使的兩大職銜，據有東三省及熱

❷ 劉彥，《中國外交史》，頁 511–512。
❷ 文公直，《最近三十年中國軍事史》，下冊，頁 97–98。

河、察哈爾兩特區，其兵力號稱二十萬之眾，駸駸乎有睥睨中原之勢。

　　直、奉兩系軍閥的衝突，在直皖戰後不久即已開始了。張作霖看不起吳佩孚，偏偏吳佩孚又得到輿論的稱許與英國的支持，建立了繼袁世凱、段祺瑞之後被稱為北方「第三大軍閥」的地位與霸業，**⑫⑥** 張吳間的衝突就沒法避免。10 年 12 月，張作霖支持帝制禍首的梁士詒代靳雲鵬為國務總理，吳佩孚乃指梁擅行借日款以贖回膠濟路為媚外賣國，函電交斥，非迫梁下臺不可，梁士詒在位不到一個月，就被吳佩孚及其他直系將領逼迫去職。**⑫⑦** 張作霖不甘受辱，遂決心向直軍「興師問罪」。民國 11 年 4 月，直、奉兩系間的首次戰爭就爆發了，歷史上稱之為「第一次直奉戰爭」。

　　直奉之戰較直皖之戰，規模為大，但也不過只打了六天（11 年 4 月 28 日至 5 月 4 日）的仗，奉軍就戰敗出關了。**⑫⑧** 北京政府令將張作霖「免職查辦」，他卻否認北京政府的命令，退回東北去以「東三省保安總司令」的名義，宣布東三省自治。事實上他在東北整軍經武，並聯絡皖段及廣東的孫中山，準備捲土重來，與直系再決雌雄。

　　第一次直、奉戰後，直系的勢力迅速擴大，尤其吳佩孚的威勢，如日中天。但內部卻有了津保派（曹錕與直隸省長王承斌）與洛陽派（吳佩孚）的裂痕。11 年 5 月，吳佩孚和孫傳芳發動了一次政治謀略，以召集舊國會恢復法統相號召，要求南北兩總統同時下野。**⑫⑨** 徐世昌被逼下臺了，孫中山亦因陳炯明叛變而去職。直系把黎元洪找回北京，莫名其妙的「復任總統」，但不到一年，又把黎逼走，賄賂國會議員選出曹錕為總統。全國為之側目，孫中山立即通電討伐。又由於 12 年 5 月「臨城劫案」發生，**⑬⓪** 國際

---

⑫⑥　郭廷以，《近代中國史綱》，頁 494。

⑫⑦　岑學呂，《三水梁燕孫先生年譜》，下冊，頁 181–195。

⑫⑧　文公直前書，頁 119–130。

⑫⑨　沈雲龍，《徐世昌評傳》（傳記文學社，民國 68 年），頁 709–714。

⑬⓪　臨城劫車案，發生於民國 12 年 5 月 6 日。津浦路北上快車在山東臨城被土匪孫美瑤部截劫，中外乘客三百餘人悉被擄往匪巢抱犢崗。被擄外人中，有上海《密勒氏評論報》(*Millar's Review*) 主筆美人鮑惠爾 (J. B. Powell) 等名人，因而震驚中外。

間醞釀對中國干涉，對直系更是不利。原為直系賣命的馮玉祥等軍人，也因吳佩孚的剝奪其實權，而暗懷異謀。及 13 年 9 月，江浙戰爭發生，因而促成了第二次直奉戰爭的爆發。張作霖經過兩年多的養精蓄銳，力量大增，再加段祺瑞和廣東孫中山的遙相聲援，更加馮玉祥、胡景翼等人的班師倒直，終於逼使吳佩孚從海上南遁，曹錕被囚，直系勢力為之解體，代之而為北京政府之主宰者乃為奉系渠帥張作霖。

第二次直奉戰爭，促成了全國政局的大變化。其一、馮玉祥反戈倒直後，所部改稱為國民軍，成了一派新力量，馮並驅逐溥儀出宮，完成了辛亥革命未完成的一項工作，所以他稱他這次反直行動是「首都革命」。❸其二、奉軍大舉入關，張作霖雖同意擁段祺瑞為臨時執政，控制權卻在他的手裡，奉系勢力不久又侵入山東和江蘇，掩有半個中國。其三、馮玉祥、張作霖、段祺瑞同意電請孫中山北上，共商國是。孫中山到了北京，卻不幸於 14 年 3 月 12 日逝世。其四、段祺瑞以臨時執政主持北京政府，但他無權無謀，不洽民意，張、馮都想利用他，也都想推翻他，他終於在 15 年 4 月被逐，北京從此沒有正式的政府。❸總之，第二次直奉戰後的北方局面，是政局的混亂與軍閥的混戰。

民國 14 年，是軍閥大混戰的一個年度。先是東南地區孫傳芳的反奉戰爭——驅逐奉軍於蘇、皖兩省之外後，孫自稱浙、閩、蘇、皖、贛五省聯軍總司令。繼之是吳佩孚在武漢重整旗鼓，自稱十四省討賊聯軍總司令，❸他所要討的「賊」，就是張作霖。馮玉祥的國民軍也與奉軍兵戎相見，馮並暗結奉軍郭松齡 (1882–1925) 部倒戈反奉，郭卻兵敗身死。❸到了年底，吳佩孚與張作霖竟又化敵為友，聯合討赤——赤，指的是馮玉祥，終於把馮

---

❸ 馮玉祥，〈首都革命〉（黨史會藏，手稿本）。

❸ 吳廷燮，《合肥執政年譜》，頁 141，段頒令自稱「退休」，令國務院攝行臨時執政職權。

❸ 十四省是指鄂、湘、蘇、皖、贛、浙、閩、川、黔、桂、豫、晉、陝、甘。這是吳佩孚自己吹噓，實際上他的勢力僅限於湖北。

❸ 郭松齡戰敗被俘，於 14 年 12 月 24 日被槍殺。

部逼到西北的綏遠地區，馮於是到蘇俄去求援。這一混戰的局面繼續到 15 年 10 月，國民革命軍的北伐部隊攻佔武漢後，才有了變化。吳佩孚退入四川，張作霖乃以北京政府實際操縱者的地位，來與士氣如虹的國民革命軍對抗。

第四節　邊政與外交

一、從巴黎和會到華盛頓會議

民國 7 年 (1918) 11 月 11 日，第一次世界大戰結束。我國國民興奮異常，尤其是教育學術界，視之為公理戰勝強權，學校曾放假三天慶祝。北京各界並將中央公園內的克林德紀念碑打毀，另立「公理戰勝」紀念碑，以永久紀念協約國的勝利。由於中國曾經參戰，國人認為無論中國對大戰的貢獻如何，畢竟是個戰勝國，在即將召集的和平會議中應有充分的發言權，更希望中國所受的壓迫和屈辱能夠得到解除。

8 年 (1919) 1 月 8 日，美國總統威爾遜 (Woodrow Wilson) 在國會講演時提出十四點主張 (Fourteen Points)[135] 提出公開外交及民族自決的口號，並提議創立國際組織以確保各國的政治獨立與領土完整，這些都給予中國朝野極大的鼓舞。

1 月 18 日，巴黎和會開幕。有二十七個代表團參加，如果把英國的五個自治領也算一單位，則有三十二個。[136] 中國派出了五位代表，他們是：外交總長陸徵祥、駐美公使顧維鈞、駐英公使施肇基、駐比公使魏宸組及廣東軍政府所派出的王正廷，都是一時之選。但到巴黎，就失望了。發現和會規定只有五強——英、美、法、意、日，才可有五位代表，次等國家

---

[135]　亦稱「十四點計畫」，原文見 Arthur S. Link, ed., *The Papers of Woodrow Wilson* (Princeton University Press, 1973)，譯文見王曾才，《西洋現代史》（臺北：東華書局，民國 65 年），頁 88。

[136]　英國的五個自治領是加拿大、澳洲、紐西蘭、南非聯邦及印度。

為三名，再次者為兩名，中國被通知只能有兩名代表出席，亦即被列為三等國家。日本則以五強之一的地位，在「十人會」、「五人會」中都有一席，❸ 在形勢上對中國已居於「以強凌弱」的優勢。

日本預料中國將在巴黎和會中提出日本在戰爭期間強逼中國所訂的密約，其駐華公使小幡酉吉竟於 2 月 2 日對中國外交部次長陳籙提出恫嚇，要求不得宣布《中日密約》，並謂中國的主張如不得日本同意，即不得提出和會，否則日本將取消去年的《參戰借款合同》，這就是極為卑劣下流的「小幡事件」。❸ 北京政府懍於全國民氣，不理會小幡的威脅，仍於 2 月 12 及 15 日，在巴黎和會發表了各項《中日密約》，要求收回山東權利，並廢除《二十一條》。當然，中國全力以爭的，是德國在山東權利的歸還。在議場中中國的代表顧維鈞與日本的代表牧野伸顯，針鋒相對。顧氏年僅三十歲，首度在國際會議中展露其外交才華。大會主席法國總理克里孟梭 (Georges Clemenceau) 事後批評說：顧維鈞之對付日本，有如貓之弄鼠，盡其擒縱之技能。❸

然而，中國在巴黎和會中仍然失敗了。4 月 30 日，英、美、法三大國決定允許日本的要求，把德國在山東的權利轉讓於日本，中國力爭無效。❹ 中國之所以失敗，原因有二：一是英、法、意等國戰時與日本有祕密承諾，祖護日本；二是北京政府對日本關於《山東密約》的換文中有「欣然同意」字樣，致美國亦無法協助。此一失敗，激起了 5 月 4 日的學生愛國運動。6 月 28 日《對德和約》簽字時，中國代表亦拒絕簽字，向世人表示出不再聽任強國任意擺佈的立場和決心。

9 月 10 日，協約國簽訂《對奧和約》，中國順利簽字。因此可以取消

---

❸ 十人會 (Council of Ten) 由五強各派二人組成，為大會指導機關，把持一切。五人會 (Council of Five)，係由五強的外交部長組成，另外尚有四人會 (Council of Four)，則由英、美、法、意四國首長或總理組成，有最高決定權。

❸ 郭廷以，《中華民國史事日誌》，頁 421。

❸ 金問泗，《從巴黎和會到國聯》（傳記文學社，民國 56 年），頁 18。

❹ 張忠紱，《中華民國外交史》（正中書局，民國 32 年），頁 272–275。

《辛丑和約》內奧國在華的權利，收回了奧國在天津的租界，並因此取得
國際聯盟原始會員國的地位。同月 15 日，北京政府宣布結束對德戰爭狀
態。⑭德國態度亦甚良好，主動派代表來華訂約。民國 10 年即 1921 年 5
月 20 日，《中德協約》簽字，重新建立兩國平等互利的關係，被認為是中
國自鴉片戰爭以來第一次簽訂的平等條約。⑭

　　由於中國拒簽《凡爾賽和約》(Treaty of Versailles)，山東問題仍是中日
兩國間的懸案，美國國會也因此而拒絕批准此一條約。此後兩年內，英美
兩國均對山東問題表示關切，日本則堅持中日直接交涉，中國則為了避免
日本的勒索，表示願由第三國調停或經由國際協議解決。美英兩國復感受
日本於戰後在太平洋地區的擴張，已形成對兩國的威脅，因謀召集國際會
議予以限制。美國新任總統哈定 (Warren G. Harding) 因於 1921 年 (民國 10
年) 11 月發起召開華盛頓會議，邀請五強 (英、美、法、意、日) 及與太
平洋有關係之中國、比利時、荷蘭、葡萄牙參加。討論限制軍備及太平洋
與遠東問題。

　　華盛頓會議於民國 10 年 (1921) 11 月 12 日開幕，美國首席代表即美國
國務卿許士 (Charles Evans Hughes) 被推為主席。中國朝野非常重視這次會
議，抱了很大的希望。北京政府派施肇基、顧維鈞、王寵惠及代表廣東政
府的伍朝樞為代表，民間團體則推舉余日章、蔣夢麟為國民代表，前往華
府協助，並有監視政府代表之意。中國代表團總人數超過一百三十人，留
美學生團體亦積極活動。⑭

　　中國代表團向華會提出了「十項原則」，要求各國尊重中國的獨立國地
位並給予公平待遇，廢除或修改列強與中國間的不平等條約。這十項原則，
經美國代表羅脫 (Elihu Root) 歸納為四條，先經大會於 12 月 1 日通過接
受，其後並容納於《九國公約》的第一條中。其主要精神在尊重中國主權

---

⑭　《政府公報》。

⑭　柳克述，《近百年世界外交史》(正中書局，民國 50 年)，頁 210–212。

⑭　蔣廷黻口述，謝鍾璉譯，《蔣廷黻回憶錄》(傳記文學社，民國 68 年)，頁 80–
　　84。

獨立與領土的完整，各國在中國有平等發展的機會。**⑭**

華盛頓會議於 1922 年（民國 11 年）2 月 6 日閉會，其主要成就為簽訂了三項國際條約：一為英、美、法、日《四國公約》——互相尊重太平洋區域主權，取消英日同盟；二為英、美、日、法、意《五國海軍條約》，規定主力艦比率，英美與日本為五與三之比；三為英、美、法、意、日、中、荷、比、葡《九國公約》——1922 年 2 月 6 日簽訂，於尊重中國領土主權完整的前提下，各國謀門戶開放，機會均等的發展。

中國向華會提出的其他問題，如關稅自主、撤消領事裁判權、撤退駐華軍警、退還租借地、取消在華客郵等，雖都曾討論，但未能獲得全部的圓滿解決。**⑮**比較而言，客郵的取消獲得各國的一致同意，中國真正於 12 年即 1923 年 1 月取消了外國在華的郵局。**⑯**

最重要的問題——收回山東利權問題，英、美不願在會議中討論，建議由中、日兩國作會外商談，英、美兩國代表亦願協助。中、日兩國接受了此一建議，於 1921 年 12 月 1 日起至次年 1 月 31 日止，經過三十六次會議，終於獲得協議：膠州德國舊租借地交還中國，膠濟鐵路由中國出資贖回，日本仍在膠濟路保留若干權利，日本拋棄建築濟順、高徐兩路權利。**⑰**中國政府依此協議，派王正廷與日使小幡酉吉進行交涉，終於在民國 11 年 12 月 10 日，正式收回青島。膠濟路則由中國政府出資日金四千萬元，於 12 年 1 月 1 日收回。民國 3 年以來爭持達八年之久的山東問題至是遂告完全解決。

---

⑭ 金問泗 (Wunsz King), *China at the Washington Conference, 1921–1922* (St. John's Univ. Press, 1968), pp. 31–32.

⑮ 詳李紹盛，《華盛頓會議之中國問題》（臺北：水牛出版社，民國 62 年）。

⑯ 林泉，《太平洋會議與收回利權運動之研究》（中華民國史料研究中心，民國 65 年），頁 10–52。

⑰ 《中日解決山東懸案條約》，全文見劉彥，《中國外交史》，頁 726–737。

二、外蒙撤消自治及其再度獨立

外蒙於辛亥革命時，受俄人慫恿宣布脫離中國，是為第一次獨立。民國 4 年 6 月 7 日，《中俄蒙條約》簽字。兩天以後，外蒙哲布尊丹巴宣布撤消獨立，乃進入自治時期。北京政府派陳籙 (1877-1937) 為都護使，充駐紮庫倫辦事大員，並任命陳毅、劉崇惠、張增壽為副都護使，兼充烏里雅蘇臺、科布多、恰克圖三地的佐理專員。5 年 7 月 8 日，北京政府正式行使了冊封外蒙哲布尊丹巴的權力，中國對外蒙的宗主權復告完全確定。

陳籙於完成外蒙冊封後，即行辭職，北京政府任命駐烏里雅蘇臺佐理員陳毅繼任。兩陳在外蒙的成績都不錯，陳毅的政績，尤其可觀。如大成汽車公司的創設、中國銀行庫倫分行的設立、阿爾泰區之改歸新疆稱阿山道，以及以武力收復唐奴烏梁海等，不僅國人稱譽，**❿**蒙人亦無間言。尤其重要者，**❿**為陳毅於民國 6 年俄國革命發生後，因應環境，開始勸導外蒙王公撤消自治一事。

俄國因挫敗而發生革命，因革命而釀成白黨與赤黨之爭，於是中東路總辦霍爾瓦特 (D. L. Horvath) 聯合哥薩克人謝米諾夫 (G. M. Semenov) 起兵西伯利亞，並在日本的陰謀支持下，進圖誘使外蒙聯合，獨立建國。陳毅處此情形下，一方面建議北京政府準備派兵入蒙，一方面勸說外蒙取消自治，聽命中國中央政府之保護。陳毅與外蒙外務大臣車林多爾濟等懇商，蒙人亦深懼日本侵略，對俄人亦無好感，因決定召開喇嘛會議，決定拒絕謝米諾夫的誘騙，並具呈北京政府，妥議善後條例，以期撤消自治。8 年 5 月，陳毅已與外蒙當局商擬《外蒙取消自治後中央待遇外蒙及善後條例》六十三條，**❿**不意北京政府為皖系之參戰軍謀出路，於 6 月 13 日特任徐樹

---

❿　李毓澍，《外蒙古撤治問題》(中央研究院近代史研究所，民國 50 年)，頁 34-41。

❿　札奇斯欽，〈外蒙古的「獨立」、「自治」與「撤治」〉，見吳相湘編，《中國現代史叢刊》，第 4 冊，(正中書局，民國 51 年)，頁 83-88。

❿　呂秋文，《中俄外蒙交涉始末》，頁 157。

錚為西北籌邊使，24 日又令徐為西北邊防總司令，徐率領其參戰軍第三混成旅褚其祥部進駐庫倫，情勢立刻就發生了急劇的變化。

徐樹錚急欲獨成「外蒙撤治」之功，乃指陳毅與外蒙當局所商條件為不當，說是有「七不可」，**⓯**並不顧國務總理靳雲鵬之反對，逕行迫令外蒙官府及活佛上呈北京政府，請求撤消外蒙自治。8 年 11 月 22 日，北京政府大總統徐世昌發布〈大總統令〉，正式核准外蒙撤消自治。同日，明令冊封哲布尊丹巴為外蒙翊善輔化‧博克多‧哲布尊丹巴‧呼圖克圖‧汗；並冊封女佛為外蒙昭敏靜覺‧額爾德尼‧車臣‧敦都木‧喇木。**⓲**北京政府外交部並於同月 24 日照會俄國駐華公使，取消了民國 4 年的《中俄蒙協約》。

8 年 12 月 1 日，北京政府派徐樹錚兼督辦外蒙善後事宜，又派徐為冊封專使。呼倫貝爾副都統貴福也請求取消自治特區，外蒙的「撤治」遂告一段落。徐樹錚無異為「外蒙王」，大有不可一世之概。但國人對他的功過，還是譽毀參半。譽之者站在整個中華民國的立場立言，認為徐收回外蒙，籌邊有功，即孫中山亦稱其媲美班超、傅介子。**⓳**毀之者認為徐徒逞個人英雄主義，以強制手段取消了外蒙自治，卻喪失了外蒙已趨內向的民心，於後日歷史留下了惡劣影響。**⓴**

其實，外蒙政局劇變的主要影響力，在於俄國。無論白俄與赤俄，都想捲土重來。因此，徐樹錚於民國 9 年 7 月回北京與直系作戰（直皖戰爭）戰敗之後，白俄恩琴 (Baron von Ungern-Sternberg) 即率部進犯庫倫。守軍經半年苦戰，彈盡援絕，庫倫終於在民國 10 年 2 月 3 日陷於恩琴之手。同月 9 日，哲布尊丹巴再度宣布外蒙獨立。同年 7 月 7 日，蘇俄紅軍及「遠東共和國」軍隊合攻庫倫，恩琴敗逃，外蒙的共黨政權──「蒙古人民革命政府」成立。11 月 5 日，外蒙與蘇俄訂立條約，互相承認，然俄人得在

⓯ 李毓澍，前引書，頁 247–251。

⓲ 《中俄關係史料（外蒙古）》，附錄，頁 30。

⓳ 徐道鄰，《徐樹錚先生文集年譜合刊》，頁 280。

⓴ 札奇斯欽，前引文。

外蒙取得土地以辦理郵電鐵路，並將唐奴烏梁海另立為獨立國，改稱唐奴拓跋 (Tannu Tova)，顯然外蒙已為蘇俄的附庸。❺民國 13 年 (1924) 5 月 20 日，哲布尊丹巴死。7 月 1 日，外蒙改稱「蒙古人民共和國」，庫倫改名烏蘭巴都（Ulan Bator，意為紅色英雄城）為蘇俄在亞洲建立的第一個傀儡政權，但沒有其他國家承認外蒙的獨立地位。蘇俄與外蒙簽訂了條約，但於民國 13 年 (1924) 5 月與中國簽約時，仍公開承認「外蒙為完全中華民國之一部分，及尊重在該領土內中國之主權。」❺

三、中俄談判與訂約

1917 年革命以前的俄國，為沙皇統治時期，中國人在習慣上稱之為帝俄。1917 年 10 月革命以後，以列寧 (Vladimir Iiyieh Lenin) 為統治者的共產黨政權建立，是為蘇俄，其正式國號後來定為蘇維埃社會主義共和國聯邦，簡稱蘇聯。

共產黨自始即是一個國際性的政治組織。蘇俄建國後，更以推動「世界革命」為目標。但當時的蘇俄，受到協約國的干涉，其力量亦尚未豐。因而以偽裝親善為其東進政策的外衣。

民國 8 年 (1919) 3 月，第三國際成立於莫斯科，它的東方部則是策畫向東方尤其是中國「輸出革命」的謀畫機構。其工作為祕密滲透，傳播共產主義思想，中國人稱之為「赤化」。蘇俄政府則循外交交涉的途徑，對華作外交的試探，以期獲得中國的外交承認。

蘇俄對華外交的第一步行動，係於民國 8 年即 1919 年 7 月 25 日由其外交委員加拉罕 (Leo Karakhan) 署名發布了〈第一次對華宣言〉，聲稱無條件放棄沙皇時代攫自中國的一切利益與特權。❺這一宣言，雖企圖利用中國朝野因巴黎和會失敗而湧起之憤激情緒，以甜言蜜語博取中國的好感，

---

❺　David J. Dallin 原著，周肇譯，《俄國侵略遠東史》（正中書局，民國 41 年），頁 195。

❺　《中俄解決懸案大綱協定》第五條。全文見《革命文獻》，第 9 輯，頁 22–25。

❺　中、英文全文均見《革命文獻》，第 9 輯，頁 1–9。

但由於交通的梗阻，此一宣言之官方原本並未能立即寄達北京。⑱次年 3 月，北京政府收到抄本，但亦未能引起劇烈的反應。事實上，西伯利亞當時尚在日本、美國等協約國軍隊佔領下，協約國又都敵視蘇俄，蘇俄政府因於民國 9 年 (1920) 4 月設計了一個「遠東共和國」，⑲表面上與蘇俄分離，實際上則仍受蘇俄操縱，其任務在以緩衝國的地位，對中國和日本進行外交接觸，期能達到通商和訂約的目的。

「遠東共和國」於民國 9 年 6 月，派遣由優林 (Ignatius L. Yaurin) 率領的一個代表團前來中國，開始了第一階段的交涉。優林於 8 月 20 日獲准進入北京，蘇俄當局因於 9 月 27 日發表〈第二次對華宣言〉，重申〈第一次宣言〉的承諾，要求恢復商務並立派外交官。⑳事實上，北京政府已於民國 9 年初，開始收回中東路，並已停付俄國庚子賠款，停止帝俄使領館人員待遇，接收天津、漢口俄租界，蘇俄〈第二次宣言〉中所謂放棄之特權，事實上已不復存在。

優林於民國 9、10 年間，曾四度出入北京，但他的外交任務──締結商約及給予外交承認，並未達成。㉑但也並非毫無所獲，北京政府之停止舊俄使領待遇，實為優林活動的結果，這無異為中國與蘇俄關係鋪路。且優林在華祕密散佈赤化宣傳，且曾私介親俄之中國青年赴俄，於共產運動在中國之發展，不無助力。㉒

民國 10 年 (1921) 3 月，蘇俄的勢力已發展至西伯利亞中部，並已進軍外蒙，因而不需要再藉「遠東共和國」名義，而逕行要求與北京政府直接交涉。10 月，優林奉召回俄。次年 6 月，蘇俄政府正式派遣越飛 (Adolf A. Joffe) 為全權代表，來華談判。越飛曾主持蘇俄對德國和波蘭的簽約，以長

⑱　王聿均，《中蘇外交的序幕》（中央研究院近代史研究所，民國 52 年），頁 51。

⑲　「遠東共和國」於 1920 年 4 月 6 日成立，初都上烏金斯克，後遷都赤塔。1922 年 11 月 14 日，與蘇俄合併。

⑳　中、英文件均見《革命文獻》，第 9 輯，頁 9–17。

㉑　周肇譯，《俄國侵略遠東史》，頁 189；王聿均，《中蘇外交的序幕》，頁 209。

㉒　李雲漢，《從容共到清黨》（中國學術著作獎助委員會，民國 55 年），頁 45。

於縱橫捭闔，聞名於世。在華交涉期間，極盡翻雲覆雨之能事，北京政府之外，與奉天之張作霖以及因陳炯明叛變而移居上海之孫中山，均有聯絡。他於 8 月來華後，並於 9 月間去長春出席「日俄會議」，其目的在於顯示其「左挾日本，右持中華，互相賣弄乘機壓迫中國政府迅與建立關係的詭譎手段。」❸

　　北京政府派外交總長顧維鈞與越飛談判。顧維鈞堅持蘇俄須徹底實踐其在兩次宣言中所作之諾言，越飛則毫無誠意，一味狡賴威脅，因而談判毫無進展。12 年 1 月，越飛藉口生病南下上海，與孫中山發表〈聯合宣言〉後轉赴日本，中俄交涉遂告停頓。

　　民國 12 年 (1923) 8 月，蘇俄政府宣佈改派加拉罕為全權代表，來華談判。加拉罕時任蘇俄外交委員會副委員長，是兩次對華宣言的簽署人，中國朝野對他的名字甚為熟悉，民間團體對他尤有良好的印象，莫斯科認為他是使華的最佳人選。 ❹ 加拉罕帶了另一位祕密代表鮑羅廷 （Michael Borodin，原名 Mikhail Markovich Gtruzenberg），係駐廣州革命政府的代表，鮑也是一位富有國際活動經驗的陰謀家，時年三十九歲，他到北京後再轉上海，於 10 月 6 日抵達廣州。❺

　　加拉罕於民國 12 年 9 月 2 日到達北京，次日即代表蘇俄政府發表了〈第三次對華宣言〉——亦稱〈加拉罕宣言〉，大談其「中俄兩大民族親善之利益」。❻加氏自詡其到京之際，受到中國國會代表、政府當局、各界團體尤其是青年學生之歡迎，因而「使予從速解決中俄關係之希望增強」，這倒不失真實。蓋此時蘇俄在華的親善外交與赤化宣傳已發生效果，我國國民對俄心理已趨於友好，對加拉罕的對華交涉構成一種助力。 ❼

❸　吳相湘，《俄帝侵略中國史》，頁 288。

❹　Allen S. Whiting, *Soviet Policies in China, 1917–1924* (New York: Columbia University Press, 1953), p. 208.

❺　Dan N. Jacob, *Borodin, Stalin's Man in China* (Harvard University Press, 1981), pp.114–116.

❻　中文全文見《革命文獻》，第 9 輯，頁 18–21。

❼　吳相湘，前引書，頁 290–293；李雲漢前書，頁 87–92。

　　北京政府特派王正廷與加拉罕進行交涉。加拉罕要求中國政府先行給予蘇俄以外交承認，再開始政治談判。中國的民間團體與輿論亦對北京政府施加壓力，王正廷因而接納了加拉罕的請求。民國 13 年 (1924) 2 月，英國和意大利承認蘇俄政府，加拉罕的地位亦為之加強。至 3 月中旬，談判已獲致成議。但於呈經北京政府國務會議審查時，國務員提出修正意見，幾使談判為之破裂。北京政府改以外交總長顧維鈞與加拉罕進行祕密協商，蘇俄稍作讓步，終於獲致協議，於民國 13 年 (1924) 5 月 31 日在北京簽訂了《中俄解決懸案大綱協定》、《中俄暫行管理中東鐵路協定》及七種聲明書，一種換文。——總稱之為《中俄協定》，為此後中華民國與蘇俄間正式外交關係的基本約束。**⓰**

　　依據《中俄解決懸案大綱協定》，蘇俄承諾以 1919 及 1920 年兩次對華宣言的承諾為基礎，廢除在華的一切特權，以真正平等互惠的精神，重建兩國關係。蘇俄並承諾兩點：一為承認外蒙為中華民國領土，允另行議商俄軍自外蒙撤退之條件；一為承認在中國境內「不准有為圖謀以暴力反對對方政府而成立之各種機關或團體之存在及舉動」，並「允諾不為與對方國公共秩序社會組織相反對之宣傳」**⓱**——即共產組織及赤化宣傳。條約簽訂後，蘇俄即派加拉罕為首任駐華大使——為外國駐華使節中之第一位大使，但不久即發現蘇俄大使館乃是支持中國共產黨進行破壞活動的大本營，其大使館武官室則是指揮遠東密探活動的總機關，北京政府因於 15 年 7 月 31 日要求蘇俄政府召回加拉罕，16 年 4 月 6 日，張作霖搜查蘇俄大使館獲得了甚多蘇俄政府的陰謀文件，蘇俄的偽善面具才被戳開了。

⓰　全文見《革命文獻》，第 9 輯，頁 22–30。其後加拉罕與奉天當局簽訂之《奉俄協定》，亦被列為《中俄協定》之附件。

⓱　《中俄解決懸案大綱》，第五、六兩條。

第七章　新思潮的激盪

第一節　五四運動與新文化運動

一、五四運動的界說及其本質

民國6年至12年 (1917–1923) 這段時間，中國在政治上呈現出南北因法統之爭而尖銳對立，軍閥干政而又相互混戰的紛亂局面；文化及社會思想方面卻是一個洶湧澎湃、迴旋激盪的高潮時期，其顯著的標幟乃是五四運動和新文化運動的發生。

五四運動，其本來意義係指民國8年5月4日在北京發生的青年學生反日遊行示威請願，及以後在各地相繼發生的學生與工人支援被捕學生的各種行動。本質上，這是一次規模最大的學生愛國運動，或稱為青年救國運動。其起因係由於巴黎和會的外交失敗及北京政府賣國密約的揭露，❶其中心主張為「外爭主權，內除國賊」，❷其基本信條則是：「中國的土地，可以征服，而不可以斷送；中國的人民，可以殺戮，而不可以低頭。」❸毫無疑問的，這是民族主義思想和愛國情緒的發揮。這一運動，由5月4日開其端，6月3日和4日達到最高潮——將近七百名學生被捕，因而激起

---

❶ 這些賣國密約包括段祺瑞與日本間的《軍事共同防敵協定》、「西原借款」以及章宗祥與日本外相後藤新平間關於《山東密約》與其換文等。參考楊亮功、蔡曉舟合編，《五四——第一本五四運動史料》(臺北：傳記文學社重印，民國72年)，頁7–15。

❷ 羅家倫，〈五四運動宣言〉，見《羅家倫先生文存》，第1冊，頁1–2。

❸ 同❷。

各大都市之工人罷工、商人罷市，來向北京政府抗議。❹北京政府屈服了，於6月10日下令罷除三個賣國賊──交通總長曹汝霖、駐日公使章宗祥、幣制局總裁陸宗輿──的職務。6月28日，中國出席巴黎和會的代表拒絕簽字於《對德和約》。7月22日，全國學生聯合會宣告停止罷課。五四運動到此就算結束了，結果是「學生獲得了最後勝利。」❺

　　誠然，五四運動是中國現代史上的一個大事件。五四運動宣言的執筆人且為首先應用「五四運動」這一名詞的羅家倫 (1897–1969)❻，曾以頗為感慨但帶有幾分豪氣的口氣，肯定了五四運動的歷史地位：

> 無論是贊成的、反對的，總不能不認「五四運動」是中華民國開國以來第一件大事。這件事為中國的政治史上，添一個新改革；為中國的社會史上，開一個新紀元，為中國的思想史上，起一個新變化。❼

　　但由於五四運動發生的時代背景，甚為複雜，五四運動發生後的政治變化，至為劇烈，五四運動與新文化運動的關係，又糾結不清，因此時人對於五四運動的意義、本質與評價，亦見仁見智。國外的周策縱和國內的張玉法，都從廣義的解釋，把五四運動擴大為包括文學革命、新思潮、學

---

❹　五四運動先後波及於上海、南京、廈門、鎮江、蘇州、無錫、揚州、蕪湖、安慶、杭州、九江、漢口、濟南、天津、開封等各大城市，而以上海的情形最為激烈。參閱陳曾燾 (Joseph T. Chen) 著：*The May Fourth Movement in Shanghai: The Making of a Social Movement in Modern China* (Leiden, the Neitherlands, 1971)，國內有陳勤譯本，題為《五四運動在上海》，臺北，經世書局出版，民國70年。

❺　郭廷以，《近代中國史綱》，頁519。

❻　羅家倫於民國8年5月26日出版之《每週評論》第23期，發表〈五四運動的精神〉一文，是為「五四運動」一詞之由來，遂即演變為一通用名詞。

❼　羅家倫，〈一年來我們學生運動底成功失敗和將來應取的方針〉，見《新潮》，2卷4號，民國9年5月出版，頁864；又見《羅家倫先生文存》，第1冊，頁415。

術思想論爭、社會改革等項目在內的所謂「啟蒙運動」。❽親身參與五四運動的人如楊亮功、王撫洲等等，則持嚴正的正統主義，認為五四運動本質上是純粹的學生愛國運動，目的是對外爭取領土主權的完整，對內剷除媚日賣國的國賊，目的達到，風潮也就平息。❾

提到五四，不少人聯想到胡適 (1891–1962)。實則胡氏為文學革命的始倡者，也是提倡新文化運動的一員健將，但他與五四學生愛國運動，「毫不相干」。❿五四運動發生的時候，胡氏正在上海迎接來華講學的杜威 (John Dewey)。⓫也正由於胡適並未親身參與這一運動，他的評論是比較持平的。他不否定五四運動是「青年學生愛國運動」，但認為五四不是一件孤立的事，⓬他也並不認為五四運動是近代革命運動的起點，而認為「辛亥革命是後來一切社會改革的開始」。⓭事實上也確是如此，五四時代的若干新事物，是早就已經存在了的，但五四運動造成了一個更有利於這些事物的發展環境。就如工人運動，就不是五四時代的產物。正如陳明銶所指陳者：「近代中國勞工運動在五四時期 (1918–1920) 以前已發生，然而五四運動與中國工運，亦有直接而重大的關係。」⓮

---

❽　周策縱 (Chow Tse-tsung) 著：*The May Fourth Movement* (Harvard University Press, 1960) 一書，以 Intellectual Revolution in Modern China 為副題；張玉法著《中國現代史》，有「啟蒙運動」一章（第五章），均著眼於廣義的解釋。

❾　如楊亮功、蔡曉舟合編之《五四——第一本五四運動史料》，王撫洲撰〈我所記得的五四運動〉（見陳少廷編，《五四運動與知識青年》），及呂實強撰〈五四愛國運動的發生〉專文，均持同一見解。

❿　李霜青，〈五四以來引思想入歧途的幾個里程碑〉，見鄔昆如等著《五四運動與自由主義》（臺北：先知出版社，民國 63 年），頁 40。

⓫　胡頌平，《胡適之先生年譜長編初稿》，第 2 冊，（臺北：聯經出版社，民國 73 年），頁 351。

⓬　同上書，頁 357。

⓭　胡適，〈雙十節的感想〉，見《獨立評論》，第 122 號，北平，民國 23 年 10 月 14 日出版。

⓮　陳明銶，〈五四與工運〉，見汪榮祖編，《五四研究論文集》（聯經出版公司，民國 68 年），頁 57。

　　五四運動就「外爭主權」的對外意義而言，不是突發事件，而是自民國4年日本提出《二十一條》無理要求後所激發之學生反日運動的延長與擴大。民國4年的反日活動，以國內青年學生為主體，但在袁世凱政府的壓迫下，未能繼續擴大。及民國7年，因北京政府與日本訂立陸軍和海軍的《共同防敵協定》而引起的反日運動，則以留日學生為先鋒，聲勢就盛大得多。留日學生得到各省旅日同鄉會的支持，曾成立救國團，並有二千五百多人回到國內，呼籲反日。回國學生一部分到上海，發動抵制日貨運動，並創刊《救國日報》；一部分則到天津和北京，聯絡各校學生組成「救亡會」，並曾向北京政府請願，要求取消中日軍事密約。❺北京政府採壓制政策，迫令回國學生返日復學，但不少人仍留國內活動，在上海組成學生救國會，發刊《國民雜誌》，從事於反日救國宣傳。8年五四運動的發生，乃是數年來學生反日運動的再度擴大，而其行動較民國7年之反日活動更為激烈。

　　五四愛國運動以5月4日北京十三校學生的遊行請願為起點，但運動的醞釀在4月間即已開始。蓋出席巴黎和會之專使王正廷曾致電報界，要求「全國輿論對於該賣國賊群起而攻之」，於是群眾的憤怒如觸湯火。❻山東各界以事關切身之痛，情緒尤為憤激。4月20日，山東濟南即有國民請願大會的舉行，通電各方嚴斥「賣國奸人」，要求政府當局及和會代表「恢復國權，保全領土」。❼梁啟超於4月下旬，亦自巴黎致電北京國民外交協會，警告政府及國人，和會將把山東權利直接交給日本。5月2日，北京《晨報》刊出林長民〈山東亡矣〉一文。❽同一天，山東工人已在濟南舉行收回青島大會，到三千餘人，氣勢高昂，被認為是五四運動的先聲。❾

❺　黃福慶，〈五四前夕留日學生的排日運動〉，見《中央研究院近代史研究所集刊》，第3期。

❻　楊亮功等，《五四》，頁8。

❼　呂實強，〈五四愛國運動的發生〉，見汪榮祖編，《五四研究論文集》（聯經出版公司，民國68年）。

❽　梁敬錞，〈我所知道的五四運動〉，見《中國一周》，839期，民國55年5月出刊。

北大學生段錫朋 (1897–1948) 等於 5 月 3 日集會決定於 4 日下午舉行學界大示威，五四運動因而產生了。

尚有一義須加說明者，即參加五四愛國運動的青年學生及工商各界人士，均係出於愛國血誠，並無「黨界」之分，更無「階級」觀念，亦未「受到師長或校外任何人士的指使」。⓴當然，被認為是五四運動真正領導者的北大校長蔡元培是國民黨人，遊行至趙家樓曹汝霖住宅放起火來的匡互生與革命黨有歷史淵源，但學生中之段錫朋、羅家倫、方豪、孫德中、狄福鼎（膺）、劉振東等之參加國民黨，張國燾、羅章龍、高尚德、黃日葵等之參加共產黨，都是民國 10 年以後的事。不過，五四運動發生的時候，國民黨已經有了二十六年的歷史，共產黨則還沒有成立。五四時代的青年，後來參加國民黨的人數也遠比參加共產黨的為多。據曾經參加五四運動的孫德中估計，北大學生後來參加國民黨的有三四百人，參加共產黨的則「總共不過十個人」。⓱

二、胡適、陳獨秀與文學革命

文學的形式和內容，是隨著時代的需要而演變的。清代末年，革命黨人為了使革命思想的傳佈能夠普遍而有效，開始使用白話文，辦了一些白話報，乃是文學革命最早的信號。⓲民國初年的國語文運動，也構成文學革命的一種助力。但真正喊出文學革命的口號，並大力鼓吹，蔚成全面性的大運動，則是民國 6 年 (1917) 以後的事。首先倡導者為胡適，積極宣傳推動並使其內容具體化者則是陳獨秀 (1879–1942)。

早在民國 4 年 9 月，尚在美國留學的胡適寫給梅光迪 (1890–1945) 的

---

⑲ 中國勞工運動史編纂委員會，《中國勞工運動史》(臺北，民國 48 年)，頁 131。

⑳ 孫德中，〈「五四」與新文化運動〉，見陳少廷編，《五四新文化運動的評價》，頁 15。

㉑ 孫德中上文。

㉒ 李雲漢，〈庚子至辛亥期間（一九〇〇～一九一一）革命思想的分析〉，見《近代中國維新思想研討會紀錄》(臺北：中央研究院近代史研究所，民國 68 年)，頁 52–53。

送行詩中，用了「新潮之來不可止，文學革命其時矣!」的句子，為胡氏首次使用「文學革命」名詞。同月內，他又在一首短詩裡，用過「詩國革命」一詞。❷但這時胡適僅有改革文學的想法，卻還沒有考慮到具體的做法。5 年 2 月，他與陳獨秀通信，表示有「今日欲為祖國造新文學」之意。同時也開始與梅光迪等通信，討論宋、元時代的白話文學，並填了一首〈沁園春〉的詞，表達了「文學革命何疑」的決心以及「為大中華造新文學」的豪氣。❷6 月間，常常和任鴻雋 (1886–1961)、楊銓 (1893–1933) 等談論改良中國文學的方法，開始用白話作文、作詩、作戲曲，顯然他文學革命的思想接近成熟了。他寫了一篇〈文學改良芻議〉寄給陳獨秀，陳把這篇文章發表在 6 年 1 月 1 日出版的《新青年》2 卷 5 號，是為胡適正式向社會宣告主張文學革命之始。胡在〈芻議〉中，提出了文學改良的八事：

　　㈠須言之有物。

　　㈡不摹仿古人。

　　㈢須講求文法。

　　㈣不作無病之呻吟。

　　㈤務去爛調套語。

　　㈥不用典。

　　㈦不講對仗。

　　㈧不避俗字俗語。

　　陳獨秀對胡適的主張，引為同調，說是「今得胡君之論，竊喜所見不孤」。2 月份的《新青年》2 卷 6 號上，便刊出了陳獨秀的〈文學革命論〉，正式揭出了「文學革命」的旗幟。陳獨秀提出了他的文學革命三大主義：

　　㈠推倒雕琢的、阿諛的貴族文學；建設平易的、抒情的國民文學。

---

❷　胡頌平，《胡適之先生年譜長編初稿》，第 1 冊，頁 217–219。

❷　胡適，〈逼上梁山〉。

　　㈡推倒陳腐的、鋪張的古典文學；建設新鮮的、立誠的寫實文學。

　　㈢推倒迂晦的、艱澀的山林文學；建設明瞭的、通俗的社會文學。

　　繼胡適、陳獨秀之後，熱烈鼓吹文學革命的學者，有錢玄同 (1887–1939)、劉復 (1891–1934)、周樹人 (1881–1936)、周作人 (1884–1966) 等人。北京大學學生傅斯年、羅家倫、康白情等也創刊《新潮》雜誌，為主張文學革命的生力軍。胡適於民國 6 年 6 月自美回國至北大任教，7 年 4 月又發表〈建設的文學革命論〉一文，以「國語的文學，文學的國語」為建設新文學的宗旨，文學革命的內涵和方向遂告確定。

　　文學革命包含兩方面的意義：一是文體的改革，即以白話文代替文言文，建立白話文——胡適所謂「活的文學」；一是內容的蛻變，亦即文學本質與功能的趨向實際。陳獨秀的三大主義即著眼於文學內容的改革，周作人的「人的文學」，強調文學應以人道主義探討人生問題，亦為文學內容樹立新的標竿。就文體改革而言，文學革命是成功的，於知識的普及與文化的傳布有著最大的貢獻，教育部於民國 9 年令將中小學的教科書採用語體文，社會輿論也多接受以白話文為通行的傳播工具，北京的《晨報》和上海的《民國日報》也都採用了白話文。就文學內容的改變而言，卻是經歷了不少曲折和爭論，利弊互見。周樹人以魯迅筆名發表《狂人日記》，獨倡諷刺文學或反叛文學的風格，對社會及人性都加以無情的嘲弄與攻擊。文學研究會於民國 10 年成立後，揭櫫「為人生而藝術」的主張；另一個文學團體創造社，卻高談「為藝術而藝術」的浪漫主義。經過十數年的流變，所謂「普羅文學」的浪潮繼之而起，文學遂淪為煽動階級意識和政治叛亂的工具，由文學革命變為「革命文學」，最後的結果是「革文學的命」，成為文學發展史上的一大悲劇。

　　當胡適、陳獨秀大力鼓吹文學革命時，也受到若干保守派人士的強烈反對。這些保守派人士，包括劉師培 (1884–1919)、黃侃 (1886–1935)、林紓 (1852–1924)、顧頡剛 (1893–1980)、嚴復 (1854–1921)、胡先驌等，也都是國學界的主流人物，他們反對以白話文代替文言文，主張保存國粹，把

新文學運動的倡導者看作是離經叛道的叛徒。尤其是林紓，對胡、陳表示深惡痛絕，曾在《新申報》發表一篇題名為〈荊生〉的小說，希望能有荊軻這樣的人挺身而出，來嚴厲處置「田必美」(指陳獨秀)、「金心異」(指錢玄同) 和「狄莫」(指胡適) 這三個「人間的怪物」。❷❺

　　以學術立場和理性態度反對文學革命的，是南京的《學衡》月刊，亦即被稱為「學衡派」的人物，梅光迪、吳宓、胡先驌等人。梅光迪本是胡適留美時的好友，也是最早討論文學改革的人物之一，但他不同意胡適的主張，更反對卑棄儒家的思想，尤其反對白話文。梅光迪於民國 8 年回國，任教於南京東南大學，成為「學衡派」的中心人物。❷❻ 吳宓是《學衡》的編輯，主張與梅光迪無異。胡先驌在民國 8 年發表一篇〈中國文學改良論〉，惹起了羅家倫的一篇〈駁胡先驌君的中國文學改良論——解答幾種對於白話文學的疑難〉。❷❼「學衡派」對於白話文學的批評雖不無道理，但他們自己寫的文言文卻已無法為當時的青年人所接受，梅光迪雖有反對到底的勇氣，卻無法阻止白話文學之發展為時代潮流。以章士釗為首的「甲寅派」也反對新文學運動，曾經受到錢玄同、黎錦熙等人的反擊，章人緣不佳，他的言論已經沒有什麼號召力了。

三、反傳統與新思潮

　　民國初年文化與社會思想的劇變，民國 3 年 (1914) 即已開其端。這時正是袁世凱當權時代，初則實行獨裁政治，繼則明目張膽的籌備帝制，革命黨人固然反對他，明瞭世界潮流的人也表示不滿。就在 3 年 5 月，章士釗等人在日本創刊了《甲寅》雜誌，❷❽ 鼓吹民主憲政，有人甚至認為「《甲

---

❷❺　胡頌平前書，第 2 冊，頁 342–343。

❷❻　侯健，〈梅光迪與儒家思想〉，見《中國現代史專題研究報告》，第 7 輯，頁 279–296。

❷❼　《新潮》，第 1 卷第 5 號，民國 8 年 5 月 1 日。

❷❽　《甲寅》雜誌係由章士釗、谷鍾秀、張耀曾等人發起，創刊於民國 3 年 5 月，以歲次甲寅，遂以為名。初在日本發行，繼遷上海。

寅》雜誌可說是新文化運動的先河」。❷同年 6 月，留美學生任鴻雋、趙元任 (1892–1982)、胡明復 (1891–1927)、楊銓等發起「中國科學社」，出版《科學》雜誌，以介紹科學技藝為宗旨，為民國以來提倡科學之言論的先驅。民國 7 年，中國科學社遷到國內，設總社於南京，於新思想的鼓吹深具影響力。❸《甲寅》倡民主，《科學》談科學，這兩份雜誌乃是民初首先提倡民主與科學思想的人，比《新青年》的言論要早兩三年。

　　《新青年》是陳獨秀創辦的一份鼓吹新思想最力的雜誌。陳獨秀，安徽懷寧人，早年曾參加反對滿清政府的革命運動，辦過報紙，教過書，民國元、2 年間，且曾出任安徽都督柏文蔚的祕書長及安徽師範學校校長。國民黨人二次革命失敗後，陳獨秀也亡命日本，參加過歐事研究會，也為《甲寅》雜誌寫文章。民國 4 年，回到國內。這時袁世凱的帝制醜劇正在上演，陳痛心於「國勢陵夷，道衰學弊」，因於是年 9 月 15 日在上海創辦了一份《青年》雜誌，呼籲青年人改造思想，加強修養，以負起國家的責任。《青年》雜誌係月刊，每期稱一號，集六號為一卷。從 5 年 9 月出刊的第 2 卷第 1 號起，改稱為《新青年》，成為新文化運動中旗幟鮮明，言論激烈的雜誌。❸

　　陳獨秀本是個革命黨人，具有「終生的反對者」的性格。❸他曾是《甲寅》雜誌的撰稿人，但其思想尚僅限於對於政治現狀的不滿，創刊《青年》雜誌的初期，亦不過號召青年自覺奮鬥來改造社會，尚未以反傳統文化制度作為旗幟。5 年 6 月，袁世凱死，8 月國會恢復開會並籌備制定憲法，康有為等一干守舊派極力要求政府於憲法中定孔教為國教，陳獨秀大加駁斥，並攻擊孔子學說為封建君主的護符，反對忠、孝、節、義，認為都是片面

---

❷　郭廷以，《近代中國史綱》，頁 505。

❸　郭正昭，〈中國科學社與中國近代科學化運動（一九一四～一九三五）——民國學會個案探討之一〉。

❸　劉德美，〈「新青年」與新文化運動〉，見張玉法主編，《中國現代史論集》，第 6 冊，（臺北：聯經出版公司，民國 70 年），頁 481–504。

❸　Thomas C. Kuo（郭成棠），*Chen Tu-hsiu and the Chinese Communist Movement* (Seton Hall University Press, 1975), p. 268.

的義務與不公平的道德，主張倫理革命。於是反傳統遂成為新文化運動的一個標誌。

8 年 1 月，北大學生傅斯年、羅家倫創刊了一份《新潮》，為新思想的鼓吹增加了生力軍。5 月，五四愛國運動發生，更多的青年學生要求改造政治和思想解放，所謂新思想遂成為一股浪潮。陳獨秀被視作是鼓吹新思想的首腦人物，他提出「德先生」和「賽先生」作為新思想的兩面旗幟，並說為了擁護「德先生」和「賽先生」便不得不反對舊傳統。陳說：

> 要擁護那德先生，便不得不反對孔教、禮法、貞節、舊倫理、舊政治；要擁護那賽先生，便不得不反對舊藝術、舊宗教；要擁護德先生，又要擁護賽先生，便不得不反對國粹和舊文學。㉝

陳獨秀所謂「德先生」，即民主 (Democracy)；所謂「賽先生」，即科學 (Science)。其實民主與科學已不是新發明，提倡民主與科學者亦不自陳獨秀始。郭湛波推崇陳獨秀為「中國近五十年思想史第一個大思想家」，㉞ 實過甚其詞。但民主與科學確為西方近世文明的精義所在，而為中國文化所缺乏者，因此被認為是「新思想」。「新思想」來自西方，因此提倡新思想的人，一方面主張西化，一方面反對傳統。主張西化過了火，就是全盤西化論者；反對傳統過了火，就變成吳虞 (1871–1949) 這樣的人，一心一意要「打倒孔家店」。㉟ 流弊所及，就是盲目的破壞傳統，崇拜西方。民國 8 年以後，新文化運動的倡導者們，幾乎是傾其全力於西方思想的介紹與宣揚。凡是中國所無或前未所聞的西方人物與學說，無不視為救治中國社會病根及改造中國政治的救世良藥，幾乎是不加思考，毫無選擇的一律歡迎，一律稱之為新思潮。

㉝ 陳獨秀，〈本誌罪案之答辯書〉，見《新青年》，6 卷 1 號，民國 8 年 1 月。

㉞ 郭湛波，《近五十年中國思想史》(香港：龍門書店再版本，1966 年)，頁 119。

㉟ 吳虞，四川新繁縣人，早年曾留學日本，亦曾為《甲寅》雜誌寫文章，反對孔子，非難孝道。胡適稱讚他是「手打孔家店」的「英雄」。

　　民國 8 年至 12 年間 (1919–1923)，是中國思想界「新思潮」洶湧澎湃的時代。在這股波瀾壯闊的思想洪流中，有三種界限分明的勢力相互激盪：一種是民主主義思想，一種是社會主義思想，這兩種思想都是外來的；第三種思想是孫中山的革命建國思想，亦即三民主義的思潮。

　　民主主義的思想來自歐美，清代末年即已開始輸入中國。第一次世界大戰結束後，威爾遜的民族自決理論頗為中國知識界所歡迎，美國哲學家杜威 (John Dewey)，英國哲學家羅素 (Bertrand Russell)，德國哲學家杜里舒 (Hans Driesch) 等人之先後來華講學與遊歷，對民主主義在中國的傳布自大有影響。法國哲學家柏格森 (Henri Bergson) 雖未來華，他的著作卻有張君勱 (1887–1969)、張東蓀 (1886–?) 等人介紹。❸❻當然，民主思想的輸入主要來自美國，胡適、蔣夢麟、劉伯明、陶行知等對於杜威實驗主義的介紹，至為熱衷，胡適出力尤多。介紹羅素思想最賣力的人是張申府。民主主義強調個人的權利和尊嚴，其後發展為以個人為中心的自由主義思想。

　　社會主義的思想甚為龐雜，其輸入中國亦早在清末，革命黨人李煜瀛、吳敬恆、劉思復、張繼等則為介紹社會主義的先驅人物，不過他們所介紹的是以無政府主義為主。❸❼俄國於 1917 年發生革命後，馬克思主義輸入中國，形成一支新興的勢力。宣傳馬克思主義的主要人物，自然是陳獨秀和李大釗 (1888–1927)，其宣傳媒體則為民國 8 年 5 月以後的《新青年》。其他社會主義的流派中，尚有梁啟超、張東蓀所贊成的基爾特社會主義，張東蓀主持的上海《時事新報》曾經開闢過《基爾特社會主義週刊》。北京的《晨報》和《國民公報》也時常討論無政府主義和社會主義。梁啟超主持的共學社出刊過馬克思主義叢書，上海亞東圖書館出版的社會經濟叢書，也以社會主義書籍為主。民國 9、10 年間，社會主義思想在中國至為流行，

❸❻　張君勱撰有〈法國哲學家柏格森談話記〉，張東蓀撰有〈柏格森哲學與羅素的批評〉專文，並譯有柏氏《創化論》、《物資與記憶》兩書。

❸❼　Li Yu-ning, *The Introduction of Socialism into China* (New York: Columbia University Press, 1971)，對於同盟會人 1905–1907 年間對社會主義之介紹，有詳明敘述。

形成一陣狂飆吹遍了學術出版界。❸不過當時傾向於社會主義的知識分子，絕大多數是抱持學術研究的態度，研究的範圍也極廣泛，初未計及陳獨秀、李大釗等馬克思主義者在俄人的慫恿下成立共產黨所導致的不幸後果。

新文化運動的潮流中，有兩個人的立場能自脫於流俗之外，頗堪注意。一位是梁啟超，他於民國8年遊歷歐洲歸來後，一方面發現歐洲的「科學破產」，一方面對社會主義抱歡迎態度，對俄國革命亦認為是不可避免的潮流，並稱道列寧的精神與人格，嘗以中國的墨子比喻馬克思。❸因此，他所創辦的報紙、書社和文化團體，都曾大力鼓吹社會主義。但梁啟超這一看法，不久就改變了。他逐漸傾向於溫和的基爾特社會主義，而對馬克思主義，先是疏遠，繼是反對。對於俄國，也由友而仇，民國14年以後的梁啟超已完全擺脫了「新思潮」時代的若干錯覺和幻想。張君勱、張東蓀也受他的影響，修正了他們原來的觀點，走向民主主義的社會主義路線。

第二位自脫於流俗的知識分子，是廣西人梁漱溟。他在新文化的潮流中，別樹一幟，反對西化，更反對馬克思主義；與胡適持相反立場，也不同於梁啟超。他於民國10年出版《東西文化及其哲學》，11年出版《中國民族自救運動之最後覺悟》等書，無條件的主張復興中國文化，要打破西化主義者「往西走的迷夢」，「指點他往西走的無路可通」。❹他主張中國民族要自救，須走中國自己的道路，試圖為孔子學說建立新基礎，民國16年以後，倡導鄉村建設運動，被認為為民國學術史上「新儒學」一派的先驅。

四、國民黨人與新文化運動

若干討論新文化運動的著作，往往在有意無意間忽略了國民黨人與新文化運動的關係。事實上，孫中山對五四愛國運動和新文化運動給予甚高的評價，若干國民黨人如蔡元培、吳敬恆、朱執信、戴季陶（傳賢）、葉楚傖、廖仲愷、蔣夢麟、陳炯明等，都曾直接參與了新文化運動的發起與推動。

---

❸ 李雲漢，《從容共到清黨》（中國學術著作獎助委員會，民國55年），頁80–87。

❹ 張朋園，《梁啟超與民國政治》，頁190–195。

❹ 郭湛波前書，頁176–178。

　　孫中山是民國 7 年 5 月辭去廣州軍政府的大元帥，來到上海專心從事於著述工作的。他是想從國民思想上作改革的工夫，這一工作在本質上就屬於文化建設的範圍。他在 8 年 4 月 1 日──五四運動前三十三日，在批示趙泰紀的來信時，曾說「今日欲維持民國，須於地方上開通民智，振起民氣」，並謂他的著書立說，就是為了「以開民智」，❹ 這一重視「民智」與「民氣」的工作，就是思想革命或文化革命的起步。

　　孫中山在上海著成的第一本書，是《孫文學說》，其要旨在闡明「知難行易」的道理。這本書是發生了相當大的影響力的，連胡適都寫了書評發表在《每週評論》上，雖有批評及不贊成處，卻肯定這本書「是有正當作用的書」,「不可把他看作僅僅有政黨作用」。❷ 羅家倫也讀過了《孫文學說》，羅氏於民國 9 年 5 月發表〈一年來我們學生運動底成功失敗和將來應取的方針〉一文時，就曾說出下面一段話：

　　　　孫中山先生倡「知難行易」的話，有許多人不相信，我以為此中很
　　　　有一部分未經前人發現的真理。因為就個人而論，固然是有許多事
　　　　是「知易行難」，而就社會全體而論，的確有許多事是「知難行易」。❸

　　五四運動發生後，各地黨人及學生代表有不少人寫信給孫中山，問他的態度，他的答覆都是鼓勵與協助，表示「此間有一分之力，當盡一分之力」。❹ 孫中山在答覆四川蔡冰若的信中，更認為「數月來全國學生之奮起，何莫非思想鼓盪陶鎔之功」，主張「灌輸學識，表示吾黨根本之主張於全國，使國民有普遍的覺醒。」❺

❹　羅家倫主編，《國父批牘墨跡》（中國國民黨中央黨史會，民國 44 年），頁 47–48。

❷　胡頌平，《胡適之先生年譜長編初稿》，第 2 冊，頁 361–362。

❸　《羅家倫先生文存》，第 2 冊，頁 429。

❹　羅家倫主編，黃季陸增訂，《國父年譜》，下冊，頁 755。

❺　《國父全集》，第 3 冊，頁 622–623。

　　孫中山的行動亦至為積極。8 年 6 月 8 日，他命戴季陶、沈玄廬（定一）、孫棣三在上海創辦了一份《星期評論》，用白話文宣揚新思想，被認為是北京《新潮》雜誌的姊妹刊物，一直出刊到 9 年 6 月 6 日才停刊。同時，葉楚傖主持的上海《民國日報》也改用白話文發行，並增闢「覺悟」附刊，討論思想和文化問題。

　　孫中山最重要的一步行動，是指派胡漢民、汪兆銘、戴季陶、廖仲愷、朱執信等五人組織「建設社」，於 8 月 1 日創刊了《建設》雜誌。孫中山親撰發刊詞，並將他的英文原著《實業計畫》譯為中文，分期發表。雜誌之名為《建設》，是具有積極性之啟發意義的。五四以後，各種雜誌如雨後春筍，率多以破壞社會秩序為立論的基點，《建設》雜誌則主張於「大破壞」後必須繼之以「大建設」，才有意義，才有進步。孫中山闡述《建設》雜誌的發刊旨趣乃在於：

　　　　以鼓吹建設之思潮，展明建設之原理，冀廣為吾黨建設之主義成為
　　　　國民之常識，使人人知道建設為今日之需要，使人人知建設為易行
　　　　之事務，由是萬眾一心以赴之，而建設一世界最富強、最安樂之國
　　　　家，為民所有，為民所治，為民所享者。❹❻

　　《建設》雜誌為月刊，共出版十三期。採用白話文，新式標點，其內容除《實業計畫》外，尚討論婦女問題、井田制度、革命意義等問題。胡適稱道《建設》是五四時期「能做研究文章的好雜誌」，❹❼ 傅斯年也認為《建設》的特點是「能仔細研究一個問題，而按部就班的解決他，不落在隨便發議論的一種毛病裡」，傅認為在當時眾多的雜誌中，《建設》是惟一具有這種能夠研究問題並解決問題之風格的雜誌。❹❽

❹❻　〈建設雜誌發刊詞〉，《建設》，1 卷 1 號。

❹❼　〈胡適致廖仲愷函〉，《建設》，2 卷 1 期，頁 149。

❹❽　傅斯年，〈新潮的回顧與前瞻〉，見《新潮》，2 卷 1 期，民國 8 年 10 月 30 日，
　　　頁 204。

在全國青年高喊「民主」之時，孫中山提出了「全民政治」的主張。他發表了一篇標題為〈三民主義〉的專文，以林肯的「民有、民治、民享」(A Government of the people, by the people and for the people) 主張來說明三民主義的精義。他要廖仲愷把威爾確斯 (Delos F. Wilcox) 的〈全民政治〉(Government by All the People)，孫科把羅威爾 (A. L. Lowell) 的〈公意與民治〉(Public Opinion and Popular Government)，朱執信把泊爾尼 (J. D. Barnett) 的〈創制權、複決權、罷官權之作用〉(The Operations of the Initiative, Referendum and Recall in Oregon) 及威廉辣白 (William E. Rappard) 的〈瑞士之直接權〉(Initiative, Referendum and Recall in Switzerland) 都翻譯過來，在《建設》雜誌上發表，因而《建設》雜誌之大力輸入全民政治理論，形成新文化運動中的一大特色。

孫中山與戴季陶等不時談論勞工問題與社會問題，他反對共產主義者在兵士和工人中散布其一知半解的學說，認為是一種危險。❹他不斷的接見到上海來的學生代表張國燾、羅家倫、許德珩、程天放等人，公然發表談話和講演，要求廢除《二十一條》，收回山東，並剷除北方政府的官僚、武人和政客。9 年 1 月 29 日孫中山寫一封長信給海外同志，倡議創辦一種英文雜誌及「最大最新」之印刷機關。他在這封信中，再度對五四運動和新文化運動作如下之評價：

> 自北京大學學生發生五四運動以來，一般愛國青年無不以革新思想，為將來革命事業之預備，於是蓬蓬勃勃，發抒言論，國內各界言論，一致同倡，各種新出版物為熱心青年所舉辦者，紛紛應時而出，揚葩吐艷，各極其致，社會遂蒙絕大之影響，雖以頑劣之偽政府，猶且不敢攖其鋒。此種新文化運動，在我國今日，誠思想界空前之大變動，推原其始，不過由於出版界之一二覺悟者從事提倡，遂至輿論大放異彩，學潮瀰漫全國，人皆激發天良，誓死為愛國之運動。倘能繼長增高，其將來收效之偉大且久遠者，可無疑也。吾黨欲收

❹　〈與戴季陶關於社會問題之談話〉，《國父全集》，第 2 冊，頁 844–847。

革命之成功，必有賴於思想之變化，兵法攻心，語曰革心，皆此之故，故此種新文化運動，實為最有價值之事。❺⓿

　　孫中山以外的國民黨人中，以朱執信對新文化運動的貢獻為大。朱是《建設》雜誌的主編，也是主要的撰稿人之一，同時也在《星期評論》、《民國日報》、上海《晨報》及福建漳州的《閩星》半週刊上發表文章。他提倡白話文學，號召詩界革命，重視群眾，主張女權，並曾有強烈的反傳統、反宗教的言論。但他畢竟是信仰三民主義的國民黨人，他研究過馬克思主義，但關於民生主義的理論，從未引介或運用馬克思理論來作說明或解釋。❺❶此外，葉楚傖主持上海《民國日報》，介紹新思想和討論婦女解放等社會問題，亦被視作是上海的言論重鎮。陳炯明於 8 年 12 月在閩南創辦《閩星》雜誌和《閩星日刊》，亦以推進新文化運動相號召，只是社會主義色彩較為濃厚，陳與無政府主義者的關係亦甚密切，對俄國革命亦有盲目崇拜的跡象，和蘇俄派來的代表也曾有過接觸。❺❷

第二節　新黨社的出現與聯治運動

一、少年中國學會及其分化

　　胡適開始參加《新青年》編輯工作時，曾與李大釗、陳獨秀等約定不談政治，但他後來卻發現「我們本來不願意談實際的政治，但實際的政治，卻沒有一時一刻不來妨害我們。」❺❸事實上，陳獨秀、李大釗等人早就參加

---

❺⓿　《國父全集》，第 3 冊，頁 670。

❺❶　呂芳上，《朱執信與中國革命》（私立東吳大學中國學術著作獎助委員會，民國 67 年），頁 277。

❺❷　吳相湘，〈陳炯明與俄共中共關係初探〉，見《中國現代史叢刊》，第 2 冊（正中書局，民國 49 年），頁 97–118。

❺❸　胡適等，〈爭自由的宣言〉，民國 9 年 8 月 1 日。

過政治運動，一直都沒有放棄過政治欲望，胡適約他們不談政治，毋乃天真過度。連胡本人後來也無法擺脫政治的漩渦，人本來就是社會的動物和政治的動物。

五四時代，有不少的團體出現。有些是學術性的，有些是社會性的，有些是政治性的。其中「少年中國學會」是純粹知識分子的結合，是以「學會」的面貌出現，會員們也曾約定不參加實際政治，他們實際上所做的卻無一而非與政治有關，最後也因為政治意見的不同而起了分化，一部分會員成為共產黨的發起者，一部分會員則又組成了反共的青年黨。

少年中國學會的前身，是留日歸國學生曾琦 (1892–1951) 等在上海組織的留日學生救國團。曾琦寫過一篇〈國體與青年〉的專文，在留日學生救國團機關報《救國日報》上發表，主旨在激發青年的愛國熱誠和政治責任。這篇專文，獲得不少青年人的響應，尚在北京讀書的王光祈 (1892–1935) 把它印成一本小冊，成為國家主義運動最早的一篇文獻。

曾琦等人起意組織少年中國學會，是民國 7 年 6 月間的事。曾琦於 6 月中旬到達京、津，本意乃在籌設留日學生救國團分部，經與王光祈等研議後，認為北京政府不能容許留日學生救國團活動，因決定組織一個學會。7 月中旬，就成立了少年中國學會的籌備會。發起人有七位：曾琦、王光祈、陳淯（愚生）、周無（太玄）、李大釗（守常）、雷寶菁（眉生）、張夢九（尚齡）；王光祈被推為籌備會主任。❺❹ 稍後，在南京讀書的左舜生 (1893–1969) 等人也參加了這一新成立的學術團體。❺❺

王光祈，字潤璵，四川人，此時尚在北京中國大學肄業。他對於少年中國學會的成立極為熱心，任事最勤，出力最多。❺❻ 成立未久，會員即達百餘人，多為學術界之新銳之士。學會的宗旨是：「本科學的精神，為社會的活動，以創造中華民國。」會員的信條是：奮鬥、實踐、堅忍、簡樸。❺❼

❺❹ 李璜，《學鈍室回憶錄》（臺北：傳記文學社，民國 62 年），頁 27。

❺❺ 左舜生，〈記少年中國學會〉，見《傳記文學》，35 卷 1 期，頁 35。

❺❻ 郭正昭，〈王光祈與少年中國學會（一九一八～一九三六）〉，見《中央研究院近代史研究所集刊》，第 2 期，民國 60 年 6 月。

發起之初，七位發起人即曾約定只從事社會事業，不參加實際政治。據李璜回憶：

> 根據學會的宗旨「為社會的活動」這一義，於慕韓（曾琦字）七月二十七日離開北京去上海時，七個發起人復聚於中央公園，商定：凡加入「少中」會友一律不得參加彼時污濁的政治社會中，不請謁當道，不依附官僚，不利用已成勢力，不寄望過去人物；學有所長時，大家相期努力於社會事業，一步一步來創造「少年中國」。❺❽

　　經過將近一年的籌備，少年中國學會至民國 8 年 7 月 1 日始舉行正式成立大會。❺❾其間，少年中國學會曾出版三種刊物。一種是《少年中國》月刊，原名為《少年中國學會會務報告》，民國 8 年 3 月創刊，6 月擴大篇幅並改名為《少年中國》月刊，公開發行，為五四時期深具影響力的雜誌之一，至 13 年 5 月停刊，共出刊四卷四十八期。另一種是《少年世界》月刊，為南京、上海地區的會員發起出刊，創刊於 9 年 1 月 1 日，同年 12 月停刊，內容注重於應用科學與社會調查。第三種刊物是《星期日》週刊，係成都分會出版的刊物，風格與北京的《每週評論》相同。此外，少年中國學會也出版過專書，如上海中華書局印行由李璜、余家菊合著的《國家主義的教育》，即對日後的收回教會學校教育權運動發生極大的影響。

　　少年中國學會的發起人約定不參加政治活動，事實上，李大釗一開始就具有政治的欲望和企圖，他歌頌蘇俄的共產主義革命，先後在《新青年》發表〈Bolshevism 的勝利〉、〈庶民的勝利〉等文章，並認定「中國革命是世界革命的一部分」。這一立場，自然與曾琦等人的主張不合，因而發生爭辯。既而曾琦、李璜、周太玄等前往法國留學，王光祈前往德國習音樂，

---

❺❼ 同上。

❺❽ 李璜前書，頁 29。

❺❾ 秦賢次，〈「少年中國學會」始末記〉，《傳記文學》，35 卷 1 期，民國 68 年 7 月 1 日，頁 14–24。

李大釗、鄧康（中夏）等日益傾向於共產主義，李且為早期共產運動的主
將之一。❻會員間雖屢次集會辯論，但均無法克服思想分裂的危機，終於
「各行其是」。左舜生敘述當時的情形：

> 到了十一、二年，一個嚴重的問題，即學會的會員是否可以參加政
> 治活動的問題，便在「少中」的會員間起了激烈的爭辯。在南京東
> 南大學的楳園，在上海哈同路一七八九號我的住宅，都是他們集體
> 的或個別的辯論場所。經過一年餘爭論的結果，事實上所得的結論，
> 只是「各行其是」。❻

二、中國共產黨的產生

中國共產黨（以下簡稱中共）最早的歷史紀錄，是俄國共產黨人代為
撰寫的《中國共產黨簡明歷史》。❻這一「簡明歷史」有意強調陳獨秀在中
國早期共產運動中的地位，說「當一九一八年著手共產事業者惟陳獨秀一
人」，實則李大釗對於蘇俄十月革命的接受以及對馬克思主義研究的提倡，
均較陳獨秀為早。李書華即曾認定李大釗才是「最早介紹共產主義者，後
來他成了中國共產黨第一個創始人」，認為「陳獨秀到上海（民 9 春）以後
方傾向共產主義。」❻

不論是李大釗，或是陳獨秀，其最初之對蘇俄革命發生好感，並寄予

---

❻　Maurice Meisner, *Li Ta-chao and the Origins of Chinese Marxism*(Cambridge,
　　Mass.:Harvard University Press, 1967), pp. 68–111.

❻　左舜生，〈記少年中國學會〉；朱鏡宙，〈李大釗埋葬了少年中國學會〉，見《傳
　　記文學》，23 卷 2 期，民國 62 年 8 月，頁 42–44。

❻　全文見〈中國共產黨類〉，第 1 篇，《蘇聯陰謀文證彙編》，第 5 冊，（北京：京
　　師警察廳，民國 17 年）；英文件見 C. Martin Wilbur and Julie Lien-ying How,
　　Documents on Communism, Nationalism, Soviet Advisers in China, 1918–1927,
　　pp. 41–78.

❻　李書華，《碣廬集》（臺北：傳記文學社，民國 56 年），頁 50、75。

幻想，只是認為蘇俄是一個新興的革命力量，或可對於中國惡劣政治的改造有借鑑之處。他們組織「馬克思主義研究會」或「社會主義研究會」，亦只是想對這種「新思想」加以學理上的探討，他們自己對馬克思主義尚無比較深入的認識，更談不上組織共產黨的事。即如李大釗，於民國 8 年 5 月發表〈我的馬克思主義觀〉，❻除倡言經濟力與政治力相互影響外，實在看不出他對馬克思主義有什麼了解或心得。再如陳獨秀，他於民國 9 年 4 月在上海南洋公學講演「我的解決中國政治方針」時，❻所提出來的「新政治」，也仍然逃不出以選舉為政治運作的民主主義範疇，只不過略為強調「勞動者」的地位和權利而已，與馬克思的政治理論相去尚遠。

中共成立的一個關鍵性因素，是蘇俄操縱下的第三國際派胡定斯基 (Gregori Voitinsky) 來華。❻胡係於民國 9 年 3 月到達北京，旋由李大釗介紹前往上海會見陳獨秀。陳為胡定斯基說服，立即開始發展共產組織。同年 8 月就有上海社會主義青年團的成立，並建立了中共的所謂「臨時中央」，全部經費則由第三國際供給。

民國 9 年 12 月，陳獨秀應陳炯明之邀南去廣州，出任教育委員會委員長。他們利用這個為廣州革命政府服務的機會，吸收了譚平山、陳公博、譚植棠三人建立共黨小組，並由陳公博等發刊《群報》以作宣傳，先後吸收了林祖涵、劉爾崧、阮嘯仙、楊匏安等人。俄人對陳獨秀在廣東的活動成績甚感滿意。❻與陳獨秀在廣東活動的同時，北京、武漢、長沙、濟南、杭州等地也出現了社會主義青年團的組織，又被稱之為中共的臨時支部。其中以李大釗在北京組織的「馬克思學說研究會」較為出色，張國燾、鄧中夏等人甚為活躍。

民國 10 年 (1921) 6 月，第三國際又派其民族與殖民地委員馬林 (Mar-

---

❻ 發表於《新青年》，6 卷 5 號，民國 8 年 5 月。

❻ 全文見民國 9 年 4 月 13 日，上海《正報》週年紀念增刊。

❻ 亦譯作維辛斯基或吳廷康。原名 Gregori Naumouich Voitinsky，又名查爾金 (Zarkin)。

❻ 李雲漢，《從容共到清黨》，頁 64–66。

ing，即 Hendricus Sneevliet）來到中國。馬林先到北京與李大釗、張國燾等
晤談，商定在上海召集中共首次全國代表大會，正式宣布中國共產黨的成
立。

民國 10 年 7 月 20 日，中共的首次全國代表大會在上海法租界蒲柏路
的一所私立女校內揭幕。❻❽出席代表十三人，李大釗和陳獨秀卻均未到場，
大會悉由第三國際的代表馬林所操縱。郭廷以曾作如下的評論：

> 出席的十三位代表，幾均為學識有限，經驗欠缺的書生，對於共產
> 主義的理論與共產黨的策略所知無多。陳獨秀、李大釗又不在場，
> 一切取決於馬林。❻❾

「大會」選舉陳獨秀為委員長，周佛海為副委員長，張國燾為組織部
長，李達為宣傳部長；❼並通過了〈中國共產黨第一次黨綱〉與〈一九二
一年中國共產黨之基本決議〉兩項文件，決定實行蘇維埃式的無產階級革
命──無產階級專政，階級鬥爭，推翻私有財產制度，沒收一切生產工具
及土地，並且要「與第三國際聯合」。❼❶就其原始文件的精神和實質而言，
中共一開始就沒有自己的獨立路線，完全抄襲蘇聯十月革命的老路，因此
蔣中正判定「中國共產黨不是中國的產物，乃是蘇俄共產帝國的螟蛉。」❼❷

---

❻❽ 中共成立日期，各家記載不一。中共「官方」已定 7 月 1 日為其建黨紀念日，
然最可靠的史料如陳公博，《共產運動在中國》等，則記為 7 月 20 日，經 C.
Martin Wilbur 教授查對大陸報有關記載，認定 7 月 20 日為可靠，郭廷以、李
雲漢諸人之著作皆因之。

❻❾ 郭廷以，《近代中國史綱》，頁 532。十三位代表是：陳公博、張國燾、周佛海、
劉仁靜、包惠僧、陳潭秋、董必武、李漢俊、李達、何叔衡、毛澤東、鄧恩銘、
王盡美；聲稱代表七個地區：廣州、北京、湖南、武漢、山東、上海及日本。

❼ 周佛海，〈逃出了赤都武漢之報告〉，民國 16 年刊本。

❼❶ 兩件文件均見陳公博，《共產運動在中國》(Chen Kung-po, edited with an intro-
duction by C. Martin Wilbur, *The Communist Movement in China,* Columbia Uni-
versity Press, 1966)，附件一、二。

　　中共成立之初特別重視工人，設立了「勞動組合書記部」主持工運工作，曾舉辦工人補習學校及工人俱樂部等活動，企圖組織工人發動罷工。此時並不重視農民，亦無爭取農民利益的任何計畫。政治上，中共經過李大釗的關係，拉攏當時權重一時的直系軍閥吳佩孚，並通過陳獨秀，聯絡南方的陳炯明。其宣傳刊物則為《新青年》和 11 年 9 月創刊的《嚮導週報》。中國社會主義青年團則以《先驅》半月刊為喉舌，其後又創刊了《中國青年》。其崇拜的人物則為俄、德等國的共產黨首腦列寧等人，李大釗主持的北京大學馬克思學說研究會曾於民國 11 年 1 月 15 日，為德共李卜克西 (Karl Liebknecent) 及盧森堡 (Roxa Luxemburg) 舉行一次「殉難四週年紀念會」，國人為之側目。

　　中共在上海成立前一年間，第三國際亦通過法共及左傾學者的關係，在巴黎對一部分以勤工儉學名義到法國留學的中國學生進行活動。陳延年、趙世炎、周恩來、王若飛、蔡和森、向警予等人乃於民國 9 年夏季在巴黎組成「社會主義青年團」，亦稱作「少年中國共產黨」，其後乃與上海中共本部取得聯繫，建立了中共旅歐支部，以《赤光》半月刊為宣傳喉舌。**❼❸** 鄧小平就是負責《赤光》油印工作的人，被戲稱為「油印博士」。**❼❹** 這批中共黨員於民國 12、13 兩年間先後回國，與國內的共黨組織合流。

三、中國青年黨的成立

　　中國青年黨（以下簡稱青年黨）是少年中國學會會員中堅持國家主義主張的知識分子的結合，首任黨魁為四川人曾琦（慕韓）。青年黨係於民國 12 年 (1923) 12 月 2 日在巴黎創黨，但對外保守祕密，一切主張都用中國國家主義青年團的名義發表，直至 18 年 (1929) 9 月舉行第四次全國代表大會後，始發表公開黨名宣言，正式揭出了中國青年黨的招牌。**❼❺**

---

❼❷　蔣中正，《蘇俄在中國》，頁 9。

❼❸　李璜，《學鈍室回憶錄》，頁 74–93；李天民，《周恩來評傳》（黎明文化事業公司，民國 65 年），頁 24–30。

❼❹　李璜前書，頁 89、106。

曾琦等於創立青年黨以前，提倡國家主義的理論，號召國家主義運動。其早期黨員之一的陳啟天 (1893–1984) 曾對國家主義運動的意義，作如下的解說：

> 什麼叫做國家主義運動？簡單的說，就是要國家能夠走向國家主義的一種運動。詳細點說，就是要國家能夠獨立，人民能夠自由，而在國際上能夠站得住的種種運動。這種運動由來很久，到近代因帝國主義的侵略，乃由潛默的無意的運動進到顯明的有意的運動，以求國家的獨立與自由。一七七六年美國的獨立，一七八九年法國的革命，一八六一年意大利的統一，一八七一年德意志的統一，一八六八年日本的維新，一九一九年土耳其的革命，都是證明這種運動在近代由無意的努力進到有意的努力，而且繼續有意的努力一直到現在。❼❻

就這一解釋而言，國家主義的目的在求中國的獨立與自由，這與孫中山三民主義民族主義的意義是相通的，這也是後來青年黨終於與國民黨合作的理論基礎。鼓吹國家主義的人，多半是參加五四運動的人，他們繼承了五四運動愛國主義的傳統而又作了廣義的解釋與應用。12 年 5 月，山東臨城劫車案發生，列強盛倡共管中國鐵路，曾琦、李不韙、何魯之、李璜、張子柱、胡國偉等於 6 月間在巴黎組成「旅法各團體救國聯合會」，其宗旨即五四運動的口號：「內除國賊，外抗強權」。❼❼

青年黨人，自許為「代國共兩黨而起之新革命黨。」❼❽其反對中共，乃

---

❼❺ 沈雲龍主編，《中國青年黨黨史、政綱》（中國青年黨中央黨部，民國 72 年 6 月），頁 3。

❼❻ 陳啟天，〈近代中國國家主義運動史〉。

❼❼ 《中國青年黨黨史》，頁 10。

❼❽ 〈中國青年黨公開黨名宣言〉，曾以此語為副題，見沈雲龍編，《中國青年黨的過去與現在》，頁 5。

有其歷史的因素；又視國民黨之「聯俄容共」政策為「怪劇」，因而亦對國
民黨有所不愜。但若干國民黨黨員如謝持等，則與青年黨人保持良好的友
誼。青年黨初創時，在巴黎的機關報為《先聲週報》，由張子柱 (1896–1981)
主編，維持至十年之久，為中國人在歐洲所辦刊物之壽命最長者。國內的
青年黨人，則仍以《少年中國》月刊為討論國家主義問題的場所。如陳啟
天的〈國家主義與中國前途〉一文，❼即由二十餘位黨員通過簽名後，在
《少年中國》月刊發表，因而觸發了與中共黨員惲代英等人間的辯駁。

　　13 年 9 月，曾琦、李璜等人由歐返國，在上海與少年中國學會會員陳
啟天、左舜生及浙江國家主義提倡者李琯卿等合作，創辦了一份《醒獅週
報》，是為青年黨在國內的機關報。陳啟天並主編中華書局出版的《中華教
育界》雜誌，鼓吹國家主義的教育政策，不遺餘力。

　　青年黨建黨之初，明定其宗旨是：

> 本黨本國家主義之精神，採全民革命的手段，以外抗強權，力爭中
> 華民國之獨立與自由；內除國賊，建立全民福利的國家為宗旨。❽

　　由於此一宗旨中有「採全民革命的手段」一語，暗示其為革命黨，既
反對共產黨之無產階級專政，對中國國民黨之訓政，亦詆為「一黨專政」，
從而非難。及 20 年 (1931) 九一八事變發生，青年黨懍於國難嚴重，對國民
黨的態度有了轉變，國民政府在洛陽召開國難會議，有九位青年黨領導人
士應邀參加。既而了解民權主義之民主政治實非「一黨專政」，乃與國民黨
趨於合作。其反共立場，則迄未改變，惟其反共行動實以理論上的批駁為
主，只李璜曾於 22 年入川參加四川剿共之謀畫。❾

❼　原題〈何謂新國家主義〉，全文見《國家主義論文集》，第 1 集，（中國青年黨
　　中央黨部，民國 72 年），頁 37–50。
❽　《中國青年黨黨史》，頁 11。此一宗旨，至民國 34 年 12 月該黨第十次全國代
　　表大會時，始修正為：「本黨本國家主義之精神，民主政治之原則，內求統一
　　與自由，外保安全與獨立，以建設全民福利的現代國家，並促進平等合作的和
　　平世界為宗旨。」

四、聯省自治運動

民國 7 年至 13 年間——正當中國因法統之爭而形成南北兩個政府對立而所謂「新思想」盛極一時之時，有另一種政治運動發生，那就是聯省自治運動，簡稱為「聯治運動」，或稱做「省憲運動」。

聯省自治運動並非「新思想」，其理論基礎顯可溯源於辛亥革命前後的聯邦論。民國初年袁世凱任大總統時代，屬行中央集權，國人多欲建立聯邦制度以防制袁的過分獨裁，聯邦論的理論乃受歡迎。鼓吹聯邦制最熱心的人，應為戴季陶，他於民國元年提出「地方分治論」的主張，3 年發表〈中華民國與聯邦組織〉專文，主張中國應倣效德、美兩強，實行聯邦制度。[82] 袁氏洪憲帝制失敗後，聯邦論的言論益為普遍，連原先以國權黨自居反對地方分權的舊進步黨人張東蓀、丁世嶧等也發表了主張「聯邦自治」的言論。及北京政府為段祺瑞等武力控制，弁髦法統，擴張武力，又因護法戰爭起後湖南等省飽受戰火之痛苦，因而有不少人提出「聯省自治」的主張，想藉聯省自治來保全地方，消弭戰禍。

湘人李劍農 (1880–1963)，被認為是倡導聯省自治最熱心的人。他從民國 6 年冬天起，三度以「民國統一問題」為題目，在《太平洋》雜誌上發表專文，倡導聯省自治，認為中國之統一必須經由聯省自治以制定聯邦憲法，始可確立。他對聯治運動，有一套構想，看他的說明：

> 所謂聯治運動，含有兩方面的意義：第一，是容許各省自治，由各省自己制定一種省憲（或各省自治根本法），依照省憲自組省政府，統治本省；在省憲範圍以內，非但可以免去中央的干涉，便是省與省之間，也可免去侵略的糾紛，甚麼大雲南主義、大廣西主義，都應該收拾起來。第二，是由各省選派代表，組成聯省會議，制定一

---

[81]　李璜前書，頁 206–231。

[82]　李雲漢，〈戴季陶〉，見王壽南編，《中國歷代思想家》，卷 55（商務印書館，民國 67 年），頁 51–53。

種聯省憲法，以完成國家的統一——就是確定中國全部的組織為聯
邦制的組織；如此既可以解決南北護法的爭議，又可以將國家事權
收歸中央，免去軍閥割據之弊。 **83**

　李劍農是純從政治理論上立論，實際政治情形當然不像他講的這樣簡
單。但當時鼓吹聯治和贊成聯治的人，的確很多。有學者、有黨人、有政
客，更有一部分握有軍政大權的各省督軍、省長或總司令。這一政治運動，
至民國 9 年以後，已發展為幾乎遍及全國各省的一個政治浪潮。

　沒有人否認，湖南是聯省自治運動的急先鋒，湖南的省憲也最為完備。
湖南何以會扮演「急先鋒」的角色？研究湖南近代化的張朋園認為有兩項
因素：一是由於湖南人有急先鋒的性格，一是由於在護法戰爭中，湖南是
主戰場，受害最烈，湖南人希望能以省憲自治來保護自省，阻止南北兩方
面的干涉。 **84** 湖南人當時的一個中心思想，是希望「湘事湘人自決」。

　與湖南省憲最有關係的兩位省長，一是譚延闓，一是趙恆惕。譚延闓
於 9 年 6 月第三度主湘，在梁啟超、熊希齡等人影響下，於 7 月 22 日以湖
南總司令名義發表禡電，宣布湖南實行自治，並將創制省憲。9 月 13 日，
譚氏即在長沙召集自治會議，決定進行制訂省憲。但譚氏以政潮關係於 11
月去職赴滬，湖南省憲工作遂由繼任總司令趙恆惕繼續推動。

　趙恆惕組織了省憲起草委員會，由李劍農任委員會主席主持之，經起
草、審查、投票等程序，於 11 年 1 月 1 日正式公布。 **85** 湖南省憲確有不少
優點，如省長民選、婦女參政、人民行使複決權等，都足稱道。其缺點則
是「陳意太高，則不容易實行」， **86** 況且，趙恆惕本人始終不願意裁兵，亦

83　李劍農，《中國近百年政治史》，下冊，頁 547。

84　張朋園，〈湖南省憲之制定與運作（一九二〇～一九二五）〉，見《中華民國建
　　國史討論集》，第 2 冊，頁 525。

85　全文見吳相湘編，《中國現代史叢刊》，第 1 冊，頁 272–300，附趙恆惕，〈湖
　　南省憲書後〉。

86　張朋園前文。

無意放棄若干權力，致使湖南省憲有名無實。李劍農回溯這段史實，也不禁概嘆說：

> 湖南在施行省憲的兩三年內所謂省憲，也僅僅具一種形式，於湖南政治的實際，未曾發生若何良果。到十五年，北伐軍進入湖南，省憲完全消滅。**❽**

聯省自治運動高潮時期，湖南而外，四川、浙江、湖北、廣東、江蘇、江西、山東、山西、陝西、福建、廣西、河南、甘肅、直隸、熱河、雲南、貴州等省也都有了省憲的行動，甚至東三省的張作霖也在 11 年 4 月直奉之戰失敗後，掛起了東三省聯合自治的招牌。鼓吹省區自治的刊物如《新湖北》、《新安徽》、《新浙江》、《新四川》、《新山東》、《新江西》等，也如雨後春筍般紛紛出現。**❽** 《時事新報》、《改造》雜誌、《太平洋》雜誌、《東方》雜誌以及胡適新創刊的《努力週報》等更是累篇連牘的宣傳省憲和聯治。但就省憲的實際效果而言，湖南而外，惟浙江省憲尚有可觀，其內容頗多獨到之處。**❽**

儘管聯省自治運動曾波及幾乎是整個中國，其結果卻仍然是失敗的。理論上，提倡省憲以促進自治並保障民權雖有利於民治主義的發展，但經由省憲進而制定聯省憲法以實現「統一」，即已犯了紙上談兵的毛病，是一種近乎天真的政治構想而已。事實上，有些具有影響力的政團和政治領袖如孫中山等並不贊同，共產黨的陳獨秀尤極力反對，各省的實力人物如唐繼堯、盧永祥、趙恆惕、陳炯明、熊克武、劉湘、陳樹藩、張作霖等表面上贊成省憲活動，目的則在藉省區自治以維持其割據局面，不僅無法促成國家的統一，且足以鼓勵武人們的割據慾望，加深了地域觀念的影響。對

---

❽　李劍農前書，頁 550。

❽　胡春惠，《民初的地方主義與聯省自治》（正中書局，民國 72 年），頁 152。

❽　阮毅成，《民國阮荀伯先生性存年譜》（臺灣：商務印書館，民國 68 年），頁 58–60。

聯省自治批評最為深刻的，莫過於中國國民黨第一次全國代表大會宣言：
「推其結果，不過分裂中國，使小軍閥各占一省，自謀利益，以與挾持中
央政府之大軍閥相安於無事而已，何自治之足云？」**❿**

第三節　反帝國主義運動

一、反日浪潮

　　中國人的反日抗日情緒，是由於日本無限制的對華侵略行動刺激而生
的。民國 4 年《二十一條》的無理要求，使中國民間普遍對日本懷恨。尤
其是青年學生，他們於發動抵制日貨及救國儲金等運動外，並在心底裡埋
下了與日人一拼的念頭。當時流行的反日歌曲中就有這樣激昂慷慨的話：

　　　　學友們：大家起來，一個八個拼！　**❾**

　　日本已是世界上的強國，中國仍然是混亂落後的弱國。但以八個中國
人與一個日本人拼，中國人仍握有最後勝利的把握。只是袁世凱以及袁死
後繼起執政的武人段祺瑞等一味親日媚外，對國民的反日情緒一味制壓，
國人因之益痛恨北京政府，把一批甘心媚日的官僚稱之為「賣國賊」。

　　民國 8 年五四愛國運動爆發，日本是中國國民心目中的頭號敵人，反
日運動也就普及於全國，青年學生仍為反日運動的先鋒。他們不僅要求收
回山東，而且要求廢除段祺瑞任國務總理期間和日本政府簽訂的軍事合作
條約，更不承認《二十一條》。留日學生救國團就曾要求以「廢止中日一切
密約」為第一條件，並對國民作如下的呼籲：

　　　　試問不能鬥強橫之日人，何以謝世界；不能抗威壓之政府，何以謝

---

❿　《革命文獻》，第 69 輯，頁 86–87。
❾　古屋奎二原著，中央日報社譯印，《蔣總統秘錄》，第 4 冊，頁 180。

日人。海內人士具犧牲愛國之精神者，所在多有，所宜互相團結，急起力爭。存亡之機，間不容髮。欲為塞爾維亞、比利時，是在今日；欲為朝鮮、印度，亦在今日。❷

民國 7 年至 9 年間，日人的侵凌有增無已，國人的反日浪潮此落彼起。7 年 8 月，日軍擅行由哈爾濱進駐黑龍江省中東路各要地，直迫滿洲里並與駐防華軍衝突；日人且片面宣稱接管哈爾濱至長春之鐵路。8 年 7 月，日人在濟南搗毀中國商店；9 月，日軍在長春向華軍挑釁；11 月，又發生了日本浪人在福州擊傷中國學生、市民及警察的「福州事件」，❸ 及天津日領事干涉天津商會會長選舉的「天津事件」。❹ 9 年 1 至 3 月間，各地學生反對與日本直接交涉山東問題，發動遊行演說，天津學生並因而有數十人被捕。日人則在吉林越界捕人，日艦擅入南通天生港，又復進軍廟街（日人稱為尼港），製造事端，扣留中國軍艦，提出無理要挾，是為「廟街事件」。❺ 10 月，日人又藉口朝鮮革命黨人朴東明、金永植等在吉林琿春起事，焚毀日本領事館，因而出兵琿春，佔領六縣，並私自設置日警，竊佔至一年之久，是為「琿春事件」。❻ 此外，如日人在蘇州槍殺中國士兵，在海參崴傷害華僑，在上海迫害工人等情事，亦不斷發生。中國民間之反日情緒亦趨激烈，長沙且有恨殺日人大津來德情事。❼ 國內輿論則一致譴責日人暴行及北京政府之媚日賣國，嚴正要求廢除《二十一條》，孫中山在上海就曾對來華訪問的美國國會議員們鄭重的說：

我已經看出了如何才能殼停止中國現在的混亂，這個問題解決的關

❷　楊亮功、蔡曉舟，《五四》，頁 160–161。

❸　詳劉彥，《中國外交史》，頁 592–598。

❹　天津商會選出卞蔭昌為新任會長，日領事以卞氏曾參與抵制日貨運動加以干涉，商會大憤，亦要求日方撤換該領事。

❺　事件發生於民國 9 年 3 月 18 日，詳劉彥前書，頁 602–608。

❻　劉彥前書，頁 615–620。

❼　事在民國 9 年 6 月 12 日，見蘇振申，《中日關係史事年表》，頁 249。

鍵，就是廢除《二十一條款》。如果這《二十一條款》能夠廢除，就
再沒有混亂了。……我們對於留存《二十一條》的條件，萬不承認。
……我們革命黨一定打到一箇人不勝，或者二十一條廢除了才歇
手。❾❽

　　由於美國決定召集華盛頓會議來解決太平洋問題，中日間的交涉遂移
轉到華府。華盛頓會議雖未能解決中日糾紛，然終於迫使日本在英美兩國
的調停下，同意交還山東。又經過一段交涉，11 年 11 月日本始同意與中
國簽訂歸還山東半島的協約，是為「魯案交涉」。❾❾但對中國要求廢除《二
十一條》事，日本政府一開始就拒絕討論。

　　民國 11 年 4 月，舊國會在直系軍人吳佩孚、孫傳芳等人的幕後支持下，
在北京復會。表面上，中國的法統已告恢復。11 月 1 日，眾議院首先決議
民國 4 年 5 月中日關於《二十一條》的換文，未經國會同意，應為無效。
參議院則於 12 年 1 月 19 日通過《二十一條》無效之決議，並咨請政府對
中外宣布。適黃郛受命署理外交總長，力贊此議。3 月 10 日，外交部即正
式照會日本駐華公使小幡酉吉，取消民國 4 年 5 月 25 日所締結之《中日協
約二十一條》及其換文，並要求日本交還旅順大連租借地。❿外交部此舉，
頗令中外人士有空谷足音之感。

　　但日本政府拒絕中國之照會，認為「來照所稱協商接收旅大，並籌廢
約後善後辦法之議，實無酬對之必要」，❿❶語意間頗存譏諷。中國民間遂再
度掀起反日運動，上海市民於 3 月 25 日舉行遊行大會，主張廢除《二十一
條》並如約收回旅大，並以經濟絕交為手段，對日人反制。全國各省各埠

---

❾❽　《國父全集》，第 2 冊，頁 389–393。

❾❾　沈雲龍，《黃膺白先生年譜長編》，上冊，（聯經出版公司，民國 65 年），頁 159–
　　160。

❿　旅順大連之原租期為二十五年，自 1898 年起，至 1923 年到期。北京國會不承
　　認《二十一條》中延期至 1999 年之規定，故決議要求日本歸還。

❿❶　劉彥前書，頁 759。

先後響應，北京、天津之學生尤為激烈，留日學生且壓迫駐日使館人員集體辭職，以示對北京政府抗議。至 6 月 1 日，長沙市民與日輪「武陵丸」搭客衝突，日兵艦「伏見號」之水兵竟登岸槍擊長沙市民，致三人死亡，四十餘人受傷，湖南各界遂組織外交後援會要求北京政府對日交涉，同時實行罷工罷市罷學，是為「長沙事件」。日人不但不認錯，反增派兵艦前來，並於 6 月 21 日擅捕在江岸散步學生。國人激於義憤，反日之浪潮再度遍及各省，中日兩國間之關係一時頗告緊張。日本新任駐華公使芳澤謙吉到職時，且不向中國政府呈遞國書，經中國政府新任外交總長顧維鈞提出抗議，並聲言將不以公使待之，芳澤始稍為改變其傲慢無禮態度。

二、反宗教與收回教育權

專治中國近代宗教教育與學生運動史的魯珍晞 (Jessie G. Lutz) 指出：「在革命的世紀裡，中國歷史中的一個持續現象，就是反基督教傳統。」[102]誠然，中國知識分子的反教行動，於十八世紀六十年代時即異常激烈，各地反基督教的教案不斷發生。[103]庚子 (1900) 拳變亦以反教為其特徵，日人山本達郎且認為這是近代中國第一次全面性的反教運動，1922 至 1927 年間反教運動則是第二次了。[104]

不過，中華民國開國之初，政府是不允許反教的。《中華民國臨時約法》規定人民有信教之自由，孫大總統本人即是一位基督教徒。袁世凱任大總統時期，雖曾計畫定「孔教」為國教，對基督教亦未曾明示反對。袁氏帝制告終之後，「新思潮」代之而興，反教思想才形成民初思想界的一項特徵，這一思想與民族主義思潮相結合，終於發展為民國 11 至 16 年間在各地普

---

[102]　Jessie G. Lutz, "Chinese Nationalism and the Anti-Christian Campaigns of the 1920s," *Modern Asian Studies*, 10, 3, 1976, pp. 395–416.

[103]　呂實強，〈近代中國知識份子反基督教問題的檢討〉，《基督教入華百七十年紀念集》（宇宙光出版社，民國 66 年）。

[104]　Tatsuro and Sumiko Yamamoto, "The Anti-Christian Movement in China, 1922–1927", *The Far Eastern Quarterly*, Vol. XII, No. 2, Feb, 1953.

遍展開的反基督教運動。

　　民初反基督教運動的思想基礎，是多方面、多層次的。誠如葉嘉熾所指證者；理性主義者、科學主義者、無政府主義者、自由主義者、實證主義者、馬克思主義者、國家主義者，都具有不同程度的非宗教或反宗教思想。❿實在說來，清末基督教在中國的捲土重來，係與帝國主義的侵略行動相伴而至，其所舉辦的教育事業亦係以「變夏為夷」為宗旨，對於中華民族的傳統、尊嚴以及獨立自主的地位，都構成某種程度的傷害，因而在民族主義者的心目中，基督教實為帝國主義的幫兇，民初知識分子之反教實不足為奇。

　　陳獨秀和朱執信，應為反教運動的先驅人物。陳對於基督教教義及其活動，都持嚴厲批評的態度，認為基督徒說人是上帝創造的，不信基督教的人將進地獄的說法，認為是純係虛構；如果人是神創造的，那麼神又是誰創造的呢？❿朱則懷疑到耶穌基督的本身，他寫了一篇〈耶穌是什麼東西?〉所作的結論是：「耶穌是口是心非、偏狹、利己、善怒、好復讎的一個偶像。」❿

　　最早對基督徒採取隔離態度，並主張向教會學校收回教育權的團體，是少年中國學會。民國9年9月，少年中國學會在北京開會時，接受了留法會員的建議，決定禁止有任何宗教信仰的人為會員。次年，「少中」對宗教問題展開了一連串的討論，王星拱和周太玄的反教言論，尤為激昂。王星拱詆斥宗教的宿命論與武斷性，認為宗教不合於科學精神。周太玄則集合了非宗教論文十二篇，印成《無所謂宗教》一書，四處散布。❿左舜生、李璜等人，則鑒於法國已通過教育與宗教分離的法律，中國尤應實行國家

---

❿　葉嘉熾英文原著，李雲漢譯，〈宗教與中國民族主義：民初知識份子反教思想的學理基礎〉，見《中國現代史專題研究報告》，第2輯，民國61年8月。

❿　陳獨秀，〈人生真義〉，見《新青年》，4卷2號，民國7年2月。

❿　《朱執信文存》（上海，民國16年），頁391–408。

❿　楊翠華，《非宗教教育與收回教育權運動（一九二二～一九三〇）》，政治大學碩士論文，頁63。

主義的教育，完全解除宗教的束縛。李璜與余家菊並合著《國家主義的教育》一書，開國內收回教育權運動的先聲。⑩

全面性的反基督教運動，係於民國 11 年 (1922) 展開。由於世界基督教學生同盟 (The World's Student Christian Federation) 宣布 4 月間要在清華學校召開大會，基督教教會又刊印了一些標題為「基督教佔有中國」(The Christian Occupation of China)、「中國的基督教教育」(Christian Education in China) 的報告，強調教會活動的加強並主張擴展基督教精神於中國教育的全部。⑩中國青年會也於這年 2 月間出刊一種刊物叫《青年進步》來為 4 月間的大會作宣傳，因而使得上海的一部分學生感到問題嚴重，遂組成「非基督教學生同盟」，是為第一個青年學生組成的反基督教團體。他們於 3 月 9 日發表了一篇宣言，宣稱要對世界基督教學生同盟宣戰，指責基督教及教會為「資本主義經濟侵略的先鋒隊」。⑩他們同時向全國各校學生呼籲，要求一致起而阻止世界基督教學生同盟大會的召開，並出刊另一種小冊《我們為什麼反對世界基督教學生同盟？》各處散布，也得到了回響。

世界基督教學生同盟未改變其計畫，大會如期於 4 月 4 日至 9 日在清華學校舉行。這對反基督教學生自然是個很大的刺激，他們由反基督教運動擴大為反宗教運動，而「非宗教大同盟」也於 4 月 9 日在北京大學成立。蔡元培、李煜瀛、汪精衛、陳獨秀、李大釗、蕭瑜（子昇）等人都支持這一運動，甚至梁啟超也認為這是國民國家意識覺醒的象徵，他並指斥基督教的獨佔性以及利用教育來實現宗教目的的做法。⑫

上海、北京而外，廣州、南京、杭州等地，也相繼出現了反基督教的組織。這一運動，至民國 13 年秋季，已遍及安徽、浙江、湖南、湖北、四川、江西、山東、山西、河南、陝西等省，反基督教的出版品也隨處可見，

---

⑩ 李璜，《學鈍室回憶錄》，頁 32。

⑩ Jessie G. Lutz 前文。

⑪ Jessie G. Lutz, *China and the Christian Colleges, 1850–1950* (Cornell University Press, 1971), pp. 220–221.

⑫ 同上，pp. 222。

13 年 12 月 25 日耶誕節前後的幾天，也被定為「反基督教運動週」。14 年
5 月「五卅慘案」發生後，反基督教運動開始與反帝國主義運動合流，成
為新興的民族主義的洪流，至民國 16 年達到高潮，這一年內就有三千名以
上的傳教士離開了中國。

　　與反宗教運動同時發生的收回教育權運動，則是完全基於民族主義的
立場，幾乎是除少數傳教士外全體中國人一致的願望。教會學校在中國辦
教育，教育對象是中國人，但教育制度和主持人卻完全聽命於教會，教育
科目和方法則以外國語文和宗教思想為中心，既不重視中國文化，也不接
受中國教育主管機關的監督，這種教育被認為是「奴化」。這是一個具有獨
立主權的國家所無法忍受的，即如土耳其，於革命成功後即行全面封禁了
外國人開辦的所有學校。⑬故名流學者蔡元培、胡適、丁文江、陶行知、
鄒魯及少年中國學會諸人，無不主張宗教應退出學校，政府應向教會收回
教育權。教育團體如中華教育改進社、全國教育聯合會等也都於其年會中，
作成排除宗教課程並收回教育權的決議，建議政府執行。各省教育會也時
常向政府提議取締教會學校或禁止外人在國內辦學。共產黨人陳獨秀則主
張暴力對付，他在《嚮導週報》曾放言：「與其收回教育權，不如主張破壞
外人在華教育權。」⑭

　　民國 14 年 11 月 16 日，北京政府教育部在各方要求下，曾經擬定了一
種外國人所辦學校的管理辦法，但未能有效執行。⑮國民政府在廣州建立
之始，即決定教育為國家事業，教育權當然收回。因此，美國教會在廣州
所辦的嶺南大學，遂成為第一所交還教育權的教會學校。17 年全國統一後，
國民政府屬行收回教育權運動，嚴令各教會學校向政府立案，並依中國政
府教育法令之規定進行董事會之改組與課程之調整，至民國 20 年，收回教
育權的目標乃告完成。

---

⑬　楊翠華前文。

⑭　陳獨秀，〈收回教育權〉，《嚮導》，第 74 期，民國 13 年 7 月 6 日。

⑮　舒新城，《收回教育權運動》，頁 79-80。

三、五卅慘案

民國 14 年 5 月 30 日，上海學生為抗議日本紗廠於 5 月 15 日慘殺中國工人之暴行，並聲援罷工工人及被捕學生，特舉行盛大之遊行講演，卻為南京路公共租界英國巡捕開槍射擊，造成死亡十一人，重傷二十餘人，被捕四十餘人的慘劇。這就是「五卅慘案」，全國民眾的情緒為之激動而悲憤，反帝國主義運動的聲浪因而瀰漫於每個角落。

外國人根據不平等條約，得在中國設置工廠從事製造，遂行對中國的經濟侵略。其中以日本人在中國設立的工廠最多，僅上海一地，即有二十二家紗廠，佔上海紗廠總數的三分之二。日本廠主對中國工人的待遇，較任何外廠為苛，每人每日工作時間規定為十二至十三小時，所得工資僅一角五分，最低者為一角二分，尚不及其他國家工廠工資之三分之一。所以有些工人，一有機會便轉入他廠。日本廠主為防止工人轉廠，特規定一種儲金辦法，將工人工資每月扣百分之五存儲於廠中，必至工作滿十年後發還，中途輟工離去者，此項儲金即被沒收。工人工作期間，又經常遭受毒打或開除之不人道待遇。

上海二十二家日本紗廠中，以內外紗廠規模最大，有十一處廠房，工人在萬人以上。民國 14 年 2 月，內外紗廠的堆紗房間裡，發現了一具被管理員用鐵錘毆擊致死的童工屍體，全體工人乃憤而罷工，形成廠主與工人間之對立。5 月間，日本各紗廠以男工屢起風潮，決定將粗紗間之男工全部革退，代以女工，二十二家紗廠的男工遂聯合罷工，以為抗議。日本廠主在上海各團體之調停下，口頭上答允改良工人待遇以誘使工人復工，實際上卻僅將儲金領取期限由十年減為五年，且又開除了工人數十人。工人不服，推派代表顧正洪等八人於 5 月 15 日與廠方交涉，不料日本廠主竟開槍射擊，將顧正洪擊斃，其他七人亦均受傷。[116] 這一事件，就成為五卅慘

---

[116] 顧正洪，原名為「正洪」，當時《東方雜誌》之記載如「顧正洪案」及上海報紙〈顧正洪烈士追悼大會紀〉等文字，均作「洪」。後來別有用心之人，改「洪」為「紅」，國人不察，亦多書作「顧正紅」，殊為失實。

案的導火線。

　　15 日日人斃傷工人事件發生後，工人曾向上海公共租界工部局請求檢驗。但工部局袒護日方，不但不允驗傷，反以擾亂治安之「罪名」將工人拘捕。消息傳出，輿論譁然，學生商人乃憤而為支援工人之運動。18 日，上海學生開會追悼顧正洪，又被工部局巡捕逮捕四人。23 日，又有學生二人被捕。中國國民黨上海執行部因電請各方支援工人，中共亦祕密決議擴大罷工。上海學生決定於 5 月 30 日舉行遊行，並在公共租界講演，要求釋放被捕工人及學生，卻遭到英國巡捕的武裝攻擊，造成了舉國為之震憤的空前慘案。

　　慘案發生之次日——5 月 31 日，上海公共租界捕房宣布戒嚴，禁止中國人在街上結隊行進。上海的商會和工會不甘示弱，決定罷市罷工以聲援學生，上海交涉員陳世光也向領事團提出抗議。6 月 1 日，上海公共租界中中國人全面罷學、罷工、罷市。南京路的中國人欲阻止電車行駛，又遭到英捕的槍擊，三人死亡，十八人受傷。工部局藉口自衛，召外艦陸戰隊登陸，並召集「義勇隊」，據守要點，如臨大敵。

　　6 月 2 日，上海總工會成立。中共黨員李立三當了委員長，擴大罷工行動。6 日，上海工商學聯合委員會成立，召開市民大會，宣布對英國與日本實行經濟絕交。中國國民黨中央執行委員會先於 6 月 2 日發表通電，支持學生與工人，上海執行部亦於 6 月 1 日及 4 日兩度宣言，要求英日賠償、懲兇、撫卹、道歉，並廢除一切不平等條約，在未達目的以前，呼籲全國與英日經濟絕交。⑰中華全國商會聯合會，更通告中外：「我內外商人，為國家地位計，為國民人格計，為生命自衛計，對於加我危害之國家，不得已而出最後之經濟絕交，縱犧牲至若何程度，在所不惜。」⑱

　　五卅慘案的消息傳出，各省各埠隨即響應，北京學生於 6 月 2 日舉行罷課遊行，要求收回全國英日租界及取消領事裁判權。武漢、長沙、九江、鎮江、青島、天津、重慶、南京、廣州等城市，繼之有聲援滬案之集會，

　　⑰　各項文電均見《革命文獻》，第 18 輯，總頁 3279–3281。
　　⑱　《東方》雜誌五卅事件臨時增刊，民國 14 年 7 月。

並舉行示威遊行；因之與外人間的衝突也不斷發生，於是有 6 月 11 日的「漢口慘案」，⑲13 日的「九江事件」，⑳以及 23 日的廣州「沙基慘案」。㉑其中廣州為革命政府所在地，沙基慘案的犧牲亦最大，因而觸發了規模至大，手段極為徹底的香港中國工人罷工運動——史稱「省港大罷工」，持續至一年六個月之久，使香港工商幾乎為之癱瘓。㉒不料這一罷工運動，卻被中共利用為發展力量的溫床。

五卅慘案發生後，北京外交部於 6 月 1 日向公使團提出抗議，公使團卻不承認上海租界當局應負造成慘案之責任。經二次抗議，公使團始同意由關係各國派人赴上海調查，段祺瑞執政亦派稅務督辦蔡廷幹為查辦專員，會同外交次長曾宗鑑到滬調查。公使團的「滬案調查委員會」由英、美、日、法、意、比六國委員組成，由法國委員祁畢業 (Tripier) 為主席。但這個六國調查委員會並無意解決問題，對於上海工商學聯合委員會所提出的條件，諉稱無權接受，旋即返京。公使團又建議由英、美、日代表重行調查，中國拒不參加。6 月 13 日後，奉軍進駐上海，對罷工採壓制態度，罷工罷市亦造成中國工廠商店的損失，特別是工部局停止供應電源後，中國工廠亦因而停工。最後工人亦對罷工，感到厭倦。9 月 9 日，日本紗廠於應諾撫卹顧正洪，酌付罷工期間工人工資之後，工人即行復工。18 日，上海戒嚴司令部下令解散上海總工會，通緝李立三。四天後，工商學聯合會也宣告解散，30 日，對英罷工完全終止，五卅慘案就這樣不了了之。

由於五卅慘案的刺激，反帝國主義的聲浪乃遍及全國。北京有五十多個團體於 7 月 13 日組成了一個「反帝國主義運動大同盟」，包括中國社會

⑲　漢口碼頭工人遊行，抗議英籍印度巡捕毆斃小工，被英水兵槍殺八人，傷四十餘人。日人商店亦有數家被毀，一日人死亡，數人受傷。

⑳　九江市民遊行時，與外人衝突，憤怒之群眾竟搶掠英日領事館，焚毀日本臺灣銀行。

㉑　事詳錢義璋編，《沙基痛史》；又見〈沙基事件〉，《革命文獻》，第 18 輯。據調查華人死亡者六十餘人，受傷者則高達五百餘人。

㉒　據統計：罷工期間，香港船隻減少百分之八十五，居民減少百分之四十，商店倒閉四百餘家，地價減少百分之七十，繁盛之區幾變為荒島。

主義青年團、馬克思學說研究會在內，中共更利用國民反帝國主義的情緒，
偽裝愛國主義以發展其組織。反帝國主義運動中，另有一個趨勢是以英國
為對象，而放過日本。造成這一趨勢的因素也是多方面的，有人是受環境
的影響，有人是抱分化英日的目的，有人則是其本身與日本間有利害關係。
就像馮玉祥，他對於英國聲色俱厲，通電主張對英宣戰；對基督教會亦疾
言厲色，指責外國傳教士為偽善者，不該作帝國主義的幫兇；但對於挑起
五卅慘案的日本，馮不僅不加責難，反於 7 月宣稱允許日人開發西北，派
遣學生去日本留學，並聘請日本人做他的顧問。❷這一來，國人對他反帝
主義的誠意就不能沒有懷疑了。

---

❷   James E. Sheridan, *Chinese Warlord, The Career of Feng Yu-hsiang* (Stanford University Press, 1966), p.290.

第八章　新局面的開創——北伐

第一節　中國國民黨改組

一、孫中山決定再舉革命

　　民國 7 年 (1918) 6 月，孫中山於辭卸廣東軍政府大元帥職務後，回到
上海，從事著述。同年 12 月，《孫文學說》書成，提出了知難行易的主張。
8 年 (1919) 春初，開始撰寫《實業計畫》，詳舉六大建設計畫的內容，歷時
近兩年始告藏事。前者為心理建設，後者為物質建設，合民國 6 年 (1917) 出
版之《民權初步》——稱為社會建設，統稱為《建國方略》，為孫中山關於
國家建設之重要著作。

　　7 年 11 月第一次世界大戰結束後，國內外的情勢均因之改變。尤其是
國內，呼籲和平的聲浪甚囂塵上。8 年 1 月，北京和廣州兩個政府的代表，
在上海舉行和平會議。但由於雙方的條件相去甚遠，和平會議終告破裂。
更由於巴黎和會的外交失敗及五四運動的發生，全國民情激昂，社會開始
動盪起來了。孫中山在此一情勢下，自不能無動於心，他派廖仲愷去四川，
派蔣中正訪日本，認為「非實行吾黨主義，不足救國。」❶要求他的同志們
「互相奮勉提攜，切實負救國之責。」❷

　　要負救國之責，就要重組革命陣營，再舉革命。6 月 29 日，孫中山函
促駐軍閩南的陳炯明 (1878–1933) 準備回師廣東，並函告在廣東之國會議
員謝持 (1876–1939)，相機取消「駐粵代表」名義，並表示「不屑與政務會

---

❶　〈致熊克武函〉，《國父全集》，第 3 冊，頁 619。

❷　同上，頁 621，〈復林支宇函〉。

議諸人直接通信」。❸8月7日,孫中山正式致電廣州國會,辭去軍政府政務總裁一職,聲稱「以後關於軍政府之行動概不負責」。❹9月1日,致函于右任時就已透露改組革命團體的初意:「欲謀根本救國,仍非集吾黨純潔堅貞之士,共任艱鉅,徹底澄清不為功。」❺

10月8日,孫中山應邀對上海青年會以「改造中國的第一步」為題發表演說,認為改造中國的第一步,只有革命,並主張剷除三種阻礙國家建設的「陳土」:官僚、武人、政客。❻這是自民國5年袁世凱死亡以來,孫中山首次提出再舉革命的主張。兩天以後──10月10日,中華革命黨即正式發出通告,改組為中國國民黨。❼黨名為中國國民黨,與民國元年之國民黨有別,蓋民國元年之國民黨為一普通政黨,中國國民黨則為「純粹的革命黨」。孫中山曾親自說明中國國民黨這一特性:

> 這個中國國民黨不是政黨,是一種純粹的革命黨。當民國二年國民黨解散,我們同志出亡海外,即由海外同志組織中華革命黨繼續革命。今日用的這個中國國民黨,實在就是中華革命黨。❽

定名為中國國民黨的同時,孫中山亦公布了〈規約〉,規定「本黨以鞏固共和,實行三民主義為宗旨。」❾這項〈規約〉,係「經長時間審議,多數可決」後始行公布的,是中國國民黨改組的第一個文件。一年以後──民國9年(1920)11月,黨本部把〈規約〉重加修正,並同時公布〈總章〉一種,為海內外各級黨部推動工作之依據。依據〈總章〉,中國國民黨「以三民主義為宗旨」,「以創立五權憲法為目的」,❿是三民主義、五權憲法並

❸　同上,頁625,〈復謝持函〉。

❹　同上,頁631-632,〈致廣州國會電〉。

❺　同上,頁638-639,〈復于右任函〉。

❻　《國父全集》,第2冊,頁381-383。

❼　通告全文見《革命文獻》,第8輯,總頁1009。

❽　《國父全集》,第2冊,頁403。

❾　〈中國國民黨規約〉第一條,見《革命文獻》,第8輯,總頁1009。

列為〈中國國民黨黨綱〉之始。

民國 9 年 10 月 29 日，陳炯明部粵軍攻克廣州，岑春煊、陸榮廷把持之軍政府瓦解。11 月 29 日，孫中山自上海回至廣州恢復軍政府。中國國民黨黨本部則仍設上海，另於廣州設立中國國民黨本部特設駐粵辦事處。10 年 (1921) 5 月，孫中山在廣州就任非常大總統，此後即進軍廣西，並策畫北伐。此後一年間，孫中山忙於政治軍事，黨務工作之進行未有突出之發展。及 11 年 (1922) 6 月 16 日陳炯明叛變，孫中山於 8 月 14 日自粵返滬後，始復召集同志共商黨務之改進。經半年之研商，完成了新的〈黨綱〉及〈總章〉。⑩ 12 年 (1923) 1 月 1 日，中國國民黨發表〈改進宣言〉，宣布政綱政策；次日再公布〈黨綱〉與〈總章〉，完成了黨務組織的改進——亦即中國國民黨改組的第一階段。

這次黨務「改進」，無論精神上實質上都顯示出若干進步。其一，重新確定國民革命的全民性，宣言中有一段說明：

> 今日革命則立於民眾之地位而為之嚮導，所關切者民眾之利害，所發抒者民眾之情感，於民眾之未喻，則勞心焦思瘏口嘵音以申儆之，且不恤排萬難冒萬險以身為之先；及其既喻，則相與戮力，鍥而不舍，務薪於成而後已。故革命事業，由民眾發之，亦由民眾成之。⑫

其二，公布了以三民主義為綱領的新政策，充實了三民主義的內容，表現出新的時代精神，尤其強調民生問題之圓滿適當之解決。譬如：

——民族主義由消極的除去民族間之不平等，進為積極的團結國內各民族為一大中華民族；厲行普及教育增進全民族之文化，力圖改正與外國間的條約以恢復中國在國際間之自由平等地位，進謀世界民族之平等。

---

⑩　「中國國民黨總章」第一、二條，見《革命文獻》，第 8 輯，總頁 1029。

⑪　居正，〈本黨改進大凡〉，見《中國國民黨本部公報》，第 1 卷，第 1 號，民國 12 年 1 月出版。

⑫　《革命文獻》，第 8 輯，總頁 1044。

——民權主義放棄代議制度，厲行直接民權，人人具有選舉、罷免、創制、複決之四項民權，並實行普選制度，廢除以資產為標準之階級選舉，確定人民有集會、結社、言論、出版、居住、信仰之自由。

——民生主義以歐美為鑑，力謀社會經濟之均等發展，由國家規定土地之使用及稅則，經營鐵路、礦山、森林、水利及其他大規模之工商業，整理耕地，調整糧食產銷，改良幣制，保護工人之地位與生活，確定婦女地位之平等並扶助其發展，改良農村組織並增進農人的生活。

其三，擴大黨本部的組織為總務、黨務、財務、宣傳、交際五部，及法制、政治、軍事、農工、婦女五個委員會，其活動將擴及社會之全面。

其四，建立中央會議制度以發揮民主精神，規定每年「開國內外全體代表大會一次」，本部設中央幹部會議，每月開會一次，以規畫黨務，決定政策，各部部長、各委員會委員長及參議，❸均須出席。

孫中山於改進黨務的同時，也在積極部署討伐陳炯明的軍事行動。他所憑藉的武力有兩支：一是進入福建的粵軍許崇智部，稱為東路討賊軍；一是駐屯桂粵邊境的滇軍楊希閔與桂軍劉震寰兩部，經鄒魯等人的聯絡，願聽命孫中山，東下驅陳，是為西路討賊軍。11 年 12 月，孫中山令東西兩路討賊軍進逼廣州，12 年 1 月 16 日廣州便為滇、桂聯軍攻克，陳炯明率部退據東江。孫中山於是派胡漢民為廣東省長，其本人亦於 2 月 15 日自上海啟程赴粵，在廣州設立大本營，稱陸海軍大元帥。惟中國國民黨本部仍設於上海，委謝持為全權代表，主持黨本部之黨務組織與活動。廣東則恢復設立中國國民黨廣東支部，由鄧澤如等主持之。

二、聯俄與容共

中國國民黨在進行改組的過程中，發生了一項新的因素，即是與蘇俄及中共間的關係。這項關係，發展為一項政策，史稱「聯俄容共」。係於民國 11 年 8 月開始，17 年 2 月結束。

---

❸ 〈中國國民黨總章〉第六條：「本黨設參議若干人，輔助總理，由總理任命之。」經總理任命之參議有居正、孫洪伊等二十人。

　　俄國共產政權建立後，於 1919 年 3 月成立第三國際，亦稱共產國際，開始推動其共產主義的世界革命。次年（1920）第三國際第二次大會通過〈民族與殖民地問題提綱〉，規定要對殖民地及落後國家的民族運動「塗上共產主義色彩」，而中國則為第三國際進行赤化的首要目標。民國 9 年 3 月以後，莫斯科即不斷派人到中國來活動，一方面散布赤化宣傳，一方面與南北所謂實力派人物接觸，並試圖與孫中山接近。共產國際最初派來的代表中，胡定斯基（Gregori N. Voitinsky，亦譯作吳廷康或維辛斯基）和馬林（Hendricus Maring，其本名為 H. J. F. M. Sneevliet），均曾晉見過孫中山。❹馬林曾提出請孫中山與第三國際聯絡並容納共產分子的請求，但為孫中山所拒絕。11 年 5 月，少共國際代表達林（S. A. Dalin）在廣州又向孫中山提出組織國共兩黨「聯合戰線」的要求，亦為孫中山峻拒。❺孫中山雖曾於 10 年 8 月回過蘇俄「外交人民委員」齊趣林（G. V. Chicherin）一信，對蘇俄表示友好，並有實行其「西北計畫」的考慮，但他對蘇俄的立場，極為審慎。

　　11 年 6 月陳炯明叛變後，孫中山於 8 月 12 日到達上海，蘇俄派來和北京政府談判外交的越飛也碰巧於同一天到達北京。月底，越飛就派了一位代表到上海見孫中山，表示願援助孫氏革命，於是開始了有關「聯俄」的談判。談判的情形並不順利，孫中山曾於 11 年 11 月 24 日致函在福建軍中的蔣中正，說是「其中情形之複雜，事體之麻煩，恐較之福州之情形，當過百十倍。」❻12 年 1 月，越飛也來到上海與孫中山會談，終於得到了協議。1 月 26 日，孫中山和越飛發表了一份〈聯合宣言〉，全文共四段，首段文字是：

❹　胡定斯基在上海晉見孫中山，時間當在民國 9 年秋間；馬林係在桂林晉見孫中山，時間為民國 10 年 10 月。

❺　李雲漢，《從容共到清黨》（臺北：中國學術著作獎助委員會，民國 55 年），頁 107；郭恒鈺，《俄共中國革命祕檔（一九二〇～一九二五）》，頁 14–15、27–35、49–50。

❻　毛思誠，《民國十五年以前之蔣介石先生》，第 4 冊，頁 39。

孫逸仙博士以為共產組織甚至蘇維埃制度，事實上均不能引用於中國，因中國並無可使此項共產主義或蘇維埃制度實施成功之情形存在之故，此項見解，越飛君完全同感。且以為中國最重要最急迫之問題，乃在民國的統一之成功，與完全國家的獨立之獲得。關於此項大事業，越飛君並向孫博士保證，中國當得俄國國民最摯熱之同情，並可以俄國援助為依賴。❶

第一段的第一句話最重要，也是孫中山的基本立場，但當時蘇俄發表的文字以及今日中國大陸一部分有關孫中山的書刊，都把這句話刪除了，竄改歷史，莫此為甚。第二段孫中山要求越飛重申蘇俄兩次對華宣言的承諾，放棄包括中東路在內的一切在華特權。第三段說明中東路問題在召集一次中俄會議解決，其辦法應與張作霖商洽。第四段越飛切實聲明「俄國現政府決無亦從無欲在外蒙實施帝國主義政策，或使其脫離中國之意思與目的。」孫中山表示「對於此層完全滿意」，惟同意「俄國軍隊不必立時由外蒙撤退」，蓋中國北京政府庸弱無能，深恐俄軍撤退後白俄侵入釀成紛亂局面，對中國更為不利。

此一〈聯合宣言〉，為孫中山聯俄政策的基本精神所在。孫中山嚴正的拒絕共產組織與蘇維埃制度，堅持國家領土完整與主權獨立的原則，而在以實現民國統一與國家完全獨立的目標下，接受蘇俄的同情與援助。實在說來，孫中山的聯俄，目的不外防制俄患與獲取俄援而已。❷且聯俄並非專以蘇俄為友，聯俄的同時復有聯德的交涉，對其他各國的外交活動亦從未放棄。

至於容共，其本義係容納共產黨員參加國民黨，以國民黨員身分信仰三民主義，努力國民革命。此一提議，亦係蘇俄代表基於共產國際所作的決議而提出。馬林與達林先後向孫中山提出建立「兩黨聯盟」的要求，但

---

❶ 原文為英文，初發表於 12 年 1 月 26 日上海《英文大陸報》，中文譯文見 1 月 28 日，上海《民信日刊》，係世界新聞社所譯。

❷ 李雲漢，《從容共到清黨》，頁 191–206。

孫中山拒不接受，只允許中共分子參加國民黨為黨員。陳獨秀曾對其中共黨員說明此一事實：

> 國際代表達林來中國向中國國民黨提出民主革命聯合戰線政策，國民黨的總理孫中山嚴詞拒絕了，他只許中共及青年團分子加入國民黨服從國民黨，而不承認黨外聯合。❶

當時的中共中央五位委員，對以個人身分參加國民黨一事，並非完全同意。馬林於 11 年 8 月召集他們在杭州西湖舉行會議，說明國際決議案內容並以國際紀律相脅迫，中共中央遂承認加入國民黨。據陳獨秀言，孫中山的態度是非常嚴正而堅決的。陳謂：

> 孫中山屢次向國際代表說：共產黨既加入國民黨，便應該服從黨紀，不應該公開的批評國民黨；共產黨不服從國民黨，我便要開除他們；蘇俄若袒護中國共產黨，我便要反對蘇俄。❷

第一位參加國民黨的中共黨員，是李大釗，他在國民黨內的姓名是李守常。他是於 11 年 8 月 23 日由北京來到上海，先去杭州出席了中共中央的會議，回到上海後就由張繼介紹，參加了國民黨。他說曾和孫中山討論了「振興國民黨以振興中國」的「種種問題」，並說孫中山允許他仍然保留中共黨籍。一年又四個月之後，他向中國國民黨第一次全國代表大會提出親筆保證說：

> 我等之加入本黨，是為有所貢獻於本黨，以貢獻於國民革命的事業而來的，斷乎不是為取巧討便宜，借國民黨的名義作共產黨的運動而來的。❸

---

❶　陳獨秀，〈告全黨同志書〉，民國 18 年。

❷　同上。

繼李大釗之後，陳獨秀、蔡和森、張太雷等也都參加了國民黨，陳且為孫中山指派為國民黨本部的參議，張太雷則以張春木為名，做了國民黨本部宣傳部的幹事。另一位原係國民黨人後來參加中共的林祖涵，則被派為黨本部總務部的副部長。❷❷ 這是民國 12 年 1 月間的事。6 月，中共在廣州召開第三次全國代表大會，在馬林的堅持下通過全體黨員參加國民黨，並發表宣言，承認國民黨為國民革命的領導中心。在法國的「共產主義青年團」也與國民黨駐法總支部接洽，表示「極端贊成本黨宗旨」，於是包括周恩來 (1898–1976) 在內的八十多人，都獲准做了國民黨黨員。❷❸

三、第一次全國代表大會

民國 12 年這一年度，實在是孫中山革命過程中最為艱苦的一年，他在廣東的處境是相當困難的，因為面臨著來自內外多方面的挑戰和壓力。就廣東內部而言，最大的威脅來自陳炯明叛部。陳雖退據東江，但其實力依然存在，且不斷向廣州反撲。5 月 30 日、8 月 27 日及 11 月 18 日，陳部三度進軍廣州外圍；尤以 11 月 18 日之役最為危險，倘非豫軍樊鍾秀 (1887–1930) 部適時來援，廣州殆將不守，而滇、桂軍人又復驕橫成性，惟知多方勒索，臨危猶豫抗命。孫中山曾憤而指摘楊希閔說：「你戴了國民黨的帽子，不服從黨的命令！」❷❹

來自外部的威脅，主要的是帝國主義國家的聯合壓迫，其衝突係起於關餘的交涉。中國海關稅收，依《辛丑和約》作為賠款及別項外債之抵押，除償還此種債務本息外，所餘之款稱為關餘。此項關餘向由稅務司遞交北京政府。惟自 8 年起，各國公使同意將關餘總額之百分之十三‧七的數額，由廣東稅關按月交與廣東護法政府。9 年 3 月以後，以護法政府內部分裂，

---

❷❶ 〈李大釗對共產分子加入國民黨之聲明〉，見《革命文獻》，第 9 輯，原件製版，原題為〈北京代表李大釗意見書〉。

❷❷ 〈中國國民黨本部現任職員一覽表〉，《革命文獻》，第 8 輯，頁 52。

❷❸ 李雲漢前書，頁 160–163。

❷❹ 何香凝，〈憶總理〉，見上海《中央日報》，民國 17 年 3 月 12 日。

乃暫停交付。孫中山於 12 年 2 月返粵後，即由外交部長伍朝樞 (1886–1934)
照會北京公使團要求撥還 9 年 3 月以後廣州政府應得之積存關餘，公使團
拒不同意，於是導致了廣州政府與公使團間的關餘交涉。孫中山聲言如廣
東海關稅務司不遵令交付關餘，即予撤換，必要時將收回海關。詎美、英、
日、法等國竟派遣軍艦近二十艘至廣州示威，雙方關係一時極為緊張。**㉕**
此事雖由於美國駐華公使舒爾曼 (Jacob Gould Schurman) 之到粵調停，衝突
未再擴大，然孫中山對於來自列強之敵視與壓迫，深感憤慨，對美尤為失
望，因而形成與蘇俄謀求進一步合作的一項主要因素。**㉖**

　　革命環境的險惡，顯示國民黨必須有堅強的組織與革命的武力，始足
以應付危局。第三國際代表馬林亦嘗以徹底完成國民黨的改組，向孫中山
建議。在此情勢之下，孫中山決定加強與俄、德間的聯絡，他一方面派蔣
中正籌組孫逸仙博士代表團，於 8 月 15 日自上海啟程赴俄考察軍事與政
治，一方面於 8 月 18 日致函在德訪問之鄧家彥，要鄧與德國朝野人士進行
接洽，以促成中德提攜。孫中山希望「借德國之人才學問，以最短時間致
中國於富強。」**㉗**

　　10 月 6 日，來自莫斯科的俄人鮑羅廷 (Michael Markovich Borodin，原
名 Grugenberg, 1884–1953) 到達廣州。他是俄共中央政治局的代表，**㉘**初
到廣州時卻以羅斯塔 (Rosta) 新聞社記者的身份出現。他是個長於謀略且善
於言詞的人，見到孫中山後即表明他願為國民革命而奮鬥的誠意，並謂俄
國六年來的奮鬥無非是民族主義的奮鬥，實與孫中山的三民主義暗相符合。
孫中山正欲擷取蘇俄革命的經驗，於是視鮑為「好朋友」，希望他協助中國

㉕　李雲漢，〈中山先生護法時期的對美交涉〉，《中華民國史料研究中心十週年紀
　　　念論文集》，頁 337–376；呂芳上，〈廣東革命政府的關餘交涉（一九一八～一
　　　九二四）〉，《中華民國歷史與文化學術討論會論文》。

㉖　C. Martin Wilbur, *Sun Yat-sen, Frustrated Patriot* (Columbia University Press,
　　　1976), pp. 183–190, 204.

㉗　〈致鄧家彥函〉，《國父全集》，第 3 冊，頁 923。

㉘　Dan N. Jacobs, *Borodin, Stalin's Man in China* (Harvard University Press, 1981),
　　　p. 113.

國民黨的改組。

10月11日，孫中山致電上海國民黨本部，指示各部不再設正副部長，只設主任一人，總理全權代表及總理辦公處，一併裁撤。❷這一緊縮編制，裁撤人員的行動，是全面改組的開端。17日，孫中山電告上海黨本部幹部會議：「章程可修改，將有大改革及擴張。」❸兩天以後——19日，孫中山就又電告上海：「已委廖仲愷、汪精衛、張繼、戴季陶、李大釗為國民黨改組委員。請孫伯蘭（即孫洪伊）密電北京李大釗，即來滬會商。」❸

10月24日，孫中山令派廖仲愷、鄧澤如召集特別會議，商改組問題。第二天——25日，孫中山更發布命令，組織一新的機構，名曰國民黨臨時中央執行委員會。他委派胡漢民、鄧澤如、林森、廖仲愷、譚平山、陳樹人、孫科、吳鐵城、楊庶堪等九人為臨時中央執行委員；汪兆銘（精衛）、李大釗、謝英伯、古應芬、許崇清等五人為候補執行委員；❷並聘鮑羅廷為顧問。臨時中央執行委員會的職責是：起草黨綱章程、辦理各地分部登記、籌備召開第一次全國代表大會。

臨時中央執行委員會於12年10月28日正式成立，截至13年1月19日結束止，共開會二十八次，議決案件四百餘件。其最主要者，如決議設立軍官學校以蔣中正為校長，組織上海執行部，統一宣傳機關，規定三民主義五權憲法之解釋以孫中山之說為斷，決定全國代表大會開會日期及代表產生方式等是。❸由於鮑羅廷參與了黨綱章程的起草工作，也由於中共分子譚平山參加了臨時中央執行委員會，海外同志對改組的意義不無疑慮。如舊金山總支部負責人陳耀垣即曾來函詢問。臨時中央執行委員會因於13年1月3日決議以下開文字答覆：

---

❷　《國父年譜》，下冊，頁1015。

❸　《國父全集》，第3冊，頁931。

❸　同❸，頁932。

❷　令見《國民黨週刊》，第1期，民國12年11月25日發刊。

❸　《中國國民黨第一次全國代表大會史料專輯》（中華民國史料研究中心，民國77年1月），頁52。

當俄國革命之初，施行共產制度時，確與吾黨三民主義不同。至俄國現在所施行之新經濟政策，即是國家資本主義，與吾黨之三民主義相同。故非吾黨學俄國，實俄國學吾黨。❸❹

中國國民黨廣東支部諸人亦對鮑羅廷參與起草之黨綱章程，懷有深憂。支部長鄧澤如 (1869-1934) 本為臨時中央執行委員之一人，他認為中共首領陳獨秀實有幕後操縱之嫌，因於 12 年 11 月 29 日與廣東支部其他負責人十一人聯名上書孫中山，對中共不法企圖提出糾舉。❸❺ 孫中山逐段詳加批復，並表明他的嚴正態度：「陳（獨秀）如不服從吾黨，我亦必棄之。」❸❻

民國 13 年 1 月 20 日，中國國民黨第一次全國代表大會在廣州高等師範學校禮堂正式開幕。出席代表一百六十五人，由孫中山親自主持，並由孫中山提名胡漢民、汪兆銘、林森、謝持、李大釗為主席團。會期十天，至 1 月 30 日閉幕。除通過黨綱、宣言及〈組織國民政府之必要案〉等十一項決議案外，並選舉第一屆中央執行委員二十四人，中央監察委員五人，候補中央執行委員十七人，候補中央監察委員五人。中央執行委員及監察委員名單如下：

中央執行委員					
胡漢民	汪兆銘	張靜江	廖仲愷	李烈鈞	居　正
戴季陶	林　森	柏文蔚	丁惟汾	石　瑛	鄒　魯
譚延闓	覃　振	譚平山	石青陽	熊克武	李守常
恩克巴圖	王法勤	于右任	楊希閔	葉楚傖	于樹德

---

❸❹ 《中國國民黨臨時中央執行委員會第二十二次會議記錄》，廣州，民國 13 年 1 月 3 日。

❸❺ 鄧澤如，《中國國民黨二十年史蹟》(上海：正中書局，民國三十六年)，頁 300-320。十一人為鄧澤如、林直勉、曾克祺、黃心持、朱赤霓、黃隆生、鄧慕韓、趙士覲、林達存、吳榮新、陳占梅。

❸❻ 鄧澤如前書，孫中山批文原件影印版；又見《國父全集》，第 4 冊，頁 915-916。

中央監察委員				
鄧澤如	吳敬恆	李煜瀛	張　繼	謝　持

　　以上二十九位中央執、監委員中，有二十四位是同盟會籍，新人只有五位：恩克巴圖來自蒙古，楊希閔是滇軍總司令，譚平山、李守常、于樹德則是新加入國民黨的共產分子。可見中國國民黨仍以同盟會人為正統，新人只佔六分之一。以籍貫論，則含十四省區：廣東六人，直隸五人，四川四人，江蘇二人，湖南二人，湖北二人，江西、福建、安徽、山東、陝西、雲南及內蒙各一人。以年齡論，最長者為吳敬恆，五十九歲，最少者為戴季陶，三十四歲，平均年齡則為四十二歲，均為年富力強而又具有相當革命經驗之士。

四、新政治局面的開端

　　政治學者李劍農說：「十三年一月，中國國民黨在廣州開第一次全國代表大會，宣告改組，可說是中國政治新局面的開始。」❸❼這是非常客觀公正的評價。就歷史發展的史實觀察，任何人都不能否認：因為有了中國國民黨的改組，才能有兩年後的國民革命軍北伐，四年後的完成統一，結束了北洋軍閥僭政混戰的局面，開始了國民政府主持國家大計的時代。

　　新局面的造成，是因為中國國民黨在改組之後，有了適合全國民心的政治號召和充沛強大的新生力量。分析言之，中國國民黨的改組有四項明顯的重大成就：

　　其一，制訂了新的黨章，擴大了組織基礎，健全了地方黨務組織系統，使中國國民黨成為一個真正代表全民利益的黨。❸❽其組織遍布了國內各省及海外各地，凡有中國人居住的地方，就有中國國民黨的組織、宣傳和活動。

---

❸❼　李劍農，《中國近百年政治史》，下冊，（臺灣：商務印書館，再版本），頁602。

❸❽　〈中國國民黨總章〉係於民國13年1月28日通過，其後雖經六次修正，然仍為今日〈中國國民黨黨章〉的基本依據。

其二，孫中山於 1 月 27 日開始講演三民主義，❸並於 4 月 12 日制訂了建國大綱，❹對革命主義有了正確而又淺易宜懂的詮釋，對建國程序和工作亦作了具體而明確的規畫，為中華民國的前途展現出光明的遠景，國人無不為之鼓舞興奮，而深具信心。孫中山於講述民生主義時，嚴正的批判了馬克斯學說的謬誤，❹更是對純正愛國人士的一大鼓勵。

其三，發布宣言，公布了革命建國的基本政綱，尤其主張「一切不平等條約，如外人租借地、領事裁判權、外人管理關稅權、以及外人在中國境內行使一切政治的權力，侵害中國主權者，皆當取消，重訂雙方互尊主權之條約。」❹更是全國國民一致的願望，亦是五四運動時代愛國青年追求的目標，自然獲得全國各界的一致擁護。對內政策十六條，如採行均權制度、省縣自治、普選、保障基本完全自由權、徵兵制、改良農村、保障勞工、扶植女權、教育普及、土地使用、國營事業等，處處充滿了進步與民主精神。

其四，革命武力的建立，亦即黃埔軍校的創辦與國民革命軍的建立。孫中山在早年革命時代，即曾先後建立「青年軍事學校」、「浩然廬」等機構，培植軍事人才。然規模甚小，組織亦欠完善。民國 11 年 6 月陳炯明部的叛變，使孫中山深受刺激，他認為必須建立一支真正具有革命思想的武

---

❸　孫中山係於民國 13 年 1 月 27 日開始講演民族主義第一講，至 3 月 2 日講完，共六講。3 月 9 日開始講民權主義，4 月 26 日講完，亦為六講。中間停了三個月，至 8 月 3 日再開始講民生主義，至同月 24 日講至第四講，即因公忙暫停，繼又離粵北上。民生主義未講完之兩講，其後由蔣中正以中國國民黨總裁身分，發表《民生主義育樂兩篇補述》以補之。

❹　全文二十五條，初於大會期間附於〈組織國民政府之必要案〉內，提交大會通過。4 月 12 日，由孫中山正式宣布，9 月 24 日，革命政府復發表〈制定建國大綱宣言〉，規定「今後革命勢力所及之地，凡秉承本政府之號令者，即當以實行建國大綱為惟一之職任。」

❹　《民生主義》第一、二講。

❹　〈中國國民黨第一次全國代表大會宣言〉對外政策第一條。被稱作是反帝國主義綱領，見黃季陸，〈劃時代的民國十三年——第一次全國代表大會的回憶〉。

力，始足以擔當革命的任務。馬林、越飛等人亦曾以此相建議。12 年 8 月，
孫中山派蔣中正率團赴俄考察，軍事亦為其考察項目之一。❹11 月，臨時
中央執行委員會在孫中山親自主持下，即曾作成創立「國民軍軍官學校」
「校長定為蔣中正」的決議。❹學校名稱最後確定為「中國國民黨陸軍軍
官學校」，校址設於黃埔。13 年 1 月 24 日，孫中山令派蔣中正為軍校籌備
委員會委員長，5 月 2 日正式特任蔣中正為校長，9 月再派廖仲愷為黨代表。
6 月 16 日，黃埔軍校正式開學，孫中山親臨主持，他語重心長的告訴全體
師生：

> 我們今天要開這個學校，是有什麼希望呢？就是要從今天起，把革
> 命的事業重新來創造，要用這個學校內的學生做根本，成立革命軍，
> 諸位學生，就是將來革命軍的骨幹，有了這種好骨幹，成了革命軍，
> 我們的革命事業，便可以成功。❹

　　由於黨務組織的改進，使中國國民黨結合了民眾。由於三民主義，建
國大綱及〈第一次全國代表大會宣言〉的宣布，使中國國民黨喚醒了民眾，
鼓舞了民眾並在思想上武裝了民眾。由於黃埔建校及建軍的成功，使中國
國民黨有了新生命和新力量。在主義與武力相結合的情形下，國民革命運
動形成了空前澎湃的高潮，接著而來的便是國民革命軍的大舉北伐──開
啟了中國現代史上的新階段，由分裂而歸於統一，由破壞而進入建設。

❹　蔣中正，《蘇俄在中國》，頁 19。
❹　呂芳上，〈先總統蔣公與黃埔軍校的創建〉，見《黃埔建校六十週年論文集》，
　　上冊，頁 29。
❹　《中國國民黨第一次全國代表大會史料專輯》，頁 317。

第二節　革命領導的傳承

一、孫中山的北伐北上與逝世

民國 6 年以後,孫中山領導的革命政府在南方,他的目標卻是統一中國。只要有相當的力量和適當的時機,他就要舉兵北伐。民國 9 年直皖戰爭之後,北京政府係在直系軍閥的掌握之下,因此孫中山北伐的對象就是直系。為了討伐直系,孫中山一度和皖系段祺瑞及奉系張作霖達成默契,形成無形的討直聯盟。因此,孫中山的北伐行動,也多與北方的政情變化相配合。

11 年 5 月,孫中山為策應北方的直奉戰爭──助奉系討直,以陸海軍大元帥名義在韶關誓師北伐。但正面遭到湖南省長趙恆惕的阻撓,後方又有陳炯明的掣肘,李烈鈞、許崇智等部北伐軍雖已攻入贛南,但卻無力北進。及陳炯明叛變發生,北伐軍前後受敵,只有分兵退入閩、桂境內。孫中山的第一次北伐就這樣失敗了。

13 年 9 月,江浙戰爭及第二次直奉戰爭相繼爆發,孫中山的立場是與浙奉呼應,共同討直。因於 9 月 5 日,決定督師北伐,並移大本營於韶關,親自指揮北伐軍事,而命總參議胡漢民留守廣州,代行大元帥職權。❹北伐軍包括建國湘軍、建國粵軍、建國滇軍等單位,而以譚延闓任北伐總司令。恰於此時,廣州發生商團事件。及事變敉平,北伐軍大舉出動之際,北方政局卻發生了劇烈的變化:原為直軍第三路總司令的馮玉祥 (1882-1948) 忽於 10 月 23 日自前線班師回京,與胡景翼 (1892-1925)、孫岳 (1878-1928) 聯合組成國民軍,發動政變,囚禁了直系渠帥賄選總統曹錕 (1862-1938),並將清廢帝溥儀驅逐出宮;這一幕,馮玉祥稱之為「首都革命」。

由於馮玉祥的班師,直系乃告瓦解,吳佩孚從海上逃至上海,旋去武

---

❹　《國父年譜》,下冊,頁 1124。

漢。奉系張作霖以戰勝者姿態進駐天津，馮玉祥等則又擁護段祺瑞為大元帥，主持全局。惟馮、張、段均因反直同盟關係，先後電請孫中山北上，共商國是，孫中山為謀國家和平統一，允即北上。11 月 10 日，孫中山發表〈北上宣言〉，提出召開國民會議與廢除不平等條約兩大主張，作為解決國是的途徑。**❹**

孫中山係於 11 月 13 日登艦離粵北上，17 日到上海。由於山東省長鄭士琦聲言防止奉軍南下，封鎖了山東境內鐵路交通，孫中山乃決定繞道日本，前往北京。他獲悉張作霖已和馮玉祥推段祺瑞為臨時執政，乃致電段祺瑞主張派李烈鈞回江西「斡旋贛局」，但不獲段氏同意，「和平統一」的前途仍然布滿了陰影。

孫中山於 11 月 21 日離開上海，23 日抵長崎，次日轉神戶。他在神戶停留了六天，曾於 28 日發表了有名的也是最後的一篇講演：「大亞洲主義」。12 月 2 日離開日本，4 日到達天津。久經勞頓，身體已感不適，及聞段祺瑞並不接受他的兩項主張，且發表「外崇國信」的對外政策——即承認不平等條約，孫中山的病勢乃更加劇。12 月 31 日，孫中山扶病入京，段則已於前一日發出通電決定於 14 年 2 月 1 日召開善後會議，孫中山召開國民會議的主張遂被棄置。

民國 14 年 3 月 12 日，孫中山因肝癌病逝於北京，一代偉人，從此離開了他的同胞和同志。他的遺囑是「現在革命尚未成功」，要求同志們的只是「務須依照余所著」去「繼續努力」。5 月 16 日，中國國民黨中央執行委員會在廣州召開第三次全體會議，決議接受孫中山的遺囑，繼續為三民主義的國民革命而奮鬥。

二、蔣中正早年革命經歷

孫中山是中國國民黨的總理。孫氏逝世後，繼任領導人的問題遂為各方面所重視。但中國國民黨中央執行委員會全體會議的決議是：

---

❹ 〈北上宣言〉，《國父全集》，第 1 冊，頁 919–922。

除全體黨員正式投票選舉之中央執行委員組織中央執行委員會任執行之責外，不能更有總理。吾黨全體一致奉行總理之遺教，不得有所特創。蓋中華民國之獨立與自由，惟有完全繼承中華民國創造者本黨總理孫先生之意志，為能實現耳。㊽

　　依此項宣告，國民黨不容再有新人任總理，亦即不再有與孫中山居於同等地位之領袖。在當時的實際情況下，這一決定是明智的。但革命必須要有推動的中心，政府必須有法理上或實際上的負責者，因此中國國民黨革命領導的傳承，仍是國人所最關切的一項重要問題。

　　法理上，胡漢民受孫中山之命代行大元帥職權，孫中山既逝，胡氏應為革命政府的最高領導者，胡氏也確以代理大元帥職權的身分主持政務，並計畫將大元帥府改組為正式政府。㊾但政府的代理大元帥，並不就是中國國民黨的領袖，況且胡氏政府領袖的地位，三個月後即由汪兆銘取代。汪於 14 年 7 月 1 日出任國民政府主席，亦僅在位九個月即請假離職，在黨亦僅任常務委員而已。實際上，居革命軍統帥地位肩負革命實際責任者，則為黃埔軍校校長蔣中正。職是之故，孫中山逝世後，廣州政府諸領袖發表之政策性通電，蔣氏亦均列名。事實的發展，亦早證明蔣中正乃是孫中山革命事業的繼承者，他於孫中山逝世後一年，消滅了陳炯明的叛軍，尚不及三年，即完成了孫中山在世時念茲在茲的一項大計畫──北伐。孫中山其他的遺志，也次第由蔣中正大部實現。㊿

　　蔣中正早年留學日本，專習軍事。但他的學問，並不局限於軍事，對於哲學、外交及政治也都有修養。留學時代，曾與黃郛 (1880–1936) 等創辦過《武學》雜誌，民國元年又曾在日本創辦過《軍聲》雜誌，他親自撰寫的發刊詞，是一篇充滿愛國情操與強國宏論的開國文獻，他也同時發表過

㊽　〈中國國民黨接受總理遺囑宣言〉，廣州，民國 14 年 5 月 24 日。

㊾　蔣永敬，《胡漢民先生年譜》（中國國民黨中央黨史會，民國 67 年），頁 323。

㊿　李雲漢，〈總統蔣公實現國父遺志的十項史證〉，見李著《中國現代史論和史料》，上冊，頁 243–268。

討論國防與外交的五篇論文。❺他對學問的追求是中西兼顧，對於中國的陽明哲學及曾（國藩）胡（林翼）學述以及西方的巴爾克戰術與克勞塞維次的戰爭論，都體會至深。民國 8、9 年間，蔣中正對於新文化運動亦頗感興趣，曾在戴季陶等編刊的《星期評論》上發表過文章。時常閱讀《新潮》、《新青年》、《東方雜誌》。❺並曾進修過德文、英文和俄文。

蔣中正的革命思想，萌芽於少年時代。參加同盟會從事實際的革命活動，則在 1908 年，係受陳其美的影響。1911 年辛亥革命發生，蔣中正自日返國，在陳其美的策畫下，以敢死隊總指揮的身分，參加了光復杭州之役。❺並曾出任滬軍第五團團長。民國 2 年至 5 年間 (1913–1916) 的討袁活動，蔣中正幾乎是無役不與。他曾深入中國東北活動，大部分時間則在上海協助陳其美部署長江下游各省的革命行動。5 年夏初，曾到山東濰縣擔任中華革命軍東北軍的參謀長。

孫中山初識蔣中正可能在民國前 2 年 (1910)，單獨召見他並賦予重要的革命任務，則是民國 2 年的事。民國 7 年至 9 年間 (1918–1920)，孫中山已視蔣中正為重要親信幹部之一，他欣賞蔣中正的軍事長才，更稱讚蔣中正的品格和志節。茲舉兩項文字為證：

其一，民國 9 年 10 月 29 日孫中山在覆蔣中正的信中，有這樣一段話：「執信忽然殂折，使我如失左右手，計吾黨中知兵事而且能肝膽照人者，今已不可多得；惟兄之勇敢誠篤與執信比，而知兵則又過之。」❺

其二，民國 10 年 11 月孫中山為文祭蔣母王太夫人，形容兩人十餘年之交遊為「共歷艱險，出入死生，如身之臂，如驂之靳，朝夕未嘗離失。」並讚揚蔣中正為「昂昂千里之資」，「雖夷險不測，成敗無定，而守經達變，

---

❺ 五篇論文是：〈蒙藏問題之根本解決〉、〈革命戰後軍政之經營〉、〈征蒙作戰芻議〉、〈軍政統一問題〉、〈巴爾幹戰局影響於中國與列國之外交〉。

❺ 毛思誠，《民國十五年以前之蔣介石先生》，卷 1，（中央文物供應社，重刊本），頁 114–16。

❺ 〈浙江敢死隊之壯觀〉，《民立報》，辛亥九月十九日（1911 年 11 月 9 日）。

❺ 毛思誠前書，卷 1，頁 132。朱執信係於 9 月 21 日，在虎門為砲臺降兵所害。

如江河之自適，山嶽之不移。」**⑤**

　　民國 11 年陳炯明叛變後，蔣中正赴難去粵，與孫中山在永豐軍艦共患難者四十日，孫中山對蔣中正自更為倚重。12 年 2 月，孫中山回粵後，任蔣中正為大本營參謀長，主持軍事樞機。8 月之派蔣中正訪俄以及 11 月之必欲以蔣中正為軍校校長，其寄望之殷，已不言而喻。

　　黃埔軍校成立，蔣中正被特任為校長。位未必高，權則甚重。蓋孫中山先後派蔣中正兼任粵軍總部參謀長，長洲要塞司令，軍事委員會委員，各軍軍事訓練籌備委員會委員長，軍事部祕書等職，舉凡軍事教育與訓練，幾皆界之。13 年 11 月 3 日，孫中山北上到軍校視察並辭行時，曾對蔣中正微露託孤之意，他說：「我現在進京，將來能否回來，尚不能定，然而我進京是去奮鬥的，就是死了，也可安心。」「我所提倡的三民主義，將來能希望實行的，就在你們這個黃埔陸軍軍官學校的學生了。凡人總要死的，不過要死得其所，我今天能看到黃埔的官長學生士兵們這樣奮勇的精神，可以繼續我的生命，所以我雖死也能安心。」**⑥**

三、廣東基地的鞏固

　　黃埔軍校開學後尚未及兩個月，便面臨著初試啼聲的考驗：應付廣州商團的威脅。蓋廣州商團團長陳廉伯為廣州英國匯豐銀行買辦，一向在英國的挑唆與利用之下，並陰與陳炯明叛部勾結，對革命政府採取敵視態度。誠然，駐粵滇桂軍之橫征暴斂，亦構成一部分商人遷怒於革命政府的一項理由，亦有人輕信革命政府將形赤化的謠言，因而有憎惡之感。**⑦** 他們企圖在香港英國當局的支持下，推翻革命政府而代之以商人政府。13 年 5 月，廣州市政府宣布統一馬路業權案，要向商人抽取「鋪底捐」，商團遂據以為藉口，發動總罷市。陳廉伯並組織了商團軍，暗向香港德商順全隆洋行購買了九千枝槍械，租用了一艘挪威商輪「哈佛號」祕密輸入。8 月 4 日，

---

⑤　《國父全集》，第 4 冊，頁 1432–1433。

⑥　毛思誠前書，卷 2，頁 557–558。

⑦　C. Martin Wilbur, *Sun Yat-sen, Frustrated Patriot*, p. 249.

商團曾向政府請得購械護照一紙，但謂四十日後始可運到，不意發照僅五日，哈佛輪已進入廣州外海。孫大元帥從英國駐廣州代理總領事吉爾斯 (Bertram Giles) 口中獲知商團此一偷運槍械陰謀，乃決定採取斷然處置。他於 8 月 9 日致函軍校蔣中正校長，率海軍江固艦截留哈佛輪。次日，蔣校長即將哈佛輪緝獲，將船上私運的槍械扣留。商團因於 8 月 12 日要求釋放哈佛輪，發還軍械及軍火。政府在未調查清楚前不允發還，商團遂發動總罷市，政府亦宣布長洲要塞區域內戒嚴。

孫大元帥對於商團，再三曉諭。滇軍將領范石生、廖行超等亦調停其間，革命政府終於同意釋放哈佛輪，並將商團自行集資購入之槍械發還。不意商團趁孫大元帥即將出師北伐之際，於 10 月 9 日再度發起罷市，並對十日慶祝國慶遊行之軍校學生開槍射擊。孫大元帥忍無可忍，乃令蔣校長率軍校學生並指揮廣州各軍，迅即平亂。蔣校長於 10 月 15 日開始戡亂行動，不半天即將商團之亂全部戡平。陳廉伯等九名禍首逃赴香港，革命政府遂下令通緝。

戡平商團事件，為黃埔軍校之第一仗。商團繳械之後，黃埔軍校就利用這批軍械，成立了一個教導團，以何應欽為團長，稱為校軍。❸

這時廣州革命政府的最大威脅，自是盤踞東江的陳炯明叛部。陳自稱救粵軍總司令，號稱十萬之眾，企圖趁孫大元帥北上之機會，一舉攻佔廣州。革命政府為先發制人，乃於 14 年 1 月決定東征：以滇、粵、桂軍組成聯軍，任楊希閔為總司令，黃埔校軍受命隨粵軍行動，參加右翼作戰。2 月 1 日校軍出發，所向披靡。首下淡水要地，繼於 3 月 13 日在棉湖大勝陳炯明叛部主力林虎部，是為棉湖大捷。黃埔革命軍英勇善戰之威名，乃遠播宇內。東征勝敗，實以此役為關鍵，而捷報傳出於孫先生逝世之次日，其於黨人心理上之影響，尤為重大。

此次東征途中，發現擔任中路與左翼之滇、桂軍並不努力作戰。楊希閔與劉震寰且有與雲南唐繼堯祕密勾結，聯合寇粵的嫌疑。蓋孫大元帥在

---

❸　蔣中正，〈中國國民黨第二次全國代表大會軍事報告〉，廣州，民國 15 年 1 月 5 日。

北伐之前，曾任唐繼堯為副元帥，令其東出川鄂以響應之，但唐拒不就職。及孫先生逝世，唐忽聲明以副元帥代行大元帥職權，拔隊東來，其欲兼併廣東革命政府之陰謀，極為顯明。革命政府派兵拒之，並通電討唐，劉震寰、楊希閔則拒不同意。劉、楊顯已與革命政府為敵，革命政府遂決計鎮壓之。4 月 27 日，許崇智、廖仲愷赴汕頭與蔣校長密商，決定「回師平楊、劉，固根本。」❺❾5 月 13 日，廖仲愷、朱培德再至汕頭與蔣校長籌商回師計畫，推蔣校長為黨軍總指揮，於 6 月 6 日開始回師。7 日，大本營宣布楊、劉罪狀，黨軍於 14 日完全佔領廣州，平亂之役結束。先二日，大本營已任命蔣總指揮兼任廣州衛成司令。

蔣總指揮中正認為討伐楊、劉反革命勢力，「是本黨的一個生死關頭的紀念」。❻⓿因為推倒楊、劉，唐繼堯等犯軍始知難而退，而盤踞高雷地區的鄧本殷部亦次第被肅清。廣州基地穩固後，大本營始決定改組為正式政府——國民政府，並統一整編各部建國軍為國民革命軍。14 年 7 月 1 日，國民政府成立。3 日，軍事委員會成立。蔣校長以軍事委員會委員身分，提出「軍事委員會六大革命計畫」，主張發展西南革命勢力，革除軍隊積弊、統一財政、整理軍隊、利用罷工工人建築道路，及統一兩廣。❻①8 月 20 日，廖仲愷被刺案發生，中央成立特別委員會對涉嫌軍官進行清理。26 日正式編定國民革命軍五個軍的編制，計：

	原屬單位	指揮官
第一軍	黨軍	蔣中正
第二軍	建國湘軍	譚延闓
第三軍	建國滇軍	朱培德
第四軍	建國粵軍	李濟琛
第五軍	福軍	李福林

❺❾　毛思誠前書，卷 2，頁 590。

❻⓿　同❺❽。

❻①　毛思誠前書，卷 2，頁 644–658。

　　方黨軍從潮梅回師平定楊、劉之際，東江陳炯明殘部復叛，且有捲土
重來之勢。國民政府既已統一了軍政，乃決定發動第二次東征。9 月 28 日，
蔣校長受任為東征軍總指揮。10 月 1 日，東征軍各部即陸續出發。13 日進
薄惠州城郊，經過兩晝夜的血戰，於 14 日攻克了號稱天險的惠州堅城。革
命軍亦傷亡甚重，團長劉堯宸 (1895–1925) 親率敢死隊肉搏衝擊，壯烈犧
牲。惠州既下，陳炯明殘部已為之喪膽。東征軍分兵追擊，於一個月內即
將東江完全肅清。❷陳炯明逃赴香港，至民國 22 年死亡。

　　第二次東征前後，又有南北兩路的討逆靖難。北路係熊克武軍的謀叛。
熊係率部由四川開至粵北，與陳炯明勾結密圖廣州，國民政府於緝獲陳炯
明代表張熾萬時查悉此一陰謀，乃於 9 月 20 日扣留熊克武，並將其北江部
隊繳械。南路係指鄧本殷的進犯。鄧為陳炯明黨羽，盤據高雷及瓊崖一帶。
鄧並接受北京政府「粵南八屬督辦」的名義，趁革命軍東征時進犯廣州。
國民政府乃派第四軍李濟琛部與廣西部隊李宗仁、黃紹竑部予以夾擊，經
兩月餘之戰鬥，終將鄧本殷叛軍消滅，收復高雷及瓊崖。至是廣東全境內
已無叛軍蹤影。

　　繼廣東全境肅清後，國民政府在軍事上的另一成就是完成了廣西的歸
附，亦即兩廣的統一。廣西自李宗仁 (1891–1969) 崛起而為新桂系的領袖，
對廣東革命政府即有歸附之意，蔣中正亦力倡兩廣統一。15 年 1 月 26 日，
國民政府由譚延闓、汪兆銘與廣西李宗仁、黃紹竑 (1895–1966) 會面於梧
州，作初步商談。李宗仁旋派白崇禧 (1893–1966) 到粵晉謁蔣中正等首長，
作進一步的磋商。2 月 24 日，國民政府成立了兩廣統一委員會，3 月 15 日
確定了兩廣統一的方案，廣西政治、軍事及財政均置於國民政府直接管轄
之下。3 月 24 日，軍事委員會改編廣西軍隊為國民革命軍第七軍，任命李
宗仁為軍長，兩廣統一遂告完全實現。

---

❷　陳訓正，〈第二次東征〉，《國民革命軍戰史初稿》，卷 1；又見《革命文獻》，
　　第 11 輯，總頁 1733–1741。

四、中山艦事件與黨務整理

第二次東征勝利結束後，廣東革命基地從此穩固，蔣中正的聲望如日初昇，被認定為國民黨的新領袖，廣東《民國日報》發表社論，推崇蔣氏是「本黨的一個金甲神」，「總理逝世以後同志中為革命奮鬥建立奇功的，要算是蔣先生。」❻❸15 年 1 月，中國國民黨第二次全國代表大會在廣州召開，蔣中正當選為中央執行委員，並被推選為中央常務委員，真正立於決策者地位，為中國國民黨最具聲望和實力的一位領導人。他卻正面臨著新的挑戰：蘇俄顧問和中共黨人已開始策動「倒蔣」。

早在容共聯俄之初，即有不少國民黨人懷有憂慮。鄧澤如等曾向孫中山具呈彈劾共產分子，蔣中正訪俄回國後亦曾向孫中山報告考察所得的印象，認為俄共中共均無誠意也。❻❹蔣氏並曾致書廖仲愷，提出忠告：

> 尚有一言欲直告於兄者，即對俄黨問題是也。對此問題，應有事實與主義之別，吾人不能因其主義之信仰，而乃置事實於不顧。以弟觀察，俄黨殊無誠意可言。即弟對兄言「俄人之言只有三分可信」者，亦以兄過信俄人而不能盡掃兄之興趣也。至其對孫先生個人致崇仰之意者，非俄國共產黨，而乃國際共產黨中之黨員也。而我國黨員之在俄國者，對於孫先生惟有詆毀與懷疑而已。俄黨對中國之惟一方針，乃在造成中國共產黨為其正統，決不信吾黨可與之始終合作，以互策成功者也。至其對中國之政策，在滿蒙回藏諸部皆將為其蘇維埃之一，而對中國本部未始無染指之意。凡事不能自立而專求於人，其能有成者，決無此理。國人程度卑下，自居如此，而欲他人替天行道，奉如神明，天下寧有是理？彼之所謂國際主義與世界革命者，皆不外凱撒之帝國主義，不過改易名稱，使人迷惑於其間而已。❻❺

---

❻❸　孚木，〈評蔣介石辭軍長電〉，黨史會藏剪報資料。

❻❹　蔣中正，《蘇俄在中國》，頁 19。

中國國民黨第一次全國代表大會於 13 年 1 月 28 日討論〈黨章〉時，方瑞麟、黃季陸 (1899–1985) 等曾主張加入限制跨黨之條文，但未獲通過。蓋多數國民黨人，均深信孫中山必能控制全局，且李大釗既在大會席上公開作了「服從國民黨的主義，遵守國民黨的黨章以參加國民革命事業，絕對不是想把國民黨化為共產黨」的承諾，因此未能堅持限制共產分子跨黨，亦未重視其行動。及至 13 年 6 月，共產黨破壞國民黨的陰謀文件被發現後，中央監察委員謝持、張繼、鄧澤如始再提案彈劾，各地黨員黨部亦紛紛向中央執行委員會報告共產分子之不法行動，要求嚴懲。這是國民黨內部爆發的第一次反共護黨浪潮。孫中山召集中央執行委員會全體會議討論辦法，決定重申黨的紀律以管理之，但不驅逐共產分子出黨。**⑥⑥**

14 年 8 月 20 日廖仲愷被刺案發生後，鮑羅廷以其顧問身分操縱汪兆銘於手掌中，大肆排除異己，名之曰「扶植左派」以「打擊右派」。於是胡漢民被派遣赴俄，林森、鄒魯被派遣赴京，孫科、居正則避居滬上。廣州中央由汪兆銘主持，汪則高倡「革命者向左轉」的怪論，共產分子的氣燄大為囂張。於是林森、鄒魯、張繼、謝持、居正等遂在北京西山碧雲寺孫中山靈前，召開中國國民黨第一屆中央執行委員會第四次全體會議——即通常所稱「西山會議」，決議開除共產分子黨籍，解除鮑羅廷顧問職務，懲戒汪兆銘，並將中央黨部移設於上海。各地的反共團體孫文主義學會擁護這一行動，是為國民黨內部掀起的第二次反共浪潮。**⑥⑦**

共產分子在國民黨內進行分化與把持，無所不用其極。黃埔軍校內之共產分子組成「中國青年軍人聯合會」，進行赤化活動，於是陳誠等人組織「孫文主義學會」以對抗之，糾紛亦遂層出不窮。**⑥⑧**中國國民黨決定於 15 年 1 月在廣州召開第二次全國代表大會，共產黨幾盡全力來破壞把持，並且要「準備在這次會議上把國民黨造成左派與共產黨聯合的中央」，**⑥⑨**這是

⑥⑤　〈蔣中正致廖仲愷函〉，民國 13 年 3 月 14 日。

⑥⑥　李雲漢，《從容共到清黨》，頁 324–331。

⑥⑦　李雲漢前書，頁 298–450。

⑥⑧　李雲漢前書，頁 465–482。

如何駭人聽聞的事！所幸蔣中正校長堅持嚴正的立場，告訴出席的代表們「以總理之心為心，以總理之意為意」，中共的陰謀始未完全得逞。但共產分子顯然已有能力來控制中國國民黨的中央機構，有四個部長是共產分子，七個部的祕書也都是中共黨徒，國民黨已面臨被共產黨篡竊的危機！

由於蔣中正堅守三民主義的立場，他已是公認的中國國民黨的中心領導人物，蘇俄顧問集團及中共分子遂策動倒蔣，汪兆銘亦參與其事。倒蔣的第一步，便是阻撓蔣中正的北伐計畫，季山嘉（Kissanga, 即 V. V. Kuybyshev）反對尤力。其次則散布口頭的及文字的謠言，誣蔑蔣中正為「不革命」與「新軍閥」。蔣中正處境困難，曾於 2 月 9 日呈請辭軍事委員會委員及廣州衛戍司令職，汪兆銘既不批准，亦不慰留。蔣中正亦曾面告汪兆銘，革命不能喪失主動，並要求撤換蘇俄顧問，汪亦延宕不決。蔣中正且發現季山嘉有利用第二師師長王懋功叛蔣之意，乃先將王懋功褫職。3 月 14 日，汪兆銘於談話中具有諷蔣離粵之意。情勢發展至此，已甚為嚴重。蔣中正一度想離粵出國，但幾經考慮，終以革命責任不可放棄，決心於「四面皆敵，附腋生患」的困境中，「奮鬥決戰，死中求生」。就在此一背景下，發生了中外震驚的「中山艦事件」——外人多稱之為「三二〇事件」。事情的發生經過是這樣的：

> 三月十八日傍晚，海軍代局長李之龍擅令中山艦開抵黃埔軍校門外，李向軍校教育長鄧演達謊稱係奉校長命令開來守備，實則蔣校長不在黃埔，亦未下令。十九日，蔣校長在廣州，有位同志連續三次電話問他何時回黃埔，蔣校長表示不一定。李之龍又以電話向蔣校長報告，說要把中山艦開回廣州，預備給參觀團參觀。該艦駛返廣州後，仍升火待發，形同備戰。蔣校長判定該艦將有不法行動，因李之龍係共產黨員，顯然聽命於俄顧問。蔣校長因決定採取斷然措施，於二十日晨宣布廣州戒嚴，派虎門要塞前任司令陳肇英及海軍學校副校長歐陽格拘押中山艦，逮捕李之龍，並將共產分子操縱之省港

(69) 華崗，〈一九二五～二七年大革命的中國共產黨〉。

罷工委員會糾察隊繳械，且派兵包圍蘇俄顧問公館，以防不測。(70)

蔣中正說，他當時就聽人說，這次事件是季山嘉的陰謀，是想乘蔣氏由廣州搭艦回黃埔途中，強行劫持蔣氏直駛海參崴，送往俄國。(71)蓋中山艦之駛往黃埔及次日駛返廣州，都是奉了蘇俄顧問團的命令。第一軍顧問斯切潘諾夫 (V. A. Stepanov) 曾承認：「令中山艦駛向黃埔，我們顧問團需要瞭解其內情，遂令中山艦開回來，中山艦即於夜半回到廣州。」(72)因此，蔣中正於事件發生後，堅持驅逐三個主要的蘇俄顧問：季山嘉、羅加喬夫 (V. P. Ragachev) 和羅茲幹 (Razgon)。(73)

毫無疑問的，中山艦事件是一次「倒蔣」陰謀。最令人難以置信的，是那位一連打三次電話詢問蔣校長回不回黃埔的人，竟然是汪兆銘的妻子陳璧君。(74)這說明汪兆銘也可能參與逆謀。汪因此而不自安，託病請假離粵赴歐，中央政治委員會乃推譚延闓代理國民政府主席。

蔣中正不僅以非常手段制壓了共黨的陰謀，且於事變過後立即採取必要措施以恢復黨權並準備北伐。4 月 3 日，他向中央執行委員會提出一項「整軍肅黨準期北伐」的建議，要求中央於短期內召開第二次中央執行委員全體會議，以決定重大的黨政決策。5 月 15 日，中央執行委員會第二次全體會議正式揭幕，通過了有名的〈整理黨務案〉——把共產分子逐出於中國國民黨最高黨部之外，並予以嚴厲的限制：

> 共產黨員對孫中山先生及三民主義，不得加以懷疑或批評；共產黨應將其參加國民黨之黨員名冊交出；共產黨員不得擔任國民黨中央

(70) 毛思誠前書，卷 3，頁 871–873；《革命文獻》，第 9 輯，頁 92–93。

(71) 《革命文獻》，第 9 輯，頁 93；《蘇俄在中國》，頁 40。

(72) 斯氏關於中山艦事件的報告，中文件見《蘇聯陰謀文證彙編》，第 3 冊。

(73) Dan N. Jacobs, *Borodin, Stalin's Man in China*, p. 201.

(74) 桂崇基著、沈世平譯，《中國國民黨與中國共產黨》(臺灣：中華書局，民國 61 年)，頁 43。

黨部部長，在各級黨部任執行委員人數不得超過總數之三分之一，共產黨對參加國民黨之共產分子所發訓令，應先提交聯席會議（國民黨五人，共產黨三人組成）通過；國民黨員不得加入共產黨。(75)

大會並通過中央常務委員會設主席一人，並選舉張人傑（靜江）擔任。蔣中正則被推為中央組織部長，陳果夫為祕書。葉楚傖、邵元沖、丁惟汾等反共委員均被延至中央任職，逐漸改變了黨務由共產分子把持操縱的局面，而重新建立起中國國民黨人自己的黨權。(76)這也是蔣中正首次對共產分子給予嚴厲的制裁。

第三節　北伐與清黨

一、國民革命軍出師北伐

民國 15 年 (1926) 6 月 5 日，中國國民黨中央執行委員會臨時全體會議通過國民革命軍出師北伐案，國民政府於同日任命蔣中正為國民革命軍總司令，主持北伐軍事。當日下午，蔣總司令即召集幹部會議，討論組織總司令部事宜。(77)中央為加強蔣總司令之指揮效能，先後任命蔣氏為國民政府委員、中央軍人部部長。7 月 6 日並經中央全體會議推選為中央常務委員會主席，惟在北伐期間，仍由原任主席張人傑代理。

7 月 1 日，蔣中正總司令以軍事委員會主席身分，發布北伐部隊動員令。6 日，總司令部正式組成。9 日，在廣州東校場舉行國民革命軍總司令就職及北伐誓師典禮，由國民政府代主席譚延闓授印，中央黨部代表吳敬恆授旗，中央執行委員孫科則奉中國國民黨總理孫中山之遺像。(78)蔣總司

(75) 李雲漢前書，頁 506–507。

(76) 陳果夫，〈十五年至十七年間從事黨務工作的回憶〉，中央黨史會藏，原件。

(77) 毛思誠，《民國十五年以前之蔣介石先生》，卷 3，頁 924。

(78) 同上，頁 943。

令於同日發表就職通電與〈北伐宣言〉，申明北伐的目的與決心：

> 革命戰爭之目的，在造成獨立自由之國家，以三民主義為其基礎，擁護國家及人民利益；故必集中革命之勢力於三民主義之下，乃得推倒軍閥與軍閥所賴以生存之帝國主義。(79)

國民革命軍於14年8月初編成時，有五個軍，即第一至第五軍。15年1月，軍事委員會改編程潛所部為第六軍，以程潛為軍長。3月，編廣西軍隊為第七軍，李宗仁為軍長。6月，再改編湖南唐生智部為第八軍，唐為軍長，且被任為北伐軍前敵總指揮。上述八軍，人數不過十萬左右。而北洋軍閥中之三大集團——號稱十四省聯軍總司令的吳佩孚，自稱五省聯軍總司令的孫傳芳，以及掩有東北及冀魯等省的奉軍總司令張作霖，總兵力則在八十萬人以上。以是國民革命軍之北伐，實為以寡擊眾，以少勝多，以戰略勝戰術的革命戰役，而所採各個擊破的戰略，尤為致勝的一項主要因素。

北伐係由援湘開始——即由第四、七兩軍支援唐生智自衡陽反攻長沙。援湘部隊於6月下旬即已出發，故北伐軍得於誓師北伐後第四日——7月12日，克復長沙，得先聲奪人之勢。8月12日，蔣總司令在長沙召開軍事會議後，開始第二期作戰計畫。18日，蔣總司令下達總攻擊令。22日克岳州，28日至30日與吳佩孚部勁旅鏖戰於汀泗橋，旋乘勝進圍武漢。9月6日克漢陽，7日克漢口，武昌於圍城逾月後，終於在10月10日國慶日完全克復，北伐軍的初步目標遂告達成。

國民革命軍對於孫傳芳，採取政治與軍事雙管齊下政策。孫傳芳雖在北洋軍閥中屬後起之輩，但卻「最明幹而具機警縱橫之才」。因此，蔣總司令頗欲說服其服從三民主義，參加國民革命。(80)孫初時亦持觀望態度，及

(79) 《革命文獻》，第12輯，頁55–56。

(80) 張梓生，〈國民革命軍北伐戰爭之經過〉，見蔣永敬編，《北伐時期的政治史料》（正中書局，民國70年），頁21。

見北伐軍勢如破竹，底定湘鄂，乃下令查封江浙國民黨省黨部，並致電蔣總司令不允革命軍入贛，蔣總司令乃決定對孫作戰，由其本人親督攻贛之軍，同時令東路軍總指揮何應欽進取閩浙。孫傳芳亦派盧香亭為援贛總司令，率重兵入贛；並令周蔭人由閩圖粵。贛省戰爭於9月中旬開始，戰況極為激烈，南昌、德安等地均曾得而復失，失而復得，尤以南昌之爭奪戰為北伐戰爭中最為激烈者。奮戰近兩月，革命軍終於11月4日克九江，8日克南昌。孫傳芳部精銳盡失，陳調元、王普、周鳳岐等則均不願再聽孫命。孫敗歸南京後，即不得不去天津向張作霖乞援。

江西既底定，國民革命軍總司令部進駐南昌。隨軍事之進展，國民政府及中央黨部亦決定北遷武漢。惟中央常務委員會代主席張人傑及國民政府代主席譚延闓等抵達南昌後，即與蔣中正、陳果夫等商定，在南昌召集中央政治會議，南昌一時成為軍事與政治中心。

東路軍之攻擊行動係於15年10月初旬開始。總指揮何應欽運用高妙戰略，於松口之役大破周蔭人軍，然後乘勝北進，配合民軍及海軍之嚮義，遂於12月2日收復福州，底定全閩，周蔭人敗逃入浙。論者有謂：「何應欽以松口一戰而平定福建全省，實國民革命軍北伐戰史上之奇蹟也。」[81]

16年1月1日，蔣中正總司令在南昌召開軍務善後會議，旋即決定以攻取南京、上海為目標之東南作戰計畫。蔣總司令將國民革命軍北伐部隊重作編組：東路軍總指揮何應欽，前敵總指揮白崇禧，由閩浙攻上海；中路軍總指揮由蔣總司令自兼，並以李宗仁為江左軍總指揮，程潛為江右軍總指揮，由贛圖皖，進圍南京；西路軍為武漢地區北伐軍，唐生智為總指揮，由武漢北伐；總預備隊總指揮為朱培德。

東南作戰攻擊行動於2月初旬開始。2月18日，杭州為東路軍攻克，孫傳芳部將周鳳岐、陳儀響應北伐軍，分別就任國民革命軍軍長新職。旋即進兵上海，於3月21日克復上海，海軍艦隊司令楊樹莊響應革命，就任國民革命軍海軍總司令。中路軍於3月初旬由江西東下，由於陳調元、王普、葉開鑫之響應，[82]兵不血刃即佔有皖南。旋即合兵東進，於3月23日

---

[81] 同上書，頁27。

攻克南京。至是長江流域悉為北伐軍底定，第一期北伐目標乃告達成。蔣總司令於 3 月 27 日至滬，4 月 9 日復進駐南京，中央政治會議旋即決定以南京為首都。

二、清黨驅共與寧漢對立

15 年 3 月中山艦事件發生後，無論俄共或中共，都採用了防禦戰略，俄共應諾撤走或更換若干不受歡迎的顧問人員，中共亦接受了國民黨對他們的多重限制。但他們的策略是「以退為進」，及國民革命軍出師北伐，共黨即轉守為攻，要利用北伐這一階段，「從民族解救運動過渡到新的革命局面。」(83)中共中央且於北伐誓師後第三日——7 月 12 日，召集其第二次擴大會議，通過進行分化，破壞國民革命的政策：

> 現在我們在國民黨的政策應當是：擴大左派，與左派的密切聯合，和他們共同應付中派，而公開的反對右派。(84)

共產黨所謂左派，係指汪兆銘一系的媚共分子。因此發動所謂「迎汪復職運動」，電請汪兆銘速自歐洲回國「銷假視事」。同時發動排斥張人傑運動，誣張為「昏庸老朽」，鮑羅廷利用國民政府在北遷途中不能行使職權的機會，嗾使徐謙 (1871–1940) 在武漢成立所謂「中國國民黨中央執行委員暨國民政府委員臨時聯席會議」，執行所謂「最高職權」，並進而與南昌形成對立。(85)16 年 1 月，鮑公然發動反蔣，並於 3 月間召開「三中全會」，

(82) 陳調元就任國民革命軍第三十七軍軍長，王普就任國民革命軍第二十七軍軍長，葉開鑫就任新編第五軍軍長。

(83) 第三國際第七次擴大執行委員會通過之〈中國問題決議案〉，見《革命文獻》，第 15 輯，總頁 2606–2613。

(84) 中共中央第二次擴大會議通過之〈中國共產黨與中國國民黨關係問題決議案〉，見《蘇聯陰謀文證彙編》，第 5 冊，頁 35。

(85) 蔣永敬，《鮑羅廷與武漢政權》(中國學術著作獎助委員會，民國 52 年 12 月)，頁 30。

建立了在武漢的左派政權——名義上仍為國民政府與中央黨部，實際上卻是左派與共產分子的結合體。4 月，汪兆銘經俄回國，在上海與陳獨秀發表〈聯合宣言〉，強調「合作」，再去武漢出任武漢國民政府的主席。

共黨破壞北伐的陰謀是多方面的。除控制武漢左派分子以國民政府名義發號施令外，並提出所謂「提高黨權運動」以壓制國民革命軍總司令的統帥權，製造所謂「三大政策」以混淆三民主義理論，煽動農工暴亂以破壞後方社會與經濟，利用唐生智等之政治野心煽動所謂「保定系團結運動」以分化革命陣營，阻撓東南作戰——製造南京事件與上海暴動，企圖招致外國的干涉。(86)至 16 年 4 月，中共與左派分子的破壞活動，已嚴重威脅到中國國民黨的生存和三民主義國民革命路線的持續。

面對中共篡竊黨權的嚴重威脅，中國國民黨中央監察委員會於 4 月 2 日在上海舉行全體會議，以謀應付。出席中央監察委員吳敬恆、張人傑、陳果夫、蔡元培、李宗仁等八人，由蔡元培主席。吳敬恆即席提出共產分子企圖叛黨禍國的文證，要求予以嚴厲處置。全會接受吳敬恆的提議，咨請中央執行委員會採取行動，經中央執行委員會及政治委員會討論後，決令國民革命軍總司令部執行，蔣總司令因令東路軍前敵總指揮兼上海戒嚴司令白崇禧於 4 月 12 日採取行動，將共產黨人控制之上海總工會糾察隊繳械，並限制共產分子活動。這一行動，當時名之為「護黨」，稍後中央執行委員會定名為「清黨」，4 月 12 日遂為中國國民黨的清黨紀念日。上海清黨後，四川、安徽、南京、浙江、福建、廣東、廣西等省區亦分別採取行動，東南清黨遂發展為全面性的反共運動。

16 年 4 月 18 日，國民政府依中央政治會議之決議，正式在南京開始辦公，由蔡元培代表中央黨部授印，胡漢民代表國民政府接受。國民政府首先發表命令，通緝共黨首要分子鮑羅廷、陳獨秀等一百九十七人。(87)武漢方面則採取行動懲戒蔣中正等人，並指南京國民政府為非法，但外國的

(86) 李雲漢，《從容共到清黨》，頁 525–598。

(87) 令見《革命文獻》，第 16 輯，總頁 2825，其中有一部分屬國民黨之左派分子，惟未包括汪兆銘。

外交官們則率直表示:「武漢政府是俄國的，南京政府是中國的。」(88)

16 年 4 至 8 月這段期間，南京與武漢各有一個國民政府和中央黨部，立於對立狀態，史家因而稱之為「寧漢分裂」。但就地位、形勢及民心歸趨而言，南京代表獨立的及正統的中國國民黨，獲全國絕大多數省區的支持，年輕人也「不相信吳稚暉、蔡元培會做壞事」；(89)武漢則在俄共鮑羅廷及中共分子的操縱下，已失去國民黨的本來面目，其政令僅及鄂、湘、贛三省，居於被四面包圍的劣勢。武漢的致命傷尚在其倒行逆施的所謂「農工政策」，使人民飽受蹂躪，形同地獄，湖南尤甚。(90)5 月以後，鄂、湘、贛三省內國民革命軍開始反共行動；夏斗寅 (1885–1951) 與楊森 (1884–1977) 配合進兵武漢，功敗垂成；許克祥 (1890–1967) 在長沙發動「馬日事變」，開始剿共；朱培德亦遣送重要共產分子離開江西。(91)外受包圍，內部不穩，鮑羅廷雖企圖以「戰略退卻」來緩和危機，汪兆銘亦三令五申要糾正「農運」「工運」的「過火」，但都無法改變武漢的劣勢，汪共合作的武漢政權註定是一幕悲劇。(92)

武漢當局把希望寄託在所謂「西北學說」的運用上，亦即希望在西北方面打開一條通往外蒙和蘇俄的生路。他們拉攏業經率部進據陝西的馮玉祥，也成功的派軍北上與馮部在河南會師。汪兆銘率領武漢中央政治委員會主席團到鄭州與馮玉祥舉行「鄭州會議」，對馮無論在軍權或政權方面均做了極大的讓步。但馮卻於鄭州會議後前往徐州與蔣中正及胡漢民、吳敬恆等舉行「徐州會議」，會後致電武漢汪兆銘，要求驅逐鮑羅廷。(93)武漢曾派孔庚到山西拉攏閻錫山，但卻發現閻已決定聽命於南京。(94)北方的馮閻

(88) 〈汪兆銘報告〉，《中央常務委員會第十一次擴大會議速記錄》，武漢，民國 16 年 5 月 13 日。

(89) 孟湘鑑，〈北京特別市黨部十六年五月份工作報告書〉，黨史會藏，原件。

(90) 許克祥，《馬日剷共回憶錄》(中央文物供應社，民國 45 年)。

(91) 李雲漢前書，頁 693–715。

(92) 蔣中正，《蘇俄在中國》，頁 48–52。

(93) 《國聞週報》，4 卷 25 期，民國 16 年 7 月 3 日出刊。

(94) 〈孔庚報告〉，《中央政治委員會第三十三次會議速記錄》，武漢，民國 16 年 6

均持反共立場，武漢的「西北學說」乃成為愚昧的空談。

6 月 5 日，新到武漢不久的第三國際代表魯易 (M. N. Roy) 轉給汪兆銘一份莫斯科的電報，內容有五項：

㈠沒收土地不要國民政府下令，須由下級沒收。

㈡中央委員會中，增加「工農領袖」。

㈢國民黨現在的構造必須改變。

㈣武裝兩萬共產黨員及五萬「工農分子」組織新的軍隊，消滅舊的軍隊。

㈤以知名的國民黨員組織特別法庭，處分反革命派。(95)

汪兆銘說：「綜合這五條而論，隨便實行那一條，國民黨就完了。」(96)但汪並沒有立即採取行動。直到何鍵、李品仙等在武漢開始拘捕共產分子，汪始於 7 月 15 日宣布「分共」。但共產黨已決定與汪決裂，它的黨員已退出武漢政府，鮑羅廷亦於 7 月 27 日離漢返俄。8 月 1 日，共黨發動「南昌暴動」，以武裝叛亂答覆了汪兆銘「和平分離」。汪到此時始如大夢初醒，於 8 月 8 日開始清黨，說：「現在還要說是容共的，就不算得是人。」(97)

三、由分而合

中國國民黨之中央執、監委員們，因容共、反共意見之爭執，先後分成上海、南京與武漢三個中央黨部及武漢、南京兩個國民政府，誠然是一大不幸。上海反共在先，南京清黨最力，武漢汪兆銘等亦終於從痛苦的經驗中獲得教訓，宣布反共。三方面既一致反共，分立的因素已不存在，合作的醞釀乃於八月初旬開始。然由於汪兆銘私心自用，於磋商合作的過程中，同時派遣唐生智率部「東征」，並以蔣中正總司令下野為合作之條件，李宗仁亦附和汪說，致使蔣總司令於 8 月 11 日幡然辭職出京，胡漢民、蔡

月 29 日。

(95) 〈汪兆銘報告〉節文，《中央政治委員會第二〇次擴大會議速記錄》，武漢，民國 16 年 7 月 15 日。

(96) 同上。

(97) 《中央政治委員會第四十四次會議速記錄》，武漢，民國 16 年 8 月 8 日。

元培、吳敬恆等人亦隨之引去，南京遂出現了無政府狀態。(98)

由於武漢的「東征」，原已北伐至徐州一帶的國民革命軍部隊不能不撤退以拱衛南京。孫傳芳遂藉此機會，捲土重來。更兼蔣總司令下野後，人心不穩，孫傳芳乃傾其全力——十一個師六個混成旅，於 8 月 25 日渡江南犯，進佔龍潭一帶，將上海、南京間的交通截斷，一時情勢危急，南京震撼。所幸何應欽、白崇禧分別督隊進擊，和衷共濟，經六日夜之鏖戰，終於 8 月 30 日將孫部擊潰，孫傳芳僅以身免，從此一蹶不振。這是革命戰史中有名的「龍潭之役」，革命軍獲得了決定性的勝利，使寧、滬轉危為安。

8 月下旬，南京與武漢間開始在九江商談合作，武漢諸人譚延闓、孫科等旋亦赴寧轉滬。9 月 11 日，寧、漢、滬三個中央黨部之主要負責委員在上海開談話會，一連三天，終於決定由三方面數額相等之中央委員及三方面共同推出若干人，組織中央特別委員會代行中央執監委員會職權，並改組國民政府及軍事委員會，以使寧、滬、漢之黨務、政治與軍事重趨於統一的領導。

9 月 16 日，中國國民黨中央特別委員會成立。20 日，國民政府及軍事委員會改組完成。中央特別委員會在性質上為一過渡時期的統一機關，要在三個月內籌備召開第三次全國代表大會以產生新的中央執、監委員會。但此一特別委員會並無法理上的依據，胡漢民、蔣中正辭不就職，汪兆銘一系人物則又極力破壞，致中央特別委員會未能發揮預期中的效能，且備受批評。中央特別委員會在軍事方面的惟一貢獻，是派兵討伐唐生智，逼使這位翻雲覆雨的野心軍人下野出國。

經過三個多月的動盪不安，各方將領及國民政府常務委員蔡元培、李烈鈞等，乃體會到非蔣中正復職，北伐殆無成功之望。汪兆銘由於廣州發生其嫡系張發奎驅逐桂系勢力之事變而受到指責，亦希望蔣中正出而穩定政局，並提議召集第二屆中央執行委員會第四次全體會議，重建中樞。此一提議獲得接納，蔣中正亦訪日歸來，於是先在上海舉行四中全會預備會議。12 月 11 日，共黨在蘇俄領事的策動下在廣州暴動，燒殺至慘。四中

(98) 董顯光，《蔣總統傳》，頁 107–108。

全會預備會議遂決議與蘇俄絕交，交國民政府於 12 月 14 日正式宣布，並下令關閉各地的蘇俄領事館與商業機構。

17 年 (1928) 1 月 4 日，蔣中正自滬赴寧，7 日正式宣告繼續執行國民革命軍總司令職權。2 月 2 日，四中全會在南京舉行，出席中央執、監委員二十九人，由于右任主席，蔣中正致開會詞，大會遂即作出了深具歷史意義的決定：

㈠凡與聯俄容共政策有關之決議案，一律取消。

㈡凡因反共關係開除黨籍者，一律無效。(99)

四中全會並決議重新推定中央執行委員會，國民政府及軍事委員會委員。中央執行委員會採常務委員共同負責制，五位常務委員是：蔣中正、譚延闓、丁惟汾、于右任、戴季陶。國民政府設主席，推譚延闓擔任，蔣中正則被推任為軍事委員會主席，負策畫繼續北伐之全責。

四、北伐告成

四中全會於 2 月 7 日閉幕。兩天以後，蔣中正總司令即到徐州前線視察，旋赴開封與馮玉祥研商北伐計畫。山西閻錫山早有代表趙戴文在南京，頃願接受國民革命軍番號，參加北伐行動。蔣總司令因將國民革命軍全部武力，編組為四個集團軍，其番號及總司令是：

北伐全軍總司令	蔣中正
參謀總長	何應欽
第一集團軍總司令	蔣中正兼
第二集團軍總司令	馮玉祥
第三集團軍總司令	閻錫山
第四集團軍總司令	李宗仁

(99) 《中國國民黨第二屆中央執行委員會第四次全體會議記錄》，又見《革命文獻》，第 17 輯，決議案原文製版，有譚延闓親筆簽名。

國民革命軍第二期北伐的攻擊對象，是山東的張宗昌和北京的張作霖。張作霖為奉系軍閥首領，有兵力三十五萬人，自 15 年 11 月 30 日為孫傳芳等推戴為安國軍總司令後，即統一指揮北方的軍閥部隊對革命軍作戰，孫傳芳和張宗昌是他的副總司令，負前敵指揮之責。安國軍編組為七個方面軍團，以孫傳芳、張宗昌、張學良、楊宇霆、張作相、吳俊陞、褚玉璞分任軍團長，有六十萬眾。張支持顧維鈞為國務總理，顧內閣於 16 年 1 月 12 日成立。6 月 18 日，張作霖在北京就任大元帥，組織軍政府，儼然以「元首」自居，復令潘復 (1883–1936) 出任軍政府國務總理，是為北京政府最後一任內閣。及國民革命軍再度北伐，而山西晉軍已歸向革命陣營，張作霖雖欲力挽頹勢，事實上則已力不從心。

17 年 4 月 7 日，中國國民黨發表〈北伐宣言〉，蔣總司令同時對各集團軍下達動員令：第一、二集團軍為主力，分別沿津浦、平漢兩路指向京津。5 月 1 日，北伐軍進入濟南，不意於 5 月 3 日即發生日軍無理慘殺中國軍民的「濟南慘案」，戰地政務委員會外交處長兼山東交涉員蔡公時 (1888–1928) 慘被日軍殺害。(100)日軍提出無理要求，企圖阻止革命軍北伐，但蔣總司令為竟北伐全功，乃忍痛下令各軍退出濟南，繞道北上。(101)並令外交部長黃郛，繼續辦理對日本關於濟南慘案之交涉。

濟南慘案發生後，革命軍以悲痛心情，分四路並進，攻勢淩厲。除第一、二集團軍主力部隊外，第四集團軍前敵總指揮白崇禧奉令參加作戰，第三集團軍孫楚部則自山西進攻娘子關，側攻北京。5 月 28 日，蔣總司令下令全線總攻，31 日佔保定，6 月 1 日克滄縣，再分三路向天津、北京急進。張作霖知大勢已去，於 6 月 2 日下令退卻，乘北寧路專車返回奉天，不意於 6 月 4 日為日人炸斃於奉天附近之皇姑屯車站。(102)

6 月 6 日，北京正式為國民革命軍克復，國民政府任命閻錫山為京津

(100) 蔣永敬，《濟南五三慘案》(臺北：正中書局，民國 67 年)，頁 74–77。

(101) 蔣中正，〈誓雪五三國恥〉，民國 18 年 5 月 3 日在中央軍校講述。

(102) 河本大作等著，陳鵬仁譯，《我殺死了張作霖》(臺北：聚珍書屋出版社，民國 71 年)，頁 23–35。

衛戍總司令。20 日，張學良在奉天發表通電，聲言停止軍事行動，擁護國家統一。新疆楊增新亦於同日起懸掛青天白日滿地紅國旗，通電服從國民政府。北伐軍事事實上已告勝利結束。國民政府旋依中央政治會議之決議，改北京為北平，直隸於行政院；改直隸省為河北省，省會由天津移設保定，天津亦昇格為特別市。(103)

7 月 6 日，蔣總司令代表中國國民黨中央執、監委員會及國民政府，親率第二、三、四集團軍總司令馮玉祥、閻錫山、李宗仁，赴北平西山孫中山靈前，祭告北伐大功之告成。(104)東北張學良亦派王樹翰、邢士廉等來謁蔣總司令，表示服從中央統一全國之誠意。惟日人百般阻撓，張學良妥為因應，直至 17 年 12 月 29 日，東北始發出易幟通電。(105)此時，除了臺灣尚在日本統治之下外，中國全部領土上均飄揚著青天白日滿地紅的國旗，十數年來國人夢寐以求的國家統一，名義上乃告實現。

第四節　北伐期間的對外交涉

一、北伐初期的外交政策

〈中國國民黨第一次全國代表大會宣言〉所揭示的對外政策，乃是國民政府成立後對外交涉的依據，以廢除不平等條約爭取自由平等地位為最高目標。其手段則非憑藉民眾情緒的衝動而鼓動排外，而係訴諸理智與公理，以正常的外交管道與外人談判，要求廢除或修改不平等舊約並重訂平等新約。

國民政府成立後，首任外交部長為胡漢民。當時由於五卅慘案、沙基慘案等事件的刺激，國民反帝國主義的情緒極為熱烈，廣東與香港發動省

(103)　《中央政治會議第一四五次會議記錄》，民國 17 年 6 月 20 日。

(104)　秦孝儀編，《先總統蔣公大事長編初稿》，卷 1，頁 234；董顯光，《蔣總統傳》，頁 134。

(105)　《革命文獻》，第 21 輯，總頁 4137–4138。

港工人大罷工，對英關係極度緊張。胡氏發表〈為廢除不平等條約告世界各國人民書〉，縷述列強壓迫中國的慘痛情形以及國民政府廢除不平等條約的決心，但仍心平氣和的申明：

> 不平等條約存在一天，中國絕不能使國內澄清，因此我們要求我們的國際地位，此後應改為與其他各國平等之地位。我們人民所要求的，就是他們要能在國際關係上與其他各國平等，能有行使主權的獨立，這包涵著治外法權、經濟特權的廢除。這是屬於單方面性質的，我們要求修訂海關關稅，使中國能為發展其經濟起見，採取必要的經濟政策。我們要求收回我們自己的房屋的鑰匙。(106)

14 年 9 月，外交部長胡漢民赴俄考察，其職務旋由陳友仁 (1879–1944) 代理。陳為千里達島 (Trinidad Island) 出生之粵人，深通英國事務，但性格易於激動。國民革命軍出師北伐之初，總司令蔣中正曾數度宣告外交政策，堅決主張廢除不平等條約，但必須保護在華外人的生命財產。蔣總司令於 15 年 8 月 20 日在長沙發表〈對外宣言〉，曾作如下的宣告：

> 中正躬行北伐，不止統一中國，實為完成世界和平，無論何國人士，能不妨礙國民革命之行動及作戰者，一切生命財產，中正皆負完全保護之責，若有利用不平等條約，援助軍閥，害我國民，致為中外人士所不容，中正縱欲保其友誼，亦恐礙於正義，此則不得不於戰前聲明，以求我友邦諒解者也。(107)

三天以後，蔣總司令發表〈告全國民眾書〉，提出有關國家政策者八條，其中七條涉及外交，其條文如下：

㈠軍事稍定，當秉我總理主張，先召集國民會議預備會議，由此會議

(106) 《革命文獻》，第 18 輯，總頁 3409。

(107) 毛思誠，《民國十五年以前之蔣介石先生》，卷 3，頁 1009。

召集真正之國民會議，解決國是，建設全國之統一政府。

㈡對外廢除不平等條約，重訂雙方平等互尊主權之條約，求中國國際地位上的平等。

㈢撤退外國駐在中國內地之海陸軍。

㈣撤銷領事裁判權。

㈤收回租界。

㈥收回關稅自主權。

㈦收回教育權。

㈧嚴定外國非得中國政府許可，不得在中國自由設置產業，創立銀行，發行紙幣。(108)

外交部及國民革命軍各部於處理外交事務時，多能貫徹此一方針。蔣總司令並應陳友仁之請，通令國民革命軍各部隊，一體保護外僑，並不得佔駐或妨礙外人設立之教堂及學校。(109)美國駐華公使馬慕瑞 (John V. A. Mac Murray) 到廣州遊歷，國民政府亦依國際慣例給予禮遇。(110)15 年 8、9 月間雖然發生英輪在四川撞沉中國船隻致五十八名中國官兵溺斃，以及英艦砲轟萬縣軍民的慘案，(111)國民政府仍不欲擴大國際爭端，廣州並於 9 月間停止排英，10 月 10 日完全結束長達一年又四月之久的省港罷工。(112)

為避免外輪外艦有資敵運輸情事，國民革命軍不能不對外輪外艦有所限制。9 月 14 日，有英商江和輪船載運軍火上駛宜昌，蔣總司令即電令駐岳州革命軍予以扣留。次日，蔣總司令通告漢口各國領事，即日起封鎖武昌江面，往來商輪須受檢查，並不得駛近尚在革命軍包圍下的武昌，否則予以砲擊。駐廣州美國領事館要求廢止或修改此一規定，蔣總司令同意外

(108) 同上書，頁 1014。

(109) 同上書，頁 1040。

(110) 同上書，頁 1083–1084。

(111) 英商萬流輪撞沉楊森部運兵船事件發生於 15 年 8 月 29 日，英艦砲轟萬縣發生於 9 月 5 日，統稱為「萬縣事件」，有關史料見《革命文獻》，第 18 輯，總頁 3440–3455。

(112) 郭廷以，《近代中國史綱》，頁 570。

艦可免檢查，但仍於指定之範圍內停泊，並報明國籍。但同時警告美方：「美艦不宜於此時駛入武漢地區，致受戰爭之累。」(113)

二、漢案與潯案

國民革命軍底定長江中游，中外震動。英、美、日本等列強深知此一代表民族力量的革命運動，勢不可侮，多表示重視與友善態度。鮑羅廷偕徐謙、陳友仁等由廣州來到武漢後，發現英國新任駐華公使藍浦生 (Miles Lampson) 已來漢相候，美、日兩國亦有代表來訪。(114)外交情勢，本不甚惡。然鮑羅廷秉承第三國際訓令，利用徐謙、陳友仁等之虛榮心理及我國民眾一向憎恨帝國主義的不滿情緒，有意發動反帝國主義運動，其策略則首先集中反英，暫時放棄反美，並拉攏日本，企圖分化英日以孤立英國。(115)

反英，要找藉口。鮑羅廷利用 9 月間的英艦砲擊萬縣事件，及天津英、法租界當局於 11 月 23 日逮捕國民黨工作人員並引渡給張作霖的事件，(116)煽動民眾反英。12 月 26 日，武昌即有所謂「武昌市民反英運動委員會」的出現。

16 年 1 月 3 日下午，中央軍事政治學校武漢分校的學生宣傳隊在江漢關附近演說，民眾聽講者愈聚愈多，英水兵登岸干涉，與民眾衝突，雙方各有數人受傷。武漢總工會的共產分子許白昊、劉少奇等遂大事鼓動，聲言要衝入英租界。陳友仁亦以代外長身分召見英國駐漢總領事葛福 (Goffe)，令於二十四小時撤退英兵。次日，英兵撤退，漢口各團體聯席會議卻作成抗議、賠償、撤兵、道歉、解除租界義勇隊武裝等決議，並要求政府派兵接管租界。英租界當局迫不得已，乃於 4 日撤退，武漢當局遂組

---

(113) 毛思誠前書，頁 1149–1150。

(114) 〈陳友仁在武漢三中全會外交報告〉，民國 16 年 3 月 13 日。日本代表為佐分利貞男，美國為駐北京公使館參贊邁爾。

(115) 蔣永敬，《鮑羅廷與武漢政權》，頁 93。

(116) 被捕者為國民黨天津市黨部人員，其中有共產黨員江浩的兒子江鎮寰。英當局說這些被捕的人不承認是國民黨人，遂以普通罪犯引渡給張作霖。

織英租界臨時管理委員會，全部接管了英租界。這一事件，稱為漢口「一三事件」，簡稱「漢案」。(117)

「漢案」發生後第三天——1 月 6 日，九江發生英水兵與碼頭工人衝突事件。工人糾察隊有兩人受傷，英艦則發砲示威。由於民眾來勢洶洶，英領事令英僑撤上英艦，民眾與軍隊遂進入租界。此一事件，歷史學者稱之為「潯案」。(118)

漢、潯兩案的發生，形成反英運動的高潮。英國當局一方面派駐北京公使館參贊歐瑪利 (Own O'Malley) 到武漢交涉，一方面調軍艦八艘到武漢示威，英政府亦同時派兵前往上海「保僑」，並計畫聯合美、日等國共同干涉。但美、日不接受英國建議，英國工黨亦反對再對中國進行壓制。因此，漢、潯兩案的解決惟視歐瑪利的交涉。

1 月 12 日，歐瑪利開始與陳友仁就漢、潯兩案進行談判，歐要求退還英租界，陳斷然拒絕。14 日，繼續商談，而各地反英浪潮有日趨強烈之勢，成都英國領事館且被迫於 16 日自動關閉。英國恐招致更大的商業損失，不得不作讓步，同意有條件的交還漢、潯兩處租界。談判已有協議，本定於 1 月 28 日簽字。屆時陳友仁卻在鮑羅廷的指示下，以英方陸續調兵來上海為理由，拒絕簽字。2 月 10 日，英外相張伯倫 (Sir Joseph Ansten Chamberlain) 聲明除自印度出發已在赴上海途中之軍隊外，其他調自地中海及英本土之部隊，僅在香港集中，不再開滬。英國既再作讓步之表示，收回漢口英租界的協定遂於 2 月 19 日由陳友仁、歐瑪利代表兩國政府簽字。規定漢口英租界於 3 月 15 日前由中國之「新市政機關」接管，中國則承諾「在新區域之行政下，對於英國之利益，將不致有所歧視。」(119)

次（2 月 20）日，陳友仁與歐瑪利又簽署了收回九江英租界的協定。內容與漢案協定相同，惟因九江英人在變亂中蒙受中國軍警方面造成的損

(117) 洪鈞培，《國民政府外交史》（臺北：文海出版社，民國 57 年影印本），頁 86；蔣永敬前書，頁 99–102。

(118) 洪鈞培前書，頁 87；蔣永敬前書，頁 103。

(119) 有關協定及換文，見洪鈞培前書，頁 97–99。

失，國民政府同意賠償。然協定公布後，民間多表不滿。陳友仁遂再與英方交涉，終於又獲得英方同意放棄賠償要求，於 3 月 15 日將九江英租界無條件交還。⑩漢口、九江兩處英租界的收回，遂被視為是「革命外交」策略運用的一項成就。

三、南京事件

刺激外人引起外人的干涉，為中共遵從俄人指示以破壞東南作戰的一項手段。莫斯科致北京俄使館武官室的祕密訓令中，有下面一段話：

> 必須設定一切方法，激動國民群眾排斥外國人；為達到此種目的起見，必須設法獲得各國對於群眾之適用武力戰鬥，為引起各國之干涉，應貫徹到底。不惜任何方法，甚至搶掠及多數慘殺亦可實行；遇有與歐洲軍隊衝突事件發生時，更應利用此種機會實行激動。(121)

莫斯科這一訓令，不久即由中共分子林祖涵 (1886–1960) 等在南京實行了——此即發生在 16 年 3 月 24 日之攜械搶掠並毆辱外人的「南京事件」。依據外人記述，搶掠行為係穿著制服的國民革命軍兵士有計畫的行動，英、美、日等國領事館及外人商店、住宅、學校、醫院，均遭波及。英領事翟爾斯 (H. Giles) 受傷，金陵大學美籍副校長文懷恩 (John E. William) 遇害，另有幾個英人、一個法人和一個意大利人被殺，日本領事館的少校武官根本博受到毆打。英、美兩國停泊下關的軍艦遂即向城內開砲，中國軍民傷亡在五十人以上。(122)

國民革命軍係於 3 月 23 日進入南京，次晨即發生此一極不名譽之事

---

(120) 洪鈞培前書，頁 99–104。

(121) 《共匪禍國史料彙編》，第 1 冊，頁 235。

(122) 南京事件之有關文件，見《革命文獻》，第 14 輯，總頁 2378–2401。據江右軍總指揮部政治部主任李世璋報告，中國軍隊死連長一人，士兵二十三名，老婦二人，小販商及居民十三人，重傷士兵七人，平民十九人。

件，誠屬不幸。由於首先進城之軍隊，為江右軍第六軍程潛部及第二軍魯滌平部，故外人均認定行兇行掠者多為操湖南口音兵士。政府事後調查，亦判定是第二、六兩軍一部分士兵受共黨分子的煽動而為。蓋第六軍副黨代表兼政治部主任林祖涵（伯渠），第二軍副黨代表兼政治部主任李富春均為中共黨員，尤以林祖涵主謀的成分最大。其後，國民政府曾下令通緝。

　　南京事件的發生，誠足構成外人對國民革命軍北伐實行干涉的藉口。英國頗有意說服各國為一致之行動，美、日兩國則主張先行調查。事件發生後的次日（3月25日），蔣總司令自蕪湖經南京前往上海，26日對新聞記者發表談話，聲明南京事件已派員調查，凡經證實犯有暴行者，均予嚴懲，但對英美軍艦之輕率開砲，亦提出抗議。[123]蔣氏鄭重申明中國的立場：

> 國民政府所定政策，為不用武力或任何群眾暴動，以改變租界之地位。政府負責人員曾歷次宣示此意，茲更於此處重行申明，國民政府採行者祇為和平方法，即協商的方法。[124]

　　當共產黨徒在上海叫囂要以「民眾武裝」衝入租界之際，蔣總司令的談話和宣告，自然增加外人對國民革命軍的信心。東路軍前敵總指揮白崇禧拜會各國駐上海領事館，解釋外交基本態度，亦獲得若干諒解。然英、美、法、日、意五國駐華公使，終亦於4月11日令由上海漢口各該國領事分向蔣總司令及陳友仁代外長，提出通牒，要求：
　　㈠造成事件之軍隊指揮官及有關人員，應予懲罰。
　　㈡國民革命軍總司令應作書面道歉，並以書面擔保以後絕無有妨外人生命財產之暴動及風潮。
　　㈢個人傷害及財產損失，應予完全賠償。[125]
　　五國通牒係個別遞交陳友仁，並威脅說，如國民政府沒有「相當的表

[123]　董顯光，《蔣總統傳》，上冊，頁89；《蔣介石言論集》，頁157–158。
[124]　董顯光前書，頁89。
[125]　《革命文獻》，第14輯，總頁2383。

示」,「各國不得不採取相當之辦法。」⑫武漢當局處於列強的聯合壓力之下,不得不盡快提出答覆。但亦係個別答覆,13日先答覆日本,14日再答覆法、意,最後再答覆英、美。答覆的內容亦不盡相同,主要的意思是:可以賠償領事館的損失,個人損失查經證實係由於英、美砲擊或為北方軍閥及有意挑撥者所造成者,則不在賠償之列;「懲罰」及「道歉」二者,須經確實調查後確定責任者誰屬後,始可考慮;提議組織國際調查委員會,就南京事件,英國有關之五卅、沙基、萬縣三案,法國有關之沙基砲擊案,應一併加以調查。對日覆文語氣最和緩,盼日勿參加各國行動,允賠償南京事件中日方之損失。覆文同時要求各國取消不平等條約,及派員與國民政府磋商解決兩國間的種種問題。⑫

武漢當局的答覆,自難使五國滿意,英國開始與美、日等國進一步的行動,但美、日並不熱心。列強旋亦發現武漢政府的地位,已因國民政府奠都南京及各省清黨,而開始動搖,張作霖4月6日之派兵搜查蘇俄大使館,湘鄂贛各省反共行動之開展,以及武漢內部政治與經濟方面的困窘,均顯示武漢政府已非談判國際問題的適當對象。5月9日,英外相張伯倫在議會演說,即謂武漢政府已失去其統治地位,不過僅有虛名而已。一個星期後,英政府撤退了駐武漢的代表牛敦 (Basil Newton),英國和武漢的關係就此結束了。

寧漢合作之後,寧案的交涉由南京國民政府負其責。經黃郛、王正廷兩位外交部長的先後談判,中美、中英、中意、中法間均於民國17年 (1928) 一年內達成協議。國民政府對外人損失表示歉意,組織聯合委員會進行調查後,給予適當的賠償;英、美兩國亦同時對開砲轟擊一事,表示「深為抱歉」之意。四國亦均同意與國民政府續商改訂條約事宜。⑫

日本的問題變得複雜多了。一則因為漢口又發生了日本水兵與中國民眾衝突造成近二十人傷亡的「四三慘案」,⑫一則因為4月20日田中義一

<hr>

⑫　同上。

⑫　洪鈞培前書,頁 140–147。

⑫　洪鈞培前書,頁 147–162;《革命文獻》,第 14 輯,總頁 2392–2401。

組成了日本新閣，對中國採強硬干涉政策，寧案的談判就不容易進行了。
17年5月3日「濟南慘案」發生，這幾件事件就不能不攪在一起，謀求通
盤的解決。

四、濟南五三慘案

　　國民革命軍北伐過程中最慘痛的一幕，是發生於17年5月3日的「濟
南慘案」，亦稱濟南「五三慘案」。其基本原因，是日本田中內閣決議出兵
山東，對國民革命軍的北伐橫加阻撓。因為日本政府對中國一直採侵略政
策，完全不願見到中國統一在中國國民黨的統治之下，不惜甘冒世人的指
責，悍然出兵干涉。

　　田中義一是日本政友會總裁、陸軍大將，繼承了明治時代推進侵略大陸
政策的長州軍閥山縣有朋衣缽，為日本軍閥的巨擘，妄想建立日本「東亞盟
主」地位。他的組閣，結束了為期三年之穩健的「幣原外交」，⑬開始向侵
略中國的道路狂奔。⑬其侵華行動的第一步，是召集所謂「東方會議」，釐
訂了對中國的積極政策，⑬接著於民國16年(1927)5月決定出兵山東，準
備阻撓革命軍北伐——是為第一次出兵。⑬嗣後因革命軍由徐州南撤，日
軍於9月間撤退，但田中義一卻通過宮內大臣一木喜德郎於7月25日向日
本昭和天皇上陳侵華政策的文書——〈田中奏摺〉，為此後侵華政策的依據。

　　國民革命軍於17年4月7日開始第二期北伐的總攻擊，一個星期後便

⑫　發生於16年4月3日。起因為日本水兵兩名在漢口日租界刺傷一名中國車夫，
　　群眾乃捕捉日本水兵及商人，日水兵乃大舉登岸，開槍射擊。中國民眾死十人，
　　傷八十餘人，日人亦死二名。是為漢口「四三慘案」。

⑬　幣原喜重郎任若槻禮次郎內閣外相，對華採穩健政策，南京事件發生後，主張
　　不干涉中國北伐，深為田中義一、宇垣一成等軍人不滿。

⑬　古屋奎二原著，中央日報社譯印，《蔣總統祕錄》，第6冊，頁229。

⑬　陳固亭，〈一九二七日本東方會議始末記〉，見《百年來中日關係論文集》，頁
　　947–983。

⑬　樂炳南，〈日本第一次出兵山東〉，見《史原》，第3期，臺灣大學歷史研究所，
　　民國61年9月，頁139–170。

攻佔了臨沂、臨城等魯南地帶，作戰目標指向濟南。4月16日，日本駐濟南武官酒井隆要求東京出兵「保僑」，田中內閣遂於17日作了第二次出兵山東的決議，由福田彥助擔任司令官的第六師團遂於4月26、7日間進駐山東省會濟南。

5月1日，國民革命軍第一集團軍部隊進入濟南，次日蔣總司令即在城內的山東督辦公署設立了總司令部。濟南民眾熱烈歡迎革命軍，家家戶戶都懸掛出青天白日滿地紅的旗幟。誰都沒有想到又過了一天——5月3日上午九時，日軍便向革命軍挑釁，爆發了傷心慘目的「濟南慘案」。日軍橫蠻猙獰，拘留了外交部長黃郛，慘殺了外交特派員蔡公時以及其屬下職員十六人。❹福田彥助且蠻橫無禮的遞一份最後通牒式的信件，提出五項要求：

㈠有關騷擾及暴行之高級武官，須嚴屬處刑。

㈡對抗日軍之華軍，須在日軍陣前解除武裝。

㈢在南軍統轄區域之下，嚴禁一切反日宣傳。

㈣南軍須撤退濟南及膠濟鐵路沿線兩側二十華里之地帶，以資隔離。

㈤為監視右列事項之實施，須於十二小時以內開放辛莊及張莊之營房。❺

此一通牒，限十二小時內答覆。蔣中正總司令異常悲憤，「忿怒幾不可遏」。❻但他最後考慮的結果，仍然忍下了這口氣，決定命令所有國民革命軍部隊，除留李延年之一團衛戍濟南外，連夜祕密渡過黃河，繼續北伐。日軍發現後，曾派飛機去轟炸渡河北上的革命軍。蔣總司令撤出濟南後設在黨家莊的總部，也同樣受到日機轟炸。蔣中正認為這是空前的恥辱，他

---

❹ 內職員九名：張鴻漸、譚顯章、周惠蘇、袁家達、張麟書、姚成仁、熊道存、姚成義、劉文鼎；另勤務兵王立泰等七名。

❺ 日文原件見《革命文獻》，第19輯，插圖欄；蔣永敬編，《濟南五三慘案》，頁5。

❻ 羅家倫，〈忍天下之所不能忍決常人之所不能決〉，見《六十年來之中國與蔣主席》（南京：拔提書局，民國35年10月）。

立誓雪恥，此後每天日記上必記「雪恥」一則以自惕勵。

日軍出兵濟南，目的在阻撓革命軍的北伐與中國的統一。蔣總司令之決定繞道北伐，使日本的陰謀成為泡影。5月8日，日本第三度增兵，開始猛攻濟南城。經過三日夜的血戰，李延年始奉命突圍，他一團四營的兵力，至是僅餘五百人。日軍於11日進城，大肆屠殺無辜民眾，傷亡總數近五千人！ **⑬**。

慘案發生後，國民政府即決定避開狂妄粗暴的日本軍人，直接與日本政府談判解決，並提出於國際聯盟，要求公斷。經張群之親赴東京交涉，兩任外交部長黃郛、王正廷之賡續與日方談判，拖延近一年之久，最後終於在18年3月28日達成協議，由外交部長王正廷與日本駐華公使芳澤謙吉在南京簽字。**⑬**其內容要點：

㈠於互換簽字之日起，兩個月內，日本撤退山東全部駐軍。

㈡日本撤軍後的接收辦法，雙方各派委員就地辦理。

㈢濟南不幸事件認為既往不究，相互不課軍事行動的責任。

㈣組織共同調查委員會重新調查雙方損失。 **⑬**

這一協定，自然不能令國人滿意。然以當時國內外情勢觀察，能從日人手中無條件收回山東，已非易事。

18年4月15日，王正廷和芳澤謙吉在上海就中日「南京事件」的解決，達成協議；次日，又對漢口「四三事件」的解決，成立諒解。兩案的協定同時於5月2日在南京換文，中日交涉各案遂告一段落。導致16年至17年間兩國間一連串不幸事件的始作俑者田中義一，也於18年（1929）9月29日以狹心症死亡，兩國關係遂有暫時好轉的跡象。

---

⑬ 依據濟南慘案後援會代表於17年6月7日在南京報告，濟案死亡三千六百二十五人，受傷一千四百五十五人，見《革命文獻》，第19輯，總頁3588。

⑬ 〈中日濟案解決〉，《東方雜誌》，26卷5號，民國18年3月10日；《革命文獻》，第19輯，總頁3625。

⑬ 同上。

第九章　訓政時期的憂患與建設

第一節　訓政的實施

一、孫中山手訂的建國程序

　　民國前 6 年——清光緒三十二年 (1906)，同盟會在東京發表〈軍政府宣言〉，把革命建國的程序劃分為三個階段：軍法之治、約法之治、憲法之治。民國 3 年，中華革命黨建立時，孫中山手訂〈總章〉，明定「本黨進行程序分為三時期：一、軍政時期，二、訓政時期，三、憲政時期。」❶ 其後，孫中山於《孫文學說》、〈中國革命史〉、〈建國大綱〉等著作中，❷ 也都重申軍政、訓政、憲政之建國三階段的意義和內容，這一程序可說是孫中山始終一貫而且十分堅持的主張。

　　北伐告成，全國在形式上已告統一。中國國民黨認為軍政時期已告結束，乃依據〈建國大綱〉的規定，於 17 年 8 月決議實施訓政，其期限初步決定為六年：18 年開始，24 年結束；國民政府必須在此六年期間內，完成地方自治的建設，並制定憲法，開始憲政。

　　孫中山之創立及堅持實施訓政，自有其法理的和史實的依據。如中國古代伊尹訓太甲的史例，民初實施政黨政治失敗的教訓，以及法國革命後一度造成暴民政治的殷鑑與美國扶植菲律賓自治的成功，都曾為孫中山用作實施訓政的佐證。事實上，像中國這樣具有長久君主專制傳統，人民知

---

❶　〈中華革命黨總章〉第四條。

❷　《孫文學說》，第六章，〈中國革命史〉（亦稱中國之革命）專文，〈建國大綱〉第五條。

識程度極為低落，而又廣土眾民各地政情不一的情形，確是不可能一躍而
為安定、進步的民主共和國家，給予人民以過渡時期的積極性政治輔導，
應屬必要。曾與孫中山討論過訓政理論或對孫中山政治學說有精湛研究的
人，都同意而且讚揚孫中山用意之深遠。中國人不必說了，外國人如英國
名作家加爾根 (Archibald R. Colguhoun)，美國哈佛大學教授何爾康 (Arthur
N. Holcombe)，德國的海法特 (H. Herrfahrdt) 等人，都認為訓政的實施對中
國民主政治的建立，有特殊必要和積極貢獻。❸

對於訓政，孫中山曾作淺易顯明的解說。其主要精神，可綜合為三點：

其一，訓政的作用，在「訓導」人民會做民主國的主人。孫中山說：
「須知共和國的皇帝，就是人民。以五千年來被壓迫作奴隸的人民，一旦
抬他作起皇帝，定然是不會做的。所以我們革命黨人應該是教訓他，如伊
尹訓太甲樣。我這個訓字，就是從伊訓上『訓』字用得來的。」❹

其二，訓政是建國過程中的「過渡時期」，是為憲政打好基礎的一個時
期。孫中山嘗謂：「此訓政之時期所以為專制入共和之過渡所必要也，非此
則必流入亂也。」「有訓政為過渡時期，則人民無程度不足之憂也。」❺

其三，訓政時期的工作為建設。孫中山亦曾明言：「要用革命手段去建
設，所以叫做訓政。」❻「在破壞時則行軍政，在建設時則行訓政。」❼

由於訓政時期，中國國民黨是惟一的執政黨，指導國民政府的政治運
作，居於最高權力機構的地位，因而招致其他政黨或政團的批評，亦是意

---

❸ 加爾根初對孫先生訓政理論，不以為然。及與孫先生討論數日，乃欣然折服，
  認為中國由君權到民權之青黃不接的時際，訓政可以免除武人的專制和政客的
  搗亂。何爾康著《中國之革命》(*The Chinese Republic: A Phase in the Regene-
  ration of A World Power*)，認為訓政的功能在使革命與進化能夠調和。海法特
  認為：「孫中山的分期建國，是由革命經驗中所產生的中國作風」，其效用在「使
  中國人民逐漸成熟，能適應西方的民主制度。」
❹ 《國父全集》，第 2 冊，頁 398。
❺ 同上，頁 158。
❻ 同❹。
❼ 同❺。

料中事，青年黨的曾琦以及國家社會黨的羅隆基，都曾譏評「訓政」為「一黨專政」。實則在孫中山的遺教和中國國民黨的文獻中，從無「一黨專政」一詞，而對訓政的政策是「以黨治國」。孫中山說「本總理向來主張以黨治國」，他對「以黨治國」的解釋是：

> 所謂以黨治國，並不是要黨員都做官，然後中國才可以治。是要本黨的主義實行，全國人都遵守本黨的主義，中國然後才可以治。簡而言之，以黨治國，並不是用本黨的黨員治國，是用本黨的主義治國，諸君要辨別得很清楚。❽

二、胡漢民與訓政

中國國民黨諸領袖對於依據孫中山遺教實施訓政，意見完全一致，而於訓政理論作有系統的闡述並為訓政時期黨政制度之主要擬議者，則為胡漢民氏。17 年 1 月，胡氏曾致函蔣中正總司令，表示於第二期北伐之軍事行動，「無能為役」，決致力於革命主義之研究與闡揚，期能有所貢獻於黨，❾就在此時，胡漢民發表了《三民主義的連環性》一書，為三民主義之世界性效用以及民族、民權、民生三大主義間之連環關係，作了新的詮釋。❿

17 年 1 月末，胡漢民自上海啟程赴歐考察。6 月 3 日，他自巴黎致電國民政府主席譚延闓，請譚向預期於 8 月間召集的國民黨二屆五中全會提出「訓政大綱」案，以確定訓政實施的原則：

㈠以黨統一，以黨訓政，培植憲政深厚之基；

㈡本黨重心，必求完固，黨應擔發動訓政之全責，政府應擔實行訓政之全責；

---

❽　同上，頁 539。

❾　蔣永敬，《胡漢民先生年譜》（中國國民黨中央黨史委員會，民國 67 年），頁 414。

❿　初版由上海民智書局出版，全文已收錄於《革命先烈先進闡揚國父思想論文集》，第 1 冊，頁 330–382。

㈢以五權制度作訓政之規模，期五權憲政最後之完成。❶

6月18日，胡漢民又自柏林寄回〈訓政大綱提案說明書〉，對前電所提「訓政大綱」案中有關〈政治會議綱領〉及〈國民政府組織綱領〉之原則與制度，作了更充實更具體的說明。這一〈說明書〉，其後於9月15日公開發表，為訓政時期政治制度及黨政關係之主要法理依據。❷

北伐軍事於7月完全結束，東北易幟只是時間問題。8月8日，二屆五中全會在南京開幕，會期七天，至15日閉幕。全會對統一革命理論、民眾運動方針、黨政關係等案均作成決議，其中尤以訓政時期應頒布約法、國民政府應逐次設立五院、各地政治分會於年底前一律取消等決議，最關重要。

胡漢民於8月8日自歐返國，9月3日抵達上海。當日即與蔣中正、吳敬恆、李煜瀛、張人傑、蔡元培、戴季陶等會商黨國要政，胡氏意見受到尊重。胡氏於8月18日由滬到寧，20日被推為中央常務委員。此後兩年零七個月間，胡氏供職國民政府，為主持政務推進訓政之主要領導人之一。

10月3日，中央常務委員會通過了《訓政綱領》──是為中國國民黨實施訓政的第一種基本法。❸條文有六，其要義可歸納為三點：

㈠訓政期間，中國國民黨代表國民大會，領導人民行使政權；並訓練人民行使政權之能力，以奠立憲政根基。

㈡國民政府在中國國民黨指導之下，執行行政、立法、司法、考試、監察五項治權。

㈢中國國民黨中央執行委員會政治會議（簡稱中央政治會議）負指導監督國民政府重大國務之執行，居於黨政關係最高樞紐地位。

此一綱領，實基於胡漢民之主張。依此綱領，中央政治會議實為治權中心之所在，而政治會議委員數額及人選標準、組織條例等，亦係由胡漢

---

❶　〈胡漢民致譚延闓電〉，民國17年6月3日，黨史會藏，油印件。

❷　全文見《中央週報》，第16期，民國17年9月24日出版。

❸　全文見《革命文獻》，第22輯，總頁4356-4357。

民向中央常會提出通過者。10 月，胡氏膺任國民政府委員及立法院長，有關訓政時期各項法制，亦多採納胡氏意見。民國 18 年 (1929) 3 月 18 日至 28 日，中國國民黨第三次全國代表大會在南京舉行。除追認《訓政綱領》外，通過有關實施訓政的四項要案——「確定總理主要遺教為中華民國訓政時期最高根本法」、「確定訓政時期黨、政府、人民行使政權、治權之分際及方略」、「確定地方自治之方略及程序以立政治建設之基礎」及「確定訓政時期物質建設之實施程序及經費案」，亦以採納胡漢民的主張為多。❶❹ 大會選舉第三屆中央執行及監察委員，蔣中正得二百五十九票，最高；胡氏次之，以二百四十八票當選為中央執行委員，且被推為中央常務委員。

三、政制及法制之確立

依據孫中山遺教，中央政制採五權分立制。惟國民政府於民國 14 年 7 月 1 日在廣州成立時，以統治權尚未及於全國，組織與事權均從簡，故未設五院。16 年遷設武漢及奠都南京時，亦以北伐軍事尚未結束，未能擴大。17 年 8 月 14 日，二屆五中全會決議國民政府應依據〈建國大綱〉之規定，「應設立立法、司法、行政、考試、監察五院，逐漸實施。」❶❺ 10 月 3 日，中央常務委員會通過〈中華民國國民政府組織法〉，並由國民政府於 10 月 8 日正式公布，❶❻ 依據〈組織法〉，國民政府總攬中華民國之治權，行委員制；設委員十二至十六人，其中一人為主席委員，稱之為國民政府主席，兼陸海空軍總司令。設行政、立法、司法、考試、監察五院，分別為國家最高行政、立法、司法、考試、監察機關。

10 月 8 日，中央常務委員會通過國民政府委員、主席及五院院長人選，並於 10 月 10 日宣誓就職。名單如下：

---

❶❹　《中國國民黨第三次全國代表大會紀錄》原件，前兩案係 18 年 3 月 21 日通過，後二案係 3 月 23 日通過，第二案係胡漢民提出者。

❶❺　《革命文獻》，第 79 輯，頁 102。

❶❻　全文含七章四十八條，見《國民政府公報》，第 79 期，民國 17 年 10 月出版。

主席			
蔣中正			
委員			
蔣中正	譚延闓	胡漢民	蔡元培
戴傳賢	王寵惠	馮玉祥	孫　科
陳果夫	何應欽	李宗仁	楊樹莊
閻錫山	李濟琛	林　森	張學良
五院院長			
行政院		譚延闓	
立法院		胡漢民	
司法院		王寵惠	
考試院		戴傳賢	
監察院		蔡元培	

　　10 月 8 日至 12 日，中央政治會議先後通過〈五院組織法〉，由國民政府於 10 月 20 日明令公布。依據〈行政院組織法〉，行政院設十個部、五個委員會。十五部會之部長及委員長亦經中央政治委員通過人選，由國民政府正式任命，其名單為：

內政部	閻錫山	鐵道部	孫　科
外交部	王正延	衛生部	薛篤弼
軍政部	馮玉祥	建設委員會	張人傑
財政部	宋子文	禁煙委員會	（未發表）
農礦部	易培基	僑務委員會	（行常務委員制，未發表主席人選）
工商部	孔祥熙	勞工委員會	（未發表）
教育部	蔣夢麟	蒙藏委員會	（12 月 19 日中政會決議改行委員長制，同月 27 日特任閻錫山為委員長）
交通部	王伯群		

上開行政院各部會中，有的為新設者，如鐵道部等；有的為原設機構改組而成者，如教育部即係由大學院改組而來。大學院之全稱為中華民國大學院，創自蔡元培，係仿行法國之大學區制，自16年6月成立後，為全國最高學術及教育行政機關。❼然實施以後，效果不彰，各方嘖有煩言。李煜瀛、經亨頤、郭春濤等均向中央提案要求撤消。二屆五中全會遂於17年8月14日決議取消大學院改設教育部。另設中央研究院直轄於國民政府，特任蔡元培為院長，為國家學術研究最高機關。

國民政府在人事安排上，亦頗能顧及各方，五院院長無一人為軍人出身者，其重視黨統之特色，尤寓深意。惟汪兆銘一系之中央執、監委員十餘人，❽被認定應對釀成共黨16年12月在廣州暴動之事件負責，受到黨紀處分，因而喪失當選第三屆中央執、監委員之資格。彼等遂在上海數度發表宣言，反對南京第三次全國代表大會及新成立之國民政府。汪在上海成立所謂「國民黨黨務改組同志會」，國人稱之為「改組派」。

與中央政制確立之同時，地方政制亦有所改革。省設省政府，採委員制，由國民政府任命九至十五人為委員，其中一人為主席。下設各廳及祕書處，分別掌理各項省政。北京政府時期之督軍、督理、督辦、省長、總司令、經略使等名號，完全革除。縣為自治單位，以推行地方自治為主要任務。省、縣系統之外，另設特別市，直隸於國民政府，不入省縣行政範圍。其條件為：首都，人口百萬以上之都市，及其他有特殊情形之都市。❾省（市）縣（市）均設參議會，為民意機關。

四、國民會議

召開國民會議，為孫中山晚年的重要政治主張。這一名詞，首見於孫中山民國13年11月10日發表的〈北上宣言〉中，他主張在北京召開國民

❼　〈中華民國大學院組織法〉第一條。

❽　汪氏集團為王法勤、王樂平、陳公博、顧孟餘、陳樹人、何香凝、甘乃光、潘雲超等人。

❾　〈特別市組織法〉第三條。

會議，以共謀國是。由於當時已就任臨時執政的段祺瑞反對，未能召集，故孫中山遺囑中乃仍以「召開國民會議及廢除不平等條約」囑託於國民黨人。北伐告成之後，中國國民黨中央本有意籌備召開國民會議，二屆五中全會且曾作成訓政時期制定約法的決議。不意 18、19 兩年間，不法軍人及失意政客與黨人相繼煽亂，中央自無暇計及召開國民會議之事。汪兆銘、鄒魯等人遂引為藉口，並於「擴大會議」行將瓦解之際，起草《太原約法》，❷以為號召。汪兆銘於逃離北平時，亦再度提出召開國民會議，頒訂約法等項主張，❷以向南京作挑戰性的請求。

　　事實上，召開國民會議亦是南京諸領袖的主張。胡漢民同意召開國民會議，惟應有「先決的條件」，即須在「各地方脫離了軍閥的淫威和壓迫，社會已漸趨安寧」之後，各地人民團體才能自由而安全的推派代表，參與會議。胡氏反對制頒訓政時期約法，他以為第三次全國代表大會已決議以孫中山遺教為最高準則，其效力已等於根本大法，不須另訂《約法》。❷蔣主席中正則認為討逆軍事結束，應為召開國民會議的時機，他於 19 年 10 月 3 日自前方致電中央，建議召開國民會議，以實現孫中山遺囑，且以副全國人民之望。並提議於最短期間先召開三屆四中全會，討論召開國民會議的有關事宜。

　　中央接受了蔣中正的建議，於 11 月 12 日在南京召開三屆四中全會，15 日決議於民國 20 年 5 月 5 日召集國民會議，其召集方式由中央常務委員會趕速制定，由國民政府頒布施行。

　　20 年元旦，國民政府公布了〈國民會議代表選舉法〉。代表名額定為五百二十人，其分配情形：各省四百五十名，各市二十二名，蒙古十二名，西藏十名，各地華僑二十六名。選舉用職業代表制，各地方的代表，應按照定額，由農會、工會、商會及實業團體、教育會、國立大學、教育部立

---

❷　鄒魯，《回顧錄》，見《鄒魯全集》，第二冊，（臺北：三民書局，民國 65 年），頁 341-382。

❷　吳敬恆，〈從閻馮叛變到最近時局〉，見《吳稚暉先生全集》，卷 8，頁 694-695。

❷　胡漢民，〈國家統一與國民會議之召集〉，見《中央週報》，第 124 期。

案之大學及自由職業團體、中國國民黨等團體選出之。上述農會、工會、商會、教育會各團體，以依法設立者為限。為籌備召開國民會議，國民政府設立了國民會議代表選舉總事務所，任戴傳賢為主任，孫科為副主任，陳立夫為總幹事，主持其事。

　　國民會議籌備期間發生了一件不幸事件，即「湯山事件」。原因是：立法院長胡漢民因反對國民會議制定《約法》，與蔣中正主席發生齟齬，於3月1日憤而辭去國民政府委員及立法院長職務，被送至南京東郊之湯山，屏居八日。❷由於胡氏之辭職與幽禁，係由於與蔣主席中正之意見不合，一部分粵籍中央執、監委員對蔣頓生不滿，馴至在廣州別立政府，擾攘至八個月之久，頗令國人深感遺憾與失望。❷

　　20年5月5日，國民會議在南京開幕。蔣中正主席致開幕詞，隨即於預備會議中推張繼、戴傳賢、吳鐵城、于右任、張學良等九人為主席團，葉楚傖為大會祕書長。會期十二日，共開正式會議八次，至17日閉幕。其主要成就有二：其一為通過《中華民國訓政時期約法》，其二為發表〈廢除不平等條約宣言〉。5月16日第八次會議並通過〈國民會議宣言〉，向中外宣告：

> 本會議爰代表全體國民，敬謹接受中山先生全部遺教，以全力促其實現。❷

　　《中華民國訓政時期約法》計含八章、八十九條，於20年6月1日由國民政府正式公布。❷這是訓政時期的最高法典，其效力等於憲政時期的憲法。約法於第一章「總綱」中，規定中華民國永為統一共和國，以青天

---

❷　胡氏係於3月1日移居湯山，8日回居南京雙龍巷寓邸。見蔣永敬，《胡漢民先生年譜》，頁504。

❷　沈雲龍，《民國史事與人物論叢》（傳記文學出版社，民國70年），頁307-329。

❷　《革命文獻》，第23輯，頁626。

❷　全文見《革命文獻》，第23輯，頁630-637。

白日滿地紅旗幟為國旗，國都定於南京。第二章規定人民之權利義務，賦予人民以充分的民權。第三章為「訓政綱領」，第四章為「國民生計」，第五章為「國民教育」，均有其獨到與進步之特點，尤以教育機會平等及義務教育之推行，允為建立完全民主政治之始基。第六章規定「中央與地方之權限」，基本上採均權制度。第七章「政府之組織」，分別就中央制度及地方制度，予以條列。第八章「附則」，則說明《約法》的最高性——「凡法律與本《約法》牴觸者無效」，《約法》之解釋權屬於中國國民黨中央執行委員會，憲法草案由立法院本於〈建國大綱〉及訓政與憲政時期之成績而議訂，並隨時宣傳於民眾。

第二節　內爭與內亂

一、國軍編遣

國民革命軍北伐時，國民政府為政略與戰略上的需要，先後設立了廣州、武漢、開封、太原、北平五個政治分會，分由李濟琛、李宗仁、馮玉祥、閻錫山、李煜瀛擔任主席，分別執行轄區內之行政與人事權，無異是五個新的大行政區，使中央政治會議的權力為之割裂。五位主席中，除李煜瀛外，兩李和馮閻都握有重兵，且控制了轄區內的財政與稅收。這種情形如不加以消除，必將形成新的割據局面，國家的真正統一即無由實現，物質建設和地方自治均無法推進。

當然，謀求政令統一的關鍵，在於軍隊。軍隊的毛病第一是兵多而濫，系統複雜；第二是除第一集團軍各部外，餘部尚是私人軍隊性質，不為公用；第三是素質不齊，少數軍官有吸食鴉片煙嗜好，不堪擔當國防軍任務；第四則是非法截留稅收，餉糈不按統一標準，奢靡浪費。此種情形，何應欽、宋子文均曾提出報告。何謂：

全國現有國民革命軍八十四軍，約三百師，兵額共計二百二十萬人

以上，每月軍費最少需六十萬元。軍事委員會及總司令部希望只留八十師，兵額一百二十萬人，俾軍費減至全國收入百分之六十。**㉗**

財政情形，更屬悲觀，據財政部長宋子文報告：

各行省、特別區如兩湖、兩粵、陝、甘、豫、晉、察、綏等之國稅，完全為駐軍或地方行政機關自動支配，東三省及川、滇、黔更不待言矣。至於蘇、魯、閩三省稅收雖悉充軍政之用，而徵收人員尚係由中央委派，其他各省並徵收人員亦為地方或軍隊委派，其間或有報告，而大多數並報告而無之。現在中央所持以為稅收之源者，僅江、浙、皖、贛四省而已。**㉘**

毫無疑問的，北伐告成之後，國民政府必須厲行軍政與財政之統一，第一步工作即是實施國軍編遣。17 年 6 月 9 日，蔣總司令以軍事告終，呈辭國民革命軍總司令及軍事委員會主席職，並以「裁兵」為請。國民政府不接受蔣氏之辭職，惟接受其「裁兵」建議，於 6 月 12 日發表宣言，以「裁減兵額」為五項施政措施之一。**㉙**全國經濟委員會亦於 6 月 28 日通過議案，請國民政府即日下令裁兵，從事建設。7 月 9 日，國民政府明令實施裁兵。

17 年 7 月 11 日，蔣中正總司令約第二、三、四集團軍總司令馮玉祥、閻錫山、李宗仁及其他黨政負責人會於北平湯山，討論整理軍事方案，決從整理、編遣兩方面著手，並作成計畫，提交二屆五中全會討論。二屆五中全會於 8 月 14 日決議各地政治分會限本年底前取消，軍事整理須使軍政軍令及教育統一，軍費不超過全國收入百分之五十，化兵為工等原則，令由蔣中正、馮玉祥、閻錫山、李宗仁、李濟琛、楊樹莊等六委員本此原則，妥為規畫，由國民政府核定施行。**㉚**國民政府依據六委員建議，決定於 18

㉗　何應欽 17 年 7 月 2 日在中央黨部紀念週報告。

㉘　《革命文獻》，第 24 輯，頁 33。

㉙　五項措施是厲行法治、澄清吏治、肅清盜匪、蠲免苛稅、裁減兵員。

年 1 月 1 日召開國軍編遣會議，並徇武漢政治分會之請，各地政治分會展
期至 18 年 3 月 15 日以前撤銷。

國軍編遣會議於 18 年 1 月 1 日在南京正式開幕。吳敬恆代表中央黨部
致開幕詞，蔣主席中正於答詞後，發表一篇標題為〈關於國軍編遣委員會
之希望〉的講詞，希望中國軍人效法日本明治維新時，長、薩、土、肥四
藩歸政中央的精神，並沉痛的說：「是想把日本的鏡子，來照照我們的面
孔。」❸ 出席人員四十餘人，包括閻錫山、馮玉祥、李宗仁、何應欽等高級
司令官在內，惟張學良由王樹常代表，楊樹莊由陳季良代表，白崇禧則因
病未參加。❸ 出席人員曾經宣誓，❸ 亦曾宣言要做到不偏私、不欺飾、不
假借、不中輟。❸ 會議至 25 日閉幕，共開大會五次。其最重要的決議，為
1 月 14 日第四次大會通過之〈國軍編遣委員會進行程序大綱〉，❸ 其要點
為：

    ㈠成立國軍編遣委員會主持編遣，將國民革命軍總司令部，各集團軍
        總司令，海軍總司令，各總指揮及其他高級戰時編制，一律撤消。

    ㈡全國軍隊，劃分為六個編遣區，實行編遣：

    第一編遣區——編遣原第一集團軍各部隊。

    第二編遣區——編遣原第二集團軍各部隊。

    第三編遣區——編遣原第三集團軍各部隊。

    第四編遣區——編遣原第四集團軍各部隊。

    第五編遣區——編遣東三省各部隊。

    第六編遣區——編遣川、康、滇、黔各部隊。

❸⓪ 中國國民黨二屆五中全會〈關於整理軍事案之決議〉，見《革命文獻》，第 21 輯，
    頁 1696-1697。

❸① 《革命文獻》，第 24 輯，頁 7。日本四藩為長州、薩摩、土佐、肥前。

❸② 中央研究院近史所，《白崇禧先生訪問紀錄》，下冊，(73 年 5 月)，頁 924。

❸③ 誓詞見《革命文獻》，第 24 輯，插圖三。

❸④ 〈國軍編遣委員會開會宣言〉，見《國軍編遣委員會第一次大會報告書》，民國
    18 年 1 月 5 日。

❸⑤ 全文見《中央週報》，第 33~34 期；《革命文獻》，第 24 輯，頁 50-54。

㈢編遣目標，全國陸軍不超過六十五師，約八十萬人，軍費開支不超
過全國總收入百分之四十。

國軍編遣會議之召開及國軍編遣委員會之成立，自然為國人帶來希望。
不料事實的演變適得其反，一部分高級將領仍抱持實力主義，未脫落後的
割據觀念與封建思想，把國軍編遣視作是中央政府的「削藩」行動，不惜
對中央出以武力對抗。編遣工作甫經開始，就引發了一連串的武裝叛變。

二、可恥的內戰

第一個公然向國民政府挑戰的集團，是以李宗仁為首的桂系軍人。北
伐勝利之後，李宗仁是第四集團軍總司令，亦是武漢政治分會主席，他的
勢力分布在廣東、廣西、湖北，白崇禧的一部分軍隊則駐於冀東。湖南亦
在武漢政治分會轄區內，但湖南省主席魯滌平為譚延闓嫡系，忠於南京。
桂系欲將武漢與兩廣聯為一氣，因而謀逐魯滌平，竟於 2 月 21 日以武漢政
治分會名義令免魯滌平職，且派葉琪率兵入湘強逼，魯滌平退往江西。中
央令桂系收回成命，李宗仁拒絕，中央乃明令討伐，於 4 月 5 日攻佔武漢，
桂系部隊退往廣西。李宗仁、白崇禧亦先後回桂，繼續以廣西為基地反抗
中央。白崇禧後來認為武漢政治分會之擅免魯滌平，「這件事大錯特錯」，
但說這是胡宗鐸、陶鈞兩位軍長闖的禍，他和李宗仁都不曉得。❸ 李宗仁
則始終不認錯，他在晚年仍說這是蔣主席利用中央職權壓迫地方並排除異
己的一椿事例。❸

第二個揭起叛幟的集團，是馮玉祥的國民軍勢力，亦即第二集團軍的
部隊。馮在第二期北伐中，頗有貢獻，對北伐以後中央實行編遣，只畀以
行政院副院長兼軍政部長的位置，感到失望。且又不肯交出軍權。編遣開
始不久，他就離開南京回到了西北。中央討伐桂系時，馮表示支持，派韓
復榘部自河南南下想一舉攻佔武漢，再向中央討價還價。不料中央軍棋先

❸ 《白崇禧先生訪問紀錄》，下冊，頁 928–929。

❸ Te-kong Tong and Li Tsung-jen, *The Memoris of Li Tsung-Jen* (Westview Press, 1979), p. 262.

一著，不戰而進入武漢，馮乃炸毀平漢鐵路之武勝關隧道，無異自暴其叛跡。及中日間交還山東膠濟鐵路問題談判成功，馮欲接收青島以便於對外購運軍品，但政府將青島昇格為特別市，由行政院接收，馮乃令其部將山東省主席孫良誠撤兵河南，並盡扣津浦路車輛以去。5月，馮部將領宋哲元等通電擁馮為「護黨救國西北軍總司令」，公開向政府挑戰，政府乃亦下令褫奪馮氏本兼各職。惟馮部之軍事行動，由於石友三和韓復榘的通電服從中央，而延緩至10月，始行發動。鹿鍾麟、宋哲元等率部由陝西東攻河南，一度威脅武漢。中央派兵討伐，經月餘苦戰，始將馮部逐回陝西，馮本人亦被山西閻錫山幽禁於太原晉祠。

　　馮玉祥部醞釀叛變期間，意外的導發了張發奎 (1896–1980) 的叛變。張為勇敢善戰的革命軍將領，時任第四師師長，率部駐於宜昌。中央為防堵馮玉祥部東竄，令張發奎率部沿江而下，轉津浦路增防隴海路東段。張為奸人所讒，認為此次調動係將其部隊繳械之先聲，❸❽因而決定抗命，率部南下廣西，與李宗仁部組成聯軍，反抗中央。

　　18年12月初，又有兩個次要的將領叛變。一個是奉命南開援粵的石友三 (1892–1940)，於12月2日在浦口叛變後焚掠北去，一個是唐生智 (1890–1970)，於12月5日在鄭州叛變。石、唐叛變後均聲稱就任「護黨救國軍」第四、五兩路總司令，與廣西李宗仁等聯為一氣，但不久即被中央軍擊潰。石向閻錫山輸誠，唐則密赴香港伺機再動。

　　18、9年間的亂局，閻錫山實為主要的關鍵人物。18年秋冬間，馮、張、石、唐諸人稱叛時，國民政府實寄望閻氏擁護中央，並協助解決西北問題。蔣主席於6月間訪平時，曾與閻氏相晤，10月政府又特任閻為全國陸海空軍副司令，閻亦表示盡力維護國家統一。事實上，閻氏陽奉陰違，馮、唐之叛，閻均密與其事。及聞石、唐失敗，馮之部下又有恨閻之首鼠兩端而移師討伐之意，❸❾閻乃送馮回陝，並與李宗仁等發表聯合通電，反抗政府。19年2月10日，閻通電要求蔣主席與其同時下野，23日通電提

❸❽　董顯光，《蔣總統傳》，頁151。

❸❾　石敬亭，《自訂年譜》，未刊稿。

出中國國民黨黨統問題——不承認第三次全國代表大會之合法性。3 月 15 日，則受鹿鍾麟等叛將擁為「陸海空軍總司令」，公然稱叛，國民政府五院院長再三規勸無效，於 4 月 5 日令免閻錫山本兼各職。

支持閻錫山叛變的人，除馮玉祥、李宗仁等軍人外，尚有兩派老國民黨人。一派是以汪兆銘為首的「改組派」分子，尤以陳公博 (1892–1946) 最能撥弄是非，一派是西山會議派的謝持、鄒魯等人，則因不慊於中央而竟甘心附閻。19 年 7 月 13 日，汪兆銘、王法勤等在北平召開所謂「中央擴大會議」，發表宣言，詆毀南京中央及蔣主席。25 日又發表其所謂「以黨建國的基礎條件」，混淆視聽。9 月 1 日，則又決定成立所謂「國民政府」，推閻錫山為國民政府主席，閻與唐紹儀、汪兆銘、馮玉祥、李宗仁、張學良、謝持為委員，惟張學良拒絕接受。9 月 9 日，以閻錫山為主宰之「國民政府」在北平成立，閻發表其「公平內政，均善外交」政綱，其氣燄至是達於最高潮。

國民政府面臨強大的反叛勢力，除執行國家綱紀，出師討伐之外，別無其他選擇。大規模的戰爭，係於 3 月末開始，主戰場在河南及山東，粵、桂、湘、鄂亦均燃戰火。蔣主席自兼討逆軍總司令，親自指揮主戰場作戰，何應欽以武漢行營主任坐鎮武漢，終使李宗仁、白崇禧部叛軍無法應援閻馮。因主戰場在中原地帶，規模又相當大，論者每喜稱之為「中原大戰」。中央討逆，歷時半年，始告敉平。蔣主席曾對國民會議出席人員論及此一慘痛的戰役：「此次討逆，劇戰六閱月，戰線數千里，中央與逆軍相持於前方之兵力合計過於百萬，溽暑出征，卒平大難。而寄生於軍閥庇護下之擴大會議，亦隨之崩潰，國家遂得重告統一。」❹

討逆戰爭勝敗的因素中，東北邊防司令長官張學良的態度，極為重要。國民政府曾先後派遣方本仁、張群、吳鐵城等去東北說明利害，希望他擁護中央，閻、馮方面也曾派溫壽泉等去瀋陽，極力爭取。這位年輕氣盛的張學良，開始時卻是抱著「坐山觀虎鬥」的態度，國民政府於 6 月 21 日特任他為陸海空軍副司令，他不拒絕，但也不就職，只主張調停。❹直到入

---

❹　《革命文獻》，第 23 輯，頁 614。

湘桂軍敗退廣西，山東境內中央軍於 8 月 15 日克復濟南，勝敗之局已見端
倪之後，張學良才有了接近中央的進一步表示。9 月 2 日，他在瀋陽召集
幹部會議，5 日對于學忠部下達動員令，18 日發表籲請各方即日罷兵之通
電，于學忠部東北軍卻已開進冀東，於 9 月 23 日接收了北平。張學良的出
兵關內，提前結束了討逆戰爭，但也因此而使東北防務空虛，難免引起日
本軍閥的染指之心了。

三、中共叛亂與五次圍剿

中共的武裝叛亂開始於 16 年 8 月 1 日的南昌暴動，但當時仍然以「中
國國民黨革命委員會」的名義號召。「八七會議」後，採行暴動路線，先後
發動兩湖秋收暴動、海陸豐暴動及廣州暴動等，❷雖極盡燒殺能事，結果
終歸失敗。毛澤東於兩湖秋收暴動失敗後，來到湘贛兩省交界處羅霄山脈
中段的井岡山，與土匪王佐、袁文才會合，成立了一團「紅軍」，建立了中
共叛亂的第一個根據地。

中共開始叛亂之初，政府並未予以重視，僅由湘、贛地方當局監視之。
且國民革命軍正從事第二期北伐，無暇顧及。18、19 兩年，又因不法軍人
的叛變，國軍全力討逆，亦未遑分兵剿共。中共因此獲得將近三年的時間，
幾乎可以自由發展其武力，其活動範圍已擴及贛、湘、閩、鄂、皖等省，
在江西南部建立了「中央蘇區」，且曾於 18 年 7 月，一度攻陷岳州和長沙，
國人為之震驚。❸這時李立三為中共的決策者，他計畫利用國軍討伐叛逆
的機會製造「新的革命高潮」，企圖爭得「一省或幾省的首先勝利」，其計

---

❹　張學良曾於 19 年 6 月 22 日致電閻、馮，主張以鄭州為緩衝區，立即停戰，但
　　不為閻、馮接受。

❷　兩湖秋收暴動發動於 16 年 9 月 8 日，毛澤東、瞿秋白主持；海豐、陸豐暴動
　　發生於 16 年 11 月 17 日，由彭湃主持，並成立「蘇維埃政府」；廣州暴動發生
　　在 12 月 11 日，係由俄國駐廣州領事館為策動機關，燒殺至慘，首魁張太雷被
　　擊斃。

❸　共軍攻陷岳州在 18 年 7 月 5 日，攻陷長沙在 7 月 27 日，長沙於 8 月 5 日為何
　　鍵收復。

畫雖沒有成功，中共確已發展成一股不容忽視的力量。

19 年 10 月，討逆戰爭即將結束，蔣主席立即決定以「肅清共匪」為今後施政重要方針之一，並開始部署江西剿共軍事。全國陸海空軍總司令南昌行營成立了，由江西省主席魯滌平兼主任，於 12 月間派出兩個師的兵力——十八師張輝瓚部與五十師譚道源部，對共軍發動了第一次的圍剿。但失敗了，12 月 30 日的龍岡之役，張輝瓚 (1884–1931) 被俘稍後且被殺，譚道源師亦在東韶失利撤退，第一次圍剿可謂毫無斬獲。**❹**

20 年 4 月，第二次圍剿開始。蔣主席任軍政部長何應欽為南昌行營主任兼剿匪軍總司令，指揮王金銘、朱紹良、魯滌平、蔣光鼐等部，向贛南共區分進合圍。開始時連戰皆捷，於商城、咸寧等地擊敗共軍，收復土地縱橫三百餘里，惟以深入共區，補給困難，共軍於 5 月初發動反攻，先敗第二十八師公秉藩部於東固，繼敗第五師胡祖玉部於廣昌，剿匪軍為檢討戰略，乃全線撤退。至 5 月 30 日，第二次圍剿宣告結束。

第二次圍剿徒勞無功，而兩廣方面又醞釀異動。蔣主席深以共禍為憂，決定進行第三次圍剿。中國國民黨於 6 月 15 日召集三屆五中全會，決議全力撲滅赤匪。蔣主席於 6 月 21 日前往南昌親自主持剿共軍事，任命何應欽為前敵總司令兼左翼集團軍總司令官，陳銘樞為右翼集團軍總司令官，7 月 1 日開始總攻擊，總兵力近三十萬人。士氣旺盛，攻勢凌厲，連克黎川、廣昌、石城、寧都、龍岡、東固、雩都等地，並曾攻克瑞金。然共軍採避實擊虛戰法，從國軍間隙中竄至後方，再發動攻擊。幸國軍戰力甚強，左翼軍第十九路軍戰果尤為輝煌。但因九一八事變爆發，蔣主席星夜回京，剿共軍隨即撤退，致第三次圍剿功敗垂成。

日本侵略東北，造成了我國空前國難，卻為中共製造了趁機發展、擴大叛亂的機會。20 年 11 月 7 日——九一八事變後第五十日，亦係蘇俄十月革命紀念日，中共在瑞金成立了「中華蘇維埃共和國」，是為中共叛亂以來首次成立的全國性政權。**❺**毛澤東自任蘇維埃政府的主席，朱德自任為

---

❹　國防部史政局，《剿匪戰史》，第二冊，(51 年 9 月出版)，頁 93–112。

❺　曹伯一，《江西蘇維埃之建立及其崩潰》(國立政治大學東亞研究所，民國 58

紅軍總司令。12 月 14 日，駐江西寧都之第二十六路軍參謀長趙博生，第二十五旅旅長董振堂率部叛變，中共的氣燄益盛。至 21 年 5 月淞滬戰爭結束時，中共的勢力已擴展至贛、湘、鄂、豫、皖、閩、浙等七省，其所謂「蘇區」的總面積已及二十萬方里以上，成為中華民國的心腹大患。

　　《中日上海停戰協定》於 21 年 5 月 5 日簽訂後，政府乃復致力於剿共，而由新任軍事委員會委員長蔣中正主持之。[46] 蔣委員長於 6 月 9 日在江西廬山召集豫鄂皖湘贛五省剿匪會議，宣布攘外必先安內政策，決定對共軍實行第四次圍剿，其方針則為「七分政治，三分軍事」。第四次圍剿共軍，分兩個階段。第一階段為清剿豫鄂皖邊區之共軍張國燾、徐向前等部，至 9 月中旬完成，徐向前西竄川、陝。第二階段為對江西共軍總攻擊，於 22 年 1 月發動，由陳誠 (1898–1965) 任前敵總指揮，分中、左、右三路分頭進擊。共軍主力林彪、董振堂等部由朱德統一指揮，與國軍戰於南豐、南城等地，戰況至為激烈。3 月初旬，因日軍進攻長城，華北情勢危急，蔣委員長北上保定指揮，江西剿共軍隊亦後撤，第四次圍剿亦因日軍之入侵致半途而輟，國軍曾蒙受相當損失。

　　第五次圍剿，係一次決戰性的軍事行動，政府於 22 年 5 月即已開始策畫。蔣中正委員長在南昌設立行營，主持贛、粵、閩、湘、鄂五省剿共事宜。政府任陳濟棠為南路總司令，何鍵為西路總司令，顧祝同為北路總司令，對江西共區採大包圍態勢。蔣委員長於 7 月 18 日創立廬山軍官訓練團，訓練軍官講求剿共戰法，同時訓練地方行政人員，嚴密地方組織，並構築碉堡，實行經濟封鎖。由於 11 月間福建發生十九路軍叛變事件，第五次圍剿的總攻擊延至 23 年 2 月開始。國軍穩紮穩打，步步進逼。三個月後，即將共軍壓縮至贛南山岳地帶，其佔領區面積已縮至 21 年時之五十分之一。[47] 10 月初，國軍發動最後階段之總攻擊，共軍不支，遂於 10 月 16 日

年），頁 69–80。

[46]　蔣中正於 20 年 12 月 15 日辭卸國民政府主席兼全國陸海空軍總司令職務。21 年 3 月 18 日，就任國民政府軍事委員會委員長。

[47]　《蘇俄在中國》，頁 64。

突圍西去，開始了兩萬五千里的亡命行軍，中共卻美其名曰「長征」。❽ 經過三百六十八日的死亡性進軍，其殘部於 24 年 10 月 19 日抵達陝北保安與土共劉志丹部會合。

四、察變、閩變與兩廣事件

民國 22 年長城戰役停戰後與第五次圍剿共軍開始前，發生了兩次地方性的變亂：一是發生在 5 月至 8 月間的「察變」——即馮玉祥擅自在察哈爾組織「察哈爾民眾抗日同盟軍」，以抗日為名反抗政府為實的行動；❾ 一是發生在 11 月至次年 (23 年) 1 月間的「閩變」——即第十九路軍將領陳銘樞 (1889–1965)、蔣光鼐 (1889–1967)、蔡廷鍇 (1892–1968) 等在福州發動之以「抗日、反黨、反蔣」為號召，並僭立偽國號偽政府的叛國事件。❺

馮玉祥自 19 年 11 月因中原戰爭失敗通電下野後，即前往泰山閒居。表面上說是「讀書進修」，實際上則是找覓機會「東山再起」。20 年九一八事變發生，他主張立時動員對日作戰，21 年 1 月，並曾應行政院長孫科之邀，到南京任職，但不受重視，不久就又回泰山。21 年 9 月，宋哲元出長察哈爾省主席，馮亦由泰山移居察省。22 年 2 月，熱河戰起，宋哲元奉命率部赴長城之線作戰，馮乃乘機招納舊部方振武、吉鴻昌等到察，謀別樹一幟。5 月中旬，華北停戰之商談獲有成議，馮強烈反對，因而組成察哈爾民眾抗日同盟軍，於 26 日通電就任總司令，聲言抗日，而其實際的目的則在「藉抗日以反蔣」。❺

馮的「同盟軍」，內容複雜，品流不一，甚至名號亦不一致。其最為政府不滿者，乃為馮與俄共、中共祕密勾結，吉鴻昌、宣俠父、張慕陶、許

❽　北路剿匪軍第三路軍總指揮部參謀處編，《五次圍剿戰史》，上冊，(開國五十年文獻會重印，民國 57 年)，頁 487–490；曹伯一前書，頁 559–667。

❾　李雲漢，〈馮玉祥察省抗日事件始末〉，見《中國現代史論和史料》，中冊，頁 427–458。

❺　雷嘯岑，《三十年動亂中國》，上冊。

❺　James E. Sheridan, *Chinese Warlord, the Career of Feng Yu-hsiang* (Stanford University Press, 1966), p. 271.

權中等都是中共黨員。❺但民間輿論甚至少數中央執、監委員，不明底蘊，徒以馮氏主張抗日而給予同情與支持。政府對於馮氏，先作誠懇之勸告，盼其勿破壞整體抗日大計，並由宋哲元等派人調停，勸馮離開察省交還政權，但亦同時令龐炳勳等部準備入察，以示決心。7月28日，汪兆銘、蔣中正自廬山聯名致電馮氏提出最後勸告，請馮取消擅行設立之名號，勿濫收土匪及引用共軍頭目，並離察晉京，共謀國是。❺馮迫於時勢，終亦表示接受，乃重回泰山。中央令宋哲元重主察政，察變之一幕幸告和平解決。

11月間發生的閩變，情形則較察變更為嚴重。《上海停戰協定》簽定後，依約中國正規國軍應撤出上海。政府因發表蔣光鼐為福州綏靖主任兼福建省主席，蔡廷鍇為十九路軍總指揮，率部入閩整訓，並擔負閩西方面之剿共任務。但蔣、蔡對中央此舉，心懷不滿，再加受到陳銘樞、李濟琛及其他失意政客及第三黨分子的蠱惑，竟萌叛意。國民政府主席林森回閩勸戒，亦未見效。11月20日，福建事變爆發。陳銘樞、蔣光鼐、蔡廷鍇、徐謙、黃琪翔、陳友仁等宣布成立「中華共和國人民政府」，取銷中華民國國號、國旗及國民黨，撤除孫中山遺像，並與江西中共成立所謂「反日反蔣的初步協定」，❺圖謀全面叛亂。政府對閩變採武力討伐政策，迅派蔣鼎文部國軍沿浙贛邊境南下，突入閩西。而廣東當局亦因陳銘樞等叛黨行動，無法同意，不予支持。十九路軍各師長亦不滿陳、蔣、蔡等人之狂妄行為，不願與政府軍作戰。當政府軍入閩後，連克延平、古田、進迫福州，海軍亦收復廈門，叛變首領乃先後逃往香港。不及兩月，閩變即悉告敉平。政府任命陳儀為福建省政府主席，改編十九路軍為第七路軍，以毛維壽為總指揮，歸東路軍總指揮蔣鼎文節制，繼續擔任剿共任務。蔣光鼐、蔡廷鍇等人以一逞私人政治野心而斷送十九路軍革命抗日之光榮歷史，可嘆亦復可憐。較之二十九軍之始終保持抗日令譽，相差多矣。

---

❺ 同上，頁21註文；李雲漢前文；李著《西安事變始末之研究》，頁29。

❺ 《國聞週報》，10卷31期，民國22年8月7日。

❺ 係十九路軍代表徐名鴻與中共代表潘健行（梓年）於22年(1933)10月26日簽訂，全文見《五次圍剿戰史》，上冊，頁121-122。

　　兩廣事件亦稱西南事件，本質上屬於中國國民黨與國民政府內部的紛爭，與 16 年間的寧漢分裂類似。兩廣一部分黨人和軍人，因胡漢民辭職並幽居湯山事件，而對蔣中正主席不滿，竟至別立政府。20 年 12 月寧、粵復歸合作，粵方卻仍保有「中國國民黨中央執行委員會西南執行部」及「國民政府西南政務委員會」兩個特殊機構，立於半獨立狀態。24 年 12 月，中國國民黨第五次全國代表大會以團結禦侮相號召，胡漢民當選為中央常務委員會主席，已啟全黨全國統一團結之機，不意胡氏尚未及應邀赴南京就職，即於 25 年 5 月 12 日在廣州逝世。**❺❺** 胡氏既逝，兩廣軍人陳濟棠 (1890–1954)、李宗仁等失去控制，竟於 6 月上旬進兵湖南，以「抗日」為名，向國民政府挑戰，一時情勢緊張，各方函電交織呼籲和平，尤以宋哲元、韓復榘 6 月 21 日之通電，為中外注目。

　　6 月 22 日，兩廣軍人成立「軍事委員會」，陳濟棠就任「軍事委員會委員長」兼「抗日救國軍總司令」，李宗仁副之，形成西南危機的高潮。政府對於兩廣異動，雖亦派兵至湖南防制，基本上卻是以和平方式，追求政治解決為前提。**❺❻** 7 月 4 日，廣東空軍人員四十人反對異動，駕機離粵飛贛向中央報到，余漢謀 (1896–1981)、李漢魂等粵方高級將領亦宣言擁護中央。國民黨五屆三中全會於 7 月 10 日在南京開幕，決議撤銷西南執行部及西南政委會，另設國防會議，以各地軍政首長為委員，共策國防大計。國民政府亦明令免除陳濟棠本兼各職，任余漢謀為廣東綏靖主任。陳濟棠卸職出國，廣東問題遂告解決。

　　廣西問題較為複雜，李宗仁、白崇禧於陳濟棠免職後，拒絕中央發表的新職，**❺❼** 仍有作孤注一擲的企圖。幸蔣中正委員長忍讓為國，於 8 月 11 日飛抵廣州，先後召見黃紹竑、鄧世增等，並派居正、朱培德等赴桂洽商，並獲致協議：李宗仁改任廣西綏靖主任，白崇禧為軍事委員會常務委員，

❺❺　蔣永敬，《胡漢民先生年譜》，頁 546。

❺❻　秦孝儀，《總統蔣公大事長編初稿》，卷 3，頁 302。

❺❼　國民政府於 7 月 25 日令派李宗仁為軍事委員會常務委員，白崇禧為浙江省主席，李、白均不接受。

黃旭初為廣西省主席，黃紹竑為浙江省主席。❺❽李、白表示服從，李宗仁、黃旭初並於 9 月 17 日親飛廣州晉謁蔣委員長，兩廣事件遂告完全解決。

五、西安事變

民國 25 年 (1936) 12 月 12 日，西北剿匪副司令代行總司令職權之張學良，與陝西綏靖主任兼第十七路軍總指揮楊虎城 (1893–1949)，合謀發動政變，劫持軍事委員會委員長兼行政院長蔣中正於西安，要求停止剿共，改組政府，出兵抗日。此一中外震驚的事變，史稱「西安事變」，是中國現代史上影響深遠的一件大事。

釀成西安事變的主要因素，乃是中共倡行「抗日民族統一戰線」所造成的效果。中共於 24 年 7、8 月間流竄至川、康、甘、陝邊境時，已到走投無路之絕境，曾在毛兒蓋會議數十日而難獲結論，毛澤東和張國燾且發生衝突，毛冒險竄赴陝北。適當此時，第三國際在莫斯科舉行第七次會議，❺❾總書記季米特洛夫 (G. M. Dimitrov) 提出了「建立廣大的反法西斯主義的人民陣線」的建議，並獲得通過。人民戰線，亦稱作統一戰線。中共代表王明（本名陳紹禹）亦作了「論反帝統一戰線的報告」，並以中共中央名義發表了〈八一宣言〉，放棄推翻國民政府的口號，而主張建立抗日聯軍和國防政府的抗日民族統一戰線。❻⓿論者每謂〈八一宣言〉乃是中共於困境中改變政策以求生存的起點。

第三國際決議採行「統一戰線」策略後，派張浩（本名林毓英）前來中國向中共傳達此一決定。張浩於 24 年 12 月抵達陝北，中共中央即召集政治局會議，作成「十二月決議」，❻①開始以抗日救國作號召，對各階層進行統戰。中共的統戰工作有兩個重點：一為設立白軍工作委員會，向國軍

---

❺❽ 秦孝儀前書，頁 323–324。

❺❾ 會期為 1935 年 7 月 25 日至 8 月 20 日。

❻⓿ 郭華倫（郭乾輝），《中共史論》（國際關係研究所，民國 58 年），第 3 冊，頁 66–73、83–86。

❻① 郭華倫前書，頁 108–113。

進行分化與策反工作；一為滲入並控制平津學生因反對華北特殊化而發動的學潮，並廣泛的向學術界、文化界進行抗日救國宣傳藉以爭取同情與支持。

平心而論，中共的抗日民族統一戰線的運用是相當成功的。25 年 8 月 25 日，中共中央並致函中國國民黨提出停戰抗日的要求。周恩來致函陳果夫與陳立夫，毛澤東寫信給宋慶齡和蔡元培，目的都在要求影響政府放棄剿共，一致抗日。對軍隊——尤其是東北軍——統戰的結果，動搖了東北軍甚至張學良的剿共意志，終至演出了親痛仇快的西安事變。對學術界統戰的結果，則是「全國各界抗日救國聯合會」的公然為中共張目，卒至發生了 25 年 11 月 23 日的沈鈞儒 (1875–1963) 等七人被捕事件，❻ 發生了極為不利的影響。

據張學良自述，在西安事變發生前一年，他便因東北軍剿共失敗蒙受損失，而心志動搖。25 年 2 月至 5 月間，他曾三次和中共黨人接觸：第一次在上海與劉鼎見面；第二次在洛川，會見了李克農；第三次在延安的天主堂內，和周恩來見面，且已達成了停戰受編共同抗日的協議。❻ 6 月以後，赤氛已籠罩西安。至於楊虎城，雖曾參加過辛亥及靖國諸役，但地域觀念甚深，對革命理論認識不清，周圍甚多共產分子，南漢宸、王炳南等乃其著者。張學良答應中共說服蔣中正停止剿共，但受到蔣的嚴厲責備，張懷怨忿而商之楊虎城，楊提議「劫持」，❻ 西安事變因而發生。

實則在 25 年秋間，中共已由周恩來和潘漢年祕密到上海，和國民黨代表張沖會商「合作」。政府提出四項條件：一、遵奉三民主義；二、服從蔣委員長指揮；三、取消「紅軍」，改編為國軍；四、取消蘇維埃，改為地方政府。❻ 周恩來原則上已接受四項條件，及其回陝北請示時，西安事變即

---

❻ 被捕者為公然與毛澤東呼應的救國會分子沈鈞儒、鄒韜奮、王造時、章乃器、沙千里、李公樸、史良，即所謂「七君子」。

❻ 李雲漢，《西安事變始末之研究》（近代中國出版社，民國 71 年 2 月），頁 9–12。

❻ 《蘇俄在中國》，頁 75。

告發生。中共並未將與南京進行接觸事告知張學良，致張氏不明就裡而採取魯莽行動，中共之用心殊為奸詐。

12月12日西安事變發生之日，中央委員邵元沖 (1890–1936) 及憲兵團長蔣孝先遇難，在陝中央將領亦被扣留。同日蘭州第五十一軍于學忠部亦同時叛變，洗劫殺戮，較西安尤甚。當晚，由張、楊領銜通電各方，提出八項主張：

㈠改組南京政府，容納各黨各派共同負責救國。

㈡停止一切內戰。

㈢立即釋放上海被捕之愛國領袖。

㈣釋放全國一切政治犯。

㈤開放民眾愛國運動。

㈥保障人民集會結社一切之政治自由。

㈦切實遵守總理遺囑。

㈧立即召開救國會議。 **❻❻**

張、楊曾數度請求蔣委員長採納其主張，但為蔣氏峻拒。**❻❼**政府則態度果決，於 12 日當晚決議將張學良免職查辦，16 日明令討伐，任何應欽為討逆軍總司令，令國軍分東西兩路進逼西安，空軍亦出動轟炸。然政府亦未關閉商談之門，同意由曾任張學良顧問且又為蔣委員長友人之端納 (William H. Donald) 飛陝探詢。端納兩度飛陝，於事變之終獲和平解決，頗有貢獻。

事變發生後，張學良的心情甚為矛盾。第一，他看到事變發生時楊虎城部隊之紀律敗壞，肆意劫殺，至感憂慮；第二，他看過蔣委員長日記後，憬悟於蔣氏準備抗日之決心，至感惶愧；第三，朝野一致口伐筆誅，使其深感悚懼；第四，接周恩來進入西安後，發現周以「謀主」地位進行所謂「三位一體」活動，深恐反客為主。更加宋子文偕蔣夫人宋美齡入陝商談，

---

❻❺ 同上書，頁 73–74。

❻❻ 張、楊通電全文見王健民，《中國共產黨史稿》，第 3 冊，頁 100–101。

❻❼ 蔣中正，《西安半月記》。

張學良遂不顧楊虎城的反對，決定於 12 月 25 日親自護送蔣委員長飛返南京，並自請處分。

蔣委員長脫險消息傳出後，舉國歡騰，民眾欣喜若狂。即西安市內，亦鞭炮聲連夜不絕。吳佩孚認為此一全民擁戴之熱誠，「實無異歐美之總投票」。**❻❽** 雖楊虎城執迷不悟，西安亂局擾攘至 3 月之久，**❻❾** 然終能圓滿解決，中共亦開始接受改編，全民團結的基礎乃告形成。

第三節　蘇俄寇邊與日本入侵

一、中東路事件

早在清光緒二十二年 (1896) 李鴻章訪問俄國時，與俄國簽訂密約，允許俄國修築一條穿過中國東北境內的戰略性鐵路，當時稱為東清路，民國建國後改稱中東路——意即中國東北鐵路。抗戰勝利後改稱中國長春鐵路，簡稱中長路，一直是插入東北心臟地帶的一把利劍。

俄國於 1917 年即民國 6 年發生了革命。新成立的蘇維埃政府曾於 1919 年即民國 8 年 7 月 25 日發表的〈第一次對華宣言〉中，承諾「願將中國中東鐵路及租讓之一切礦產森林全部及他種產業」，「一概無條件歸還中國，毫不索償」，**❼⓪** 但次年發表〈第二次對華宣言〉時就改變了主意，把交還一切特權的承諾，由「無條件」轉變為「有條件」。**❼❶** 1923 年（民國 12 年），蘇俄政府派加拉罕前來北京與中國政府代表王正廷談判建交，次年 (1924) 5 月 31 日由加拉罕與中國新任外交總長顧維鈞簽訂了《中俄解決懸案大綱協定》和《中俄暫行管理中東鐵路協定》，把中東路置於中俄共同經營的地位，並認定該鐵路純係商業性質。依據協定，中東路設理事會為

---

❻❽　吳佩孚致蔣委員長函，民國 25 年 12 月 27 日。

❻❾　李雲漢前書，頁 215–241。

❼⓪　〈蘇俄第一次對華宣言〉，見《革命文獻》，第 9 輯，頁 1–4。

❼❶　李雲漢，《從容共到清黨》，頁 41。

決議機關，理事十人，中俄各半，理事長為中國人，但議事必須有理事六人之同意始得決議；設路局局長一人，由俄人擔任；副局長二人，華俄各一；各級人員之任用，應以兩國人民平均分配為原則。❼就此項規定而言，蘇俄在理事會中已握有否決權，且以負責實際管理鐵路的局長為俄人之故，鐵路管理權實仍操於俄人之手，所有文書亦用俄文。尤其違約背信者，中東路竟成為俄人在華散佈共產思想毒素與從事間諜活動的溫床。誠如戴林 (David J. Dallin) 所指陳者：

> 中東鐵路今雖正式被視為純係商業性質之事業，然仍遺有國家代理人的痕跡，有自設之學校，自立之博物館，從事於建築之活動，自行維持其江面艦隊，及擁有遠較其實際需要為多之土地。……北滿電話與電報之機構，亦操之於蘇聯所控制下之中東路之手。結果共產黨之細胞組織與團體，均在鐵路區域以內活動，被滿洲當局所壓迫之中國共產黨員，遂與之有各種聯繫。❼

東北當局自然不願見此種情勢長久存在，通過理事長呂榮寰提議改革，俄人概不理會，且對奉軍之運輸，百般阻撓，東北當局實已至忍無可忍地步。

18 年 5 月 27 日，東北邊防司令長官張學良據東三省北部特警管理局報告悉北滿共黨組織在哈爾濱蘇俄領事館內祕密集會，遂下令派兵搜查。當場捕獲共黨人員數十名，陰謀文件及赤化書籍數萬件。當時任蘇俄遠東國家貿易局總經理之次目巴力，蘇俄商船局監查員之打拉落夫，中東路局商務處委員之斯達吉維赤三人，均係東三省北部共產黨執行委員會委員，均同時被捕。❼其陰謀文件無不以破壞中國政治與社會秩序為目標，其計畫在南京、遼寧間及其他要地實行暗殺，尤屬駭人聽聞。❼

---

❼ 《中俄暫行管理中東鐵路協定》第一、五條。

❼ 戴林著，周肇譯，《俄國侵略遠東史》，頁 257。

❼ 田鵬，〈哈領館案與中俄正式絕交〉，見《革命文獻》，第 9 輯，頁 179。

搜查哈埠俄領館，為東北當局決心收回中東路之第一步行動。蘇俄一方面提出抗議，一方面又肆行逮捕海參崴等地的華人。東北當局於獲得中央政府的支持下，於 7 月 10 日採取了進一步行動：呂榮寰以理事長身分命令俄籍局長葉穆善諾夫 (Yemshanov) 即日起，所有發佈之文件均須會同華籍副局長簽字，葉氏抗不遵命，呂榮寰遂於次日下令免其局長職，由華籍副局長范其光代理局長，並查封蘇維埃職工會等赤化機構，將拒不遵命之俄共人員五十餘人逐出國境。**⓰**

蘇俄政府於是在 7 月 13 日向中國政府提出了最後通牒，要求中國立即取消收回中東路之一切行動，並釋放被拘俄人，限三日內答覆。國民政府外交部於 7 月 16 日覆牒蘇俄，說明中國的措施係為防止騷亂與維持治安之不得已之權宜處理，並以俄方釋放被拘華人為釋放俄人之交換條件。俄政府認為此一答覆不能滿意，遂於 7 月 17 日宣布與中國斷絕國交。

對華絕交，就是採取軍事行動的先聲。德國曾有意調停，蘇俄不允。俄人以布魯輯（Vassili K. Blücher，即加倫 Gallen）為司令官，統率陸海空軍進迫中俄東北國境。8 月中旬，俄軍即開始攻擊行動，東北當局亦任張作相為總司令，率王樹常、胡毓坤兩部拒敵。全面性的激烈戰鬥於 11 月間開始，滿洲里、札賚諾爾等要地均於激烈戰鬥後陷落，旅長韓光第殉國，另一旅長梁忠甲於彈盡援絕之際不幸被擄。吉林、黑龍江兩省邊境，無一處不受俄軍侵擾。東北艦隊損失亦大，同江一役，即有九百餘人死傷。此一戰役，為俄國庚子 (1900) 進兵東北以來對中國的另一次大規模侵略行動。蘇俄承襲帝俄時代對中國的侵略政策，至此更是表面化了。**⓱**

東北當局在抵抗俄軍入侵方面，顯然居於不利的地位：其一，中央政府正忙於應付馮玉祥部的反叛，不能派兵出關支援；其二，日本與蘇俄狼狽為奸，拒絕中國軍隊利用南滿路運輸，並曾武力拆毀瀋陽附近之北寧鐵

⓯　同上。

⓰　董顯光，《東路中俄決裂真相》（上海真善美書店，民國 18 年 10 月），頁 21-24。

⓱　蔣中正，《蘇俄在中國》，頁 58。

路；其三，遼寧大水為災，各路線均不能通車。**[78]** 既不能戰，只有談和。美、英、法等國亦願促成和平解決，於是張學良派蔡運升先赴雙城子與蘇俄領事交涉，繼赴伯力與蘇俄代表薛曼諾夫斯基 (Semanovsky) 於 12 月 22 日簽訂了《伯力議定書》，**[79]** 允諾蘇俄要求恢復 7 月 10 日前中東路原狀，並定期舉行中俄會議於莫斯科，討論兩國間有關問題。

　　國民政府對《伯力議定書》於路事之外涉及其他問題，不能接受，認為蔡運升已超越了應有的權限。外交部長王正廷引咎辭職，外交部亞洲司司長周龍光免職查辦，政府另派中東路新任督辦（即理事長）莫德惠為全權代表，赴莫斯科出席中俄會議。由於蘇俄毫無誠意，莫氏在俄滯留近年，未獲任何結果。及「九一八事變」發生，情勢突變，莫斯科會議也就無限期擱延下來了。

二、慘痛的九一八和悲壯的一二八

　　民國 20 年 (1931) 9 月 18 日晚 10 時 30 分，日本關東軍派人把瀋陽城外柳條湖車站附近之路軌炸毀，誣為中國軍隊所為，遂即開始進攻瀋陽的行動，次晨即將東北政治中心的瀋陽完全佔領，並同時攻佔了長春、鞍山、撫順、營口、遼陽等十八座城市，這就是歷史上慘痛的「九一八事變」，是日本大舉侵略中國的開端。**[80]**

　　侵略東北，是日本明治以來的一貫政策。九一八事變的發動，更是日本關東軍的預謀行動。20 年 5 月至 7 月間發生的萬寶山事件和 6 月至 8 月間發生的中村事件，就是九一八事變的前奏。

　　萬寶山是吉林長春縣屬的一個農莊。當地居民郝永德租得土地三○七公頃，未經縣府核准即擅行租與韓人李昇勳等耕種。韓人因有日人支持，竟擅行開渠引伊通河水灌溉，因而損害了溝渠兩岸的中國農民耕地。農民請求縣府出面制止，日警亦出面支持韓人，7 月 1 日農民憤而將水渠填平，

[78]　郭廷以，《中華民國史事日誌》，第 2 冊，頁 470、476、481。

[79]　全文十條，見洪均培，《國民政府外交史》，第 1 集，頁 370。

[80]　梁敬錞，《九一八事變史述》，頁 1；《蔣總統秘錄》，第 8 冊，頁 1。

次日即受到日警的武裝攻擊，是即「萬寶山事件」。❽日本報紙故作激憤韓人的不實報導，致韓國全境爆發了排華運動，華僑死傷近千，被迫返國者超過二千五百人，財產之損失尤為慘重。❽

中村震太郎是日軍大尉，卻冒稱為黎明學會幹事，率日、俄、蒙人各一，於 20 年 6 月進入洮南，名為遊歷，實則刺探地形及軍情，但為當地駐軍發覺，被拘。中村企圖逃亡，復被捕殺。日軍於探得其情後，即由駐瀋陽代理總領事森島守人等人向東北當局提出交涉，並藉此一事件為口實，在日本國內作危言聳聽之宣傳，激動日人反華情緒，作為發動侵略的準備。❽

促使日本關東軍急於吞併東北的另一因素，則是東北的內向與建設的進步。日本人說，他們在東北的特殊權益受到威脅，不能不採取行動。

平心而論，東北易幟後的局面是令人樂觀而可喜的。張學良擁護國家的統一，於 19 年 11 月把東北的外交、交通、財政移歸中央，並修建了大致和南滿路平行的打通路（打虎山到通遼），築成了葫蘆島軍港，一意想擺脫日本勢力的束縛。這在日本關東軍的少壯派野心軍人看來，是不容坐視的，於是以石原莞爾、板垣征四郎、土肥原賢二等人為中心的參謀人員，自 19 年 7 月開始便祕密策畫「滅亡滿蒙」的行動。20 年 7 月間即偷運攻城大砲進入瀋陽外郊，並瞄準了北大營、飛機場等軍事目標，❽9 月 18 日晚上就開始轟擊北大營的中國駐軍。

事變發生時，東北是空虛的。東北的精銳部隊王樹常、于學忠兩軍駐於河北，身為最高軍政長官的張學良也在北平。瀋陽的守軍僅只王以哲(1896–1937) 的第七旅，下轄三個步兵團，而且毫無準備。及日軍開始進攻後，守軍向上級請示，張學良的指示是「不得抵抗」。只有六二〇團團長王鐵漢不甘受辱，作了「不抵抗的抵抗」，❽但也無法挽救瀋陽陷敵的厄運了。

❽　長春市政籌備處，〈萬寶山事件調查報告〉，見《東方雜誌》，28 卷 21 號。

❽　汪榮寶，〈朝鮮排華慘案調查報告〉，見天津《大公報》，民國 20 年 8 月 27 日。

❽　李雲漢，《九一八事變史料》，頁 231–340。

❽　《蔣總統祕錄》，第 8 冊，頁 18–19。

九一八事變發生後，全國民情激昂，抗日的聲浪高徹雲霄。國民政府卻深知國力薄弱，尚不足以與日本一拚，因而向國際聯盟提出申訴，寄望於國聯的仲裁。國聯也確於 9 月 30 日決議限日本撤兵，但日本不加理會。11 月初，日本悍然向黑龍江進攻，黑省代理主席馬占山雖奮力抵抗，力戰二十餘日，但終因彈盡援絕，被迫退入俄境。其他抗日義勇軍李杜、丁超等部，也只能抗拒於一時，無法支持於長久。10 月末，日軍不顧國聯的警告，開始轟炸錦州，情勢更形危急。政府雖決議令張學良全力抵抗，但錦州終於在 21 年 1 月 2 日為日軍攻佔。2 月 6 日，哈爾濱陷敵，東北三省遂完全淪陷於日本鐵蹄蹂躪之下，歷時十四年之久！

國際聯盟兩次決議令日本撤兵，日本並不遵守。20 年 12 月 20 日，國聯決定由英、美、德、法、意五國委員組團前來調查，日本勉強同意。這個調查團由英國的李頓 (Lytton) 為團長，稱李頓調查團，[86] 於 21 年 2 月到日本，3 月到中國。日本卻於此際——21 年 (1932) 3 月 9 日，宣布其傀儡組織偽滿洲國的成立。倒是美國國務卿史汀生 (Henry Stimson) 洞悉日本的侵略野心，他於 21 年 1 月 7 日發表了有名的「不承認主義」(The Non-recognition Doctrine)，聲言概不承認日本違背條約所造成的一切情勢！ [87]

九一八事變為中華民國帶來了空前嚴重的國難，但國民政府卻適處於廣東方面正鬧離異的局面：一部分粵籍中央執、監委員由於立法院長胡漢民辭職並幽居湯山事件而對蔣中正主席不滿，竟另立「國民政府」以相對抗。蔣主席於九一八事變發生後，即請蔡元培等赴粵促請團結，經往來會商始在上海召集團結會議，決議召開中國國民黨第四次全國代表大會以實現寧、粵黨政的統一。但粵方委員堅持蔣氏下野，蔣氏為促成全國的統一以應付國難，毅然於 20 年 12 月 15 日辭卸本兼各職——是為蔣氏之第二次

---

⑧⑤ 王鐵漢，〈不抵抗的抵抗〉，見《傳記文學》，4 卷 1 期。

⑧⑥ 調查團的委員為：英國李頓 (Lord Lytton)，任團長，美國麥考益 (Frank R. McCoy)，法國克勞德 (Henri Claudel)，意國馬柯迪 (Aldrovandi Marescatti)，德國希尼 (Heinrich Schnee)。祕書長為哈斯 (Robert Hoss)。

⑧⑦ 陶希聖，〈史汀生主義文書一束〉，見《百年來中日關係論文集》，頁 873–946。

下野。❽❽中央四屆一中全會因推林森為國民政府主席，孫科為行政院長，但孫科就院長職尚不及一月，即深感無力統馭軍政全局以應付危難，乃復電請蔣中正重返南京。汪兆銘亦親赴杭州相邀，願共同負責。在各方敦促下，蔣中正返回南京，汪則代孫科出任行政院長，於 21 年 1 月 28 日就職。就在這一天晚間，日軍在上海發動了瘋狂進攻的行動——「一二八事變」。

「九一八事變」是日本陸軍發動的侵華行動，「一二八事變」則是日本海軍發動的侵華行動。但兩者並非沒有關聯，而是同一侵略計畫下的兩個互相策應的步驟。最初提議「要在上海搞出一點問題來，轉移西方列強的注意」的人，正是「九一八事變」主謀者之一的日本關東軍參謀板垣征四郎。他把日本駐華公使館派在上海的副武官田中隆吉找到瀋陽來，給予兩萬日元，並另派一個參謀專田盛壽陪田中隆吉回到上海，收買流氓浪人，製造事端。❽❾田中隆吉並從上海的日本紡織業界借到十萬日元，作為「工作費」。

當然，九一八事變發生後，上海民眾及學生的抗日情緒日益高漲，也造成日本挑釁的藉口。在上海的日本人即所謂「居留民」自 20 年 10 月起，即不斷召開大會，發出粗魯橫蠻的口號——「膺懲暴戾支那」。❾❾田中隆吉等特務人員就利用這種緊張氣氛，製造足以導致雙方衝突的事端。

21 年 1 月 8 日，日本昭和天皇在東京受到韓國志士李奉昌的謀刺，但未擊中。上海和青島的《民國日報》於次日都刊載了這一消息，上海《民國日報》標題是「不幸僅炸副車，兇手即被逮」，青島《民國日報》的標題是「韓國不亡，義士行刺」。日本人便以此事為藉口，在青島的日僑發動暴動搗毀民國日報社和國民黨青島市黨部，上海的日僑亦大起騷動，認為這是中國人對日本天皇的「不敬」，日本駐上海總領事村井倉松遂向新任上海市長吳鐵城提出抗議。吳鐵城為避免給予日人擴大事態的藉口，令《民國

❽❽　董顯光，《蔣總統傳》，頁 163。

❽❾　《蔣總統秘錄》，第 8 冊，頁 135。

❾❾　中華民國外交問題研究會，《日軍侵犯上海與進攻華北》，頁 2-5，上海市長張群各電。

日報》聲明取消了這個報導，日人藉題發揮的詭謀遂未得逞。

　　十天之後——1 月 18 日，另一個日人預先設計的事件發生了。這天有日本妙法寺和尚天崎啟昇等五人說是「冬季修行」，招搖過市，於行經馬玉山路時，受到中國民眾的毆擊，其中三人受傷，一人於 24 日死去。❾這一事件，乃是田中隆吉所策動。❾日人遂指毆擊日僧的人為三友實業社的工人，於十九日搗毀並縱火焚燒了三友實業社。村井總領事並於 20 日再向上海市政府提出道歉、懲兇、賠償、取締抗日運動及解散抗日團體的無理要求。22 日，日本海軍突然介入，情勢驟形緊張。24 日，村井總領事竟向吳鐵城市長提出了「限 28 日下午六時前」提出「滿意」答覆的最後通牒。吳鐵城為避免戰火，於 28 日午後一時四十五分答覆了日方，對日方要求完全接受，村井總領事表示滿意。❾可是日軍卻仍然於 28 日晚十一時五十分，向上海閘北的中國駐軍發動了攻擊。

　　日本一方面在上海進攻，一方面派軍艦至下關，砲轟南京，目的在迫使中國政府作「城下之盟」。並曾數度派飛機轟炸杭州，企圖摧毀中國新建的筧橋空軍基地。但他們的判斷錯了。在上海的第十九路軍英勇抵抗，寸土必爭，國民政府則暫遷洛陽辦公，軍事指揮部則在南京。蔣中正以在野之身，號召國軍堅決抵抗。政府並將最精銳的警衛部隊第八十七、八十八兩師合編為第五軍，開赴上海，在十九路軍總指揮蔣光鼐指揮下，與日軍展開血戰。❾2 月 8 日的閘北血戰及 20 日的廟行血戰，國軍均以血肉之軀與日軍精銳部隊鏖戰，悲壯慘烈。日軍雖三度增兵，三易主帥——由野村吉三郎，而植田謙吉，最後派來了大將白川義則，卻仍無法擊退英勇的中國守軍。直至 3 月 2 日日軍增援部隊登陸瀏河後，中國守軍始行後撤。

　　上海為一國際都市，其情勢之發展自為各國所關切。英美法意四國於

---

❾　同上書，頁 18，上海市政府電。

❾　《蔣總統秘錄》，第 8 冊，頁 136–138。

❾　《日軍侵犯上海與進攻華北》，頁 20，上海市政府電。

❾　十九路軍總指揮為蔣光鼐，軍長為蔡廷楷（滬戰後改楷為鍇），第五軍軍長為張治中，第五軍奉令在十九路軍名義和指揮下作戰。

淞滬戰爭一開始，即調停其間，英海軍司令凱禮 (H. Kelley) 對促成停戰，極為熱心。在英人調停下，日本駐華公使重光葵與中國外交部次長郭泰祺自 3 月 10 日起開始談判，幾經折衝，終於在 5 月 5 日在上海簽訂了《中日上海停戰及日方撤軍協定》，日軍撤退至一二八事變前的原駐地，中國軍隊則留駐現駐地，上海治安由中國憲警負責維持，另由中、日、英、美、法、意組成共同委員會，監視停戰及撤軍協定之執行。(95)

正當停戰交涉期間的 4 月 29 日——日皇誕辰，上海的日本文武官員集會慶祝，卻被韓國獨立黨員尹奉吉投進了一顆炸彈，炸死了「上海派遣軍」司令官白川義則大將，重光葵公使也受了重傷，後來鋸掉了一條腿。日本發動一二八事變的結果，除了受盡譴責和奚落外，實在是一無所獲。

三、日本侵逼華北與政府對策

日本於發動淞滬戰爭的同時，在東北加速了製造傀儡組織的行動。21 年 3 月 1 日發表所謂〈建國宣言〉，九天之後，一個自稱為「滿洲國」的偽組織出現了。溥儀 (1906–1967) 就職為「執政」，年號「大同」，定長春為偽都，改稱「新京」，偽旗則為「新五色旗」。(96)兩年以後的 23 年 3 月 1 日，偽滿改稱「帝國」，溥儀做了「皇帝」，年號「康德」。這是日本人在中國領土上樹立的第一個傀儡組織，它宣稱熱河省也包括在偽滿版圖之內，21 年 7 月開始，便不斷藉故向熱河挑釁。22 年 2 月，遂展開了進攻熱河的軍事行動。

然而，日本在國際外交上卻遭到失敗。李頓調查團來中國實地調查過後，向國際聯盟提出了調查報告書，確認日本在東北的行動並非「自衛」，偽滿只是日本傀儡，主張不予承認。國聯大會把李頓調查報告書交付十九國委員會審查，十九國委員會作成贊成〈李頓報告書〉的報告提出於大會，大會因於 22 年 (1933) 2 月 24 日投票表決。參加大會者四十四國，贊成者四十二國，暹羅棄權，反對者僅日本一國，大會主席遂宣布：「該報告書一

(95) 協定全文五條，附件三件，均見《革命文獻》，第 36 輯，頁 1600–1603。

(96) 偽旗為黃地，左上角為紅藍白黑四色。

致通過」。⑨日本代表松岡洋右遂退出會場，3 月 27 日，日本政府正式宣告退出國際聯盟，在國際間遂逐漸陷於孤立。

中國政府自亦深知日本的侵略必將擴大，因而將一面交涉一面抵抗的政策，轉變為長期抵抗。⑱國民政府先於 21 年 3 月設立軍事委員會為全國最高軍事機構，任蔣中正為委員長。復於 4 月 7 日至 12 日在洛陽召開國難會議，宣言「集中全國人才，共作長期抵抗」，「對外必須有獨立自主的外交，對內必須有充實國防之軍備。」⑲復鑒於共軍在國難期間之擴大叛亂，乃決定「攘外必先安內」的國策，蔣委員長首先對豫鄂皖邊區之共軍，進行圍剿。

22 年 1 月 1 日，日本關東軍開始進攻山海關，第三天就攻陷了這一號稱為「天下第一關」的要隘。2 月 22 日，日軍開始分三路進攻熱河，由於熱河省主席湯玉麟不戰而退，承德遂於 3 月 4 日失守，日軍長驅直入，進攻長城各隘，因而爆發了為時兩月有餘，戰況至為慘烈的長城戰役。

政府是有決心抵抗的。將北方各軍及中央增援部隊編組為八個軍團，分別在長城各口迎敵。蔣委員長亦曾親至保定指揮。國軍奮勇血戰，宋哲元部第二十九軍在喜峰口，關麟徵部第二十五師及黃杰部第二師在南天門，都曾有可歌可泣的戰績，獲得勝利。但由於武器裝備的不足及後勤補給的困難，仍無法抵禦日軍的攻勢。5 月上旬，日軍已攻陷灤東，直薄北平近郊的通州。政府為保全華北，遂決定成立行政院駐平政務整理委員會，以黃郛 (1880–1936) 為委員長，會同軍事委員會北平分會代委員長何應欽 (1890–1987) 妥為肆應。黃郛等與日方交涉的結果，就是 5 月 31 日由熊斌和日軍參謀副長岡村寧次簽訂的《塘沽停戰協定》。⑩協定第一條規定：

---

⑨ 韋羅貝 (W. W. Willoughby) 原著，薛壽衡等譯，《中日糾紛與國聯》（商務印書館，民國 25 年），頁 468。

⑱ 蔣永敬，〈從九一八事變到一二八事變中國對日政策之爭議〉，《中央研究院近代史研究所主辦抗戰前十年國家建設史研討會論文》。

⑲ 〈國難會議宣言〉，見《革命文獻》，第 36 輯，頁 1755–1757。

⑩ 全文五條，見《中日外交史料叢編》，第 3 冊：《日軍侵犯上海與進攻華北》，頁 178。

中國軍即撤退至延慶、昌平、高麗營、順義、通州、香河、寶坻、林亭口、寧河、蘆臺所連之線以西以南地區，不再前進。又不行一切挑戰擾亂之舉動。

這一規定，使冀東一大片土地淪為「中立地帶」，亦即所謂「戰區」，中國收回行政權，但正規軍隊不得進入，這自然是領土主權的損害。《塘沽協定》的惟一作用，是使日軍退返至長城之線。誠如胡適所說「是一種不得已的救急辦法」，[101]目的在保全華北，以爭取備戰的時間。但政府的苦心，當時並未能獲得國人的普遍諒解，一般輿論，也都有所批評。兩廣當局以及馮玉祥、章炳麟等失意軍人與文人，更以之為攻擊政府「不抗日」的藉口。

日本的挑釁，並未停止。23 年 (1934) 的 4 月 17 日，日本外務省情報部部長天羽英二發表聲明，阻止外國對中國的軍事與技術援助，直視中國為其保護國。中國政府外交部對所謂〈天羽聲明〉，力予駁斥，美英兩國也對日本有意實行「亞洲門羅主義」，深表關切。[102]6 月 8 日，南京又演出了日本副領事藏本英明奉命「出走」的一幕：藏本於是晚突告失蹤，日本駐南京總領事館奉東京電令數度向中國政府提出要脅，認為藏本係為反日分子所擄，如有不測，中國政府應負其責。藏本是奉命自殺以製造事端的，但他捨不得死，於 6 月 13 日為中國軍警尋獲送還給日方，日本駐京總領事須磨彌吉郎遂亦改變面容，勉強向中國政府申謝。[103]

由於日本的蓄意尋釁，兩國關係在逐漸惡化中。軍事委員會委員長蔣中正希望能提醒日本人及時覺悟，於 23 年 12 月發表了〈敵乎? 友乎?〉一文，希望日本懸崖勒馬，放棄侵略，歸還東北，與中國為友，共奠東亞和平。[104]可惜日本當局未能接受勸告，岡田啟介內閣採取了分離華北的政策，

---

[101]　胡適，〈保全華北之重要〉，見《獨立評論》，第 52、53 兩期合刊。

[102]　《蔣總統秘錄》，第 9 冊，頁 170–172。

[103]　中華民國外交問題研究會，《中日外交史料叢編》，第 4 冊：《盧溝橋事變前後的中日外交關係》，民國 55 年 7 月，頁 144–156。

外相廣田弘毅則提出所謂「三原則」，分別由駐華日軍與外交人員向中國進行壓迫。因之，24 年 (1935) 內，一方面是日軍對華北的武力侵逼，一方面是駐華使節對國民政府的政治勒索——即所謂以「承認廣田三原則」為中心的外交談判。所謂「三原則」，即：中國放棄以夷制夷政策，承認並尊重偽滿，共同防共。⓵儘管經過了兩任日本大使（中日兩國間的公使於 24 年 (1935) 5 月 17 日相互升格為大使）有吉明和川越茂的馬拉松式談判，國民政府則始終不予承認。

　　華北的局面卻是空前的危急。日本關東軍先於 24 年 1 月進擾察東，天津駐屯軍則於 5 月開始，先後製造了河北事件及張北事件，分別向冀、察當局提出了苛刻的無理要求。在日軍的武力威脅下，冀察當局委曲求全，於是有《秦土協定》的簽訂，⓶及何應欽致函梅津美治郎說明自主允諾實行其要求的文書——日本人稱之為《何梅協定》，實則僅係一封簡單的信件。⓷依據此一協定與信件，中央部隊撤出冀察，國民黨黨部停止活動，抗日團體則受到限制與取締。8 月以後，日本人開始策動所謂「華北自治」，計畫分離華北五省——河北、山東、山西、察哈爾、綏遠——於中央政府統治權之外，亦即在華北建立日人卵翼下的「自治政權」。至 11 月底，華北危機達到了高潮，日人土肥原賢二壓迫平津衛戍司令宋哲元於 11 月 20 日前宣布「自治」。所幸國民政府當機立斷，一方面為不惜一戰之準備，一方面派軍政部長何應欽北上與宋哲元等會商，最後決定撤消軍事委員會北平分會，另設立冀察政務委員會，由國民政府任命宋哲元為委員長，來支持冀察兩省的特殊局面。⓸誠然，冀察政務委員會是個特殊性的政治機構，

⓸　蔣氏此文，係以徐道鄰名義，發表於《外交評論》，11、12 兩期合刊，民國 23 年 12 月 20 日出刊。

⓵　《盧溝橋事變前後的中日外交關係》，頁 17–18。

⓶　即秦德純（察哈爾代主席）、土肥原賢二協定，詳梁敬錞，〈秦土協定〉，《傳記文學》，11 卷 6 期；李雲漢，《宋哲元與七七抗戰》，頁 83–90。

⓷　何應欽，〈河北事件中絕無所謂何梅協定〉，《北平軍分會三年》，附錄三，（國防部史政編譯局，民國 71 年），頁 97。

⓸　李雲漢，《宋哲元與七七抗戰》，頁 117–128。

在其與日人周旋的過程中亦每有為國民不能諒解之處，但由於這一機構而阻遏了日人策動「華北自治」的陰謀，且為國家爭取了兩年建設與備戰的時間，就政治謀略的運用而言，國民政府完全成功。

與侵逼冀察兩省的同時，日本關東軍也經由承德和多倫兩個特務機關，策動內蒙的傀儡組織。先是利用李守信成立「察東特別自治行政區」，繼復利用德穆楚克棟魯普（德王）在綏遠百靈廟成立「內蒙自治政府」，並由卓什海、王英等匪部在日軍支援下，於25年11月向歸綏、集寧等地發動攻擊，但綏遠省政府主席傅作義在晉軍與中央軍的支援下發動反攻，一舉攻克百靈廟，日軍支援偽蒙西犯的企圖始告破滅。❿中國外交部並因此取消了與日本之間「調整國交」的談判。⓫

四、知識分子對日本侵略的反應

九一八事變為中華民國帶來了空前嚴重的國難，知識分子的反應是最敏感，也最強烈的。他們組織抗日救國團體，發表宣言通電，舉行遊行請願，要求政府宣戰，主張嚴懲不抵抗主義者，並廣泛的發動抵制日貨運動，實行經濟絕交，形成了洶湧澎湃的抗日救國浪潮。

當然，絕大多數知識分子的要求抗日救國，係基於純潔的愛國熱誠，但也不能否認有少數野心或陰謀分子，利用抗日救國運動作為政爭甚至反對政府的工具。中共是最擅長於利用群眾情緒的叛亂集團，他們從21年4月起開始利用抗日口號來爭取國人的同情，24年8月1日發表〈抗日救國宣言〉——即〈八一宣言〉之後，更以推動所謂「抗日民族統一戰線」為中心任務，企圖藉抗日博取同情與支持，以挽救其瀕臨被完全消滅的厄運。

從20年9月至26年7月的六年期間，知識分子對於日本侵略很明顯的表現為三種類型。⓬一是支持政府長期抵抗的政策，從教學、言論、著

❿ 《蔣總統秘錄》，第10冊，頁132–137。

⓫ 張群，《我與日本七十年》（中日關係研究會，民國69年），頁77。

⓬ 李雲漢，〈抗戰前中國知識份子的救國運動〉，見《中國現代史論和史料》，下冊，頁535–578。

述、論政、從政等方面，督促政府和民眾作抗日禦侮的準備，可以《獨立評論》的作者群為代表，胡適、傅斯年、蔣廷黻、丁文江、陳之邁等人屬之。他們的言論，普遍受到政府和民間的重視。一是以各大學學生為主體的青年知識分子，情緒最激昂，行動最激烈，遊行請願，奔走呼號，形成國難期間的所謂「學生民族主義」(Student Nationalism) 的一股激流。⑫還有第三種類型的人，是一般失意的學閥和政客，企圖組織全國性政治性的抗日救國團體，在政治上有所活動。沈鈞儒、黃炎培等人可為代表，沈所組織的「全國抗日救國聯合會」（簡稱救國會）實際上就是一個為中共張目的政治團體。他們的活動，到 25 年 11 月 23 日沈鈞儒等所謂「七君子」被捕達到高潮，⑬中外人士為之側目。

　　學生運動的蓬勃，是國難時期的一項特色。隨著日本侵略的緩急，學生運動出現了兩次高潮；一是九一八至一二八時期，為時半年，北平和上海的學生最為激烈，曾到南京請願，潛伏其間的共黨分子曾有暴烈行為；一是 24 年因日本策動「華北自治」而觸發的「一二・九」與「一二・一六」學生運動，其餘波則延長至 26 年 7 月。「一二・九」學生請願時的口號，是反對華北特殊化並要求日本撤兵，是以北京大學學生為主體而發動的，初與中共無關。⑭中共潛伏分子見有機可乘，乃滲入了「一二・一六」大遊行，次年 1 月並組成了「中華民族解放先鋒隊」，成為中共的外圍團體。但傾向於中共的學生畢竟還是少數，絕大多數的青年知識分子是站在國家民族的立場上。北平大學各學院學生聯合會發表的宣言中，就曾宣稱：「凡破壞國家統一之一切舉動及脫離中央之一切特殊政治機構，均認為全國民眾的公敵。我們要求政府集中全國力量，維持國家領土之完整與行政之統一。」⑮

---

⑫　John Israel 著 *Student Nationalism in China, 1927–1937* 一書，提出「學生民族主義」一詞。

⑬　「七君子」姓名見本章❻。

⑭　陶希聖，《潮流與點滴》，頁 134–135。

⑮　全文見上海《時事新報》，民國 24 年 12 月 1 日。

第四節　艱苦中的建設

一、外交成就與政治建樹

　　民國時代是個變動的時代，卻也是個進步的時代。胡適於慶祝民國 23 年國慶的賀詞中，即曾肯定的說「最近二十年是中國進步最速的時代」。❶❶❻ 特別是自北伐完成至抗戰開始的十年間，國家雖在內憂外患交相侵逼的困難情境下，卻能大力推動各項建設，有日新月異之勢。❶❶❼ 以是國際人士如卜凱 (John L. Buck)、楊格 (Arthur N. Young) 等都對中華民國這艱苦建國的十年給予很高的評價，魏德邁 (Albert C. Wedemeyer) 則曾向美國國會指出：「一九二七年至一九三七年之間，是許多在華很久的英美和其他各國僑民公認的黃金十年 (Golden Decade)。」❶❶❽

　　艱苦建國的成就中，外交上的建樹甚為突出。中國自鴉片戰爭以後，一直是列強刀俎下的魚肉，外交上盡是割地、賠款，大宗喪失國家利權的屈辱。直到民國 15 年國民革命軍北伐時，國民政府依據〈中國國民黨第一次全國代表大會對外政綱〉的決議，採取主動的攻勢外交，以廢除不平等條約、收回國家利權為目標。國民政府定都南京之後，外交部亦明白宣告：「國民政府以取消不平等條約為己任，將採正當的手續以達到此目的。」❶❶❾ 從 16 年至 20 年九一八事變的四年間，國民政府在外交上的主要成就有五方面：

　　甲、租界與租借地的收回：如漢口、九江英租界（16 年 1 月）、鎮江

---

❶❶❻　胡適，〈雙十節的感想〉，見《獨立評論》，第 122 號，民國 23 年 10 月 14 日出刊。

❶❶❼　蔣廷黻，〈百年來的外交〉，見《新經濟半月刊》，1 卷 4 期，民國 28 年 1 月 1 日出刊。

❶❶❽　《美國第八十二屆國會參議院調查太平洋關係學會記錄》，頁 801。

❶❶❾　〈外交部長伍朝樞對外宣言〉，民國 16 年 5 月 11 日。

英租界（18 年 10 月）、天津比租界（18 年 8 月）、廈門英租界（19 年 9 月）及威海衛英國租借地（19 年 10 月）是。

乙、關稅自主的實施：國民政府自 16 年 7 月 26 日宣告關稅自主，隨即頒布〈國定進口稅暫行條例〉，與各國分別交涉，至 20 年 1 月 1 日起關稅完全自主。

丙、平等新約的簽訂：國民政府廢除不平等條約的步驟，是廢約與改約——即條約期滿者一律作廢，重訂平等新約；未期滿者亦要求修改，剔除有害我國利權條文。至 20 年止，已簽平等新約的國家為比利時、意大利、丹麥、葡萄牙、西班牙、希臘和捷克斯拉夫等七國。

丁、取消領事裁判權的交涉：在中國有領事裁判權的國家有十九國之多，北伐前已取消者有德、奧、俄三國，北伐後取消者有比、意、丹、葡、西、墨、瑞典、秘魯等國，惟英、美、法、日等強國不願放棄。國民政府屢次宣言，強國均不尊重。政府因於 20 年 5 月 4 日公布〈管轄在華外人實施條例〉，規定自 21 年 1 月 1 日起實施，屆時各國領事裁判權即自動取消。但因九一八事變發生，政府乃又宣告延期實施。

戊、上海臨時法院的收回：外交部於 18 年 5 月起，即與公共租界及法租界當局交涉收回上海臨時法院，以維護中國司法權的獨立，至 19 年 1 月 17 日達成初步協議，中國得在租界內設立地方法院及高等法院分院各一所，並廢除外國領事官員的觀審權。19 年 7 月 28 日，復與法國簽訂《收回上海法租界會審公廨協定》，中國可在法租界內設立法院，治外法權雖未完全收回，然已使租界內中國居民得到中國法律的保護。❿

九一八事變發生後，國際情勢亦發生變化，國民政府以爭取國際助力並抵制日本為外交目標，❿故採取彈性外交政策，其主要舉措有四：

㈠與蘇俄復交（21 年 12 月），以箝制日本。

㈡加強與國際聯盟關係，接受其經濟與技術援助。

㈢公使昇格，以提高國際地位：先後有意（23 年 9 月）、日、英（24 年

---

❿　洪鈞培，《國民政府外交史》，第 1 集，頁 323–334。

❿　《中國國民黨四屆三中全會會議記錄》，民國 21 年 12 月 20 日。

5 月)、德、美 (24 年 6 月)、法 (25 年 2 月) 等國,同意將公使相互昇格為大使。

㈣派遣特使訪問各國:如孫科之訪俄,蔣方震之訪意、德,孔祥熙之訪美、英等,均獲得良好的反應與成果。

就政治建樹而言,浦薛鳳氏曾舉述八項:促進全國逐步統一,加強中華民族意識,充實國防軍事力量,實施訓政時期約法,樹立中央五權政制,推進初步地方自治,改進行政司法事項,初步漸次改進民生。⑫分析言之,國民政府政治建設的最大成就,厥有三端:

甲、各種民主法典的制頒:如〈民法〉、〈刑法〉、〈公司法〉、〈勞工法〉、〈商法〉、〈考試法〉、〈土地法〉、〈兵役法〉、〈國籍法〉等是,其中不乏進步精神和長遠考慮。即如民法一項,胡適即曾稱譽「其中含有無數超越古今的優點」,認為「可說是一個不流血的絕大社會革命。」⑬

乙、《憲法草案》的制頒:立法院羅致專家,先後在胡漢民、孫科兩任院長的主持下,歷時近五年,終於制成《中華民國憲法草案》一種,一四八條,由國民政府於 25 年 5 月 5 日公布,是為《五五憲草》。原定同年 11 月 12 日召開國民大會予以討論通過,屆時因選舉辦理未如期完成,乃延期至 26 年 11 月 12 日召開,詎 7 月 7 日盧溝橋事變爆發,遂不得不再予延期。

丙、國家統一的完成:由於江西剿共的勝利以及兩廣事件的和平解決,25 年秋季以後,國家出現了真正統一的局面。除東北四省及冀、察一部分領土為日本強佔,新疆受蘇俄控制,陝北及隴東一小部分為中共盤踞外,其餘各省悉奉中央政令。⑭

二、交通與國防建設

國民政府於 17 年 2 月,即設立建設委員會,規劃並推動全國交通建設。

---

⑫　浦薛鳳,〈中國的政治建設〉,見薛光前編,《艱苦建國的十年》(正中書局,民國 60 年),頁 31–80。

⑬　同⑯。

⑭　郭廷以,《近代中國史綱》,頁 665–667。

同年 10 月，設立交通部與鐵道部，20 年又設立全國經濟委員會，共同致力於交通事業的發展，軍事委員會對於剿匪各省區之公路建設，尤多貢獻。以是交通建設的成績極為突出，為抗戰前十年間國家建設中的一大特色。

交通建設的項目，應包括鐵路與公路的興建，航運的發展，築港與建橋，以及郵政的收回與擴張等項。茲分別作一簡述。

一、鐵路：十年間先後建成粵漢路株州韶關段、隴海路西安寶雞段、杭江路（杭州至江山）並又拓建為浙贛路、同蒲路、江南路（即京蕪路，南京至宣城）、淮南路（懷遠至裕溪口）、蘇嘉路（蘇州至嘉興）等線，總里程五千餘公里，使全國鐵路由北伐前之八千公里增至一萬三千公里。

二、公路：進度最快，由北伐前之一千餘公里增至十萬公里以上。其中已完成通車者 96545 公里，在建設中者 16000 公里。**⑮**

三、航運：18 年 4 月成立中美合營之中國航空公司，經營滬平、滬蓉、滬昆、滬粵等線。20 年 2 月復與德人合作創設歐亞航空公司，經營滬新及平粵等幹線。廣東當局設立之西南航空公司，25 年 10 月後亦歸政府管轄，飛行西南各省及河內間，行旅稱便。

四、築港：主要者為葫蘆島及連雲港，前者於 19 年開築，後者於 22 年開工，均為重要之戰略港口。

五、建橋及輪渡：有名的錢塘江大橋係鐵、公路合用的雙層橋。22 年開工，26 年完成。南京輪渡亦早於 22 年完成，長江大橋則亦在勘查規畫中。國民政府並於 20 年將招商局收歸國有，加以整頓，增購船舶，使能擔負起內河及沿海運輸責任。**⑯**

六、郵政：郵政的建樹有二：一為郵權的收回，一為郵務的開拓。我國郵政建立之初，即淪為法人管理，北伐成功後，國民政府首令北京郵政總局總辦法人錢士蘭結束郵政，另在南京建立悉由國人主持之郵政總局，郵權亦得收回。郵政的拓展至為迅速，至 25 年，全國郵局總數已增至一萬五千三百餘所，郵路達五十九萬八千七百餘里。全國各主要城市間，亦均

---

⑮　蔣中正，〈中國之統一與建設〉，民國 25 年 10 月 10 日發表。

⑯　蔡增基，〈十年來之中國航運〉，見《十年來的中國》，頁 291–316。

有電訊聯絡。❷

交通建設，亦具有國防的意義。蘇嘉路的興建、粵漢路的接軌以及隴海路的拓展，其軍事效用尤為顯著。即如粵漢鐵路而言，其明顯的戰略價值有三：一是接軌後對江西共區形成包圍態勢，迫使中共不能不提前於23年10月突圍西竄；二是25年全線通車後，有助於兩廣問題的和平解決；三是26年抗戰開始後至廣州陷敵前，共開軍車二千多列，運送部隊兩百多萬人，軍用品五十四萬噸，使武漢得以支持一年以上。❷

國防建設的成績，主要的表現於四個方面：一是陸軍的整編與訓練──23年至25年間曾實施了「三年整軍方案」，編制及裝備大致統一；二是軍事教育系統的建立──各兵科學校的建立，陸軍大學的恢復，以及廬山、峨嵋兩訓練團的設立，均使國軍軍官的素質大為提高；三是空軍的建立──自17年10月陸軍軍官學校成立航空隊至25年10月廣東空軍投效政府，空軍已建有杭州航空學校、洛陽分校、南昌航空機械學校，擁有各型飛機數百架，為重要的新興國防力量；四是〈兵役法〉的頒佈與實施──〈兵役法〉係於22年6月17日頒佈，25年3月1日生效，採徵募並行制，25年12月首次征兵五萬人，抗戰開始後半年內徵兵七十萬人，使國軍兵源不虞匱乏，且提高了兵士的素質。此外，長江下游及沿海地區國防要塞的修築，亦部分完成。❷

中國國防建設過程中，自16年起曾聘用德籍顧問，以資協助。德籍顧問中含各種兵工技術專才，歷任顧問團團長鮑樺爾 (Max Bauer)、佛采爾 (Gearg Wetzell) 及賽克特 (Hans von Seeckt) 及法爾根豪森 (Alexander von Falkenhausen) 等，均為德國名將，於我國軍隊整編、訓練甚至剿匪戰術、國防工事、兵器製造與改良等，多所獻替。❷至27年，德籍軍事顧問始奉

---

❷　俞飛鵬，〈十年來的中國電信事業〉，見《十年來的中國》，頁38-41。

❷　淩鴻勛，〈中國之鐵路建設〉，見《艱苦建國的十年》，頁257；《十六年築路生涯》，頁44-51。

❷　國防建設詳情，見何應欽，《何上將抗戰期間軍事報告》，頁1-48；《軍政十五年》，頁45-46、52-53、73-74。

其本國政府命令，撤離中國，空軍顧問人員，則係聘自意大利與美國。

三、財政改革與經濟發展

北京政府時代的財政是紊亂不堪的。國民政府於民國 16 年奠都南京後，才開始樹立全國性的財政系統。❸建立新財政系統，須擷取西方國家的經驗，故財政部自 18 年起，聘用德人羅德瓦爾德 (Augast Rohdewald)、美人凱末爾 (E. W. Kenmerer) 及楊格 (Arthur N. Young) 為顧問，協助進行財政金融的改革。❸楊格在華服務達十八年 (1929–1947) 之久，對我國戰前及戰時財政的變革，了解至深。

整理財政的第一步，是整理稅制。17 年 6、7 月間，政府先後召開了全國經濟會議及財政會議，劃分中央稅與地方稅的範圍，以關稅、鹽稅、統稅（棉花稅、麵粉稅及捲煙稅等等）、煙酒稅、印花稅等歸中央，田稅、營業稅及各種執照稅等歸地方。各省須將中央稅解歸中央，因而中央的稅收得以穩定，且有大幅度增加。

由於 18 年 2 月開始實施關稅新稅率，20 年 1 月後關稅完全自主，關稅的收入由 18 年的一億二千一百萬元，增至 20 年的三億八千五百萬元。海關行政人員逐漸改用華人，海關稅款亦由儲存於外國銀行轉存於新成立的中央銀行。民國 20 年，進行了兩項重要的改革：一是完全裁撤釐金，❸終止了七十年來為人詬病的陋規；一是開始建立預算制度，使國家財政收支開始步入了正常的軌道。

21 年 5 月《淞滬停戰協定》簽訂後，國民政府全力致力於內政的改革。

❸　國防部史政局，《德國駐華軍事顧問團工作紀要》，民國 58 年印本；辛達謨，〈法爾根豪森將軍回憶中的蔣委員長與中國〉，〈德國檔案中的中德關係〉，均見《傳記文學》；傅寶真，〈在華德國軍事顧問史傳〉，《傳記文學》連載。

❸　《艱苦建國的十年》，頁 129。

❸　姚崧齡，《張公權先生年譜初稿》，上冊，頁 89、95–96。

❸　釐金，開始於 1850 年代，係為鎮壓太平天國之役籌增稅收而開徵的貨物運銷稅，稅率千分之一，故曰釐金。然收稅關卡不一，稅率有高達百分之十以上者，時為外人詬病。

財政部設立了一個研究會，由中外公共團體的代表組成，研究幣制本位的改革——即「廢兩改元」的有關問題。⑬22 年 3 月 8 日，財政部宣布了「廢兩改元」的實施細則，同月 10 日由上海開始，所有交易均以新鑄造的銀元為計算單位，⑬並成立中央造幣廠，統一鑄造新銀元，半年之內即完成了銀本位之幣制之統一。

　　24 年 (1935)，中國財政又面臨白銀外流的問題。蓋因美國大量收購白銀，國際銀價上漲，中國白銀因而外流，造成財政上嚴重危機。本年 9 月，英國財政專家李滋羅斯 (Frederick Leith-Ross) 應聘來華擔任財政顧問，建議實行廢止銀本位的幣制改革。⑬財政部長孔祥熙採納了李滋羅斯的建議，祕密從事於各項必要的準備，至 11 月 3 日，財政部即斷然在上海宣布了新貨幣政策——將銀本位改變為匯兌本位的劇烈改革，規定自 11 月 4 日起，採行下列措施：

　㈠中央銀行、中國銀行、交通銀行所發行的鈔票，定為法幣。所有完糧納稅及一切公私款項收付，概以法幣為限。

　㈡凡銀錢行號商店及其他公私機關或個人，持有銀元及生銀者，應交由發行準備管理委員會或其指定之銀行，兌換法幣。

　㈢中央銀行、中國銀行、交通銀行，得按照現行匯率，無限制售買外匯。⑬

　　此一以法幣替代銀元的新貨幣政策，由於國人的愛國情緒與對政府的信任，再加英國政府的支持——令在華英國銀行遵令實施，推行至為順利。白銀因而集中於政府手中，全國幣制因而完全統一，工商業日趨繁榮。劉大中曾作如下的評論：「一九三五年成功的貨幣改革，是一個主要的成就。

---

⑬　銀兩，為中國清季沿用的貨幣單位，「兩」，表示某種重量，某種成色的白銀，但各地的標準並不一致。

⑬　新銀元一元，兌換元銀七錢一分五釐。

⑬　Arthur N. Young, *China's Nation-Building Effort, 1927–1937: The Financial and Economic Record*, p. 128.

⑬　財政部祕書處編，《財政部新貨幣制度說明書》，民國 24 年 11 月。

中國後來能夠在一九三七到一九四一年單獨抵抗日本的侵略，貨幣改革有重大的貢獻。」**⑬**

經濟發展，亦足令人鼓舞。無論在工業、農業、礦業及資源調查與利用方面，都有明顯的進步。民國 18 年國民政府制訂的經濟建設方案，側重於工業。國民政府設工商、農礦兩部，分別推行工、礦、農、林各業之改良。**⑬**20 年 9 月，全國經濟委員會成立，其業務範圍至廣，兼及交通及水利。24 年 4 月，蔣中正委員長在貴陽發起國民經濟建設運動，呼籲全國上下，悉力以赴，以達成「盡人力、闢地利、均供求、暢流通，以保國民經濟之健全發展」之總目標。**⑭**

由於工礦事業的舉辦，對外貿易的入超逐年減低。至 26 年，且已有出超現象。鋼鐵機器之進口量逐年增加，顯示國內需要量增多。用機器開採的煤產量，25 年較 22 年增百分之十，同時期內之鐵礦產量增百分之三十二，機器冶煉之生鐵產量升高百分之三十。**⑭**

農業改良與農村重建工作，成效顯著。金陵大學對農業人才的培養，糧食作物品種的研究與改良，為中國農業科學化奠立了基礎。**⑭**中央農業試驗所、各省農民銀行、農村復興委員會、農本局的先後成立，以及在基督教青年會協助下對江西收復區農村的重建，都為農業建設形成了重要的動力。何廉綜結對中國農業經濟發展的觀點是：「中國在一九二七至一九三七年期間的農業經濟發展，已步上了起飛之路。假若沒有內在的共黨叛亂和外來侵略，中國必已克服了所有傳統上的阻力，而在農業經濟方面獲得穩定而持續的發展。」**⑭**

---

⑬ Paul K. T. Sih, ed., *The Strenuous Decade: China's Nation-Building Efforts, 1927–1937*, p. 126.

⑬ 兩部實際工作項目及成效，見〈抗戰前國家建設史料——實業方面〉，《革命文獻》，第 75 輯。

⑭ 張其昀，《黨史概要》，第 2 冊，頁 1024–1037。

⑭ 郭廷以，《近代中國史綱》，頁 669。

⑭ 沈宗翰，〈中國農業科學化之開始〉，見《艱苦建國的十年》，頁 207–223。

⑭ 《艱苦建國的十年》，頁 205。

資源的調查和利用，不僅是經濟建設的條件，也是國防建設的要素。21 年 3 月，參謀本部設立了國防設計委員會，目的即在使經濟資源與國防建設配合發展。24 年 4 月，國防設計委員會由參謀本部改隸軍事委員會，改稱為資源委員會，對人力與物質資源作有系統的調查與統計，以作為經濟動員的基礎。資源委員會並以發展重工業為工作項目之一，曾擬訂三年建設重工業計畫，就冶金、燃料、化學、機械、電氣等方面，分別實施。對江西鎢礦、湖南銻礦，資源委員會也著手設廠開採。[144]

四、教育文化與新生活運動

國民政府奠都南京後，教育方面的主要措施有四：

其一、教育行政機關的改革：國民政府在廣州時，於 15 年 3 月 1 日設立教育行政委員會，為指導教育行政之機關。16 年 4 月奠都南京後，裁撤教育行政委員會，採行大學院制度。大學院於 16 年 10 月 1 日成立，由蔡元培任院長，其地位為「全國最高學術教育機關」，其職權為「承國民政府之命，管理全國學術及教育行政事宜。」[145] 17 年 10 月，國民政府設立五院，亦同時決定將大學院改為教育部，由蔣夢麟任部長。原隸屬於大學院之中央研究院，則改稱為國立中央研究院，直屬於國民政府，由蔡元培任院長。[146] 18 年，復設立國立北平研究院，由李煜瀛為院長，與中央研究院同為國家學術研究機關，[147] 至 38 年 (1949)，始行停辦。[148]

其二、教育宗旨的公布：17 年 5 月，國民政府召開第一次教育會議於南京，於討論教育宗旨時，咸認應以三民主義為依據，並曾宣言：

[144]　吳相湘，《第二次中日戰爭史》，上冊，頁 293–294。

[145]　〈中華民國大學院組織法〉，第一條。

[146]　〈國立中央研究院工作報告〉，見《革命文獻》，第 53 輯，頁 355，其後逕稱中央研究院，以迄於今。

[147]　〈國立北平研究院之工作〉，《革命文獻》，第 53 輯，頁 253。

[148]　李書華，〈二十年北平研究院〉，見《碯廬集》，頁 113–162。

中國國民黨以三民主義建國，也就以三民主義施教；此後中華民國的教育宗旨，就是三民主義的教育，已絲毫不容懷疑。⑲

18 年 3 月 25 日，中國國民黨第三次全國代表大會通過〈確定教育宗旨及其實施方針案〉，交由國民政府於 4 月 25 日公布實施。⑯明定中華民國之教育宗旨是：

中華民國之教育，根據三民主義，以充實人民生活，扶植社會生存，發展國民生計，延續民族生命為目的，務期民族獨立，民權普遍，民生發展，以促進世界大同。

其三、私辦教育的監督與管理：北伐以前，我國私辦學校主要的是教會學校。這些學校，各以其教會的規定實施洋化教育，不受中國教育政策的管理，形成對中國教育權的破壞，因而有反教運動與收回教育權運動的發生。國民政府在廣州初建後，首將嶺南大學的教育權收回。⑮第一次教育會議時，亦決議要對私立學校的課程師資和設備的標準，「從事積極的指導，獎勵和取締。」⑯國民政府亦公布法令，規定私立學校必須向政府立案，施教方針不能違背中華民國教育宗旨，課程、教科書、師資、入學及畢業資格、經費、學校環境、設備等，均須符合教育法令之規定。教會學校校董會主席及校長必須為中國公民，校董會董事外人不得超過三分之一，宗教不得為必修科，禁止強迫參加宗教儀式。外國人不得辦理小學。⑯教會學校初持抗拒態度，然終以政府堅決執行如不立案即予關閉政策，遂不得

---

⑲　〈第一次全國教育會議宣言〉，民國 17 年 5 月 28 日。

⑯　丁致聘，《中國近七十年來教育紀事》，頁 189。

⑮　楊翠華，〈非宗教教育與收回教育權運動，一九二二——一九三○〉，見《中國現代史論集》，第 6 輯，頁 235–289。

⑯　〈第一次全國教育會議宣言〉，民國 17 年 5 月 28 日。

⑯　陳錫恩，〈中國之教育〉，見《艱苦建國的十年》，頁 275–300。

不先後依據規定辦理，18 年至 20 年間，絕大多數教會學校校長為中國公民，董事會中華人名額亦佔多數，宗教信仰與教學亦改為自由選擇。❸

其四、民族精神與實業課程的加強：教育權的收回，黨義課程的開設，廢止日本在華文化事業協定，文字改革與語言統一，國家意識與愛國情操的砥礪，軍事訓練的實施等，均為民族精神教育的發揮。為配合國家建設的需要，教育部有計畫的加強實用科學的教學，各著名大學均設立理工學院，20 年九一八事變後，近十所大學奉令設立國防化學講座及航空工程學系。❸陳果夫且曾有「十年之內，停辦文法學科，而注重農工醫學科」的建議。❸此建議雖未被採納，理工教育之大力擴充則為事實。據黃建中統計，民國 20 年高等學校學生百分之六十九‧三讀非科學課程，到了 24 年，理工科學生從百分之三十‧七增至百分之五十一‧二。❸教育的進步是令人欣慰的，金陵大學美籍教授卜凱 (John L. Buck) 於民國 25 年 (1936) 即曾驚訝的說：「睡獅已猛醒了；隨便那一方面的發展工作，都有足夠的中國人才，所有外國人都回家去，中國仍然會繼續突飛猛進。」❸郭廷以亦謂：「一九三五年前五年，可說是民國以來教育學術的黃金時代。」❸

民國 18 年至 22 年間 (1929–1933)，文化界出現了所謂「左翼」集團囂張一時的現象。左翼作家們捧魯迅（周樹人）為「盟主」，控制了上海文化界的大多數出版物，達五年之久。隨著時勢的轉移，這一形勢有了轉變。代之而起的是民族主義的文化思潮，上海各大學教授何炳松、王新命等十

---

❸ Jessie G. Lutz, *China and the Christian Colleges, 1850–1950*, p. 264.

❸ 21 年 7 月，北大、中山、中央、武漢四校奉令設立國防化學講座。23 年，中央、武漢、交通等校添設航空工程學系。中央大學為避免日人的干擾，將航空工程學系稱之為特別機械研究班。見羅家倫，〈悲痛的隱蔽〉，《羅家倫先生文存》，第 1 冊，墨蹟。

❸ 陳果夫，〈改造教育是消除國難的根本辦法〉，22 年 1 月 9 日講演，見《中央週報》，240、241 合期，選錄，頁 5–8。

❸ 黃建中，〈十年來的中國教育〉，見《抗戰前十年之中國》，頁 523。

❸ 《艱苦建國的十年》，頁 195。

❸ 郭廷以，《近代中國史綱》，頁 670。

人於 24 年 1 月 10 日發表〈中國本位的文化建設宣言〉，⓲乃是民族文化思潮興起的一個標誌。國民政府於 23 年 8 月 27 日通令各機關紀念孔子誕辰，24 年 1 月 18 日又以孔子嫡系裔孫孔德成為大成至聖先師奉祀官，其意義亦在尊重並復興中國傳統的民族文化。

與教育文化及民族精神最有關係者，厥為新生活運動。此一運動，係軍事委員會委員長蔣中正於 23 年 2 月 19 日在南昌行營發起，即在南昌成立新生活運動促進會，蔣委員長自己擔任會長。各省各地熱烈響應，同年 7 月 1 日，便成立了新生活運動促進會總會。24 年 11 月，總會自南昌遷至南京。至 25 年，全國已有二十省及四院轄市成立了新生活運動促進會，海外各地以至國人經營之輪船職工團體中，亦建立了新生活運動促進會的組織。

就新生活運動的主旨和內容而言，是一項國民精神與生活的改造運動，也是一項深入而普遍的社會改革運動，更可說是一項結合民族文化與新時代生活規範的文化建設運動。其主旨在使民族道德復興、國民生活丕變，以禮、義、廉、恥為基本原則，以軍事化、生產化、藝術化為中心目標，以「昨死今生」的精神和決心，滌除舊染惡習，實踐合乎禮、義、廉、恥之規範的新生活，以達到整齊、清潔、簡單、樸素、迅速、確實的境界。⓳

新生活運動由個人到團體，由家庭到社會、學校、軍隊及官署，均普遍推行，風行草偃，蔚然成風，效果至宏，故吳相湘認為「是中國近百年來的一個空前的、普遍的、盛大的，並且深入民間的社會改造運動。」⓴26 年 7 月中日戰爭爆發後，日本首相阿部信行亦曾指出：戰前中國有三件不可輕易看過的大事，那就是整理財政、建設軍備和推行新生活運動。㉑

抗戰開始後，新生活運動仍繼續推廣，並曾於重慶江北董家溪舉辦新

⓲ 十位教授是何炳松、王新命、周佛海、章益、陳高傭、陶希聖、孫寒冰、樊仲雲、武育幹、薩孟武。

⓳ 秦孝儀，《總統蔣公大事長編初稿》，卷 3，頁 16。

⓴ 吳相湘，《第二次中日戰爭史》，上冊，頁 286–288。

㉑ 張其昀，《黨史概要》，第 2 冊，頁 1059–1060。

運工作人員幹部訓練班。❿其工作則配合戰時的要求，著重於戰時服務，成效甚著。❿勝利後，新生活運動總會亦隨政府還都，至36年始告結束。

　　另一項與新生活運動有關之重要社會改革運動，是禁煙禁毒。國民政府重視煙毒之為害國民與社會，初於17年8月設禁煙委員會掌理禁煙禁毒事務。繼於23年6月，將浙、皖、蘇、閩、贛、湘、鄂、豫、陝、甘等省禁煙事宜，交由軍事委員會辦理。24年5月，中央政治會議決議裁撤禁煙委員會，另設禁煙總監，由軍事委員會委員長兼任，於全國範圍內澈底實施禁煙。蔣兼總監中正嚴刑峻法，❿執行機構亦雷厲風行，故於兩年之內，煙毒已大致肅清，社會風氣丕然改變，國民健康亦顯著改進。禁煙禁毒之成效，曾為國際聯盟禁煙委員會列入記錄。❿

❿　〈新生活運動史料〉，《革命文獻》，第68輯，頁353。

❿　各種服務成果，見新生活運動促進總會編《新運十年》一書，已收入《革命文獻》，第68輯。

❿　蔣兼總監於25年2月1日，在南京召集全國禁煙會議，決議自26年起，所有製售毒品者，不論主從，均處死刑。

❿　董顯光，《蔣總統傳》，頁184。

第十章　艱苦卓絕的對日抗戰

第一節　八年奮戰的過程

一、七七事變──中國的最後關頭

　　只要日本不停止侵略中國的政策，中國遲早要和日本作戰。倘若不是國基未固，國力未足，國民政府不得不忍辱負重，百般忍讓，中日間的全面戰爭早在九一八事變時就應爆發。24 年華北危急和 25 年綏遠戰爭時，國民政府兩度準備不惜一戰；總因為國力不夠充實，又忍耐了一段時期。國軍的整備以及機械化部隊之建立，要到 27 年終始可望完成，❶ 多爭取一段備戰的時間，自然對中國有利。

　　中外歷史學者中，不少人認為西安事變是中國政府決心抗日的起點。這一看法，雖也有明顯的理由，卻非歷史的全貌。事實上，政府決定以四川、貴州、雲南為抗日基地是 24 年間的事。❷ 同年冬，蔣中正委員長密令張治中準備上海南京地區對日作戰的戰地工事。❸ 釐訂對日作戰的軍事部署和策略，也大體於 25 年內完成。故美國駐華大使江森 (Nelson T. Johnson) 認為 25 年 (1936) 秋，是中國對日關係的一個新起點，他報告美國國務院的

---

❶　何應欽，《日軍侵華八年抗戰史》(臺北: 國防部史政編譯局，民國 71 年印本)，頁 17。

❷　秦孝儀，《總統蔣公大事長編初稿》，卷 3，頁 179、191–193；張其昀，《黨史概要》，第 2 冊，頁 1018–1021。

❸　吳相湘，〈中國對日總體戰略及若干重要會戰〉，見《八年抗日戰爭中之國民政府》，頁 50–93。

霍伯克 (Stanley Hornbeck):「蔣和他周圍的人已準備以實力對付（日本的）實力。」❹西安事變加速了對日抗戰的來臨,但非中國政府抗日決策的起點。

　　26 年 7 月 7 日的盧溝橋事變,是日本在華駐軍——日人稱之為華北駐屯軍,亦稱天津駐屯軍——的挑釁行為。駐紮豐臺的日軍大隊長一木清直,更是挑起這次事變的禍首。25 年 5 月,日本大量增兵華北,並將駐屯軍的司令官由少將提昇為中將階級,且改為「親補官」——即日本天皇親自任命的官位,兵力最少在八千四百人以上。❺於是不斷尋釁,9 月 18 日便發生了豐臺事件,❻而將居於交通樞紐地位的豐臺佔領。因此激起了二十九軍官兵強烈的抗日情緒,華北軍民也預知日軍下一個目標,必將是北平通往南方的惟一要道——平漢鐵路上的戰略要地:宛平城西北的盧溝橋。果然,十個月後,盧溝橋事變發生了。

　　事變發生的情形是這樣的:7 月 7 日晚十一時許,在盧溝橋附近演習的駐豐臺日軍第一聯隊第三大隊第八中隊於收隊時,發現缺少士兵一名,中隊長清水節郎遂認為此一士兵可能為中國軍隊所擄,乃向大隊長一木清直報告。日方一面經由其駐平特務機關長松井太久郎向冀察政委會常務委員兼北平市長秦德純提出交涉,要求派兵進入宛平城搜查,一面由一木清直率全隊由豐臺疾趨宛平外圍,成包圍態勢。秦德純拒絕日方「入城檢查」的要求,惟同意派河北省第三區行政督察專員兼宛平縣長王冷齋等,會同日軍所派代表,去宛平城外作現場調查。日軍堅持進城,守軍吉星文團以守土有責,嚴詞拒絕。日軍遂於 8 日午前四時四十五分發動了對宛平城的攻擊。❼這就是事變的實際情形,是日軍全面進攻中國的開端。

❹　Dorothy Borg, *The United States and the Far Eastern Crisis of 1933–1938* (Harvard University Press, 1964), p. 188.

❺　《八年對日抗戰中之國民政府》,頁 24。

❻　事件發生在 9 月 18 日下午六時,豐臺日軍演習部隊回營時與二十九軍三十七師演習部隊相遇,互不相讓。一日軍軍官騎馬竄入中國軍隊行列而被逐回,日軍遂將二十九軍連長孫香亭擄去。雙方對壘近一晝夜,戰火一觸即發。後我方退讓,二十九軍自豐臺撤退,日軍遂佔有豐臺,控制平津間之交通。

❼　秦德純,《海澨憶往》;王冷齋,〈七七事變回憶錄〉;吉星文,〈盧溝橋保衛戰

　　如前所述，日軍要求進入宛平城的藉口是搜查一名失蹤的士兵，二十分鐘後，這名失蹤的二等兵志村菊次郎回來了，自稱係因走路迷了向。❽如是日軍已經失去「入城檢查」的藉口，理應撤退。但日軍又藉口「須明瞭日兵失蹤情形」，仍要求進城。❾要求不遂，一木清直便下令攻擊了。當然，一木的理由是日軍先曾受到中國軍隊的射擊，戰後日人又據以造出所謂「第一槍」的問題，無理狡賴，不值一辯。❿倒是古屋奎二率直指出日軍的目的「是要進佔宛平城的東門城內，俾使在當地的交涉趨於有利的情勢。」⓫

　　事變發生時，日本駐屯軍司令官田代皖一郎正患重病，參謀長橋本群乃為實際的指揮官。東京參謀本部分為「擴大」與「不擴大」兩派，陸相杉山元及關東軍、朝鮮軍的司令官都是擴大派的主張者，因而擴大派實代表著當時日本政策。儘管 7 月 8 日與 11 日二十九軍與日軍間兩度協議停戰，⓬日本政府仍於 7 月 11 日決定派遣三個師團開往華北，並令朝鮮及關東軍各派相當兵力向華北出動。12 日，日本參謀本部研訂了「對支作戰計畫」，並任命香月清司繼田代皖一郎為華北駐屯軍司令官，香月當日即去天津就任。15 日，香月作成「作戰計畫策定」，以「速以武力膺懲中國第二十九軍」為首項任務。⓭表面上，卻偽稱願與宋哲元商談「就地解決」的條款。

　　宋哲元於事變發生時，尚在山東樂陵原籍。他於 7 月 11 日由樂陵抵達天津，竟亦誤信和平解決為可能，滯津達十日之久。香月清司對宋提出至

　　回憶錄〉。

❽　寺平忠輔著，吳文星譯，《日本的悲劇——盧溝橋事件》，未刊稿。

❾　吉星文，〈盧溝橋保衛戰回憶錄〉；郭廷以，《近代中國史綱》，頁 682。

❿　吳相湘，〈盧溝橋頭第一槍〉，見《近代史事論叢》，第 1 冊；嚴靜文，〈七七事變誰先開槍的問題——駁若干日本歷史學者的謬說〉，見《明報月刊》，8 卷 7 期，1973 年 7 月。

⓫　《蔣總統祕錄》，第 11 冊，頁 9。

⓬　李雲漢，《宋哲元與七七抗戰》，頁 189–190。

⓭　日本《現代史資料 9》，頁 15。

為嚴苛的條件，宋於 19 日亦一一接受。19 日宋回到北平，尚認為和平解決「已有七成希望」，[14] 且有停止戰備的表示。及其會晤來自南京之參謀次長熊斌後，始了解政府應戰的決心；日軍旋又進佔廊坊，宋乃決心準備迎戰。

蔣中正委員長在七七事變發生時，正在廬山主持軍官訓練團和廬山談話會。7 月 8 日獲知事變消息，即令宋哲元準備抵抗，要宋去保定指揮；並令外交部向日方提出抗議。9 日，蔣委員長令孫連仲等返防，並派四個師北上應變；同日，外交部再向日方提出抗議。12 日，政府聲明任何解決辦法非經中央核准者，概屬無效。17 日，蔣委員長對參加廬山談話會的教育領袖與社會名流發表政策性演說，聲明中國政府的立場是「應戰而不求戰」，宣布解決這次事變最低限度的條件四項：

㈠任何解決不得侵害中國主權與領土的完整。

㈡冀察行政組織，不容任何不法的改變。

㈢中央政府所派地方官吏，如冀察政務委員會委員長宋哲元等，不能任人要求撤換。

㈣第二十九軍現在所駐地區，不能受任何約束。[15]

這四項條件，是中國政府維護其領土完整與主權獨立的當然立場。但中國政府此一立場，並未得到日本政府的尊重。英國駐華大使許閣森 (Hughues Knatchbull-Hugessen) 透過英、美駐日使節對日本政府進行試探和平的努力，亦歸於徒然。[16] 日軍於 7 月 26 日佔領廊坊後，復由豐臺派兵一中隊冒稱城內日使館衛隊演習歸來，企圖混進北平，致發生廣安門中日軍衝突事件。當日晚，香月清司向宋哲元提出最後通牒，要求二十九軍撤退，限 28 日正午前答覆。不意 27 日日軍即開始向團河、南苑一帶進攻，宋哲

---

[14] 《中日外交史料叢編》，第四冊：《盧溝橋事變前後的中日外交關係》，頁 201，楊開甲電。

[15] 《廬山談話會第一期第二次共同談話紀錄》，民國 26 年 7 月 16 日。

[16] T. K. Tong, *China's Decision for War* (Columbia University Paper, 1963);《宋哲元與七七抗戰》，頁 199。

元遂亦通電各方，決心抗日守土。

　　二十九軍將士雖英勇奮戰，但武器窳劣，無法抵抗日軍的猛烈砲轟與瘋狂轟炸。副軍長佟麟閣 (1893–1937) 與一四三師師長趙登禹 (1890–1937) 於 28 日陣亡，宋於當日下午召集緊急會議後，決定前往保定，北平棄守。天津守軍與日軍血戰一晝夜後撤退，天津遂於 30 日陷落。至是，華北兩大名城悉告陷落。中國除全面抵抗外，別無他途。蔣中正委員長於 7 月 31 日對中外聲明：「政府有保衛國土，維護主權，保護人民的責任。現在政府惟一的急務即在實施它既定的計畫，領導全國軍民為保衛國土而奮鬥到底。」❼同日發表〈告全軍將士書〉，很沉痛的宣告：「我們自九一八失去了東北四省以後，民眾受了痛苦，國家失了土地，我們何嘗一時一刻忘記這種奇恥大辱。這幾年來的忍耐，罵了不還口，打了不還手，我們為的是什麼？實在為的是安定內部，完成統一，充實國力，到最後關頭來抗戰雪恥。現在既然和平無望，只有抗戰到底，那就必須舉國一致，不惜犧牲，來和倭寇死拼！」❽

二、第一期作戰——獨力奮戰四年

　　為期八年的對日抗戰，分為兩期：第一期自七七事變到珍珠港 (Pearl Harbor) 事變 (1937–1941)，為時四年，係中國獨力奮戰時期；第二期係自珍珠港事變至日本戰敗投降 (1942–1945)，亦為四年，係與同盟國共同作戰時期。

　　中國的兵力是無法與日本相比的。就陸軍而言，日本的現役官兵雖只三十八萬人，但戰時可動員的總兵力則高達四百八十萬。中國現役官兵號稱一百七十餘萬，但無後備兵員，動員力量幾等於零。就海軍言，日本為當時世界三大海軍國之一，艦艇約一百九十餘萬噸，中國海軍艦艇合為五萬九千噸，尚不及日本三十二分之一。就空軍言，日本有飛機兩千七百餘架，中國各型飛機合計為三百一十四架，❾據陳納德 (Claire L. Chennault)

---

❼　Shuhsi Hsu, *How the Far Eastern War Begun*, p. 66.

❽　張其昀，《黨史概要》，第 3 冊，頁 1150–1151。

調查，只有九十一架可用於作戰。❷兵力既相差懸殊，因此中國政府於戰爭開始後，即決定採消耗戰與持久戰的長期抵抗策略——並以空間爭取時間，以政略指導戰略，以戰略主動彌補戰力不足，來對抗日軍的「速戰速決」。

平津陷落後，日軍分兵進攻綏、晉，是為北戰場，為日軍的主力所在。8 月 13 日，上海日軍藉口一名日軍軍官大山勇夫及一名日兵於 8 月 9 日在虹橋機場附近為中國警衛擊斃的事件，開始向吳淞江灣間國軍進攻，爆發了淞滬戰爭，是為東戰場。蔣委員長基於戰略上的有利考慮，接受陳誠的建議，集結重兵於淞滬並採取攻勢，目的在誘使日軍以東戰場為主戰場，以免除日軍自平漢路南攻武漢將中國分為兩半的危險。❷日軍果然大舉增兵，中國亦將精銳部隊用於上海，因而壯烈的淞滬保衛戰進行至三個月之久。軍事委員會劃東戰場為第三戰區，蔣委員長自兼司令長官，陳誠、顧祝同、張治中、張發奎等名將任戰地指揮官，寸土必爭，傷亡慘重，外報對我軍作戰之英勇，無不讚佩有加。閘北撤退後，謝晉元 (1905-1941) 率八百壯士堅守四行倉庫的孤軍奮戰精神，尤令人感奮。❷倫敦《新聞記事報》10 月 28 日的社論中曾稱：「華軍在滬抵抗日軍攻擊之戰績，實為歷史中最英勇光榮之一頁。」❷

空軍於滬戰爆發後次日——8 月 14 日，一方面出擊上海敵軍據點及船艦，一方面迎擊來襲杭州之日本海軍木更津航空隊，造成零比六之光榮戰績。其後政府即以 8 月 14 日為空軍節。其後三日內，我空軍在京滬杭地區上空，總計擊落日機四十六架。

國軍之堅守上海，除盡守土之責外，尚有兩項目的：一為掩護長江下

---

❶ 何應欽，《日軍侵華八年抗戰史》，頁 27。

❷ 陳納德著，陳香梅譯，《陳納德將軍與中國》，頁 41。

❷ 〈陳辭修先生傳略〉，《陳故副總統紀念集》，頁 19。

❷ 謝晉元時為八十八師五二四團團附代理團長，所率僅楊瑞符營四百五十二人，於堅守四行倉庫四日後，退入公共租界。

❷ 何應欽前書，頁 45。

游各地工廠資源之內遷,一為希望國際聯盟於 11 月召集九國會議討論中日衝突時,能立於有利之地位。奮戰至 10 月 26 日,主要陣地淪陷,退駐蘇州河南岸。日軍增援部隊由杭州灣登陸北進,我軍感受威脅,遂於 11 月 9 日撤退上海。

11 月 20 日,國民政府宣言遷都重慶,實際上政府各機構則係集中武漢辦公,軍事指揮中樞仍在前線。日軍乘勝西進,指向南京。12 月 13 日,南京陷落。日軍入城後展開瘋狂之大屠殺,姦淫、搶劫、燒殺,無所不為,不及撤離之軍隊及民眾被害者,達三十萬人,南京頓成為人間地獄。24 日,杭州陷敵。以淞滬保衛戰為中心的長江下游作戰,暫時告一段落。

北戰場方面,軍事委員會劃平漢、津浦路為第一戰區,程潛為司令長官;晉察為第二戰區,閻錫山為司令長官。由共軍改編之第八路軍朱德部,亦列第二戰區戰鬥序列,歸閻錫山指揮。11 月,復將津浦路劃為第六戰區,以馮玉祥為司令長官。各軍奮勇迎戰,浴血死戰,於南口、忻口等地,均曾於激烈戰鬥後始告失守。9 月 25 日,第六集團軍楊愛源部及八路軍一一五師林彪部曾阻擊日軍於平型關,獲得大捷,為北戰場之首次勝利。然裝備不足之國軍終無法阻遏日軍攻勢,保定、石家莊、安陽、滄縣、德州等要地,先後陷落。山東省政府主席兼第三路軍總指揮韓復榘不戰而退,致日軍於 12 月 27 日進入濟南,並長驅南下,青島遂不得不於 12 月 31 日撤守。韓復榘抗命畏戰,於 27 年 3 月經軍法審判處死,為戰爭初期受到軍法制裁之惟一上將級指揮官。

27 年 2 月,沿津浦路南下之日軍與自南京北上之日軍,相向並進,企圖合圍徐州,以擊潰集結於該地區之國軍主力。3 月間,北路南下日軍先後在滕縣、臨沂等地受到國軍的堅強抵抗,損失至重。4 月 5、6 日間,孫連仲、張自忠、關麟徵、湯恩伯等部國軍痛殲日軍於臺兒莊,使日軍精銳第五師團板垣征四郎及第十師團磯谷廉介兩部,受到重創,是為臺兒莊大捷。❷ 南北兩路日軍雖於 5 月中旬會師於徐州地區,但發現國軍主力早已

❷ 國防部史政局,《中日戰爭史略》,第二冊,頁 213–215;苟吉堂,《中國陸軍第三方面軍抗戰記實》(文星書店影印本),頁 65–67。

撤退，所佔領的僅是徐州空城。日軍轉向西進，至開封以西卻又為黃河在花園口的決堤泛濫所阻。5月19日，中國空軍飛機兩架，分別由第十四隊隊長徐煥昇和副隊長佟彥博駕駛，飛臨日本九州長崎、福岡等地上空投下了大批傳單，成功的作了一次「人道遠征」，為日本建國以來其領空第一次被外國飛機侵入。❷❺

第一期抗戰過程中，最重要的一次戰役為武漢會戰。自27年6月15日日軍佔領安慶起，即已進入武漢會戰的前哨戰鬥。國軍防守武漢的司令官，是武漢衛戍總司令陳誠。日軍則動員了陸海空軍，並於進攻馬當、湖口等要塞時，施放了毒氣。經過將近四個月的苦戰，日軍死傷在二十萬人以上。❷❻日軍為策應武漢作戰，於10月12日登陸廣東大亞灣進襲廣州，廣州不幸於10月21日陷落。豫南重鎮信陽亦告不守，日軍得以越武勝關南下。我決策當局遂決定放棄武漢，各部隊分別順利轉進，日軍於10月25日進佔武漢。蔣中正委員長於10月31日發表〈武漢撤退告全國軍民書〉，呼籲國人認清「持久抗戰與全面抗戰」之真諦，以「更哀戚、更悲切、更踏實、更刻苦、更勇猛奮進」的精神，以爭取抗戰最後的勝利。

日軍佔領武漢後，暫時停止西進。一方面加強對我後方主要城市的轟炸，重慶受災最慘，只28年5月3、4兩日的大轟炸，即有四千四百人喪生；一方面於28年2月進佔海南島，顯示其南進的決心；一方面又先後發動隨棗戰役、第一次進攻長沙之役、進佔南寧之役、贛北之役、棗宜之役、進攻上高之役、第二次進攻長沙之役以及進攻晉東南及中條山之役。國軍亦重新調整戰區及軍隊部署，建立冀察、魯蘇兩敵後戰區，發動全面游擊戰爭。於敵軍進犯，則予痛擊，尤以長沙兩次大捷及棗宜戰役中第三十三集團軍總司令張自忠壯烈殉職，國人無不感動奮發。28年12月之攻克桂南崑崙關戰役，乃為國軍與日軍進行陣地戰與攻堅戰獲得勝利的首次戰例。

---

❷❺　吳相湘，《第二次中日戰爭史》，上冊，頁447–448。

❷❻　何應欽前書，頁88。

三、汪兆銘叛國降敵

日本人於佔領中國土地後，即製造一個傀儡組織來欺騙世人，乃其一貫的故伎，東北的偽滿、華北的偽蒙和偽冀東，無非都是日本軍閥玩弄下的工具。26 年 8 月佔領平、津後，即有偽「中華民國臨時政府」的出現，以王克敏為傀儡；12 月佔領南京，又有所謂「中華民國維新政府」的組織，以梁鴻志為傀儡。王、梁都是北洋時代的腐敗官僚，聲名狼藉，絲毫不起號召作用，日人遂又決定找尋較有影響力的人物，出面組織偽政權，供其驅策。日人最初屬意於唐紹儀，唐亦有意，但於 27 年 9 月 30 日為愛國人士刺殺。日人遂轉而拉攏汪兆銘，通過高宗武、董道寧等人與汪進行祕密勾結。❷❼

汪兆銘於抗戰爆發時，為中央政治會議主席。他對抗戰前途缺乏信心，早在淞滬戰爭正在進行之際，汪左右的人如周佛海、梅思平等，即有所謂「低調俱樂部」的組織。南京淪陷，汪雖也跟隨政府到了武漢，但信心全失，嘗以「葉落又歸根」的詩句暗示其主和的主張。❷❽ 事實上，汪妻陳璧君、梅思平等已在香港為汪安排「提出和議」的時機。高宗武於 27 年 2、3 月間，在香港與日方接洽，7 月並曾至東京會商。10 月武漢淪陷後，汪益感前途無望，雖也去了重慶，但已決心求和。11 月 3 日，日本首相近衛文麿發表「建立東亞新秩序」的聲明，實為誘汪而發。同月 20 日，高宗武與日本參謀本部謀略課長影佐禎昭簽訂了所謂《中日協議記錄》，❷❾ 汪即開始作「脫出重慶」的打算。12 月 18 日，汪遂飛往昆明，21 日轉抵河內。近衛聞悉後立於 22 日發表「與更生中國相提攜」的聲明，汪遂於 29 日發表了響應近衛聲明要求國民政府與日本議和的艷電。消息傳出，舉國譁然，中國國民黨於 28 年 1 月 1 日決議永遠開除其黨籍，並撤除其一切職務。各

---

❷❼　龔德柏，《汪兆銘降敵賣國密史》（臺北，民國 52 年），頁 21–36。

❷❽　陶希聖，《潮流與點滴》，頁 165。

❷❾　陶希聖，〈日汪偽約十論〉，見《中國近代史論叢》，第 1 輯，第 9 冊，頁 213–253。

方譴責聲討之呼聲，充滿國內。然汪毫無悔意，終於走上叛國投敵之路。**❸⓪**

　　但汪的偽組織進行並不順利。他於 28 年 3 月赴上海，11 月始與日方在上海談判《日支新關係調整要綱》。**❸①**由於《要綱》內容係亡國條件，參與談判的高宗武、陶希聖二人心有不忍，乃攜帶《要綱》全文逃往香港，予以披露，**❸②**汪的賣國證據遂普傳於天下，成為國人皆曰可殺的漢奸。12 月 22 日，汪、日簽署了這份《日支新關係調整要綱》，29 年 3 月 30 日，汪偽政權在南京成立──仍稱「國民政府」，並設立「五院」，汪以偽主席兼行政院長，陳公博為立法院長，溫宗堯為司法院長，王揖唐為考試院長，梁鴻志為監察院長。**❸③**這批漢奸，就職當日即為國民政府明令通緝。33 年 11 月，汪病死日本名古屋，陳公博繼其偽職。34 年 8 月日本戰敗投降，偽組織宣布解散，陳公博、周佛海、陳璧君等均以叛國罪接受國法制裁。**❸④**

四、珍珠港事變後的第二期作戰

　　民國 30 年 (1941) 12 月 8 日（美國時間為 12 月 7 日），日本海空軍突襲美國太平洋海軍基地珍珠港，太平洋戰爭爆發。中國的抗日戰爭至此成為第二次世界大戰的一部分，稱為「中國戰區」。國民政府軍事委員會委員長蔣中正為盟國推為中國戰區最高統帥，國軍開始在世界反侵略戰爭中扮演一個重要角色。

　　太平洋戰爭，是日本侵略政策必然發生的結果。26 年中日戰爭爆發時，美國不僅採中立態度，且繼續以汽油、廢鐵等戰略物資供應日本。**❸⑤**27 年 7 月，美國政府公布《對日戰略物質禁運令》，為其政策改變之始。但對日

---

❸⓪　汪留河內期間，28 年 3 月 21 日曾遇刺，未中，誤斃其祕書曾仲鳴。

❸①　同**❷⑨**。

❸②　發表於香港《大公報》，民國 29 年 1 月 21 日。

❸③　有關汪偽組織史料，均見近代中國出版社出版，《中華民國重要史料初編──抗戰時期》，第 6 編，《傀儡組織》，第 3–4 冊。

❸④　陳公博死刑，周佛海、陳璧君均無期徒刑，先後病死獄中。

❸⑤　郭榮趙，《抗戰初期美國對華政策之分析》，《幼獅月刊》，41 卷 7 期，民國 64 年 7 月。

本施以直接的壓力，則是 28 年 (1939) 的事。日本於 27 年 12 月宣布「建立東亞新秩序」及 28 年 2 月之進佔海南島，自然對反侵略國家構成一項警報，美國政府因於 1 月間下令禁運飛機零件附屬設備及炸藥至日本，2 月，貸予中國二千五百萬美元。6 月，日本決定南進，美國便於 7 月宣布廢止《日美商約》，次年——1940 年 8 月美下令對日本禁運汽油、廢鐵、機器及軍用物資。9 月，日本與德、意締結軍事同盟並進軍北越，美國遂宣布對日全面禁運。情勢越變越壞，美國終於在民國 30 年 (1941) 7 月下令凍結日本在美資產。日本於珍珠港事變爆發前九個月，曾派新任駐美大使野村吉三郎和美政府談判，但沒有結果。1941 年 10 月，日本首相近衛文麿辭職，陸相東條英機出組內閣，美日間的戰爭已不可避免。東條雖加派來栖三郎為特使赴華府協助野村談判，目的不過在拖延時間而已。由於美國政府拒絕日本的勒索，日本遂於 12 月 1 日的御前會議中決定對美、英、荷三國開戰。

國民政府於珍珠港事變的次日——30 年 (1941) 12 月 9 日，正式布告對日宣戰並同時對德、意兩國立於戰爭地位，廢止一切條約協定與合同。❸❻蔣中正委員長又分別照會美、英、蘇三國元首，建議由中、美、英、蘇、荷五國，訂立聯盟作戰計畫，由美國領導執行。蔣委員長的看法是：「世界大局，必為一整個之總解決，斷不容分別各個之媾和；否則，雖成亦敗矣。」❸❼

日本於突襲珍珠港後，立即對南洋攻擊，所向披靡，月餘之間，連佔關島、香港、馬尼剌、新加坡，暹羅已屈服，日軍直趨緬甸。此時同盟國惟一之勝利，為中國湖南之第三次長沙大捷，國軍追奔逐北，日軍傷亡慘重，英、美等國將領及輿論，均歡欣稱道。❸❽指揮此一光榮戰役之指揮官為第九戰區司令長官薛岳，國人譽之為抗日名將，士氣民心均為之大振。

中國抗日戰爭與世界大戰合一，中國之國際地位為之提高，在美國政

---

❸❻　兩項布告及國民政府訓令原文，均見《國民政府公報》，渝字第四二一號，重慶，民國 30 年 12 月 10 日。

❸❼　秦孝儀，《總統蔣公大事長編初稿》，卷 4 （下），頁 771。

❸❽　吳相湘，《第二次中日戰爭史》，下冊，頁 792–798。

府的善意提議下，中國列為四強之一。中國派遣遠征軍進入緬甸作戰，曾救出被日軍包圍於仁安羌 (Yenang yaung) 的英軍，蔣委員長並前往印度訪問，與印度民族領袖甘地 (Mohands Karamchand Gandhi, 1869–1948) 會晤，於印度對於盟國的態度自有良好的影響，蔣委員長並曾建議英政府給予印度自治地位。❸

美國對中國的援助，自然是中國抗戰最大的助力。尤其是陳納德率領下的飛虎航空隊——其後擴編為第十四航空隊，足以彌補中國空軍力量之不足，是有不可忽視的功績的。❹但美國軍事及外交人員在中國，有其利，亦有其弊。最顯著的例證，乃是中印緬戰區美軍總司令兼中國戰區參謀長史迪威 (Joseph W. Stilwell) 之狂傲、自私與野心，終使蔣委員長不得不請羅斯福總統將其撤換，另由魏德邁 (Albert C. Wedemeyer) 接替其職務。史家稱此事為「史迪威事件」，於中美戰時及戰後關係均有不良的影響。❹美國駐華大使館內的親共媚共分子，不時為破壞政府信譽的言論與報告，尤其使中美關係蒙上陰影。❹

軍事上，國軍除印緬遠征外，先後有 31 年的浙贛會戰，32 年的中條山諸役、常德會戰，33 年的豫中會戰及湘衡會戰，34 年的湘西會戰與桂柳反攻作戰。國軍的戰鬥序列亦重作調整，計分為十個戰區，駐印軍及四個方面軍。戰區司令長官依次為胡宗南、閻錫山、顧祝同、張發奎、李宗仁、孫連仲、余漢謀、朱紹良、薛岳、李品仙；方面軍司令官依次為盧漢、張發奎、湯恩伯、王耀武。❹國軍官兵均英勇作戰，常德保衛戰中，師長許

---

❸ 張其昀，《黨史概要》，第 4 冊，頁 1654–1665；〈總統蔣公訪印史料三種〉，見《先總統蔣公有關論述與史料》，頁 377–431。

❹ 陳納德在華工作成效，見其所著 *Way of A Fighter* 一書，陳香梅譯為中文，初題為《我與中國》，華國出版社出版，繼又改題為《陳納德將軍與中國》，傳記文學社出版，民國 67 年 7 月。

❹ 美國人所著史迪威事件有關各書，多替史氏辯護，中文著作惟梁敬錞著，《史迪威事件》（臺灣商務印書館，民國 60 年初版，71 年增訂版）。

❹ 此等美國官員，主要的為 John P. Davies, John S. Service, 和 John K. Fairbank, 有人稱他們為 Three Red Johns。

國璋、彭士貴、孫明瑾均戰死，其慘烈可知。日軍欲打通自華北至越南的陸上通路，於 33 年 1 月起實施所謂「一號作戰計畫」，對河南、湖南及廣西作孤注一擲的進攻，終於攻陷了洛陽、許昌、長沙等要地，衡陽於經過四十七天的鏖戰後亦陷敵手，守軍第十軍軍長方先覺不幸被俘。❹ 而保衛長沙作戰不力之第四軍軍長張德能，則被判處死刑。日軍乘勝進攻廣西，連陷桂林、柳州，至 12 月 2 日攻佔貴州獨山，後方為之震動，所幸國軍援軍適時發動反攻，擊退日軍，局勢始告穩定。而知識青年從軍運動則在各地熱烈展開，中外觀感均為之一新。

　　民國 33 年 (1944) 為抗戰過程中最為艱苦的一年。盟軍在歐陸及太平洋諸島均獲進展，而中國在湘桂戰場失利，因而招致外人的惡意批評，史迪威尤甚。惟親自率部對東戰場作空中支援的陳納德及其部屬則均證實：「華軍的物質配備情況是壞到可怕，而他們的鬥志旺盛，士氣高昂，帶著惡劣武器、疾病，和面對數量裝備均佔優勢之敵，奮勇作戰，絕不訴苦。」❺

　　33 年 12 月，中國陸軍總司令部在昆明成立，何應欽任總司令。34 年春，國軍開始在印緬及桂粵發動反攻，捷報頻傳。1 月，滇西國軍與由印度入緬之遠征軍在緬北會師，中印公路全線貫通。5 月，國軍在湘西大捷，並攻克福州、南寧等要地。6 月攻克柳州，7 月收復桂林，正擬乘勝合圍廣州，而日本則因美國於 8 月 6 日、9 日兩次投擲原子彈及蘇聯於 9 日對日宣戰，不得不於 8 月 14 日正式宣布接受中、英、美三國〈波茨坦宣言〉(Potsdam Declaration) 的條款，向同盟國無條件投降。歷時八年一個月又七天的對日抗戰，乃告勝利結束，自甲午 (1894) 戰敗以來的國恥為之湔雪，臺灣、澎湖均重歸中國版圖。

---

❹　何應欽，《日軍侵華八年抗戰史》，頁 214–250；張發奎，《抗日戰爭回憶錄》（香港，民國 70 年）。

❹　吳相湘，《第二次中日戰爭史》，下冊，頁 997–1003。

❺　陳香梅譯，《陳納德將軍與中國》，頁 324。

五、勝利與受降

依據盟軍總部規定之接受日軍投降區域劃分，中國戰區之受降範圍為中國（東北除外，歸蘇軍受降）、臺灣及越南北緯十六度以北地區。日軍投降代表為日軍「支那派遣軍」總司令官岡村寧次，中國戰區受降代表為最高統帥蔣中正特派代表何應欽。8月21日，日軍洽降代表今井武夫奉令飛抵芷江，接受《中字第一號備忘錄》，規定日軍投降應準備事項。❹⁶ 陸軍總部副參謀長冷欣旋即奉令進駐南京設立前進指揮所，監視日軍對中國總部受降命令的執行。同月22日，何應欽通知岡村寧次；各預定受降主官將分別設立前進指揮所於河內、廣州、汕頭、長沙、南昌、上海、武昌、徐州、北平、濟南、洛陽、開封、太原、歸綏、杭州，與南京前進指揮所執行同樣之職務。 ❹⁷

同盟國盟軍總部之受降典禮，係於民國34年(1945)9月3日在停泊於東京灣之美艦米蘇里 (S. S. Missouri) 號甲板上舉行，中華民國政府特派徐永昌代表參加。中國戰區受降典禮係於9月9日在南京舉行，何應欽以「中國戰區最高統帥特級上將蔣中正特派代表」身分，接受了日軍投降代表岡村寧次簽署之降書。 ❹⁸ 當日，何應欽命令岡村寧次，即日起將「支那派遣軍總司令官」名義取消，10日開始改稱「中國戰區日本官兵善後總聯絡部長官」。 ❹⁹

日本投降，是我國歷史上的一件大事。國立西南聯合大學在昆明所樹抗戰勝利紀念碑碑文中，一開始就作了如此莊重的記載：

---

❹⁶ 中華民國外交問題研究會，《中日外交史料叢編》，第七冊：《日本投降與我國對日態度及對俄交涉》（臺北，民國55年），頁10。

❹⁷ 同上書，頁14–15。

❹⁸ 《日本降書》共九條，由岡村寧次簽署，惟於受降典禮中面呈降書者並非岡村本人，而是參謀長小林淺三郎。

❹⁹ 〈中國戰區中國陸軍總司令部命令〉，軍字第一號，民國34年9月9日。

中華民國三十四年九月九日，我國家受日本之降於南京；上距二十
六年七月七日盧溝橋之變，為時八年；再上距二十年九月十八日瀋
陽之變，為時十四年；再上距清甲午之役為時五十一年。舉凡五十
年間日本所鯨吞蠶食於我國家者，至是悉備圖籍獻還。全勝之局，
秦漢以來所未有也。❺⓿

　　各戰區之受降主官及地點及日軍投降主官與部隊番號，至九月四日始
作最後確定，如下表所示：

區號	中國受降主官	受降地點	日本投降主官
一	第一方面軍司令官 盧　漢	河　內	土橋勇逸
二	第二方面軍司令官 張發奎	廣　州	田中久一
三	第七戰區司令長官 余漢謀	汕　頭	田中久一
四	第四方面軍司令官 王耀武	長　沙 衡　陽	坂西一良
五	第九戰區司令長官 薛　岳	南　昌 九　江	笠原幸雄
六	第三戰區司令長官 顧祝同	杭　州	松井太久郎
七	第三方面軍司令官 湯恩伯	上　海 南　京	松井太久郎 十川次郎
八	第六戰區司令長官 孫蔚如	漢　口	岡部直三郎
九	第十戰區司令長官 李品仙	徐　州	十川次郎
十	第十一戰區司令長官 孫連仲	北　平	根本博

❺⓿　原碑拓本，國史館藏。

十一	第二戰區司令長官 閻錫山	太　原	澄田徠四郎
十二	第一戰區司令長官 胡宗南	鄭　州	鷹森孝
十三	第五戰區司令長官 劉　峙	郾　城	鷹森孝
十四	第十一戰區副司令長官 李延年	濟　南	細川忠康
十五	第十二戰區司令長官 傅作義	歸　綏	根本博
十六	英海軍少將哈考脫 (Cecil Harcourt)	香　港	田中久一
十七	臺灣行政長官 陳　儀	臺　北	安籐利吉

　　上項受降區中，情形特殊者為香港。香港在中國戰區範圍內，盟軍總部最初亦規定由中國戰區統帥受降，但英國政府反對，並表示重佔香港的決心。最後中國政府讓步，僅在名義上由中國戰區最高統帥授權英國海軍少將哈考脫 (Cecil Harcourt) 主持受降，中國則有軍事代表團駐於九龍，並派潘華國參加受降典禮。至 36 年，中國軍事代表團結束。香港復落入英人殖民統治之下。❺❶

　　中國大陸、臺灣及越南北緯十六度以北地區日軍，總計有一百三十萬人向中國戰區最高統帥投降，連同日僑則為二百一十三萬八千人。此等日俘日僑，均由美國協助中國政府陸續遣返日本。❺❷主要戰犯如谷壽夫、酒井隆等則由國防部軍事法庭判處死刑。❺❸

---

❺❶　吳相湘前書，頁 1202；關國煊，〈由「中英平等新約」到「中（共）英聯合聲明」〉；尹駿，〈勝利後國軍率先光復香港記〉；均見《傳記文學》，46 卷 3 期，民國 74 年 3 月。

❺❷　何應欽，《中國戰區中國陸軍總司令部受降報告書》（南京，民國 35 年）。

❺❸　谷壽夫為南京大屠殺之主兇，酒井隆為蹂躪粵港之主兇，計共判處死刑之日軍戰犯為一百四十一名。土肥原賢二、松井石根等戰犯則由遠東國際軍事審判法

第二節　戰時內政

一、抗戰建國綱領

抗戰開始，國家進入非常時期，政府需要設立最高統帥部，以統籌軍事全局。26 年 8 月 12 日，國防會議決議即以軍事委員會為抗戰最高統帥部，設置祕書廳及一至六部，分掌軍令、軍政、經濟、政略、宣傳、組訓等事宜。27 年 1 月，軍事委員會調整組織，將原設祕書廳及第一至第六部取消，改設軍令、軍政、軍訓、政治四部，並以參謀總長何應欽兼軍政部長、副參謀總長白崇禧兼軍訓部長、徐永昌為軍令部長、陳誠為政治部長。另設軍法執行總監、航空委員會、後方勤務部及辦公廳。

抗戰一役，本為中華民族存亡絕續的重要關鍵。國民政府以全民團結相號召，各黨派亦以共赴國難而支持政府。26 年 7 月，政府在廬山舉行談話會時，已邀請中國青年黨、中國國家社會黨及無黨派之社會與文化人士參加，形成舉國團結的現象。7 月 15 日，中共代表周恩來赴廬山晉見蔣委員長，提出服從政府共赴國難之保證。8 月 22 日，軍事委員會明令改編共軍為國民革命軍第八路軍，任朱德為總指揮，彭德懷副之。9 月 9 日，政府設置國防參議會，聘各黨派領導人士及社會名流曾琦、張君勱、胡適、傅斯年、周恩來等二十四人為參議員，並以汪兆銘為議長，是為戰時初期的諮議機構。❺❹ 9 月 22 日，中共發表〈共赴國難宣言〉，保證實行三民主義，取消暴動及赤化活動，取消蘇維埃政府及改編共軍為國軍參加抗戰，❺❺

庭判處絞刑。

❺❹ 二十四位參議員名單中，屬於青年黨者為曾琦、李璜、左舜生，屬國家社會黨者為張君勱、江庸、張東蓀，屬共產黨者為周恩來、毛澤東、秦邦憲，屬於社會人士者為張伯苓、梅貽琦、胡適、傅斯年、蔣百里、黃炎培、梁漱溟、晏陽初等，其餘均為國民黨籍。

❺❺ 蔣中正，《蘇俄在中國》，頁 81–82。

全國軍民無不振奮。

27 年 1 月，行政院之組織與人事再作調整，由孔祥熙任院長。3 月 29 日，中國國民黨在武昌召開臨時全國代表大會，作了四項重大的決議：

㈠設置總裁，為黨的最高領袖，推舉蔣中正為總裁。

㈡制訂《抗戰建國綱領》。

㈢結束國防參議會，另設國民參政會。

㈣設立三民主義青年團。❺❻

蔣中正以總裁身分於 4 月 1 日對全體代表講話時，公開宣稱這次抗戰，必須以「恢復臺灣失土為我們的職志。」❺❼

《抗戰建國綱領》，為戰時全國共同遵守的最高準則。其內容包括外交、軍事、政治、經濟、民眾運動、教育等六項，共三十二條。其主要精神在於抗戰與建國同時並進，而其基本前提為〈總則〉中之兩條：

㈠確定三民主義暨總理遺教為一般抗戰行動及建國之最高準繩。

㈡全國抗戰力量應在本黨及蔣委員長領導之下，集中全力，奮勵邁進。

《抗戰建國綱領》序文中，中國國民黨對全國人民要求「捐棄成見、破除畛域，集中意志，統一行動」。《綱領》公布後，各黨各界均表示擁護。中國青年黨領袖左舜生，中國國家社會黨領袖張君勱，均先後致書中國國民黨總裁蔣中正，誠申合作一致，團結禦侮之忱，蔣亦亦復函申謝，表示「願共同電勉」。❺❽蔣中正並曾考慮到各黨派合併為一大黨以加強團結事，但因共產黨不同意，此議遂寢。

中國國民黨為適應戰時需要，亦作了幾項重要的舉措：其一，改進黨務並調整黨政關係，使黨政軍能密切配合；其二，設立中央訓練團，有計畫的訓練各級黨政幹部；其三，三民主義青年團於 27 年 7 月 9 日正式成立，推行青年組訓與戰時服務；其四，28 年 1 月 28 日，決定停止 26 年 9 月成立之國防最高會議，另組織國防最高委員會，推中國國民黨總裁為委員長，

❺❻　會議紀錄原件，黨史會藏。

❺❼　同上。

❺❽　張君勱函為 27 年 4 月 13 日，左舜生函為 4 月 21 日，蔣中正復函為 4 月 24 日。

統一黨政軍之指揮，為戰時最高決策機構。❺❾至是，蔣中正最高領袖的地位更形確定。

二、國民參政會之地位及其功能

《抗戰建國綱領》第十二條規定：「組織國民參政機關，團結全國力量，集中全國之思慮與識見，以利國策之決定與推行。」中國國民黨中央執行委員會乃擬定〈國民參政會組織法草案〉，提付五屆四中全會於 27 年 4 月 7 日通過。❻⓿當即進行籌備，繼於 7 月 1 日發表首屆參政員名單，至 7 月 6 日第一屆第一次大會遂在武漢正式開幕。

國民參政會是國民政府在抗戰期間，為「集思廣益，團結全國力量」而設立的機構。❻❶外人喜歡稱之為中國的「戰時國會」(Wartime Parliament)，實則國民參政會雖具有民意機構的性質，但就參政員產生的程序以及其職權範圍而言，卻並不是國會；最多，當時的政治情勢有利於其發展成為「戰時國會」。❻❷

國民參政會設議長、副議長。首任議長為汪兆銘，副議長為張伯苓。27 年 12 月汪兆銘脫離政府繼之叛國降敵後，由蔣中正繼任議長。首屆參政員為二百人，分別來自各省市、蒙藏、海外僑民及社會名流，係由遴選方式產生。其中屬於社會名流者一百人，均係各黨派之領導人物與文化及經濟團體領導人，其言論與行動最受社會與政府所重視。

國民參政會成立之初，對政府施政具有三種權力：一為決議權──即政府對內對外之重要施政方針，於實施前應提交國民參政會決議；二為建議權──參政會得提出建議案於政府；三為詢問權──參政會有聽取政府的施政報告及向政府提出詢問案之權。❻❸第二屆參政會以後，又增加了調

---

❺❾ 張其昀，《黨史概要》，第 3 冊，頁 1236。

❻⓿ 《革命文獻》，第 79 輯，頁 455。

❻❶ 〈國民參政會組織條例〉第一條。

❻❷ 徐乃力，〈中國的「戰時國會」：國民參政會〉，見薛光前編，《八年對日抗戰中之國民政府》（臺灣：商務印書館，民國 67 年），頁 311–353。

查權及預算審議權，卻有相當的限制，如調查權僅適用於政府委託考察之事項。國民參政會儘管不具備國會的充分權力，但其五種權力如能聯貫使用，仍發生監督政府的相當作用，且詢問權的行使，「那更增加了參政會的權威不小。」❻

國民參政會可以設置審議性、研究性及調查性之組織，如川康建設期成會、經濟動員策進會、經濟建設策進會、憲政期成會、軍風紀調查團、川康經濟調查團、延安視察團等是。其中憲政期成會，係由張君勱、黃炎培、周覽等十五位參政員組成，目的在促進憲政的早日實現，曾就《五五憲草》提出修正案，對戰時民主憲政的推進不無助成之功。

第一屆國民參政會，自27年7月至29年4月，共開大會五次，大體上能發揮其功能，對政府及人民均發生鼓舞與激勵作用。第二屆參政員名額擴充為二百四十人，其產生來源亦有變更。更加共產黨籍七名參政員秦邦憲、吳玉章等藉口「皖南事件」——即新四軍叛變被敉平事件，拒絕出席，參政會的前途乃蒙上陰影。❺及30年10月中國民主政團同盟成立，參政會乃成為政黨權力角逐的場所。33年10月，中國民主政團同盟改組為中國民主同盟，共黨分子及野心政客遂得以個人身分加入，張瀾、沈鈞儒等又以中共同路人自居，參政會的性質有了劇烈的轉變。關於「民盟」的轉變，原任民盟祕書長之左舜生曾作如下的背景說明：

> 在重慶的中共代表人物如董必武、王若飛、周恩來、秦邦憲等，雖與民盟方面有所往還，但大體上還能夠尊重民盟第三者的地位。自從救國會分子沈鈞儒、張申府、史良、劉清揚、鄧初民等加入以後，而成都、昆明的支部又先後成立，活動的範圍加廣，盟員也逐漸加多，民盟乃隱然成為了一個政治力量，在國際間也引起了相當的注

---

❻ 〈國民參政會組織條例〉第五、六、七條。

❻ 左舜生，《近卅年見聞雜記》，頁73–74。

❺ 中共的七位參政員是：毛澤東、陳紹禹、林祖涵、董必武、秦邦憲、吳玉章、鄧穎超。

意，於是好奇者，投機者既蜂擁而來，盟員乃一天天趨於複雜，中共想利用民盟作為工具的要求，也逐步的趨於明顯了。

這個時候，主持昆明支部的為羅隆基、曾昭掄、聞一多、李公樸諸人，他們覺得以同盟而冠以政團兩字，對於以個人資格參加者頗感不便，因提議取消政團兩字，改稱中國民主同盟，同時還有把民盟變成一個獨立政團的醞釀。其時，青年、民社兩黨的分子，參加同盟的已經不少，他們只願保持一個促進民主的原有旨趣，不願看見民盟淪為任何一個黨派的工具，因此經過最後一次大會的爭論，青、民兩黨乃先後脫離，從此以後的民盟也就命定的只好一面倒，再沒有其他的第二條路可走了。❻❻

國民參政會共歷四屆，開大會十三次，歷時九年，至 36 年 6 月 2 日結束。參政員人數由第一屆的二百名，擴大至第四屆的三百六十人。其功能雖未能盡如理想，然在中華民國憲政史上，畢竟有其重要的地位與作用。國民政府主席蔣中正即曾認為抗戰之勝利，國民參政會的貢獻「是一種主要的力量」。❻❼

三、教育、交通與經濟建設

由於日軍的節節進逼，也由於中國政府「以空間換取時間」之長期抗戰決策，戰爭一開始就將機關、學校、工廠有計畫的向後方遷移，形成了中國歷史上從未有過的大遷徙的壯舉，充分發揮了中華民族的堅忍精神與無比潛力。

四川、雲南、貴州三省是戰時的大後方，陝西、甘肅則為戰時西北的心臟地帶。政府機關多遷移至川、滇，教育文化機關及工廠則遍設西南及西北各地。重慶、昆明、成都、西安、蘭州五地成為戰時後方的中心都市，重慶陪都在國際間更成為戰時中國的象徵，國人迄今亦嘗以「重慶精神」

---

❻❻　左舜生前書，頁 84-85。

❻❼　張其昀，《黨史概要》，第 3 冊，頁 1266。

自慰與自豪。

大學的遷移，最令人感動。據教育部民國 28 年的統計，戰前專科以上學校共一百零八校，戰爭爆發後遷至後方者五十二校，遷至上海租界或香港暫時續辦者有二十五校，停辦者十七校，其餘十四校或是原設後方，或是原設於租界內，或是教會大學可以暫時維持下去，沒有一校願留於日敵佔領區內。⑱原設後方的專上學校亦因避免敵機轟炸，亦多移至較偏僻地區。當時全國專上學校未曾遷移而在原地上課者，只有新疆學院一校而已。⑲

各校遷移的過程亦備歷艱辛，充滿血淚。遷校次數最多的是浙江大學與廣東省立文理學院，浙大曾五遷，⑳廣東文理學院則八遷。㉑遷校最迅速而完整的為中央大學，全部員生、圖書、儀器、拆卸的飛機三架，解剖用已泡製的屍體二十四具，都安全的遷移至重慶。㉒遷校路程最遠而名聲最著者為北京大學、清華大學和南開大學三校。先由平、津遷長沙，再由長沙遷昆明，三校合組為國立西南聯合大學，為戰時後方的學術重鎮。

大學之外，隨政府遷移後方及集體流亡後方的中等學校程度青年，為數亦夥，政府設立了各類國立中等學校共七十所收容之，㉓並予以全部公費，是為中國教育史上的創舉。教育部並特別注重邊疆教育，除由中央政治學校附設邊疆學校及各分校外，先後創設各類邊疆學校四十三所，㉔於

---

⑱ 吳俊升，〈戰時中國教育〉，見《八年對日抗戰中之國民政府》，頁 113。

⑲ 同上。

⑳ 由杭州一遷建德、再遷吉安、三遷泰和、四遷宜山、五遷遵義，歷浙、贛、桂、黔四省。

㉑ 由廣州一遷梧州、二遷藤縣、三遷融縣、四遷乳源、五遷連縣、六遷曲江、七遷回連縣、八遷羅定。

㉒ 羅家倫，〈炸彈下長大的中央大學〉，原刊於《教育雜誌》，31 卷 7 號，重慶，民國 30 年 7 月。

㉓ 三十三所普通國立中學、二十三所國立師範學校、十四所國立職業學校，參見吳俊升前文。

㉔ 小學十七所、師範十二所、中學三所、職校九所、邊疆學校與海疆學校各一所。

邊疆之開發及民族之團結，頗具貢獻。

　　工廠的內遷，尤為抗戰初期中國人力大動員的一大特色。早在 26 年 8 月 10 日，行政院便已下令組織上海工廠遷移監督委員會，由林繼庸為主任委員，有計畫的將上海區域各大工廠遷至後方。❼⑤華北的太原，華中的武漢，也分別把工廠安全的遷出。由於運輸工具缺乏，工廠的遷移多靠獸力和人力，跋山涉水，辛苦備至。晏陽初形容這些人員和物資的西遷，是中國實業界的敦克爾克 (Dunkirk) ❼⑥——法國北海岸之港口，英軍於德軍席捲歐洲大陸後，從此地撤退；吳相湘則肯定「這些行動實比英國軍隊撤退更為困難。」❼⑦

　　自民國 26 年至 29 年，內遷工廠計六百三十九家，其中四百四十八家係由政府助遷者，工業移民達十萬人。這些工廠，在經濟部的支持下，逐漸復工生產，並增廠擴建。當然，原有的工業基礎並不足以供應抗戰建國的需要，更重要的乃在開發西南與西北地區的資源和推行工礦農林的建設。《抗戰建國綱領》規定的建設方針是：

　　　　經濟建設應以軍事為中心，同時注意改善人民生活；本此目的，以實行計畫經濟，獎勵海內外人民投資，擴大戰時生產。❼⑧

　　在此一方針之下，政府一方面支應前線艱苦的抗戰，一方面推動後方辛勤的建設，而以工礦、交通、農牧三方面的建設成績，較為顯著。

　　工礦方面，經濟部、資源委員會和中央地質調查所，為主要的推動機關。調查勘察、開採新礦、設立新廠、工業原料與用品的研究與改進，鎢、錫、銻、汞稀有礦產的開採與外銷等工作，無不積極推動。其中如甘肅玉

---

❼⑤　遷移情形，《林繼庸先生訪問紀錄》（中央研究院近代史研究所，民國 72 年 1 月）敘述極詳。

❼⑥　吳相湘，《第二次中日戰爭史》，下冊，頁 645–649。

❼⑦　同上書，頁 652。

❼⑧　《抗戰建國綱領》第十七條。

門油礦的開採，西康會理鋁礦和鋅礦的發現，四川天然氣的開發與利用，均有成效，且聞名國際。**⑦**

　　交通建設，最為重要，但亦最為困難。蓋修建鐵路的材料與機器均需仰賴外國，民國 29 年以後對外陸上交通幾完全斷絕。西南、西北均為崇山峻嶺，鐵路公路之建築均屬事倍而功半。工具缺乏，人才亦感不足。交通部主管全國交通，於極端困難的情形下，一方面尋求可能而有效的運輸方法，如恢復驛運、採行水陸聯運等是；**⑧**一方面修建鐵路、公路及航空，以維持國際間之對外交通。鐵路方面，重要建設為湘桂路、桂黔路、滇越路、敘（州）昆（明）路、隴海路寶（雞）天（水）段、綦江路之整段及部分新建，與渝（重慶）蓉（成都）路的勘察與築基。**⑧**公路建設的主要成就，為滇緬、中印、甘新三條重要國際路線的完成。其中滇緬路，由昆明經保山至緬甸畹町，全長九百四十公里，歷時四年始完成，工程艱鉅而浩大，為戰時最重要的一條國際通路。中印公路即雷多公路，於民國 34 年 1 月完成，於戰爭末期之運輸發揮了不小的功能。西北的甘新公路連接蘇俄境內鐵路，為戰時初期中蘇間重要的交通動脈，由蘇俄購運物資均沿此路運抵蘭州。**⑧**航路方面值得重視者，一為 28 年 9 月 9 日簽訂《中蘇哈阿飛航合作》，開闢了中蘇間的航運，**⑧**一為 30 年 7 月德國承認汪偽政權後，

⑦　玉門油礦所產汽油的品質超過蘇俄汽油。其原油提煉成各種油類的比例是：汽油百分之二十、煤油百分之十五、柴油百分之三十、蠟油百分之五（由柴油中提出）、渣油百分之十五，其他潤滑油、瓦斯油及油渣共占百分之十五。礦工約三千人，分三班制工作，日夜生產。

⑧　薛光前，〈抗戰時期推行新驛運制度之經過〉，《華岡學報》，第 4 期；《抗戰時期從事交通工作的回憶》，《傳記文學》，第 118~119 期。

⑧　凌鴻勛，〈中國對日抗戰八年的交通艱苦建設〉，《八年對日抗戰中之國民政府》，第七章：《十六年築路生涯》；施曼華，《鐵路與八年抗戰》（正揚出版社，民國 70 年）。

⑧　三路修建過程，均見施曼華，《抗日戰爭時期西南西北的國際公路》（正揚出版社，民國 72 年）。

⑧　簡笙簧，《西北中蘇航線的經營》（國史館，民國 73 年），頁 89。

政府將歐亞航空公司收歸國有，勉強維持西北的航運，戰時後期改組為中央航空公司。西南的軍運，則係由美國軍用運輸機承擔。

　　農牧方面的推廣與改良，亦為戰時建設具有成效之項目。政府於 29 年設立農林部，30 年設立糧食部，其職能均為職掌農牧之推廣與農食之調節。農林部與中國農民銀行合作設立中國農業機械公司，製造農具；又設病蟲藥機製造實驗廠，提煉農藥。於貴州遵義設柞蠶試驗廠，於雲南開遠木棉之改良與推廣，成績均著。㉘政府於西北農牧之開發，尤為重視。29 年設西北羊毛改良廠於蘭州，31 年設西北役畜改良繁殖廠於武功，於牧草之試驗，人工授精交配之指導，新疆種馬品質之改良與繁殖等，均有成果。西北地區為一未開發地帶，農林部曾於 30 年 5 月組成西北調查團，調查河西荒地。32 年，政府又組織「西北建設考察團」，以羅家倫任團長，赴陝、甘、新、青、寧五省考察九個月，提出報告書，於西北建設有具體之建議。㉟王聿均就戰時西北在交通、水利、墾殖方面曾作深入研究，他的結論是：「戰時西北的開發，有不少成果，但並未臻理想。」「西北有限度的開發，亦對抗戰盡了它支援的功效。此種貢獻是值得稱道的。」㊱

　　戰時為一非常時期，然政府仍秉持平時施政的常軌，且多所改善與進步。其一，國民精神總動員的實施，確定「國家至上，民族至上；軍事第一，勝利第一；意志集中，力量集中」的共同目標，於國民心理與民族精神的培養具有積極的激勵力量。其二，新縣制的實施與行政三聯制的推行，都是新制度的實驗，頗能促進行政效率並端正政風。其三，省縣參議會的設立，使各級民意機構自中央至地方均能貫通，為憲政之實施奠定了基礎，並有利於地方自治的推動。其四，西康於 28 年的建省與新疆於 31 年的內

㉘　此種木棉出產之纖維，經昆明裕滇紗廠紡成四十八支細紗，織成斜紋布、汗衫等品，勻細可愛，為戰時之重要發現。

㉟　羅家倫編，《西北建設考察團報告書》，國史館已於 57 年 5 月出版，惟係非賣品。

㊱　王聿均，〈抗戰期間西北經濟開發問題〉，《中華民國建國史討論會論文》（臺北，民國 70 年 8 月）。

附，大有助於主權的統一、民族的團結及國際信譽的提高。其五，蔣中正委員長於 32 年發表《中國之命運》一書，對不平等條約廢除後建國工作的重心，有所提示，對國家前途描繪出光明的遠景，堅定了國民的信心，加強了國民的責任。

　　當然，戰時的內政並非沒有缺點和困難。由於生產量不足而又消耗量過鉅，致物資的供應難期充分，公務人員及國軍官兵的待遇菲薄，生活極為艱苦，物價的上漲，始終無法控制，通貨膨脹的結果，嚴重影響到國計民生。[87]政府實施「田賦徵實」的辦法，穩定了軍需，卻不能減輕民間的負擔。部分野心政客和左傾學者的挑撥與中共潛伏分子的煽動，亦無有效的抑制辦法。戰區內少數部隊軍紀不佳，有失民心，亦屬事實。最為國人痛心且為國際人士詬病的，莫若役政制度之不良。[88]政府雖於 33 年 10 月設立兵役部，任鹿鍾麟為部長，改善役政，但也未見顯著的效果。

四、新疆內附

　　新疆是中華民國的一省，卻一直在蘇俄的間接控制下，立於半獨立的狀態。民國 22 年 (1933) 4 月 12 日新疆發生政變，新疆省政府主席金樹仁被推翻。[89]被稱為「軍人冒險分子」的盛世才乘機取得了新疆統治權，稱新疆邊防督辦。[90]盛世才這個人本就中了馬克思邪說之毒，公然以「親蘇」、「反帝」相標榜，蘇俄的控制於是進了一步。23 年 1 月，馬仲英想驅逐盛世才，進攻迪化，盛乃借助於蘇俄軍力打敗了馬仲英。24 年，蘇俄又假借「蘇新貿易公司」名義，與盛訂立了五百萬盧布的借款合同。無論在軍事或經濟方面，新疆都已在蘇俄的掌握之下。

　　因為盛世才親蘇，他也就成為中共殘餘分子的包庇者。24 年 8 月，一

[87]　郭廷以，《近代中國史綱》，頁 731。

[88]　吳相湘，《第二次中日戰爭史》，下冊，頁 984，引何應欽 33 年 4 月之報告。

[89]　吳相湘，《俄帝侵略中國史》（臺北：正中書局，民國 43 年 3 月），頁 387。

[90]　Howard L. Boorman, ed., *Biographical Dictionary of Republican China* (Columbia University Press, 1970), Vol. III, pp. 120–123.

部分中共軍隊曾有意竄赴新疆與盛合流，但被國軍堵擊，未能成功。但也有幾百名殘共進入新疆，中共創始人之一的陳潭秋及毛澤東的弟弟毛澤民等，也都混跡在新疆省政府內任職。

26 年抗戰軍興，中共要人陳紹禹、任弼時等經常往來於莫斯科與延安間，盛世才竟要求加入中共。但蘇俄不願盛加入中共，乃於 27 年誘盛赴莫斯科，迫盛加入俄共，蘇俄並同時以防止日本侵略為名，派其紅軍第八團進駐哈密。29 年 11 月，史達林又派密使至迪化，強迫盛世才簽訂所謂《租借新疆錫礦條約》，❾名為開採錫礦，實則把新疆全省之設置鐵路、公路、電話、電臺、測量、採礦、建築、居住、駐兵等權利，都攫取去了。期限長達五十年，盛世才並未向中國政府提出報告。

30 年 6 月，德國開始進攻蘇俄。12 月，珍珠港事變爆發。這兩件事，都在盛世才的心理上有所影響，而蘇俄對盛的壓迫和監視，則更加強。31 年 4 月，蘇俄在新疆策動了企圖推翻盛世才的政變，盛世才的弟弟盛世騏（新疆機械化部隊旅長）被刺殺，盛乃決心與蘇俄反目，歸附中華民國政府。7 月 7 日，盛上書蔣委員長詳陳過去「親蘇」經過，決心聽命中央。兩天以後——7 月 9 日，蔣委員長於接見蘇俄駐華大使潘友新 (A. S. Panuyashkin) 時，即鄭重告以：「貴國政府對於凡關新疆之事，應與敝國中央政府交涉，不可與盛督辦逕行談判。」❾❷

31 年 7 月 14 日，蔣委員長召集中樞軍政負責人會商對新疆政策，決派朱紹良 (1891–1963) 為第八戰區（含新疆省）司令長官，赴新疆協助盛世才，並派經濟部長翁文灝 (1889–1971) 赴新辦理與蘇俄間的經濟交涉。8 月間，蔣委員長巡視西北各省，並由蔣夫人宋美齡會同朱紹良飛往迪化晤盛，商歸政中央問題。❾❸盛表示服從中央。國軍旋即進駐安西、玉門，並於同

---

❾　係民國 29 年 11 月 26 日簽字。條約第一條即稱「新疆政府」，儼然以新疆為一獨立國。

❾❷　中國國民黨中央黨史委員會編，《中華民國重要史料初編——對日抗戰時期》，第 3 編：《戰時外交》，第 2 冊，頁 436。

❾❸　蔣中正，《蘇俄在中國》，頁 102–103。

年 10 月進駐新疆。

　　32 年 1 月 16 日，中國國民黨新疆省黨部成立，惟以盛世才擔任主任委員。3 月 1 日，國防最高委員會決議設立監察院新疆監察使署，特派羅家倫為監察使。政府的勢力既進入新疆，蘇俄乃於 4 月間宣布撤退其紅軍第八團及「錫礦考察團」人員，連同飛機製造廠及其他廠礦器械，皆一律撤走。

　　但盛世才性格多疑，陰險反覆。33 年 8 月間，盛又藉口中央駐新人員有參與政變之嫌，將建設廳長林繼庸等近二百人逮捕繫獄。政府乃令調盛世才為農林部長，新疆軍政始完全由政府統轄。❹然蘇俄卻又煽動維吾爾族人叛變，新疆仍是處於蘇俄的覬覦之下，叛軍並佔據伊犁，成立了所謂「東土耳其斯坦」的叛亂組織。

第三節　　戰時外交與國際會議

一、戰爭初期的國際反應與國聯的處理

　　中國對日抗戰，是為了中華民族的生存和自由，同時也是為了世界的和平與安全。中國是世界反侵略戰爭的先鋒，但國力未足，自然希望取得國際間的同情與援助。政府於盧溝橋事變後第五日——26 年 7 月 12 日，即將事變的經過照會各國，希望各國政府重視日本的侵略行動並予以制止。

　　26 年 7 月 16 日，國民政府正式以一份備忘錄分別照會除日本之外的九國公約簽字國——美、英、法、意、荷、比、葡及德、俄兩國，說明日本在華北的侵略行動，已違反了《九國公約》、《非戰公約》和國際聯盟的憲章，促請各國政府採取適當的行動。❺同月 21 日，蔣委員長接見英國駐華大使許閣森；25 日，接見美國駐華大使江森；27 日，再接見德國駐華大

---

❹　盛世才拘捕中央人員在 8 月 11 日，誣之為「共產黨」。政府於同月 29 日明令調任盛為農林部長，以吳忠信繼任新疆省政府主席，新疆邊防督辦公署撤銷。

❺　秦孝儀，《總統蔣公大事長編初稿》，卷 4（上），頁 79。

使陶德曼 (Oscar P. Trautman)，意國駐華大使柯賚及法國駐華大使那齊雅 (Paul Emile Naggiar)；蔣委員長希望這些國家能有適當的表示和行動，以制止日本侵略，維護世界和平和公理。

各國的反應不一。德國主張調停，意國有意袒日，美國採袖手旁觀態度，❾❻英國有意聯合法、美採聯合行動，但美、法均表示冷淡，英使許閣森通過英駐日使館向日本政府提議中日雙方同時停止軍事行動，但為日本所拒。❾❼此後，英國態度轉向消極。時在歐美訪問的行政院副院長孔祥熙，曾奉令密詢各國政府的意見，所得答覆亦殊令人失望。據孔氏於 26 年 8 月 15 日向中央電告：

> 熙自抵歐美，即分向各國當局密詢其對中日問題之意見及政策。英方態度在實力未完足前似怕多事；德國希氏表示，伊與日攜手即為謀中日妥協。美羅總統密稱滿洲國成立已有六年，茲不問法理若何，其存在已為事實，目下各國雖未承認，但將來未必不免有一二國家與日在互換條約下開始承認。其餘俄法等國，或實力不足，或態度曖昧，當此中日戰爭開始之際，除我以武力抵抗自求生存外，似不無考慮其他運用途徑之必要。❾❽

抗戰初期，西方國家中惟一表現關注態度的國家是蘇俄，7 月 22 日的《真理報》(Izvestia) 曾有長文分析日本的陰謀，❾❾一項中蘇間的合作條約也正在磋商中。蘇俄在天津、上海的領事館也先後受到白俄及日本浪人的騷擾。❿ 8 月 21 日，一項《中蘇互不侵犯條約》，便由外交部長王寵惠和

❾❻ 郭榮趙，〈抗戰初期美國對華政策的分析〉，見《幼獅月刊》，41 卷 7 期，民國 64 年 7 月。

❾❼ Dorothy Borg, *The United States and the Far Eastern Crisis of 1933–1938* (Harvard University Press, 1964), pp. 279–282.

❾❽ 中華民國外交問題研究會，《蘆溝橋事變前後的中日外交關係》，頁 344–345。

❾❾ Harriet L. Moore, *Soviet Far Eastern Policy, 1931–1945* (Princeton: Princeton University Press, 1945), pp. 84–85.

蘇俄駐華大使鮑格莫洛夫 (Dmitri V. Bogomolov) 在南京簽字。條約共四條，其要點是：

> 兩國約定不得單獨或聯合其他一國或多數國家對於彼此為任何侵略。倘兩締約國之一方受一個或數個第三國侵略時，雙方締約國約定：在衝突全部期間內，對於該第三國不得直接或間接予以任何協助，並不得為任何行動，或簽訂任何協定，致該侵略國得用以施行不利於受侵略之締約國。❿❶

誠然，蘇俄在我抗戰初期，曾有人員與武器的援助。中國政府派楊杰赴莫斯科，負責接洽採購武器事宜。蘇俄代表在國際聯盟會議及布魯塞爾九國公約會議中，亦特別支持中國。❿❷26 年 11 月 1 日、27 年 7 月 1 日及 28 年 7 月 1 日，蘇俄前後三次貸款給中國，金額共兩億五千萬美元，對中國抗戰自有相當助力。❿❸然蘇俄之侵華野心，並未因援華抗日而稍戢。27 年之派遣「紅軍第八團」進駐哈密，並誘迫盛世才至莫斯科加入共產黨即為實例。蘇俄亦未能利用 27 年 8 月之張鼓峰事件，及 28 年 9 月之諾門坎 (Nomonhan) 事件，有效的牽制日軍，以策應中國抗戰。❿❹

我國為國際聯盟會員國，向國際聯盟提出申訴自不失為正當而必要的手段。26 年 9 月 12 日，我國正式向國聯提出申訴。國聯第十八屆大會於 9 月 21 日略作討論後，即提交顧問委員會討論。顧問委員會於通過譴責日本飛機轟炸中國平民的決議後，復建議召開九國公約會員國會議討論中日之爭端。10 月 5 日，美國總統羅斯福在芝加哥發表有名的「防疫演說」(Quarantine Speech)，對各國發生鼓舞作用，國聯遂於 10 月 6 日決議在比利時首

---

❿❹ 同上，頁 86。

❿❶ 《中蘇互不侵犯條約》第二、三條。

❿❷ 謝鍾璉譯，《蔣廷黻回憶錄》(臺北：傳記文學社，民國 68 年)，頁 199-200。

❿❸ 傳啟學，《中國外交史》，下冊，頁 562-563。

❿❹ 兩次事件經過，見 Harriet L. Moore 前書，頁 98-101，112-115。

都布魯塞爾召開九國公約會議，並邀日本參加，但遭拒絕。會議原訂為 10 月 30 日召開，後以比國內閣改組，遂延至 11 月 3 日。中國派駐法大使顧維鈞、駐英大使郭泰祺、駐比大使錢泰三人為代表，就近參加。

　　九國公約會議如期於 11 月 3 日在布魯塞爾開幕，實際參加的國家為九國公約簽字國、補簽約國家及在遠東有特殊利益之德、俄，合為十九國。由於英、法等國之怕事，意、德等國之袒日，會議幾經討論，終未能獲致制止日本侵略的具體協議，僅於 11 月 15 日發表宣言，空洞的宣稱不得以武力干涉別國內政，對中國表示精神上之同情而已。[105] 英國歷史學家湯恩比 (Arnold Toynbee) 曾對布魯塞爾會議的代表們作了如下的指責：「彼等鑒於國際混亂狀態，並不設法戡亂，而卻設法躲開。彼等為了亟欲逃生，故於 1937 年 11 月間從比京逃走，其卑鄙如同薩德來 (Jos Sedley)1815 年 6 月間，在比京聽到了滑鐵盧可怖的砲聲而逃走一樣。」[106]

　　布魯塞爾會議雖告失敗，我國仍在國際外交方面作各方面的努力。蔣委員長已於 26 年 9 月派胡適赴美，[107] 派蔣方震（百里）赴意，派孫科赴俄，從事國民外交；顧維鈞在國聯方面繼續奮鬥，國聯亦終於 27 年 (1938) 2 月 2 日再作決議案：㈠給中國精神上援助；㈡國聯會員國不作任何足以削弱中國之抵抗力而增加其困難之行動；㈢各會員國應考量如何個別援助中國。[108] 但由於英、美、法等強國均不願開罪於日本，此項決議乃成為具文，我國在外交上因此經歷了一段低沉而苦悶的時期。28 年 (1939) 9 月歐戰爆發，局勢本可好轉，不幸由於英國首相張伯倫 (Neville Chamberlain) 主張採取綏靖政策 (Appeasement Policy)，[109] 對日本無條件讓步。29 年 (1940)，英國先屈服於日本的要求，同意將中國儲存於匯豐銀行之關稅資金移交日本，

[105]　金問泗，《從巴黎和會到國聯》，頁 151–160。

[106]　*Survey of International Affairs for 1937* (London, 1937), pp. 52–53.

[107]　胡頌平，《胡適之先生年譜長編初稿》，第 5 冊，頁 1613，1616。

[108]　金問泗前書，頁 161。

[109]　Nicholas R. Clifford, *Retreat from China* (University of Washington Press, 1967), pp. 60, 123, 130, 161–162.

繼又於 7 月 18 日至 10 月 18 日間封閉滇緬公路三個月，使我西南國際交通為之中斷。❶ 法國則於同年 6 月間戰敗，貝當 (H. P. Petain) 政府向德國投降，日本乘機迫越南承諾日軍進駐。9 月 29 日，德、意、日三國軍事同盟成立，局勢益趨嚴重。所幸美國此時的對日政策已有改變，於 28 年 (1939)2 月開始貸款給中國，29 年 (1940) 10 月禁止廢鐵輸日，30 年 (1941) 3 月通過〈租借法案〉(Lend-Lease Act) 並宣稱適用於中國，提供二千六百萬美元的援助，8 月美國空軍志願隊即飛虎隊 (The Flying Tigers) 在陳納德 (Claire L. Chennault) 的指揮下參加中國空軍作戰，由馬格魯德 (John A. Magruder) 率領的美國駐華軍事代表團 (American Military Mission to China) 也於同年 10 月間來到中國。❶ 此時太平洋的形勢已是「山雨欲來風滿樓」了。

二、廢除不平等條約

不平等條約，始於清道光二十二年 (1842) 的《中英南京條約》(舊稱《江寧條約》)，至民國 4 年 (1915) 的《二十一條》，為數當在三十種以上。這些不平等條約，像一條條的鎖鍊，把中華民族束縛得奄奄待斃。❶ 故自中華民國建國以後，無論政府或人民均致力於要求廢除不平等條約的努力。民國 8 年 (1919) 的巴黎和會，10 年 (1921) 的華盛頓會議，中國政府均曾提出廢除不平等條約的要求，但都沒有得到列強的同意。中國國民黨於十三年召開第一次全國代表大會後，更以廢除不平等條約為對外政綱的首要要求，北伐至九一八事變期間且已獲致了相當的成就。❶ 然全面廢除不平等條約的任務，至抗戰期間始告完成。

民國 27 年 3 月，中國國民黨召開臨時全國代表大會於武昌，閉會時發

---

❶ 吳圳義，〈英國暫時封閉滇緬公路之始末〉，見《國立政治大學歷史學報》，第 1 期，頁 239–272。

❶ 李榮秋，《珍珠港事變到雅爾達協定期間的美國對華關係》(東吳大學、中國學術著作獎助會，民國 67 年)，頁 2–3。

❶ 不平等條約的深刻影響，見蔣中正著《中國之命運》第 3 章。

❶ 王世杰、胡慶育，《中國不平等條約之廢除》(蔣總統對中國及世界之貢獻叢編編纂委員會，民國 56 年)，頁 145–250。

表的宣言中曾重申廢除不平等條約的決心。蔣中正總裁於 4 月 1 日的講話
中並宣稱抗戰的目的在收復臺灣。30 年 (1941) 4 月，國民政府任命駐英大
使郭泰祺 (1890–1952) 為外交部長，中國國民黨中央常會決議「訓令外交部
新任部長郭泰祺於返國就任新職時，便道前往美國進行訂立中美平等新
約。」❶❹郭氏五月經美返國後即照會美國國務卿赫爾 (Cordell Hull) 表達重
訂新約的願望，赫爾亦即覆文，原則上雖不反對，惟謂美國政府認為此事
應在中國境內和平恢復以後，始可由中美雙方協商解決。❶❺

　　30 年 12 月珍珠港事變發生後，中國的國際地位有了改善，美國政府
的態度也有了轉變。蔣委員長已被羅斯福總統推為盟國中國戰區（包括越
南和泰國）最高統帥，31 年 1 月在華盛頓發表的〈二十六國反侵略共同宣
言〉中，中國首度被列為四強之一，而美國政府官員與社會輿論也開始討
論美國是否立刻放棄在華特權一事。8 月，美國已作成主動宣布放棄在華
特權的決定，並商得英國同意採一致立場。中國於 9 月 2 日，改任魏道明
(1901–1978) 繼胡適為駐美大使與美協商新約，終於達成協議，並約定於
1942 年 10 月 10 日即中華民國 31 年國慶日正式發表。中國 10 月 10 日，
在美國為 10 月 9 日，美、英兩國因於 10 月 9 日分別通知中國駐美及駐英
大使館，兩國願與中國協商訂立平等新約以廢棄舊約中之治外法權。10 日，
蔣委員長即於國慶紀念大會中宣布了此一興奮可喜的消息。

　　美、英兩國繼之均向中國政府提出新約草案，惟內容並不甚完全，若
干依不平等條約而產生的特權尚未包括在內。經中國政府提出對策，懇切
談商，至 32 年 (1943) 1 月上旬達成完全定稿。1 月 11 日，《中美平等新約》
由我駐美大使魏道明與美國國務卿赫爾在華盛頓簽字,同年 5 月 20 日在華
盛頓互換批准書後即日生效；❶❻《中英平等新約》亦於 1 月 11 日由我外交

---

❶❹　〈中國國民黨第五屆中央執行委員會常務委員會第一七二次會議決議案〉，重
　　慶，民國 30 年 4 月 14 日。

❶❺　王世杰、胡慶育前書，頁 253–257。

❶❻　《中美新約》之正式名稱為《中美關於取消美國在華治外法權及處理有關問題
　　條約》，除約首文字外，共分八條，並附換文一種。全文見外交部編，《中外條

部長宋子文與英國駐華大使薛穆 (Sir Horace J. Segmour) 在重慶簽字，並於
5 月 20 日在重慶互換批准書後即日生效。**⑪**一百年來的民族枷鎖至是獲得
解除，實為中華民族發展史上最為光榮的一件大事，亦全國軍民在蔣委員
長領導下艱苦奮鬥所獲得的結果。

中美、中英之平等新約內容，分別將兩國在華的治外法權取消，使我
國此後與兩國完全立於平等地位。然兩約亦各有其美中不足之處。《中美新
約》規定「經一方之請求或於現在抵抗共同敵國之戰爭停止後，至遲六個
月內進行談判，簽訂一現代廣泛之《友好通商航海設領條約》」，**⑱**事實證
明美國仍有意保留若干商業貿易上的權利。《中英新約》於談判期間，為九
龍租借地收回問題，英國堅不承諾，幾至決裂。最後中國從整個大局著想，
決定先行簽約，而將九龍問題保留於日後提出。外交部長宋子文曾於 32 年
1 月 11 日，以正式照會通知英國駐華大使薛穆：

> 關於交還九龍租借地問題，英國政府不以現時進行談判為宜，本代
> 表認為憾事。一八九八年六月九日許予英國租借九龍條約之早日終
> 止，實為中國國民素所企望，而本日簽訂條約之意義，為開兩國之
> 新紀元，中國政府以為若該約能於此時終止，則新紀元之精神當更
> 為顯著。因此之故，本代表通知閣下，中國政府保留日後重行提請
> 討論此問題之權。**⑲**

《中美新約》簽訂後，美國復應我國朝野之呼籲，研商廢除〈排華法
案〉(Chinese Exclusion Act) 的步驟。蔣夫人宋美齡於訪美在國會演說，深

約輯編》(中華民國 16 年至 46 年)，(臺灣：商務印書館，民國 47 年)，頁 659-
669。

⑰ 《中英新約》之正式名稱為《中英關於取消英國在華治外法權及其有關特權條
約》，除約首文字外，計分九條，並附換文及同意紀錄各一種，全文見《中外
條約輯編》(中華民國 16 年至 46 年)，頁 589-603。

⑱ 《中美新約》第七條。

⑲ 王世杰、胡慶育前書，頁 296。

得國會議員推崇，益使取消〈排華案〉的聲浪增高。⑫32 年 (1943) 10 月，羅斯福總統諮請國會應即決議廢除〈排華案〉，眾院乃於同年 10 月 21 日，參院繼於 11 月 26 日，決議廢除〈排華案〉，規定華人每年移民美國之定額，並准許華人歸化為美國公民。⑫

　　中美、中英簽訂平等新約後甫月餘——32 年 2 月 17 日，日軍聲言在法國維琪政府 (Vichy Government) 的同意下進佔廣州灣，維琪政府此舉實違背了《廣州灣租借條約》第一條中國保有該地主權的規定，國民政府因於同月 24 日照會法國維琪政府廢止《廣州灣租借條約》，收回廣州灣租借地。8 月 1 日，並與維琪政府斷絕邦交。戰後我國直接由日軍手中接收廣州灣，並於 34 年 (1945) 8 月 18 日，與戴高樂 (Charles de Gaulle) 之法國臨時政府簽訂《交收廣州灣租借地專約》。惟因中法間尚有越南關係之談判，法國全面放棄在華治外法權之新約遲至 35 年 (1946) 2 月 28 日，始在重慶簽字，同年 6 月 8 日互換批准書生效。⑫

　　德國在華特權早於民國 10 年 (1921) 放棄，俄國特權於 13 年 (1924) 取消，日本特權及意大利特權由於我國對其宣戰而廢止，至是中美、中英、中法新約相繼簽訂，主要國家間的不平等條約，遂告完全廢除。政府並於戰時及戰後，分別與比利時、挪威、加拿大、瑞典、荷蘭、丹麥、瑞士、葡萄牙等國簽訂平等新約，其簽訂時間如下表：

國　　名	簽約年月	地　　點	生效日期
比利時	民國 32 年 (1943) 10 月 20 日	重　慶	33 年 (1944) 6 月 1 日
挪　威	32 年 11 月 10 日	重　慶	33 年 6 月 13 日
加拿大	33 年 4 月 14 日	渥太華	34 年 (1945) 4 月 3 日
瑞　典	34 年 4 月 5 日	重　慶	34 年 7 月 20 日

⑫　張其昀，《黨史概要》，第 4 冊，頁 1725。

⑫　李榮秋前書，頁 259；張其昀前書，頁 1728。

⑫　《中法新約》正式名稱為《中法關於法國放棄在華治外法權及其有關特權條約》，除約首文字外，共十三條。全文見《中外條約輯編》，頁 142–145。

荷　　蘭	34 年 5 月 29 日	倫　　敦	34 年 12 月 5 日
丹　　麥	35 年 (1946) 5 月 20 日	南　　京	35 年 5 月 20 日
瑞　　士	35 年 3 月 13 日	伯　　恩	35 年 3 月 13 日
葡萄牙	36 年 (1947) 4 月 1 日	南　　京	36 年 4 月 1 日

三、〈四強宣言〉與開羅會議

民國 32 年 (1943) 1 月，羅斯福和邱吉爾在摩洛哥的海港卡薩勃蘭加 (Casablanca) 舉行會議，作了兩項戰略性的決定：一是強調「歐洲第一」的政策，一是要迫使軸心國一定要「無條件投降」(uncondition surrender)。蔣委員長中正未被邀請參加此一會議，會後羅、邱兩氏都曾派代表到重慶向蔣委員長報告會議情形。❿羅斯福深以未能獲晤蔣委員長為憾，蔣夫人於 6 月間三度訪問白宮向羅斯福夫婦辭行時，羅斯福即告以計畫與蔣委員長會晤之意。6 月 30 日，羅斯福致電蔣委員長，希望年底可以相晤。7 月 8 日，蔣委員長電覆羅斯福同意其邀晤之約。❿

8 月 1 日，國民政府主席林森逝世。中國國民黨中央常務委員會選任蔣中正代理國民政府主席，9 月 14 日再由中央全體會議正式選任蔣氏為國民政府主席，蔣氏至是無論在法理上、事實上均為中華民國的最高領袖。羅斯福甚願確立美、英、蘇、中四強合作的基礎，中國在同盟國陣營中的地位益受重視，惟邱吉爾對中國之參與國際性高階層會議，並不熱心支持，蘇聯則持反對態度。

8 月 24 日，羅斯福和邱吉爾會於加拿大之魁北克 (Quebec)，會議主題為對日作戰及有效援華，宋子文應邀自美至魁北克陳述意見。羅斯福提議召集四強外長會議，並發表〈四強聯合宣言〉，邱吉爾勉強同意。但徵詢蘇聯意見時，史達林表示中國與歐洲事務無關，反對中國與美、英、蘇三強並列。結果演變為美、英、蘇三外長會議。

---

❿　董顯光，《蔣總統傳》，頁 360。

❿　《總統蔣公大事長編初稿》，卷 5（上），頁 340。

民國 32 年 (1943) 10 月 19 日至 30 日，美、英、蘇三國外長會議在莫斯科舉行。美國國務卿赫爾親往莫斯科參加，他並堅持要發表美、英、蘇、中四強宣言，以加強同盟國團結。蘇聯外長莫洛托夫 (Vyacheslav M. Molotov) 雖有異議，但由於蘇聯正需要美國援助，亦不便過於堅持，最後他同意如果中國駐蘇大使傅秉常 (1896–1965) 在會議結束前獲得中國政府簽字的授權，可以簽署〈四國宣言〉。在赫爾的熱心協助下，傅秉常及時獲得我政府授權其簽字的命令，於 10 月 30 日與美、英、蘇三國外長共同簽署了四國宣言，中國的四強地位遂在國際間獲得再一次的肯定。〈四國宣言〉又稱〈普遍安全宣言〉(Declaration on General Security)，或稱〈莫斯科宣言〉，其主要內容為強調四國的「聯合行動」，並同意儘速建立一個普遍性的國際組織。

〈四國宣言〉發表後尚不及一月——1943 年 11 月 22 日至 26 日間，中、美、英三國元首在非洲埃及尼羅河畔的開羅 (Cairo)，舉行了三國有史以來的第一次高峰會議，史稱開羅會議。[125]對中國而言，開羅會議的主要成就在於同年 12 月 3 日發表的宣言，其文如下：

> 羅斯福總統、蔣介石主席、邱吉爾首相，偕同各該國軍事與外交顧問，已在北非舉行會議完畢，特發表宣言如下：
> 三國軍事方面人員，關於今後對日作戰計畫，已獲得一致意見。三大盟國決以不鬆弛之壓力，從海陸空各方面加諸殘暴之敵人，此項壓力，已經在增長之中。我三大盟國此次進行戰爭之目的，在制止及懲罰日本之侵略，三國決不為自己圖利，亦無拓展疆土之意思。三國之宗旨，在剝奪日本自一九一四年第一次世界大戰開始後，在太平洋上所奪得或佔領之一切島嶼，及使日本在中國所竊取之領土，如東北四省臺灣澎湖列島等歸還中華民國。其他日本以武力或貪慾所攫取之土地，亦務將日本驅逐出境。我三大盟國稔知朝鮮人民所

[125]　會議經過見張其昀，《開羅會議紀實》；梁敬錞，《開羅會議》(臺灣：商務印書館，民國 62 年)，頁 81–105。

受之奴隸待遇，決定在相當時期使朝鮮自由獨立。基於以上各項目的，三大盟國將繼續堅忍進行其重大而長期之戰鬥，以獲得日本無條件之投降。❿

　　梁敬錞謂：「宣言內容不及二百五十字，而五十年來之日本遠東霸局，乃為一變。」❿誠然，開羅會議在第二次世界大戰過程中，是惟一的一次以亞洲局勢為中心的國際高峰會議。蔣主席也是中國有史以來，第一位與西方強國以完全平等身分討論世界事務的國家元首。

　　開羅會議討論的範圍極為廣泛，大體分為政治、經濟、軍事三類。中國於朝鮮獨立問題、日本皇室存廢問題、反攻緬甸問題、戰後合作問題、中蘇關係及中共問題等項，都有積極性建設性的主張。羅、邱於開羅會議後，立即飛往德黑蘭與史達林會議，開羅會議的若干軍事決議案不幸遭到修改或否決。開羅會議以後的中美關係，非獨不見增進，反而漸趨於分歧傾軋之境。蔣主席似已預感德黑蘭會議後的隱憂，他於 12 月 4 日自記其感想謂：「昨日發表開羅會議公報以後，中外輿情莫不稱頌為中國外交史上空前之勝利，寸衷惟有憂懼而已。」❿

四、中華民國與聯合國的創立

　　聯合國一詞，依時間的演變，有兩個階段的意義：第一階段之聯合國，係指戰時聯合對德、意、日共同作戰之國家的結合；第二階段為戰後維持世界和平與安全的全球性國際組織。中華民國在這兩個階段中，都居於主要角色的地位。

　　聯合國組織之醞釀，可上溯於民國 30 年 (1941) 8 月 14 日美總統羅斯福與英首相邱吉爾在紐芬蘭之普雷森謝灣 (Placeentia) 軍艦上會晤後，發表

---

❿　中文件見總統府機要檔案〈開羅會議卷〉，英文件見 *Conference at Cairo and Tehran*, pp. 403-404.

❿　梁敬錞，《開羅會議》，頁 147。

❿　《總統蔣公大事長編初稿》，卷 5（上），頁 449。

的《大西洋憲章》(the Atlantic Charter) 中，其第八項曾提及建立「較廣泛永久之普遍安全制度」。❷聯合國一詞，則首先於 31 年 (1942) 1 月 1 日在華盛頓發表之〈二十六國反侵略宣言〉——此一宣言的正式名稱即為〈聯合國宣言〉(Declaration by the United Nations)。宣言發表前，美國國務卿赫爾曾告知在美之外交部長宋子文及駐美大使胡適，宋、胡均曾電告蔣委員長，發表時由美、英、蘇、中四國領銜，其餘二十二國按其國名之英文字母順序依次排列。是中國於聯合國創立之初，即以四強之一的地位居於領導階層。

中國政府對於聯合國作為世界組織的理想，一向熱心支持，蔣中正的態度尤為積極，且具遠見。蔣氏曾命國防最高委員會祕書長王寵惠研究「大西洋憲章問題」，計畫對如何「確立東亞與世界之永久和平」提出積極性之建議。31 年 (1942) 11 月 17 日，紐約《先鋒論壇報》舉行其第十一年時事問題討論會，蔣氏應邀發表一篇專論，從孫中山的三民主義談到大西洋憲章，主張促進世界的合作。❸他有幾句非常中肯而精闢的話：

> 除非我輩對世界一切不拘大小的民族，忠實的願意待以政治的、社會的、經濟的公道，我輩將不能得有和平與前途。余深信我輩為剷除不公道及暴力壓迫而戰鬥的聯合國家，必能成就此世界改造的偉業，必能組織有效的國際團體，立刻實現和平及公道，並且同樣急迫的，開始將這原則適合於我輩本身，雖使我輩各國有所犧牲而不惜。❹

---

❷ 林徵祁，〈先總統蔣公與聯合國的創立〉，見《中華民國歷史與文化討論集》，第 2 冊，頁 311–331。

❸ 論文由駐美大使館公使劉鍇代為宣讀，發表於重慶《中央日報掃蕩報》（聯合版），民國 31 年 11 月 19 日，並見《中華民國歷史與文化討論集》，第 2 冊，頁 332–334。

❹ 《中華民國歷史與文化討論集》，第 2 冊，頁 333。

紐約《先鋒論壇報》於 11 月 18 日發表社論，讚譽蔣氏的論文可與《大西洋憲章》媲美，認為是「未來世界之一基石」。**⑬**

民國 32 年 (1943) 10 月 30 日，美、英、蘇、中四外長在莫斯科發表的〈四國宣言〉中，宣布及早組織「一個普遍性的國際組織」之必要。11 月開羅會議中，中國及美國都有由四強積極籌備聯合國的提案，德黑蘭會議中對此提議，再加重申。

民國 33 年 (1944) 8 月 21 日至 10 月 7 日間，美、英、中、蘇四國在華盛頓舉行敦巴頓橡園會議 (Dunbarton Oaks Conference)，商擬《聯合國憲章草案》。由於蘇俄藉口尚未對日本作戰，不便與中國同席，故會議分兩個階段舉行：第一階段為美、英、蘇三國參加，自 8 月 21 日至 9 月 28 日；第二階段為美、英、中三國出席，自 9 月 29 日至 10 月 7 日。中國政府派顧維鈞為首席代表，朱世明、浦薛鳳、張忠紱、宋子良、劉鍇、李幹為專門委員，前往出席。行政院並提出「國際組織憲章基本要點」，供英、美代表參考。其內容除了與英、美兩國方案相同者外，尚有中國著眼於康濟天下的獨特主張。**⑬** 以是中國雖未參加第一階段之敦巴頓橡園會議，中國之態度與立場，則已透過美、英代表予以提出。其後中國代表又提出補充意見，其經美、英接受者有三：一為「處理國際爭議應重視正義與國際公法原則」，二為「國際公法之發展與修改，應由（聯合國）大會提倡研究並建議」，三為「經濟社會理事會應促進教育及其他文化合作事業」。**⑬** 此等建議，即蘇俄亦無法反對。10 月 9 日，中、美、英、蘇四國政府即同時將敦巴頓橡園會議通過之《聯合國組織草案》公布。

民國 34 年 (1945) 2 月 4 日至 11 日，羅斯福、邱吉爾、史達林會於克里米亞之雅爾達 (Yalta)。2 月 8 日，三人決定於 4 月 25 日在美國舊金山召

---

⑬ *China and the United Nations* (New York: Manhattan Publishing Company, 1959), p. 22.

⑬ 張群、黃少谷，《蔣總統為自由正義與和平而奮鬥述略》（中央文物供應社，民國 57 年），頁 465。

⑬ 同上書，頁 466，孔祥熙 33 年 10 月 4 日電報。

開會議，以決定聯合國的憲章，俾聯合國早日成立以維持和平與安全。三國並決定由美、英、蘇、中、法五國發函邀請，並由羅斯福代表美、英、蘇三國徵求中、法兩國同意。中國政府接受三國的提議，並派宋子文為出席舊金山聯合國會議代表團首席代表，顧維鈞、王寵惠、魏道明、胡適、吳貽芳、李璜（青年黨）、張君勱（國社黨）、董必武（共產黨）、胡霖為代表，施肇基為高等顧問，剋期前往舊金山出席此一盛會。

　　4 月 25 日，舊金山會議如期開幕，至 6 月 25 日閉幕，為期共六十二日。各方矚目之問題為主席問題。美國原主張以地主國資格自始至終都擔任主席，蘇俄反對。嗣經中英兩國磋商，決定以中、美、英、蘇四國首席代表輪流擔任，而由中、英、蘇三國授權美方擔任實際決定議程之指導委員會暨執行委員會主席。

　　會議期間，中國代表表現優越，對重大問題多所獻替。尤其對託管問題，曾提建議十四點，備受重視。6 月 25 日，《聯合國憲章》最後通過，❶❽❺次日由各國代表簽署，中國由顧維鈞代表率先簽字，繼依次簽字者計五十國。此一憲章，由國防最高委員會於 7 月 30 日決議送交立法院審議，立法院於 8 月 15 日通過，國民政府蔣主席於 8 月 24 日簽署後送存美國。10 月24 日，美國政府公告：《聯合國憲章》已由中、美、英、蘇、法五國暨其他簽字國過半數之批准，其批准書亦已完成存置美國手續，憲章應於是日起生效。35 年 (1946) 1 月 10 日，第一屆聯合國在倫敦舉行，宣告聯合國正式成立。依憲章規定，中國為安全理事會之常任理事國，中文亦被定為聯合國使用之五種官方語言之一。

　　中華民國對聯合國之創立，不僅全力支持與推動，且曾提供諸多積極有效之建議，其被採納列入憲章者均成為成效顯著而影響深遠之特色。❶❽❻其中最重要者，為託管制度之目的，原案僅規定應使託管地「趨向於自治」，中國代表團秉承蔣主席指示，堅決主張修正為「趨向自治或獨立」，戰後諸託管領土之能要求獨立者，實基於中國建議修改《憲章草案》之功。他如

───────────────

❶❽❺　共十九章，一百一十一條。

❶❽❻　林徵祁前文。

區域組織之鼓勵，亦係出於中國之建議，其後證明北大西洋公約組織等區域組織之建立實為聯合國工作上之一大成就。**⑬**不幸 38 年 (1949) 以後，由於中國戡亂失利政府撤出大陸，形勢逆轉，中華民國的地位與貢獻竟不復為人重視。然史實俱在，國人切不可漠視也。

五、《雅爾達密約》及其後患

民國 34 年即 1945 年 2 月 11 日——羅斯福、邱吉爾、史達林在雅爾達會議之最後一日，做出了犧牲中國權益以換取蘇俄對日作戰的祕密協定，是即《雅爾達密約》。**⑬**其全文如下：

蘇、美、英三強領袖業已議定，蘇聯於德國投降後之二、三個月及歐洲戰爭結束時，將協助中國對日宣戰，其條件為：

㈠外蒙人民共和國之現狀應加以保存。

㈡蘇聯應恢復以前俄羅斯帝國之權利，此種權利因 1904 年日本之詭譎攻擊而受破壞者：

　　甲、南庫頁島及其毗連各島應歸還蘇聯。

　　乙、大連商港應闢為國際港，蘇聯在該港之優越權利應獲保障，旅順仍復為蘇聯所租用之海軍基地。

　　丙、中東鐵路以及通往大連之南滿鐵路，應由中蘇雙方共組之公司聯合經營，蘇聯之優越權利應獲保障，中國對滿洲應保持全部主權。

㈢千島群島應割於蘇聯。

惟上述關於外蒙、旅順、大連以及中東、南滿兩鐵路諸點，必徵得中國蔣主席之同意；羅斯福總統將依據史達林元帥之意見採取措施，

---

⑬　《蔣總統為自由正義與和平而奮鬥述略》，頁 467。

⑬　有關《雅爾達密約》的主要文件，已發表於《中華民國重要史料初編——對日抗戰時期》（以下簡稱《抗戰史料初編》，中央黨史會，民國 73 年），第 3 編，《戰時外交㈡》，頁 539–668。

以獲得蔣主席之同意。三強領袖業已議決，蘇聯所提要求於日本被擊敗後必予實現，蘇聯則準備與中國國民政府締結中蘇友好條約，俾以其武裝部隊協助中國，解放中國所受日本之束縛。❸

這一密約，不僅違反《九國公約》、《大西洋憲章》、〈開羅宣言〉，且與美國對華傳統的門戶開放政策不符。中、美當時是並肩作戰的盟邦，在中國缺席的情形下，羅斯福竟允諾史達林對中國權益的無理要求，無異是一項出賣朋友的行為，在世界政治史上亦不多見。誠如蔣廷黻所指陳者：「時至今日，我們必須宣稱：雅爾達鑄成大錯——十分悲慘的大錯。如無此一協定，中國和韓國在戰後的整個歷史，必然完全改觀。」❹

悲慘的錯誤，是羅斯福自己做成的。梁敬錞即曾指出：「但此種種，皆因羅斯福不願審究之故，遂至全照莫洛托夫所提原稿，一字不改，遽予簽署。」❹羅斯福本一極為老練的政治家，且為中國的友人，何以會在雅爾達造成此一錯誤？這是中外學者所欲深究的問題，但卻見仁見智。一般講來，羅斯福之曲從史達林，原因有四：一為羅斯福在德黑蘭會議時，即已對史達林租用旅順港之要求作了承諾，❷二是受到美國軍方要求蘇俄早日參戰以減少美方損失的強烈請求，❸三為羅斯福對共產主義及史達林的詭謀認識不清，❹四為羅斯福健康欠佳，思考已遲鈍。❺因而史達林要什麼，他就答應什麼；邱吉爾則伴席畫諾，並未與議。

❸　總統府機要室庋藏原件，見上書頁 541。
❹　我國控蘇案全文，見《我們的敵國》，下冊，（臺北：中央日報社，民國 41 年），頁 283。
❹　梁敬錞，《中美關係論文集》（聯經出版公司，民國 71 年），頁 12。
❷　《總統蔣公大事長編初稿》，卷 5（下），頁 725，13 日蔣公自記。
❸　梁敬錞，《中美關係論文集》，頁 14。
❹　郭榮趙，《美國雅爾達密約與中國》（臺北：水牛出版社，民國 56 年），頁 9；梁敬錞前書，頁 26。
❺　羅斯福於歸國後不及兩月，即於 4 月 12 日逝世，以是若干美國人認為雅爾達會議時，羅斯福的健康顯然不佳。

　　就戰後公布的外交文件中，吾人獲知早在 33 年 10 月間，駐美大使顧維鈞已從美參謀總長李海 (William D. Leahy) 處獲知英、美均不反對蘇俄在遠東獲得旅順不凍港，並已向國民政府報告。❶⁴⁶以是 34 年 2 月 8 日，蔣主席於閱及美、英、蘇在雅爾達發表之第一次公報後，即慨嘆：「今日見羅、邱、史黑海會議第一次公報，一如所預料，其果與英、蘇協以犧牲我乎？」❶⁴⁷

　　羅斯福對《雅爾達密約》，極為保密，直到 6 月 15 日始由赫爾利 (Patrick J. Hurley) 通知中華民國政府。事實上，雅爾達會議後不及兩週，中共方面已獲知此事，並傳入赫爾利耳中，赫氏因於 3 月間返美親向羅斯福查詢。中華民國政府亦早於 2 月 21 日接獲駐蘇大使傅秉常報告，證實美、英、蘇簽有「密約」。❶⁴⁸3 月 12 日，駐美大使魏道明亦上電蔣主席報告羅、史在雅爾達談話情形，對「密約」內容已大致了解。❶⁴⁹

　　羅斯福於 1945 年 4 月 12 日逝世，副總統杜魯門 (Harry S. Truman, 1884–1972) 就任總統，表示仍遵守羅斯福對史達林的承諾。史達林要求杜魯門轉告我政府，邀新任行政院長宋子文赴蘇訪問，並談判一項依《雅爾達密約》為依據之《友好條約》。宋子文於 6 月 20 日自美國回到重慶向蔣中正主席請示後，於 6 月 27 日銜命前往莫斯科，直接與蘇聯進行交涉。中央幹部學校教育長蔣經國，亦奉命隨同前往。

　　中蘇間的莫斯科談判可分前後兩期。前期係於 34 年 6 月 30 日開始至 7 月 13 日止。因史達林與莫洛托夫須赴柏林出席波茨坦會議 (Potsdam Conference)，宋子文亦須就若干問題回國請示，會議因而暫停。後期係於 8 月 7 日開始至 14 日簽約為止，我方代表除宋子文外，尚有新任外交部長王世杰。由於史達林態度惡劣，堅持外蒙獨立並企圖控制中國東北旅、大兩港及中東、南滿兩路四十至四十五年之久，談判極為艱苦。我代表秉承中樞決策，盡力維護東北權益。8 月 6 日，美國在廣島投擲首枚原子彈，

❶⁴⁶　《抗戰史料初編》，第 3 編，《戰時外交㈡》，頁 539–540。
❶⁴⁷　《總統蔣公大事長編初稿》，卷 5（下），頁 674。
❶⁴⁸　同上書，頁 679。
❶⁴⁹　同上書，頁 685–687。

蘇俄乃急急於 8 月 8 日對日宣戰。蘇軍既攻入東北，日本又已開始洽降，國際情勢驟變，我政府乃忍痛訓令王世杰於 8 月 14 日與莫洛托夫簽訂了《中蘇友好同盟條約》。❿依此條約及各項附屬文書，我國承諾：

㈠如外蒙古經人民投票證實其獨立之願望時，中國政府當承認其獨立。

㈡中東鐵路與南滿鐵路合併稱為中國長春鐵路，由中蘇共同管理，期限為三十年。

㈢大連港為自由港，中國以其港口工事及設備之一半租於蘇方，租期三十年。

㈣旅順港歸中蘇共同使用，期限三十年。

蘇聯方面亦承諾：

㈠給予中國中央政府即國民政府以道義上與軍需品及其他物資之援助。

㈡承認中國在東三省之充分主權，及領土與行政之完整。

㈢關於新疆事變，蘇聯政府重申無干涉中國內政之意。

㈣進入東三省之蘇軍，應於日本投降後三個月內撤退完畢。

《中蘇友好同盟條約》的期限為三十年。無疑的，是在我國廢除不平等條約後惟一的一項新不平等條約。❺由於蘇聯並未履行此一條約的義務，且支持共黨擴大叛亂，造成整個大陸淪陷的慘局，我政府乃向聯合國提出控告蘇聯違約背信助長共黨叛亂案，於 41 年 (1952) 經聯合國第六屆常會通過，政府繼於 42 年 (1953) 2 月 25 日正式宣告：民國 34 年 8 月 14 日之《中華民國—蘇維埃社會主義共和國聯邦友好同盟條約》及其他有關文件為無效；中華民國政府並保留因蘇聯違約所受損害向蘇聯提出要求之權。

---

❿　全文見《抗戰史料初編》，第 3 編，《戰時外交㈡》，頁 652–668；王世杰、胡慶育前書，頁 403–420。

❺　王世杰、胡慶育前書，頁 420。

第四節　中共問題

一、中共背信與擅行擴張

中共從民國 24 年 (1935) 發表〈八一宣言〉後，即在所謂「抗日民族統一戰線」的口號下，要求一致抗日。26 年 7 月 7 日盧溝橋事變發生後，蔣中正委員長宣布最後關頭已到，要求全國同胞「地無分東西南北，人無分男女老幼」，一致起來參加抗戰。中共因於 26 年 9 月 22 日發表〈共赴國難宣言〉，向全國人民提出為實現三民主義而奮鬥，停止暴動、赤化及以暴力沒收地主土地政策，取消蘇維埃政府，改編紅軍為國民革命軍參加抗日四項諾言，參加抗戰。軍事委員會先於 8 月下令將陝北共軍改編為國民革命軍第八路軍，繼於 10 月下令將流散江南地區的共軍零星殘餘武裝收編為國民革命軍新編第四軍，分別在第二戰區司令長官閻錫山，第三戰區司令長官顧祝同的指揮下，參加作戰。第八路軍至 27 年 2 月，改番號為第十八集團軍。

共黨的諾言與共軍的受編，當時被認為民族意識戰勝了階級意識，全國同胞都對中共的終能幡然悔悟，感到興奮。即蔣中正當時亦相信「共黨是有悔禍歸誠，共同禦侮的誠意。」[152]

但事實卻證明中共說了騙人的謊話。所謂抗日民族戰線，所謂〈共赴國難宣言〉，都是表面上動聽的言詞，是利用民族主義作號召以達到壯大自己，奪取政權的一項詭謀。張浩、毛澤東等人在其內部文件與講話中，並不掩飾這一點。張浩在中共的「抗日大學」講授中共黨的策略路線時，即曾坦率的說：

> 中國人不管貧富各階層，均願抗日，不願要蘇維埃，中國共產黨在這種情形之下只有抗日，在抗日之下，進行加強黨的組織，增加人民革命的情緒，壯大前方軍，組織和訓練後備軍，以待新的時機，

---

[152]　蔣中正，《蘇俄在中國》，頁 82–83。

新的條件到來。❸

　　毛澤東則於 26 年 9 月，第八路軍奉令自陝北進入山西作戰前，對其幹
部們指示：

> 中日之戰，是本黨發展的絕好機會，我們決定的政策是百分之七十
> 是發展自己，百分之二十作為妥協，百分之十對日作戰。❸

　　軍事委員會於 8 月 22 日發布收編共軍為第八路軍的命令，以朱德為總
指揮，彭德懷為副總指揮，朱、彭於 8 月 25 日通電就職。就在同一天，中
共中央在陝北洛川召開政治局擴大會議，通過了所謂〈十大救國綱領〉，第
四項竟是「改革政治機構」，要「選舉國防政府」，明示要動搖國民政府的
地位了。
　　中共中央發表〈共赴國難宣言〉後七日──9 月 29 日，毛澤東發表一
篇標題為〈國共兩黨統一戰線成立後中國革命的迫切任務〉的專文，嚷著
要出現一個「新政府」，要求「改變政治的制度與軍隊的制度。」❺ 又過了
五天──10 月 4 日，中共的「人民抗日軍政治部」印發了一種《幾個問題
的解答》小冊子，談到共軍改編時就又毫不隱諱的說：

> 紅軍名義的改變，是為了全國抗日的統一指揮，雖然在名義上是改
> 變了，但是實際上還是照紅軍一樣的辦法，仍然是共產黨的領導，
> 我們的指戰員還是我們的人，國民黨不能派一個人到我們隊伍來負
> 責工作。通俗的說：外面雖是白的，內面還是紅的。❻

---

❸　張浩（林毓英）1939 年春在「抗日軍政大學」講稿，重慶中央調查統計局翻
　　印本，1941 年 3 月。

❹　郭華倫，《中共史論》，第 3 冊，頁 222。

❺　同上，頁 235。

❻　吳相湘，《第二次中日戰爭史》，上冊，頁 408–409；郭華倫前書，頁 238。

　　類似的證據還多，不必舉述了。第八路軍進入山西後，雖也為了「在作戰初期，爭取若干表現，以擴大宣傳和影響」，❺令林彪的一一五師參加了平型關戰役，並宣稱是第八路軍的一次「大捷」，❺但第八路軍僅是作策應性的游擊戰，從未參加過決定性的大會戰。❺至於中共宣傳的所謂「百團大戰」，基本上是有意的渲染，並非真正的一次戰役。❻第八路軍亦即第十八集團軍的真正任務並非抗日，而是違令進入河北和山東，建立所謂「根據地」──實行「擴軍」、「造黨」，僭立政權，破壞統一；發行紙幣，擾亂金融；攻擊國軍及地方抗日武力，煽動叛變，組訓民兵；完全不顧政府的法令和建制，一味的擅行擴張與破壞。26 年 11 月 7 日──蘇俄十月革命紀念日，中共在華北建立了它的第一個地方政權──「晉察冀邊區政府」，27 年轄有三十一縣，29 年則擴大至七十五個縣。27 年 8 月 4 日，中共又在河北南宮成立了「冀南行政主任公署」，其後擴建為「晉豫魯邊區」。27 年，八路軍違令進入山東省，中共於是設立了「山東戰時行政委員會」，到 29 年已擴展到七十多個縣，控制了山東全省三分之二的地區。自 27 至 29 的三年之內，中共實際上已控制了晉、冀、魯三省的大部分與察、豫、蘇三省的一部分地區，八路軍的兵力已由受編時的二萬二千人發展至四十萬人以上。

　　中共侵佔的土地，並非取自日軍佔領下的國土，而是取自國軍及地方政府管轄的區域。28、29 兩年，是共軍攻擊國軍最頻繁的時期，除策動山西新軍韓鈞等部叛變投共外，山西的趙承綬部，河北的鹿鍾麟、朱懷冰、張蔭梧部，山東的孫良誠、高樹勛、沈鴻烈、于學忠部，江蘇的韓德勤部，均曾受到共軍的攻擊而蒙受重大的損失。冀察戰區總司令兼河北省政府主席鹿鍾麟被驅出河北省境，山東省政府所在地的魯村亦於 29 年 8 月被中共

---

❺　中共洛川會議之決議，參閱郭華倫，《中共史論》，第 4 冊，頁 9。

❺　何應欽，《粉碎中共誣衊抗戰史實的陰謀》（臺北：國防部史政編譯局，民國 67 年），頁 11–12。

❺　抗戰八年，有重要會戰二十二次，第八路軍與新四軍均未參加。

❻　郭華倫前書，頁 12–14。

攻佔，魯蘇戰區總司令于學忠其後亦被迫撤退。山東省建設廳長兼軍委會
別動隊第五縱隊司令秦啟榮旋被共軍追擊殺害。

　　中共在華北坐大的同時，其在西北的「陝甘寧邊區」也不斷的非法擴
張。26 年 1 月，中共中央進入延安，當時僅控制延安附近的四、五縣，至
年底已擴展至十五縣，27 年擴張為十八縣，29 年擴張為二十三縣，30 年
竟又擴張為二十六縣。❶若非胡宗南 (1896–1962) 部駐於西安，馬鴻逵
(1892–1970) 部駐於寧夏，以監視並防制之，陝、甘、寧、新等省恐將不免
於赤化的厄運。

　　第八路軍的作戰地域初為山西，改編為第十八集團軍後，作戰地區擴
及河北。但其活動並不限於晉、冀，亦不限於華北，第十八集團軍在重慶
設有駐渝辦事處（實即中共中央南方局），在貴陽設有聯絡站，在長沙設有
通訊處，在香港則設有對外聯絡及購運物品機構，而以《新華日報》香港
分社為掩護。以一支軍隊，其辦事處竟遍設於各主要城市，除第十八集團
軍之外，也沒有第二家，其在抗戰期間的特殊地位及活動目標已可不言而
喻了。

二、新四軍事件

　　新四軍事件──中共稱之為「皖南事件」，發生於民國 30 年 (1941) 1
月，地點在安徽南部涇縣以南約八十里的茂林一帶。起因是新四軍受中共
中央的密令，違抗北調的命令並襲擊國軍第四十師，第三戰區司令長官顧
祝同為維持軍令與軍紀，乃予以制裁，從 1 月 6 日至 14 日經過八天的戰鬥，
終將新四軍叛部解決。1 月 17 日，國民政府軍事委員會下令取消新四軍番
號，並將拿獲的新四軍軍長葉挺 (1897–1946) 革職，交軍法審判，並通緝在
逃之副軍長項英。❷這本是個單純的軍事處置事件，但因新四軍為共軍，
中共又刻意把此一事件渲染為反共的政治事件，並視之為「內戰的開始」，
於是新四軍事件就變成抗戰期間最受注意的一個事件，蘇俄和美國都曾表

❶　郭華倫前書，第 3 冊，頁 432–434。

❷　蔣永敬，〈新四軍事件的前因〉，見《中國大陸》，第 97 期，64 年 9 月 15 日。

示深度的「關切」。

實在講來，新四軍事件的基本原因，是由於新四軍的非法擴張與公然抗命。蓋新四軍於 26 年 10 月 12 日奉令編軍時，定額為一萬二千人，實際上共黨散處江南各地的殘餘兵力尚不足三千人，經半年的招募與編組，實力亦僅達八千餘人。[163]27 年 5 月以後，發展至皖中和皖東，6 月以後進軍至蘇南。28 年夏初周恩來到浙、贛視察時，鼓勵新四軍積極發展，先後在浙、閩、湘、豫四省設立了新四軍的機構，甚至遠在海南島的土共馮白駒部也隸屬於新四軍番號。至 29 年，新四軍已蔓延至皖、贛、蘇、浙、湘、豫、粵七省，實力擴至十萬人。[164]其裹脅民眾、強繳民槍、收編土匪、僭立政權、襲擊國軍的行徑，與華北的第十八集團軍無異。

新四軍副軍長項英，同時亦是中共中央東南局的書記，在他的指示下，中共先後在江蘇、安徽、浙江、福建等省建立了中共黨的組織。共黨組織在新四軍掩護下急劇發展，構成了政府機關與國民黨組織在江南地區的極大威脅。

新四軍與國軍間的衝突事件，28 年 6 月開始便不斷發生。先是新四軍駐湖南平江的「通訊處」與國軍第二十七集團軍楊森部衝突，是即「平江事件」，[165]繼又於 29 年 3 月，攻佔安徽滁縣、定遠，擅派縣長，成立所謂「定（遠）、鳳（陽）、滁（縣）辦事處」。同年 5 月，中共中央又對東南局發出指示，要新四軍「放手發展抗日力量，抵抗反共頑固派的進攻」，其內容真是駭人聽聞：

> 這種發展的方針，中央曾多次給你們指示出來了。所謂發展，就是不受國民黨的限制，超越國民黨所能允許的範圍，不要別人委任，不靠上級發餉，獨立自主地放手地擴大軍隊，堅決地建立根據地，在這種根據地上獨立自主地發動群眾，建立共產黨領導的抗日統一

---

[163]　鄧子恢之自供，見《星火燎原》，卷 6，北京，1962 年，頁 376。

[164]　郭華倫，《中共史論》，第 4 冊，頁 154。

[165]　郭華倫，《中共史論》，第 3 冊，頁 402–407。

戰線的政權，向一切敵人區域發展。⓰

29 年 6 月以後，國際局勢發生變化。法國在日本壓力下，於 6 月 20 日起封閉了滇越鐵路。7 月 18 日起，英國又屈服於日本的要求，封閉滇緬路三個月。中國西南大後方的對外交通，至是完全斷絕。9 月 22 日，日軍進駐越南，昆明受到威脅。五天以後──9 月 27 日，日、德、意三國軍事同盟簽字，蘇俄也表示願與日本調整關係，中國的處境可謂危險極了。中共卻認為這種形勢，是他們的「時局好轉」，於是趁火打劫，於 8 月間進攻魯南，10 月間進攻蘇北，急於要把華北和江南連結起來，建立其「華中根據地」。毛澤東對新四軍的指示是：

> 西起南京，東至海邊，南至杭州，北至徐州，應盡可能迅速地並有步驟、有計畫地將一切可能控制的區域控制在我們手中，獨立自主的擴大軍隊，建立政權，設立財政機關，徵收抗日捐稅，設立經濟機關，發展農工商業，開創各種學校，大批培養幹部。中央前要你們在今年一年內，在江浙兩省敵後地區擴大抗日武裝至十萬人槍和迅速建立政權等項，不知你們具體布置如何？⓱

中共在華北、江南「獨立自主」地擴張，已迫使政府不能不予以防範。29 年 7 月，由統帥部作成提示案，一方面允許「陝甘寧邊區」十八縣的範圍，改稱陝北行政區，暫隸行政院；一方面命令第十八集團軍及新四軍於奉令一個月內開赴黃河以北第二戰區（原冀察戰區取消，併入第二戰區）作戰，同時准許第十八集團軍擴編為三軍六師及五個補充團，新四軍擴編為兩個師，每師轄兩旅四團。這一提示案，事實上已接納了若干中共的要求，對中共相當有利。⓲但中共中央並不以此為滿足，周恩來將此指示案

⓰　《毛澤東選集》，卷 2，頁 749–753。

⓱　同上。

⓲　關中，〈抗戰時期國共和談的再認識〉，《中華民國建國史討論會論文》（臺北，

攜往陝北後，先是遲不答覆，繼又提出調整游擊區及游擊隊辦法，要求將作戰地區擴大到山東全省及綏遠，十八集團軍、新四軍及各地游擊隊均由政府全數發餉，真是漫天要價，有意抗命了。⓱

軍事委員會為貫徹中央指示案中共軍北調的規定，由參謀總長何應欽與副總長白崇禧聯名致電朱德、彭德懷及葉挺，令其部隊遵命於 11 月底以前開赴黃河以北作戰。朱、彭、葉等於 11 月 19 日覆電表示江南正規部隊可以北調，江北部隊「暫請免調」，何、白於 12 月 8 日再電駁斥。12 月 9 日，蔣委員長手令朱、彭、葉等人，准予展期一個月，即凡黃河以南的第十八集團軍部隊，限 12 月 31 日以前移至黃河以北；在江南的新四軍，於 12 月 31 日前移至江北，並於翌年（30 年）1 月 30 日前移至黃河以北。⓱

統帥部態度堅決，新四軍卻抗命如故，不僅藉詞延宕，要索款械，且陰謀偷襲國軍，想把皖南涇縣的雲嶺變為延安第二。⓱第三戰區司令長官顧祝同於獲悉新四軍於 30 年 1 月 4 日夜悉數南移，並封鎖消息，圖謀不軌後，便不能不調集軍隊予以制裁了。顧祝同於事後向中央報告事件的經過說：

> 共產黨的整個計畫在皖南一天一天的發展，中央便決定要江南一帶的新四軍集中到黃河以北去。自奉到何、白兩總長去年十月皓電後，本席特電召該軍軍長葉挺來上饒，面予指示，誰知卻提出要求很多，就經費彈藥兩項，即二百萬元以上，子彈要五百萬發。後來本席還是懇切的和他講，要他們遵令北調，經費自然可以撥給，但不能以此為奉命的條件。他們勉強答應了。後來又給他詳細規定路線，寬予限期，所請經費彈藥也先予補充一部分，其餘之數目，由軍委會撥給。到了十一月二十六日，北調的命令正式發下後，該軍始終沒

民國 70 年 8 月）。原標題為〈戰時國共關係〉。

⓱ 蔣永敬前文。

⓱ 《蘇俄在中國》，頁 96。

⓱ 郭華倫，《中共史論》，第 4 冊，頁 191–192。

有電報報告開拔日期，所有來電無非要求增發餉彈，再展限期，或者要求多指定幾條路線，種種託詞延宕。

本戰區為貫徹北移命令起見，並承統帥部佳日電令，限該軍於十二月底北移完畢。並且要他以主力就銅陵、繁昌渡江，以減少困難，同時電請第五戰區李副司令長官品仙規定該軍在皖北登陸集結地點，及繼續北移路線。及命令發出後，該軍仍不遵命北移。本戰區經常派參謀和他們商量，均無效果。

及至本年一月六日，突接該軍自茂林發出的微辰電稱，假道蘇南北渡，並接駐三溪鎮的四十師電稱，該新四軍已經逾越指定路線以南，集結茂林，於六日晨，突然向該師襲擊。當時我們的游擊部隊都不在附近，同時覺得如果再不調部隊解決，恐怕事態要擴大，所以才調五十二師增援警戒。而該軍向四十師進攻更加利害，當時看他來勢之猛，布置之周，斷定必有極大的陰謀。所以為貫徹軍令，整飭軍紀，保持抗戰力量計，不得不增調援軍從事抵抗。激戰八日，遂將該軍編遣完畢。事後聽到就擒的該軍參謀處長趙凌波供稱，他們預定計畫是襲擊四十師，將其械彈，擴充軍隊，再攻三十二集團軍上官雲相總司令部，然後急襲蘇南第二游擊總指揮部，企圖建立江南根據地。⑰

新四軍解散後，被俘及傷亡者不及一萬人，為新四軍總人數之十分之一。然中共中央則於 30 年 1 月 18 日發表談話，向政府提出九項要求，接著又於 1 月 20 日，以「中共中央軍事委員會」名義，任命陳毅 (1901–1972) 為新四軍代理軍長，直接否定了前一日軍事委員會撤銷新四軍番號的命令。中共中央並決定利用此一事件，在政治上展開全面進攻，由毛澤東於 2 月 15 日致電國民參政會，提出十二項要求，請轉政府；如不獲接受，共產黨的七位參政員即拒不出席。國民參政會決議拒絕中共的政治勒索，中共遂亦退出國民參政會，開始其「軍事自衛、政治進攻」的策略，以虛偽的宣

⑰　《中國國民黨五屆八中全會紀錄》，重慶，民國 30 年 3 月 31 日。

傳破壞政府的威信，騙取民眾及外人的同情。但當時的客觀環境對中共不利，30 年 (1941) 6 月，德蘇戰爭爆發，迫使史達林不敢採強硬路線，毛澤東也就不敢過度囂張。中共對國民政府，表面上仍表示擁護，只是在政治要求上，卻又不斷的提高，其在華北、華中的抗命擴張，亦復變本加厲。

三、和談的過程和教訓

民國 28 年中共在華北的擴張與破壞行動趨向嚴重後，蔣中正委員長於當年 6 月 10 日召見周恩來和葉劍英，予以規誡。周恩來此時已出任軍事委員會政治部副部長，葉劍英是第十八集團軍參謀長，兩人當年都曾在黃埔軍校服務過，也都是蔣委員長的老部屬，但兩人也都是老奸巨猾的共黨幹部，對蔣委員長的規誡一直是陽奉陰違。

29 年 1 月，參謀總長何應欽奉命與葉劍英商討制止中共違令擴張事宜。何要求中共將違令擴充之部隊及擅行設立之軍區應予取消，葉反而要求十八集團軍的兵額應當擴充為三軍九師，其「陝甘寧邊區」不僅保持，且要求再加擴張。談判一直延續到 7 月 16 日，統帥部作成「提示案」，容納了葉劍英的大部分要求後，葉劍英和周恩來始表示同意。但中共中央拒不奉行，拒絕十八集團軍與新四軍北調，且加強了共軍在山東和江蘇兩省攻擊國軍的行動。這是戰時政府與中共間的第一次商談，可以說是毫無結果。

新四軍事件過後，中共受德蘇戰爭的影響，態度略趨緩和。其江西省委，南方工作委員會及廣東省委等組織，亦相繼被破獲，中共勢力受到相當的損失。❸31 年 12 月，中央派中央調查統計局設計委員鄭延卓前往延安賑災，毛澤東曾託鄭於返渝時攜函呈蔣委員長，表示對中央德意，「軍民同感」。❹三個月後，蘇俄已擊退德軍，中共的態度亦復趨強硬。周恩來與林彪到重慶晉見何應欽總長，提出了四項新的要求，開始了第二次的商談。周的四項要求是：㈠共黨取得合法地位；㈡其軍隊希望編為四軍十二師；

---

❸　郭華倫，《中共史論》，第 4 冊，頁 200-301。

❹　蔣永敬，〈抗戰時期的中共問題〉，見《近代中國》季刊，第 4 期。

㈢其陝北邊區改為行政區，其他各區另行改組；㈣黃河以南各軍開入中央指定之作戰區域，請俟戰後。**⑰**何應欽拒絕這些要求，重申 29 年皓電所提條件，周、林並無接受的誠意，商談亦無具體結果。

32 年 (1943) 9 月，國民黨五屆十一中全會決議於戰後一年內召開國民大會，實施憲政，**⑰**並認定中共問題係政治問題，應用政治方法解決，並希望中共能貫徹 26 年〈九二二宣言〉中所作的承諾。**⑰**中共表示願派代表赴重慶商談，政府則同意與中共代表在西安會商，於是有 5 月 4 日至 11 日間的西安會談——是為第三次商談，也是此後一連串政治商談的開端。

參加西安會談的政府代表是王世杰和張治中，中共的代表為林祖涵(伯渠)。共會商五次，但沒有結果。原因是中共一開始就提出了十七點提案，增加了「釋放政治犯」、「撤除陝甘寧邊區軍事封鎖」等新的要求。政府代表極力忍讓，終於同意將會商的紀錄各自分送上級機關請示，林祖涵並在紀錄上簽了字，但想不到延安的態度變了，不願以原提案作為進一步商談的基礎，另令林祖涵於 5 月 22 日提出修正的二十點提案；6 月 4 日，林祖涵又提出中共的「關於解決目前若干急切問題的意見」，無異將歷次商談的內容推翻。**⑰**中共提案中條件過於苛刻，使政府無法容忍；且由於中共提案中並不包括服從中央政府軍政法令的文字，致使政府代表拒絕接受。中共的要求，愈談愈多，愈談愈高，結果只有陷於僵局，情況也就愈來愈複雜了。

33 年 (1944)，是抗戰最為艱苦的一年。由於河南及湘桂戰場的失利及史迪威事件的發生，使中美間的關係陷於低潮。中共則利用此一時機，與美國駐華人員中之媚共分子相結納，企圖以美國政府的壓力迫使政府妥協。6 月間，美國副總統華萊士 (Henry A. Wallace) 訪華時，要求蔣委員長同意美軍顧問團派遣一個調查團常駐延安，更為助長了中共的通過美國人員以

---

⑰　《蘇俄在中國》，頁 109。

⑰　《革命文獻》，第 80 輯，頁 331–332。

⑰　同上，頁 341–343。

⑰　關中，〈抗戰時期國共和談的再認識〉；蔣中正，《蘇俄在中國》，頁 118。

取得實利的強烈慾望。**⑲**

　　33 年 8 月，美國總統羅斯福派遣赫爾利為特使前來中國，調處中國戰區的統一指揮問題。赫爾利成功的解決了史迪威引起的難題，但在對中共問題的處理上，卻險些上了大當。同年 11 月 1 日，美國駐華大使高思 (Clarence Gauss) 辭職，羅斯福特任赫爾利為駐華大使，因此他獲得了直接參與國共商談的機會。

　　中共對赫爾利，開始時是極端歡迎的。33 年 11 月初，中共不斷邀約赫爾利親赴延安訪問，赫爾利亦有興趣和信心，把政府和中共的代表拉在一起，經由商談來解決問題。赫氏決定由林祖涵陪同於 11 月 7 日飛往延安，臨行，他由中國政府方面獲得了五項條件，到延安談了三天，10 日帶了中共給他的五項條件——毛澤東和赫爾利都已簽署，滿心興奮的回到重慶來。茲將政府的條件和中共的條件作一對比：　**⑳**

政府條件	中共條件
中央政府與中國共產黨將共同合作，求得國內軍隊之統一，期能迅速擊敗日本，並建設中國。	中國政府、中國國民黨、及中國共產黨一致合作，以期統一中國所有軍隊，迅速擊潰日本，並建設中國。
中國共產黨之軍隊，應接受中央政府及其軍委會之命令。	改組現在之國民政府為聯合國民政府，包括所有抗日黨派代表及無黨派之政治團體代表，立即宣布一新民主政策，規定軍事政治經濟及文化事業之改革，並使其發生實效。軍事委員會應同時改組為聯合軍事委員會，由所有抗日軍隊之代表組織之。
中央政府及中國共產黨，將擁護孫中山先生之主義，在中國建立民有、民治、民享之政府，雙方將採取各種政策，以促進及發展民主政治。	聯合國民政府擁護孫總理之主義，建立一民有、民治、民享政府，實施各項政策，以資促成進步及民主，樹立正義及信仰自由、出版自由、言論自由、集會

⑲　華萊士係由蘇俄經新疆迪化，於 6 月 20 日抵達重慶。蔣主席於 23 日勉強同意其請求，准派調查團前往中共地區活動。華氏於 7 月 2 日離華。

⑳　兩案文字，均依據《總統蔣公大事長編初稿》，卷 5（下），頁 632–635。

	結社自由，向政府訴願權、保障身體自由權、居住權，並使無恐懼之自由、不虞匱乏之自由，兩種權利，實行有效。
中國只有一個中央政府及一個軍隊，中國共產黨之官兵，經中央政府編定後，將依其階級，享受與國軍相同之待遇，其各單位對軍火軍需品之分配，亦將享受相等之待遇。	聯合國民政府及聯合軍事委員會承認所有抗日軍隊，此項軍隊應遵守並執行其命令。
中央政府承認中國共產黨並使之為合法之政黨，所有在國內之各政黨，將予以合法之地位。	聯合國民政府承認中國國民黨、中國共產黨及一切抗日團體之合法地位。

從上表中，可見政府的要求在於政權與軍權的統一，中共的目的則在改組政府和軍委會——以聯合政府來取代國民政府。至於中共提案中之「人權法案」條款，只不過是為了取悅美國人而已。天真的赫爾利認為這個「提案」是可以考慮的，當他回到重慶時宋子文才告訴他已經上了中共的當，國民政府是不可能接受「聯合政府」的，接受了就等於自己拆了自己的臺。事實證明國民政府是對的，東歐的波蘭和捷克都是通過「聯合政府」的過渡階段，共產黨攫得了全國的政權。

34 年 (1945) 1 月，赫爾利再度邀請周恩來到重慶商談，是為第五次商談。周恩來除了重申「聯合政府」的要求外，又提出了召開「黨派會議」的提議，目的仍在取消國民政府以及計畫於本年內召開的國民大會。政府同意召開政治協商會議以會商國是，周恩來仍然反對召開國民大會來制憲。赫爾利至此也發現了中共懲惡美軍人員背後擬有美傘兵降落共區計畫，始知中共是不講信義的，他否決了這一計畫，於是中共也開始攻擊赫爾利。⑱赫爾利的調處失敗，戰時的國共和談也就於 34 年 5 月間停頓。

四、公然抗命與阻撓受降

民國 34 年 (1945) 8 月 10 日，日本政府決定接受中美英三國〈波茨坦

---

⑱ 關中前文。

宣言〉，向盟國無條件投降。並託由瑞士政府以正式照會轉達於中、美、英、蘇四國政府。次日，美國政府於徵詢中、英、蘇三國政府同意後，代表盟國覆文日本，接受其投降。蔣主席即於當日召集國防最高委員會及中央常務委員會聯合緊急會議，討論日本投降有關問題。並分別電令：

㈠全國各部隊，聽候命令，根據盟邦協議，執行受降一切規定。

㈡淪陷區各地下軍及各地偽軍，應就現駐地點，負責維持治安，保護人民，不得擅自行動。

㈢第十八集團軍所屬各部隊，應就原地駐防待命，勿再擅自行動。 **⑱**

國軍各部隊，均遵令在原地待命。惟第十八集團軍總指揮朱德，不但抗不受命，且於 8 月 11 日一日之內，以「中共延安總部」名義，連續發布七道命令，指示各地共軍，全面行動。**⑱** 這些命令的內容大要如下：

㈠令各「解放區」內共軍：

⑴向其附近之日偽軍及其指揮機關，送出通牒，限於一定時間內繳出武裝。

⑵向其附近之一切偽軍偽政權送出通牒，限其於日敵投降簽字前，接受編遣。

⑶如有拒絕投降繳械之日偽軍，即予以消滅。

⑷進佔敵偽所佔之城鎮交通要道，並委任專員管理該地區之行政事宜。

㈡為配合蘇聯進入中國東北境內作戰，令各部共軍：

⑴呂正操部由山西、綏遠現地，向察哈爾、熱河進發。

⑵張學詩部由河北、察哈爾現地，向熱河、遼寧推進。

⑶萬毅部由山東、河北現地，向遼寧進發。

⑷李運昌部由河北、遼寧、熱河邊境現地，向遼寧、吉林進發。

㈢為配合外蒙軍進入內蒙及綏、察、熱地區作戰，令：

⑴賀龍部由綏遠境內現地，向北推進。

---

⑱ 《總統蔣公大事長編初稿》，卷 5（下），頁 785-787。

⑱ 王健民，《中國共產黨史稿》，第 3 冊，頁 465-466。

⑵聶榮臻部自熱、察現地，向北推進。

㈣山西方面，令：

⑴所有山西解放軍均歸賀龍指揮，統一行動；進佔同蒲路沿線及汾河流域。

⑵前進路上如遇抵抗，即堅決予以消滅。

㈤進佔各重要交通線，接受敵偽軍投降，令：

所有沿北寧路、平綏路、平漢路、同蒲路、滄石路、正太路、白晉路、道清路、津浦路、隴海路、粵漢路、滬寧路、京蕪路、滬杭路、廣九路、潮汕路等鐵路線及其他解放區一切敵偽交通要道兩側之共軍，統應積極進攻，迫敵偽投降。

㈥為配合蘇軍進入朝鮮作戰，令：

朝鮮義勇隊由華北現地，隨同八路軍進入東北，並組織在東北之朝鮮人民，準備解放朝鮮。

㈦共軍進入敵偽控制之城鎮要塞處，實施緊急軍事管制。

8月13日，朱德、彭德懷上電蔣委員長，妄指蔣主席11日的命令「自相矛盾」。8月14日，日本正式宣布無條件投降。蔣主席於當日電邀毛澤東到重慶共商國事。15日，蔣主席以中國戰區最高統帥身分，指示在華日軍最高指揮官岡村寧次六項投降原則。不意，朱德亦於同日以「中國解放區抗日軍總司令」名義致電岡村寧次，要求日軍向共軍投降，⓲當為岡村寧次拒絕。蓋同盟國業已通知日方，中國戰區所有日軍應向蔣委員長無條件投降也。16日，朱德再致電國民政府，提出六項要求，其大要：

㈠接受日偽投降與締結受降協定和條約時，須事先和「解放區抗日人民武裝力量」，商得一致意見。

㈡中國「解放區」、淪陷區，「一切抗日人民武裝力量」有權根據〈波茨坦宣言〉條款及同盟國規定受降辦法，接受所包圍的日偽軍投降，收繳其武器資材。

㈢「解放區及淪陷區人民抗日武裝力量」，有權派代表，參加接受敵人

⓲　同上，頁468。

的投降，及處理敵人投降後的工作。

㈣「解放區一切抗日武裝力量」，有權選出代表，參加和平會議及聯合國會議。

㈤制止內戰，其辦法是：「解放區軍隊所包圍的敵偽，由解放區軍隊接受投降；國民黨軍隊所包圍的敵偽，由國民黨軍隊接受投降。」

㈥立即「廢止一黨專政」，召開各黨派會議，成立「民主聯合政府」，罷免貪官污吏，懲辦漢奸，廢止特務機關，承認各黨各派的合法地位，承認「解放區的民選政府及抗日軍隊」，釋放政治犯，實行經濟改革及其他各項民主改革。❿

從上述朱德的「七道命令」與「六項要求」觀察，已可見中共在抗戰勝利時狼奔豕突，急於攻城掠地的情形，其蔑視法制，破壞統一的行動，不僅在自由世界中從未曾有，即在共產國家中亦不多見。至其陰謀所在，蔣主席曾予以揭穿：

朱德的七道「命令」和六項要求，其企圖極為顯明，就是破壞國家統一，破壞軍令系統，採取自由行動，收繳日偽武器，佔據及破壞交通要道，擴大匪區地盤，特別是依附俄蒙軍隊，割據我東北及熱察綏，分裂我國家，並以「聯合政府」的口號，向國民政府展開其政治鬥爭與顛覆活動。❿

儘管中共蠻橫悖理，蔣中正主席仍再電中共主席毛澤東至渝商談。至於受降問題，蔣主席亦電告中共，係依據同盟國的協議辦理，中共如服從軍令政令，自可考慮其參加受降。無如日本甫決定投降，中共即四出違令竄擾；中共既不遵受軍令政令，政府自難再派中共人員參與受降工作。外人有以政府所指派之受降大員中無一共黨人員為不公平者，殊不知中共抗命竄擾在先——8月11日朱德即已下達命令，受降人員之決定在後——8

---

❿　同上，頁 469–470，原電文詞極為粗魯無禮。

❿　《蘇俄在中國》，頁 135。

月 21 日始將受降區域及受降主持人員派定交付日方；倘中共在抗戰勝利時能接受中央政令，政府必能滿足其要求，在受降工作中有適當的人員和適當的地位。

　　八年抗戰，使中共坐大。依據朱德在 34 年 8 月 19 日致美、英、蘇三國政府的電報，中共在抗戰勝利時，已佔領了近百萬平方公里的土地，控制了一萬萬以上的人民，「組織了一百萬以上的正規軍和二百二十多萬的民兵」，「在遼寧、熱河、察哈爾、綏遠、河北、山西、陝西、甘肅、寧夏、河南、山東、江蘇、安徽、湖北、湖南、江西、浙江、福建、廣東十九省建立了十九個大塊的解放區」。❿ 總之，中共在抗戰勝利時，已有足夠的人力和物力作為資本，因而敢於稱兵作亂，向政府挑戰。日本的侵略中國，帶給中共發展壯大的機會，因而日本社會團體訪問團於民國 53 年 (1964) 訪問大陸時，毛澤東對他們說：「我們應該感謝日本；沒有日本軍閥進攻中國，我們現在還在山溝裡。」❿

❿　王健民前書，頁 467。
❿　何應欽，《粉碎中共誣衊抗戰史實的陰謀》，頁 14。

第十一章　和談、行憲與戡亂

第一節　戰後的困難

一、勝利聲中的俄患

中國是二次世界大戰的戰勝國，勝利的到來確在全國各地騰起了狂歡的熱潮。但勝利的歡呼聲中，也同時出現了災難又將來臨的隱憂。考試院長戴傳賢（季陶）於病中聞及日本投降消息及滿街爆竹歡呼之聲，不但不感到興奮，且因憂慮戰後的困難而致數日不能起床。❶國民政府主席蔣中正也預見戰後國步的艱難，於 8 月 15 日發表的〈抗戰勝利廣播詞〉中，提醒國人：

> 戰爭確實停止以後的和平，必將昭示我們，正有艱鉅的工作，要我們以戰時同樣的痛苦，和比戰時更巨大的力量，去改造，去建設；或許在某一個時期，遇到某一種問題，會使我們覺得比戰時更加艱苦，更加困難，隨時隨地可以臨到我們的頭上。❷

誠然，戰後中國贏得了勝利，卻喪失了和平；湔雪了舊的國恥，卻面臨著新的國難；戰勝了外敵的侵略，卻種下了內戰的火苗。總而言之，戰

---

❶ 李雲漢，〈戴季陶〉，見王壽南總編，《中國歷代思想家》，第 55 冊，（臺灣：商務印書館，民國 67 年），頁 6541–6678。

❷ 張其昀主編，《先總統蔣公全集》（中國文化大學、中華學術院編印，民國 73 年），第 3 冊，頁 3272。

後的中國，迥然不同於美、英、蘇等戰時的盟邦，他們戰後的惟一要務是復員，中國則又遭遇到重重難關。新起的俄患，中共的倡亂，復員的困難，制憲的波折以及美國的干預等問題，迫使中華民國政府窮於應付，人民又要忍受更多更重且更久的災禍。

新的俄患，肇始於 34 年 (1945)2 月的《雅爾達密約》。美國以犧牲中國東北的部分權益為代價，換取蘇聯對日作戰的承諾，並壓迫中國政府與蘇聯簽訂《友好同盟條約》，使中國喪失了外蒙古。蘇聯並祕密支持新疆維族的叛亂活動，使中國自東北至西北的北部邊疆，均籠罩在俄患的陰影裡，感受到嚴重的威脅。

蘇俄是於 34 年 8 月 8 日對日宣戰的，次日蘇軍全力進攻東北。❸日本雖於 8 月 10 日即已決定要投降，但蘇軍並未停止進攻，於日本宣布投降兩週之後，蘇聯佔領了中國東北全境及朝鮮北部。蘇俄遠東軍總司令馬林諾夫斯基 (Rodin Y. Molinovsky) 暫時成為中國東北的主宰者，這是有史以來，東北第二次遭受到俄人軍事佔領的噩運。❹

依據《中蘇友好同盟條約》的規定，蘇俄承諾「尊重中國在東三省之充分主權及領土行政之完整」，同意「予中國以道義上與軍需品及其他物質之援助——此項援助當完全供給中國中央政府即國民政府」，保證「在日本投降以後，蘇聯軍隊當於三星期內開始撤退」，「最多三個月足為完全撤退之期」。❺中國依據條約，並組織一個軍事代表團駐於俄軍總部所在地，負聯絡之責，代表團的團長為陸軍中將董彥平 (1896–1976)。❻

中國政府為接收東北主權並處置善後軍政事宜，決定在長春設立軍事委員會委員長東北行營，以熊式輝 (1893–1974) 為主任，並將遼寧、吉林、

---

❸ Harriet L. Moore, *Soviet Far Eastern Policy, 1931–1945*, p. 150.

❹ 俄人第一次佔領東北，是八國聯軍之役 (1900) 時，佔領達四年之久，至日俄戰爭 (1904–1905) 失敗後始行撤退。

❺ 中蘇談判蘇軍參戰後由中國領土撤退之記錄，見《中華民國重要史料初編——對日抗戰時期》(以下簡稱《抗戰史料初編》)，第 7 編，《戰後中國(一)》，頁 24。

❻ 董彥平曾將其在東北與俄方折衝經歷，著成《蘇俄據東北》一書，於民國 54 年在臺北出版。

黑龍江三省區域，劃分為遼寧、安東、遼北、吉林、松江、合江、黑龍江、嫩江、興安九省。東北行營設政治、經濟兩委員會，政治委員會主任委員由熊式輝兼任，經濟委員會主任委員政府發表張嘉璈（公權，1889–1979）出任，並兼中國長春鐵路（簡稱中長路）理事長。❼國民政府同時任命蔣經國 (1910–1988) 為外交部駐東北特派員，會同熊、張兩氏辦理對俄交涉及接收事宜。❽

　　然而，對俄交涉一開始就不順利。蘇俄不僅不履行條約義務，反而對中國派遣行政人員及軍隊到東北接收主權，屢加阻撓，自 34 年 9 月至 35 年 4 月之八個月間，先後進行了下列破壞中國主權與政府尊嚴的行動：❾

　　㈠藉口大連為商港，拒絕國軍由大連灣登陸，進入東北接收主權。

　　㈡縱容中共軍隊擅行開進東北進佔葫蘆島、營口等要港，妨礙國軍登陸；並包庇共軍於 35 年 1 月殺害撫順煤礦接收委員張莘夫 (1900–1946)。❿

　　㈢拆運及破壞東北各地之工礦設備，妄稱此等設備為「戰利品」，總值在二十億美元以上。⓫

　　㈣把持東北鐵路及機場，限制中國軍運及空運；並非法解散中國地方自衛團隊。

---

❼　姚崧齡，《張公權先生年譜初稿》，上冊，（臺北：傳記文學出版社，民國 71 年），頁 512。

❽　《國民政府公報》，渝字第八四八號，民國 34 年 9 月 5 日。

❾　有關蘇俄劫掠東北及中俄談判史料，見《抗戰史料初編》，第 7 編，《戰後中國(一)》；董彥平，《蘇俄據東北》；《張公權先生年譜初稿》，下冊，頁 514–675。

❿　張莘夫，名春恩，吉林永吉人，為國內有名的礦冶專家。時任東北區工礦接收委員兼東北行營工礦處長，於 35 年 1 月 7 日被共軍殺害於撫順近郊李石寨。同時被害者有牛俊章、劉元春、張立德、徐毓吉、程喜田、莊公謀、舒世清七人。

⓫　據美國國務院於 1946 年 12 月 15 日發表之東京盟軍總部鮑萊調查團 (Pawley Mission) 調查報告，及東北工業會及東北日僑善後聯絡處，《蘇軍駐留期內東北工業損失調查報告書》，民國 36 年 2 月。

㈤提出條件苛刻之「經濟合作」要求，企圖控制東北全境之工礦資源。[12]

㈥屢次違約背信，延緩撤兵；於撤退四平、長春等要地時，並先期允許共軍進駐近郊，俄軍一撤共軍即行佔領。

㈦拒絕中國接收旅順、大連之行政權。

㈧以擄獲日本關東軍之大量武器、物資及人員，武裝中共，支持其叛亂。

㈨包庇及協助中共搶奪各地地方政權。

㈩軍紀敗壞，姦淫擄掠。

東北局勢如此惡劣，而中共自關內開赴東北及在當地編組之所謂「民主聯軍」，至 35 年 2 月已在五十萬人以上。[13]政府為維護國家主權與領土，不能不派遣精銳部隊至東北，東北因而成為烽火遍地之戰場，東北同胞於經過日人長達十四年的壓迫之後，再度陷於俄軍侵擾及中共叛亂的戰火中，誠然是一大悲劇。

外蒙的情形更令人沮喪。民國 30 年 (1941)6 月德蘇戰爭爆發後，蘇俄已將唐奴烏梁海（建偽號曰「土文人民共和國」）劃入其勢力範圍，33 年 8 月正式予以合併。[14]34 年 8 月，外蒙竟亦宣布對日作戰，偽蒙軍侵入察、綏，與中共賀龍、蕭克等部合流。34 年 10 月，於經過虛偽的「公民投票」後，正式脫離中國獨立。[15]這一變化，對中華民國政府和人民，都是極大的損傷。36 年 6 月，外蒙軍且在俄國飛機的掩護下，進侵新疆白塔山，引起國人極大憤慨。

蘇俄對新疆的侵略，由來已久。27 年且已派軍隊進駐新疆哈密，且脅

---

[12] 有關文件見《抗戰史料初編》，第 7 編，《戰後中國㈠》，頁 371–454。

[13] 民國 34 年 11 月，自關內開赴東北的共軍及東北舊有的所謂「抗日聯軍」、「民主自衛軍」、「自治軍」等，合組為「東北民主聯軍」，林彪任總司令，設總部於佳木斯。毛澤東自言：初來共軍約十萬人，34 年 12 月，擴大至二十餘萬人，35 年 2 月，已近五十萬人。見郭廷以，《近代中國史綱》，頁 672。

[14] 蔣中正，《蘇俄在中國》，頁 100；吳相湘，《俄帝侵略中國史》，頁 576–577。

[15] 雷法章，〈奉派赴外蒙參觀公民投票之經過〉，見《東方雜誌》，復刊第 14 卷 9 期。

迫盛世才與之簽訂長達五十年之《錫礦租借條約》，其勢力乃藉採礦為詞，遍及新疆全省。31 年，新疆內附，中國政府的軍政人員進入新疆，俄人被迫撤退。33 年 8 月之後，蘇俄則又利用新疆各民族間之複雜情勢，先後策動不滿分子發動阿山──伊犁等地的叛變，成立所謂「東土耳其斯坦共和國」，一度威脅迪化。34 年 8 月抗戰勝利之時，亦正新疆邊患烽火燎原之際，蘇俄飛機公然支持叛軍，轟炸烏蘇、精河等地國軍陣地。政府除派郭寄嶠入新處理外，❻決採取隱忍懷柔政策再派張治中與叛軍談判。35 年 1 月，簽訂所謂《和平條款》，❼允許叛部首領阿合買提江等參加新疆省政府，是即所謂「聯合政府」。❽然糾紛並未完全解決，在俄人煽動下，新疆仍是動亂不安。

二、中共的挑釁

抗戰勝利後，政府面臨的最大困難是中共問題。中共的武力在進入東北並獲得俄國的支援後，已有足夠的力量向政府挑戰；故無論是和是戰，中共都居於決定性的地位。事實上，中共在 33 年以後即對政府採取挑釁的態度。34 年 7 月，左舜生、傅斯年等六位參政員前往延安訪問，❾毛澤東即對左說：「蔣先生以為天無二日，民無二王，我不信邪，偏要出兩個太陽給他看看。」❿毛澤東既然要「出兩個太陽」，戰後稱叛已是預料中的事了。

八年苦戰之後，人民需要和平，政府也需要和平。政府對中共問題，仍願由談判解決。儘管共軍在朱德的「七道命令」後，到處攻城掠池，蔣

---

❻ 郭寄嶠口述，《戡平新疆偽「東土耳其斯坦人民共和國」經過紀要》（國防部史政編譯局，民國 71 年 11 月）。

❼ 全文見《國民政府公報》第二五六〇號，南京，民國 35 年 7 月 1 日。

❽ 新疆省政府委員二十五名，其中十名由中央政府派任，十五名由「各區人民代表保荐」再由中央任命。新疆並可保留「民族軍隊」步兵，騎兵各三個團，一萬二千人。

❾ 六人為：褚輔成、左舜生、傅斯年、黃炎培、冷遹、章伯鈞，訪問日期為 34 年 7 月 1 日至 5 日。

❿ 左舜生，《近三十年見聞雜記》，頁 94。

主席仍於 8 月 14 日、20 日、23 日，三次電邀毛澤東前去重慶共商和平建國問題。毛同意了，在赫爾利的陪同下，毛澤東和周恩來於 8 月 28 日飛到了重慶，開始了政府與中共間為時四十三天的「重慶會談」。

會談係於 8 月 29 日正式開始。政府代表為張群、張治中、王世杰、邵力子；中共代表為周恩來、王若飛。前一週，為交換一般意見階段，9 月 4 日起，開始談到實際問題。中共提出承認「解放區」，共軍參加受降、公平合理整編軍隊，召開黨派會議及成立「民主聯合政府」等問題，政府則堅持國家軍令政令統一與和平建國的原則，要求軍隊國家化，政治民主化。[21] 會談情形，誠如郭廷以所說：「中共採攻勢，政府處於守勢」。[22] 國人均曾熱烈希望中共放棄武力割據政策，尚在美國的胡適亦於 8 月 24 日致電毛澤東，勸毛「痛下決心，放棄武力，準備為中國建立一個不靠武力的第二政黨。」[23] 但毛堅信「槍桿子裡出政權」，無論如何不肯交出軍隊。談判甚為不洽，一度面臨僵局，數經折衝，終於 10 月 9 日達成協議，於 10 月 10 日簽署，稱之為〈雙十會談紀要〉，[24] 中共則名之曰〈雙十協定〉。其大要為：

　　㈠關於和平建國的基本方針：

　　　⑴同意「以和平、民主、團結、統一為基礎，並在蔣主席領導之下，長期合作，堅決避免內戰，建設獨立自由和富強的新中國，徹底實行三民主義。」

　　　⑵同意「蔣主席所倡導之軍隊國家化、政治民主化、及黨派平等合法，為達到和平建國必由之途徑。」

　　㈡關於政治民主化的問題：

　　　同意「結束訓政，由國民政府召開政治協商會議，邀集各黨派代表及社會賢達，協商國是，討論和平建國方案及召開國民大會各項問

---

[21]　有關重慶會談資料，見《抗戰史料初編》，第 7 編，《戰後中國㈡》，頁 23-109。

[22]　郭廷以，《近代中國史綱》，頁 744。

[23]　胡頌平，《胡適之先生年譜長編初稿》，第 5 冊，頁 1894。

[24]　全文見《抗戰史料初編》，第 7 編，《戰後中國㈡》，頁 67-102。

題。」

（三）關於國民大會問題：

雙方主張相去甚遠，關於國民大會代表、組織法、選舉法、及憲法草案等問題，未獲協議；雙方同意提交政治協商會議解決。

（四）關於軍隊國家化問題：

中共要求政府公平合理整編全國軍隊，分期實施；重劃軍區，共軍至少編為二十個師，共軍可撤出廣東、浙江、蘇南、皖南、皖中、湖南、湖北、河南（不含豫北）八個「解放區」。政府表示全國國軍整編計畫正在進行，共軍整編為二十個師可以考慮。中共要求解放區民兵一律編為自衛隊，政府表示視地方情形酌量編置。雙方同意組織三人小組進行。

（五）關於「解放區」政權問題：

中共要求政府承認「解放區」各級政府的合法地位，政府認為「解放區」名詞已成過去，全國政令必須統一。中共就重劃省區及人事任命方面，先後提出四種方案，政府堅持政令統一，各省人事由政府任命，未得協議，雙方同意繼續商談。

（六）關於受降問題：

中共要求重劃受降區，參加受降工作；政府表示中共接受中央命令之後，自可考慮允其參加受降工作。

這次重慶會談，是對中共是否具有和平建國誠意的一次考驗，也是以後政府與中共間或和或戰的關鍵。毛澤東在重慶時，外表上表現不錯，9月18日在國民參政會歡迎茶會中講話時，強調和平建國，團結統一，並曾高呼三民主義萬歲，蔣主席萬歲。10月9日離開重慶前夕，又說「中國只有一條路，就是和，和為貴，其他一切打算都是錯的。」❷⁵ 然而，毛於10月9日向蔣主席告別時，蔣問其對於國共兩黨合作辦法及其意見如何？他卻「吞吐其詞，不作正面回答。」❷⁶ 及他於10月11日飛返延安後，態度就完

---

❷⁵ 《蘇俄在中國》，頁143。

❷⁶ 《總統蔣公大事長編初稿》，卷5，下冊，頁845。

全變了，他說重慶會談，有的達成了協議，有的沒達成協議，「已經達成的協議，還只是紙上的東西。紙上的東西，並不等於現實的東西。」❷

　　事實上，毛澤東在赴重慶前二日，曾命令共軍繼續攻勢，儘可能奪取或切斷鐵路。會談期間，中共在華北地區一連攻陷了二百多座城市，和談不過是武力進攻的煙幕而已。但中共在宣傳上，卻說中共的「解放區」受到國軍的攻擊。中共把開赴前方接收政權的國軍，統統視之為「進攻解放區」的兵力，顛倒黑白，用心殊狡。會談期間及會談之後，中共均未停止攻擊行動，國人對中共「和平建國」的希望也終於破滅了。

三、接收與復員的障礙

　　由於中國抵抗日本侵略的戰爭長達八年，所遭受到的破壞與損失空前慘重，因而戰後的重建問題也較任何戰時的同盟國家更為吃力。魏德邁報告中即曾指出：

> 國民政府面臨著一個近乎不可能克服的重建與復興的嚴重問題。這種善後工作，即使在工業發達而受戰火損失較少的西歐諸國，若無成千上億的美國援助也無法解決；何況中國在抗戰八年之後，還得對付莫斯科指揮的共黨的攻擊。❷

　　的確，中共的阻撓與破壞，致使戰後的接收和復員無法如期完成。共黨佔領區，自然談不到接收，京、滬、平、津等心臟地帶的接收，也因交通的破壞而困難重重。至於東北，由於俄軍的阻礙問題就更嚴重了。

　　政府面臨的第一項困難，是交通運輸問題。國軍及政府機關從西南後方運送華東、華北和東北，自然需要大量的運輸工具——火車、輪船和飛機。華北和東北的鐵路多在共軍控制或在共軍包圍之中，國軍及政府機關均無法使用。海運及空運亦均賴美國協助，但海運須花費很多時間，空運

---

❷　毛澤東關於重慶談判的片面說明，民國34年10月17日。

❷　《抗戰史料初編》，第7編，《戰後中國㈣》，頁2。

的數量又極為有限，不僅國軍無法將充足的兵力迅速運往華北和東北的收復區，即國民政府亦遲至 35 年 (1946)5 月 5 日，始告還都南京。運輸遲緩，常會喪失機先，且無法保持主動，運用自如，這是剿共戡亂失利的主要原因之一。

接收與復員的第二項困難，是接收機關之缺乏聯繫，事權亦無法統一。政府規定陸軍總司令部為執行受降與接收最高機關，各地受降軍事長官都有接收軍事機構及財產之權；行政院各部會則就其職掌範圍，亦派有各省市特派員或接收委員，接收行政及經濟事業機構；各省市又奉准設立黨政接收委員會、行政院復應陸軍總司令部之請，在南京設立收復區全國性事業臨時接收委員會。機關既重複，事權即難期一致，效果自亦減低。奉命前往京滬視察接收情形的邵毓麟氏，曾上電蔣主席報告說：「行政經濟接收情形極壞，其原因之一：中央原規定陸軍總部統一指揮行政經濟接收工作，其後行政院又下令新設中央及地方黨政接收委員會，與陸軍總部原定辦法先後不同，職權亦有變更，總部既不願負責，行政院迄未派定中央接收委員會名單，負責之人延遲未進行。」❷❾

接收與復員的第三項困難，是人才不足。據邵毓麟報告：「行政院各部會派來接收人員，對淪陷區敵偽政治經濟毫無認識，不知從何著手。」❸❿此固不可以偏概全，然接收人才之不足以及某些地區之人謀不臧，則為不爭的事實。此不僅受到社會非議，喪失民心，且足以釀成禍患，動搖國本。蔣主席曾於 34 年 12 月 19 日，嚴令行政院轉各部會，議處接收失職人員。蔣主席電令指出：

此次中央對收復地區辦理接收工作，已發現若干嚴重錯誤，如：㈠在同一地區之各部門接收人員，既不互相聯繫，又不與黨政軍主管人員通力合作；更有自以為中央所特派，不受當地行營主任指揮者，以致系統紊亂，權責不明，有利相爭，遇事相諉，形成無組織狀態。

❷❾　同上，頁 31。
❸❿　同上。

㈡對敵偽生產機構及經濟事業，只圖接收財產物資，未能配合需要，積極利用；甚有藉口資金缺乏，不謀開展者，致生產萎縮，工人失業，貽中外人士以「接收即停頓」之譏。此實為抗戰勝利後，革命政府最大之恥辱。❸①

　　戰時，即已有通貨膨脹的情形。戰後由於社會的一時未能安定，經濟生產大受影響，復員重建深感困難。行政院長宋子文於檢討經濟不安定的原因時，曾歸咎於戰時的影響，他指出四點：

　　第一，是一切重要的物資，因為抗戰長期消耗，加以敵人封鎖，雖有空運接濟，運輸力究屬有限，民用物資，平均每月運到國內不滿一千噸。至於淪陷區內，被敵人搜括，而且因生產減少，物資亦極短絀，因之全國物資供給，不能平衡，物價自然上漲。

　　第二，是在抗戰期間內，後方區域縮小，收入自為減少，支出卻是日增。政府倚賴發行增加，以為彌補，因此發行愈多，物價愈漲；政府支出愈增，因而又不得不增加發行，物價之刺激，因之尤為深刻。

　　第三，交通方面，因長期戰爭，敵人破壞及經濟封鎖的結果，交通工具逐漸減少，運輸物資的效能，也日形低落，幾乎達到完全停頓的狀態。

　　第四，經濟生產能力，因原料缺乏，交通阻滯，並受敵人之破壞等種種關係，以致日趨薄弱。❸②

四、美蘇對立形勢下外交因應的困難

　　戰後的世界，基本上是美蘇對立的形勢，形成民主與極權兩大壁壘。

---

❸① 同上，頁33–34。

❸② 宋子文，〈中國國民黨六屆二中全會政治報告〉，重慶，民國35年3月8日。

中國是美、蘇之外的第三個能夠影響世界情勢變化的大國，但由於中共的叛亂和經濟的困難，無法擔當舉足輕重的角色，反而成為美、蘇利害角逐的場所，使中國在外交的肆應上至感困擾。

蘇俄於戰後進佔東北，不僅要劫掠工礦資源，而且延不撤兵，以作為對美討價還價的籌碼。蔣主席洞悉蘇俄的陰謀，於 34 年 11 月發現東北接收有困難時，曾決定指示東北行營自長春撤退，並電告美國總統杜魯門蘇俄在東北違約背信所造成的局勢，實已構成對東亞和平與秩序的重大威脅。在此一情形下，蘇俄的態度反而軟化了，告訴我方，一切接收工作可以依照《友好同盟條約》進行。❸❸

顯然，史達林的如意打算是：利用東北問題、中共問題的解決為誘餌，拉攏國民政府採取親俄的路線，以排斥美國在華的地位與利益。35 年 12 月，史達林邀請蔣經國訪問莫斯科。史達林一方面告訴蔣經國：「只要國民政府能保證今後美國不在東北得到利益，我們蘇聯一定可以作必要的讓步。」❸❹一方面表示希望蔣主席中正訪問莫斯科，或在中俄邊境上適當地點會談。❸❺蔣主席是最了解蘇俄策略的人，他自然不會接受史達林的建議。35 年 5 月，蘇俄駐華大使館武官羅申 (N. V. Roschin) 奉命再謁蔣經國，提出史達林再度邀請蔣主席訪俄之意。蔣主席經過鄭重的考慮後，還是拒絕了。他認為「這是我國今後外交政策成敗上，一個最後決定關頭」，❸❻他決定中國的外交，要以本國永久的利害和人民根本的禍福關係為基礎，走自己獨立自主的路線，而不以國際上一時的苟安和目前的得失為轉移！

蔣主席拒絕訪俄，史達林又建議中國中立化。中國政府亦不予接受。這說明中國政府決定以美國為友，對於美國之對抗蘇俄，自有助力。美國雖對中國的遣俘與受降，給予協助，但在基本觀念方面，仍是重歐輕亞，對中國的戰略地位與人力資源並未予以重視。馬歇爾 (George C. Marshall)、

---

❸❸　《蘇俄在中國》，頁 150。

❸❹　蔣經國，《負重致遠》（國防部，民國 49 年 8 月印本），頁 71。

❸❺　《蘇俄在中國》，頁 151。

❸❻　《蘇俄在中國》，頁 152–153。

艾奇遜 (Dean Acheson)、范宣德 (John Carter Vincent) 等人且對國民政府有反感，不願予以支持。❸中國政府與人民一直視美國為可靠之盟友，而美國對中國事務則不甚關心，對中、俄間關於東北問題交涉並未給予有利的支持。這是一大諷刺，也是一種教訓。

民國 34 年 12 月，美國政府宣布派馬歇爾為特使，來華調處國共間的衝突。但，不管是杜魯門的對華政策聲明，或是馬歇爾所奉到的訓令，都是要壓迫國民政府對中共妥協。嚴格說來，是對中國內政的干涉。戰後的中美關係，表面上美國支持國民政府，實際上卻齟齬時起，並不和諧。因而，梁敬錞於論及 34 年至 38 年 (1945–1949) 間的中美關係時，曾以「壓迫」、「拖延」、「拋棄」、「斷絕」來說明四年間美國對華政策的特徵。❸

為協助中國戰後的遣俘與受降，一小部分美軍陸戰隊獲允駐於天津及青島。此事卻構成中共攻擊政府的藉口。35 年 7 月 29 日，美軍曾在天津、北平間的安平遭受共軍攻擊。同年 11 月 4 日，外交部長王世杰與美國代表簽訂《中美友好通商航海條約》(簡稱《中美商約》)，❸美國人雖謂係基於互惠及互不歧視的原則簽訂，❹實際上美國在華享受的經濟權利厚於中國在美的權利，有違平等互惠原則，因而引起非議，也影響了政府的信譽。❹美國雖非全力支持國民政府，但比起蘇俄來當然要友善得多，因此政府在美、俄對抗的局面下，仍然選擇美國為盟友——雖然也蒙受若干痛苦與損失。

---

❸ 邵玉銘，《中美關係研究論文集》(傳記文學社，民國 69 年)，頁 45。

❸ 梁敬錞，《中美關係論文集》，頁 148–149。

❸ 立法院於 34 年 11 月 9 日通過，換文後於民國 37 年 (1948)11 月 30 日生效。

❹ 外交部譯印，《美國對中國之關係》，頁 132。

❹ 郭廷以，前引書，頁 776。

第二節　由政治協商到制憲行憲

一、政治協商會議

　　34 年 9、10 月間的國共重慶會談，雙方同意由國民政府召開政治協商會議，討論召開國民大會問題。儘管共軍在重慶會談後依然四處竄擾，阻撓接收與復員，國民政府仍能克服困難，於 35 年 (1946)1 月 10 日正式召開政治協商會議於重慶。

　　政治協商會議的名額定為三十八人，其分配比例如下：國民黨八人，共產黨七人，民主同盟九人，青年黨五人，社會賢達九人。❷協商範圍有二：一為和平建國方案，二為國民大會召集有關事項。開會時由國民政府主席為主席，並由主席指派一人為祕書長，中共要求祕書長職務不能由政府人員擔任。蔣主席接納此一建議，派原任國民參政會副祕書長雷震 (1897–1979) 為政治協商會議祕書長。❸

　　政治協商會議於 1 月 10 日開幕時，蔣主席親臨致詞，宣布政府準備實施諸事：㈠人民之自由：人民享有身體、信仰、言論、出版、集會、結社之自由；現行法依此原則分別予以廢止及修正之。㈡政黨之合法地位：各政黨在法律之前一律平等，並得在法律範圍之內公開活動。㈢普選：各地積極推行地方自治，依法實行由下而上之普選。㈣政治犯：政治犯除犯漢奸及確有危害民國之行為者外，分別予以釋放。❹中共代表周恩來，民盟

---

❷　國民黨代表：孫科、吳鐵城、邵力子、王世杰、陳布雷、陳立夫、張群、張厲生；共產黨代表：周恩來、董必武、王若飛、葉劍英、吳玉章、陸定一、鄧穎超；青年黨代表：曾琦、陳啟天、楊永浚、余家菊、常乃惠；國社黨代表：張君勱、張東蓀；民主同盟代表：張瀾、羅隆基；救國會代表：沈鈞儒、張申府；職教社代表：黃炎培；村治派代表：梁漱溟；第三黨代表：章伯鈞；無黨無派代表：郭沫若、莫德惠、傅斯年、王雲五、胡霖、錢永銘、繆嘉銘、李燭塵、邵從恩。國社黨、救國會、職教社、村治派、第三黨均為民主同盟成員。

❸　王雲五，《岫廬八十自述》(臺灣：商務印書館，民國 56 年)，頁 356–357。

代表沈鈞儒，青年黨代表曾琦，無黨派代表邵從恩亦先後致詞。❹會議分政府組織、施政綱領、國民大會、憲法草案、軍事問題五組進行，共開大會十次，至 1 月 31 日結束。❹達成五項協議，其要點如下：

(一)政府改組案：

(1)國民政府委員名額定為四十人；半數由國民黨員充任，餘由國民黨以外各黨及社會賢達人士充任，均由國民政府主席提任之。

(2)國民政府委員會議事時，一般議案以出席委員過半數之通過；其性質涉及施政綱領之變更者，須由出席委員三分之二之贊成，始得議決。

(3)行政院各部會首長及不管部會之政務委員，半數由國民黨員擔任，半數由各黨派及無黨派人士參加。

(二)和平建國綱領案：

(1)遵奉三民主義為建國之最高指導原則。

(2)全國力量在蔣主席領導之下，團結一致，建設統一自由民主之新中國。

(3)確認蔣主席所倡導之「政治民主化」、「軍隊國家化」，及黨派平等合法，為達到和平建國必由之途徑。

(4)用政治方法解決政治糾紛，以保持國家之和平發展。

(三)軍事問題案：

(1)建軍原則為：軍隊屬於國家，改革軍隊制度，軍隊超出黨派及個人關係以外。

(2)整軍原則為：實行軍黨分立與軍民分治。

(3)實行以政治軍：改組軍事委員會為國防部，隸屬於行政院，國防部長不以軍人為限，設一建軍委員會由各方人士參加。

(4)實行整編：軍事三人小組應即商定軍隊整編及共軍編入國軍辦法。

---

❹ 張九如，《和談覆轍在中國》（著者自印，民國 57 年），頁 188。

❹ 同上，頁 189-190。

❹ 會議全部文件，見《抗戰史料初編》，第 7 編，《戰後中國(二)》，頁 111-268。

㈣國民大會案：

　　⑴民國35年5月5日召開國民大會，第一屆國民大會之職權為制定
　　　憲法，憲法之通過須經出席代表四分之三之通過為之。

　　⑵區域及職業代表一千二百名照舊。臺灣及東北新增區域及職業代
　　　表共一百五十名，增加黨派及社會賢達代表七百名。

㈤憲草修改原則案：

　　⑴提出對《五五憲草》修改原則十二項。

　　⑵組織憲草審議委員會，根據修改原則，參酌各方提出之意見，
　　加以整理，製成《五五憲草修正案》，提供國民大會採擇。

　　政治協商會議之協議，各方均表示滿意。周恩來於閉幕典禮中認為「使
中國政治開闢一民主建設之康莊大道」，並大呼「三民主義新中國萬歲」。
但他致函馬歇爾，卻說「尚有數項未能盡合吾人之心願」。**❹**

　　3月16日，中國國民黨六屆二中全會於聽取孫科關於政治協商會議之
報告後，決議：「其所協議諸端，本黨秉為國為民之夙願，自當竭誠信守，
努力實踐」，**❹**惟對於憲法之制定，認為「所有對於《五五憲草》之任何修
正意見，皆應依照〈建國大綱〉與五權憲法之基本原則而擬訂，提出國民
大會討論決定。」**❹**第四屆國民參政會第二次大會於聽取邵力子關於政治協
商會議之報告後，亦於4月2日決議「謹代表全國人民一致贊助」，但同時
決議：「中共解放區之特殊組織，應予取銷，以收統一團結之實。」**❺**這兩
項決議公布後，中共卻誣指為破壞政協精神。實則中共在憲草審議委員會
中，慣常玩弄手法，排斥眾議。例如中共在憲草審議委員會五人小組中，
堅持五方面之代表可不限一人，目的即在於必要時，以後次出席代表否認
前次出席代表之承諾或言論。代表社會賢達參加五人小組之王雲五 (1888–
1979) 曾舉述一例：

❹　《抗戰史料初編》，第7編，《戰後中國㈡》，頁243–244、249。

❹　《中國國民黨六屆二中全會記錄》原卷，南京，民國35年3月1日至17日。

❹　同上。

❺　同**❹**書，頁267。

某日討論某一問題，四方面同一主張，獨中共方面持異議。最後中共迫於眾意，其出席代表周恩來不能不表示讓步；但託詞為時已晚，原則雖無問題，文字可能需要斟酌，可否改於明日作最後決定。當時任何人均認為可以達成協議。想不到次日續會，周恩來託故不出席，改以秦邦憲為代，而秦邦憲則託詞周恩來並無交代之言，僅以電話囑其出席，於是一切諉為不知，重新開始討論，耗費了三四小時的唇舌，毫無結果。於是各方面始恍然於中共所提隨時可以易人出席之議，竟懷有此種深意。其後又開會一次，擬對本問題繼續討論，周恩來仍避不出席，由秦邦憲參加，仍無協議，其陰謀益昭然若揭。❺❶

　　政治協商會議閉幕後，中共分子及其同路人有意渲染其成效，在各地發動「慶祝運動」，以製造假象。35 年 2 月 10 日，有所謂「政治協商會議協進會」者發起在重慶較場口舉行慶祝大會，由於主席臺上未掛孫中山遺像及國旗與黨旗，而僅懸一紅筆描畫之「V」字，致引起部分與會者不滿，又因為總主席之爭——有人推李德全，有人推劉野樵，因而發生衝突，相互鬥毆，致劉野樵、郭沫若、李公樸、施復亮（存統）等受輕傷。郭、施原為中共分子，李為中共同路人，劉則為反對郭、李、施等人者。此即所謂「較場口事件」。中共誣為國民黨人發動之「迫害」行動，大肆喧囂，並發起所謂「反迫害運動」，製造社會不安。

二、中共阻撓召開國民大會

　　民國 35 年 (1946)5 月 5 日召開國民大會以制定憲法，本是政治協商會議的協議。國民政府依據此一協議進行籌備，中共卻主張先改組政府再開國民大會制憲，而對於國民政府委員名額的分配，力爭中共及民盟共佔十四席，即超過府委四十名的三分之一，使其對於國民政府委員會於議決重要議案時，握有否決權。3、4 月間，中共又在東北發動了軍事行動，於俄

❺❶　王雲五，《岫廬八十自述》，頁 382。

軍撤退後立即進佔四平、長春、濱江（哈爾濱）等要地。同時在政治協商
會議綜合小組中提議：「在過渡時期內，《臨時約法》應即廢止。並由各黨
派以平等地位參加政府，一個新的政府組織法並須依照協商會議政府組織
小組的協議另行制定。」❷中共所謂《臨時約法》，即國民會議於 20 年 5 月
制定的《中華民國訓政時期約法》──為國民政府自 20 年以後行使統治權
的根本法，中共要求廢止而代以政治協商會議之協議，無異在制訂憲法之
前，先動搖國民政府的基礎，而將政權移交於各黨各派。這一要求，國民
政府當然無法接受。中共因而拒絕提出參加國民大會之代表名單，民主同
盟亦與中共唱和，對召開制憲國民大會一事實行杯葛。

　　34 年 12 月 20 日，美國特使馬歇爾抵華，進行調處。調處的範圍，有
軍事，也有政治。而馬氏所奉美國政府的使華訓令中，很明顯的要壓迫中
華民國政府與中共及其他黨派組織「聯合政府」。❸馬歇爾本人對共產主義
及共產黨均缺乏了解，❹又由於史迪威事件的影響對國民政府抱持成見，❺
中共遂曲意拉攏，期使馬氏在調處過程中予中共以支持。周恩來於 35 年 1
月 31 日致函馬歇爾，表示中共將走美國路線，毛澤東願訪美國的強烈願望。
周恩來謂：

　　在目前中國，採取社會主義所必須之條件尚不存在，中國共產黨人
　　在理論上固以社會主義為吾人最終之目標，惟在最近之將來，並無
　　即付實現之意，亦不認為有即付實行之可能性。吾人所稱將循美國
　　之途徑者，乃指獲致美國式之民主與科學，並使中國採行農業改良、
　　工業化、自由企業及個性發展等，庶幾能建立一獨立、自由、繁榮
　　之中國。余茲擬奉告軼事一則，閣下或亦樂聞也！最近謠傳毛主席

❷　董顯光，《蔣總統傳》，頁 471–472。

❸　梁敬錞，〈馬歇爾奉使來華〉，見《中美關係論文集》，頁 107–145。

❹　*Wedemeyer Reports* (New York, Henry Holt Co., 1958), p. 379.

❺　李雲漢，〈馬歇爾及其使華任務的失敗〉，見《中國現代史論和史料》，下冊，
　　頁 610–656。

將往遊莫斯科。毛主席聞之而笑，且以半說笑話之態度曰，倘渠若出國休假（照其目前健康情形，休假於彼甚為有益），則更願前往美國。因渠認為在美國能學得甚多有益於中國之事物。**❺❻**

由於中共和民盟的阻撓，國民政府無法實現國民大會於 5 月 5 日召開的協議，因於 4 月 24 日宣布延期。7 月 3 日，國防最高委員會第一九七次會議決議，國民大會延期至同年 11 月 12 日召開，次日由國民政府明令公布。**❺❼**中共則抵制如故，並於 7 月 8 日向政府提出抗議，反對國防最高委員會的決定。8 月 10 日，馬歇爾與新任美國駐華大使司徒雷登 (John Leighton Stuart) 發表聯合聲明，對調處中國政局之前途，表示悲觀。

8 月 14 日，蔣中正主席發表文告，聲明：11 月 12 日的國民大會必須如期召開，政府的基礎將予擴大並以和平建國綱領為施政準繩，共軍須撤出威脅和平和阻礙交通的地區，政治紛爭採取政治解決辦法。9 月 3 日，蔣主席接受馬歇爾的建議，於三人小組繼續調處軍事衝突外，另成立五人小組，商談政府改組及召開國民大會問題。

五人小組包括：政府代表二人：吳鐵城、張厲生；中共代表二人：周恩來、董必武；美國方面則為司徒雷登。但五人小組討論國民政府改組時，中共仍堅持在四十名國府委員中握有十四名以便否決重要議案的原議，以致無法獲致諒解。旋又以共軍圍攻大同而國軍欲收復張家口的軍事行動之衝突，五人小組更不能發生作用。10 月 5 日，蔣主席下令停戰十天，中共則又提高其條件，軍事方面要求國軍退回 1 月 13 日以前位置，政治方面要求國民政府改組後即行改組行政院。周恩來離京赴滬，拒不出席五人小組會議。聲稱政府如不停止對張家口之軍事行動，中共即認為和談已「全面破裂」。**❺❽**

10 月 11 日，國民政府頒布 11 月 12 日〈國民大會召集令〉，第三方面

---

❺❻ 《抗戰史料初編》，第 7 編，《戰後中國㈡》，頁 249–250，附英文件。

❺❼ 同上書，頁 556。

❺❽ 《蘇俄在中國》，頁 180。

人員亦進行斡旋，社會賢達人士並願讓出國府委員一名給中共，但仍遭中共拒絕。中共及民盟以不提出參加國民大會代表名單為抵制國民大會的手段，企圖迫使國民大會無法召集，其破壞行憲的用心已顯然可見，蓋其目的在奪取政權而非實施憲政也。

三、《中華民國憲法》的制定

制憲國民大會原定 35 年 11 月 12 日開幕，屆時再宣布延期三天，以為對中共與民盟的最後讓步——期待其代表出席，然無結果。

11 月 15 日上午十時，國民大會在南京國民大會堂正式開幕。出席各省區、各職業、各黨派及無黨派代表一千三百八十一人，各國駐華大使、公使代辦及新聞記者近百人應邀觀禮。各黨派中，中國國民黨、中國青年黨、中國民主社會黨之代表均出席，中共及民盟則拒絕參加。大會推年齡最高之代表吳敬恆為主席，主持開幕典禮。依大會程序，代表須於開幕典禮中宣誓，其詞為：「某某某敬以至誠代表中華民國人民，接受創立中華民國之孫先生之遺教，依法行使職權，並遵守國民大會之紀律。宣誓人某某某。中華民國三十五年十一月十五日。」❺❾

繼大會主席吳敬恆致詞後，蔣中正主席代表國民政府致歡迎詞，希望國民大會制定出兼顧理想與現實，適合國情而又完善可行的憲法，以策長治久安。次日——16 日，全體代表赴靈谷寺致祭抗戰陣亡將士。18 日至 22 日均開預備會議，討論主席團選舉辦法及選舉主席團。當選者四十六人，有國民黨之蔣中正、孫科、于右任、張群，青年黨之曾琦、左舜生、李璜，民主社會黨之徐傅霖、李大明，無黨派之胡適、莫德惠，新疆之阿合買提江，西藏之圖丹桑批，蒙古之白雲梯，海外之黃芸蘇，分為五組，執行主席團主席職務。❻⓿主席團第一次會議決定，推洪蘭友為大會祕書長，陳啟天、雷震為副祕書長。

國民大會於 11 月 25 日起，召開第一次會議。28 日，國民政府提出《中

❺❾ 同❺❼書，頁 649。
❻⓿ 《國民大會實錄》，頁 351–353。

華民國憲法草案》，由大會主席胡適代表接受，提付討論。至 12 月 25 日，計開正式會議二十次，終於三讀通過《中華民國憲法》全文，並決議 36 年 1 月 1 日為《憲法》公布日期，同年 12 月 25 日為《憲法》施行日期。**❻❶** 25 日下午，國民大會舉行閉幕典禮，由主席吳敬恆代表全體國民大會代表，將《中華民國憲法》及《憲法實施之準備程序》賣呈國民政府主席蔣中正。至是，國民大會的制憲任務，遂告順利完成。蔣主席接受《憲法》後，於 35 年 12 月 31 日正式簽署，五院院長依次副署。**❻❷** 次日——民國 36 年 1 月 1 日，國民政府發布命令：

> 國民大會制定《中華民國憲法》，並定於中華民國三十六年一月一日公布，同年十二月二十五日施行，茲公布之。此令。**❻❸**

《中華民國憲法》首列「引言」，文曰：「中華民國國民大會受全體國民之付託，依據孫中山先生創立中華民國之遺教，為鞏固國權，保障民權，奠定社會安寧，增進人民福利，制定本憲法，頒行全國，永矢咸遵。」正文凡十四章，一百七十五條，第一條規定：「中華民國基於三民主義，為民有、民治、民享之民主共和國。」這是中華民國的立國基礎所在。《中華民國憲法》另有兩項特色：

其一，第二章關於人民之權利與義務之規定，其於人權之保障極為充分而有力，較之任何民主國家之憲法均無遜色。

其二，第十三章規定中華民國之基本國策，於國防、外交、國民經濟、社會安全、教育文化及邊疆地區之施政方針，均有明確而開明之提示。其於外交政策方面，明定「尊重條約及《聯合國憲章》」，更為世界各國憲法中所不可多見。

---

❻❶　《國民大會實錄》，頁 549–552。

❻❷　行政院長為宋子文、立法院長孫科、司法院長居正、考試院長戴傳賢、監察院長于右任。

❻❸　《國民政府公報》，第二七一五號，民國 36 年 1 月 1 日。

四、 國府擴組與政黨活動

　　《憲法》公布後，國民政府即開始準備實施憲政的工作。第一步，便是擴大政府的組織，以便於各黨各派及社會賢達人士參加。36 年 1 月，中國國民黨即決定國民政府委員會及行政院先行改組，中國青年黨同意參加政府，民主社會黨亦表示支持國民政府改組方案。蔣主席以中國國民黨總裁身分，於 1 月 19 日邀晤青年黨領袖左舜生、民主社會黨領袖張君勱，會商政府改組及共同施政方針之有關問題。國防最高委員會亦及時修正〈國民政府組織法〉，增設副主席一人。3 月 24 日，國防最高委員會宣告結束。4 月 16 日，國民黨、青年黨、民社黨及社會賢達代表共五人簽署新的〈國民政府施政綱領〉——亦稱〈共同施政綱領〉，❻ 於 4 月 18 日與改組令同時由國民政府發表。同日，國民政府明令公布改組後之國民政府副主席、五院院長及國民政府委員人選，名單如下：

國民政府副主席					
孫科					
國民政府委員					
張　繼	鄒　魯	宋子文	翁文灝	王寵惠	章　嘉
邵力子	王世杰	蔣夢麟	鈕永建	吳忠信	陳布雷
曾　琦	陳啟天	余家菊	何魯之	伍憲子	胡海門
戢翼翹	莫德惠	陳輝德	王雲五	鮑爾漢	
五院院長					
行政院	張　群				
立法院	孫　科				
司法院	居　正				
考試院	戴傳賢				
監察院	于右任				

❻　國民黨代表為蔣中正，青年黨代表為曾琦，民社黨代表為張君勱，社會賢達代表為莫德惠、王雲五。〈施政綱領〉共十二條，規定各黨派及無黨派人士除參加國民政府外，亦可參加地方政府及地方民意機構。

以上國府委員計二十八人。原定名額四十名中之十二名，仍盼中共及民主同盟日後能夠參加。4 月 23 日，改組後之國民政府委員會正式成立，於首次會議中，決定行政院各部會首長及政務委員名單：

院長	張 群	副院長	王雲五
政務委員			
張厲生　王世杰　白崇禧　俞鴻鈞　朱家驊　谷正綱 谷正倫　薛篤弼　謝冠生　李敬齋　翁文灝　許世英 劉維熾　彭學沛　雷 震　李 璜　左舜生　常乃惪 楊永浚　李大明　蔣勻田　俞大維　周詒春　繆嘉銘			
各部會首長			
內政部	張厲生	教育部	朱家驊
國防部	白崇禧	農林部	左舜生
經濟部	李 璜	糧食部	谷正倫
交通部	俞大維	司法行政部	謝冠生
社會部	谷正綱	衛生部	周詒春
水利部	薛篤弼	資源委員會	翁文灝
地政部	李敬齋	蒙藏委員會	許世英
外交部	王世杰	僑務委員會	劉維熾
財政部	俞鴻鈞		

擴組後的國民政府，係民國建立以來第一次由參加制憲各黨派及無黨派人士聯合組成的政府。已發表之二十八名國民政府委員中，國民黨籍十七人，青年黨籍四人，民社黨籍三人，社會賢達四人。行政院政務委員及各部會首長二十二人中，國民黨籍十四人，青年黨籍四人，民社黨籍二人，社會賢達二人。[65]

---

[65] 改組完成後，人事略有變動：經濟部長李璜因病堅辭，青年黨推薦陳啟天為經濟部長，並加推常乃惪、鄭振文為國府委員，民社黨籍國府委員伍憲子，行政院政務委員李大明遲未就職，民社黨改推湯住心代伍憲子、楊浚明代李大明，並加推徐傅霖為國府委員。其後，宋子文出任廣東省政府主席，辭國府委員，

　　國民政府擴組前後，政黨活動亦趨於積極。中國國民黨於 36 年 3 月及 9 月，先後舉行兩次中央全體會議——六屆三中及四中全會，對黨務組織基礎——黨政關係，社會政策、理論研究等，都作了檢討與改革。並決定撤銷三民主義青年團，歸併於黨，是為「黨團合併」，中央執行委員會同時增設青年部和理論研究委員會。**❻❻**

　　中國青年黨在戰時原為民主同盟的成員。戰後，鑒於民盟之一意媚共附共，乃毅然退出民盟，且持反共立場，為參加制憲之第二大黨。

　　中國民主社會黨（簡稱民社黨），係由張君勱領導之中國國家社會黨與伍憲子（莊，1881–1959）領導之中國民主憲政黨於 35 年 8 月 22 日合併而成，由張君勱任黨魁。張氏參加政治協商會議，對《憲法》之修正獻議至多。制憲國民大會開會，民社黨提出出席名單，並退出民主同盟。與國民、青年兩黨同為推動中國民主憲政而努力。惜內部成員複雜，步驟難期一致，伍憲子一派則始終未允出任公職。

　　反對召開制憲國民大會者，為中共和民盟。中共之蓄意叛國，由來已久，固無論矣。民盟成員則多係左傾學者與投機政客，黨於中共。沈鈞儒、羅隆基、章伯鈞、黃炎培乃其著者。蓋民盟與中共已於 34 年 10 月，35 年 5 月，兩度洽商合作，民盟盟員且公然在中共區內任職。**❻❼** 36 年各地發生之學潮，多係民盟分子執行中共政策而發動者。**❻❽** 36 年 10 月，內政部宣布民盟為非法團體，民盟分子遂潛赴香港活動，38 年則又前往共區投靠中共。

五、憲政政府成立

　　民國 36 年 12 月 25 日，《中華民國憲法》開始施行，建國工作進入憲政時期。國民政府依據〈憲法實施之準備程序〉第五條、第八條之規定，明令定於 37 年 3 月 29 日召開國民大會，選舉總統、副總統，以完成憲政

　　　　國民政府增選黃紹竑、丁惟汾、顏惠慶為國府委員。

❻❻　《革命文獻》，第 80 輯，頁 491–495。

❻❼　王健民，《中國共產黨史稿》，第 3 冊，頁 548–552。

❻❽　上書，頁 552–558。

政府的體制。蓋國大代表及立法與監察委員之選舉已近完成，新的中央民意機關亦須及時成立。

37 年 3 月 29 日，行憲國民大會亦即第一屆國民大會在南京揭幕。本屆代表總額為三千零四十五人，報到者計為二千八百五十九人，出席開幕典禮者二千八百四十一人。開幕典禮由國民政府蔣主席主持，並致詞勗勉。**❻❾** 4 月 2 日，大會選出于右任等八十五人為主席團，推洪蘭友為祕書長。計共舉行預備會議六次，大會十六次，總統選舉大會一次，副總統選舉大會四次，通過各種議案八百九十九件。歷時三十四日，於 5 月 1 日閉幕。**❼⓿**

第一屆國民大會第一次大會的主要任務，為選舉總統、副總統。但由於中共已公開全面叛亂，國家已面臨危急情勢，莫德惠等一千二百零二人乃依照《憲法》第一百七十四條第一款程序，提出請制定〈動員戡亂時期臨時條款案〉，並經大會接受。4 月 18 日，大會第十二次會議通過此一要案。其內容計十一條，授權總統在動員戡亂期間，為避免國家或人民遭遇緊急危難，或應付財政經濟上重大變故，得經行政院會議之決議，為緊急處分，不受《憲法》第三十九條或四十三條所規定之限制。

總統選舉，各方面皆敦促蔣中正主席為候選人。吳敬恆、于右任、張伯苓、王雲五等於 4 月 1 日即開始聯署。但蔣氏初無意競選總統，他託王世杰徵求胡適意見，欲推胡適，胡氏經慎重考慮後已有允意，旋又改變主意，不願接受。**❼❶**

4 月 4 日，中國國民黨中央執行委員會召開臨時全體會議，討論總統、副總統提名問題。蔣中正以總裁身分主持大會，懇切表示不出任總統候選人之意，並提議「最好由本黨提出一黨外人士為總統候選人」。**❼❷** 然大會一致推舉蔣氏，蔣仍堅辭，最後交中央常務委員會討論。次日，中央常務委

❻❾　《國民大會實錄》，第 1 編，頁 116。

❼⓿　《第一屆國民大會第一次會議紀錄》，南京：國民大會祕書處，民國 37 年。

❼❶　胡頌平，《胡適之先生年譜長編初稿》，第 6 冊，頁 2022–2025。

❼❷　《革命文獻》，第 80 輯，頁 497。

員會討論結果，仍請蔣氏為總統候選人，大會因於 4 月 6 日通過決議：第一任總統選舉，仍請蔣總裁競選，但黨不提名；本黨同志並得依法聯署提名，參加競選。❼❸

出席代表中志願聯署提名蔣中正為總統候選人者，達二千四百八十九人之多。司法院院長居正亦得一百零九人之聯署提名。4 月 16 日，國民大會遂正式公告蔣中正、居正為第一屆總統候選人。

4 月 19 日，國民大會舉行第十三次大會——亦即總統選舉大會，出席代表二千七百三十四人。選舉結果，蔣中正得二千四百三十票，居正得二百四十九票，蔣中正依法當選為中華民國行憲後第一任總統，由國民大會正式公告。

副總統選舉，情形比較複雜。依國民大會 4 月 20 日之公告，副總統候選人為孫科、于右任、李宗仁、程潛、莫德惠、徐傅霖六人。23 日至 28 日，國民大會舉行副總統選舉會三次，各候選人皆未得法定過半數之票數。國民大會乃引用〈總統、副總統選舉罷免法〉第五條準用同法第四條第三項第二款之規定，於 29 日舉行第四次副總統選舉會，就第三次選舉得票較多之二人——李宗仁、孫科，圈選一人。結果李宗仁以一千四百三十八票之較多數票，當選為中華民國行憲後第一任副總統。

5 月 20 日，蔣總統、李副總統在南京宣誓就職。由國民大會主席團主席吳敬恆監誓。蔣總統於就任致詞中，宣布施政方針為：鞏固國權，保障民權，政治自由，經濟平等，整肅吏治，樹立紀綱；對外政策：擁護聯合國並加強聯合國之組織，推動國際合作；主張對日本寬大，但不使日本軍國主義復活。❼❹

立法委員的選舉，於 37 年 1 月完成，共選出七百六十人。其中女性立法委員八十二人，逾總額十分之一，為我國實施民主憲政之一大特色。5 月 8 日，立法委員集會於南京，宣告行憲後之立法院正式成立。17 日，互選孫科為院長，陳立夫為副院長，同年 12 月，孫科轉任行政院長，陳立夫辭

---

❼❸ 同上書，頁 498。

❼❹ 秦孝儀，《總統蔣公大事長編初稿》，卷 7（上），頁 84。

職，立法院選童冠賢為院長，劉健群副之。

總統就職後四日——5 月 24 日，總統提名翁文灝為行政院長，咨請立法院同意，立法院於同日內決議同意以翁為行政院長，總統因於 25 日正式發表任命。31 日，總統復任命行政院副院長、政務委員及各部會首長。副院長為顧孟餘，但顧不願就職，總統改任張厲生。行政院設內政、外交、國防、財政、教育、司法行政、農林、工商、交通、社會、水利、地政、衛生、糧食十四部，資源、蒙藏、僑務三個委員會。各首長中，農林部長左舜生、工商部長陳啟天為青年黨籍，財政部長王雲五、交通部長俞大維、衛生部長周詒春為無黨無派人士，餘為國民黨籍。行政院祕書長為李惟果。

行憲後之司法院、考試院、監察院，均於 37 年 6 月成立。司法院院長由總統提名經監察院同意，以王寵惠出任，副院長為石志泉。考試院院長亦由總統提名經監察院同意，為張伯苓，副院長為賈景德。監察院院長由監察委員互選，于右任當選為院長，劉哲為副院長。已報到之監察委員為一百七十八人。**⑦⑤**

第三節　中共叛亂

一、邊打邊談

中共於民國 16 年 8 月 1 日發動「南昌暴動」，是其武裝叛亂的開始。16 年到 25 年的十年間，統稱之為江西叛亂時期——中共名之曰「第一次國內革命戰爭」。26 年參加抗戰後，進入以合法地位掩護非法活動時期，表面上擁護國民政府和蔣委員長，實際上卻無時無地不在從事各種不同形式的叛亂活動。抗戰勝利，中共蓄意全面叛亂，其目標是要「接收」國民政府。**⑦⑥** 34 年至 35 年間，採取的是「邊打邊談」的政策；36 年開始全面性武裝推翻政府的行動，至 38 年竟能佔據中國大陸，建立了「中華人民共

---

⑦⑤　國史館，《中華民國行憲三十年簡史》，頁 36。

⑦⑥　董顯光，《蔣總統傳》，頁 441。

和國」。

中共對若干詞彙的解釋，都已超越了尋常的意義，而帶有謀略戰的動機在內。如所謂「解放區」，實際的意義就是中共佔領區，與二十年代初期之「蘇區」及稍後建立的一些「邊區」同一意義。同樣，在中共心目中的「和談」，目的並不是要停止衝突，而是一種戰爭的形式——是欺騙敵人的手段，和掩護自身軍事行動的煙幕，是一種政治作戰——用以實現軍事行動所無法達到的目的。因此，「邊打邊談」，事實上是一體兩面：打是直接實現作戰的目的；談是為了延緩對方的攻擊和消沉對方的士氣，掩護自身的企圖和行動，造成有利的氣氛和態勢，以間接實現作戰的目的。 **❼**

34 年 8 月，毛澤東應邀至重慶與政府進行談判於離開延安前，中共中央發出通知，要「繼續攻勢」。「通知」有一段文字令人怵目驚心：

> 在華北方面，我們還要力爭，凡能爭得者應全力爭之。兩星期來，我軍收復大小五十九個城市和廣大鄉村，連以前所有，共有城市一百七十五座，獲得了偉大的勝利。華北方面，收復了威海衛、煙臺、龍口、益都、淄川、楊柳青、畢克齊、博愛、張家口、集寧、豐鎮等處，我軍威震華北，配合蘇軍與蒙古軍進抵長城之聲勢，造成了我黨的有利地位。今後一時期內仍應繼續攻勢，以期儘可能奪取平綏路、同蒲北段、正太路、德石路、白晉路、道清路，切斷北寧、平漢、津浦、膠濟、隴海、滬寧各路。凡能控制者均控制之，那怕暫時也好。同時以必要力量，儘量廣佔鄉村和府城縣城小市鎮。 **❽**

以是重慶會談期間，中共的軍事行動並未停止。毛於 10 月 11 日回到延安後，更公開表示要「針鋒相對，寸土必爭」，**❾**中共便進佔了整個膠東半島，蘇北和太湖區域的若干地區，並對大同、歸綏等地發動了攻擊；更

---

❼　蔣中正，《蘇俄在中國》，頁 433–435。

❽　王健民，《中國共產黨史稿》，第 3 冊，頁 481–482。

❾　同上書，頁 488。

多的中共部隊則由山東和河北，進入東北。

　　10月21日，國軍第四十軍馬法五部與新八軍高樹勛部奉命沿平漢路北上，在磁縣、邯鄲一帶受到共軍的阻擊。經四天的戰鬥，馬法五戰敗被俘，高樹勛變節降敵。這件事發生於毛澤東自重慶返回延安後半個月，誠然是對重慶會談的一大諷刺。

　　10月24日，第十二戰區司令長官傅作義發表受降後遭受共軍攻擊情形，極為沉痛。他說：「我們連續退避了幾百里，從豐鎮、集寧、涼城、武川、和林、陶林，一直退避到綏包，而共產黨軍奔馳千里，連綏、包兩個孤城，也被團團圍困，猛攻不已，這就是全國所一致反對的『內戰』」。❽⓪

　　11月3日，交通部長俞飛鵬(1884–1966)公布：華北地區鐵路遭共軍破壞者，達一千四百一十三公里。俞氏並說明鐵路破壞情形：「以平漢路遭破壞最重，計有四百公里，津浦路一百六十公里，膠濟路六十四公里，北寧路十八公里，同蒲路一百五十六公里，平綏路情況不明，假定以百分之二十計算為一百五十公里，南新泰支線六十七公里，道清線六十二公里，臨棗線一百零三公里，滄石線一百六十五公里，六門溝支線十八公里，博山線五十公里，共計一千四百一十三公里。10月份內，平漢路遭受破壞達十七次之多，津浦路遭破壞達十八次，膠濟路亦有十次。其他各支線尚未計算在內，其中尚有工程艱鉅之橋樑，蓄水池，車站及電訊等設備，亦全遭破壞。」❽①

　　鐵路之外，晉、魯等省礦場亦時遭共軍破壞，焦作煤礦的破壞情形尤重。共軍所到之處，地方行政人員及較為富裕之戶均被鬥爭或慘殺，山東一省被殺軍民即達二十三萬人。以是人民多流離失所，湧向城市，造成嚴重的難民問題。

　　11月30日，中共在江蘇、安徽兩省成立所謂「蘇皖邊區政府」。12月9日，中共又成立「華中局」。12月16日，中共派周恩來、葉劍英、吳玉章、董必武、鄧穎超前往重慶，準備出席政府召集之政治協商會議，毛澤

❽⓪　《抗戰史料初編》，第7編，《戰後中國㈡》，頁294。
❽①　同上書，頁296。

東卻於同月 28 日下令中共中央東北局，積極建立東北政治根據地，以群眾
工作為中心，發動清算鬥爭，減租，增加工資，組織團體，建立「黨的核
心」，組織民眾武裝，以建立「人民政權」。❷一手以武力建立地方政權，
一手又在會議桌上要求政府予以承認，此即「邊打邊談」政策的運用，其
手段之奸猾令人嘆為觀止。

二、馬歇爾調處

　　馬歇爾以美國總統杜魯門特使身分，來華調處國共紛爭，對中共極為
有利。一則馬氏對國民政府與國民黨的若干領導人，心存芥蒂，二則他所
奉到的訓令即在壓迫國民政府與中共組織「聯合政府」；故中共對馬歇爾於
34 年 12 月前來中國，極盡歡迎與拉攏之能事。❸馬氏於 12 月 23 日抵達
重慶，當日即接見了周恩來、葉劍英和董必武，並與民盟領導人張瀾、羅
隆基等相晤，聽取其不實的偏見；對蔣主席給他介紹的三位國民政府高級
官員——國防最高委員會祕書長王寵惠、國民黨中央黨部祕書長吳鐵城和
中央組織部長陳立夫，卻故意冷落，陳立夫說他們「從未接到馬將軍的電
話或通知召見。」❹

　　表面看來，馬歇爾的調處開始時頗為順利。35 年 1 月 5 日，政府與中
共同意各派一人，與馬氏合組為三人小組，會商停止衝突，恢復交通辦法。
政府代表為張群、中共代表為周恩來，馬歇爾則為三人小組的召集人。從
1 月 7 日至 10 日間，三人小組舉行六次會議後達成停戰協議，由政府及中
共雙方同時下達於各軍指揮官。其要點：❺

　　㈠一切戰鬥行動立即停止。

　　㈡所有軍事調動一律停止；惟對於復員、換防、給養、行政及地方安
　　　全必要軍事調動乃屬例外。而且：

❷　郭廷以，《近代中國史綱》，頁 762。

❸　董顯光，《蔣總統傳》，頁 458–459。

❹　陳立夫，《我與馬歇爾將軍》，見《傳記文學》，31 卷 6 期。

❺　全文見國防部史政局編，《和談紀實》，上冊，頁 127，附件一。

(1)對國民政府在長江以南整軍計畫之繼續實施，並不影響。

(2)國軍為恢復中國主權而開入東北九省，或在東北九省境內調動不受影響。

㈢破壞與阻礙一切交通線（包括郵政在內）之行動必須停止；所有阻礙交通線之障礙物，應即拆除。

㈣為實行〈停戰協定〉，應即在北平設一軍事調處執行部，由政府、中共及美國三方面各派一人組成之。所有必要命令及訓令，應由三方面代表一致同意，以國民政府主席名義，經軍事調處執行部發布之。

㈤本命令 35 年 1 月 13 日午後十二時起，在各地完全實施。

這就是〈第一次停戰令〉。北平軍事調處執行部於 1 月 14 日成立，政府代表為鄭介民，中共代表為葉劍英，美方代表為饒伯森 (Walter S. Robertson)。馬歇爾於 2 月間，又促使國、共雙方於 2 月 11 日簽署恢復華北、華中交通的協議，[86] 25 日又簽署了〈關於軍隊整編及統編中共部隊為國軍之基本方案〉。[87] 同時，政治方面，政府召開的政治協商會議，亦獲得協議。馬氏於 3 月 5 日至 6 日訪問延安，毛澤東告訴他中共必用全力貫徹停戰、政治協商及整軍方案。馬歇爾因而沾沾自喜，認為調處工作即將完成，乃於 3 月 11 日返美與國務院洽商經濟援華事宜。

事實證明馬歇爾的樂觀，過於天真。他不瞭解中共之同意「停戰」，目的是在爭取時間以進兵東北。從 1 月到 3 月間，中共從山西、河北、山東三省開入東北的部隊，最少在十三萬人以上。[88] 事實上，中共的挑釁行動，從未有一天停止。〈第一次停戰令〉發布後六天──1 月 16 日，共軍在撫順殺害了政府所派撫順煤礦接收委員張莘夫，又過了七天──1 月 23 日，共軍即在俄軍的包庇下進入長春，迫使政府駐長春人員不得不暫時撤退。3 月 14 日，俄軍從瀋陽撤退事先並未通知國軍，而近郊共軍則四出攻擊，與國軍發生衝突。三天以後──3 月 17 日，俄軍撤離四平街後，共軍立即

---

[86] 《和談紀實》，上冊，頁 80–81。

[87] 《和談紀實》，上冊，頁 81–84，及附件二。

[88] 董顯光，《蔣總統傳》，頁 462。

就進佔這一戰略要地。4月14日，長春俄軍撤離，共軍大舉進攻，於四天後佔領長春，重慶《大公報》斥之為「可恥的長春之戰」。❽一週後，哈爾濱亦為共軍佔領。停戰三個月，共軍幾掩有大半個東北，華北各地亦屢作攻擊，情勢是越來越嚴重了。據軍事委員會公布，東北共軍自1月13日停戰令生效後，曾發動攻擊二百八十七次，佔縣十三，車站三十；圍城二十又九。❾

馬歇爾於4月17日返回北平。他對共軍在東北的破壞停戰行動竟不加制止，反而提議裝備中共設於張家口的軍事學校及共軍十個師，當為蔣中正主席所拒。❿國軍為恢復東北主權，於五月中旬從瀋陽出擊，當於5月20日克復四平，23日進入長春，並開始向哈爾濱攻擊前進。馬歇爾卻於此際數度要求蔣主席下令停戰。5月24日，蔣主席致函馬歇爾，告以只要中共能實踐其〈停戰協定〉與恢復交通辦法，以及實行統編方案各條款，國軍可以接受停戰之請求。經與馬歇爾數度磋商後，蔣主席於6月6日頒發了〈第二次停戰令〉，令東北國軍自6月7日起，停止攻擊前進及進擊。停戰期限為十五日。期滿，再延長八日，至6月30日中午為止。❾❷

但長達二十三天的停戰期，由馬歇爾居間召集的停止衝突，恢復交通及整編統編軍隊等問題的談判，毫無成議。事實上，共軍從未停戰。在東北、魯南、蘇北及山西，都一再發動攻擊。據山西閻錫山司令長官向中央報告，山西自6月7日停戰令頒布後至24日止，共軍曾攻擊城鎮村莊一百零七處，破壞鐵路十四段，車站十處，公路九處，橋樑八座，並又集結重兵圍攻大同。❾❸6月30日，停戰期滿，政府由中央宣傳部發表聲明，表示對中共問題雖未達成協議，然政府一本政治解決之方針，始終不渝。7月2日，蔣主席召見周恩來，令其必須撤出共軍於近月內攻佔之熱河承德、

❽ 重慶《大公報》，民國35年4月19日，社論。

❾ 《總統蔣公大事長編初稿》，卷6（上），頁97。

❿ 同上書，頁114。

❾❷ 同❾，頁187。

❾❸ 同❾，頁190。

東北安東、山東膠濟路及蘇北等地，政治問題始可協商。

　　7 月 3 日，國防最高委員會決議於 35 年 11 月 12 日召開國民大會，制定憲法。周恩來表示中共不能接受這一決定。中共中央於 7 月 7 日發表一篇宣言，不僅攻擊國民政府，且對美國的對華政策不滿。11 日，民盟昆明負責人李公樸 (1902–1946) 被刺殞命，15 日，李之同黨聞一多 (1899–1946) 復被刺殺。中共引為藉口大肆作反政府宣傳，馬歇爾與新任美國駐華大使司徒雷登亦表示不滿，馬且要求政府、民盟及美國方面各派一人前往昆明調查。**❹** 此無異干涉中國內政，政府自不能接受。馬歇爾遂以調處工作遭受困難為詞，於 8 月 10 日與司徒雷登發表聯合聲明，表示「若干亟待解決之問題，迄難獲致協議」，並謂「撤軍地區之地方政府究竟為何種性質，實較軍隊之重新部署問題更難解決。」**❺** 同一天，杜魯門接受馬歇爾的建議致函蔣主席，言詞粗魯而帶威脅性，謂：「倘若中國內部之和平解決辦法，不即於短期內，表現真實進步，則美國輿論對中國之寬宏慷慨態度，勢難繼續，且本人必須對美國立場重行審定。」**❻** 八天以後——8 月 18 日，杜魯門以行政命令制止中國購買美國剩餘軍火，切斷對中國的軍援達八個月之久。

　　8 月 14 日，蔣主席於抗戰勝利一週年文告中，提出六項和平解決時局方針，以打破和談僵局。但中共拒不接受，其在蘇北和大同的攻擊行動且更加強。馬歇爾雖數度往來於南京及廬山間，但終無補時艱。9 月間，爭執焦點已轉向張家口問題。政府通過軍事調處執行部鄭介民代表通知中共：如中共不停止進攻大同，國軍即將進攻延安、張家口。詎中共不加理會，國軍遂有進攻張家口之部署。周恩來乃聲言國軍如不停止對張家口的攻擊，中共即認為是「政府已公開宣布全面破裂」，周隨即離京赴滬，迴避交涉；**❼** 馬歇爾亦要求立即停戰，否則彼即退出調人地位。**❽**

---

❹　同**❾**，頁 226。

❺　*Marshall's Mission to China*, Vol. II, Appendix L. Document 1.

❻　《總統蔣公大事長編初稿》，卷 6（上），頁 236。

❼　《蘇俄在中國》，頁 180。

❽　同**❻**，頁 263–266。

10 月 5 日，蔣主席接受馬歇爾的意見，決定停戰十日。在此十日內，由三人小組商談軍事問題，由五人小組商談政治問題。馬歇爾親去上海見周恩來，邀其回京商談，周則堅持：㈠政府對張家口必須無限期停止攻擊；㈡中共與民盟在國民政府委員會中，保有否決權；㈢國民大會的日期與代表名額，要由政協綜合小組協商解決。❾❾中共既不接受停戰十日的提議，國軍遂於 10 月 11 日收復張家口。同月 25 日，國軍收復遼南重鎮安東。

國軍收復張家口的次日──10 月 12 日，國民政府發布 11 月 12 日〈召集國民大會令〉，中共及民盟均強烈反對。蔣主席再於 10 月 16 日提示處理當前時局的意見，中共於次日發表聲明，將和談破裂的責任歸咎於政府。第三方面人士從事斡旋，亦為中共所拒。11 月 8 日，蔣主席發布第三次停戰令──自 11 月 11 日正午十二時起，全國軍隊一律停止戰鬥，期使中共作最後的考慮；國民大會亦宣布延期三日，希望中共的代表能夠參加；中共的答覆卻是：「目前惟一道路，只有停開國民大會。」及國民大會於 11 月 15 日開幕，周恩來於當日宣稱：和談之門已因國民大會的召開而告關閉。中共代表團並於 11 月 19 日自南京飛返延安。

馬歇爾的調處，至是已完全失敗。他於民國 36 年 (1947) 1 月 8 日離華返美，行前發表了一項聲明，不認為他應負調處失敗的責任，而歸咎於「共產黨與國民黨之間幾乎是不可抗拒的完全的懷疑和不信任」，他且指責國民黨內的「一個由反動分子組成的集團」阻礙了他組織「聯合政府」的努力。他承認「國民大會已經通過了一部民主憲法」，卻又別有用心的指出：「挽救時局的出路，據我看來，將是由政府內和小黨派內的自由主義分子掌握領導權。」❿❿

馬歇爾返美後，被任命為美國國務卿。由於他在中國調處失敗的刺激，對中國事務不再積極，對中國政府亦懷芥蒂，致中美關係更趨於暗淡。柯貝克 (Anthony Kubek) 因而認為馬歇爾實為造成中國不幸事件的主要人

❾❾　《蘇俄在中國》，頁 181。

❿❿　英文全文見 *Marshall's Mission to China*, Vol. II, Appendix S. Document 1, pp. 516–521.

物，他將中國的事務弄得更糟。❶

三、政府明令動員戡亂

民國 36 年 1 月 1 日，國民政府公布了《中華民國憲法》及〈憲法實施之準備程序〉。然政府仍希望以政治談判方式解決中共問題，曾擬派張治中去延安商洽，但中共表示必須取消國民大會制定的《憲法》並恢復一年前停戰時的軍事位置，始有商談的餘地。中共的要求，是政府無法接受的。這也說明中共的立場是：只要戰爭，不要和平。事實上，陳毅、劉伯承兩部共軍業已在魯南、魯西地區，開始對國軍實行猛烈的攻擊。

中共對美國態度也轉變了，開始發動大規模的「反美運動」。本來，35 年 7 月 29 日，共軍即曾在河北安平對美軍攻擊，造成美軍二十餘人的傷亡，是即「安平事件」。但馬歇爾故意淡化了此一事件。同年 11 月 4 日，《中美商約》全文公布後，中共又引為藉口，發動民眾反對。12 月 24 日，北平發生女學生沈崇被美兵強姦案，中共乃又據以煽動學潮，進行全國性的反美宣傳。後來證明沈崇乃為一共黨職業學生，其「被姦」事件乃係出於中共的蓄謀。36 年開始，中共的反美宣傳已轉向攻擊美國對華政策，指責美國援助國民政府進行內戰。上海的「抗議美軍駐華暴行委員會」即發起簽名運動，目的即在「敦促美國改變對華政策。」

共軍發動攻擊，國軍亦開始還擊並出擊，但 36 年春間的戰爭，國軍是失利的。1 月 19 日，劉伯承部共軍攻佔魯西南地帶，於棗莊之役，國軍整編第五十一師全部犧牲，師長周毓英被俘。❷同月底，投共偽軍郝鵬舉投誠，但旋又被陳毅部共軍擄去殺害。2 月 21 日，李仙洲兵團在山東萊蕪吐絲口遭到陳毅部共軍的偷襲，全軍皆潰，李仙洲被俘，山東局勢頓現危急。

3 月以後，國軍分別在陝西、山東發動攻擊。西安綏靖公署主任胡宗南指揮第一軍董釗與第二十九軍劉戡兩部，於 3 月 14 日向延安發動攻擊，

---

❶ Anthony Kubek, *How the Far East was Lost*, p. 445.

❷ 整編師即原來的軍，整編五十一師即抗戰期間的五十一軍，為于學忠之基本部隊。

經五天之戰鬥，於 3 月 19 日攻克為中共佔據十三年之久的延安。由於延安是中共的首府，國軍之勝利立即傳遍中外，對中共自是一項戰略性的大打擊。

　　山東的情勢，比較艱苦。國軍在徐州行營的指揮下，採穩紮穩打政策，欲包圍陳毅部共軍於沂蒙山區而殲滅之。4 月中，津浦、膠濟兩路均告收復通車。5 月 16 日，第七十四師張靈甫 (1903–1947) 部為共軍圍攻於孟良崮，張氏壯烈殉職，攻勢為之頓挫。❶❸6 月，國軍再發動攻擊，在南麻與共軍激戰，獲得大捷。旋出穆陵關北上，於 7 月下旬與共軍主力激戰於臨朐，經八晝夜之搏鬥，共軍敗退，是為「臨朐大捷」。❶❹繼臨朐戰役之後，國軍復以昌濰地區為基地發動對膠東半島之攻擊。至 10 月 1 日收復煙臺，海軍亦進駐長山列島，膠東戰爭遂告一段落。

　　東北剿共戰事，亦進行激烈。自 35 年 11 月起，林彪部共軍即不斷渡松花江南犯，均為國軍擊退。5 月中旬，共軍再圍四平街，守軍第七十一軍陳明仁部苦戰四十餘日，巷戰肉搏，終將共軍擊退，是為「四平之捷」。是役共軍傷亡在五萬人以上，守軍傷亡亦極慘重。

　　中共於抗戰勝利後即四處竄擾，但仍沿用「八路軍」、「新四軍」番號，東北共軍則自號為「民主聯軍」。36 年 3 月 5 日起，共軍一律改稱為「中國人民解放軍」，並擴大其兵員與編制，顯示其叛亂到底的決心。中共既已全面叛變，最高法院檢察署遂於 36 年 6 月 25 日訓令全國各高等法院首席檢察官，一體通緝毛澤東，令文有謂：

> 查該逆毛澤東，竊據國土，稱兵叛亂，禍國殃民，罪大惡極，自應依法緝辦。除分令外，合行令仰該首席檢察官飭屬一體嚴緝，務獲究辦，以伸法紀。❶❺

---

❶❸　與張靈甫同時殉國者，有副師長蔡仁傑，旅長盧醒等高級將領。

❶❹　臨朐戰役於 36 年 7 月 21 日開始，28 日結束。守城國軍為整編第八師李彌部，應援部隊為山東省保安第一師張天佐部等地方部隊，均建功勳。

❶❺　《國民政府公報》，第二八六二號，南京，民國 36 年 6 月 27 日。

　　7月4日，國民政府明令厲行全國總動員，以戡平共軍叛亂。❿同月18日，國民政府公布〈動員戡亂完成憲政實施綱要〉，❿決定一面行憲，一面戡亂。依據此一〈綱要〉，行政院為達成戡亂之目的，有權依〈國家總動員法〉之規定，隨時發布必要之命令；❿政府為維持安寧秩序，對於煽動叛亂之集會及其言論行動，亦得依法懲處。凡規避徵雇、囤積居奇、怠工罷工、妨礙生產及社會秩序之行為，均在取締之列。❿

　　為配合動員戡亂政策，中國國民黨第六屆中央常務委員會亦於8月30日通過〈戡亂建國總動員方案〉，頒令各地黨部黨員，參酌當地環境之需要，率循遵行。其目標為：「吾人必須忍受嚴酷之鍛鍊，使用一切力量，支援前線，爭取勝利。」❿

四、社會動盪不安

　　中共於軍事叛亂外，復施展政治作戰的謀略，在各地煽動學潮與破壞金融，以製造社會的不安，增加政府的困擾。坦誠而言，中共確曾收到相當滿意的效果，陷政府於左支右絀，內外交困之境。

　　學潮多發生於通都大邑的有名大學，如昆明的雲南大學、武漢的武漢大學、南京的中央大學、上海的交通大學、北平的北京大學、青島的山東大學、杭州的浙江大學等，均曾有惹人注目的事件發生。學潮的動機多半是政治性的，策動者亦多為具有教授身分的中共與民盟分子，羅隆基、沈鈞儒、黃炎培等均曾公開講演，鼓動學生罷課遊行，反抗政府。

　　35年1、2月間，重慶學生以東北俄軍延不撤退，曾發起反俄遊行，其口號為「還我東北」，華北各地學生均曾響應。4月，東北局勢緊急時，

❿　《抗戰史料初編》，第7編，《戰後中國㈡》，頁909。

❿　全文一十八條，見《國民政府公報》，第二八八一號，南京，民國37年7月19日。

❿　〈動員戡亂實施綱要〉，第十七條。

❿　〈動員戡亂實施綱要〉，第三～七條。

❿　《中國國民黨第六屆中央常務委員會第八十一次會議紀錄》，南京，民國36年8月30日。

中共及其同路人在學校中發動「反內戰」運動，要求統一與建設。7 月，昆明發生李公樸、聞一多被刺殺事件後，中共與民盟均提出「反迫害」為口號，潘光旦等民盟分子並避入美國駐昆明總領事館，要求庇護，各大學教授亦有因此而有不滿政府之言論，於學潮頗有搧風助燃之功。12 月間北平「沈崇事件」發生後，中共有計畫的發動反美運動，以反美為口號的學潮一時如火如荼，北平與上海兩地的學生尤為激烈。上海且出現了「全國學生抗暴聯合會」的組織。

　　36 年 1 月，中共開始全面叛亂。中共學運分子祕密推動「一校一事運動」，並以 5 月為高潮。於是相繼發生了一些糾紛：英士大學遷校問題、交通大學併系問題、滬江大學反積點制度、東方語專易長設院問題、中正大學易長遷校問題等是。中共的職業學生利用這些問題挑撥是非，製造事端。南京的中央大學和金陵大學一部分學生藉口物價飛漲，政府發給的公費不足餬口，因而發起「反饑餓運動」，要求增加副食費和公費數額，彼等並糾合滬杭平津等地學生代表到南京舉行遊行請願，進而要求政府結束「內戰」，與中共談和。5 月 20 日，遊行學生與軍警衝突毆鬥，互有傷害。中共遂大加渲染，稱之為「五二〇血案」。⓫ 事實上，政府發給的公費足夠膳食之需，且隨物價波動而作調整。所謂「反饑餓」，根本就沒有事實根據。以是京滬各校亦有不少學生反對所謂「反饑餓」、「吃光運動」等奸謀，主張復課，反對遊行。青島山東大學部分學生到街頭作「反饑餓」遊行時，曾受到一部分中學生因氣憤而予以毆擊。

　　6 月 2 日，為中共中央預定發動的「反戰日」。各校中的共諜分子策動於此日舉行遊行。各地治安機關獲悉中共陰謀後，事先採取防制措施，南京、北平等地學生多接受勸告，取消「六二遊行」。惟武漢大學一部分學生，卻與治安當局發生了衝突，造成學生死亡三人傷十餘人的悲劇。當時，武漢大學內的共諜分子極為囂張，時任武大教授的蘇雪林曾指證：

　　職業學生強行索去（兩座亭子）作為他們活動機構，終日發號施令，

⓫　王健民，《中國共產黨史稿》，第 3 冊，頁 556。

驅遣員生，函電交馳，聯絡各校。壁報則越來越興盛，自文學院圖書館、法學院，一直蔓延到大飯廳，四五十丈牆壁的面積，都成了他們的園地。不惟公然謾罵政府，終日抨擊美帝，並且赤裸裸的露出共匪的面目，稱共匪政權為「我們的政府」，稱毛澤東為「我們的領袖」了。⓲

衝突之起因，係由於武漢警備司令部派兵進入武大逮捕共諜學生時，受到學生二百餘人的阻止和劫持，因而發生毆擊。儘管警備部亦有相當理由和證據，但造成學生死傷則應負肇事責任。政府除派教育部次長杭立武前往撫慰，對被難學生優予撫卹外，並令武漢行轅將警備司令彭善、稽查處長胡孝揚等，撤職查辦。

政府於 36 年 7 月宣布動員戡亂後，無人再敢公開倡言「反內戰」，學潮亦暫趨低沉。到了 10 月，卻又發生了浙江大學學生自治會主席于子三被捕自殺事件。其始末：上海郵電當局於 10 月 23 日查得浙大學生黃賢林寄給于子三的信，內容是說奉派來滬參加學聯，上級決定派黃世民等去浙大指導發動「反動員令」活動，囑于於 10 月 25 日到杭州車站迎接。治安當局遂預作布置，在旅館中將于子三、黃世民等逮捕，當場並搜獲中共書刊、文件及名單。不料于畏罪割喉自殺，浙大共諜學生遂據以發動學潮，北平各大學亦有學生罷課響應。⓳但當浙江治安當局將于案證據公布後，很多人也就不再甘受共諜學生的蠱惑了。

37 年春，中共又發動了以「反美扶日」（反對美國扶植日本）為主題的學潮，但亦同時對政府領袖作惡意的誣衊。此時戡亂形勢已開始逆轉，學潮的效果反而不太惹人注意了。

學潮外，川康兩省亦曾發生有中共分子參雜在內的反地方當局事件。35 年 9 月，四川民眾有不滿川省當局的行動。12 月間，西康民眾亦因不滿

⓲ 蘇雪林，〈學潮篇〉，見《我論魯迅》（愛眉文藝出版社，民國 60 年），附錄，頁 162。

⓳ 王健民前書，頁 556。

省府主席劉文輝的聚斂，而發生暴動。

　　戰後經濟的失調與混亂，乃係政府面臨的另一項困難，不幸終於發展為一項嚴重的致命傷。經濟失調與混亂的原因甚多，主要者不外四端：一為戰時消耗過鉅，生產萎縮，物資不足；二為中共破壞交通，濫發鈔票，攻佔鄉村及礦區，使城市經濟陷於孤立；三為軍用浩繁，開支增大，而美援又幾告斷絕；四為人謀不臧，接收人員之無能與貪婪，破壞了生產，財政當局的因應亦有缺失，喪失民間信用。

　　35 年初，物價已開始失去控制，至 36 年 2 月，通貨膨脹已成嚴重問題。政府於 2 月 26 日宣布經濟緊急措置方案，禁止黃金、美鈔買賣，重施物價管制，但亦無法戢止漲風。年初，法幣發行總額為三萬五千億，到了10 月竟增至十萬億。❶❶❹戰爭越延長，開支越增加，物資越缺乏，物價越上漲，民眾的生活越痛苦，對政府的怨懟越顯著。到 37 年夏間，經濟已經瀕臨崩潰的邊緣了。

　　37 年 8 月 19 日，政府為挽救經濟財政危機正式頒布了〈財政經濟緊急處分令〉，決自即日起，以金圓為貨幣單位，發行金圓券，收兌法幣及東北流通券，限期為同年 9 月 30 日。規定金圓一元折合法幣三百萬元，東北流通券三十萬元，金圓二元折合銀幣一元，金圓四元折合美鈔一元。人民所有之黃金、白銀及外幣，均須於 12 月 31 日前兌換金圓券。金圓券發行總額為二十億。❶❶❺政府為嚴格執行此一改革令，特派大員為經濟管制督導員，分赴上海、廣州及天津，執行督導。❶❶❻上海督導工作由蔣經國負責，雷厲風行，極有成效。但終以各方牽制過多，管制未能徹底。不到三個月，金圓券的幣信就完全破產了，財政部長王雲五遂亦引咎辭職。❶❶❼

---

❶❶❹　董顯光，《蔣總統傳》，頁 489。

❶❶❺　《總統蔣公大事長編初稿》，卷 7（上），頁 124–128。

❶❶❻　俞鴻鈞為上海區經濟管制督導員，蔣經國協助督導；張厲生為天津區經濟管制督導員，王撫洲協助督導；宋子文為廣州區經濟管制督導員，霍寶樹協助督導。

❶❶❼　王雲五，《岫廬八十自述》，頁 544–547。

第四節　戡亂失利與政府播遷

一、軍事的挫敗

36 年 10 月以前，國軍剿共是採攻勢，在陝北和膠東都獲得勝利。10 月以後，便由於劉伯承、陳毅兩部共軍的侵入河南，形勢開始逆轉。無論是東北或華北，國軍都處於據守城市，嚴密防守的地位，喪失了戰場上的主動與機動力。

11 月 13 日，聶榮臻部共軍攻陷石家莊，這是華北被共軍攻陷的第一座重要城市。陝北的榆林被圍，隴海的徐州一度告急，東北行轅主任雖已由陳誠代替熊式輝，然因林彪部共軍的連續攻勢，而在兵力上捉襟見肘，難於應付。蔣中正主席於 11 月下旬前往北平視察後，決定成立華北剿匪總司令部，任命張垣綏靖主任傅作義為總司令，統一指揮晉、冀、熱、察、綏五省剿匪軍事。原來的保定、張垣兩綏靖公署同時撤銷。❶❽

37 年 1 月，政府改採分區防禦戰略，黃河以南劃分為二十個綏靖區。共軍猛攻淶水，幸為國軍擊退，第三十五軍軍長魯英麐 (1895–1948) 殉於戰地。1 月 17 日，政府又調整東北軍政機構，設立東北剿匪總司令部，任命衛立煌為東北行轅副主任兼東北剿匪總司令。26 日，行政院決議各省設保安司令部，以確保各省治安，防匪危害。

2、3 月間，東北共軍又發動大規模攻勢。2 月陷遼陽、鞍山、開原，3 月佔四平、永吉、阜新，使長春與瀋陽陷於孤立。陝北共軍彭德懷部亦發動反攻，於 3 月 1 日攻陷宜川，國軍第二十九軍全部犧牲，軍長劉戡 (1907–1948)，師長嚴明 (1906–1948) 等殉國。延安亦於 4 月 22 日再度為共軍所得。東北與西北的失利，於民心士氣的影響頗大。

3 月中旬，山東共軍許世友部亦對膠濟路發動總攻，連陷張店、周村、博山、淄川等地，進圍昌樂、濰縣——扼膠濟路中樞且居山東心臟地帶之

---

❶❽ 原任保定綏靖主任孫連仲，調任首都衛戍總司令。

昌濰地區。濰縣經鏖戰月餘，於 4 月 27 日陷落，國軍第四十五師師長陳金城被俘，山東省第八區行政督察專員兼保安司令張天佐、副司令張犢農殉職。兩個月後，共軍又攻陷津浦路重鎮兗州。山東只剩下濟南、青島、煙臺、臨沂四個據點。

　　河南情勢亦混亂而悲觀。共軍於 4 月 5 日陷洛陽，6 月 18 日陷開封，國軍雖又將兩城收復，但未能擊潰共軍主力，而黃泛地區激戰十數日，雙方傷亡均重。⑲黃泛共軍雖未得逞，卻於 7 月 9 日攻陷湖北襄樊，武漢為之震動。政府設立華中剿匪總司令部於武漢，任白崇禧為總司令，屏藩長江。

　　8 月間，山西太原、東北長春均在共軍優勢兵力的圍攻之下。9 月初，陳毅部傾其全力圍攻濟南，國軍守將為第二綏靖區主任王耀武。由於整編八十四師吳化文部叛變降敵，濟南於 9 月 24 日陷落。王耀武於化裝逃赴青島途中被俘。濟南之陷落為國軍一次重大挫敗，損失近十萬人。

　　濟南陷後，東北情勢亦迅速惡化。10 月 14 日，錦州被攻陷，東北剿匪副總司令范漢傑及第六兵團司令盧濬泉被俘。五天以後——10 月 19 日，被共軍圍困近兩月之東北重鎮長春，亦因第六十軍軍長曾澤生之叛變，而告失守，守將東北剿匪副總司令鄭洞國被俘。10 月 27 日，自瀋陽西進的廖耀湘兵團與優勢共軍轉戰於彰武、黑山之間，但以孤立無援，戰敗被俘。共軍乘勝進薄瀋陽，衛立煌棄城出走，瀋陽遂於 11 月 2 日陷落。至是東北全境淪入中共之手，國軍前後損失四十萬人，共軍獲得大批美援武器，其戰鬥力為之大增。⑳中共稱之曰遼瀋之役，認為是決定勝敗的第一次主要戰役。

　　11 月初，國軍與共軍都準備在徐州附近作一次主力決戰。中共把共軍改編為西北、中原、華東、華北、東北五個野戰軍，分別由彭德懷、劉伯承、陳毅、聶榮臻、林彪任「司令員」，並以劉伯承、陳毅之全部及聶榮臻

⑲　共軍損失十二萬人，國軍整編第七十五師及新編二十一旅，幾全部犧牲。
⑳　東北國軍僅劉玉章等部三萬人自瀋陽攻至營口，自海上撤退。林彪部共軍由四十萬人驟增至七十萬人。

之一部兵力投注於徐州戰場。國軍則在徐州剿匪總司令劉峙,副司令杜聿明的指揮下,集中黃百韜、邱清泉、胡璉、李彌、孫元良、李延年、黃維等兵團,⓬合力禦敵。但由於指揮系統不一貫,軍事情報又有洩露之嫌,⓬戰爭一開始,即立於不利地位。何基灃、張克俠兩部叛變,黃維兵團被阻圍於皖境宿縣。黃百韜 (1900–1948)、邱清泉 (1902–1949) 均勇敢善戰,但又不能和衷共濟,致黃百韜在碾莊苦戰兼旬後,自戕殉國。11 月 30 日,國軍放棄徐州,大軍向蕭縣、永城地區轉進。共軍發動大批民眾趕築深壕圍截,致機械化部隊無法行進,且又天寒糧絕,終至全師敗績。⓭邱清泉自殺,杜聿明被俘,李彌化裝脫險後經山東轉往青島。這是政府戡亂戰役中規模最大的一次決戰,國軍稱之為徐蚌會戰,中共名之曰淮海戰役;國軍輸了這次戰役,政局亦呈危疑震撼之勢了。

徐蚌會戰之同時,林彪部共軍進關與聶榮臻部共軍合圍平津。11 月初,傅作義曾赴南京請示機宜,並與何應欽、孫連仲研商辦法,但未作成決定。⓭12 月初,平津外圍城鎮盡失,已臨決戰階段。由於傅作義猶疑不決,政府令其轉進,已不可能。⓭乃決定撤退張家口,保衛平津。林彪部進攻天津,天津守軍陳長捷奮勇抵抗。經二十餘日之戰鬥,不幸於 38 年 1 月 15 日城陷被俘。傅作義終亦決定降敵,於 1 月 22 日與林彪訂立和平協議,所部二十五萬人接受共軍改編,只有駐塘沽之國軍五萬人得從海上南撤。北平名城於 1 月 31 日淪入中共之手,毛澤東其後以之為首都,復稱北京。中共中央也遷進了北平。傅作義其後並說服其部下綏遠省主席董其武降共,晚節不保,傅亦其人焉。

⓬ 邱清泉為第二兵團,黃百韜為第七兵團,李彌為第十三兵團,孫元良為第十六兵團,黃維為第十二兵團,李延年為第六兵團。

⓬ 國防部次長劉斐有通敵之嫌。劉於 38 年 4 月以和談代表北上投共。

⓭ 陶希聖、唐縱,《清共剿匪與戡亂》(蔣總統對中國及世界之貢獻叢編編纂委員會,民國 56 年),頁 394。

⓭ 〈孫連仲回憶錄〉,見《孫仿魯先生述集》,頁 113。

⓭ 《總統蔣公大事長編初稿》,卷 7 (上),頁 200。

二、蔣中正下野與李宗仁求和

37 年 11 月東北撤守後，人心即開始浮動。幣制改革即金圓券政策失敗，行政院院長翁文灝辭職，美國對華採取觀望，亦均影響社會秩序。投機分子及失敗主義者遂有「和平談判」的醞釀。⑫及徐蚌會戰失敗，少數軍政人員及民意代表亦開始醞釀「和平」。中共乘機放出口號：「蔣介石不下野，中共不和談」，於是以李宗仁、白崇禧為中心的舊桂系將領，遂開始直接間接的要求蔣氏下野，理由是：「蔣總統不下野，中共不肯言和，美援將更無望。」⑬

第一位正式要求政府對中共和談並請蔣中正下野的軍政大員，是華中剿匪總司令白崇禧。他於 12 月 22 日派鄧漢翔到南京，挽請張群、吳忠信勸蔣中正「從速下野」，白更在漢口扣留政府運械東下船舶並阻止第二軍東援蚌埠。⑭24 日，白崇禧自武漢發表敬電，要求政府與中共和談，並邀美、蘇兩國共同斡旋。⑮據湖北省政府主席張篤倫密電；白崇禧的言詞已「萬分露骨」，並謂「轄區內各省及川、桂，已聯繫成熟。」⑯李宗仁亦同時活動，一方面與業經公開反黨之李濟琛聯絡，一方面派其政治顧問甘介侯與司徒雷登大使祕書傅涇波勾搭，必欲壓迫蔣中正去職。蔣中正曾託中央政治委員會祕書長張群與李宗仁一談，張群於 12 月 27 日報告蔣中正：李宗仁的意見與白崇禧如出一轍。⑰

12 月 30 日，白崇禧二度自漢口發電，主張與中共言和。長沙綏靖公

---

⑫　蔣中正於 37 年 11 月 8 日主持中央黨部總理紀念週致詞時，曾謂：「不但一般民眾受了謠言的煽惑，感到恐慌，就是知識分子也不能認識國家真正的利害，而在心理上發生動搖。前幾天竟有少數知識分子公然發表文字，提出和平的主張，這實在是自己喪失了民族精神，完全是投降主義者。」

⑬　陶希聖、唐縱前書，頁 396。

⑭　《總統蔣公大事長編初稿》，卷 7（上），頁 202。

⑮　同上，頁 203–204。

⑯　同上，頁 202–203。

⑰　同上，頁 204。

署主任程潛、河南省政府主席張軫亦發電附和。美國駐華大使司徒雷登以私人身分告訴新任行政院長孫科,他「確實忠誠贊助和談運動」。⑱李宗仁、甘介侯等宣布的「和平主張」有五項要求:㈠蔣中正下野;㈡釋放政治犯;㈢言論集會自由;㈣兩軍各自撤退三十里;㈤劃上海為自由市,政府撤退駐軍;並任命各黨派人士組織上海聯合政府,政府與共黨代表在上海舉行和談。⑬事實證明這只是李、甘等人一廂情願的想法,中共要求的是投降,而非和談。

蔣中正並不戀棧,但他關心國家命運和反共奮鬥的前途。他在 38 年元旦文告中,聲明:「個人進退出處,絕不縈懷,而一惟國民的公意是從。」顯然蔣氏已決定近期內宣告下野。同時,他也作了幾項重要的安排:任命陳誠為臺灣省政府主席,派蔣經國為中國國民黨臺灣省黨部主任委員;⑭令中央銀行總裁俞鴻鈞將庫藏準備金,運存臺灣;⑬派朱紹良為福州綏靖公署主任,張群為重慶綏靖公署主任,余漢謀為廣州綏靖公署主任,湯恩伯為京滬警備總司令,陳誠兼任臺灣省警備總司令。⑯

38 年 1 月 21 日,蔣中正總統發表〈引退謀和文告〉,宣布下野。總統職務依據《憲法》第四十九條之規定,由副總統李宗仁代行。蔣氏於同日下午離京返浙,李宗仁亦同時宣告代行總統職權。

李宗仁本為「謀和」的主要發動者。他於代行總統職權後之次日——1 月 22 日,即宣告願接受毛澤東 1 月 14 日宣布之八項條件,為和談的基礎。毛的八項條件是:㈠懲治戰犯;㈡廢除《中華民國憲法》;㈢廢除中華民國法統;㈣依「民主原則」改編政府軍隊;㈤沒收官僚資本;㈥實行土地改革;㈦廢除「賣國條約」;㈧召開沒有「反動分子」參加的政治協商會

⑱ 董顯光,《蔣總統傳》,頁 509。

⑬ 蔣經國,《風雨中的寧靜》(黎明文化事業公司,民國 63 年 3 月刊本),頁 125。

⑭ 37 年 12 月 29 日分別由行政院及中央常務委員會通過,惟蔣經國主任委員未到任,中央令由陳誠兼任。

⑬ 38 年 1 月 10 日,派蔣經國晤俞鴻鈞,傳達此一命令。

⑯ 38 年 1 月 21 日發表。

議，成立「民主聯合政府」，接收南京政府及其所屬政府的一切權力。⓭這八項條件，未經中央政治委員會決議亦未獲得行政院同意，李宗仁即行宣布接受，致中央政治委員會代理主席兼行政院長孫科深表不滿。孫亦不待李之同意，即將行政院遷往廣州。李宗仁因決定更換閣揆，孫院長於 3 月 8 日辭職，李宗仁於徵得立法院同意後，於 3 月 12 日任命何應欽為行政院長。

李宗仁急於與中共談和，中共初步反應並不熱烈。李先於 2 月 5 日派其私人代表甘介侯組織一私人代表團——包括顏惠慶、章士釗等與毛澤東有私誼的人在內，先赴石家莊試探，⓭毛澤東和周恩來表示同意在北平和談。3 月 24 日，李宗仁正式派張治中、邵力子、黃紹竑、章士釗、李蒸、劉斐六人組成代表團，以邵力子為首席代表。中共亦於 26 日宣布以周恩來、林伯渠、林彪、葉劍英、李維漢五人為和談代表，周恩來為首席代表。約定談判於 4 月 1 日開始在北平舉行。

4 月 1 日，政府代表邵力子等由南京飛北平，李宗仁寫了一封致毛澤東的信，託張治中轉交。李在信中表示甘願受「戰犯」之罪，一副投降語氣。⓭正式和談於 4 月 5 日開始，先談枝節問題。13 日，周恩來提出所謂〈國內和平協定〉草案，共分八條二十四款，⓭聲明「此為最後修正之文件，原則性決不變更」。15 日，周再提出最後通牒，限期於 4 月 20 日簽字。同時聲明不論接受與否，共軍均須渡江。黃紹竑將此一〈協定〉送至南京，黨政各方面均一致反對。19 日，政府決定拒絕中共之無理要求。20 日，距中共最後通牒期限之前七小時，共軍開始砲轟江南國軍陣地，當夜，即分頭在荻港和江陰要塞地區大舉渡江。江陰要塞司令戴戎光已被中共收買，竟行叛變，致共軍渡江並無任何損失。

⓭　第一、二兩項「中華民國」四字，中共原文作「偽」字，原文見 38 年 1 月 15 及 16 日各報。

⓭　另有江庸、邵力子、黃啟漢。

⓭　《臺灣新生報》，民國 38 年 4 月 4 日。

⓭　全文見王健民，《中國共產黨史稿》，第 3 冊，頁 603–608。

李宗仁謀和失敗，已屬可悲；而六名和談代表均在北平降共，尤為可恥。蓋邵力子原是老牌共黨分子，劉斐有共諜嫌疑，章士釗為毛澤東同鄉兼舊交，黃紹竑、張治中則屬政治投機分子。李蒸以學者身分，竟亦昧於是非，殊為不智。

三、危急存亡之秋

38 年 4 月 21 日，朱德和毛澤東向共軍下達總攻擊命令，其五個野戰軍遂同時開始行動。劉伯承、陳毅兩部分別在安徽、江蘇渡江南侵，於 23 日攻陷南京，繼於 5 月 3 日攻陷杭州，進而包圍上海。林彪部由平漢路直攻武漢，白崇禧部國軍主動撤退，共軍於 5 月 16 日佔領武漢。彭德懷部攻西安，於 5 月 12 日陷之。胡宗南部國軍向漢中、成都轉進。6 月間，馬繼援部國軍曾自蘭州東攻，初有斬獲，稱隴東大捷，然蘭州亦終於 8 月 26 日陷落。聶榮臻部圍攻太原已數月，至 4 月 24 日被攻陷，代理山西省政府主席梁敦厚，國大代表閻慧卿等壯烈殉國。湯恩伯部國軍守衛上海，鏖戰三十餘日，至 5 月 27 日撤退。青島國軍劉安祺部亦奉命棄守，於 6 月 2 日離青島直撤海南，十餘萬人毫無損失，為各城市撤退之最為成功者，蔣經國認為是「不幸中之大幸」。[141]

共軍開始渡江南侵之次日——4 月 22 日，蔣中正以中國國民黨總裁身分召集李宗仁、何應欽、白崇禧、張群、吳忠信、王世杰等在杭州，舉行會議，決定繼續作戰，並在中國國民黨中央常務委員會下設一非常委員會代替政治委員會，並由何應欽兼任國防部長，統一指揮。會後，蔣總裁即去上海視察軍事部署，李代總統飛桂林，白崇禧回武漢。李宗仁逗留桂林，未至廣州主持政務，且自桂林致函蔣總裁，提出人事、財政、軍權等條件——要索已經運到臺灣的黃金，要求蔣總裁不再過問國事，建議最好「早日出國」。蔣總裁致函何應欽院長請轉告李代總統，說明其並無復職之意，人事一任代總統依《憲法》行事，拒絕「不復職即應出國」之建議。[142]

---

[141]　《風雨中的寧靜》，頁 206。

[142]　《風雨中的寧靜》，頁 190–192。

李宗仁代總統不僅對蔣總裁不懌，對行政院長何應欽亦不能推誠合作。何因於 5 月 31 日辭職，李提名居正繼任，但因立法院以一票之差不予同意。李遂改提閻錫山。經立法院同意後，李於 6 月 10 日發表新閣人事，閻以行政院長兼國防部長，政府在廣州始略呈安定。閻亦擬有「扭轉時局方案」，冀能鞏固廣東與西南基地，進圖創造有利機勢。7 月，政府明令成立東南軍政長官公署，以陳誠為長官，統一指揮蘇、浙、閩、臺之作戰。政府同時亦下令關閉中共佔領下之所有港口。

7 月 1 日，中國國民黨在臺北設立總裁辦公室。十日，蔣總裁應菲律賓總統季里諾 (Elpidio Quirino) 之邀請，赴菲訪問，舉行碧瑤會議，發表聯合聲明，倡組遠東國家聯盟。**⑭**蔣總裁於同月 12 日返國，14 日即去廣州與李、閻會商，並向中央政治委員會報告訪菲經過。16 日，中國國民黨中央非常委員會成立於廣州，蔣中正總裁任主席，李宗仁為副主席，孫科等十二人為委員，**⑭**開始進行黨務改造。**⑭**21 日，蔣離穗返臺。8 月 3 日，自臺北飛定海轉赴韓國訪問。6 日，抵鎮海，與大韓民國大統領李承晚舉行會議，發表聯合聲明，同意組織遠東聯盟，並促菲律賓總統季里諾於近期內召開預備會議，以商擬具體辦法。**⑭**不意季里諾於訪美時發現美國態度冷淡，回國後乃擱置籌組遠東聯盟之議。

正當蔣中正啟程訪韓前夕，卻又有兩件不祥事件發生。一是 8 月 4 日，長沙綏靖公署主任程潛暨湖南省政府主席兼第一兵團司令官陳明仁突發表附共宣言，聲言「局部和平」。政府雖立即下令將程、陳免職查辦，任命黃杰為湖南省政府主席兼第一兵團司令官，但湖南全局因此敗壞，白崇禧未幾亦撤離衡陽，退入桂境。另一件不祥事件是美國國務院於 8 月 5 日發表了《對華關係白皮書》，**⑭**把中國局勢惡化的責任完全諉之於中華民國政府，

---

⑭　張其昀，《碧瑤紀行》。

⑭　委員為蔣中正、李宗仁、孫科、居正、于右任、何應欽、閻錫山、吳忠信、張群、吳鐵城、朱家驊、陳立夫。洪蘭友、程思遠為正、副祕書長。

⑭　蔣中正提出〈黨務改造案〉於中國國民黨中央常務委員會，並經通過。

⑭　張其昀，《鎮海紀行》，《總統蔣公大事長編初稿》，卷 7（下），頁 341–344。

無異落井下石；對蔣中正尤多批評與責難。但蔣氏未作任何辯解，僅由外交部於 8 月 16 日發表簡短聲明：「吾人對於中美關係白皮書內容所涉及之其他許多重要問題，在意見方面或論據方面，實有不能不持嚴重異議之處。」⓴

　　8 月 16 日，贛州失守。次日，共軍又攻陷福州。廣州已有恐慌之象，四川、雲南當局亦萌生不軌之念。蔣中正為挽救危局，遂於 8 月 23 日由臺北飛往廣州，與李宗仁、閻錫山、顧祝同等會商保衛廣州戰略。24 日，再飛重慶，召集西南軍政人員會議。並召雲南省政府主席盧漢來晤，予以誠懇開導。並任命宋希濂為川湘鄂區綏靖公署主任，率部捍衛川東。詎盧、宋均非忠貞不二之人，兩人均於 11 月間叛變降共，致使西南大局一發而至不可收拾之絕境。蔣中正於 9 月 12 日再飛成都，略作部署後返重慶，繼又冒險經昆明飛赴廣州。綏遠董其武，新疆陶峙岳均已通電叛降，西北全境淪陷。廣州亦處兵臨城下之危境中。蔣中正於 10 月 3 日自廣州飛臺北，九天以後——10 月 12 日，廣州即告陷落，國民政府宣布遷往重慶辦公。李宗仁卻飛往桂林；桂林失守，即去南寧；不再與政府一致行動。

　　東南共軍於 10 月上旬，即開始布置，企圖奪取金門及舟山群島，以撤除臺灣之屏障。10 月 16 日，共軍攻佔廈門，21 日，攻佔汕頭。24 日夜，廈門共軍發動對金門的登陸戰，卻為國軍高魁元等部全部殲滅，是為「金門大捷」，為 38 年一年內國軍惟一之大勝利，對臺灣本島之安全影響至大。11 月 3 日，定海國軍又將進犯登步島之共軍全數殲滅，是為「登步大捷」，舟山群島因得確保。⓴

　　共軍劉伯承部於 10 月間進軍廣西時，白崇禧放棄大陸作戰，將其總部

⓴　正式標題是 United States Relations with China, with Special Reference to the Period, 1944–1949，中華民國外交部譯為中文，書名直譯為《美國與中國關係——特別著重一九四四至一九四九年之一時期》，1 冊，頁 244。

⓴　《總統蔣公大事長編初稿》，卷 7（下），頁 346。

⓴　金門、登步兩次大捷史料，見史館編，《金門古寧頭、舟山登步島之戰史史料初輯》，民國 68 年出版，1 冊，頁 812。

移於海口，共軍未遭受任何抵抗。自湖南退入廣西之黃杰部，最後乃退入越南，被解除武裝。黃部官兵及義民學生近三萬人，羈越近四年，至42年始由政府接運來臺。❿

桂、黔變色，四川告急。閻錫山院長自重慶致電蔣中正總裁懇赴重慶，有「非鈞座蒞渝，難期挽救」之語。張群亦數度電請，謂李宗仁亦將至渝，共扶危局。蔣氏因於11月14日由臺北飛重慶。這是蔣氏38年內第二次的西南之行，也是最後的一次西南之行。

蔣中正到重慶的當日，即電邀李宗仁來渝，並電白崇禧對李「力催命駕」。但李宗仁並不奉召，反於11月20日飛往香港，旋又以「醫病」為名，於12月4日舉家飛往美國。以代總統地位於時局危急之際，棄職遠颺，誠屬無勇無義。❺蔣中正在蔣經國隨侍下，主持軍政，應付危局，直至共軍逼近重慶近郊時，方於11月30日離開重慶，飛往成都。同日，重慶、南寧均告陷落。

成都的情形，較重慶更為複雜而險惡。鄧錫侯、劉文輝、熊克武等已萌叛意，駐防瀘縣、宜賓間之七十二軍郭汝瑰忽又投共，致共軍很快即將成都包圍。所幸胡宗南部奉命於12月7日接防成都，由第三軍軍長盛文兼任成都防衛總司令，秩序乃得暫時維持。然劉文輝、鄧錫侯，已避不見面，昆明盧漢受龍雲、楊杰等人勾誘決定叛變，盧且密電劉、鄧相機扣留蔣中正，期向中共「戴罪圖功」。❺蔣氏經與張群、閻錫山等研商後，決定中央政府遷設臺北，大本營設於西昌，令胡宗南以西南長官公署副長官兼參謀長身分，指揮各部，支持危局。❺蔣中正並令張群飛昆明感化盧漢，不意竟被盧漢扣留至三天之久。幸國軍李彌、余程萬兩部進擊昆明，張氏始獲脫險。12月10日，蔣氏自成都登機，當晚飛返臺北。

❿　黃杰著有《海外羈情》一書，述留越始末。臺北，傳記文學社出版。

❺　李宗仁抵美後，即與政府公開離貳。其副總統職務於43年2月被國民大會罷免，繼於54年潛回大陸附共，58年死亡。

❺　蔣經國，《風雨中的寧靜》，頁272。

❺　《胡宗南上將年譜》（胡宗南上將年譜編纂委員會，民國61年），頁253。

從 12 月 7 日起，成都保衛戰即已展開。胡宗南部與共軍及叛軍苦戰兼旬，一度收復康定，但終以寡不敵眾，分途突圍向西昌轉進。胡部將領陣亡於成都保衛戰者，有師長趙仁、吳方正、王菱舟等九人。⓹ 共軍宣布於 12 月 26 日佔領成都。胡宗南率部在西昌艱苦支持，直到 39 年 3 月 27 日始告棄守。第六十九軍軍長兼代第五兵團司令官胡長青 (1907–1950) 等殉難於西昌之役，官兵犧牲於戰地者近萬。⓹⓹

四、政府遷設臺北

中央政府自 38 年 4 月撤離南京後，一遷廣州，二遷重慶，三遷成都。同年 12 月 7 日，行政院決議遷設臺北。8 日，閻錫山院長抵臺，宣布行政院於次日即在臺北正式開始辦公，召開首次院會。同月 11 日，中國國民黨中央黨部亦遷至臺北。

事實上，行政院之外的其他政府機關，有不少係直接由廣州遷臺者，黨國元老及中央民意代表，亦以自廣州直接來臺者為多。12 月 7 日，即有國民大會代表七百一十二人在臺北集會，決議電請蔣中正剋日宣告繼續行使總統職權。

12 月 8 日，臺灣省參議會議長黃朝琴 (1897–1972) 於 39 年度行政會議中，鄭重表示：「臺省民眾一向擁護中央，當一致歡迎中央政府來臺。」參加會議之各縣市參議會正副議長及各界代表四百餘人，亦熱烈鼓掌，表示歡迎政府遷臺之意。

政府遷臺，固為時勢所迫，但在國際上另有重大意義。蓋一年以來，由於大陸戰亂形勢逆轉，國際間遂滋生一種逆流，妄稱臺灣的地位尚未確定。中華民國政府既遷設臺灣，所謂「臺灣地位問題」即不攻自破。蔣中正曾在日記中作如下的記述：

> 當川滇黔各省紛紛叛離之際，余毅然決定將中央政府遷至臺北。……

⓹　同上，頁 248–251。
⓹⓹　同上，頁 269–270。

當時對於遷都臺北之議，多主慎重，此則自暴自棄與不明大勢之輩耳。最近美國總統杜魯門且聲明臺灣為我國民政府所屬領土之一部分，繼續承認我國政府，並明白表示臺灣非獨立國家，閱此數語，即可瞭然，謠言邪說於此亦不攻自破矣。🈂

　　政府遷臺後，除積極支援西昌和海南的軍事需要外，並對有關人事作局部調整。12 月 15 日，行政院決議改組臺灣省政府，原任主席陳誠專任東南長官，任命吳國楨為主席；同時將西康省政府主席劉文輝撤職，以賀國光繼任。行政院各部會首長，多數已來臺執行職務，惟內政部長李漢魂赴美，經濟部長劉航琛、交通部長端木傑滯留香港，劉航琛且涉及貪污叛國罪案，行政院決議即行免職，由嚴家淦接長經濟部。其他各部則俟於 39 年 3 月行政院改組時，重新任命。

　　中共政權即名曰中華人民共和國，已於 38 年 10 月 1 日在北平成立。蘇俄首先予以承認，政府立即宣布與其絕交。東歐共黨國家波蘭、捷克繼之承認中共政權，政府亦均立即宣布與之斷絕關係。政府遷臺後，英國及亞洲非共國家緬甸、印度亦先後承認中共，政府一本嚴正精神，宣布與各該國家絕交，並撤回使節。此一外交原則，維持至三十多年之久。

🈂　《總統蔣公大事長編初稿》，卷 7（下），頁 512。

第十二章　臺海兩岸的對峙

第一節　光復初期的臺灣

一、臺籍志士參加抗戰

臺灣是中國人開闢的疆土，絕大多數的臺灣居民都是來自中國大陸的移民。清政府因甲午戰敗迫訂《馬關條約》，把臺灣割讓給日本人，然而「臺灣同胞因不甘淪於異族統治起而反抗，其後五十年間的反日運動可說是史不絕書。」❶

臺灣同胞的抗日行動，有兩個方向：一是在臺灣島內推動議會請願運動與保存中華文化運動；一是回到中國大陸參與中國的革命與復興工作，希望於中國強大後湔雪國恥，達到抗日復臺的目的。回到大陸去的臺灣同胞，多為有愛國懷抱的志士，如連橫（雅堂）、謝東閔、黃朝琴、翁俊明、丘琮（念台）、洪炎秋、宋斐如、連震東、陳漢平、鄒洪、黃國書、王民寧、李友邦、李萬居、游彌堅、謝掙強等，都曾先後參加國民政府領導下的抗日救國行列。❷

民國 26 年 (1937)7 月抗日戰爭爆發後，全國同胞不分省籍、性別和職業，無不一致奮起，為維護民族生存與國家獨立而戰。原在大陸倡導反日復臺的臺籍志士，亦無不奮臂而起。臺灣被視為是中國的老淪陷區，收復

---

❶ 呂芳上，〈對日抗戰，臺灣沒有缺席〉，見《戰時經歷之回憶》（中國國民黨中央黨史會，民國 84 年），頁 181。

❷ 連橫於民國 22 年 (1933) 回國，不幸於 25 年 (1936) 逝世。其餘諸人均曾參加抗戰。

臺灣乃成為抗日戰爭的主要目標之一。民國 27 年 (1938)4 月 1 日，領導抗戰的蔣中正委員長以新任中國國民黨總裁身分，在中國國民黨臨時全國代表大會席上宣告：「臺灣是我們中國的領土」，「恢復臺灣失土為我們的職志。」❸無異向世界宣布中國要收復臺灣的決心。

繼蔣中正總裁的宣告之後，臺籍志士立即開始各革命團體的團結行動，並且更加明確的宣示其抗日復臺的決心。當時在大陸的臺灣革命團體，主要者有六：臺灣民族革命總同盟、臺灣革命黨、臺灣青年革命黨、臺灣獨立革命黨、臺灣國民黨和臺灣光復團。❹這些團體，先於民國 29 年 3 月 29 日組成臺灣革命團體聯合會，繼於民國 30 年 2 月 10 日組成臺灣革命同盟會，在中國國民黨的領導下，團結臺籍志士進行抗日復臺的工作。其會章明定其組織宗旨：

> 本會在中國國民黨領導之下，以集中一切臺灣革命力量，打倒日本帝國主義，光復臺灣，與祖國協力建設三民主義新中國為宗旨。❺

另一個臺籍志士組成，參加抗日的團體，是活躍於浙、閩沿海的臺灣義勇隊，負責人為李友邦。這是一支小型的武裝組織，直屬於國民政府軍事委員會。民國 28 年 1 月成立籌備處，❻設本部於浙江金華。隊員人數不足二百人，另附設醫院、少年團等單位，總人數不會超過四百人。其力量雖微不足道，所代表的意義卻甚重要，因為這是在抗日戰鬥序列中惟一代表臺灣同胞參加抗戰的地區性武裝力量，而且也確曾於 32 年 6 月間，配合國軍對廈門發動過突擊日軍的行動。

抗戰期間，中國國民黨也設置了臺灣黨部，其全稱為：中國國民黨直屬臺灣黨部。❼係於民國 29 年奉准設立籌備處，設於香港，由翁俊明負責。

---

❸ 蔣中正，〈中國國民黨臨時全國代表大會講詞〉。

❹ 李雲漢，《國民革命與臺灣光復的歷史淵源》，頁 71。

❺ 〈臺灣革命同盟會會章〉第二條，全文共十一章，五十五條。

❻ 呂芳上，〈對日抗戰，臺灣沒有缺席〉。

30 年 12 月香港淪陷後，遷設於廣東曲江，旋又遷江西泰和，後又遷移至福建漳州。民國 32 年 (1943)3 月，正式改稱為臺灣黨部，直屬於中央組織部。主任委員為翁俊明，書記長為林忠，委員有謝東閔、丘念台等人；曾於泰和設立幹部訓練班，培訓臺籍黨務幹部。翁俊明不幸於民國 32 年 11 月 18 日逝世，中央雖先後特派蕭宜增、王泉笙主持，但以人地未盡適宜，工作頗受影響。34 年 (1945)5 月，中國國民黨召開第六次全國代表大會於重慶，臺灣黨部推謝東閔為代表前往參加，曾獲蔣中正總裁召見並多所勗勉。

這些代表臺灣同胞參加抗戰的團體，於配合抗戰國策發展組織及從事戰地心戰活動外，更努力於敵情的研究與宣傳。臺灣革命同盟會創刊之《新臺灣》、《臺灣民聲報》，編刊之系列《臺灣問題叢書》，臺灣義勇隊編刊之《臺灣先鋒》、《臺灣青年》及《臺灣革命叢書》，直屬臺灣黨部編印之《臺灣問題參考資料》等，都是立場明確，內容充實的優良宣傳教材，也是臺灣同胞在大陸參加抗日戰爭的最佳文證。

二、臺灣的光復

民國 32 年 (1943)12 月 3 日，美、中、英三國〈開羅會議宣言〉公布，中華民國於戰後收復臺灣已獲得主要盟國政府的承認，國民政府遂即開始策畫戰後接收事宜。33 年 (1944)3 月中，蔣中正主席令於中央設計局內設立臺灣調查委員會，從事調查臺灣實際狀況，儲訓幹部人才，並研擬戰後接收臺灣的各項計畫。籌備就緒，臺灣調查委員會遂於同年 4 月 17 日──臺灣割於日本之第四十九週年紀念日，正式成立。是為自甲午 (1894) 戰敗以來，中國政府設立專責機構研擬臺灣接收事務之始。

國民政府令派陳儀 (1883–1950) 為臺灣調查委員會主任委員，沈仲九、王芃生、錢宗起、周一鶚、夏濤聲等委員，臺籍人士李友邦、李萬居、謝南光、黃朝琴、林嘯崑、游彌堅、宋斐如、林忠等人，先後被延攬為專任或兼任委員或專門委員。❽

❼　李雲漢，《中國國民黨史述》，第 3 編，頁 496–497。

❽　〈中央設計局臺灣調查委員會三十三年度重要工作項目報告〉，見《光復臺灣

　　臺灣調查委員會之工作，其主要者有三：

　　一為設計臺灣接收計畫：該會曾先後擬定〈臺灣接收及復員計畫綱要〉及〈臺灣接管計畫綱要〉兩項草案，提供政府參考。後者內容至為完備，計含十六節，共八十二條，分別規定通則、內政、外交、軍事、財政、金融、工礦商業、教育文化、交通、農業、社會、糧食、司法、水利、衛生、土地各方面之接管辦法，呈由國民政府主席於民國 34 年 (1945)3 月 14 日修正核定後公布實施。❾

　　二為儲訓有關部門之幹部人才：臺灣調查委員會奉准先後與中央警官學校舉辦臺灣警察幹部講習班，與中央訓練團合辦臺灣行政幹部訓練班，與四行聯合總辦事處合辦臺灣銀行人員調訓班，至 34 年 4 月，已訓練臺籍幹部一百三十餘人。

　　三為就調查所得，分類編輯臺灣概況叢書：計次第編成行政制度、財政、金融、貿易、交通、教育、衛生、戶政、社會事業、警察制度、農業、林業、礦業等十三種，均交由中央訓練團陸續出版。該會並曾分類翻譯日人治臺有關法令，交中央訓練團印發臺灣行政幹部訓練班學員研參。

　　民國 34 年 (1945)8 月 14 日，日本政府宣布向同盟國無條件投降，國民政府遂即開始準備接收臺灣的實際行動。首先是接收主官人選問題。由於陳儀早年曾留學日本士官學校，戰前曾任福建省政府主席，並曾於民國 24 年 (1935) 到臺灣參觀過，戰時又主持中央訓練團及中央設計局臺灣調查委員會，故接收臺灣主官，自以陳氏為適當人選。8 月 27 日，國民政府主席蔣中正手令陳儀為臺灣行政長官，連同陳儀提出之〈臺灣行政公署組織綱要〉送交國防最高委員會審議。在大陸參加抗戰之臺籍人士，多主張臺灣應恢復省制，而陳儀所呈送之〈綱要〉則只稱臺灣而未稱臺灣省，國民政府文官長吳鼎昌因於詢明陳儀後報告蔣主席，蔣主席令於臺灣下加一省字，復經國防最高委員會決議於 8 月 29 日咨復國民政府，國民政府於當日明令特任陳儀為臺灣省行政長官。至〈臺灣省行政長官公署組織大綱〉至 9 月

　　　之籌劃與受降接收》，頁 52–53。

❾　全文見《光復臺灣之籌劃與受降接收》，頁 109–119。

21 日始由行政院修正後正式公布。大陸各戰區之受降主官均為戰區司令長官或副司令長官，臺灣受降主官亦應賦以軍銜，故國民政府復明令特派陳儀為臺灣省警備總司令，畀以接受臺、澎地區日軍投降之主官職責。 ❿

民國 34 年 9 月 1 日，臺灣省行政長官公署暨臺灣省警備總司令部在重慶成立。同月 3 日，陸軍總司令何應欽致送備忘錄給日軍駐華總司令岡村寧次，轉達中國戰區盟軍最高統帥蔣中正命令，令其轉令臺澎地區日軍最高指揮官，臺灣總督兼第十方面軍司令官安藤利吉，即行準備向陳儀投降。

陳儀決定派出先遣人員，在臺北設立前進指揮所。他派臺灣省行政長官公署祕書長葛敬恩為前進指揮所主任，副參謀長范誦堯為副主任，率同幕僚人員及新聞機構特派員等八十餘人，於 10 月 5 日進駐臺北。10 日——中華民國國慶日，臺北正式升起青天白日滿地紅的國旗，臺北各界首次舉行中華民國雙十國慶慶祝大會，林獻堂以臺灣省國慶慶祝大會暨臺胞代表名義，上電國民政府主席蔣中正，表達敬意。⓫

首批受降部隊國軍第七十軍於 10 月 17 日登陸基隆，陳儀長官則係於10 月 24 日飛抵臺北。受降典禮安排於 10 月 25 日上午十時，在臺北公會堂（今中山堂）舉行，由陳儀親自接受日軍投降代表安藤利吉簽署之降書。從此日起，臺灣重歸祖國版圖，成為中華民國的一省。10 月 25 日，也就成為臺灣光復節。26 日，當時的《臺灣新生報》發表社論，道出了大部分臺灣同胞的心聲：

> 由受降簽字起，臺灣主權正式的歸宗祖國了。許多人在會場下感激涕零。回憶五十年往事，像一場噩夢，一旦醒來，說興奮不是，說安慰也不是。應清算的歷史被清算了，我們只覺得幸福與感謝。⓬

---

❿ 李雲漢，《中國國民黨史述》，第 4 編，頁 13–16。

⓫ 《臺灣省通志》，卷 10，《光復志——收復準備篇》，頁 43–45。

⓬ 〈受降觀禮與慶祝光復〉，臺北《臺灣新生報》，民國 34 年 10 月 26 日，社論。

三、不幸的二二八事件

臺灣光復，大部分的臺灣民眾都感到興奮鼓舞，以為從此解除了日本人的殖民統治，可以安享幸福，因而熱烈歡迎國軍的到來，並積極學講國語、學讀漢文。有人把這種心情稱之為「祖國意識」。也有一小部分日化程度很深以及曾為日本軍人返鄉後失業的人，對中國並不認同，甚至想發動抗拒的行動，這就是「臺獨思想」的最早根源。總之，臺灣光復初期的社會，充滿了期待、虛幻、失落、疑慮、不安、失望、憎恨等複雜情緒，隱藏著不容忽視的危機。

一位臺籍知識分子很冷靜的說：「日本統治臺灣最大的成功，是使臺灣人對中國不大了解；也使中國人不大了解臺灣。」❸這是很正確的評述。臺灣同胞在心理上，具有「因民族精神所引發對祖國熱烈強韌的向心力」，❹實際上，卻對祖國的政治制度、社會狀況、國民心理及戰爭造成的苦難和災禍，所知不多。另一方面，中華民國政府和人民，雖對臺灣土地和人民具有深度的認同感和同胞愛，但對臺灣當時的政情民情缺乏了解，有些措施甚至與臺灣民意大相違背。尤其對臺灣當時的日化現象，急欲矯正，如大力推行國語等政策，也不無操之過急之失。總之，五十年的日本統治，造成了祖國和臺灣之間不少差異和隔閡，更加光復後省政措施的失當，致使民怨沸騰，人心背離，終於在光復一年又四個月之後，於民國 36 年(1947)2 月 28 日爆發了臺灣民眾反抗省政當局的變亂──是即「二二八事件」，開始是臺灣群眾不分青紅皂白的攻擊政府機關，毆打劫殺大陸在臺公教人員，及軍隊來臺鎮壓，實施清鄉，又肆行濫捕濫殺，致使不少臺籍知識分子及社會人士，沉冤難雪。這一慘痛的不幸事件，加深了省籍隔閡，破壞了民族情感，於臺灣政治社會的發展發生了相當程度的負面影響，也留下了至今難以撫平的社會傷痕。

---

❸ 陳火泉，〈學習國文的經驗〉，臺北《中央日報》副刊，民國 74 年 10 月 10 日，第十二版。

❹ 同上。

此一不幸事件的發生，背景至為複雜。當時奉命前來臺北查辦此一事件的閩臺監察使楊亮功氏，在其調查報告中指出事件的主要原因有十項：

㈠臺灣人民對於祖國觀念之錯誤。

㈡日人之遺毒。

㈢物價高漲與失業增加之影響。

㈣政府統制政策之失當。

㈤一部分公務員貪污失職及能力薄弱之影響。

㈥輿論不當之影響。

㈦政治野心家之鼓吹。

㈧共產黨之乘機煽動。

㈨治安防衛武力之薄弱。

㈩廣播無線電臺為暴民控制之影響。 ❺

近年來，歷史學者亦有對此一不幸事件進行學術研究者，其使用的史料範圍更見擴廣，論述的態度亦更為客觀，其對造成此一不幸事件的因素，已能作多角度的觀察與分析。當事人有的已發表了回憶文字，史政機關也從事過口述史的訪問，對此一事件的澄清自有其某種程度的幫助。然亦有若干主張臺灣獨立之人，藉此事件煽動反中華民國的傳播，言詞難免流於武斷而憤激。

身為臺灣省最高軍政長官，陳儀對此事件的發生與處理，自難逃避其應負的責任。然由於此項錯誤而視其為罪大惡極之人，亦失其平。平心而言，陳儀當時的施政方針，消極方面要解除人民痛苦，積極方面為人民謀福利，大原則並非不正確，問題在於舊弊未能革除，新弊又紛至沓來，制度人事都有了問題，終至民怨叢生，不可收拾。對陳儀其人，賴澤涵曾作如下的評論：

> 儘管批評陳儀者不少，但不論是否他的政敵、友人或舊屬，對他生活的節儉，清廉不貪污，沒有不稱譽為二十世紀中國少有的廉官。

---

❺　楊亮功，〈調查二二八事件報告〉。

但是他有剛愎的性格，不易與人妥協，故在政治關係和政策決定上，樹了不少政敵，又由於有「用人不疑，疑人不用」的性格，常為部屬所欺，故其一生雖有理想，但終於難逃失敗的命運。❻

四、陳誠與臺灣新政

二二八事件發生後，除閩臺監察使楊亮功、監察委員何漢文來臺查辦外，國民政府主席蔣中正亦派新任國防部長白崇禧來臺宣慰。楊、白均有報告呈送政府，臺籍人士亦多所建議，國民政府遂決定撤換陳儀，並撤銷臺灣省行政長官公署，另成立臺灣省政府，行政院於 36 年 4 月 22 日作成決議，並任命魏道明 (1901–1973) 為臺灣省政府主席；各廳增設副廳長，以延攬臺籍人士出任。

5 月 15 日，臺灣省政府正式成立。主席魏道明係留法博士，曾任駐法、駐美大使，處事態度和平穩重，與臺籍人士相處融洽。省府委員中臺籍人士已佔半數，民政廳長丘念台、❼教育廳副廳長謝東閔等聲響素著，頗洽輿情。省府從事於省政復員重建工作，採取若干放寬限制的措施，冀能「從安定中求繁榮」，情況雖漸好轉，但基本危機並未消除。事實上，臺灣社會人心深受大陸戡亂情勢變化的影響，中共在臺又有地下組織從事煽惑，臺灣人民心理上自然充滿了焦慮和不安。

民國 37 年 (1948)12 月徐蚌會戰失敗後，人心動搖，李宗仁、程潛、白崇禧等軍政大員主張與中共和談，並要求蔣中正總統下野。蔣總統於決定下野前，考慮要選擇一地區作為最後的基地，以圖恢復。他選定的基地就是臺灣，曾說：

我下野時還有一個重要考慮，就是臺灣地位的重要。在俄帝集團侵

---

❻ 賴澤涵，〈陳儀與閩、臺、浙三省省政 (1926–1949)〉，見《中華民國建國八十年學術討論集》，第 4 冊，頁 232。

❼ 丘氏未就職，由朱佛定代理。

略之下，寧可失了整個大陸，而臺灣是不能不保的。如果我不下野，死守南京，那臺灣就不能兼顧，亦就不能成為反共抗俄的堅強堡壘。三十五年我到臺灣看了以後，在日記上曾記著這樣的一句話：「只要有了臺灣，共產黨就無奈我何。」就算是整個大陸被共產黨拿去了，只要保持著臺灣，我就可以用來恢復大陸。因此我就不顧一切，毅然決然的下野。**⑱**

　　基於這一考慮，蔣中正授意行政院於 12 月 29 日任命陳誠為臺灣省政府主席，中國國民黨中央常務委員會亦於次日舉行之第一七四次會議決議，以蔣經國為臺灣省黨部主任委員。**⑲**蔣經國並未到臺就職。陳誠已於 37 年 10 月 6 日自上海來臺養病，接獲臺灣省政府主席之任命後，於民國 38 年 1 月 5 日就職。同月 16 日，國防部任命陳誠兼任臺灣省警備總司令，彭孟緝為副總司令。陳氏自知責任重大，且局勢已岌岌可危，因而凡所措施，「自不可不從遠處大處著眼，而不能以經常的省政自囿」。**⑳**他曾應召於 1 月 21 日飛往南京，飛航途中接電示改飛杭州，蓋蔣中正已於是日引退，亦自南京飛杭州，故改在杭州相晤。陳誠自述與蔣中正有段談話：

　　　　我特別提出一個問題向總統請示，就是關於今後的施政重點，在行憲抑在革命。總統沉吟有頃，乃明白指示：「我們當然要繼續革命。」**㉑**

　　這句話，對陳誠可能是一項有力的啟示。他在以後一年的省政措施中，確實是以革命的精神，作大刀闊斧的改革，以英國工黨執政的政績為借鑑，

---

⑱ 蔣中正，〈對本黨第七次全國代表大會政治報告〉，見《總統蔣公思想言論總集》，卷 25。

⑲ 《中國國民黨第六屆中央執行委員會常務委員會會議紀錄彙編》，頁 754。

⑳ 陳誠口述，吳錫澤筆記，〈陳誠主臺政一年之回憶〉，見《傳記文學》，63 卷 5 期。

㉑ 同上。

以「人民至上，民生第一」為號召。蔣中正並曾親筆致電陳誠，指示治臺方針，原電謂：

> 今後治臺方鍼：一、多方引用臺灣學識較優，資望素孚之人士參加政府；二、特別培植臺灣有為之青年與組訓；三、收攬人心，安定地方，以消弭二二八事變之裂痕；四、處事穩重，對下和藹，切不可躁急，亦不可操切，毋求速功速效，亦不必多訂計畫，總以腳踏實地做事，而不多發議論；五、每日特別注重各種制度之建立，注意治事方法，與檢點用人標準，不可專憑熱情與個人主觀；六、勤求己過、用人自輔，此為補救吾人過去躁急驕矜疏忽，以致今日失敗之大過。望共勉之。❷❷

　　陳誠自東北失敗，頗受責難。此次主臺，乃全心全意以保此反共基地。所定主要軍政措施是：

　　㈠實施「三七五減租」。

　　㈡疏運及搶運各種物資。

　　㈢增產糧食。

　　㈣整頓公營事業。

　　㈤實施入（出）境管制。

　　㈥宣布戒嚴。

　　㈦改革幣制。

　　㈧召開行政會議。

　　㈨成立地方自治研究委員會，準備實行地方自治。

　　㈩推行計畫教育。

　　上開各項措施中，以實施「三七五減租」，入出境管制及戒嚴、幣制改革三者，最具成效，於臺灣之安定與發展最具影響力，然亦最具挑戰性。蓋實施「三七五減租」，乃打破當時的租佃制度，大地主並非情願；實施入

----

❷❷　秦孝儀主編，《史畫史話》，頁 194，原電影印件。

出境管理，致使大陸若干機構及人員無法自由進入臺灣，因而引起一部分立法委員的抗議與質疑；實施幣制改革，亦因由於大陸實施金圓券失敗的慘痛經驗，及當時財政狀況的惡劣，亦被認為是一項冒險。陳誠懲前毖後，斷然為之，他以穩實做法將負作用減至最低限度，終於獲致了令人滿意的成功，中外人士大為稱頌，視為陳氏一生最光榮的政績。

「三七五減租」係由「二五減租」演變而來，「二五減租」則為中國國民黨在北伐期間即已決定的政策，在浙江曾經實施，❷戰時行之於湖北，亟著成效。❷38 年 2 月 4 日，臺灣省政府宣布實施「三七五減租」，4 月開始進入實施時期，先辦理幹部訓練，計訓練四千餘人，然後各縣市成立推行委員會，全面實施換訂租約。自 5 月下旬至 6 月下旬止，全省所有租約，除極少數因糾紛或地主住址不明等特殊情形外，均已登記換訂租約完畢，計完成換約農戶二十九萬九千零七十戶，換訂租約三十六萬八千三百二十二件。❷

依據新訂租約，耕地租額不得超過土地主要作物正產品全年收穫量千分之三百七十五。全年產量固定，不因佃耕人之增產而增加佃租。租期不得少於六年，非經佃農同意，地主不得任意收回土地或轉租，承租人並有優先承購權。❷三七五減租實施之成功，獲致了如下之成果：佃權鞏固，農業生產增加；佃農耕作意願加強，生產大量增加；農地地價普遍跌落，佃農購買耕地者增多；佃農政治意識提高，農村社會結構開始改變；租佃糾紛減少，地主利益亦獲得合法保障。

三七五減租乃土地改革的第一步。民國 40 年起，政府復實施公地放領，及耕者有其田政策，逐步實現民生主義平均地權的理想。

臺灣之實施入境管制，始自 38 年 2 月 18 日臺灣省政府公布之〈軍公人員及旅客入境暫行辦法〉，3 月 1 日起開始實施。依此〈辦法〉，任何人

❷　蕭錚，〈中華民國的土地改革〉，見《中華民國建國史討論集》，第 5 冊。

❷　〈陳辭修先生傳略〉，頁 24–26。

❷　王長璽、張維光，《臺灣土地改革》，頁 17。

❷　蕭錚、吳家昌，《復興基地臺灣之土地改革》，頁 7–8。

從大陸來臺灣，必須先行申請經審查核准後乃可入境。據陳誠自述其決心實施此項辦法的用意：

> 入境辦法最大的作用，即在一方面防止共諜的潛入，使中共的滲透戰術，無法施展於臺島，同時並預防人口的過分增加，以減輕臺民的負擔。所以這個辦法，實無異是臺灣在政治上與經濟上的一個重要防波堤。㉗

　　由於此種嚴格的入境限制，若干想來臺灣之軍公人員及中央民意代表，均不得其門而入。因而反對與責難之聲亦因之而起。反對最為激烈者為立法委員連謀，然事後證明連謀竟是共諜。㉘就維持臺灣安全而言，此一措施確有必要。否則和談破裂共軍渡江之後，臺灣這條「救生艇」恐為難以想像的人潮所撞壓而翻覆。5 月中旬，上海保衛戰全面展開，東南各省亦均備戰，臺灣因於 5 月 20 日，由臺灣省政府、臺灣省警備總司令部聯銜發布〈戒字第一號布告〉：「為確保本省治安秩序，特自五月二十日零時起，宣告全省戒嚴。」㉙臺灣省政府復依據〈戒嚴法〉第三條第四項及第十一條第九項之規定，於繼續嚴格執行入境辦法外，並再訂頒出境辦法一種。兩種辦法合併一起，即後來實施三十餘年的〈臺灣省出入境辦法〉。㉚

　　出入境管制過嚴，對急欲來臺之忠貞人士與流亡難胞，確造成反面效果，而有矯枉過正之感喟。然就整體安全而言，卻又未可厚非。以是來臺人士雖經審查、調查甚至拒絕上陸之折磨，但無怨言。尤其戒嚴之實施，提供了長期安定的環境，實為建設發展得以順利進行的重要因素之一。

　　臺灣的幣制改革，係將光復初期奉准發行流通的舊臺幣，改為新臺幣。臺灣在日據時代，通行日幣，光復後日幣禁止使用，中國法幣亦暫不准流

㉗　〈陳誠主臺政一年之回憶㈡〉，《傳記文學》，63 卷 6 期。

㉘　同上。

㉙　布告影印件，見《傳記文學》，63 卷 6 期，頁 45。

㉚　《陳故副總統紀念集》，頁 27。

行，另由臺灣銀行發行臺幣供過渡時期使用。民國 37 年 (1948)10 月以後，由於大陸金圓券的失敗，連帶影響到臺幣的幣值貶低，致造成通貨膨脹的危機。當陳誠於 38 年 1 月就任臺灣省政府主席時，臺幣與金圓券的匯率為二百二十二比一，至同年 5 月，臺幣匯率漲至一元抵金圓券四百元。陳誠深恐大陸通貨膨脹的狂潮波及臺灣，自 2 月間即開始研擬萬全之策，並令財政廳廳長嚴家淦 (1905–1993) 主持其事。❸ 2 月中，先行停止臺灣銀行與大陸間的匯兌，開始直接辦理外匯，臺幣與美元逕行匯兌。5 月 20 日，行政院長何應欽請辭本兼各職，而上海戰況已至最後階段，危急益甚。蔣中正時在馬公，陳誠因偕俞鴻鈞等於 5 月 21 日前往馬公晉謁，❸ 決定以自上海運臺之黃金為準備金，即行實施幣制改革。6 月 15 日，臺灣省政府宣布實施改革幣制。❸

改革幣制的重要規定，有下述七點：

㈠由臺灣銀行發行新臺幣總額二億元。

㈡為求新臺幣幣制穩定，以美金為計算標準。

㈢新臺幣對美金之匯率，以新臺幣五元折合美金一元，較戰前之幣值略低，足以刺激生產增進出口。

㈣新臺幣對舊臺幣之折合率，定為舊臺幣四萬元，折合新臺幣一元。並限於三十八年十二月三十一日以前限制兌換新臺幣。在兌換期間，舊臺幣亦可照上列折合率流通行使。

㈤黃金、白銀、外匯及可換外匯之物資，作為十足準備金。

㈥新臺幣在省內，得透過黃金儲蓄辦法兌換黃金；在省外，得透過進口貿易兌換進口所需之外匯。故新臺幣之發行，係以金銀外匯十足準備，以五元兌一美元之比率聯繫於美金，對外放棄與金圓券之聯繫，以免受金圓券貶值之影響。

㈦由臺灣省政府聘請省參議會、審計處、高等法院、財政部派駐臺灣

---

❸　《光復臺灣之籌劃與受降接收》，頁 205。

❸　蔣經國，《風雨中的寧靜》，頁 202。

❸　臺北《中央日報》，民國 38 年 6 月 15 日。

銀行監理，財政廳、會計處、省商聯會、銀行商業同業公會及臺銀
代表各一人，組織新臺幣發行準備監理委員會，負責新臺幣發行準
備之檢查保管及發行數額之監督事宜，以昭大信於全民。**❸❹**

臺灣幣制改革，進行極為順利。社會乃得維持穩定，物價亦沒有大波
動。此項成功，陳誠認為其主要原因為基金充足。他說：「新臺幣的發行基
金，非常充足。我們預定發行二億，至今還沒有達到這個數字，相反地，
我們的準備卻超過二億。」**❸❺**計畫的周詳與各項措施的密切配合，也是成功
的必要條件。徐柏園於紀念陳誠的一篇文章中指出：「改革幣制的主要目的，
便是如何穩定幣值。他（陳誠）對這件事，頗為苦心勞思，再三斟酌，終
於決定三個要點：第一，採黃金儲備辦法，直接支持幣值。第二，嚴格執
行預算支出，間接支持幣值。第三，增加物資生產，充裕物資供應，調整
物資價格，有計畫的管理幣值。」**❸❻**

38 年 8 月 15 日陳誠就任東南軍政長官後，對於東南軍隊的整理更有
充分權力。凡獲准許退駐臺灣的軍隊，都經過淘汰和縮編，以核實真正的
人數和裝備，從而加以整訓。董顯光記述此事，謂陳氏「把老弱無能的軍
官裁撤了幾萬人」、「撤消了軍隊中六十個番號」，經此番整頓後，「自由中
國的軍隊便構成每單位員額充滿的堅強核心。」**❸❼**

第二節　內政建設與外交奮鬥

一、蔣中正復職後的新局面

武力侵佔臺灣，乃中共既定政策。早在民國 38 年 3 月間，即李宗仁代
總統正與中共磋商進行和談之際，中共即已決定了進攻臺灣的計畫。3 月

---

❸❹　〈陳誠主臺政一年之回憶㈢〉，《傳記文學》，64 卷 2 期。

❸❺　〈陳誠主臺政一年之回憶㈡〉。

❸❻　徐柏園，〈陳辭公精神不死〉，見《陳故副總統紀念集》，頁 203–205。

❸❼　董顯光，《蔣總統傳》，頁 570。

15 日，新華社發表了「中國人民一定要解放臺灣」的時評，宣稱：

> 中國人民解放鬥爭的任務就在解放全中國，直到解放臺灣、海南島
> 和屬於中國的最後一寸土地為止。❸

同年 4 月，共軍渡江南進，幾乎未遭遇到抵抗即已席捲大半個江南。
9 月 4 日，《人民日報》再發表「打到臺灣去，解放臺灣同胞」的時評，表
示其必將攻佔臺灣的決心。10 月，中共政權建立，於同年 12 月 31 日發表
〈告前線將士和全國同胞書〉，復以堅定的語氣聲言：「1950 年的光榮戰鬥
任務，就是解放臺灣、海南島和西藏。」❸

共軍步步進逼，決心要攻佔臺灣，中華民國政府則決心保衛臺灣，以
留日後反攻大陸的基地。蔣中正以中國國民黨總裁身分於民國 38 年 12 月
25 日——臺灣光復四周年之日，發表〈告全省同胞書〉，亦申言：「只要我
們中華民族能夠確保臺灣，就是我們中華民國整個領土主權光復的保
證。」❹

民國 39 年 (1950) 上半年，中共侵臺戰爭已是箭在弦上，實為臺灣命運
的最危險時期。中華民國新敗之際，有沒有力量抵抗中共優勢兵力的入侵
呢？由於代總統李宗仁棄職赴美，中樞主持無人，國軍士氣低落，社會人
心不安，國人對國家前途，無不深感憂慮。各界人士，咸認為非敦促蔣中
正復行總統職務，將無其他生路可尋，因競相籲請蔣氏以國家前途為重，
速行恢復行使總統職權，以濟時艱。中國國民黨中央常務委員會於 39 年 1
月 23 日決議在先，國民大會代表於 2 月 1 日決議在後；中央非常委員會並
於 2 月 21 日致電李宗仁請其於三日內返回臺北，否則即應放棄代總統職
權。但李仍支吾其詞。2 月 24 日，立法院正式決議請求蔣中正復職。次日，

---

❸　《人民日報》，1949 年 3 月 15 日。

❸　南京陸軍指揮學校黨史政工教研室，〈新中國初期人民解放軍未能遂行臺灣戰
　　役計畫原因初探〉。

❹　《總統蔣公思想言論總集》，卷 32，頁 242。

監察院提出〈彈劾李代總統案〉。至是李氏自絕於國人，蔣中正遂亦決定不計毀譽，於 3 月 1 日，在臺北復行視事。他發表一項簡短文告，切盼國內外愛國同胞、三軍將士及政府官員，「為恢復中華民國之領土、主權，拯救淪陷同胞之生命、自由，維護世界之和平、安全，同心同德，奮鬥到底。」❹

3 月 3 日，蔣中正總統在招待國民大會在臺代表的茶會中，宣布復職後的四項施政方針：

　㈠軍事上，先要鞏固臺灣基地，進圖光復大陸。

　㈡國防上，先要盡其在我，自力更生；同時要聯合世界上民主國家，
　　共同反共，一致奮鬥。

　㈢經濟上，以勞動為第一，提倡節約，獎勵生產。

　㈣政治上，尊重民意，厲行法治。❷

3 月 5 日，蔣中正總統開始重新安排政府的人事。次日，他接受行政院長閻錫山的辭職，提名陳誠為行政院長，經獲得立法院的同意。12 日，正式發表行政院各部會首長及政務委員人選，並任命王世杰為總統府祕書長。軍事方面，特任周至柔為參謀總長兼空軍總司令，孫立人為陸軍總司令，馬紀壯為海軍總司令，蔣經國為總政治部主任；稍後並責成蔣經國，厲行政工改制，重建國軍的政治訓練系統。

蔣中正總統為確保臺澎為反攻大陸的基地，戰略上採取了及時而明智的行動：於 5 月間，下令將海南島和舟山群島的國軍撤退到臺灣本島。臺灣的防衛力量因此大為加強，終使共軍不敢貿然作進攻臺灣的冒險。及 6 月 25 日，北韓共軍進攻南韓的戰事爆發。美國總統杜魯門宣布派遣第七艦隊巡弋臺灣海峽，暫時隔絕大陸對臺灣及臺灣對大陸的攻擊，臺灣的安全始暫時獲得保障。

韓戰爆發後，中美關係隨之有了顯著的改善，美國先派藍欽 (Karl L. Rankin) 為代辦常駐臺北，駐韓聯軍統帥麥克阿瑟 (Dauglas MacArthur) 亦於 7 月 21 日來臺北訪問，與蔣總統共商遠東情勢之應付方針。美國雖未接

---

❹　蔣中正，〈復行視事文告〉，民國 39 年 3 月 1 日。

❷　蔣中正，〈招待國民大會在臺代表茶會致詞〉，民國 39 年 3 月 3 日。

受我國派兵援韓的建議，杜魯門總統的對華態度雖亦未必十分堅定，**❸**但卻恢復了對中華民國的軍經援助，並派遣一個軍事顧問團進駐臺北，由蔡斯少將 (William C. Chase) 為團長。42 年 (1953)2 月，美國新任總統艾森豪 (Dwight D. Eisenhower) 宣布解除臺灣中立化，不再限制中華民國武裝部隊對大陸的行動。3 月，並正式任命藍欽公使為駐華大使。43 年 (1954)12 月 2 日，中美間更在華盛頓簽訂了《中美共同防禦條約》，更奠定了此後二十七年間中美合作抗拒中共侵略的基礎。**❹**

　　美國對華的另一項友好表現，是促成了《中日和平條約》的簽訂。自 39 年 6 月韓戰爆發後，美國即決心締結《對日和約》，杜魯門總統乃派杜勒斯 (John F. Dulles) 為《對日和約》專使，與有關各國洽商，因有 40 年 (1951)9 月 4 日舊金山和會的召開。中國對日作戰最早，時間最久，犧牲最重，貢獻亦最大，參加對日和會乃理所當然的事。**❺**美國初亦有意邀請中華民國參加，但由於英國反對，我國竟未被邀請。9 月 8 日，《金山對日和約》簽字，中國亦未參加。**❻**幸杜勒斯已於 5 月間取得日本首相吉田茂的承諾，日本於批准多邊和約後，即單獨與中華民國洽訂和約。40 年 12 月 1 日，我國允許日本在臺北設立海外事務所，由木村四郎七為所長。杜勒斯同時赴東京力促吉田茂實踐五月間所作諾言，日本遂於 41 年 (1952)1 月 16 日發表致杜勒斯函，表示願與中華民國簽訂和約。2 月 12 日，日本派河田烈為全權代表，木村四郎七為首席團員，共十七人，組成「使華談判全權代表團」。同月 15 日，蔣總統特派外交部長葉公超為商訂對日和約代表，政務次長胡慶育為副代表，薛毓麒等為代表，準備談判。日本代表團於 2 月 17 日飛抵臺北，中日和會於民國 41 年 (1952)2 月 20 日在外交部會議室開幕。經過六十七天的談判，中間經過不少周折，終於在 4 月 27 日達成協

❸　參閱梁敬錞，〈韓戰期間我國國際地位之震撼〉，見梁著《中美關係論文集》。

❹　張群、黃少谷，《蔣總統為自由正義與和平而奮鬥述略》，頁 369–386。

❺　〈蔣總統關於對日和約問題之聲明〉，民國 39 年 6 月 16 日。

❻　中日外交史料叢編㈧，《金山和約與中日和約的關係》(中華民國外交問題研究會，民國 55 年印)，頁 86–117。

議，於 41 年 4 月 28 日下午三時——《金山和約》生效前七小時，《中日和約》正式在臺北簽字。❹雙方依法定程序批准，於同年 8 月 5 日在臺北互換批准書後，即時生效。❽同月，中日兩國互派董顯光與芳澤謙吉為復交後首任特命全權大使。

另一件外交要案，是我國向聯合國提出的《控蘇案》——向聯合國大會控訴蘇俄違約侵略，以求判定蘇聯的罪責。本案係 38 年 8 月 31 日經行政院會議決定，由我國駐聯合國代表團向聯合國大會提出。經首席代表蔣廷黻 (1895–1965) 近三年的奮鬥，與聯合國第一委員會即政治及安全委員會、過渡委員會即俗稱小型聯大的數度討論與表決，終於在民國 42 年 (1953)2 月 1 日，經聯合國第六屆大會表決通過，判定蘇聯「自日本投降後，在其對待中國的關係上，實未曾履行 1945 年 8 月 14 日《中蘇友好同盟條約》」。❾

42 年 2 月 15 日，蔣總統頒布命令廢止《中蘇友好同盟條約》，並保留我國及人民對於蘇聯違背條約及其附件所受之損失，向蘇聯提出要求之權。《中蘇友好同盟條約》廢止後，由《雅爾達密約》所造成的既成事實均失去法理依據，外蒙古乃仍被認定為中華民國領土之一部分。

蔣總統復職後對內的一項重要革新行動，是中國國民黨實行改造。早在 38 年 7 月，蔣總統即以中國國民黨總裁身分，向中央常會第二〇四次會議提出〈中國國民黨改造案〉，並經通過。❺0 7 月 16 日，成立中央非常委員會以代行中央政治委員會職權，又決定設立總裁辦公室於臺北，同月 26 日設立革命實踐研究院，均為黨務改造的初步實施。39 年 7 月 22 日，中央常務委員會再度通過〈中國國民黨改造案〉，同月 26 日，蔣總裁發表十

---

❹　談判過程及簽約經過，見中日外交史料叢編㈨，《中華民國對日和約》（中華民國對日問題研究會，民國 55 年）。

❽　和約內容包括：條約一件、議定書一件、換文兩件、同意紀錄一件。全文見《中華民國對日和約》，頁 333–341。

❾　張群、黃少谷前書，頁 494–495。

❺0　會議係於民國 38 年 7 月 8 日在廣州舉行。

六位中央改造委員名單：陳誠、張其昀、張道藩、谷正綱、鄭彥棻、陳雪屏、胡健中、袁守謙、崔書琴、谷鳳翔、曾虛白、蔣經國、蕭自誠、沈昌煥、郭澄、連震東。8月5日，中央改造委員會正式成立。

此次國民黨的改造，其最顯著的特色，是確定中國國民黨的屬性為一「革命民主政黨」，其組織基礎亦予以擴大。明定「以青年知識分子及農、工生產者等廣大勞動民眾為社會基礎。」❺¹其奮鬥的目標則為：國家獨立、人民自由、政治民主、經濟平等、世界和平。❺²其路線一方面堅持反共抗俄的鬥爭，一方面實施民生主義的建設，一方面要求黨員歸隊及登記，並加強黨的活動與紀律。改造工作於41年10月完成。同年10月10日，召開第七次全國代表大會於臺北，產生第七屆中央委員會，決心「以犧牲的精神重振革命的事業」，擔負起中興復國的艱鉅任務。

中央改造委員會於41年1月31日，決議籌組中國青年反共救國團，由蔣中正總統於3月29日青年節文告中正式提出號召。同年10月31日，中國青年反共救國團即在臺北正式成立。由蔣經國任主任。救國團是一個教育性、群眾性與戰鬥性的團體，配合教育政策推行愛國教育與戰鬥技能訓練，輔導青年學術進修並獎助研究發明，發動農村，社會及軍中服務，成就均極顯著。

二、臺灣建設的推進

臺灣光復的初期，由於戰時日人的搜刮，以及遭受到盟國空軍的嚴重轟炸，生產事業均陷於停滯狀態，人民生活極為困苦。❺³省政當局一時無力迅速恢復，中央政府又受困於中共的全面叛亂，無力顧及臺灣，因而造成了臺灣復員的遲緩。至38年1月，陳誠就任省府主席後，以「民生第一，人民至上」為施政方針，實施三七五減租，改善佃農生活，改革幣制，穩定金融，為臺灣之經濟建設奠定初基。中央政府遷臺以後，於保衛臺灣之

---

❺¹　〈中國國民黨改造綱要〉，第四條。

❺²　〈中國國民黨改造綱要〉，第二條。

❺³　天下出版社編，《發現臺灣》，下冊，頁425。

際，同時亦大力策畫建設「臺灣為三民主義的模範省。」

39 年 4 月 5 日，行政院頒布〈臺灣省各縣市實施地方自治綱要〉，令臺灣省開始辦理地方自治，以促進民權的發展。為配合地方自治的實施，政府於 39 年 8 月重新調整了行政區劃，將原來的八縣九市，重加劃分為十六縣，五個市。40 年 1 月，各縣市首次選舉縣市議員，成立了縣市議會；4 月，縣市長開始由民選產生。臺灣光復後，即依省參議會組織條例，設有省參議會。❺❹40 年 12 月，省參議會改為臨時省議會；至 48 年 6 月，正式成立臺灣省議會。至是，臺灣之民意機構已完全建立，自鄉鎮縣轄市民代表至省議員，行政人員由村里至縣市長，均由各縣市公民直接選舉產生。❺❺58 年起，臺、閩自由地區開始辦理中央民意代表增補選，民權的行使已及於中央政府。

臺灣實施土地改革之成功，名聞國際。此一依據民生主義而實施的土地改革政策，事實上分為兩個階段：38 年政府實施耕地「三七五減租」，❺❻40 年開始實施的「公地放領」，❺❼與 42 年開始推行的「耕者有其田」，係屬第一階段的農地改革。❺❽43 年開始實施都市平均地權政策，49 年以後又實施農地重劃，可視作是第一階段土地改革的延長。第一階段的土地改革

---

❺❹ 十六縣為：臺北、宜蘭、桃園、新竹、苗栗、臺中、南投、彰化、雲林、嘉義、臺南、高雄、屏東、臺東、花蓮、澎湖；五市為臺北、基隆、臺中、臺南、高雄。其後臺北、高雄兩市已升格為院轄市，新竹、嘉義升格為省轄市，仍為十六縣、五市。

❺❺ 國史館編，《中華民國行憲三十年簡史》，頁 45–47。

❺❻ 三七五減租來自二五減租。二五減租係從收穫總量一半的佃租中，減去該項佃租的百分之二十五，於是減租後的租額只有收穫總量的千分之三百七十五。亦即百分之三七·五。政府規定租額不得超過總收穫量的千分之三百七十五，故曰三七五減租，實際上就是在大陸某些省區實施過的二五減租。

❺❼ 公地放領，是政府將原已出租給農民的耕地及一部分未曾出租的耕地，由承租佃農以有利的條件承購為己有，而成為自耕農。

❺❽ 李崇道，〈論第一階段與第二階段農地改革政策〉，見《中華民國歷史與文化討論集》，第 4 冊，頁 472。

消滅了不公平的租佃制度，達成土地所有權的重新合理分配，使絕大多數的佃農變成自耕農──做到了「耕者有其田」，不但改善了農民的生活，而且帶動了農業建設和耕地的有效利用，使農村得以繁榮而進步，成為世界上開發中國家土地改革的楷模。日本民主社會黨的領袖西尾末廣，且認為臺灣的土地改革，比日本的土地改革更值得注意和讚揚。❺❾

　　民國 68 年開始，政府決定推行第二階段的土地改革。❻⓿ 其主要措施，即「提供擴大農場經營之購地貸款」、「推行共同、委託及合作經營」、「加速辦理農地重劃」、「加強推行農業機械化」與「配合措施」，旨在使臺灣的家庭農場透過土地改革措施以擴大規模，並達成農業現代化經營的目的。❻❶此亦社會趨向工商業急劇發達之後，必須有的農業保護與配合措施，目前正在逐步實施中。

　　由於農業的發展和農技的進步，政府從 48 年起，開始農技援外：派遣農業技術團或農技隊到亞、非及南美各國，協助並教導其農民發展農業。參加此一工作的機構，有中國農村復興委員會──簡稱農復會、省農會及農業院校，援技的項目包括耕作技術、作物品種改良、水利運輸、農場制度、科學知識、畜類醫療等，成績極為良好。❻❷此項農技援外工作，至民國 69 年達到高潮。計先後派遣八十一個技術團隊，分赴五十五個國家工作。至 70 年代，尚有三十多個團隊，分別在二十二個國家中繼續工作，極受歡迎。❻❸

　　臺灣經濟發展的快速與繁榮，被認為是一項奇蹟。蓋臺灣為一海島，資源有限，政府於經濟發展上，一方面要有完整的計畫，循序以進；一方面不能不著重於對外貿易，以便資源與技術得到適當的配合和調節。42 年

❺❾　王漢中、王軼群編譯，《外籍人士對蔣總統之推崇》，頁 216。

❻⓿　蕭錚，〈中華民國的土地改革〉，見《中華民國建國史討論集》，第 5 冊，頁 12。

❻❶　李崇道，〈論第一階段與第二階段農地改革政策〉。

❻❷　丘應模，〈我國農技援外的回顧與前瞻〉，臺北《中央日報》，民國 69 年 10 月 1 日。

❻❸　李崇道，〈中華民國農業技術援外的發展與成就〉，見《中華民國建國史討論集》，第 5 冊，頁 20–59。

起，開始實施第一期經濟建設四年計畫。其後二十餘年內，連續執行了六期四年計畫，已使我國的經濟建設，由農業經濟社會進入工業經濟社會。此後，更以發展精密工業為重點，期使我國的經濟發展升級。

經濟發展的早期，美國的經濟援助自不失為一項助力。自民國 39 年至 57 年 (1950–1968) 止，各類經援款額為十五億四千六百八十萬美元。[64] 中華民國政府都予以有效的運用。57 年美援停止後，我國經濟仍能維持高速度的成長，頗令外人刮目相視，認為是開發中國家最為成功的範例。

臺灣光復後，教育的普及與進步，亦屬驚人。自 57 年起，國民義務教育延長為九年——國民小學六年，國民中學三年；[65] 目前國民小學的就學率高達百分之九十九‧七，國小畢業生的升學率亦達百分之九十四‧九五，國民教育的普及，與世界任何進步國家比較，均不遜色。中等教育係以高中與高職為主，高職的發展遠較高中為速，民國 70 年時，高中與高職已成三與七之比。惟近年政府政策改變，高職逐漸減少。全省各師範學校，均已改制為專科，現更全面升格為大學，師資的素質顯著提高。高等教育的快速發展，尤為顯著。39 年政府遷臺時，僅有大專學校七所，學生六千餘人。至民國 72 學年度時，全國有大專學校一百零五所（大學十六所，獨立學院十二所，專科學校七十七所），在學學生三十九萬五千一百五十三人。[66] 其中研究所有二百六十所，研究生九千六百四十七人。外國在華留學生計有四千零八十七人，其國籍包括美、日、韓、法、沙烏地阿拉伯等六十三國。

民國 40 年代，政府全力推行政治、經濟、文化、社會的改革。[67] 社會風氣方面，要求做到「新、速、實、簡」，[68] 社會制度與內容方面，則就勞

---

[64]　魯傳鼎，〈中央政府遷臺後三十年的貿易發展〉，見《中華民國歷史與文化討論集》，第 4 冊，頁 571–572。

[65]　張其昀，《黨史概要‧補編》，頁 2147。

[66]　教育部編，《中華民國教育統計》（民國 73 年編，全版本），頁 IX。

[67]　蔣中正，〈民國四十年元旦文告〉。

[68]　蔣中正，〈民國四十二年元旦文告〉。

工保險、就業輔導、福利服務、社區發展、社會救助、善良秩序、治安維護等方面，採取廣泛而有效的措施。中國國民黨歷次全國代表大會均制定社會政策，立法院亦於 73 年通過〈勞動基準法〉，對勞工同胞的福利有了更多的保障。當前的政策是：經由經濟發展與社會政策的配合實施，逐漸縮小貧富的差距，以實現全民樂利，富而好禮的民生主義社會。

　　國防建設的進步，較一般社會建設為快速而徹底。39 年起，國軍從事全面整建工作，政治教育的加強與武器裝備的更新乃其重點。47 年 8 月，中共發動臺海戰役，妄圖以猛烈之砲擊之後，登陸金門。但無論是陸上的砲戰，空中的空戰及海上的海戰，國軍的威力均足以壓制共軍，贏得臺海的勝利。金、馬的防務固若金湯，共軍從此不敢與國軍交鋒。**⑥⑨**國軍教育系統極為完備，三軍官校及政戰學校等專業學校，亦均採行新制，由教育部頒授學士與碩士學位。中山科學院的建立，於國防尖端科學及新式戰備的研究和製造，貢獻尤多。

　　安置退除役官兵的成功，更為我國堪以自豪的事。國軍建立退除役制度後，行政院設立國軍退除役官兵輔導委員會，進行就業、就學的輔導與安養、醫療的照顧。數字可觀的退除役人員獻身於國家建設，中部橫貫公路的闢建，退除役人員的貢獻為最大。45 年 5 月，輔導會成立榮民工程處。其後發展為國內規模最大的工程單位之一，不僅承擔國內的主要建設工程，且在印尼、沙烏地阿拉伯、南非及南美若干地區承包道路、港灣、機場、浚濼、電力及水利工程，績效優異，建立了良好的信譽和形象。**⑦⓪**

　　當然，中華民國的安定、進步與繁榮，有賴於執政黨即中國國民黨的決策與領導。執政黨於 41 年 10 月召開第七次全國代表大會，選舉陳誠、蔣經國等三十二人為中央委員，建立起堅強有力的領導中心。陳誠於 43 年當選為副總統，46 年 10 月復經執政黨第八次全國代表大會選舉為副總裁，輔佐蔣中正總統兼總裁主持黨國大政，至為得力。臺灣中部的西螺大橋和

---

⑥⑨　張其昀前書，頁 2076–2077。

⑦⓪　據榮工處於 74 年 5 月 1 日發表，該處成立二十九年來，承辦工程計六千一百二十八件，總金額達新臺幣兩千一百卅餘億元。見《榮工報導》，第 1124 期。

北部的石門水庫，都是陳氏行政院長任內建成的。49 年 3 月，國民大會第三次大會開會，陳氏當選連任副總統，並兼行政院長。52 年 11 月，執政黨舉行第九次全國代表大會於臺北，陳氏連任副總裁。惟以健康關係辭去行政院長職務，蔣中正總統特任嚴家淦為行政院長。54 年 3 月，陳誠副總統逝世。55 年 3 月，國民大會選舉蔣中正連任總統，嚴家淦為副總統。蔣經國則以國防部部長，輔弼嚴兼院長主持政務。58 年 3 月執政黨第十次全國代表大會在臺北舉行。6 月，蔣經國受任為行政院副院長，主持「財政經濟金融會報」，並兼經濟合作發展委員會主任委員，負推動經濟建設之主要領導責任。

三、外交的挫折與因應

儘管中華民國在臺灣的建設成就輝煌，卻也不斷的遭受到國際政治中逆流的衝擊。早在韓戰期間 (1950–1953)，由美、英、印度等國的一部分政客即曾不斷的就所謂「臺灣地位問題」，進行祕密接觸，數度造成「震撼」。❼韓戰結束之後，國際情勢略趨穩定，但每年一次的聯合國大會，政府都為應付共黨與親共國家對我席位所發動的挑戰，煞費周章。且由於中共日趨強大，國際情勢發生變化，承認中共政權的國家增多，我國在國際關係方面的肆應，亦益為艱難。

民國 53 年 (1964) 2 月，法國承認中共，中華民國政府宣布與法國斷絕外交關係。這一事件，對我國發生了兩種不利的影響：一是在聯合國五常任理事國中，已有蘇、英、法三國承認中共，佔五分之三的優勢，於我國代表權的表決將助長排我的力量；二是若干原屬法國殖民地的非洲新興國家，將步法國後塵，承認中共。所幸此際美國態度至為堅定，法國之承認中共雖對我構成傷害，但未造成嚴重之危機。

58 年起，中日間發生了釣魚臺列嶼——日人稱為尖閣群島——主權問題的爭議。釣魚臺列嶼在臺灣本島北部海面中，含八個無人小島，東距琉球宮古島二百浬，南距臺灣基隆一百二十浬。在歷史上，該地自古即為中

---

❼ 梁敬錞，〈韓戰期間我國國際地位之震撼〉，見《中美關係論文集》，頁 217–258。

國冊封琉球專使之指路標，為中國與琉球之界山，在地理上，釣魚臺列嶼為中國大陸礁層之尖端，與琉球以「琉球海槽」相隔絕；無論就歷史紀錄或地理位置及地質聯結方面而言，中國均擁有主權。據調查，釣魚臺海底有石油礦藏，中華民國政府遂與美國海灣石油公司訂約予以探勘並開採。而日本則認為「尖閣群島」屬於琉球，擅在島上樹立石碑，認作是「沖繩縣石垣市字登野城二三九二番地」，日本外相愛知揆一也聲稱此群島為日本所有，並向中華民國提出抗議。 ⓒ

釣魚臺列嶼之爭，為主權問題，政府據理力爭，態度嚴正，青年學生及海外留學生尤群情激憤，幾有不可控制之勢，形成「保衛釣魚臺運動」──簡稱「保釣運動」。 ⓒ 爭論達三年之久，未得解決，美國國務院於民國60 年 (1971)6 月將琉球主權交還日本，雖聲明釣魚臺主權事仍待中日兩國洽商解決，但我朝野極表不滿。我政府認美國無權將琉球主權交還日本，將對琉球問題保留發言權利，琉球暨釣魚臺主權問題乃成為中日間的一項重要懸案。

釣魚臺列嶼爭議聲中，加拿大、意大利於 59 年 (1970)10 月承認中共，我國均宣布與之斷交。60 年 1 月，智利承認中共，開南美諸國承認中共之先例。我國除與智利斷交外，益加警惕。

外交上最大的困難，來自美國。尼克森 (Richard Nixon) 於 1968 年 2 月邀請中共記者採訪美國總統大選，次年 7 月放寬對中共貿易及旅行的限制，又次年宣布與中共恢復華沙會談，這都是尼克森蓄意要改變對華政策的明證。 ⓒ 1971 年（民國 60 年）2 月，尼克森發表的世局咨文明顯的要「以和談代對抗」，中華民國外交部即深表關切並堅決反對。3 月，美國政府取消前往中國大陸旅行的限制，4 月，美國的乒乓球隊即應中共之邀請往訪大陸，展開了所謂「乒乓外交」。美國拉攏中共計畫與之建交的意圖已極為明

ⓒ　《釣魚臺列嶼問題資料彙編》（中國國民黨中央第四組編，民國60 年 3 月），頁 1–6。

ⓒ　有關資料詳見上書。

ⓒ　邵玉銘，《中美關係研究論文集》，頁 35。

顯，此舉勢將造成對我國空前劇烈的震撼和打擊。6月15日，蔣總統中正即發表〈我們國家的立場和國民的精神〉專文，激勉國人為應付即將到來的困境，必須「莊敬自強」、「處變不驚」、「慎謀能斷」。蔣總統提示國人：

> 只要大家能夠莊敬自強，處變不驚，慎謀能斷，堅持國家及國民獨立不撓的精神，亦就是鬥志而不鬥氣，那就沒有經不起的考驗，衝不破的難關，也沒有打不倒的敵人！ ❼❺

　　尼克森先派其國務卿季辛吉 (Henry Kissenger) 祕密訪問北京，與周恩來達成雙方建立關係的諒解。1971年7月15日，尼克森即宣布將於次年(1972，民國61年) 5月以前訪問中國大陸，形成當時國際間的「尼克森震撼」。

　　美國改變對華政策，直接受到影響的自然是中華民國在聯合國的席位問題——亦即「中國代表權」問題。美國國務院宣布，美國將贊成中共加入聯合國，但反對排除中華民國；但這種「兩個中國」的做法，事實上是不可能的事。60年 (1971)10月25日，第二十六屆聯合國大會通過接納中共入會並排除我國的決議前，我國出席聯大代表團團長周書楷即發表嚴正聲明，宣布中華民國決定退出聯合國。

　　民國61年 (1972)2月21日，尼克森飛抵北京訪問。27日，尼克森與周恩來在上海發表《尼周公報》——通稱《上海公報》，承認臺灣是中國的一部分，其地位問題將由臺海兩岸的中國人自行商談解決。這一聲明，放棄了美國自1949年以來居於自由世界反共國家領袖的立場，也違背了中美間的傳統友誼、共同利益和條約義務，對中華民國形成了背信甚至出賣的行為。62年 (1973)2月，美國與中共又宣布在華盛頓與北京互設所謂「聯絡辦事處」，中美間的關係越來越灰暗、越悲觀了。

　　由於美國政策的改變，促成了聯合國的接受中共並排除中華民國；由於聯合國作了罔顧道義與是非的決議，致使原來與中華民國維持外交關係

---

❼❺　蔣中正，〈我們國家的立場和國民的精神〉，民國60年6月15日對國家安全會議講。

的西方國家，也先後改變了立場，如土耳其、伊朗、獅子山、比利時、秘魯、黎巴嫩、墨西哥、厄瓜多爾等國，都在 60 年一年之間先後承認了中共，我國也於其承認中共的同時，宣布與其斷絕外交關係。

　　繼美國之後，對中華民國表現出背信行為且又變本加厲，搶先承認中共的國家，是日本。日本於 41 年與中華民國訂立了和約，但卻一直希望與中國大陸發展商業關係，日本政府堅持「政經分離」原則，因而兩國間的關係仍是暗礁重重。47 年 (1958) 發生了長崎懸掛中共國旗事件，52 年 (1963) 發生了日本內閣通過以貸款方式出售一套維尼龍工廠整廠設備事件，及同年發生的中共「油壓機械考察團」譯員周鴻慶投奔自由，復被日本勸返大陸事件，❼⑥ 都曾嚴重影響到中日兩國間的關係。及田中角榮於 61 年 (1972)7 月出任日本首相，更一意獻媚中共，於同年 9 月 25 日赴北京訪問，29 日發表公報，與中共建交，中華民國政府亦於同日宣布對日斷交，並警告日本應負斷交後的一切後果與責任。同年 12 月，外交部亦因澳大利亞和紐西蘭已承認中共，宣布與澳、紐兩國斷絕外交關係。

　　中日斷交後，雙方商業、航空及文化關係仍繼續維持，由日本設交流協會，中華民國設亞東關係協會，以民間機構形態主持之。63 年 (1974)4 月，日本與中共簽訂《民航協定》竟不承認我中華航空公司飛機上之青天白日滿地紅國旗為國家標誌，中華民國政府遂宣布與日本斷航，不允許日本航機飛越臺灣飛航情報區上空。一年又兩個月後——64 年 (1975)6 月，日本外務省聲明青天白日滿地紅國旗為中華民國國家標誌之後，我國始同意恢復民航關係。此舉實使中日兩國均蒙其利。

四、蔣經國主政時代

　　民國 61 年 (1972)3 月，國民大會在臺北召開第五次大會，選舉第五任總統、副總統，蔣中正、嚴家淦均當選連任。5 月，蔣中正就職後，提名蔣經國為行政院院長，獲得立法院高票同意。❼⑦ 蔣經國智慮深沉，勤政愛

❼⑥　張群，《我與日本七十年》，頁 179–188。

❼⑦　立法院於 62 年 5 月 26 日行使同意權，出席委員四百零八人，三百八十一人投

民，他受命於國步艱難之際，毅然擔起重任，以建設大有為政府，衝破國際陰霾與中共陰謀相期勉。

蔣經國院長於就職後，首先在政府高層人事上表現出民主革新的作風。他建議總統，任命謝東閔為臺灣省政府主席，張豐緒為臺北市市長，在中央各部會中，也擢任青年才俊之士。61 年 12 月，臺、澎、金、馬自由地區開始辦理中央民意代表增加名額選舉；次年 1 月，選舉增額監察委員；使國民大會、立法院、監察院可以增加新成員，以期發揮更大的功能。 **⑱**

62 年 (1973)12 月，蔣院長經國決定推動十項重要建設——稱為「十大建設」，期於五年內次第完成。其項目是：一、興建縱貫臺灣的高速公路；二、縱貫鐵路電氣化；三、興建北迴鐵路——展築宜蘭鐵路至花蓮；四、修築世界一流標準的桃園國際機場——定名為中正國際機場（英文稱 Chiang Kai-shek Airport）；五、闢建臺中港；六、整修蘇澳港；七、興建一貫作業的大煉鋼廠——中國鋼鐵公司；八、興建大造船廠——中國造船公司高雄造船總廠；九、發展石油化學工業；十、興建核能發電廠。 **⑲**

這十項建設，是我國有史以來規模最大、投資最多、涵蓋範圍最廣的建設計畫，五年間所需資金為二十三萬九千四百二十八億元。 **⑳** 特別是在62 年世界能源發生危機，世界經濟普遍呈現衰退現象之際，行政院推動此一大規模的投資建設計畫，其魄力之雄厚與眼光之遠大，誠為驚人。十大建設的效能，在於完成現代化水陸交通運輸系統，開闢新的能源，為重工業及精密工業奠定基礎，使中華民國由「開發中國家」進入「開發國家」的行列。 **㉑**

政府原定於 62 年開始第六期的四年計畫，但因能源危機及國際經濟情

票同意，得票率為百分之九三・三八，為行憲以來歷任院長之得票最高者。

⑱ 此次增額選舉，國大代表增選七十名，立法委員增選五十一人，監察委員十人。

⑲ 行政院研究發展考核委員會編，《十項重要經濟建設計畫簡介》（民國 65 年 11 月印）。

⑳ 《十項重要經濟建設計畫簡介》，頁 102。

㉑ 十大建設之效用，見行政院經濟建設委員會編，《十項重要建設評估》，民國 68 年 11 月出版。

勢驟變，乃將原訂第六期四年計畫提前一年結束，改自 65 年起至 70 年止，實行六年經濟建設計畫。十大建設如期完成後，政府又繼續十二項建設計畫——由 66 年開始規畫，並由行政院經濟建設委員會負責協調與管制。十二項建設的項目如下：

　　㈠完成臺灣環島鐵路網。

　　㈡新建東西橫貫公路三條。

　　㈢改善高屏地區交通計畫。

　　㈣中鋼公司第一期第二階段擴建工程。

　　㈤繼續興建核能發電二、三兩廠。

　　㈥完成臺中港二、三期工程。

　　㈦開發新市鎮，廣建國民住宅。

　　㈧加速改善重要農田排水系統。

　　㈨修建臺灣西岸海堤工程及全部重要河堤工程。

　　㈩拓建由屏東至鵝鑾鼻道路為四線高速公路。

　　㈠設置農業機械化基金，促進農業全面機械化。

　　㈡建立每一縣市文化中心，包括圖書館、博物館、音樂廳。 **❽❷**

　　64 年 (1975)4 月 5 日，蔣總統中正病逝臺北。次日，副總統嚴家淦依據《中華民國憲法》第四十九條之規定，繼任中華民國總統，並於 4 月 11 日頒令全國，奉行蔣故總統遺囑：實踐三民主義，光復大陸國土，復興民族文化，堅守民主陣容。同月 28 日，中國國民黨第十屆中央委員會舉行臨時全體會議，決議保留黨章中的「總裁」一章，同時推舉蔣經國為中央委員會主席並兼中央常務委員會主席，領導全黨。65 年 (1976)11 月，中國國民黨舉行第十一次全國代表大會於陽明山中山樓，決議修改黨章增設主席，一致公推蔣經國為全黨主席，領導全體黨員和全國同胞繼續推動反共復國的國策。

　　國際情勢越來越混亂，我國的處境也越來越艱難了。64 年 4 月 30 日，

---

❽❷　詳行政院經濟建設委員會編，《十二項重要經濟建設計畫簡介》，民國 68 年 10 月印。

越南淪亡於越共之手，美國有被迫自亞洲撤退之勢。6 月，菲律賓與中共
建交；7 月，泰國承認中共。我國亦斷然與菲、泰中止外交關係。所幸全
國同胞在嚴總統與蔣院長的領導下，鎮定團結，銜哀奮勵，按照原定建設
計畫，全力進行，以增強國力，自立於不敗之地。同年 12 月，自由地區並
舉辦了第二次增額立法委員選舉，臺、閩地區共選出立法委員三十七人，
總統復依法遴定僑選增額立法委員十五人，合為五十二人，立法院的職能
更加增強。

　　67 年 (1978)3 月，國民大會在臺北舉行第六次大會，選舉第六任總統、
副總統。中國國民黨提名蔣經國、謝東閔為總統、副總統候選人，經國民
大會於 3 月 21、22 兩日分別以高票選出，蔣經國、謝東閔遂於 5 月 20 日
就任中華民國第六任總統、副總統職。蔣經國總統經向立法院提名並獲得
同意後，特任孫運璿為行政院院長。同月，並任命林洋港為臺灣省政府主
席，李登輝為臺北市長。12 月 9 日，行政院核定高雄市改制為院轄市，先
設籌畫小組，定於 68 年 7 月 1 日正式實施。

　　67 年 (1978)12 月，美國又一次給予中華民國以最大的打擊。卡特總統
(Jim Carter) 於 12 月 16 日（華盛頓時間為 12 月 15 日）宣布：美國已決定
於 1979 年 1 月 1 日起承認「中華人民共和國」，同日起斷絕與中華民國的
外交關係，《中美共同防禦條約》將於 1979 年 12 月 31 日終止。這顯示美
國政府完全接受中共的「建交」三條件：斷交、廢約、撤軍，無異是對中
共政治勒索的全面屈服。美國國務院要美國駐華大使安克志 (Leonard
Unger) 在華盛頓和北京同時公布「建交」前兩小時，始可告知蔣經國總統，
尤屬荒謬無理，連安克志都感到憤怒。 ❽❸

　　蔣經國總統對卡特政府，自然感到失望。12 月 16 日，蔣總統發表了
中美關係史上最強硬的聲明，指出因美國與中共建交所引起的一切後果，
均應由美國政府負完全責任。蔣總統面對此一橫逆情勢的發生，真正表現
了「慎謀能斷」的智慧，他依據《憲法臨時條款》的授權，於 12 月 16 日
發布了〈緊急處分令〉：

---

❽❸　沈劍虹，《使美八年紀要》（臺北：聯經出版公司，民國 71 年），頁 211–212。

㈠軍事單位採取全面加強戒備之必要措施。

㈡行政院經濟建設委員會會同財政部、經濟部、交通部採取維持經濟穩定及持續發展之必要措施。

㈢正在進行中之增額中央民意代表選舉延期舉行，即日起停止一切競選活動。 ⑧

這一緊急處分措施，使中華民國社會與人民免於混亂與不安。全國同胞皆堅忍沉著，努力不懈。決心要把災難轉化成為「黃金般的機會」， ⑧ 貫徹反共復國的國策。中華民國的建設不僅未曾受挫，國力且急遽增強，對外貿易至 73 年時，已躍居世界的第十五位，蔚為經濟大國。中美關係亦由雙方在臺北及華盛頓進行談判後，決定中、美分別設立北美事務協調委員會、美國在臺協會 (American Institute in Taiwan)，負責處理兩國間的商務、文化及其他非官方的交流與合作。美國國會亦制定〈臺灣關係法〉(Taiwan Relation Act) 一種，由卡特總統於 1979 年 4 月 1 日正式簽署，作為中美兩國保持實質關係的法理基礎。美國並以此法為依據，對中華民國出售防禦性的武器，以維持西太平洋的和平、安全與穩定。 ⑧

隨著美國對華政策的轉變與中華民國國際處境的艱困，一部分反政府的臺籍人士，開始採取公開而激烈的抗爭路線。他們於民國 68 年 (1979)8 月創刊一份《美麗島》雜誌，總社設於臺北，在各縣市成立分社，係「以雜誌為掩護，作為反對人士的雛形政黨。」 ⑧ 12 月 10 日，美麗島雜誌社以慶祝世界人權日為名，在高雄舉行盛大遊行，與維持秩序之憲警衝突，憲警均未攜帶武器，致被毆傷至一百八十二人之多。警備總司令部以此項遊行為非法，以暴力毆打憲警更是犯法行動，乃決定依法偵辦，於同月 14 日

---

⑧　《中央日報》，民國 67 年 12 月 17 日。

⑧　蔣經國，《十年風木》(近代中國社，民國 74 年 4 月)，頁 145。

⑧　〈臺灣關係法〉係美國國內法，由國會於 1979 年 3 月 28、29 日通過。全文十八條，追溯至 1978 年 1 月 1 日起生效。

⑧　沈振家、張遵倩、方利懿編著，《中國近代 (現代) 史》(臺北：華立圖書股份有限公司，民國 83 年)，頁 310。

將美麗島雜誌社負責人亦即高雄遊行之策畫與指揮者黃信介、施明德等十餘人拘捕，依戒嚴法送由軍法審判，並經判刑。此即「高雄暴力事件」，❽❽亦稱「高雄事件」或「美麗島事件」。

69 年 5 月，政府公布〈動員戡亂時期公職人員選舉罷免法〉，並決定恢復並擴大辦理中央民意代表增額選舉。69 年 12 月之選舉，臺、閩地區共選出一百六十八人，僑選立委、監委三十七人，❽❾共為二百零五人。72 年 12 月之選舉，臺、閩地區選出立法委員七十一人，僑選立法委員二十七人，合計為九十八人。❾⓪中央民意機構因此得以新陳代謝，保持活力。

民國 73 年 3 月，國民大會在臺北舉行第七次大會，選舉蔣經國連任總統，李登輝為副總統，是為中華民國第七任總統、副總統。蔣總統經國於就職後，提經立法院同意，特任俞國華為行政院院長，並任命邱創煥為臺灣省政府主席。俞國華院長就職後，一方面促進社會和諧發展，一方面擴大經濟建設功能，而以十四項重點建設計畫為目標：

> 中鋼公司第三階段擴建計畫、電力發展重要計畫、油氣能源重要計畫、電信現代化計畫、鐵路擴展重要計畫、公路擴展重要計畫、臺北市區鐵路地下化計畫、臺北都會區大眾捷運系統初步計畫、防洪排水重要計畫、水資源開發重要計畫、自然生態保護及國民旅遊重要計畫、都市垃圾處理計畫、醫療保健計畫、基層建設計畫。

蔣經國總統確定的政府基本施政綱領是要「國家利益第一，民眾福祉為先」，而以弘揚民主憲政功能，厲行政治革新為政府努力的目標。此後四年內，經濟建設繼續有高度的成長，工業結構逐次升級。民國 76 年 (1987)，

---

❽❽　事詳臺北阿爾泰出版社編印之《高雄暴力事件專輯》，民國 69 年。

❽❾　計臺閩地區選出國大代表七十六人、立法委員七十人、監察委員二十二人、僑選立法委員二十七人、監察委員十人。

❾⓪　增額立法委員任期三年，故每三年選舉一次，國大代表與監察委員任期六年，故本年之選舉僅限增額立法委員。

中華民國對外貿易總額已高達八百八十億美元以上，成為世界第十一位貿易大國；更由於外貿鉅額出超，外匯準備大量累積，中央銀行外匯存底增至七百五十億美元，引起世界各國的重視。

　　蔣經國要求政府革新，更要求執政的中國國民黨順應時代和潮流，追求改革和進步。民國 75 年 10 月 15 日，蔣氏以黨主席身分，主持中國國民黨中央常務委員會議，於通過〈動員戡亂時期國家安全法〉及〈動員戡亂時期民間社團組織法〉兩項改革性法案送由從政同志完成法定程序外，他作了極為堅定而明確的提示：

> 時代在變，環境在變，潮流也在變；因應這些變遷，本黨必須以新的觀念，新的作法，在民主憲政體制的基礎上，推動革新措施。惟有如此，才能與時代潮流相結合，才能與民眾永遠在一起。❾❶

　　民國 74 年 12 月至 76 年 12 月之兩年間，蔣經國開始了一系列的政策性的大變革，為民主憲政體制下的政治改革開啟了新途程。這些重要的政策宣示是：

　　——民國 74 年 12 月 25 日宣示：中華民國總統繼承是經由《憲法》選舉而產生，而他的家人不能也不會參加競選，《憲法》絕不變更，更不會實施軍政府統治。這一宣布，消除了某些人士對權力接班的疑慮，維護了民主憲政的常軌。

　　——民國 75 年 9 月 28 日，反政府人士公然向〈戒嚴法〉挑戰，逕自組成民主進步黨。政府中不少人主張予以取締，蔣經國則予以有條件的默許。10 月 12 日，他表示：我以促進民主為職志，希望盡早解除〈戒嚴令〉。認同《憲法》，不作分離運動，若條件符合，允組反共新黨。此即時人所謂「開放黨禁」。

　　——民國 75 年 12 月 6 日，實施增額中央民意代表選舉，計選出國民大會代表八十四人，立法委員七十三人。76 年 1 月 10 日，實施增額監察

---

❾❶　會議紀錄原件。

委員選舉，選出監察委員二十二人。因而增強了中央民意機關的民意基礎與運作功能。

——民國 76 年 7 月 7 日，指示行政院：對於因戒嚴而受軍法審判所處刑期尚未執行完畢的非軍人受刑人，應酌予減刑與復權。

——民國 76 年 7 月 14 日明令宣布：臺灣地區於 7 月 15 日零時起解除戒嚴，〈國家安全法〉亦同時開始實施。此為時人所稱之「解嚴」，人民之自由權利遂獲得充分之保障。

——民國 76 年 8 月 12 日，中國國民黨中央常務委員會議秉承蔣經國主席提示，決議取消田賦，以減輕農民的負擔。

——民國 76 年 9 月 16 日，指派五位中國國民黨中央常務委員組成專案小組，研議開放國人赴大陸探親問題。專案小組作成建議案奉核定後，由內政部長吳伯雄於同年 10 月 15 日正式宣布：國人依法申請赴大陸探親，於 11 月 2 日起可向中華民國紅十字會登記。

——民國 76 年 12 月 1 日，行政院新聞局宣布：自明年 (1988)1 月 1 日起，開放報紙登記及增張；是為「開放報禁」。今日，中華民國臺灣地區人民言論自由之尺度較之西方民主國家，有過之而無不及。

蔣經國總統主導下系列的政治改革措施，贏得國際社會的高度讚揚。美國《華盛頓郵報》1987 年 12 月 26 日發表的評論中，即認為中華民國「過去一年所從事的政治改革，超過以往四十年的成就。」

然而，蔣經國總統於大力推動民主改革的同時，更堅持其不變的國是主張。民國 76 年 6 月 24 日曾鄭重宣布：「維護國家安全的決心不變，推動民主憲政的誠心不變，以三民主義統一中國的信心也不變。」❾❷ 7 月 15 日，並在中國國民黨中央常會宣示：「惟有恪遵《憲法》，反對共產主義與反對國土分裂。」❾❸ 他在最後的遺囑中，也寄望政府與民眾：「堅守反共復國決策，始終一貫積極推行民主憲政建設。」❾❹

❾❷　《中國國民黨第十二屆中央委員會常務委員會第三○一次會議紀錄》。
❾❸　《中國國民黨第十二屆中央委員會常務委員會第三○四次會議紀錄》。
❾❹　〈蔣經國遺囑〉。

五、李登輝路線及其轉折

　　民國 77 年 (1988) 1 月 13 日，蔣經國總統病逝於臺北。副總統李登輝於當日依據《中華民國憲法》之規定，在總統府宣誓繼任總統職務。1 月 27 日，中國國民黨中央常務委員會議決議推請李登輝代理蔣經國遺留之主席職務；同年 7 月，該黨第十三次全國代表大會選舉李登輝為主席。主席團於提案附加文字中，對李氏賦以重大的推崇與期望：

> 值此大陸國土未復，億萬同胞待拯之際，又逢本黨承先啟後，繼往開來之關鍵時刻，揆諸李登輝同志忠黨愛國之襟抱，有為有守之操持，勵精圖治之貢獻，實有賴其繼續領導，以開創國家及本黨之光明前途。**❾❺**

　　李登輝繼蔣經國出任中華民國第七任總統，任期至民國 79 年屆滿。同年 2 月，第一屆國民大會第八次大會在臺北召開，選舉中國國民黨提名總統候選人李登輝，副總統候選人李元簇為中華民國第八任總統、副總統，於 5 月 20 日就職。李總統於宣誓就職典禮致詞中，以「開創中華民族的新時代」自期，作了數項重大的宣布：

(一)於最短期間內，依法宣告終止動員戡亂時期。

(二)依法定程序，就《憲法》中有關中央民意機構、地方制度及政府體制等問題，作前瞻與必要的修訂。

(三)確立政黨政治──經由政黨的公平競爭，國是訴諸全民；但任何負責的政治主張，必須以認同中華民國為前提，以全體人民的福祉為依據。

(四)秉持自由化與國際化的既定政策，以更大的格局與更遠的視野，推動經濟建設。

(五)規畫全民福利的具體方案，期使人人安居樂業，老弱殘障同胞均能

---

❾❺　李雲漢，《中國國民黨史述》，第 4 編，頁 623。

　　獲得妥善的照顧。

　㈥共謀以和平與民主的方式，建成國家統一的共同目標。

　㈦以主動務實的精神，拓展國際活動空間，策進國際合作，共謀國際
　　社會的繁榮與和平。

　　李登輝就任第八任總統後，黨政人事亦隨之改組。行政院長李煥辭職，
提名郝柏村繼其任，經立法院同意後於 79 年 5 月 29 日正式任命。郝柏村
任職至 82 年 2 月，提出辭職，李總統提名並經立法院通過任命連戰為行政
院長。

　　依《憲法》規定，第八任總統、副總統之任期為六年，至民國 85 年 5
月任期屆滿。其間國民大會於 80 年 4 月間完成修憲工作──制定《中華民
國憲法增修要點》，將總統任期改為四年，其選舉方式亦由原來的國民大會
代表投票選舉，改為由公民直接投票選舉，並於 85 年 3 月第九任總統選舉
時實施。李登輝與連戰以中國國民黨提名之總統、副總統候選人身分參加
競選，以百分之五十四的高票當選，是為中華民國第一位經由公民直接選
舉產生的國家元首，也在臺澎金馬地區落實了孫中山「主權在民」的理想。

　　由繼任第七任總統到當選第九任總統，李登輝主持國政已進入第九年
度，時人稱之為「前李登輝時代」。他成功的召開了國是會議（79 年 6 月），
完成了《憲法》增訂，結束了第一屆中央民意代表任期並依《憲法增訂條
文》進入了第二、三屆中央民意代表的選舉（80 年 12 月），宣告動員戡亂
時期於民國 80 年 5 月 1 日起終止，總統府設立了國家統一委員會（79 年
10 月），制定出〈國家統一綱領〉（80 年 2 月），並且有效的推動了「務實
外交」，開拓了中華民國在國際間的活動空間，民國 84 年 (1995) 6 月間的
訪美之旅，更提高了國家和他個人的聲望。李氏並於 83 年提出「經營大臺
灣，建立新中原」的號召，呼籲國人接受挑戰，邁向新世紀。然而，李登
輝總統的某些言論和政策，也導致若干人士的批評和不滿，導致某種程度
的負面影響。

　　民國 85 年 (1996) 5 月 20 日，李登輝宣誓就任中華民國第九任總統。
他於就職演說詞中，首言「正式邁進『主權在民』的新時代」，提出今後的

施政方向是：廣徵各方意見，延攬各界人才，以擴大參與，建立共識；健全政黨政治的發展，力求不同黨派共同為民眾福祉而攜手奮進；積極推動司法、教育等各項改革，加速經濟發展，如期使臺灣發展為「亞太營運中心」；培育新文化，重建新社會，並協助僑胞在海外的發展；繼續推動務實外交，期能擁有必要的生存與發展空間，並進一步在國際社會中獲得應有的尊重和公平待遇；追求國家統一，透過與大陸的對談溝通，以謀真正解決海峽兩岸問題，只要國家需要和人民支持，他願意「訪問中國大陸，從事和平之旅」，「也願意與中共最高領導當局見面，直接交換意見。」**96**

李登輝總統就職講詞中的政策宣示，受到多數國內外輿論及民意的肯定，中共當局也未作嚴厲的批評。然而李氏就職後的言論與措施，卻逐步脫離了中國國民黨的政策和蔣經國的理念，向獨裁與臺獨的方向傾斜。其明顯的行動有四：

其一，在「民主化」、「本土化」的外衣掩護下，開始容納臺獨主張者的個人與團體，並採行其若干主張，因而引發若干人士的疑慮與批評。如陳癸淼即明言：「李總統沒有利用蔣經國開放民主過程中建立真正民主政治的文化。」**97** 張玉法亦指陳：「李登輝接掌政權後，應合政治開放的新趨勢，乃修訂法律，允許臺獨人士和臺獨黨派公開活動。」「並大量採行民進黨的政策，引起黨內部分人士的懷疑。」**98**

其二，在憲政改革的名義下，不斷的進行修憲，致使中華民國憲政的基礎，有動搖之虞。修憲的工作，在李登輝就任第八任總統任內即已開始，所作決定，如廢除〈動員戡亂時期臨時條款〉及終止動員戡亂時期，中央民意代表全面改選等，都具有積極的正面意義。然如廢除立法院對於行政院院長任命的同意權，以及名為「精省」實則廢省的決定，則使總統的權力擴張至「有權無責」的地位，且有為臺獨鋪路的嫌疑。李氏第九任總統任內，譽之者稱之為「民主先生」，毀之者則指為「隱性臺獨主義者」，官

96　〈中華民國第九任總統就職演說〉。

97　《聯合報》，民國 87 年 1 月 12 日。

98　張玉法，《中華民國史稿》（臺北：聯經出版事業公司，1998 年），頁 607。

方則將李氏之改革定位為「寧靜革命」。

其三，以中國國民黨主席地位操控政策及人事，釀成黨見與政見的分歧，致先有主流與非主流的對立，繼有菁英出走自立門戶的分裂❾，陷於親痛仇快的悲慘境地。及李氏公然指稱國民黨政府為「外來政權」，對國民黨更造成重大的傷害。

其四，李登輝總統任內之大陸政策，由設置「國家統一委員會」，制訂〈國家統一綱領〉，到公開聲言兩岸關係是「特殊的國與國關係」的「兩國論」，及經濟商貿方面的力主「戒急用忍」，不僅中斷了自 81 年 (1992) 辜（振甫）汪（道涵）會談以來兩岸的接觸管道，而且促使中共「文攻武嚇」政策的加劇，對兩岸未來關係的發展，投下了嚴重的不穩定變數，對族群關係及社會和諧發生負面影響。

六、兩度政黨輪替

在李登輝與「民間民主運動」團體與個人的默契與配合下，臺灣的政情逐漸由安定趨向變動；執政的中國國民黨日趨於分歧與萎縮，抱持「建立新國家理念」的反對勢力日趨茁壯而強勁。86 年 (1997) 11 月，臺灣全省及金門馬祖地區縣市長改選，國民黨只贏得八個縣，僅佔當時二十三個縣市的三分之一略多。這是國民黨首次在全國性選戰中遭受慘敗，「使得國民黨的中央政權，已成空中樓閣。」⓿三年之後——89 年 (2000) 3 月，舉行中華民國第十任總統副總統選舉，國民黨的候選人連戰、蕭萬長，敗於民主進步黨的候選人陳水扁、呂秀蓮，結束了國民黨退守臺灣以來五十年的執政，近代政治史上也首次出現了「政黨輪替」。

就理論上講，民主國家經由公民投票的民主程序而出現「政黨輪替」現象，是正常的發展。但臺灣不同，因為臺灣有嚴重的國家認同與族群情結問題。政權落到了在「黨綱」中明定要「建立獨立自主的臺灣共和國」

---

❾ 因不滿李登輝之政策而出走自組政團者，國內有新黨、新同盟會、親民黨；海外有海外興中會。

⓿ 蔣永敬，《國民黨興衰史》，頁 394。

的民主進步黨手中，中華民國就有隨時被終結的危機。不僅國內認同中華民國的民眾憂心忡忡，中共和美國也都表示其嚴重關切的態度。而以不足半數票而當選的新任總統陳水扁，也不敢對於情勢的發展，掉以輕心。

　　民主進步黨，「可以說是 1950 年代到 1980 年代臺灣地區反對運動者的總匯。」⑩建黨日期為民國 75 年 (1986) 9 月 28 日，⑫當時仍在戒嚴期間，蔣經國總統出於政治的考慮，對違反〈戒嚴法〉而成立的民進黨，並未取締。民進黨當時的政治訴求，亦較緩和，其「共同政見」只主張：「臺灣前途應由臺灣全體住民，以普遍且平等方式共同決定。」⑩至 80 年 (1991) 10 月舉行第六次代表大會時，始將臺獨主張列入黨綱。⑩其發展路線有二：一為發動街頭抗議行動；一為爭取地方及中央各項選舉中的勝利。經過十四年 (1986–2000) 的奮鬥，終於取得政權，此後的發展更見蓬勃。

　　面對國內外的政治情勢和壓力，陳水扁總統就職時，表示要成為「全民總統」，走「中間路線」，並於就職演說詞中提出「四不一沒有」的主張，保證不宣布臺灣獨立，不改變中華民國的國號、國旗與國歌，不推動改變現狀的統獨公投，不將「兩國論」入憲，並謂沒有廢除〈國統綱領〉與國統會的問題。然四年任期內，其政策變化無常，態度游移不定，又乏政治遠見及國際視野，因而政績乏善可數，而經濟之衰退，族群之裂痕，社會之沉淪，尤為有目共睹之事實。陳氏一向以善於改革自豪，然依立場中立之澄社諸學者的觀察，認為陳水扁執政四年，對教育改革、金融改革、媒體改革、憲政改革、社會福利、兩岸經貿、生態環保等七大改革，「都交了白卷」。⑩

　　民國 93 年 (2004) 3 月，臺灣地區舉行第十一任總統選舉。在野的中國國民黨與親民黨組成聯盟，公推連戰、宋楚瑜為總統、副總統候選人；民

---

⑩　張玉法，《中華民國史稿》，頁 605。

⑫　《聯合報》，民國 75 年 9 月 29 日。

⑩　李筱峰，《快讀臺灣史》，頁 150。

⑩　許介鱗，《戰後臺灣史紀》，頁 464–469。

⑩　澄社，〈檢驗民進黨執政四年成效報告〉；《聯合報》，民國 93 年 7 月 12 日。

進黨仍以陳水扁、呂秀蓮為總統、副總統候選人。國、親、新三黨及其支持者，被稱為泛藍陣營；民進黨、奉李登輝為精神領袖並主張「正名建國」的臺灣團結聯盟及其支持者，被稱為泛綠陣營。兩陣營實力相當，競爭極為激烈。選前的民調及輿情多看好藍營，然由於綠營以「公投綁大選」的策畫及 3 月 19 日下午陳、呂在臺南受到槍擊事件的影響，致 20 日的投票結果，陳、呂以二萬九千五百一十八票的差距，獲得勝選。儘管藍營認為選舉不公及槍擊案真相未明而提起選舉無效之訴訟，中央選舉委員會仍公告陳水扁、呂秀蓮分別當選為中華民國第十一任總統、副總統，陳、呂並於 5 月 20 日正式就職。

選舉前，陳、呂宣稱：「只有扁呂當選，才能推行臺灣新憲法，臺灣才可以有合用合身的臺灣新憲法，在 2006 年公投制憲，2008 年實施新憲。」❿陳水扁當選之後，於 3 月 29 日接受美國《華盛頓郵報》訪問時，於譴責中共阻擋香港的民主改革要求外，申言臺灣人將不顧戰爭風險，繼續建立自己「獨立的主權國家。」⓱中共認為這是陳水扁的臺獨日程表，因而嚴詞警告陳氏要「懸崖勒馬」。美國國務院官員暨美國在臺協會人員，亦分別表示嚴重的關切，並以罕見的嚴厲措詞，提出警告：「臺灣片面邁向獨立的舉動，可能招致中共危險的反應。這種反應可能摧毀臺灣大部分成就，粉碎臺灣未來的希望。」⓲陳水扁在國內外的壓力下考慮自身的利害得失，決定採行退卻策略，於其 5 月 20 日發表的就職演說中，不再提「公投制憲」的主張，只強調要依循正常的修憲程序，產生「新憲法」。陳氏此一言論，卻引發了獨派人士的反彈，有人組成「新臺灣黨」，有人揭起「臺灣正名運動聯盟」的旗幟，呼應李登輝發動的臺灣正名制憲運動，向臺獨方向前進。⓳藍營方面，仍堅持追究槍擊案真相，不承認陳水扁為合法總統的立場。民間人士許信良、侯孝賢、鄭麗文等及一部分學術界人士成立了「臺灣民主學校」，

---

❿　《聯合報》，民國 93 年 3 月 14 日。

⓱　《聯合報》，民國 93 年 3 月 30 日。

⓲　〈美助卿凱利作證全文摘譯（上）〉，《聯合報》，民國 93 年 4 月 23 日。

⓳　新臺灣黨主席為黃玉炎，臺灣正名運動聯盟的執行長為王獻極。

並有促成「民主大聯盟」的醞釀。❿

陳水扁於民國 93 年 (2004) 5 月就任第十一任總統之後，政策明顯轉向臺獨的道路，提出「正名制憲」主張，公然推動「去中國化」措施，致使族群裂痕日益加深，對美及臺海兩岸關係均陷入谷底。其最大污行，乃為涉嫌貪瀆，於是先有前民進黨主席施明德於民國 95 年 (2006) 發動紅衫軍「反貪倒扁」之浪潮，繼有法院檢察官進行調查並對陳妻吳淑珍提起公訴之行動，陳亦被動公開承認「做了法律所不允許的事」。由於陳水扁失德敗政，民進黨聲名每況愈下，因而於民國 94 年縣市長選舉及 97 年 (2008) 立法委員選舉，均告落敗。

民國 97 年 (2008) 3 月 22 日，臺澎金馬地區舉行中華民國第十二任總統副總統選舉。候選人有兩組：一為中國國民黨提名的候選人馬英九、蕭萬長；一為民主進步黨提名的候選人謝長廷、蘇貞昌。選舉結果：馬、蕭以超過兩百二十多萬票之多數票獲得勝選，中華民國憲政史上出現了第二次政黨輪替。民進黨執政八年 (2000–2007)，卻遭慘敗，原因何在？論者見仁見智，絕大多數評論，包括民進黨人在內，都以陳水扁執政失敗為首要原因。一位媒體人蕭旭岑所作「新聞分析」中，申言：「國民黨並未真正完成改革，馬英九為什麼能以懸殊比例勝選？最重要的原因有三：陳水扁執政失敗，國民黨走本土路線，以及馬英九個人品牌。」⓫

以民主政治觀點而論，中華民國兩度政黨輪替正顯示國民民主素養的提高，是正常而可喜的現象。臺灣因此展開新局面，也是撥亂反正的新契機，美國暨大陸當局也都適度顯示出滿意的反應。⓬

馬英九的第十二任總統任期，至民國 101 年 (2012) 5 月屆滿。同年 1 月 22 日舉行第十三任總統副總統選舉，馬英九與吳敦義以中國國民黨提名總

---

❿　臺灣民主學校於 2004 年 7 月 19 日成立，成員多為前民進黨暨學界、藝文界人士。

⓫　《中國時報》，民國 97 年 3 月 23 日，A2 版。

⓬　卜睿哲著，林添貴譯，《未知的海峽——兩岸關係的未來》（臺北：遠流出版事業股份有限公司，民國 102 年），頁 8–9。

統副總統候選人身分競選，得票率高出民進黨提名總統副總統候選人蔡英
文與蘇嘉全五個百分點，連任成功。馬英九具有為社會公認的清廉正直人
格品質，也具有民主素養暨愛國熱誠，任職以來於改進兩岸關係及爭取國
際空間等方面的施政，績效甚為顯著。馬曾於民國 102 年 (2013) 2 月 16 日
對其黨內同志說明外交方面的成績：

> 觀光人口倍增，去年成長幅度是過去十四年的總合；在釣魚臺事件
> 中，談成臺日漁業協定，擴大漁權，又未傷及主權；讓臺灣免簽國
> 達一百三十三國，遠超過大陸的三十七國，連大陸人都想要臺灣護
> 照。❶❶❸

　　儘管如此，馬英九卻得不到太多的掌聲，其民間聲望日漸下沉，怨聲
不斷。他所期盼的「歷史定位」，尚須更多更強固的政績，作為認定的依據。

第三節　大陸中共政權的建立

一、中共建立中華人民共和國

　　毛澤東在我國對日抗戰尚未勝利之前，即公開聲言要建立一個「新國」。
民國 34 年 (1945) 4 月 23 日至 6 月 11 日，中共在延安召開其七全大會時，
毛澤東手訂中共「總政治任務」，即說：「放手發動群眾，壯大人民力量，
在共黨領導下，打敗日本侵略者，解放全國人民，建立一個新民主主義的
中國。」❶❶❹ 毛同時對前來延安訪問的國民參政會參政員左舜生等人說，他要
「出兩個太陽」給蔣中正先生看看。這個「新民主主義的中國」，就是 1949
年（民國 38 年）10 月 1 日在北平成立的中共政權——中華人民共和國。

---

❶❶❸　《聯合報》，民國 102 年 7 月 17 日，記者錢震宇等報導。

❶❶❹　毛澤東，〈兩個中國之命運〉，見《毛澤東選集》(北京：人民出版社，1953 年)，
　　　卷 3，頁 1026。

中共政權成立前，先於 1949 年 9 月 21 日至 30 日召開了「第一屆政治協商會議」——中共稱之為「新政協」，**⑮**以別於國民政府於民國 35 年 (1946) 1 月 10 日在重慶召開的政治協商會議。「新政協」產生了「全國委員會」，「全國委員會」依據毛澤東〈論人民民主專政〉的理論，**⑯**制訂中共政權的《共同綱領》。明定中華人民共和國的制度「是新民主主義的，也就是人民民主的，以工人階級為領導，以工農聯盟為基礎。」事實上，其政權的本質為中共一黨的獨裁專政。

「新政協」雖也包括了十一個所謂「民主黨派」的代表，**⑰**實際上是由共產黨一手導演，也可以說是毛澤東等少數幾個人在耍把戲。曾經參與中共「新政協」並任職「人民政府」，其後卻逃出中共掌握到香港辦《時代批評》的周鯨文，就曾指證：

> 「新政協」內各黨派的代表名單，是在共產黨的指導之下，各黨派協商的，其他以各種名義，如人民團體、學術界、華僑等推出的代表也都以協商為名，實際是由共產黨指定。
>
> 在共產黨指導下的「民主機構」，這種代表成了不能自主的機器，例外的，只有毛澤東、劉少奇、周恩來等共黨首腦，才有運用頭腦的必要。共同綱領由共黨提出，……選舉「政府」人選名單時，事先也由共黨擬定……就是在會上代表的發言，也是先擬好，然後交大會主席團看過批准，主持這件事，也是共產黨。**⑱**

---

⑮　共黨問題研究叢書編輯委員會，《中共偽「政協」之研究》(臺北，民國 69 年)。

⑯　〈論人民民主專政〉是毛澤東於 1949 年 7 月 1 日中共建黨二十八週年時發表的一篇文章。

⑰　十一個「民主黨派」是：中國國民黨革命委員會，中國民主同盟，中國農工民主黨，中國民主建國會，中國民主促進會，中國致公黨，九三學社，臺灣民主自治同盟，中國人民救國會，三民主義同志聯合會，中國國民黨民主促進會。

⑱　周鯨文，《風暴十年——中國紅色政權的真面貌》(香港：時代批評社，民國 48 年 1 月)，頁 58–59。

中共政權的國號為中華人民共和國，是蘇俄賦予各附庸政權的名詞，東歐的共黨政權無一不叫「人民共和國」，外蒙也是一樣（今已改制）。中共採用這一「國號」，表示甘心做蘇俄的附庸，這對中華民族來說，實在是一大屈辱。中共決定不用中國人自己的紀年方式，採用西元紀年，也是仿效蘇俄。將北平恢復北京的舊稱，定為國都。國旗定為紅地，左上角有五顆星，代表共產黨和四個階級，是為「五星旗」。

中華人民共和國的中央政府，係由五個部門組成：中央人民政府委員會、政務院（今稱國務院）、人民革命軍事委員會、最高人民法院和最高人民檢察署。另設全國人民代表大會，屬最高民意機構。中央人民政府的主席是毛澤東，政務院總理為周恩來。副主席有六位：宋慶齡、李濟琛、張瀾、朱德、劉少奇、高崗，其中朱、劉、高都是中共的超高級幹部，宋、李、張則是徒居虛名，無異為政治的裝飾品，高崗於五年之後被毛澤東以叛黨罪名整肅。

二、毛澤東的獨裁統治

毛澤東為中國共產黨的主席，也是中華人民共和國中央人民政府的主席，人民革命軍事委員會主席及中國人民政治協商會議主席，居於個人獨裁的地位。他並不否認獨裁，但強調黨的獨裁，並曾以被指為獨裁而沾沾自喜，他說：「『你們獨裁』，可愛的先生們，你們講對了，我們正是這樣。」⑪

毛澤東對內獨裁，對外則一面倒向蘇俄。中共政權成立之次日──10月2日，蘇俄即首先予以承認。5日，北京即成立了中蘇友好協會，並派出了第一位駐蘇大使王稼祥，蘇聯則以原駐中華民國大使羅申為駐中華人民共和國的大使。12月，毛澤東和周恩來前往莫斯科訪問，於1950年（民國39年）1月14日簽訂了《中蘇友好同盟互助條約》，在「互助」的名義下，大批的蘇俄人員和少數的機器進入了中國大陸。莫斯科代中共向聯合國大會要求席位，中共在外交事務上也無不仰承蘇俄的鼻息。同年6月韓

⑪　毛澤東，〈論人民民主專政〉，見《毛澤東選集》，卷4，頁1480（北京，1960年9月）。

戰起後，中共發動「抗美援朝」，並在蘇俄的指使下，參加了韓戰，造成了重大的傷亡和損失。並被聯合國判定為侵略者，對中共實施禁運。1958 年（民國 47 年）中共發動砲擊金門，卻未獲得蘇俄的支持。毛澤東也由於臺海戰役中失敗，因此銜恨蘇俄，到 1961 年（民國 50 年），中共與蘇俄就公然分裂，開始互相責罵了。

內政上，毛澤東首先以欺騙手段，於 1951 年（民國 40 年）控制了西藏，**⑫⓪**並以「自治區」名義，籠絡了內蒙、寧夏及新疆。**⑫①**政治路線上，則劃分為四個時期：**⑫②**

一為「國民經濟恢復時期」——自 1949 年至 1952 年（民國 38 年 –41 年）：先後發動了「五大運動」：土地改革運動、鎮壓反革命運動、抗美援朝運動、三反（反貪污、反浪費、反官僚主義）五反（反行賄、反偷稅漏稅、反盜竊國家資財、反偷工減料、反竊盜國家經濟情報）運動及思想改造運動。

二為「社會主義改造時期」——自 1953 年至 1957 年（民國 42 年 –46 年）：放棄了「新民主主義的外衣」，提出「過渡時期的總路線」，進行對農業、手工業和私營工業的「社會主義改造」，目的在消滅私有財產，將全國農業、工業都控制在共黨手中。對知識分子，初則允許「大鳴、大放」，繼則轉變為「反右派鬥爭」，使無數一向左傾媚共的知識分子，也受到迫害。

三為「三面紅旗時期」——1958 年至 1960 年（民國 47 年 –49 年）：毛的三面紅旗是：「工農業生產大躍進運動」、「社會主義建設總路線」和「人民公社化運動」。發出了「興修水利」、「全民煉鋼」的指示，叫出了「十五年內趕上英國」的口號，結果是人民叫苦連天，雞犬不寧，浪費了大量人力和物力，毫無所獲。毛不得不於 1959 年（民國 48 年）辭去國家主席職

---

⑫⓪　智銘，〈記取共匪「和平解放西藏」的教訓〉，臺北《中央日報》，民國 68 年 4 月 6 日至 8 日。

⑫①　中共取消了熱河、察哈爾、綏遠三省的建制，合併改稱為「內蒙古自治區」，新疆省亦改稱「新疆維吾爾自治區」。

⑫②　孔德亮，〈論匪黨五十年來之演變〉，見《匪情月報》，第 14 卷，第 5–7 期。

務，由劉少奇接任。

四為調整時期──1961 年至 1965 年（民國 50 年 –54 年）：係在「三面紅旗」全面失敗後，不得不採取以「調整」為名的全面退卻路線。開始重視農業、減縮工業、恢復了「自留地」和「自由市場」、「自負盈虧企業」，並實行「包產到戶」──即所謂「三自一包」政策。

排除異己與權力鬥爭，是共產政權的特徵，中共政權與俄共政權，如出一轍。早年的張國燾 (1897–1979)，晚年的陳紹禹 (1905–1974)，都被毛澤東排出黨外。1955 年（民國 44 年），高崗和饒漱石在「高饒反黨聯盟」的罪名下受到整肅；1959 年（民國 48 年），彭德懷 (1898–1974) 和黃克誠由於反對毛澤東的「三面紅旗」而被指為「彭黃反黨聯盟」，也被罷黜了一切職務。這些人的後果都是悲慘的。朱德在中共政權建立後解除軍權，成了個無足輕重的人。只有周恩來在中共政權中是個突出的人物，他一直擔任了二十六年中共「國務院總理」，而未受到毛的迫害。**⓫**

三、文革十年──一場大浩劫

1966 年至 1976 年（民國 55 年 –65 年）的十年間，中共政權在大陸上爆發了所謂「無產階級文化大革命」──簡稱「文革」。實際上，「文化大革命」不是文化革命問題，而是權力爭奪問題：先是毛澤東、江青結合林彪 (1907–1971)，向劉少奇 (1898–1969)、彭真等一夥奪權，並鬥垮了劉、彭；繼是毛、江與林彪權力衝突，林要造反，但計畫洩露，於逃亡時機毀人亡。江青一幫暫時獲得了權力，但等毛澤東於 1976 年（民國 65 年）9 月 9 日死亡後，剛剛三十三天，以江青為首的「四人幫」便被華國鋒、葉劍英等人逮捕治罪。這是一幕中共權力鬥爭的穢史，也是中國人民的一場大浩劫。

「文革」的遠因，是毛澤東在對劉少奇的權力鬥爭中失勢。劉少奇對毛澤東有意見，由來已久。**⓬**他公然向毛澤東挑戰，則係在 1956 年（民國

⓫ 李天民，《周恩來評傳》（臺北：黎明文化事業公司，民國 65 年），頁 186–187。

⓬ 丁匡華，〈毛澤東與劉少奇的權力鬥爭〉，見《問題與研究》，第 6 卷，第 4–5 期。

45 年）9 月，中共召開「八全大會」修改「黨章」時，堅持要將舊章中的「毛澤東思想」字樣刪除。1958 年（民國 47 年）秋，毛一方面由於臺海戰役的失敗，一方面由於「大躍進」與「人民公社」造成的混亂，被迫把「中央人民政府主席」交出來，由劉少奇取而代之。毛以中共中央主席身分，退居「第二線」，心有未甘。而由彭真指使的北京市中共黨務人員鄧拓、吳晗、廖沫沙等發表〈燕山夜話〉、〈三家村札記〉等文字，🄬借古諷今，直接影射毛澤東的「專橫暴戾」，「自作聰明」，以致「怨聲載道，人人咒罵當今」。毛忍不下去了，乃與江青共謀以上海為基地，借「無產階級文化大革命」為主題，向劉少奇、彭真集團發動反攻，並在各地共黨組織中開始奪權。毛、江指劉少奇一夥為「黨內走資本主義道路的當權派」。

　　1965 年（民國 54 年）11 月 10 日，上海《文匯報》發表了姚文元的〈評新編歷史劇「海瑞罷官」〉一文，向劉、彭集團放出第一槍，也揭開了「文化大革命」的序幕。《海瑞罷官》是吳晗寫的歷史劇，內容是替彭德懷伸冤。江青自己到了上海，找到了中共上海市委書記處書記張春橋商量，在江、張的策畫下，由時任上海《解放日報》總編輯的姚文元首先撰文發難。又從上海「國營棉紡十七廠」找來青年工人王洪文，在上海建立起「工人造反總部」，開始奪權。江青、張春橋、姚文元、王洪文四個人，於 1976 年（民國 65 年）10 月被捕後，被稱為「四人幫」。

　　毛澤東也曉得，要奪權造反，單靠幾個文人或工人是不成的。他開始注意到自 1959 年（民國 48 年）9 月以後接替彭德懷為國防部長的林彪。林是投機分子，對劉少奇也心懷不滿，🄭因而全力支持毛的奪權。毛大膽的在各地發動組織紅衛兵，利用衝動、無知而又心懷不滿的青年，作為向劉少奇一夥奪權造反的工具。毛澤東授予他們胡作非為之權，理由是「造

🄬　〈燕山夜話〉，是鄧拓從 1961 年 10 月到 1962 年 9 月間，在《北京晚報》發表的一百五十三篇文稿。〈三家村札記〉，是吳晗、鄧拓、廖沫沙三人從 1961 年 10 月到 1964 年 7 月，以「吳南星」筆名在北京《前線》雜誌發表的六十七篇文章。

🄭　丁匡華前文。

反有理」。毛澤東由林彪陪同於 1966 年（民國 55 年）8 月至 11 月間，曾在北京天安門八次接見紅衛兵。

毛澤東也在中共中央設立了「文革小組」，由陳伯達任組長，江青以副組長兼軍隊文革小組顧問，張春橋亦為副組長。彼等據以叫囂造反的「經典」，是一紅色小冊《毛澤東語錄》。林彪叫得最響亮的口號是「活學活用毛思想」。等毛、林在各省的奪權行動獲得初步勝利，在大多數省區建立「革命委員會」之後，毛澤東即於 1968 年（民國 57 年）11 月召開中共八屆十二中全會，開除了劉少奇的黨籍，並撤銷其一切黨內外職務。把原有中共六個副主席撤除五個，使林彪成為惟一的副主席。1969 年（民國 58 年）4 月，毛澤東召開中共的「九全大會」，於「選舉」毛澤東、林彪為中共中央主席、副主席外，並在「黨章」中明文規定：「林彪同志是毛澤東同志的親密戰友和接班人。」林彪的妻子葉群也一躍而為「政治局」的委員。

由於林彪的竄升，中共內部卻又發生了軍與黨的矛盾問題：槍高於黨？還是黨指揮槍？這一情勢很快就演變為毛澤東和林彪間的矛盾，毛澤東開始防林，也開始準備打林。因為毛澤東既要黨，也要槍。林彪也就老實不客氣，祕密準備發動政變。

1970 年（民國 59 年）8 月，中共在北京舉行九屆二中全會，林彪曾計畫於此時發動政變，但沒有實行。1971 年（民國 60 年）2 月，林彪、葉群與其服役於中共空軍的兒子林立果在蘇州再策畫政變。林立果遂於 3 月間起草一份「五七一工程紀要」，計畫武裝起義。6 月 3 日以後，林彪就不再公開露面了。林彪計畫於 9 月 8 日發動武裝政變並殺害毛澤東，但沒有成功。林彪夫婦及其子急急於 9 月 13 日乘一三叉戟機想逃往蘇聯，卻在蒙古溫都爾汗上空墜機身亡。⓬當時中共並沒有公開此一消息，卻取消了原定 10 月 1 日舉行的閱兵，並停止召開第四屆人民代表大會的籌備工作。直到 1973 年（民國 62 年）8 月，中共的十全大會才開始批判「林彪反黨集團」罪行，說林彪是「資產階級野心家、陰謀家、反革命兩面派、叛徒、賣國賊」，決議永遠開除他的黨籍。⓭這件事，史家稱之為「九月風暴」。林彪

⓬ 關國煊，〈林彪小傳〉，見《傳記文學》，4 卷 2 期。

的同黨黃永勝、吳法憲、李作鵬、邱會作等，也同時被撤職查辦。❿

　　中共的「第九次全國代表大會」於 1969 年（民國 58 年）4 月在北京召開時，「文化大革命」的浪潮達到頂點。一方面是江青集團的竄升——江青、張春橋、姚文元都是「中央委員」及「中央政治局委員」，工人出身的打手王洪文也當選「中委」，且為「副主席」，四人均在大會期間當選為「主席團」成員；❿一方面則是遍地無法無天的「紅衛兵」，到處打殺劫鬥，也到處是「牛鬼蛇神」，中國的文化古蹟受到了史無前例的破壞，知識分子受到了難以想像的凌辱，不少人被迫害至死，即中共政權的「煤炭工業部長」張霖之也不能倖免。❿這些為毛澤東奪權賣命的「革命小將」，最後的命運卻是被強迫返鄉從事勞動改造。

　　1970 年（民國 59 年）「九月風暴」之後，林彪一系文革人物或死或縛，只有江青一系人物高據要津。彼等高喊「清理階級隊伍」，大肆逮捕、屠殺反毛反共分子。但好景不常，毛澤東於 1976 年（民國 65 年）1 月 8 日「國務總理」周恩來死亡後，以華國鋒代理「總理」，已無法控制當時的情勢。4 月 5 日，北京便發生了「天安門事件」，幾十人流了血，幾百人被捕。江青、華國鋒等人把肇事責任推到「國務院副總理」鄧小平身上，解除了鄧的一切職務，由華國鋒繼任「總理」。接著便是「批鄧」的聲浪，在各處擴散，鄧也不能不逃離北京南下廣州躲藏起來了。9 月 9 日，毛澤東死亡。10 月 12 日，華國鋒在葉劍英、鄧小平等人的幕後壓迫下，下令逮捕了「四人幫」——江青、王洪文、張春橋、姚文元。華國鋒以毛澤東「你辦事，我放心」的「遺令」自行宣布為「中央委員會主席」及「中央軍委會主席」，清算江青的大規模示威行動也在各大都市展開了。「文革」的一幕到此結束，

---

❽　同上。

❾　黃永勝時任共軍參謀總長，中共中央軍委祕書長；吳法憲為副參謀總長，中共中央軍委副祕書長，空軍司令員；李作鵬為中共中央軍委委員及全軍文革小組副組長；邱會作為副總參謀長，全軍文革小組副組長。

❿　中國國民黨中央第六組，《匪黨中央新當權派》（臺北，民國 59 年），頁 12、282–383、360–361、436。

❿　李天民，《周恩來評傳》，頁 243。

慘痛的創傷卻無法平復。事實上，毛澤東才是這場災難的罪魁，周恩來亦是預謀者和幫兇！

四、外交政策的轉變

中共建黨之初是以馬、恩、列、史理論為教條，且在俄共直接間接培育下的一個勢力，名為中國共產黨，實際上卻不是中國文化的產物。[132]其於 1949 年（民國 38 年）在中國大陸建立政權後之必然一面倒向蘇俄，實為歷史因素所造成的必然趨勢。

中共政權的決策者，當然是獨裁者毛澤東，但周恩來在中共對外關係方面所擔當的角色，也不容忽視。自 1949 年 10 月至 1958 年 2 月，周恩來都是以政務院總理兼任外交部長。1958 年 2 月以後，外交部長換成了陳毅，周恩來卻仍以「總理」身分頻頻出國訪問及參加國際會議。所以，周的評傳作者李天民說：「二十六年來，周恩來是總攬中共外交大權的中心人物。」[133]

毛澤東和周恩來，都不屬於中共的「國際派」，也不是蘇俄所最喜歡的人。但為了取得蘇俄的支持與援助，毛、周都在中共政權建立之前，表示未來的發展必須以蘇俄馬首是瞻。1949 年 7 月間，毛澤東在〈論人民民主專政〉一文中，便表示要向蘇俄一面倒。同年 12 月 16 日毛澤東率同陳伯達等飛俄訪問，向史達林求援。次年 (1950) 1 月，周恩來也來到莫斯科。經過兩個月的談判，終於在同年 2 月 14 日，由周恩來與蘇俄外長維辛斯基 (Vyshinsky) 簽訂了一項《中蘇友好同盟互助條約》。[134]

所謂《中蘇友好同盟互助條約》，係以「共同防止日本之再起及與日本勾結的國際侵略」為主旨，顯然是針對美國的扶植日本政策而發，對中共並無太多的意義。真正規定中俄共「同盟互助」的，是兩項附約——《關

---

[132]　蔣中正，《蘇俄在中國》，頁 9。

[133]　李天民，《周恩來評傳》，頁 204。

[134]　全文共六條，附簽協定二件，均見中國國民黨中央第六組編，《共匪重要資料彙編》，第 1 輯，民國 41 年 8 月。

於中國長春鐵路、旅順口及大連協定》和《關於蘇聯政府給予中華人民共和國政府以長期經濟貸款作為償付自蘇聯購買工業與鐵路的機器設備協定》。依據前一附約，蘇俄允於 1952 年（民國 41 年）將中長路移交給中共，旅順的俄軍撤退，大連也交由中共管轄。依據後一附約，蘇俄於五年內貸款三億美元給中共以購置工業設備與鐵路器材，中共則以原料、茶葉、現金、美元付還。毛、周在莫斯科逗留了四個多月，又於同年 3 月間，與蘇俄簽訂《民用航空協定》、《新疆石油股份公司協定》、《新疆有色及稀有金屬礦產股份有限公司協定》；4 月上旬，又簽訂《貿易協定》。其後數年間，又先後簽訂《原子能和平合作協定》、《國防新技術協定》等協定，不下五十項之多。通過這些協定，蘇俄的勢力無異控制了大陸，誠如沈雲龍所論斷者：

> 由於蘇俄給予中共上項種種援助，所謂蘇俄的軍事、政治、經濟、工程、文化、教育專家顧問，蠭擁而至，遍及於各部門、各階層、各地方，總數約在六萬人以上，協助中共從事各種開發建設，實際已成了蘇俄的附庸。[135]

然而，中共政權與蘇俄間的「合作」關係，並不太長。至 1961 年（民國 50 年），便發生了公開的分裂。分裂的原因很多，「史達林鞭屍」、「臺海戰役」、「人民公社」、「捷克事件」、「中共與印度邊界糾紛」等事件中，雙方的態度與政策牴觸，因而使得赫魯雪夫 (N. S. Khrushchev) 一怒之下，撕毀了幾百個「合同」，撤走了幾千名顧問，中共也就開始大罵「蘇修」、「蘇修社會帝國主義」。周恩來承認與蘇俄的分裂，使中共「受到了損害，遇到了困難」。[136] 使中共的第二個「五年計畫」成為泡影。1964 年（民國 53 年）10 月，赫魯雪夫垮臺，但中俄共之間的關係仍無法改善。1969 年（民國 58 年），中俄東北及西北邊境連續發生了珍寶島、八岔島、巴爾克魯山、鐵列

---

[135]　沈雲龍，〈三個中俄友好同盟條約的歷史教訓〉，見《傳記文學》，36 卷 4 期。

[136]　〈周恩來在第三屆「人代會」第一次會議之報告〉，1964 年 12 月 21 日。

克提等地的武裝衝突事件，[137]蘇俄以重兵集結於西伯利亞以威脅中共，雙方關係就更為惡化了。[138]

　　1960 與 1970 年代，中共也對所謂「第三世界」國家——亞非新興國家——下功夫，企圖於美俄之外，建立以中共為首的新國際勢力。自 1953 年至 1965 年（民國 42 年 –54 年）這段期間，周恩來曾遍訪東歐共黨國家與亞非新興國家，極盡甘言誘騙之能事。他成功的把阿爾巴尼亞拉到中共一邊，並於 1954 年（民國 43 年）提出所謂「和平共存」五原則：互相尊重領土主權、互不侵犯、互不干涉內政、平等互利、和平共處，成為中共推動國際統戰的重要策略，翌年 (1955) 4 月，周恩來率領一個龐大的中共代表團出席萬隆亞非會議 (The Bandung Conference)，高唱反殖民主義，出盡了風頭。但周恩來最後還是失敗了，原因是中共口是心非，嘴巴裡講「互不干涉內政」，背地裡卻進行顛覆活動。因此，1965 年（民國 54 年）內，非洲的蒲隆地宣布與中共斷交，肯亞拒絕周恩來前往訪問並不准周的座機過境，亞洲的大國印尼也因中共策動印尼共黨發動政變，蘇哈托總統立即中止了與中共間的外交關係。預期這年舉行的第二屆亞非會議也因阿爾及利亞發生政變而宣告無限期延後，中共企圖操縱亞非會議的計畫成了泡影。[139]

　　1946 年（民國 35 年）9 月起，中共即瘋狂的反美。反對美國援助國民政府，反對美國扶植日本；韓戰發生後，反對美國「侵略」臺灣，並參加韓戰，高喊「抗美援朝」。劫奪了美國教會在中國大陸的一切教育、宗教和慈善事業，沒有一張報紙不在謾罵「美帝國主義」。1961 年（民國 50 年）與蘇俄分裂後，仍然認為「美帝」、「蘇修」都是敵人，不過「美帝」已由

---

[137]　前兩地在黑龍江撫遠縣境，後兩地在新疆裕民縣境。珍寶島事件發生於 1969 年 3 月 15 日，巴爾克魯山事件為 6 月 10 日，八岔島事件為 7 月 8 日，鐵列克提事件為 8 月 13 日。

[138]　中共在其軍隊教育的秘密文件中，謂「蘇修是我國最危險最主要的敵人」。並謂蘇俄在幾千公里邊界上，集結了六十四至六十七個師，一萬五千輛坦克，幾千架飛機，幾十個導彈基地，「擺出了一副要對中國大打的架勢」。見中國人民解放軍昆明軍區頒發之《連隊形勢教育提綱》，頁 6。

[139]　李天民，《周恩來評傳》，頁 213–218。

「頭號」敵人降格為「次要」敵人，「蘇修」則升格為「最主要」的敵人。❿
直到 1971 年（民國 60 年）5 月，毛澤東耍出「乒乓外交」的絕招，美國
尼克森總統有心相助，宣布往訪大陸以後，中共對美國的叫囂謾罵才漸趨
緩和了。在美國的支持下，中共於 10 月進入聯合國，且為常任理事國的大
國，認為這是毛澤東「革命外交路線的偉大勝利」。一份中共軍方機密文件
中，得意的說：

> 把乒乓球一下打出去，邀請尼克森訪華，毛主席這一英明的戰略決
> 策，具有很大的意義：一是打亂了蘇修的戰略部署，使其驚慌失措，
> 亂了陣腳。……二是加劇了美蘇矛盾。……三是加劇了美帝和他的
> 走狗的矛盾。……四是有利於我們解放臺灣。……⓫

　　要和「美帝」握手言歡，是毛澤東和周恩來決定的策略。毛、周死後
不久，被指為是「走資派」的鄧小平攫得了中共政權的領導權，進一步的
推動「聯美」政策。碰巧美國的卡特總統既無經驗，又乏遠見，他終於不
顧一切的打出了「中國牌」，於 1978 年（民國 67 年）12 月 15 日宣布：翌
年 (1979) 1 月 1 日承認中華人民共和國為中國的「惟一合法政府」。鄧小平
就在 1979 年（民國 68 年）1 月赴美訪問，並與卡特發表《聯合公報》，聲
言「反對霸權」；也無異向世人宣布：中共已由一面倒向蘇俄，轉而與美國
結盟。共產主義一向以資本主義為最大敵人，誓言必欲摧毀的；中共仍掛
著共產主義的招牌，卻已開始向資本主義的「美帝」攀交情，這難道不是
「自我否定」的「修正主義」？

五、建設成就與民心向背

　　毛澤東統治中國大陸二十七年，不但未能解除大陸人民的窮困，反而

---

❿　中共雲南軍區，《連隊形勢教育提綱》，第二課，〈蘇修是我們最危險最主要的
　　敵人〉。

⓫　同上，第三課，〈毛主席革命外交路線的偉大勝利〉，頁 4-6。

由於實行「大躍進」政策下如「土法煉鋼」等愚妄政策，為人民帶來了更
多的災難。而慫恿紅衛兵肆意破壞歷史文化及人性倫常，尤屬罪無可赦。
然而在有形的物質建設方面，他也不是毫無作為，所謂「超英趕美」雖只
是他的妄想，但他一意想國力強大，誇耀「中國人已經站起來了」的心態，
卻也可以理解。

　　中共政府先後實施過四個「五年計畫」，建設成績也多有可觀。尤其是
鐵路興建、油源開發、重工業建設、醫藥改進，以及科技研究的成果，都
使大陸和海外的中國人深感振奮。1964 年（民國 53 年）10 月，中共首次
在新疆試爆原子彈成功，確曾使中外震驚，在臺灣的中華民國人士也不否
認這是難得的一項成就。原子彈而後，繼之以氫彈試驗與人造衛星發射的成
功，已成為世界主要核子國之一。1983 年（民國 72 年），大陸選手在洛杉
磯世界奧運會中創造了史無前例的優異成績，中外人士無不為之刮目相看。

　　然而，就人心向背而言，中共政權的嚴厲統治是失敗的。大陸人民一
有機會，無不冒險逃脫中共的控制，投向自由世界。

　　第一批唾棄中共暴政，投歸中華民國的勇士，是韓戰期間 (1950–1953)
一萬四千二百零九名中共戰俘。他們在聯軍俘虜營中受盡苦難，中共曾派
遣政治人員進入戰俘營向他們反覆遊說──世人稱之為「洗腦」，但他們堅
持前來臺灣，投效中華民國政府。他們終於在 1954 年（民國 43 年）1 月
23 日獲得聯軍統帥部的釋放，並開始遣送臺灣。這一天自清晨零時一分起，
全國響遍了自由鐘聲，慶祝他們獲得自由，歡迎他們前來臺灣。

　　1962 年（民國 51 年）5 月間，香港發生了「五月難民潮」：大陸同胞
甘冒生命的危險，像潮水般自邊界進入香港，香港警方發現後立即予以逮
捕並遣返大陸，但仍無法戢止他們投奔自由的行動。據香港政府宣布：自
5 月 1 日至 16 日間，被遣回大陸的難民即達二萬五千人，未被發現而能僥
倖進入香港暫時居留者，人數更多達十萬人以上。5 月 24 日一日之內，即
有四千餘人突破邊界封鎖進入香港。中華民國政府立即採取緊急措施，予
以救助；美國、加拿大均曾接納一部分難民，聯合國亦曾計畫在澳門設立
收容站。這是大陸同胞以逃亡行動表達對中共政權抗議的規模最大的一次，

是由於中共統治大陸以來暴虐政策所累積的結果。這些逃港難民中，有些人原是中共地方政府的幹部和民兵、學者、專家、醫師、外交人員、留學生、體育人員、名伶、軍人及一般平民。此後大陸人民，唾棄暴政，投奔自由世界的事件，亦未間斷。而中共空軍人員之駕機來臺的事例，自 1950 年 1 月至 1983 年 11 月間（民國 49 年–72 年），共有九次之多。❶❹❷

第四節　開放與改革

一、鄧小平掌權

　　中共的「文革」期間，鄧小平是被指為劉少奇的幫兇——「不知悔改的走資派」，而被列為批鬥對象，解除了一切職務。他在許世友等人的庇護下，躲藏了一段時期。等到毛死及「四人幫」被捕之後，才又半公開的活動起來，要求復職。

　　毛澤東死後，華國鋒任中共的主席和國務院總理。這個靠討好毛澤東家鄉湘潭韶山鄉民而起家的湖南人，並不夠領導「全黨」「全國」的資格，誰都曉得他只是個過渡時期的工具。鄧小平自然不把他看在眼裡，華也確實不是鄧的敵手。當鄧寫信給華，假惺惺的表示「認錯」以後，華就同意讓鄧回到北京。1977 年（民國 66 年），中共的十屆三中全會在北京召開，一方面確定「四人幫」的罪名，永遠開除他們的黨籍，解除他們黨內外一切職務，一方面追認華國鋒在黨、政、軍三方面的領導地位，同時也決定為鄧小平平反，恢復他黨內外一切職務——主要的是中央軍委副主席和國務院副總理。這些決定，都由同年 8 月召開的「中共十一大」予以追認，「十一大」也宣告了「文化大革命」的「勝利結束」。

　　這只是鄧小平開始奪權的第一幕，他在一部分老幹部葉劍英 (1897–1986)、李先念等人的支持下，一步步的擴展他的權力。1978 年（民國 67 年）2 月，中共的「十一屆二中全會」通過了「發展國民經濟十年規畫」(1978–

❶❹❷　九次情形見臺北《中央日報》，民國 74 年 3 月 23 日。

1985)，並決定召開「文革」期間停擺十年的全國人民代表大會。國務院的十三位副總理和三十七個部會首長，都安排由一些與鄧小平有歷史淵源的老幹部出任。同時也修改了《憲法》，以葉劍英為第五屆全國人民代表大會常務委員會的委員長。

同年 12 月，中共的「十一屆三中全會」，決定為彭德懷等反毛派分子平反，提升胡耀邦 (1915–1989) 等人為「黨中央副主席」，並實施「現代化的建設」。1979 年（民國 68 年）9 月的「十一屆四中全會」中，鄧的兩員大將趙紫陽、彭真成了「政治局委員」。五個月後（1980 年 2 月）的「十一屆五中全會」中，趙紫陽、胡耀邦都成了「政治局常委」，胡耀邦並成為中共的「中央總書記」。同年 8 月的「五屆人大第三次會議」解除了華國鋒「國務院總理」，由趙紫陽接任。1981 年（民國 70 年）6 月「十一屆六中全會」解除了華國鋒中共「中央主席、中央軍委主席」職務，分別由胡耀邦、鄧小平接任。1982 年（民國 71 年）9 月，由鄧小平、胡耀邦主持的中共「十二大」，通過中共中央設立「顧問委員會」，由鄧小平為主席。至是鄧小平的奪權行動遂告完全成功，中共政權亦成為「鄧小平、趙紫陽、胡耀邦」控制的局面，以葉劍英為委員長的「人代會」仍然是個裝飾門面的機構，照本宣科而已。繼中共「十二大」以後，五屆「人代會」於 11 月召開了第五次會議，第四次修改了《憲法》，⑭恢復設置「國家主席」，廢除了「人民公社」，重建鄉鎮政府，並追認了 1969 年（民國 58 年）即已開始的第六個「五年經濟計畫」(1981–1985)。⑭

鄧小平發動奪權及復辟當權期間，做出了幾件頗能聳動視聽的事。第一件事是於 1978 年（民國 67 年）10 月到日本去訪問，和日本政府舉行了所謂《和平友好條約》的交換儀式。第二件事是於 1979 年（民國 68 年）

---

⑭ 中共的《憲法》，初創於 1954 年（民國 43 年），可稱《毛劉憲法》，1975 年（民國 64 年）修改，可稱《毛江憲法》，1982 年（民國 71 年）再修改，可稱《華國鋒憲法》，此次修正案，可稱為《鄧小平憲法》。

⑭ 中國大陸問題研究所編，《中共徘徊在十字路口》（臺北，民國 73 年），頁 18–19。

1 月訪美歸國後，立即發動了對越共的戰爭，打了三個星期的仗，結果是得不償失，卻發現中共軍隊的裝備已經落後了。第三件事是於 1980 年 1 月提出了 1980 年代的三大任務：抓緊社會主義的現代化建設，爭取實現「包括臺灣在內的祖國統一」，及反對霸權主義；同年 4 月，他宣布終止了所謂《中蘇友好同盟互助條約》。第四件事就是於 1980 年 11 月開始的「十惡大審」——審判所謂「林彪、江青反革命集團」的十人：江青、張春橋、姚文元、王洪文、陳伯達、黃永勝、吳法憲、李作鵬、邱會作、江騰蛟；江青態度頑強，張春橋一言不發，其餘諸人認罪求饒。⑭⑤

　　當然，鄧小平最得意也最大膽的舉動，是他一反毛澤東時代的「左傾冒進路線」，採行「右傾修正主義」。他說過一句話：「黃貓黑貓，能捉老鼠就是好貓。」他要借助於資本主義國家的技術與財力，實施工業、農業、國防、科技的四個現代化——最初稱「四化」，1982 年（民國 71 年）9 月以後，改稱含義籠統的「現代化」，並採取對外開放政策，高喊要「搞活經濟」。鄧小平不承認他的「改革」是修正主義，而美其名曰「有中國特色的社會主義」，他於 1982 年 9 月 1 日在中共「十二大」致開幕詞時說：「建設有中國特色的社會主義，這就是我們總結長期歷史經驗得出來的基本結論。」⑭⑥

　　鄧小平的「右傾修正主義」路線，當然會遭受中共內部的反對。鄧也了解這點，所以在進行「改革」的同時，也提出了「四個堅持」——「堅持社會主義道路、堅持無產階級專政、堅持共產黨領導、堅持馬列主義毛澤東思想」。這一來，仍然是自己縛住自己的腳步，「四個堅持」成為反鄧派用以反鄧的武器。

二、開放與「反自由化」

　　鄧小平掌權後，鑑於毛澤東時代的對內採「左傾冒進路線」，造成了工

---

⑭⑤　詳見共黨問題研究叢書編輯委員會編，《北京大審》（法務部調查局印，70 年 4 月）；〈中國國民黨為共匪審判「林江集團」告海內外同胞書〉，見《一葉知秋》（臺北：時事週報社，民國 70 年），頁 2–7。

⑭⑥　《中共徘徊在十字路口》，頁 46–47。

商凋敝，經濟瀕臨破產的悲慘境地，決定採行經濟改革政策：「對內搞活，對外開放」──名之曰「中國式的社會主義道路」。1978 年（民國 67 年）12 月召開的中共中央十一屆三中全會，把鄧的政策落實到制度上，決定放棄「以階級鬥爭為綱」的極左路線，把工作重心轉移到經濟改革方面。這一突破馬、列理論教條的革命性改革，被認為「中共歷史上的一個里程碑。」❼

鄧小平通過中共中央十一屆三中、四中兩次會議及第五屆人代會的第三次大會，成功的把胡耀邦推上了中共中央總書記的高位，趙紫陽 (1916–) 則取代了華國鋒出任國務院總理。胡、趙乃成為鄧小平的左右手，成為執行改革開放政策的兩員大將。

就對內「搞活」經濟而言，中共確是有改轍易轍的態勢。首先廢除了強迫集體生活與勞動的「人民公社」制度，把土地分給一家一戶去耕種，實行「家庭聯產承包責任制」──土地所有權仍屬國有，農民有使用十五年的權利，農民生產所得，除按規定將其一部分繳納於政府外，其餘統歸自己所有。同時鼓勵農民發展副業、手工業、工業、建築業、交通運輸業、以及其他服務行業，以增加收入。於是農民生產的意願提高，產品增加，農民生活因而得到了普遍的改善。農民在窮困中受苦太久了，只要能有吃得飽的生活水準，就心滿意足，因而不少人歌頌鄧小平是個「好皇帝」。

就對外「開放」而言，就是不再敵視資本主義國家的經濟制度，並且要學習臺灣經濟建設成功的經驗，因而採取開放大陸市場和土地資源的政策，以合作經營、合資經營、獨資經營、補償貿易等方法，企圖大量引進西方的資金和技術，以加速推進其現代化的建設。先是設立了東南沿海四個「經濟特區」──深圳、珠海、汕頭、廈門，並制定了各種優待外資的法律。1984 年（民國 73 年）3 月，進一步宣布開放十四個沿海港口城市和海南島。1985 年（民國 74 年）1 月，又將長江三角洲、珠江三角洲、閩南廈（門）漳（州）泉（州）三角地區，開放為「沿海經濟開發區」。於是沿海省區開始繁榮起來，正如鄧小平所希望的：「中國採取開放政策，允許一

---

❼ 丁望，《六四前後》（上），頁 5。

些資本主義進入，這是作為社會主義發展的補充，有利於社會主義生產力發展。」⑭

　　鄧、胡、趙對他們掌權初期所獲得的改革成果，似乎感到滿意。胡耀邦於 1986 年（民國 75 年）1 月 9 日，在中央機關幹部大會講話時，即提出了九項成就。胡的報告原文是：

> 從一九七八年底的十一屆三中全會以來，我們黨中央做出了一系列重大決策。主要有九個方面：第一，否定「以階級鬥爭為綱」的錯誤方針，採取適合我國國情的發展戰略，確定了到本世紀末工農業年總產值翻兩番的奮鬥目標；第二，徹底否定「文化大革命」，總結建國以來的歷史經驗，正確地評價毛澤東同志；第三，實行對外開放，對內搞活，堅決而有步驟地進行經濟體制改革；第四，適應新的歷史條件，重新確定國防建設方針；第五，調整對外方針，堅定的奉行獨立自主的和平外交政策；第六，鞏固和擴大愛國統一戰線，確定了用「一國兩制」實現祖國統一的科學構想；第七，堅定而有步驟地改革幹部制度，大幅度地推進各級領導班子成員的新老交替；第八，確定社會主義物質文明和精神文明一起抓的戰略方針，建設高度民主、高度文明的社會主義國家；第九，整頓黨的組織，把我們黨建設成為領導社會主義現代化建設的堅強核心。⑭

　　改革開放聲中，胡耀邦確是很真誠，也很勇敢的「走大步」。他鼓吹講真話，自己講真話，也要人家講真話，於是不少社會人士和知識分子支持他，呼應他，因而在 1980 年代初期在學術界有人掀起了爭取思想解放的自由風——丁望甚至稱為「思想啟蒙運動」。⑮影響所及，方勵之、王若望、劉賓雁等人，大力倡導「自由化」，強烈反對中共的教條和控制。中共中央

⑭　鄧小平，《建設有中國特色的社會主義》（廣東：人民出版社，1984 年），頁 30。

⑭　鄭仁佳，〈中央前中央總書記胡耀邦的一生〉，《傳記文學》，臺北，54 卷 5 期。

⑮　丁望，《六四前後》（上），頁 6。

的保守派畏懼起來了，鄧小平也認為胡耀邦的言論和行動，有助於「資產階級自由化」思想的夢，決定加以遏制。中共中央政治局於 1987 年（民國 76 年）1 月召開擴大會議，指責胡耀邦應對「自由化」思想激發的學潮負責，決定要胡辭去中共中央總書記職務，而由趙紫陽代理。中共也相繼發動了「反資產階級自由化」以及「消除資產階級精神污染」等運動。胡耀邦辭卸了總書記，雖仍保留政治局委員和常委職銜，但已無發言餘地，政治生命顯然已經結束了。1989 年（民國 78 年）4 月，胡耀邦病逝於北京，不料他的死亡卻成了「六四天安門事件」的導火線。

三、天安門事件

　　大陸上的「天安門事件」發生過兩次：一次是 1976 年（民國 65 年）以 4 月 5 日為中心，在北京天安門廣場發生的民眾運動，以紀念周恩來逝世為名，目的在反對當時的當權派「四人幫」，擾攘至一個多月，結果被鎮壓了，是為「四五事件」，亦稱「第一次天安門事件」。另一次發生於 1989 年（民國 78 年）4 至 6 月，是一次以悼念胡耀邦為名，實際則是向中共當局要求自由民主的民眾運動，而以 6 月 4 日共軍開始以武力對付絕食靜坐之學生造成血案為高潮，故稱「六四事件」或「天安門血案」，亦稱「第二次天安門事件」或「六四天安門事件」，香港及海外則有人稱之為「八九民運」。

　　事件之發生，導源於胡耀邦的逝世。

　　胡耀邦是 1989 年 4 月 15 日逝世的，定於 4 月 22 日舉行喪禮。北京各大學一部分學生到天安門廣場去獻花圈，張掛追悼布標及各式標語，一方面為胡氏鳴不平，一方面對國務總理李鵬表示不滿。人數愈集愈多，除學生外，新聞記者及各界人士亦有不少人響應，對中共不滿的情緒愈加昂揚，因而發展為有組織的全面爭取民主自由的抗議運動，主要的口號是「打倒官僚、獨裁」。消息傳開，南京、上海、天津、武漢、合肥等地的學生起而響應，大有星火燎原之勢。至 4 月 21 日，聚集於天安門廣場的學生與市民增至二十餘萬人，有四十七位學者簽名連署支持他們，一部分企業界人士

也予以支援。學生成立了「北京高校學生自治聯合會」，由吾爾開希任主席，另設總指揮部，總指揮為女學生柴玲。他們向中共當局提出要求，但未被接受，與國務總理李鵬對話，又是針鋒相對，不得要領。學生悲憤填膺，決絕食抗議到底，於是與中共當局成對立之勢。

趙紫陽和李鵬對學運的態度，大相逕庭。趙主安撫，李主強硬。趙於5月18日凌晨親去廣場安慰學生，李則於次日宣布北京市部分地區實施戒嚴。最後中共中央政治局開會討論處理方針，李鵬的主張獲得鄧小平的支持，決定武力鎮壓。趙紫陽則被解除中共中央總書記的職務，從此退出了中共的政治舞臺。

6月4日零時二十分，北京戒嚴部隊以坦克車開路，向天安門廣場上的學生採驅離行動。一時槍砲齊鳴，懷屬慘痛之哀叫聲充滿廣場。經四個小時之「清場」，六四血案就這樣在歷史上標定了。6月5日，中共中央和國務院發表了〈告全體共產黨員和全國人民書〉，宣布已成功的平息了一場「駭人聽聞的反革命暴亂」。6月13日，中共下令封鎖邊境，緝捕學運領袖吾爾開希、王丹、柴玲等二十一人，所幸除王丹被捕外，他人均先後逃出中國大陸，集中於美國繼續進行對大陸的「民主運動」。

六四天安門之後，到底有多少人被殺被捕？中共對外宣布說只有二、三十人，當然沒人相信其真實性。據一位參與天安門民主運動活動，幸能逃至美國的青年學者項小吉，於1996年（民國85年）6月4日在紐約「六四七週年燭光晚會」中宣稱：依據中共內部關於六四事件的傷亡報告統計資料，單是北京一地，即顯示群眾死亡人數是五百二十三人，受傷人數是一萬一千五百七十餘人。❶❺這一數字，應當有接近史實的信度。

中共以武力鎮壓了大陸青年的民主運動，贏得政治社會一段時間的安定，其政權得以維持並繼續推行其經濟改革，然卻因此而暴露了暴力政權的本質，不獨使海外的中國人為之痛心疾首，且招致了國際間普遍的責難，美、日等國均曾斷絕或延緩經濟間的合作關係，世界人權團體更對中共的摧殘人權大加撻伐。更有一些原為中共文化幹部的學術人士，如嚴家其、

❶❺　《聯合報》，民國85年6月6日，第9版。

千家駒、趙復三、許家屯等，由於不滿中共對天安門事件的處置而遠走國外，不再返回大陸。

胡耀邦和趙紫陽都是鄧小平賞識的人才。鄧在需要胡、趙執行其政策為其打拼時，把兩人提升至最高位，但當兩人的作為不見容於黨的保守派，或是鄧認為他們的行動已造成中共政權的危機時，就又毫不猶豫的把兩人拉下馬來。鄧是一直在「右手抓經濟」而又同時「左手抓政治」，是一位城府深固而高深莫測的「藏鏡人」。香港一位政論人士對鄧小平作了如下的批評：

> 「文革」結束之後，對於糾正「文革」極左政策和推行經改，鄧小平有相當大的貢獻，但他不是徹底的改革家。他在政壇實行「兩手策略」，一邊高舉「經濟的右手」，逐步訂出不同層次的經濟體制改革政策；一邊又不放下「政治的左手」，強調堅持「四項原則」，並多次遷就僵化派揮舞棍子整人。❶❺❷

四、領導傳承：江李、胡溫、習李

1989 年（民國 78 年）6 月 23、24 兩日，中共召開其第十三屆四中全會，其主要議題為改組政治局及常委會，更換總書記的人選。國務院總理李鵬扮演打手角色，提出「關於趙紫陽同志在反黨反社會主義的動亂中所犯錯誤的報告」，說趙「犯了支持動亂和分裂黨的錯誤」。❶❺❸趙紫陽雖也提出了冗長的答辯，然已無能為力，全會決議正式免除趙紫陽的總書記職務，由具有「上海經驗」的江澤民繼其任。江、李都是中央政治局常委，江澤民則又於 11 月從鄧小平手中接下了中共中央軍事委員會主席的職位，顯已居於主要決策者的地位。1993 年（民國 82 年）3 月，江澤民又繼楊尚昆之後出任國家主席，與國務院總理李鵬共掌統治權，被認為「江李體制」。其

---

❶❺❷　丁望，《六四前後》（上），頁 292。
❶❺❸　全文見《潮流》月刊，香港，1989 年 8 月號。

幕後無形的主宰，則仍是年邁的鄧小平。

　　江、李的聲望雖非隆盛，但由於天安門事件過後出現的安定環境，其表現頗有穩健進步之風。其最明顯的成就表現在幾個方面：

　　第一，繼續推動對外開放的經濟建設，為中共帶來了世界各國成長率最高的美譽。以對外貿易 1994 年（民國 83 年）的成長為例：

> 一九九四年的對外貿易額，原希望能突破二千億美元的目標，並設法平衡貿易收支。結果，實際情形比預期表現更好，進出口總值已達到二千三百六十億美元，比上年增加百分之二十‧九。其中，出口部分一千二百一十億美元，較上年成長了百分之三十一‧九；進口部分為一千一百五十七億美元，成長百分之十一‧二。上年的逆差為一百二十二億美元，本年則變為順差五十三億美元。**❸**

　　第二，現代化建設的進展，甚為順利，科技、交通與都市發展至為快速。飛彈等新武器系統的發展已顯著增強了軍力，更加一批新擢升的高級將領挑戰的意志甚強，儼然成為世界上的新軍事強權。主要城市間的鐵路網已接近完成，幾條戰略性縱橫幹線的增建為複軌及新線的設計（如（北）京九（龍）線），以及中、西亞國際聯絡線的接軌等，都將有利於中外關係的增進及地域利用的調和。航空事業的發展，機場的闢建與國際航線的拓展，使中國大陸與歐美聯為一體，徹底消除了封閉孤立的形象。而長江三峽水壩的決定興建，其利弊雖仍有不少爭議，要在表現江李體制下中共政府的氣魄與實力。總之，江、李掌權後的努力經營，已充分表現其十足的活力。然而在另一方面，行政系統制度之僵化，貪瀆之普遍，賄賂之盛行，效率之低落，作風之惡劣，不僅未能有所改善，近年且有變本加厲之勢，這不僅是中共政治的污點，簡直就是中華民族的恥辱。

　　第三，香港、澳門定期收回，有助於民族的尊嚴，信心的加強，與全

---

❸　多年，〈一九九四年的中共對外經貿活動〉，見《中共研究》，29 卷 2 期，民國 84 年 2 月。

面統一的實現。多年以來，中共即以完成「祖國統一」為政治號召，鄧小平更以完成包括香港、澳門和臺灣在內的統一大業，作為 1980 年代三大任務之一。**⑮**

由於香港九龍的新界租借地，將於 1997 年（民國 86 年）6 月 27 日到期，英國政府遂於 1982 年（民國 71 年）初開始研商香港未來的地位問題。新界毗連中國大陸，一旦中共收回，南九龍和香港本島將失去食糧和飲水的供應，故英國政府不能不將新界、九龍、香港一併考慮。1983 年（民國 72 年）7 月，雙方開始磋商，中共的氣焰甚盛，堅持收回香港全部主權，英國終於屈服，英相柴契爾夫人 (Mrs. Margaret Thatcher) 於 1984 年（民國 73 年）12 月 18 日訪問北京，次日與中共「國務院總理」趙紫陽正式簽署《香港協議》，承諾 1997 年（民國 86 年）7 月 1 日租期屆滿後，由中共接收全部主權，中共亦「保證」香港現行制度於五十年內，不予改變。**⑯**此即所謂「一國兩制」。中共目前正宣稱「一國兩制」的辦法可適用於臺灣。鄧小平並曾告訴美國前國家安全事務助理布里辛斯基 (Zhigniew Brezins-ki)：「中國統一之後，臺灣仍可保持現有制度，大陸則維持社會主義制度，在一個中國之內，允許兩種政治制度存在。」**⑰**

澳門的情形與香港略有不同，因為它是依 1887 年清葡簽訂之《北京條約》，規定「葡國永駐、管理澳門以及澳屬之地」，並沒有租借條約的牽制。但基本上，澳門是葡萄牙在中國領土上建立的殖民地，對中國人而言，仍是不可能長期容忍的恥辱。中共掌握這一國民心理的趨向，於解決香港問題的同時，向葡萄牙提出收回澳門的要求。葡政府沒有理由也沒有力量抗拒，經由雙方的磋商，葡萄牙同意於 1999 年（民國 88 年）將澳門歸還中國。澳門收回後，在中國固有的疆土上，已沒有任何帝國主義侵略的痕跡。

---

⑮ 鄧小平，〈目前的形勢和任務〉，《鄧小平文選 (1975–1982)》（北京：人民出版社，1983），頁 203–204。

⑯ 關國煊，〈由「中英平等新約」到「中（共）英聯合聲明」〉，見《傳記文學》，46 卷 3 期，頁 10–17。

⑰ 中國國民黨中央青年工作會編印，《香港問題問答錄》，頁 7。

政治體制與施政方向、風格方面，江澤民和李鵬亦多所致力。陳家芳於深入觀察中共在江李體制下政治改革過程和動向後，曾作如下的綜合性論述：

> 中共在鄧小平去世後，示意要進一步推進政治體制的改革，提出「依法治國」、「建設社會主義法治國家」，突出典章制度的建立，並將政治體制改革內容由機構和人事制度改革延伸到司法改革，要求依法行政，公正司法與執法。中共還致力於強化「人大」、「政協」的職能，以促進決策的「民主化、科學化」，顯示中共的政治體制改革正不斷在擴大領域，加長縱深，似已成為「江核心」繼毛、鄧建立政權與發展經濟之後形塑具歷史地位和政績的突破口。❺❽

中共的「十五大」於 1997 年（民國 86 年）9 月舉行，對政策和人事都有新的規畫。次年 (1998) 3 月，第九屆「人大」及「政協」相繼開會，確定了政府人事的局部更動。江澤民繼續擔任國家主席及中共軍委會主席，李鵬退出決策核心，轉任「人大」常務委員會委員長，所遺國務院總理一職，則由「上海幫」的朱鎔基接任。朱氏以耿直苦幹著稱，於 1999 年（民國 88 年）首倡「科技救國」，並把「國家科委」改組為科技部，建立了上百個科技工業園區，科技人才已達二百五十萬人，❺❾2000 年（民國 89 年）10 月，中共的「十五屆五中全會」決定「制訂國民經濟和社會發展第十個五年計畫」（簡稱「十五」計畫），經濟學者魏艾認為：「十五」計畫，是中共進入新世紀後的第一個中長程計畫，「關係中共改革開放和中國大陸未來之發展，意義極為重大。」❻❶

2002 年（民國 91 年）9 月，中共於舉行「十六大」之後，繼之進行其

❺❽　陳家芳，〈中共政治體制改革動向的演變〉，《中共建政五十年》，頁 74。

❺❾　萬其超，〈中國大陸科技現況〉，《中共建政五十年》，頁 347–349。

❻❶　魏艾，〈中國大陸當前經濟形勢及未來的展望〉，《中共建政五十年》，頁 148–149。

政府領導階層的人事更替。江澤民、朱鎔基因任期屆滿而離開原職，由原
「國家副主席」胡錦濤接任「國家主席」，國務院總理一職，則由原政治局
委員溫家寶接任，形成「胡溫體制」，胡被視為中共的第四代領導人。胡、
溫就任後，施政方針大抵仍遵循江澤民的路線，作風似更較平實。胡、溫
面臨多項重大的考驗，如規模空前龐大的西北建設計畫，以及對臺灣執政
者臺獨趨向的因應，都是對胡、溫智慧、魄力、機謀及遠見的嚴厲檢驗。
事實證明兩人未曾有負於社會期望，對歷史作出了穩妥、務實、步步為營、
著著進步的交代。

　　以事實證之。胡錦濤於中共總書記及國家主席任內，於內政外交均展
示其高度智慧與靈活手腕，於國家建設更銳意經營，進步快速。如長江三
峽大壩的完成，青藏高原鐵路的興築，開發大西部龐大計畫的推動，舉辦
上海世界博覽會的盛況，北京奧林匹克運動大會的成功，以及太空人成功
完成空中漫步等大端，均足證明其遠見與魄力。國際政治領域中，中國對
東南亞、中亞、中東、非洲的影響力與日俱增，已是非洲最大的投資國與
美國的最大債權國，外交、經濟觸角且已伸展至中南美洲。這都是呈現在
世人面前的事實，沒人能否認。

　　胡錦濤的中共總書記職位，至 2012 年（民國 101 年）11 月任期屆滿，
其國家主席及軍委主席任職期限，則到民國 2013 年（民國 102 年）3 月。
中共於 2012 年 11 月舉行其最高決策的第十八次全國代表大會（簡稱「十
八大」），選舉習近平為黨的總書記；2013 年 3 月，又經過號稱最高民意機
構之全國人民代表大會（簡稱「人大」）第十二屆大會推選習近平為國家主
席及軍委會主席。習氏遂成為大陸集黨政軍大權於一身之最高領導人，是
為第五代。由於習氏是從胡錦濤手中全面接班及其深厚的政治歷練，因而
有學者認為「習近平的權力基礎，明顯高於當年剛就任的胡錦濤」。❶❻國務
院總理職位，亦由李克強接替了溫家寶，形成臺灣媒體所謂的「習李體制」。

　　習近平接班時際的中國大陸，表面上像是「昇平時代」，實際上內外都
面臨重大的挑戰。內部方面，刻不容緩的工作是 2012 年「十八大」定調的

---

❶❻　蘇起，〈試析習近平的中國大陸〉，見《聯合報》，民國 102 年 7 月 2 日，A4 版。

經濟改革，國務院總理李克強已開始其穩健而強勢的步驟。對外方面，針對美國要「重返亞洲」及日、菲等國對東海、南海諸島主權的挑戰，習近平決定加強與俄羅斯、中東、非洲及中南美洲的合作關係，以維護中國的大國尊嚴與基本利益。習氏在公開演講場合，數度提到他以「偉大民族復興」為核心的「中國夢」，將是對全體中國人民莊嚴卻也艱難的承諾。他能做到什麼程度，應從未來史實中尋求答案。

五、崛起為世界強權

　　中國大陸採行改革開放政策，以「具有中國特色的社會主義」為施政綱領，已近三十年。期間雖也有若干阻礙及失策之處，⑯然在整體功效而言，成績相當可觀。尤其在經濟、科技、軍力、交通及對外關係方面，都有足以自豪的表現。今日世界中，各國均確認中國已崛起為世界強權之一，其影響力已超越英、俄、德、法，僅次於世界首強的美國。

　　經濟的快速發展，為中國奠定世界強權地位的重要指標。每年經濟成長率的快速，國民生產總值的提高與國民消費率的增加，外匯存底的高居世界第二位，以及市場經濟制度的建立與改良，都有具體的數據可憑，被經濟專家認定是「創造了舉世矚目的經濟成就」。⑯2010 年（民國 99 年），中國已是世界上僅次於美國的第二大經濟體，近年進展雖減退，其於世界經濟仍居舉足輕重地位。一位美國經濟學者兼專欄作家法雷爾 (Paul B. Farrell) 曾預測：「大陸經濟總量不但在兩年後超越美國，2040 年大陸將占全球 GDP 的四成，影響力更勝今之美國。」⑯

　　發展科技，是中共在大陸建政以來一大特色，有急起直追之勢。毛澤東主政時代，儘管政治、經濟、社會均呈現極度的不安與窮困，但科技發展卻能與日俱進。即在「文革」大動亂年代，科技人才未受波及，「航天」

---

⑯　如 1989 年至 1992 年間發動的「反滲透、反顛覆、反和平演變運動」，結果即阻礙了改革開放，造成經濟衰退。

⑯　高長，〈中國大陸經濟發展五十年〉，見《中共建政五十年》，頁 144。

⑯　《旺報》，2013 年 6 月 6 日，A1、A2 版。

計畫逐步推行，故能在原子彈、氫彈、各式導彈、人造衛星之後，更有太空船載男女太空人探測太空奧妙之壯舉。2012 年（民國 101 年）6 月發射「神舟九號」及 2013 年（民國 102 年）6 月發射「神舟十號」載人太空船，進行與已在地球軌道運行之「天宮一號」太空站交會對接的成功，並首度進行「太空授課」，確為大陸航太發展前途跨出一大步，為後續太空實驗室、建立太空站做好準備。**⑯** 習近平與「神舟十號」三位太空人通話時強調：「航太夢是強國夢的重要部分，隨著中國航太事業迅速發展，中國人探索太空的腳步會邁得更大、更遠。」**⑯**

　　鄧小平主政時期，大力推動「四個現代化」，軍事與國防現代化更居於重要地位。江澤民於 1989 年（民國 78 年）接任中央軍委主席後，除延續鄧小平的建軍路線外，為因應 1991 年（民國 80 年）波斯灣戰爭後的新軍事形勢與戰略思維，決定採行「科技強軍」政策，「作為共軍現代化建設的新重點」。**⑰** 胡錦濤接任中央軍委主席後繼續此項政策，並著重於海軍軍力的增強。十餘年來，大力研製和採購「殺手鐗」武器，革新並擴充海軍艦隊，廣建飛彈發射基地及擴充「二砲」（飛彈）兵實力，構建「資訊戰」的能量及運用系統的精確化。由於中共軍事實力的增強及戰略重點之轉向海權，已擁有航空母艦「遼寧號」並策定後續造艦計畫，因而促成太平洋西岸及東南亞軍事均勢的改變。近數年來，中共在南海黃岩島、東海釣魚臺事件中所表現維護領土主權的強勢作為，也使國際觀感為之大變。2013 年（民國 102 年）7 月，北海艦隊五艦（瀋陽號、石家莊號、煙臺號、鹽城號、洪澤湖號）於參加在日本海舉行之中俄海軍聯合演習後，穿過北海道與庫頁島之間之宗谷海峽，進入北太平洋，再南行穿越琉球海鏈，返回青島基地。**⑱** 此項中共海軍之「遠海訓練」，實已突破美國在西太平洋布署圍

---

⑯　《聯合報》，民國 101 年 6 月 17 日、102 年 6 月 10、11 日。

⑯　《聯合報》，民國 102 年 6 月 26 日。

⑰　陳梓龍，〈江澤民時期共軍現代化建設重點及影響評估〉，見《中共建政五十年》，頁 485。

⑱　《聯合報》，民國 102 年 7 月 29 日，A13 版。

堵中共之第一島鏈。關心並了解兩岸及中美關係之卜睿哲 (Richard C. Bush) 表示擔心：「中國逐漸出現了一個特殊焦點：準備為臺灣而戰，而這可能是一場會使解放軍和美國對戰的戰爭。」❿

　　大陸交通建設規模、快速及成績，亦令世人刮目相看。以空間論，交通事業之基本領域有三：陸上、空中、海洋。陸上交通以鐵路為主脈，大陸已完成「四縱四橫」之幹線，主要城市間亦均有鐵路聯結，全國性之鐵路網已初步成形；青藏高原鐵路之建造，克服了地質天候及科技方面難以想像的困難，代表中國工程水準的提高與科技人才的優異；上海磁浮列車的行駛，更具創意；高鐵興建大放異彩，京滬線與京廣（州）高鐵通車，各大城市多興建地鐵，昆明地鐵為大陸開通之首條高原地鐵。空中交通，首推國家航空公司——中國國際航空公司為主體，與世界各大都市間均有定期航班往返。各省亦多組有航空公司，為地域性商旅主要交通工具。海洋交通，有賴於各大海運公司之世界性航班，而新海港的闢建（如上海外海之新港）與舊港灣的創新（如青島膠州灣海上陸橋與海底隧道），都是超越性的建設。大陸發展海洋交通的另一境界，則是著眼於全球性戰略設計，如大力資助中美洲尼加拉瓜計畫於 2014 年開工興建連通大西洋、太平洋的新運河，自是一項前瞻性的戰略投資。❿

　　隨著國力的日益擴張，大陸對外關係亦出現多元樂觀現象。歐美各主要國家，均接受中國已崛起為強權大國的事實，樂於與其建立「伙伴關係」，如與美國間的「建設性戰略伙伴關係」、與法國間的「面向二十一世紀的全面伙伴關係」、與俄國間的「戰略合作伙伴關係」以及與日本間的「面向二十一世紀和平與發展的合作關係」。只是近年來，由於美國支助日本與南亞國家疏離甚至對抗中國，更由於日本政府無端掀起釣魚臺主權爭議，妄想恢復軍事強國地位，並極力利誘東南亞國家抗拒中國，致使中美、中日關係的未來平添不少難以確定的負面變數。2013 年（民國 102 年）3 月習近

❿　卜睿哲著，林添貴譯，《臺灣的未來——如何解開兩岸的爭端》（臺北：遠流出版事業股份有限公司，民國 99 年），頁 151。

❿　《聯合報》，民國 102 年 6 月 15 日，編譯任中原報導。

平接任國家主席後，隨即相繼趨訪俄、非、中南美及美國，展現出重視外交的強勢作為。6月7日習近平與美國總統歐巴馬 (Barack Obama) 會談時，提出「新型大國關係」概念，強調中美兩國「應在競爭和合作間達成平衡，克服雙方因此分裂的挑戰」，被認為是「習近平版」「和平崛起或和平發展」新外交策略。⑰9月初，習近平展開中亞四國（土庫曼、哈薩克、烏茲別克及吉爾吉斯）的國是訪問，出席在俄羅斯聖彼得堡舉行的 G20 高峰會，回程中參加了在吉爾吉斯首都比什凱克舉行的「上海合作組織峰會」，其行動言論也引起各國政要的重視。10月初，出訪印尼及馬來西亞，強調「與鄰為善周邊外交」，出席在印尼峇里島舉行的亞太經濟合作會議 (APEC) 領袖會議，表現出泱泱大國領導人的器度。同時期內，國務院總理李克強至汶萊東協領導人會議及第八屆東亞峰會，並訪問汶萊、泰國及越南。習、李連續不停的外訪行動，自然增進中國在國際間的影響力。

　　中國大陸對外關係的另一項策略，是對美國「圍堵策略」的反擊。2013年（民國 102 年）5 月間，國務院總理李克強之訪問印度與巴基斯坦，即明言要「打造中（國）印（度）緬（甸）孟（加拉）經濟走廊」。⑫7 月，中緬天然氣管道開始輸送天然氣至中國，中國能源多元化戰略又一項突破，為中國繼中亞油氣管道、中俄原油管道、海上通道後，第四大能源進口管道，可降低對麻六甲海峽的依賴。⑬

---

⑰　《聯合報》，民國 102 年 6 月 9 日，A1、A3 版；社論〈陽光莊園高峰會，歐習歷史性會晤〉，《聯合報》，民國 102 年 6 月 10 日。

⑫　《聯合報》，民國 102 年 5 月 20、21 日。

⑬　此一輸油管道南起緬甸瀕臨孟加拉灣之皎漂 (Kyaukpyu)，經馬圭、曼德勒、瑞龍進入中國雲南至昆明，再轉送西南地區各地。

第十三章　兩岸關係的演變與展望

第一節　三十年來的兩岸關係

一、中共策略：由「和平統一」到「和平發展」

　　1978 年（民國 67 年）中共與美國祕密進行建交談判之際，鄧小平於同年 11 月 27 日接見美國《華盛頓郵報》(*Washington Post*) 記者說：「和平統一實現後，臺灣可以保持非共產主義的經濟和社會制度。」❶是為中共領導人宣示對臺「和平統一」新政策之始。「和平統一」的政治設計是「一國兩制」；此一政策於延續近三十年後，江澤民、胡錦濤乃以更務實觀點，代之以「和平發展」。

　　1979 年（民國 68 年）1 月 1 日，美國與中華人民共和國建交，中華民國當然受到極大的震撼和傷害，出現人心憤慨與社會動盪現象。大陸利用此機會對臺灣採取心理攻勢，由全國人民代表大會常務委員會發表一份〈告臺灣同胞書〉，希望「雙方盡快實地通航通郵，以利雙方同胞直接接觸，互通訊息，探親訪友，旅遊參觀，進行學術文化體育工藝觀摩。」❷同年 8 月 15 日至 9 月 3 日，大陸當局在北京召開了「全國統戰會議」，決定對海外和臺灣推動全面性的「革命的愛國的統一戰線」。❸

　　大陸對臺灣的「和平統一」，以中國國民黨人為首要目標，口號是「希望實現第三次國共合作」。1981 年（民國 70 年）5 月 29 日，孫中山遺孀宋

---

❶　白萬祥等，《中共徘徊在十字路口》，頁 434–435。

❷　王幼安、毛磊，《國共兩黨關係史》，頁 669。

❸　同❶，頁 436。

慶齡 (1893–1981) 病逝北京，大陸當局暨「中國國民黨革命委員會」（簡稱「民革」）人士廣邀包括國民黨若干人士在內的親友前去奔喪。此年適值辛亥革命七十周年，大陸當局決定擴大紀念，先後在武漢及日本東京舉辦了國際性的「辛亥革命七十年討論會」，並開始編刊系列《中華民國史》。9 月 30 日，全國人民代表大會常務委員會委員長葉劍英發表了「葉九條」的九項建議，呼籲國、共兩黨「舉行對等談判，實行第三次合作。」❹

1982 年（民國 71 年）4 月，大陸第五屆人大常委會通過了「《憲法》修正案」，除了明定臺灣是中國的「神聖領土」外，並規定了「特別行政區」的設置。7 月 24 日，海外統戰主要負責人之一的廖承志 (1908–1983) 發表一份〈致蔣經國先生信〉，說「和平統一乃千秋功業」，央請蔣經國「毅然和談」，使兩黨「長期共存」。蔣經國未予理會，蔣（中正）夫人宋美齡於 8 月 17 日給廖承志一封公開信，勸廖「幡然來歸，以承父志。」❺ 廖承志於 1983 年（民國 72 年）6 月 10 日逝世，對中共對外統戰而言，乃是一大損失。

1984 年（民國 73 年）1 月，為中國國民黨在廣州召開第一次全國代表大會，進行全面改組六十周年紀念之期，中共為此事舉行了紀念會，並由周恩來遺孀鄧穎超發表所謂「三大政策」的言論。❻ 蔣中正夫人宋美齡乃於同年 2 月 26 日發表〈致鄧穎超公開信〉，勸鄧等「迷途諸君」，「再次信

---

❹ 「葉九條」內容：一、兩岸對等談判，實行第三次合作；二、實行三通、四流；三、臺灣於統一後成為特別行政區；四、臺灣現行制度及對外關係不變；五、臺灣人士可擔任全國性政治機構領導職務；六、臺灣經濟有困難時，大陸可予補助；七、臺灣人士可回大陸定居；八、歡迎臺灣工商界人士回大陸投資；九、歡迎臺灣人士對統一提供建議，共商國是。

❺ 廖承志為中國國民黨元老廖仲愷之子，宋函因有「以承父志」一語。宋函原文見《認識敵人》，頁 109。

❻ 所謂「三大政策」，係曾任國民黨顧問之俄共代表鮑羅廷 (Micheal Markowich Borodin) 斷章取義，指稱「聯俄」、「聯共」、「扶植工農」為孫中山的「三大政策」。實則孫中山決定的政策為「聯俄容共」，他的著述言論中從未提及所謂「三大政策」。詳李雲漢，《從容共到清黨》，頁 552–556。

服三民主義，統一中國。」❼

　　鄧小平於 1982 年（民國 71 年）9 月接見香港工商界訪問北京人士時，首次提到「一國兩制」是解決香港及臺灣問題的方式。次年（1983，民國 72 年）6 月 26 日於接見美國西東大學華裔教授楊力宇時，說出他「實現中國大陸和臺灣和平統一的一些設想」，計有六點：

㈠和平統一「不是我吃掉你，也不是你吃掉我」。

㈡臺灣不能「完全自治」，只是「特別行政區」，「我們承認臺灣地方政府對內政策上可以搞自己的一套」。

㈢臺灣「可以有自己的獨立性」，「司法獨立」，「可以有自己的軍隊」。

㈣所謂「三民主義統一中國」，「這不現實」。

㈤建議「舉行兩黨平等會議，實行第三次合作」，但「萬萬不可讓外國插手」。

㈥「要多接觸，增進了解。我們隨時可以派人去臺灣，可以只看不談。也歡迎他們派人來，保證安全，保密。」❽

　　這就是政論學者所稱的「鄧六條」，是鄧小平對臺「兩面策略」的和平面。另一面是武力，鄧曾表示「如果不能和平解決，只有用武力收回。」鄧之後的中共領導人，也都不肯承諾對臺不使用武力。

　　大陸當局為促成經由「兩黨談判」以實現「和平統一」，確曾「客觀公正地評價與臺灣當局有關的歷史事件和人物」，「尋找兩黨歷史上的共同點」，並且「做了許多卓有成效的工作」，如「紀念謳歌孫中山」、「肯定蔣介石、宋美齡等在國共合作中的一些進步作用」，「對抗日戰爭中國民黨正面戰場及愛國抗日將領的肯定」（中共將抗日戰爭區分為「正面戰場」與「敵後戰場」，正面戰場即主戰場，由國軍正面抗擊日軍）等是。❾當然，這些行動也還有其一定的限制，如紀念孫中山所出版的書籍及召開的學術討論

❼　〈蔣夫人致鄧穎超公開信〉，見《認識敵人》，頁 112–114。

❽　鄧小平，《建設有中國特色的社會主義》（北京：人民出版社，1987 年），頁 5–6。

❾　王幼安、毛磊，《國共兩黨關係史》，頁 690–694。

會，都突顯孫中山晚年的「以俄為師」以及中共對孫中山革命事業的「幫助」，尤其強調所謂「新三民主義」及「三大政策」，其所隱含的政治謀略極為明顯。

1995 年（民國 84 年）1 月 30 日，大陸當局新的領導人江澤民於農曆除夕茶會中，發表以〈為促進祖國統一大業的完成而繼續奮鬥〉為題的談話，宣告其八項對臺政策，是為「江八點」，其內容：

㈠堅持一個中國原則，是實現和平統一的基礎與前提。

㈡對臺灣對外發展民間經濟與文化關係，不持異議；但反對以「兩個中國」、「一中一臺」為目的的活動。

㈢建議雙方，就「正式結束敵對狀態，逐步實現和平統一」進行談判。

㈣中國人不打中國人，但不承諾放棄使用武力，反對外國干涉及臺獨活動。

㈤大力發展兩岸經濟交流與合作，主張不以政治分歧去影響、干擾兩岸經濟合作。

㈥兩岸共同繼承和發揚中華文化的優秀傳統。

㈦充分尊重臺灣同胞的生活方式和當家做主的願望，保護臺灣同胞一切正當權益。

㈧歡迎臺灣當局的領導人以適當身分前往訪問，也願意接受臺灣方面的邀請，前往臺灣。

「江八點」較「鄧六條」增加了新的內容，言詞也比較柔和，只是堅持「一個中國」和「不承諾放棄使用武力」，卻無法叫臺灣朝野接受，成為改善兩岸關係的一大障礙。

由於不滿意李登輝總統於 1995 年（民國 84 年）6 月訪問美國及其偏差言論，江澤民決定對臺灣進行「文攻武嚇」，中止海基、海協兩會主持人辜振甫、汪道涵之間的第二次會談，且於 1996 年（民國 85 年）3 月臺灣舉行總統大選之際，向臺灣附近水域試射導彈。此等行動，徒令臺灣人民產生疑慮與反感。民國 86 年 (1997) 7 月，李登輝通過國民大會的決議，實施名為精簡實為廢除臺灣省之建制，被認為是為臺獨鋪路。87 年 (1998) 發

表「新臺灣人」之言論，被認為「含有自主及分離的傾向」。同年李氏發表其「兩岸關係是特殊的國與國關係」言論後，大陸即明指李氏為漸進的臺獨主張者，表示高度懷疑與厭惡。89 年 (2000) 臺灣首度政黨輪替，民進黨人陳水扁執政後走臺獨路線，兩岸關係已瀕臨破裂的邊緣。

　　2002 年（民國 91 年）11 月，胡錦濤接任中共中央總書記；次年 (2003) 3 月，接任大陸國家主席。胡比較務實，於對臺政策產生新思維，試行將「和平統一」轉化為「和平發展」。2005 年（民國 94 年）4 月，胡錦濤邀請中國國民黨主席連戰率團前往大陸訪問，❿胡、連於 4 月 29 日會談時決定共同發布一項文件〈兩岸和平發展共同願景〉⓫，為「和平發展」見之於歷史文書之始。此文件提出「三項體認」與「五項願景」，「三項體認」的內容是：

㈠堅持「九二共識」，反對「臺獨」，謀求臺海和平穩定，促進兩岸關係發展，維護兩岸同胞利益，是兩黨的共同主張。

㈡促進兩岸同胞的交流與往來，共同發揚中華文化，有助於消弭隔閡，增進互信，累積共識。

㈢和平與發展是二十一世紀的潮流，兩岸關係和平發展符合兩岸同胞的共同利益，也符合亞太地區和世界的利益。

「五項願景」的主旨是：

㈠促進盡速恢復兩岸談判，共謀兩岸人民福祉。

㈡促進終止敵對狀態，達成和平協議。

㈢促進兩岸經濟全面交流，建立兩岸經濟合作機制。

㈣促進協商臺灣民眾關心的參與國際活動的問題。

㈤建立黨對黨定期溝通平臺。

　　這是兩岸關係的新起點，目標是謀求兩岸的「互信互助，再造和平雙

---

❿　訪問團正式名稱是「中國國民黨大陸訪問團」，日期自 2005 年 4 月 26 日至 5 月 3 日，為自 1946 年（民國 35 年）六十年以來，國共兩黨主要領導人首次會談，臺灣媒體稱之為「破冰之旅」。

⓫　全文見〈胡錦濤與連戰會談新聞公報〉，北京，2005 年 4 月 29 日。

贏的新局面」，具有歷史性、開創性、實質性的意義與功效。

二、中華民國政府立場

蔣經國總統在世之日，對中共積極進行的「和平統一」統戰攻勢，一直保持冷靜、鎮定，並適時予以防制與反擊。蓋中華民國政府與人民，一方面具有長期的反共奮鬥經驗，對中共統戰策略有深刻瞭解，不會上當；一方面深信臺灣的建設成就和國民的生活水準，都遠在大陸之上，人民對政府的肆應，深具信心。

民國 68 年 (1979) 1 月 11 日，行政院長孫運璿針對中共〈告臺灣同胞書〉，發表談話，指出中共的「和平統一」實為一派謊言，目的在迷惑並欺騙美國人民、國會和輿論界；認為「吃飯要飯票，出外要路條，教育受限制，工作無選擇」的大陸社會，人民沒有行動和貿易自由，有何資格談「三通」、「四流」。❷

民國 70 年 (1981) 3 月 29 日，中國國民黨第十二次全國代表大會在臺北陽明山中山樓揭幕，蔣經國主席親自主持。大會於 4 月 2 日通過「貫徹以三民主義統一中國案」，❸是為當時中華民國對中共「和平統一」政治攻勢基本對策。原案指出：

> 統一中國惟一的道路，是在全中國實行三民主義。

原案列舉「對中國大陸積極策進之號召與行動」一十八項，其中第四項要求中共政權：

> 廢除已為人民唾棄而中共仍繼續堅持的「社會主義道路」、「無產階級專政」、「共產黨領導」、「馬列主義、毛澤東思想」等「四項基本

---

❷　臺北《中央日報》，民國 68 年 1 月 12 日。

❸　全文見《中國國民黨第十二次全國代表大會紀錄》，中國國民黨中央祕書處編印，70 年 4 月，頁 222–225、242–245。

原則」，徹底清除共產主義流毒。❶

　　葉劍英於 70 年 9 月 30 日發表「九項建議」的當天，即受到行政院新聞局長宋楚瑜的奚落：「此等統戰花招，毫無新義。」❶ 10 月 7 日，中國國民黨主席蔣經國對中央常務委員會發表專文，對中共的和平統戰，認為只是「戰爭的另一方式」和「政治詐術」。蔣主席鄭重聲明：

> 在此我要再一次堅決明確宣告，決不與共匪「談判」。我們表明這種嚴正態度，目的是要告訴大陸同胞：我們一定要解除共匪加諸於他們頭上的殘酷枷鎖。
> 我們堅持光復大陸解救同胞的信心和決心，永遠不會與大陸同胞的血仇死敵共匪和談！我們莊嚴的使命，就是實行三民主義，統一中國，勇敢堅強的奮鬥到底。❶

　　總之，蔣經國總統的基本政策一直是：反共復國，決不改變；中華民國政府和人民亦渴望國家統一，但「必須認同在三民主義的憲政體制之下，統一在中華民國的國號和國旗之下。」❶ 在此一大前提之下，政府對中共「不接觸、不談判、不妥協」；此即有名的「三不政策」。民間團體參加國際活動的態度，則是：「不迴避，不退讓」。

　　民國 76 年 (1987) 11 月，蔣經國總統宣布開放臺灣地區民眾赴大陸探親，結束了兩岸近四十年的隔絕狀態，為兩岸關係邁出了重要的一步。由於探親與觀光的來往，大陸也對臺胞給予接待與禮遇，因而開啟了民間交流的道路。77 年 (1988) 1 月，蔣經國逝世，副總統李登輝繼任為總統，大抵沿襲蔣經國的決策。79 年 (1990) 5 月，李登輝就任第八任總統，大陸政

---

❶　同上，頁 343-344。

❶　臺北《中央日報》，民國 70 年 10 月 1 日。

❶　蔣經國，〈痛苦的教訓，莊嚴的使命〉，民國 70 年 10 月 7 日發表。

❶　〈蔣總統經國主持行憲三十六週年紀念大會講話〉，民國 72 年 12 月 25 日。

策隨之也有了新的開展。最重要的一步，是設立了國家統一委員會（簡稱國統會），其任務為「研究並諮詢有關國家統一之大政方針」。

　　國統會係於民國 79 年 10 月成立，其成員為三十一位委員，包括國民黨、民進黨及無黨籍之中央民意代表、學者專家及有關政府官員在內。另設研究委員十二人，來自社會各界，均為學養豐厚且洞悉時勢之士。國統會於 10 月 7 日舉行第一次會議時，即有意研擬〈國家統一綱領〉，以為推進國家統一的最高依據。10 月 30 日，國統會研究委員舉行第一次全體會議，對制定〈國家統一綱領〉一事進行廣泛討論，咸認為有制定此一綱領的必要，同時決定草擬綱領有關事宜。決定組織幕僚小組負責起草，並廣泛徵求各界人士之意見，據稱：

　　　　國家統一委員會幕僚小組在起草綱領過程中，舉辦二十多次座談會，
　　　　邀請學者專家、民意代表、工商界和新聞界人士，以及社會領袖三
　　　　百多人參與座談；還接到了五百多封社會熱心人士對綱領的建言。❸

　　〈國家統一綱領〉擬定草案後，國家統一委員會即於 79 年 12 月 22 日召開第二次委員會議，進行討論，各委員發表意見極為熱烈。李登輝主席以總統身分裁定：原則上以此草案為基礎，請各位研究委員依據今天大家提出來的寶貴意見，再作一次修訂補充。幕僚小組和研究委員於會後，即行分別進行討論、修正和補充，成為第二次稿，仍為草案。民國 80 年 (1991) 2 月 23 日，國家統一委員會舉行第三次委員會議，對「綱領」二次稿作廣泛討論後，修正通過，並授權幕僚小組作文字修正後，呈奉總統核定，於 3 月 5 日公布，同時由總統府祕書長蔣彥士函請行政院參照辦理。3 月 7 日，行政院院長郝柏村在院會中指示各部會對〈國家統一綱領〉先行詳加研究，至 3 月 14 日舉行的第二二二三次院會中詳加討論後通過決議，以此〈綱領〉作為今後大陸政策的最高指導原則。

　　〈國家統一綱領〉（簡稱〈國統綱領〉），含前言、目標、原則、進程四

---

❸　中國國民黨中央大陸工作會，《國家統一綱領二十問》，頁 4。

部分，其前言首先指出：「中國的統一，在謀求國家富強與民族長遠的發展，也是海外中國人共同的願望。」認為：「海峽兩岸，應在理性、和平、對等、互惠的前提下，經過適當時期的坦誠交流、合作、協商，建立民主、自由、均富的共識，共同重建一個統一的中國。」❶ 這個「統一的中國」，是一個「民主、自由、均富的中國」。❷ 其進行的原則，則有四項：

　　㈠大陸與臺灣均是中國的領土，促成國家的統一，應是中國人共同的責任。

　　㈡中國的統一，應以全民的福祉為依歸，而不是黨派之爭。

　　㈢中國的統一，應以發揚中華文化、維護人性尊嚴、保障基本人權、實踐民主法治為宗旨。

　　㈣中國的統一，其時機與方式，首應尊重臺灣地區人民的權益，並維護其安全與福祉，在理性、和平、對等、互惠的原則下，分階段逐步達成。

　　「分階段逐步達成」的程度，〈國統綱領〉第四項「進程」規定為三個階段：

　　㈠近程──交流互惠階段。

　　㈡中程──互信合作階段。

　　㈢遠程──協商統一階段。

　　〈國統綱領〉就其內容與精神觀察，都可發現此一文獻的前瞻性、審慎性與務實性。放眼全中國，但不失維護臺灣地區人民利益的立場，有明確的進程卻無可資預期的時間表，一切以實際進展的情況為定；字面上沒有三民主義的字樣，然以建立「民主、自由、均富的中國」為目標，實已包容了以三民主義理想作為統一準繩的精神。

　　民國 80 年一年內，中華民國政府採取了一系列促進海峽兩岸關係的行動。1 月，行政院成立大陸委員會，統籌處理大陸事務。3 月，民間團體財團法人海峽交流基金會（簡稱海基會）開始運作，接受大陸委員會的委託

---

❶　〈國家統一綱領〉，前言。

❷　〈國家統一綱領〉，目標。

與授權，處理涉及公權力的兩岸事務性工作。5 月 1 日，動員戡亂時期正式結束，不再以敵體對待大陸政權，承認兩岸正處於分裂分治的局面。7 月，立法院通過〈臺灣地區與大陸地區人民關係條例〉，並於 9 月 18 日施行，為兩岸人民往來提供了法理規範。大陸也作了回應，成立了海峽兩岸關係協會（簡稱海協會），為海基會對等單位，相互就有關事務進行查詢與協商。

民國 84 年 (1995) 4 月，李登輝總統回應江澤民於 1 月 30 日提出的「八點建議」，宣布了六點意見，被稱為「李六條」。其要點是：

㈠在兩岸分治的現實上追求中國統一。

㈡以中華文化為基礎，加強兩岸交流。

㈢增進兩岸經貿往來，發展互利互補關係。

㈣兩岸平等參與國際組織，雙方領導人借此自然見面。

㈤兩岸均應堅持以和平方式解決一切爭端。

㈥兩岸共同維護港澳繁榮，促進港澳民主。 ❷❶

中共不願承認臺海兩岸的分裂分治狀態，完全漠視中華民國依然峙立於臺灣的事實，對「李六條」並無配合呼應之意。6 月間，李登輝應邀赴美國康乃爾大學 (Cornell University) 訪問，中共認為是進行「臺獨」活動，因而開始對臺「文攻武嚇」，兩岸關係陷入了低潮。

民國 85 年 (1996) 3 月，李登輝通過公民直接選舉方式，當選為中華民國第九任總統。他於 5 月 20 日就職時發表的演說詞中，對大陸政策作了如下的提示：

> 中華民國本來就是一個主權國家。海峽兩岸沒有民族與文化認同問題，有的只是制度與生活方式之爭。在這裡，我們根本沒有必要，也不可能採行所謂「臺獨」的路線。
>
> 四十多年來，海峽兩岸因為歷史因素，而隔海分治，乃是事實；但是海峽雙方都以追求國家統一為目標，也是事實。兩岸惟有面對這

---

❷❶ 〈建立兩岸正常關係，塑造統一有利形勢——李總統在國統會談話全文〉，《中央日報》，民國 84 年 4 月 9 日。

些事實，以最大的誠意與耐心，進行對談溝通，化異求同，才能真正解決國家統一的問題，謀求中華民族的共同福祉。

今天，登輝要鄭重呼籲：海峽兩岸，都應該正視處理結束敵對狀態這項重大問題，以便為追求國家統一的歷史大業，作出關鍵性的貢獻。

在未來，只要國家需要，人民支持，登輝願意帶著兩千一百三十萬同胞的共識與意志，訪問中國大陸，從事和平之旅。同時，為了打開海峽兩岸溝通、合作的新紀元，為了確保亞太地區的和平、安定、繁榮，登輝也願意與中共最高領導當局見面，直接交換意見。❷

三、低潮年代

民國 84 年 (1995) 6 月至 97 年 (2008) 5 月之十三年，為兩岸關係發展過程中之低潮年代。這時期，臺灣的主政者，民國 89 年 (2000) 之前為國民黨人李登輝，之後為民進黨人陳水扁。大陸一直由共產黨執政，其最高領導人在 2002 年（民國 91 年）之前為江澤民，之後為胡錦濤。這期間，雙方尖銳對立，處處可以體察到或隱或顯的危機。

李登輝擔任中華民國總統期間有十三年 (1988-2000)，以民國 85 年 (1996) 為界限，之前為繼任蔣經國（民國 77 年，1988，1 月逝世）之總統任期，及其本人於民國 79 年 (1990) 依《憲法》由國民大會選出為第九任總統，任期六年；之後為依據〈憲法增修條文〉由臺澎金馬地區人民直接投票選出，任期四年。李氏任職前期，尚能遵守《中華民國憲法》暨中國國民黨歷史傳統施政，後期則或明或暗採行有利於民進黨的行動，甚至妄稱國民黨執政之中華民國政府為「外來政權」，嚴重損傷中國國民黨的歷史定位，其後終被撤銷黨籍。民國 89 年 (2000) 之總統選舉，民進黨人陳水扁以未過半數之較多票數當選，為民進黨首次執政，實為其締造政績樹立信譽以博取人民信任的最好機會。不料陳氏始則言行不一，繼則一意孤行，走

❷　〈中華民國第九任總統就職演說〉，臺北，民國 85 年 5 月 20 日。

向臺獨道路，無異與全體中國人民為敵。更加其本人及眷屬貪瀆成風，終被人民唾棄。

陳水扁任職兩任總統，執政八年 (2000–2008)，其最大失策是大陸政策的反覆多變。彼於就任總統之初，曾提出「四不一沒有」❷❸的保證，其後卻連續推行「烽火外交」、「去中國化」、「正名制憲」、「一邊一國」、「公投入聯（合國）」等挑釁性行動，不僅使兩岸關係陷於谷底，且成為大陸準備用武的藉口。大陸全國人民代表大會於 2005 年（民國 94 年）3 月開會通過〈反分裂國家法〉，明言：「臺獨分裂勢力以任何名義、任何方式造成臺灣從中國分裂出去的事實，或者發生將會導致臺灣從中國分裂出去的重大事變，或者和平統一的可能性完全喪失，國家得採取非和平方式及其他必要措施，捍衛國家主權和領土完整。」❷❹

陳水扁總統任內外交舉措，也被視之為「麻煩製造者」。美國與中華民國雖無外交關係，但對兩岸關係實具有關鍵性影響力，國民黨執政時代中美實質關係穩定而良好。陳水扁主政後的內外政策，卻被美國政府認定為有意改變臺海情勢，小布希 (George W. Bush) 總統曾於 2003 年（民國 91 年）12 月提出警告：「我們反對中國或臺灣有任何改變現狀的片面決定。臺灣領導人的言行顯示他可能希望片面做出決定以改變現狀，我們反對它。」❷❺

四、國共兩黨溝通平臺的建立

中國近代政治史上，歷史最長久、勢力最強大、影響力也最廣遠的政黨，只有中國國民黨與中國共產黨。❷❻ 兩黨早期的屬性，都是革命黨。共

---

❷❸ 「四不一沒有」大意是：不會宣布獨立，不會更改國號，不會推動兩國論入憲，不會推動改變現狀的統獨公投，也沒有廢除〈國統綱領〉與國統會的問題。

❷❹ 大陸〈反分裂國家法〉第八條。

❷❺ 卜睿哲著，林添貴譯，《臺灣的未來——如何解開兩岸的爭端》，頁 169。

❷❻ 國民黨建黨於 1894 年，至 2013 年已有一百一十九年歷史，在大陸曾執政二十二年，在臺灣已執政五十七年；共產黨建黨於 1921 年，至 2013 年已有九十二年歷史，在大陸已執政六十四年。

產黨的革命性尤其強烈，迄今仍保持「一黨專政」制度，黨高於政、軍；國民黨則適應潮流與時勢的演變，由「革命黨」改變為「革命民主政黨」(1950)，再轉型為「民主政黨」(1993)。呂芳上評論說：「至此，不論在口號上，實質上，國民黨都揚棄了百餘年來的革命魔咒。」❷國民黨轉型的成功，有利於中華民國在臺灣建立民主憲政的常規，乃是無可爭議的事實。

國民黨於民國 89 年 (2000) 總統大選敗選之後，退為在野黨，然在立法院立法委員席次、縣市長名額及黨員總數量，仍是第一大黨，基本力量仍在。黨主席李登輝備受責難，他也負起敗選責任，辭卸主席職務，由連戰接任。連氏為一穩健型政治學者，此際發揮了深藏不露的政治遠見與魄力，一方面積極「改造」國民黨，一方面策畫以對等理性立場，繼續並擴展與大陸間的策略溝通。

國民黨的「改造」行動，首見於民國 89 年 7 月召開之第十六次全國代表大會。重要決定有三：其一，修訂《黨章》，確定黨今後奮鬥方向：「本黨基於三民主義的理念，建設臺灣為人本、安全、優質的社會，實現中華民國為自由、民主、均富與統一的國家。」其二，確定基本政綱：「復興中華文化，實行民主憲政，反對共產主義，反對分裂國土，共同為中華民族的整體利益而奮鬥。」其三，施政以臺灣優先為方針：「國家至上，人民第一，臺灣優先，永續發展。」國民黨亦決定貫徹「黨內民主」，黨主席於民國 94 年 (2005) 起，由全體黨員投票選舉產生。

大陸政策方面，國民黨亦宣示其積極態度：在「九二共識」的基礎上，「追求兩岸和平穩定關係」，「擱置政治爭議」，「積極恢復兩岸制度化協商，加強全方位交流，推動城市交流、政黨交流、高層互訪。」基於「政黨交流」政策，遂有民國 94 年 4 月，連戰應邀率團赴大陸，舉行「連胡會談」之行。連胡會談達成的五項「共同願景」之第五項「建立黨對黨定期溝通平臺」，為國共兩黨制度化協商之開始，也使當時執政黨民進黨的「逢中必反」路

<hr>

❷　呂芳上，〈走出「黨國體制」的陰影──中國國民黨的轉型 (1950–2010)〉，見《近代國家的型塑──中華民國建國一百年國際學術討論會論文集》，下冊，頁 641–659。

線，出現無法遮掩的窘態與困境。

第二節　新契機出現

一、馬英九的大陸政策

　　馬英九於民國 97 年 (2008) 2 月競選總統期間，曾提出其對兩岸關係的基本主張：「不統、不獨、不武。」「不統」、「不獨」的意義，是維持兩岸分治的現狀；「不武」的內涵，是依循連戰、胡錦濤於 2005 年（民國 94 年）4 月達成的協議〈兩岸和平發展共同願景〉，採理性、和平、務實路線，協商共進，期於「兩岸雙贏」。民國 97 年 3 月，馬英九、蕭萬長以高票當選為總統、副總統。❷❽ 4 月，蕭萬長去海南出席「博鰲論壇」，與胡錦濤見面並表達願望：「希望能正視現實，開創未來；擱置爭議，追求雙贏，為兩岸關係開創互信、互諒、互助、互利的新時代。」此一觀點，自係馬、蕭所共同商定者。馬英九於 5 月 20 日就職慶祝大會發表的講詞中，更明確說明其「兩岸關係論述」。要點是：

　　　　追求兩岸和平與維持區域穩定，是我們不變的目標。臺灣未來一定
　　　　要成為和平的締造者，讓國際社會刮目相看。
　　　　英九由衷的期望，海峽兩岸能抓住當前難得的歷史機遇，從今天開
　　　　始，共同開啟和平共榮的歷史新頁。我們將以最符合臺灣主流民意
　　　　的「不統、不獨、不武」的理念，在《中華民國憲法》架構下，維
　　　　持臺灣海峽的現狀。1992 年，兩岸曾經達成「一中各表」的共識，
　　　　隨後並完成多次協商，促成兩岸關係順利的發展。英九在此重申，
　　　　我們今後將繼續在「九二共識」的基礎上，盡早恢復協商，並秉持
　　　　4 月 12 日在博鰲論壇中提出的「正視現實，開創未來；擱置爭議，

---

❷❽　馬英九、蕭萬長得七百六十五萬九千零十四票，對手民進黨候選人謝長廷、蘇
　　貞昌得五百四十四萬四千九百四十九票。

追求雙贏」，尋求共同利益的平衡點。兩岸走向雙贏的起點，是經貿往來與文化交流的全面正常化，我們已經做好協商的準備。希望 7 月即將開始的週末包機直航與大陸觀光客來臺，能讓兩岸關係跨入一個嶄新的時代。

未來我們也將與大陸就臺灣國際空間與兩岸和平協議進行協商。臺灣要安全，要繁榮，更要尊嚴！唯有臺灣在國際上不被孤立，兩岸關係才能夠向前發展。我們注意到胡錦濤先生最近三次有關兩岸關係的談話，分別是 3 月 26 日與美國布希總統談到「九二共識」、4 月 12 日在博鰲論壇提出「四個繼續」、以及 4 月 29 日主張兩岸要「建立互信、擱置爭議、求同存異、共創雙贏」，這些觀點都與我方的理念相當的一致。因此，英九願意在此誠懇的呼籲：兩岸無論在臺灣海峽或國際社會，都應該和解休兵，並在國際組織和活動中相互協助，彼此尊重。兩岸人民同屬中華民族，本應各盡所能，齊頭並進，共同貢獻國際社會，而非惡性競爭，虛耗資源。我深信，以世界之大，中華民族智慧之高，臺灣與大陸一定可以找到和平共榮之道。❷❾

馬英九總統 5 月 20 日就職前三天——5 月 17 日，中國國民黨中央委員會祕書長吳敦義、中國共產黨中央臺灣工作辦公室主任陳雲林，分別在臺北、北京宣布中國國民黨主席吳伯雄接受中國共產黨總書記胡錦濤邀請，將率團前往大陸訪問。❸⓿ 訪問團名稱為中國國民黨大陸訪問團，日期自 4 月 26 日至 5 月 3 日，地點為南京、北京、上海。焦點在 5 月 28 日胡錦濤與吳伯雄的會談。胡錦濤認為「臺灣局勢發生了積極變化，兩岸關係發展面臨著難得的歷史機遇。這一局面來之不易，值得倍加珍惜。」他重述 4 月在博鰲論壇提出的「十六字箴言」，申明要「繼續依循並切實落實〈兩岸和

---

❷❾ 全文及評論見《聯合報》，民國 97 年 5 月 21 日，A1–A3 版。

❸⓿ 中國國民黨於民國 94 年 (2005) 7 月，首次以黨員直選方式選舉黨主席，馬英九當選。原任主席連戰轉任榮譽主席。96 年 (2007) 2 月，馬英九辭職，由副主席吳伯雄代理黨主席職務。7 月，吳伯雄正式當選黨主席。

平發展共同願景〉」。吳伯雄表示「兩岸關係撥雲見日，雨過天晴，建立互信，創新合作的時刻已經來臨。」他說明〈兩岸和平發展共同願景〉已正式列入國民黨的《政綱》，「國民黨將一如既往，繼續加以推動落實。」**㉛**臺灣一位研究兩岸關係的學者潘錫堂評論「吳胡會」效用：「眾所矚目的第一次『吳（伯雄）胡（錦濤）會』，已為兩岸恢復制度化協商及兩岸關係的『雨過天晴』，發揮關鍵性的『醍醐灌頂』的作用。」**㉜**

　　馬英九擔任中華民國總統以來的大陸政策，雖也有適應特定場合或對象而作局部詮釋的記錄，其「不統、不獨、不武」的基本原則及推行「全方位交流」、「外交休兵」等方略，未曾稍變。此一政策，雖也受到反對黨及若干異議人士的負面批評；然平心靜氣，就臺灣整體利益考慮，不難發現這是理性、穩健、務實、安全而無可取代的一個方向，是對臺灣前途能夠提供最佳保障的一條道路。

二、大陸展現善意

　　馬英九的兩岸關係論述，獲得大陸當局正面的實質回應。自民國 97 年 (2008) 6 月至 12 月間，兩岸出現了令人興奮的互動。其主要舉措：

㈠ 6 月，臺灣海基會董事長江丙坤與大陸海協會會長陳雲林舉行首次會談，兩岸半官方協商管道正式恢復。

㈡ 7 月，行政院院會通過〈大陸投資金額上限鬆綁及審查便捷化方案〉，將臺灣企業向大陸投資百分之四十上限，放寬為百分之六十。

㈢ 7 月，兩岸開始直航，臺灣開放大陸人民來臺觀光；兩岸有十一家航空公司參與飛航，有媒體稱之為「世紀首航」。

㈣ 7 月，大陸國務院臺灣事務辦公室在杭州舉辦兩岸關係論壇，廣邀兩岸四地（兩岸及港澳）及海外華裔學者專家，研討主題為「兩岸

㉛　海峽兩岸出版交流中心編，《吳伯雄大陸行紀實》（北京：九州出版社，2008 年），頁 4-7。

㉜　潘錫堂，〈從孫中山和平思想析論馬政府時期兩岸關係的和平發展〉，見《中山先生建國宏規與實踐》（臺北：中山學術文化基金會編印，民國 100 年），頁 431。

關係的和平發展」。

㈤ 8 月，馬英九率團出訪巴拉圭、多明尼加兩國，採「活路外交」策略，低調過境美國，「著眼於既不刺激北京，又要美方放心，已為『兩岸和解』、『外交休兵』奠下良好的基礎。」❸

㈥ 10 月，北京舉辦世界奧林匹克運動大會，大陸不再堅持稱 Chinese Taipei 為「中國臺北」的舊思維，接受臺灣一向持用之中文名稱：「中華臺北」。

㈦ 11 月，大陸海峽兩岸關係協會會長陳雲林率團來臺北，與海峽兩岸交流基金會董事長江丙坤舉行為期五天的第二次「江陳會」，拜會馬英九總統及行政院大陸委員會賴幸媛主任委員，並簽署兩岸「大三通」的協議，有利於經貿往來及各領域之交流活動。

當然，最具權威性之大陸對臺政策之宣布，係胡錦濤於 2008 年（民國97 年）12 月 31 日，在北京人民大會堂舉行之〈告臺灣同胞書〉三十周年座談會中，發表的〈推動兩岸關係和平發展六點主張〉。此一文件，臺灣媒體稱之為「胡六點」，其內容如下：

㈠恪守一個中國，增進政治互信：世界上只有一個中國，中國主權和領土完整不容分割。

㈡兩岸簽訂綜合性經濟合作協議，探討兩岸經濟共同發展與亞太區域經濟合作機制相銜接的可行途徑。

㈢臺灣文化豐富了中華文化的內涵，臺灣同胞愛鄉愛土的臺灣意識，不等於臺獨意識。

㈣希望民進黨停止臺獨分裂活動；只要民進黨改變臺獨分裂立場，大陸願正面回應。

㈤對於臺灣參與國際組織活動問題，在不造成兩個中國、一中一臺的前提下，可以通過兩岸務實協商，作出合情合理安排。

㈥兩岸可以適時就軍事問題接觸交流，探討建立軍事安全互信機制；在「一中」原則的基礎上，協商正式結束兩岸敵對狀態。❸

---

❸　同 ❸。

胡錦濤這六點主張，一方面明確堅持「一個中國」及「反對臺獨」的一貫立場，卻也明顯的擴大了兩岸交流的範圍，由經貿、文化、體育、觀光擴及於外交、政治、軍事領域。對臺灣主體意識的詮釋，直接對民進黨喊話，提議協商結束兩岸敵對狀態等，都是對臺政策增加的積極而務實的元素，這也是臺灣方面所期望的「正視現實」的跡象。馬英九表示欣慰，並「樂觀其成」，但仍強調施政「以臺灣為先，對人民有利」的基本立場。次年 (2009) 4 月 22 日，馬英九與美國華盛頓智庫「戰略暨國際研究中心」(CSIS) 舉行越洋視訊會議所表示「先經後政」觀點，被認為是對「胡六點」的局部回應。㉟

兩岸海基、海協兩會主持人之定期會談，於民國 97 年至 102 年 (2008-2013) 間，共舉行九次，簽署了十九項協議。協議內容以經貿為主，其主要者，如民國 98 年 (2009) 4 月簽署之〈海峽兩岸金融合作協議〉、民國 99 年 (2010) 6 月簽署之〈海峽兩岸經濟合作架構協議〉(ECFA)、民國 102 年 6 月簽署之〈海峽兩岸服務貿易協議〉，都有利於臺灣；其他協議內容亦顯示其特色，可見大陸對臺灣做出程度不等的「讓利」。

國際活動方面，臺灣於 2009 年之能夠以觀察員名義參加世界衛生大會 (WHA)，馬英九以中華民國總統身分宣布高雄世界運動會開幕，兩位前副總統連戰、蕭萬長先後代表馬英九出席亞太經濟合作會議 (APEC) 之「領袖會議」，以及 2013 年 9 月民航局長沈啟得以「理事會主席特邀貴賓」身分參與國際民航組織 (ICAO) 在加拿大舉行之大會等事項，也確實是出自大陸程度不等的諒解與善意。

三、兩岸交流現況

臺灣海基會與大陸海協會分別成立後，兩岸半官方及民間交流活動隨之展開，穩定成長。主要層面為經貿方面，進展甚速。以民國 84 年 (1995) 10 月的情形為例，一份資料顯示：

㉞ 有關「胡六點」內容及有關說明，參閱大陸《人民日報》，2009 年 1 月 1 日。

㉟ 同㉜，頁 433-435。

兩岸基於現實需要及考量，兩岸間接貿易仍續呈增長態勢。據統計，一至十月以百分之十五・七的速度增長，全年貿易總額達一百七十八億八千萬美元。……大陸對臺灣貿易差預估仍達一一六・六億美元以上，臺灣亦已成為中共第六大貿易伙伴。❸

　　李登輝執政後期採行「戒急用忍」政策，民進黨陳水扁執政時期更進一步「嚴格管理」，對兩岸經貿交流及臺商在大陸市場的擴張，自有不利的影響。然由於大勢所趨，臺商到大陸發展蔚然成風，各地臺商協會亦紛紛成立，及至民國 97 年 (2008) 國民黨重掌政權後，鼓勵兩岸經貿交流，尤其是兩岸開始直接通航之後，臺商、臺廠已遍布大陸各省，兩岸部分商務暨金融機構也建立制度化的交流、合作、互利管道。海基、海協兩會於民國 99 年 (2010) 6 月在重慶簽署〈海峽兩岸經濟合作架構協議〉(ECFA) 後，不僅對兩岸經貿發展增加新動力，於臺灣與其他國家商訂自由貿易協定，亦具有不容否認之正面助力，因而有臺灣與紐西蘭於 2013 年 7 月 10 日簽署〈臺紐經濟合作協定〉(ANZTEC) 之實現。論者有謂：「這不僅象徵兩岸關係將邁入新紀元，更標誌著臺灣可望走出經濟被『邊緣化』的困境，重新與亞太區域乃至全球經濟主體接軌。」❸

　　近年來兩岸關係之開拓，始自民國 94 年 (2005) 4 月中國國民黨主席連戰之率團赴大陸訪問，與中國共產黨總書記胡錦濤共同發布之〈兩岸和平發展共同願景〉。其五項「願景」中之第五項是「建立黨對黨定期溝通平臺」，說明文字是：

　　建立兩黨定期溝通平臺，包括開展不同層級的黨務人員互訪，進行有關改善兩岸關係議題的研討，舉行有關兩岸同胞切身利益議題的磋商，邀請各界人士參加，組織商討密切兩岸交流的措施等。❸

❸　中共研究雜誌社，〈一年來兩岸情勢分析〉，見《中共研究》，30 卷 2 期，臺北，民國 85 年 2 月。

❸　《中國時報》，民國 99 年 6 月 30 日，A1 版。

此一行動，名之為「政黨交流」。國民黨方面之進行方式有二：

一為定期舉辦「國共論壇」，每年一次。民進黨執政時代，此論壇有特殊功效，吳伯雄曾說：「過去很多的時候兩岸陷入緊張，是靠兩黨平臺穩住局勢。」❸❾2008 年（民國 97 年）國民黨重掌國政後擴組為「兩岸經貿文化論壇」，形成海基、海協兩會協商之有力輔助。

一為黨主席或榮譽主席不定期應邀赴大陸訪問，適時適地與中共領導人會晤，連戰、吳伯雄均有多次紀錄，❹與胡錦濤以「老友」相稱許。民國 101 年 (2012) 4 月吳伯雄再訪北京與胡錦濤見面時，提及臺灣與大陸依憲政法制為「一國兩區」，其政治用意至為明顯。

中共於政黨交流，態度較國民黨更為積極。歡迎國民黨人士往訪外，也曾邀請親民黨、新黨及其他社會人士去大陸訪問。曾任國臺辦主任及海協會會長的陳雲林於 2001 年（民國 100 年）1 月說明其成效：「我們已和先後來到大陸訪問的國民黨、親民黨、新黨和其他社會團體以及知名公共人士，建立廣泛接觸，進行廣泛交流；也與訪賓們就支持一個中國的原則，維持海基、海協兩會九二共識，反對分裂，儘早實現兩岸三通等，達成不同程度的共識。」❹❶

中共於政黨交流領域內有一例外，係對民進黨隔離卻又關注的態度。民進黨是臺灣第二大黨，中共不能漠視其存在及其在臺灣島內外的活動力與影響力。然由於民進黨是主張臺灣獨立的政黨，與中共「一國兩制」、「和平統一」之一貫基本對臺政策針鋒相對，中共初採不理睬態度，繼取隔離及分化策略。2001、2002 年間，時任國務院副總理之錢其琛聲稱：「除非

❸❽　〈中國共產黨總書記胡錦濤與中國國民黨主席連戰會談新聞公報〉，北京，2005 年 4 月 29 日。

❸❾　《吳伯雄大陸行紀實》，頁 18。

❹　連戰於民國 89 年 (2000) 6 月至 94 年 (2005) 7 月，擔任黨主席，此後轉任榮譽主席。吳伯雄於 96 年 (2007) 2 月黨主席馬英九辭職後，以副主席代理主席，7 月，正式當選黨主席。98 年 (2009) 7 月，馬英九二度當選黨主席，吳伯雄轉任榮譽主席。

❹❶　卜睿哲著，林添貴譯，《臺灣的未來——如何解開兩岸的爭端》，頁 277。

它（民進黨）廢棄臺獨的目標，絕不與其黨員接觸。」❷未久則又作彈性解說：「廣大民進黨成員與極少數頑固的『臺獨』分子是有區別的。我們歡迎他們以適當身分前來參觀、訪問、增進了解。」❸中共此一政策，迄今未曾改變，倒是民進黨目前正面臨其「中國政策」是否轉型的困境。

　　政黨交流之外的另一項行動，為地區性質的省區及城市交流。中共允許各省市可與臺灣進行商務、文化互訪後，有十餘省市的黨政領導人曾到臺灣訪問或採購，江蘇、山東、浙江、湖南、湖北、福建、遼寧、廣西、雲南等省的交流活動與採購數額，尤惹人注目。例如，2009 年（民國 98 年）11 月間，江蘇一個千人臺灣採購團，採購物資價值高達臺幣一千三百四十二億元，有媒體稱之為「江蘇來的聖誕老人」；2010 年（民國 99 年）及 2011 年（民國 100 年），山東副省長才利民、省長姜大明先後率經貿文化參訪團來臺，採購三十三億美元，並簽署十四億美元之投資交流合同。在城市交流方面，大都市以上海與臺北的交流最為頻繁，市長互訪設有定期的「雙城論壇」，於舉辦大型國際運動及展示活動，相互借鑑之處也多。上海虹橋、臺北松山兩機場間直飛班次頻繁，昆山更為臺商集中區；中型城市可以桂林為範例，桂林為「廣西吸引臺資最早、最多的城市」，其市委書記趙樂秦於 2013 年（民國 102 年）8 月上旬訪問臺北時，曾說明臺資臺商在桂林的狀況：

> 到去年底，在桂林註冊的臺資企業累計已近四百家，常駐臺商三千多人，投資總額十六億五千萬美元，涉及旅遊、商貿物流、農業、電子、機械、房地產、娛樂、醫藥保健、醫藥器械等行業領域。其中，桂林愚自樂園、桂林樂滿地度假世界、臺灣統一集團桂林紫泉股份、桂林華欣農業公司、桂林陽朔山水旅遊開發公司、桂林富景房地產公司等臺資企業，為桂林市經濟發展貢獻不小。❹

---

❷　〈錢其琛會見臺灣新黨大陸事務委員會代表團時講話〉，北京，2001 年 7 月 12 日。

❸　〈錢其琛在「江八點」發表七週年座談會講話〉，北京，2002 年 1 月 28 日。

小型城市之交流，以福建泉州之臺灣農業技術交流推廣中心成果最顯著。該中心主任莊衛東聲稱，目前已引進臺灣花卉、蔬果、綠化樹種等八十個品種，與臺灣嘉義大學農學院、臺灣糖業公司農業改良場等機構，訂有長期研究合作協定，前景樂觀。該中心已升格為國家級農業交流推廣平臺。**❹**

學術文化層面，兩岸交流於民國 70 年代開其端，80 年代趨於熱烈，其後擴展至教育、衛生、藝術、傳播、宗教、文字、出版、僑情等層面，出現多方面多層次之兩岸交流熱潮。當然，大多數活動係由民間機構或團體主辦，其主要型態為兩岸各自或共同舉辦之大型研討會，幾乎無月無之。研討會主題多具專業性，以紀念歷史事件、人物、國共關係、政法制度興革及對外交涉為多。平心而論，臺灣主辦者學術性較高，大陸主辦者難免含有「統戰」意味。歷史學者蔣永敬論曰：

> 大陸自一九八〇年代改革開放以後，其重要措施之一，即為提倡兩岸學術文化交流，雖有「統戰」意味，但也不無正面的意義，使學術思想由一元而多元，由封閉而開放，此乃不可否認之重大改變。**❻**

由於兩岸史觀不同，歷史學者對若干事件如辛亥革命性質、西安事變功過，人物思想如孫中山晚年聯俄容共策略、蔣中正（介石）歷史定位等問題，開始有尖銳的爭論，經相互研判多方面史料以及當時主客觀條件之後，有些相沿成習之成見漸被揚棄，有些觀念則已出現程度不同的蛻變，論點比較切近於史實。但在現實政治問題，則仍然壁壘分明，明顯的一例：民國 98 年 (2009) 11 月 13、14 日，由太平洋文化基金會主辦的「兩岸一甲子」學術研討會在臺北舉行，邀兩岸學者及退休軍、政、外交人士百餘人

---

❹　《聯合報》，民國 102 年 8 月 7 日。

❺　《聯合報》，民國 102 年 8 月 22 日，大陸特派員王玉燕報導。

❻　蔣永敬，〈參加兩岸學術交流自我之回顧〉，《傳記文學》，103 卷 1 期，臺北，民國 102 年 7 月。

參加。會中談到大陸提出之「一國兩制」、「一中框架」，臺灣與會諸人嚴詞以對，毫無交集。由此爭議而使兩岸當政者更加認清雙方基本立場及民意趨向，實亦有助於彼此「求同存異」或「以同化異」之思考，因而研討會仍有其價值，值得提倡。

　　近年來，教育方面的交流亦趨於積極。教育部已擴大對大陸「高校」學歷的認定，公私立大學及學院於民國 100 年 (2011) 起開始招收大陸學生來臺就讀。據教育部長蔣偉寧於民國 102 年 (2013) 8 月 23 日接受媒體專訪時透露，大陸來臺攻讀學位學生有一千八百多人，交換生本年可達兩萬人，對於大陸學生活動及兼差、就醫等之法令限制，亦將考慮放寬或廢止。**❹⓲**教授邀聘及學生互訪，已成為常態。校際聯繫亦至普遍，不少學校已設置掌理大陸事務部門。臺北中央研究院近代史研究所與北京中國社會科學院近代史研究所之間，學者專家之來往頻繁，乃眾所周知。傳播界、演藝界、體育界、社教機構及僑務團體之交流，也已習以為常。

　　一次大規模促進兩岸民間交流活動的集會，是民國102年 (2013) 6 月15 日至 21 日在福建舉行的第五屆「海峽論壇」。出席人士包括大陸涉臺事務機構新任負責人俞正聲、張志軍、陳德銘等人，臺灣各政黨主要負責人或幕僚長林豐正、郁慕明、秦金生、林炳坤及臺灣省教育會理事長李建興等知名人士。李建興筆述其特性與規模：

　　　　主會場設在廈門，其他主辦地區有泉州、福州或平潭綜合實驗區等。本屆論壇以「擴大民間交流，加強兩岸合作，促進共同發展」為目標，以基層民眾為主角，面向基層，突出民生，保持民間性、廣泛性、草根性等特色。安排二十八項活動，由兩岸七十三個單位共同主辦。其中臺灣三十七家參與主辦，臺灣到會者達一萬二千餘人，如農漁會、媽祖會、佛教會、勞工青年團體、工商會及電視新聞媒體等。**❹⓱**

---

❹⓲　《聯合報》，民國 102 年 8 月 24 日，A14 版。

❹⓱　李建興，〈第五屆海峽論壇觀感〉，見「中山學術論壇」週刊，691 期，《臺灣

四、期待與隱憂

六十多年來，臺海兩岸由民國 40 年代之武力對抗，演變至今日之和平發展，已超越中國歷史上分裂局面終歸以武力征服為收場的往例。免於同種相殘，乃是兩岸人民共同的最大福祉，符合中華民族的整體利益，也於亞太地區之安定具有正面影響。

中華民國因辛亥革命 (1911) 成功而誕生，於經歷無數驚濤駭浪的大變動中曾有重大成就，卻也受盡挫傷，然仍能存在於臺灣，度過其百年大慶。熟悉中國歷史的美國退休外交官卜睿哲 (Richard C. Bush) 讚嘆：「中華民國能存續至今慶祝其建國一百周年，可以算是某種程度的奇蹟。」❹另一位美國退休外交官司徒文（William A. Stanton，2009 年至 2012 年間，曾任美國在臺協會 (AIT) 臺北辦事處處長）亦為臺灣在世界地位作證：

> 臺灣是世界廿大經濟體之一，高科技占舉足輕重地位。中華民國在短短幾十年就遠離軍事獨裁，更堪稱二次大戰後全球秩序中最成功的故事之一。❺

臺籍文學家陳芳明也說：

> 中華民國在臺灣所開創的氣象格局，已經超過半世紀以前的評估與預測。
> 跨入新世紀的中華民國，不斷釋出高度的文化想像能量，容許各種歧異的觀念價值同時並存，意識型態與政治信仰可以競逐，但都必須接受民主方式的公平檢驗。❺¹

新生報》，民國 102 年 6 月 28 日。

❹ 卜睿哲，〈對中華民國史的一些省思〉，見《近代國家的型塑——中華民國建國一百年國際學術討論會論文集》，上冊，國史館編印，頁 17。

❺ 《聯合報》，民國 102 年 7 月 18 日，A7 版。

　　當然，反對中華民國的人士會以負面觀點，作不同評價。大陸當局迄今仍拒不承認中華民國存在於臺灣的事實，無異掩耳盜鈴；臺灣民進黨於中華民國既「借殼上市」，又厚誣之，實亦有礙其形象與發展。如以純正歷史觀點作客觀觀察，則不能不承認中華民國有其產生及存在的必然背景，長期執政的中國國民黨，在中華民國發展史上確是功大於過。歷史的功能為知往鑑今進而策勵未來，兩岸有識之士眼光應放大、放遠，要有「謀天下利，求萬世名」的懷抱。不管政治體制如何，國家民族的整體利益絕對高於一黨一社之私，應是具有普世價值的最高理念。

　　以目前臺灣處境言，表面上似已脫離戰火塗炭的威脅，卻也面臨發展前景的局限性與不確定性。質言之，兩岸和平發展的終極目標為何？大陸一直標定為統一，近來顯示出某種程度的急迫感；臺灣當局則小心翼翼，殷切期盼能維持現狀。目前，兩岸均主張「求同存異」與「擱置爭議」緩和之，然「最後結局」問題仍然存在，遲早都要面對。最近亞太地區由於美國要「重返亞洲」與日本軍國主義思想復萌，海疆風雲日趨緊張，兩岸關係難免受其影響，增加難以預料的變數。2012 年（民國 101 年）11 月，中共「十八大」於兩岸關係聲言：「探討國家尚未統一特殊情況的兩岸政治關係，作出合情合理的安排。」2013 年（民國 102 年）3 月大陸新任中共總書記及國家主席習近平多次強調「為實現中華民族偉大復興的中國夢而努力奮鬥」❷，並謂「中國夢」「當然也包括兩岸和平統一的前景」。❸ 新任國務院總理李克強也於中外記者會中保證：「我們應該充分利用當前的機遇，而且使未來的機遇不斷地擴大。新一屆政府將會履行上屆政府所做的承諾，並且要努力尋求合作的新的推動支點。」❹ 然這都是表面文章，試看

❶　陳芳明，〈傳承與轉型〉，見《聯合報》，民國 100 年 1 月 29 日，A4 版「名人堂」專欄。

❷　習近平在第十二屆全國人民代表大會第一次會議上的講話，見《黃埔》雙月刊，2013 年第 3 期，北京，2013 年 5 月 1 日，頁 1。

❸　李立，〈「習連會」承前啟後助推兩岸關係發展兩會召開指明對臺工作方向〉，見《黃埔》雙月刊，2013 年第 3 期，頁 24。

❹　同❸。

同年 8 月大陸國防部長常萬全去美國訪問時，提出停止對臺軍售為調整對
臺軍事部署之交換條件，可以看到大陸對臺政策的另一面向，難怪臺灣有
不少朝野人士始終不能消釋對大陸的疑慮。

　　整體而言，臺灣對大陸的交流熱情正熾，期盼至為殷切，於兩岸發展
的未來，不少人抱持樂觀的憧憬。也有退休及現職黨政人士表達其個人「緩
統化獨」、「憲法一中」、「雙方各自現行的法律、規定與體制」為「一中架
構基準」等建議，《聯合報》則不斷闡述其「大屋頂中國」構想。❺❺民進黨
中亦有人倡議徐圖改變立場，只有「獨派」仍堅持其一貫主張。實則，國
際政治是現實的，決定性的因素不是理論，不是情感，而是自身實力及外
來影響力。新加坡前總理李光耀於 2013 年（民國 102 年）8 月 6 日在其新
著《李光耀觀天下》發表會中，說出他對臺海兩岸未來關係的看法：「臺灣
命運，仍將由兩岸的現實力量以及美國是否介入而定。」❺❻卜睿哲的看法則
是：「臺灣愈強大，就愈有自信，也愈有能力影響中國往對臺灣有利的方向
走。」❺❼「旁觀者清」，李、卜都是臺灣的諍友，兩人的建言值得臺灣朝野
及人民深加省思。兩岸都盼望「雙贏」，「贏」的後盾仍然是實力。大陸的
實力有目共睹，因而能表現出有恃無恐的姿態。相形之下，臺灣三十年前
的優勢不再，已落居下風，且每況愈下。今日兩岸強弱異勢的現實面，任
何生活在臺灣的人不應視若無睹。

　　就臺灣政治規制言，國家實力來自何處？一為主政者的愛國情操與智
慧能力，一為全體人民的一致努力。四年更換的主政者來自全體人民的選
舉，因此人民全體實是營造國家實力的基本力源。近十多年來，臺灣的最
大病症是國家認同的錯亂，其病灶則是以民進黨與臺灣團結聯盟為主體的

---

❺❺　〈深則厲，淺則揭——兩岸關係的深水區思維〉，《聯合報》，民國 102 年 7 月
　　26 日。文中認為臺灣是民主中國、大陸是社會主義中國，二者皆是一部分的
　　中國，同屬「一個（大屋頂）中國」，亦即「兩岸主權相互涵蘊並共同合成的
　　一個中國」。

❺❻　《聯合報》，民國 102 年 8 月 7 日，新加坡記者林以君報導。

❺❼　卜睿哲著，林添貴譯，《未知的海峽——兩岸關係的未來》，頁 357。

臺獨主張，此派主張破壞了族群團結，撕裂了社會正義，癱瘓了部分政府機能。在離心離德的情勢中，如何能凝結共創雙贏的實力！

民國 102 年 (2013)，臺灣出現了令人欣慰的訊息，民進黨黨主席蘇貞昌說「不要回過頭去搞臺獨」，民進黨也先後舉辦系列「華山會議」及「八年執政研討會」，討論其「中國政策」是否合宜等具有轉型內涵的問題。然其內部獨派聲浪仍高，轉型能否成功，未可預料。由於民進黨未來進行方向及行動，影響到中華民國的命運與臺灣人民的禍福，國人自然要投入極大的關注與期盼。陳芳明曾公開向民進黨提出忠告：「沒有穩定的中華民國，就沒有穩定的民主實踐。如果民主是這個時代的最高價值，就必須尊重其背後所代表的國家體制。」「在兩岸議題上，民進黨應該與國民黨合作，至少在步調上要有某種默契。」「民進黨捨棄有法理基礎的中華民國，卻自居於中國眼中臺港澳的一環，距離臺灣人民意志只會越來越遠。」[58]民進黨人中不乏明達之士，應能深切體會時勢變遷與主流民意趨向，揚棄「作繭自縛」想法與做法，謀求一條真正愛臺灣也愛中華民國的新路。著者願再提出卜睿哲對民進黨人委婉的獻言：「如果民進黨肯接受中華民國作為自百年前開始持續其歷史的政治實體（比中華人民共和國的歷史還早三十七年），也許他們可以更好的維護他們所定義的臺灣核心利益。」[59]

著者出生於民國 16 年 (1927)，早年在戰亂的境地裡成長，青壯年代則經歷臺灣由蕭條而繁榮、由威權而民主、由和諧而撕裂的過程，有資格作為臺灣近六十年史的見證者，也以身為中華民國國民與臺灣居民而感到欣慰，甚至自豪。長年從事於中國近代史研究，認識歷史，也尊重歷史，以為歷史的真實面不應漠視，更不應曲解。就民族血緣與歷史文化淵源而言，臺灣與大陸實無必然分離的理由與可能，然由於近世紀來臺灣處境的特殊導致與大陸政治上的隔離，因而滋生出自我疏離感以及當家做主的願望，也是無可否認的事實。今日談兩岸關係的未來，變數仍多，解決之道仍須

---

[58]　陳芳明，〈民進黨的國家論述〉，見《聯合報》，民國 102 年 6 月 14 日，A4 版「名人堂」專欄。

[59]　卜睿哲，〈對中華民國史的一些省思〉。

兩岸具有遠見與魄力的政治家及國民全體持續不斷的協同努力。著者相信，
讓歷史自然推動，期以水到渠成的解決，乃是最適當、最踏實也最安全的
途徑。

附錄　中國近代史主要參考書目

一、史料匯編、叢書、論文集、日誌

《中山先生建國宏規與實踐》，臺北，中山學術文化基金會，民國 100 年。

《中日外交史料叢編》，九冊，臺北，中華民國外交問題研究會，民國 55 年。

《中國近代史資料彙編》：㈠海防檔；㈡中俄關係史料（民國 6 年至 10 年）；㈢
礦務檔；㈣中法越南交涉檔；㈤道光、咸豐兩朝籌辦夷務始末補遺；㈥四國
新檔；㈦中美關係史料；㈧近代中國對西方及列強認識資料彙編；㈨清季中
日韓關係史料；㈩教務教案檔；㈪中日關係史料。（臺北，中央研究院近代史
研究所）。

《中國近代的維新運動——變法與立憲》，臺北，中央研究院近代史研究所，民
國 70 年。

《中國國民黨一百週年大事年表》，二冊，臺北，中國國民黨中央黨史會，民國
83 年。

《中國國民黨黨史論文選集》，五冊，臺北，中國國民黨中央黨史會，民國 83 年。

《中國現代史專題研究報告》，一～二十二輯，臺北，中華民國史料研究中心。

《中華民國史事紀要》，已出版八十冊，臺北，國史館，民國 60 年～84 年。

《中華民國建國史討論集》，六冊，臺北，中國國民黨中央黨史委員會，民國 70
年。

《中華民國重要史料初編——對日抗戰時期》，七編，二十三冊，臺北，中國國
民黨中央黨史會，民國 73 年。

《中華民國發展史》，十二冊，臺北，國立政治大學暨聯經出版公司，民國 100
年。

《中華民國開國五十年文獻》，第一、二編，二十一冊，臺北，中華民國開國五

十年文獻編輯委員會，民國 51 年。

《中華民國歷史與文化討論集》，四冊，臺北，中國國民黨中央黨史委員會，民國 73 年。

《民國大事日誌》，二冊，臺北，傳記文學社，民國 62 年～68 年。

《抗戰前十年國家建設史研討會論文集》，臺北，中央研究院近代史研究所，民國 73 年。

《辛亥年四川保路運動史料彙編》，二冊，臺北，國史館，民國 70 年。

《辛亥革命研討會論文集》，臺北，中央研究院近代中研究所，民國 72 年。

《近代國家的型塑——中華民國建國一百年國際學術討論會論文集》，二冊，臺北，國史館，民國 102 年 6 月。

《研究中山先生的史料和史學》，臺北，中華民國史料研究中心，民國 64 年。

《革命文獻》，第一至一〇一輯，臺北，中國國民黨中央黨史委員會，民國 45 年～74 年。

《孫中山先生與辛亥革命》，三冊，臺北，中華民國史料研究中心，民國 70 年。

《國父全集》，臺北，國父全集編纂委員會編，近代中國出版社出版，十二冊，民國 78 年。

《國父百年誕辰紀念叢書》，十四冊，臺北，中華民國各界紀念國父百年誕辰籌備委員會，民國 54 年。

《黃埔建校六十週年論文集》，兩冊，臺北，國防部史政編譯局，民國 73 年。

《蔣中正總統檔案——事略稿本》，八十一冊，臺北，國史館，民國 92 年～102 年。

《蔣總統對中國及世界之貢獻》，五冊：
　㈠曹聖芬編著，《蔣總統的生活與修養》，民國 56 年。
　㈡袁守謙、黃杰編著，《黃埔建軍》，民國 60 年。
　㈢陶希聖、唐縱編著，《清共剿匪與戡亂》，民國 56 年。
　㈣王世杰、胡慶育編著，《中國不平等條約之廢除》，民國 56 年。
　㈤張群、黃少谷編著，《蔣總統為自由正義與和平而奮鬥述略》，民國 57 年。

中國史學會編，《辛亥革命》，八冊，上海，人民出版社，1957。

王爾敏，《清季軍事史論集》，臺北，聯經出版事業公司，民國 69 年。

包遵彭、李定一、吳相湘合編，《中國近代史論叢》，第一、二輯，十五冊，臺
　北，正中書局，民國 45 年。

吳相湘主編，《中國現代史叢刊》，六冊，臺北，正中書局及幼獅書店，民國 49
　年～53 年。

李又寧、張玉法，《近代中國女權運動史料 (1842–1911)》，兩冊，臺北，傳記文
　學社，民國 64 年。

李恩涵，《近代中國史事研究論集》，臺北，臺灣商務印書館，民國 71 年。

李國祁，《民國史論集》，臺北，南天書局，民國 79 年。

張玉法，《中國現代史論集》，一～十輯，臺北，聯經出版事業公司，民國 71 年。

郭廷以，《中華民國史事日誌》，三冊，臺北，中央研究院近代史研究所，民國
　68 年～73 年。

郭廷以，《太平天國史事日誌》，上海，商務印書館，民國 36 年。

彭澤周，《近代中日關係研究論集》，臺北，臺灣商務印書館，民國 78 年。

蔣廷黻，《近代中國外交史資料輯要》，兩冊，臺北，臺灣商務印書館，民國 42
　年。

C. Martin Wilbur and Julie Lien-ying How, *Documents on Communism, Nationalism and Soviet Advisers in China, 1918–1927*. New York: Columbia University Press, 1956.

C. Martin Wilbur and Julie Lien-ying How, *Missionaries of Revolution, Soviet Advisers and Nationalist China, 1920–1927*. Cambridge, Massachusetts: Harvard University Press, 1989.

Milton J. T. Shieh, *The Kuomintang: Selected Historical Documents,1894–1969*. New York: St. John's University Press, 1970.

Peter Berton and Eugene Wu, Howard Koch, jr,(ed.) *Contemporary China—A Research Guide*. Stanford, Calif.: The Hoover Institution, Stanford University, 1967.

[634]

二、傳記、年譜、回憶錄

《中華民國名人傳》，已出版十二冊，臺北，中國國民黨中央黨史會，民國 73
　年～民國 81 年。

《吳伯雄大陸行紀實》，北京，海峽兩岸出版交流中心編，九州出版社出版，2008
　年。

《辛亥革命回憶錄》，六冊，北京，文史資料研究委員會，1961 年～1963 年。

《革命人物誌》，二十三集，臺北，中國國民黨中央黨史委員會，民國 58 年～
　73 年。

《革命先烈先進傳》，臺北，中國國民黨中央黨史委員會，民國 54 年。

《國史館現藏民國人物傳記史料彙編》，已出版三十六輯，臺北，國史館。

《臺灣先賢先烈專輯》，十四冊，臺中，臺灣省文獻委員會，民國 67 年～80 年。

丁文江，《梁任公先生年譜長編初稿》，二冊，臺北，世界書局，民國 47 年。

毛思誠，《民國十五年以前之蔣介石先生》，兩函，南京，出版商不詳，民國 25
　年。

王世杰，《王世杰日記》，十冊，臺北，中央研究院近代史研究所，民國 79 年。

王雲五，《岫廬八十自述》，臺北，臺灣商務印書館，民國 56 年。

古屋奎二原著，中央日報社譯印，《蔣總統祕錄》，十五冊，臺北，中央日報，
　民國 63 年～67 年。

吳相湘，《民國百人傳》，四冊，臺北，傳記文學出版社，民國 60 年。

吳相湘，《孫逸仙先生傳》，二冊，臺北，遠東圖書公司，民國 71 年。

吳相湘，《晏陽初傳》，臺北，時報文化出版事業公司，民國 73 年。

呂芳上，《朱執信與中國革命》，臺北，中國學術著作出版獎助委員會，民國 67
　年。

宋教仁，《我的歷史》，臺北，文星書店影印，民國 51 年。

岑學呂，《三水梁燕孫先生年譜》，二冊，臺北，文星書店影印，民國 51 年。

李雲漢，《黃克強先生年譜》，臺北，中國國民黨中央黨史委員會，民國 63 年。

李璜，《學鈍室回憶錄》，臺北，傳記文學社，民國 62 年。

沈亦雲，《亦雲回憶》，二冊，臺北，傳記文學社，民國 57 年。

沈雲龍，《尹仲容先生年譜初稿》，臺北，傳記文學社，民國 61 年。

沈雲龍，《徐世昌評傳》，臺北，傳記文學社，民國 68 年。

沈雲龍，《黃膺白先生年譜長編》，二冊，臺北，聯經出版公司，民國 65 年。

沈劍虹，《使美八年紀要》，臺北，聯經出版公司，民國 71 年。

姚崧齡，《張公權先生年譜初稿》，二冊，臺北，傳記文學社，民國 71 年。

胡頌平，《胡適之先生年譜長編初稿》，十冊，臺北，聯經出版公司，民國 73 年。

秦孝儀主編，《總統蔣公大事長編初稿》，十三卷（冊）。卷一至卷八，總統府總
　　統事略編纂室印行，民國 67 年。卷九至卷十三，中正文教基金會印行，民國
　　91 年～97 年。

馬樹禮，《使日十二年》，臺北，聯經出版公司，民國 86 年。

張孝若，《南通張季直先生傳》，臺北，臺灣學生書局重印本，民國 63 年。

陶英惠，《蔡元培年譜（上）》，臺北，中央研究院近代史研究所，民國 65 年。

程天放，《使德回憶錄》，臺北，正中書局，民國 56 年。

董顯光，《蔣總統傳》，三冊，臺北，中華文化出版事業公司，民國 43 年。

鄒魯，《回顧錄》，二冊，重慶，獨立出版社，民國 31 年。

劉紹唐，《民國人物小傳》，二十冊，臺北，傳記文學社。

蔣永敬，《胡漢民先生年譜》，臺北，中國國民黨中央黨史委員會，民國 67 年。

蔣永敬、李雲漢、許師慎，《楊亮功先生年譜》，臺北，聯經出版公司，民國 77
　　年。

羅家倫主編，黃季陸、秦孝儀、李雲漢增訂，《國父年譜》，二冊，臺北，中國
　　國民黨中央黨史委員會，民國 83 年。

C. Martin Wilbur, *Sun Yat-sen, Frustrated Patriot*. New York: Columbia University
　　Press, 1976.

Chun-tu Hsueh, *Huang Hsing and the Chinese Revolution*. Stanford: Stanford Uni-
　　versity Press, 1961.

Harold Z. Schiffrin, *Sun Yat-sen and the Origins of the Chinese Revolution*. Berke-
　　ley: University of California Press, 1968.

Howard L. Boorman, *Biographical Dictionary of Republican China*. New York: Columbia University Press, 1967.

J. Y. Wong, *The Origins of an Heroic Image, Sun Yat-sen in London, 1896–1897*. New York: Oxford University Press, 1986.

Te-Kong Tong and Li Tsung-jen, *The Memoirs of Li Tsung-jen*. Boulder, Colorado: Westview Press, 1979.

三、專著

㈠通紀：

《中國現代化的區域研究 (1860–1916)》，臺北，中央研究院近代史研究所：

　⑴張玉法，山東省，一冊，民國 71 年

　⑵李國祁，閩浙臺，一冊，民國 71 年

　⑶張朋園，湖南省，一冊，民國 71 年

　⑷蘇雲峰，湖北省，一冊，民國 70 年

李劍農，《中國近百年政治史》，上海，商務印書館，民國 36 年；臺北，臺灣商務印書館，民國 43 年。

張玉法，《中華民國史綱》，臺北，聯經出版事業公司，民國 87 年。

張玉法，《近代中國民主政治發展史》，臺北，東大圖書公司，民國 88 年。

郭廷以，《近代中國史》，香港，1940。

郭廷以，《近代中國史綱》，香港，中文大學出版社，1979。

蔣廷黻，《中國近代史大綱》，臺北，驚聲文物出版社，民國 59 年。

Immanuel C. Y. Hsu, *The Rise of Modern China*. New York, and London: Oxford University Press, 1970.

O. Edmund Clubb, *Twentieth Century China*. New York: Columbia University Press, 1964.

Paul H. Clyde and Burton F. Beers, *The Far East, A History of the Western and the Impact Eastern Response, 1830–1965*. New Jersey: Englewood Cliffs, N. G., 1948.

㈡政治與政黨

卜睿哲著，林添貴譯，《未知的海峽——兩岸關係的未來》，臺北，遠流出版事業股份有限公司，民國 102 年。

卜睿哲著，林添貴譯，《臺灣的未來——如何解開兩岸的爭端》，臺北，遠流出版事業股份有限公司，民國 99 年。

小野川秀美著，林明德、黃福慶譯，《晚清政治思想研究》，臺北，時報文化出版事業公司，民國 71 年。

王功安、毛磊，《國共兩黨關係史》，武漢，武漢出版社，1988 年。

王正華，《國民政府之建立與初期成就》，臺北，臺灣商務印書館，民國 75 年。

王爾敏，《晚清政治思想史論》，臺北，撰者自刊，民國 58 年。

王樹槐，《外人與戊戌變法》，臺北，中央研究院近代史研究所，民國 54 年。

亓冰峰，《清末革命與君憲的論爭》，臺北，中央研究院近代史研究所，民國 55 年。

呂芳上，《革命之再起》，臺北，中央研究院近代史研究所，民國 78 年。

呂實強，《丁日昌與自強運動》，臺北，中央研究院近代史研究所，民國 61 年。

李守孔，《李鴻章傳》，臺北，學生書店，民國 70 年。

李雲漢，《中國國民黨史述》，五冊，臺北，中國國民黨中央黨史會，民國 83 年。

李雲漢，《西安事變始末之研究》，臺北，近代中國出版社，民國 71 年。

李雲漢，《從容共到清黨》，二冊，臺北，中國學術著作獎助委員會，民國 54 年。

沈雲龍，《民國史事與人物論叢》，臺北，傳記文學出版社，民國 70 年。

林明德，《袁世凱與朝鮮》，臺北，中央研究院近代史研究所，民國 59 年。

林桶法，《1949 大撤退》，臺北，聯經出版事業股份有限公司，民國 98 年。

胡春惠，《民初的地方主義與聯省自治》，臺北，正中書局，民國 72 年。

孫廣德，《晚清傳統與西化的爭論》，臺北，臺灣商務印書館，民國 71 年。

崔書琴，《孫中山與共產主義》，香港，亞洲出版公司，民國 40 年。

張玉法，《民國初年的政黨》，臺北，中央研究院近代史研究所，民國 74 年。

張玉法，《清季的立憲團體》，臺北，中央研究院近代史研究所，民國 60 年。

張玉法，《清季的革命團體》，臺北，中央研究院近代史研究所，民國 64 年。

張其昀，《黨史概要》，五冊，臺北，中央文物供應社，民國 44 年。

張朋園，《立憲派與辛亥革命》，臺北，中國學術著作獎助會，民國 58 年。

張朋園，《梁啟超與民國政治》，臺北，食貨出版社，民國 67 年。

張朋園，《梁啟超與清季革命》，臺北，中央研究院近代史研究所，民國 53 年。

梁敬錞，《九一八事變史述》，臺北，世界書局，民國 53 年。

郭恆鈺，《共產國際與中國革命》，臺北，東大圖書公司，民國 78 年。

郭恆鈺，《俄共中國革命祕檔（一九二○～一九二五）》，臺北，東大圖書公司，民國 85 年。

馮自由，《中華民國開國前革命史》，二冊，臺北，世界書局，民國 41 年。

鄒魯，《中國國民黨史稿》，四冊，重慶，正中書局，民國 34 年。

劉維開，《國難期間應變圖存問題之研究》，臺北，國史館，民國 84 年。

劉維開，《蔣中正的一九四九——從下野到復行視事》，臺北，時英出版社，民國 98 年。

蔣中正，《蘇俄在中國》，臺北，中央文物供應社，民國 45 年。

蔣永敬，《孫中山與中國革命》，臺北，國史館，民國 89 年。

蔣永敬，《國民黨滄桑史》，臺北，傳記文學出版社，民國 82 年。

蔣永敬，《國民黨興衰史》，臺北，臺灣商務印書館，民國 92 年。

蔣永敬，《國民黨興衰史》（增訂本），臺北，臺灣商務印書館，民國 98 年。

蔣永敬，《鮑羅廷與武漢政權》，臺北，中國學術著作獎助委員會，民國 52 年。

薛光前，《艱苦建國的十年（民國十六年至二十六年）》，臺北，正中書局，民國 60 年。

顏清湟著，李恩涵譯，《星馬華人與辛亥革命》，臺北，聯經出版事業公司，民國 71 年。

Arthur N. Young, *China's Nation-building Effort, 1927–1937, The Financial and Economic Record*. Stanford Calif.: Leland Stanford Junior University Press, 1971.

C. Martin Wilbur, *The Nationalist Revolution in China, 1923–1928*. London and New York: Cambridge University Press, 1983.

Li Yu-ning, *The Introduction of Socialism into China*. New York: Columbia University Press, 1971.

Mary C. Wright, *China in Revolution, The First Phase, 1900–1913*. New Haven: Yale University Press, 1968.

Shelley H. Cheng, *The Tung-meng-hui: Its Organization, Leadership and Finances, 1905–1912*. Seattle: University of Washington, Doctorial Dissertation, 1962.

Ta-ling Lee, *Foundations of the Chinese Revolution, 1905–1912*. New York: St. Johns University Press, 1970.

Tien-wei Wu, *The Sian Incident: A Pivotal Point in Modern Chinese History*. Ann Arbor: Center for Chinese Studies, The University of Michigan, 1976.

㈢外交與國際關係

王聿均，《中蘇外交的序幕》，臺北，中央研究院近代史研究所，民國 52 年。

王芸生，《六十年來中國與日本》，七冊，天津，大公報，民國 21 年～23 年。

王曾才，《中英外交史論集》，臺北，聯經出版事業公司，民國 68 年。

王綱領，《歐戰時期的美國對華政策》，臺北，學生書局，民國 77 年。

吳相湘，《俄帝侵略中國史》，臺北，正中書局，民國 43 年。

吳翎君，《美國與中國政治 (1917–1928)》，臺北，東大圖書公司，民國 85 年。

呂秋文，《中俄外蒙交涉始末》，臺北，成文出版社，民國 65 年。

李定一，《中美早期外交史》，臺北，傳記文學出版社，民國 67 年。

李恩涵，《北伐前後的革命外交》，臺北，中央研究院近代史研究所，民國 78 年。

李恩涵，《曾紀澤的外交》，臺北，中央研究院近代史研究所，民國 55 年。

李毓澍，《中日二十一條交涉 (上)》，臺北，中央研究院近代史研究所，民國 55 年。

李榮秋，《珍珠港事變到雅爾達協定期間的美國對華關係》，臺北，中國學術著作獎助委員會，民國 67 年。

林明德，《近代中日關係史》，臺北，三民書局，民國 73 年。

邵玉銘，《中美關係研究論文集》，臺北，傳記文學出版社，民國 69 年。

威羅伯著，薛壽衡等譯，《中日糾紛與國聯》，上海，商務印書館，民國 26 年。

洪鈞培，《國民政府外交史》，臺北，文海出版社影印，民國 57 年。

胡春惠，《韓國獨立運動在中國》，臺北，中華民國史料研究中心，民國 65 年。

張忠紱，《中華民國外交㈠》，重慶，正中書局，民國 32 年。

梁敬錞，《中美關係論文集》，臺北，聯經出版事業公司，民國 71 年。

郭榮趙，《美國雅爾達密約與中國》，臺北，水牛出版社，民國 56 年。

陳三井，《近代外交史論集》，臺北，學海出版社，民國 66 年。

陳立文，《宋子文與戰時外交》，臺北，國史館，民國 80 年。

董彥平，《蘇俄據東北》，臺北，中華大典編印會，民國 54 年。

達林著，周肇譯，《俄國侵略遠東史》，臺北，正中書局，民國 41 年。

趙中孚，《清季中俄東三省界務交涉》，臺北，中央研究院近代史研究所，民國 59 年。

劉彥，《中國外交史》，臺北，三民書局，民國 51 年。

劉彥，《帝國主義壓迫中國史》，上海，太平洋書店，民國 16 年。

蔣永敬，《胡志明在中國》，臺北，傳記文學出版社，民國 61 年。

A. Whitney Griswold, *The Far Eastern Policy of the United States*. New Haven: Yale University Press, 1938.

Allen S. Whiting, *Soviet Policies in China, 1917–1924*. New York: Columbia University Press, 1953.

Dorothy Borg, *American Policy and the Chinese Revolution, 1925–1928*. New York: American Institute of Pacific Relations, 1947.

Dorothy Borg, *The United States and the Far Eastern Crisis of 1933–1938*. Cambridge, Massachusetts: Harvard University Press, 1964.

William C. Kirby, *Germany and Republican China*. Stanford: Stanford University Press, 1984.

Xenia Joukoff Eudin and Robert C. North, *Soviet Russia and the East, 1920–1927*. Stanford: Stanford University Press, 1957.

㈣文化、教育與科學

《近代中國思想人物論》，五冊：⑴張灝等撰，晚清思想；⑵李國祁等撰，民族主義；⑶史華慈等撰，自由主義；⑷傅樂詩等撰，保守主義；⑸蕭公權等撰，

社會主義。(臺北，時報文化出版事業公司，民國 69 年)。

呂芳上，《從學生運動到運動學生》，臺北，中央研究院近代史研究所，民國 83 年。

孫子和，《清代同文館之研究》，臺北，嘉新文化基金會，民國 66 年。

陳曾燾著，陳勤譯，《五四運動在上海》，臺北，經世書局，民國 70 年。

黃福慶，《近代日本在華文化及社會事業之研究》，臺北，中央研究院近代史研究所，民國 71 年。

黃福慶，《清末留日學生》，臺北，中央研究院近代史研究所，民國 64 年。

廖風德，《學潮與戰後中國政治 (1945–1949)》，臺北，東大圖書公司，民國 83 年。

鄭學稼，《社會史論戰簡史》，臺北，黎明文化事業公司，民國 67 年。

蘇雲峰，《張之洞與湖北教育改革》，臺北，中央研究院近代史研究所，民國 65 年。

Chow Tse-tsung, *The May Fourth Movement*. Stanford: Stanford University Press, 1960.

Jerome B. Grieder, *Hu Shih and the Chinese Renaissance*. Cambridge, Massachusetts: Harvard University Press, 1970.

Jessie Gregory Lutz, *China and the Christian Colleges, 1850–1950*. Ithaca: Cornell University Press, 1971.

John Israel, *Student Nationalism in China, 1927–1937*. Stanford: Stanford University Press, 1966.

Y. C. Wang, *Chinese Intellectuals and the West, 1872–1949*. Chapel Hill: The University of North Carolina Press, 1966.

㈤社會與經濟

王綱領，《民初列強對華貸款之聯合控制——兩次善後大借款之研究》，臺北，中國學術著作獎助委員會，民國 71 年。

卓遵宏，《中國近代幣制改革史 (一八八七～一九三七)》，臺北，國史館，民國 75 年。

馬超俊等，《中國勞工運動史》，三冊，臺北，中國勞工福利出版社，民國 48 年。

陸寶千，《論晚清兩廣的天地會政權》，臺北，中央研究院近代史研究所，民國64年。

陶希聖，《中國社會之史的分析》，臺北，食貨出版社，再版，民國61年。

陶希聖，《中國社會與中國革命》，臺北，食貨出版社，民國44年。

趙淑敏，《中國海關史》，臺北，中央文物供應社，民國71年。

蕭錚，《中華民國土地改革的理論和實務》，臺北，土地改革陳列館，民國57年。

戴玄之，《紅槍會》，臺北，食貨出版社，民國62年。

James C. Hsiung, *The Taiwan Experience, 1950–1980*. New York: The American Association for Chinese Studies, 1981.

Shirley W. Y. Kuo, Gustav Ranls, and John C. H. Fei, *The Taiwan Success Story, Rapid Growth with Improved Distribution in the Republic of China, 1952–1979*. Boulder, Colorado: Westview Press, 1981.

㈥國防與對日抗戰

王正華，《抗戰時期外國對華軍事援助》，臺北，環球書局，民國76年。

何應欽，《日本侵華八年抗戰史》，臺北，國防部史政編譯局，民國71年。

吳相湘，《第二次中日戰爭史》，二冊，臺北，綜合月刊社，民國62年。

李雲漢，《宋哲元與七七抗戰》，臺北，傳記文學出版社，民國62年。

李雲漢，《盧溝橋事變》，臺北，東大圖書公司，民國76年。

梁敬錞，《日本侵略華北史述》，臺北，傳記文學出版社，民國73年。

梁敬錞，《史迪威事件》，臺北，臺灣商務印書館，民國60年初版，70年增訂。

梁敬錞，《開羅會議》，臺北，臺灣商務印書館，民國62年。

郭榮趙，《中美戰時合作之悲劇》，臺北，中國研究中心，民國68年。

郭榮趙，《蔣委員長與羅斯福總統戰時通訊》，臺北，中國研究中心，民國67年。

陳木杉，《從函電史料觀抗戰時期的蔣汪關係》，臺北，學生書局，民國84年。

劉鳳翰，《抗日戰史論集》，臺北，東大圖書公司，民國76年。

蔣永敬，《抗戰史論》，臺北，東大圖書公司，民國84年。

遲景德，《中國對日抗戰損失調查史述》，臺北，國史館，民國76年。

薛光前，《八年對日抗戰中之國民政府》，臺北，臺灣商務印書館，民國67年。

簡笙簧，《西北中蘇航線的經營》，臺北，國史館，民國 73 年。

羅家倫，《西北建設考察團報告》，臺北，國史館，民國 57 年。

Arthur N. Young, *China and the Helping Hand, 1935–1945*. Cambridge, Massachusetts: Harvard University Press, 1963.

B. Tochman, *Stilwell and the American Experience in China, 1911–1945*. New York: Grove Press, 1971.

Bradford A. Lee, *Britain and the Sino-Japanese War, 1937–1945*. Stanford: Stanford University Press, 1973.

C. Kuangson Young, *The Sino-Japanese Conflict and the Leaque of Nations, 1937*. Geneva: The Press Bureau of the Chinese Delegation, 1937.

David J. Lu, *From the Marco Polo Bridge to Pearl Harbor*. Washington, D. C.: Public Affairs Press, 1961.

F. F. Liu, *A Military History of Modern China, 1924–1949*. Princeton: Princeton University Press, 1956.

Frank Dorn, *The Sino-Japanese War, 1937–1941*. New York: Mac Millan Publishing Co., 1974.

Herbert Feis, *The China Tangle*. Princeton: Princeton University Press, 1966.

Nicholas R. Clifford, *Retreat from China, British Policy in the Far East, 1937–1941*. Seattle: University of Washington Press, 1967.

Tsou Tang, *American Failure in China, 1941–1950*. Chicago: Chicago University Press, 1963.

William L. Tung, *V. K. Willington Koo and China's Wartime Diplomacy*. New York: St. John's University Press, 1977.

㈦中共研究

丁望，《六四前後》，上、下冊，臺北，遠景出版事業公司，民國 84 年。

中國大陸問題研究所主編，《中央建政五十年》，臺北，正中書局出版發行，民國 90 年。

方雪純，《胡耀邦與中共政局》，臺北，留學出版社，民國 73 年。

王健民，《中國共產黨史稿》，三冊，臺北，作者自印，民國 54 年。

李又寧，《吳晗傳》，香港，明報月刊社，1973。

李天民，《周恩來評傳》，臺北，黎明文化事業公司，民國 65 年。

柯貝克 (Anthony Kubek) 原著，新中國出版社譯印，《遠東是怎樣失去的》，臺北，新中國出版社，民國 59 年。

逄先知，金沖及主編，《毛澤東傳 (1949–1976)》，二冊，北京，中央文獻出版社，2003。

曹伯一，《江西蘇維埃之建立及其崩潰（一九三一～一九三四)》，臺北，國立政治大學東亞研究所，民國 58 年。

郭華倫，《中共史論》，四冊，臺北，中華民國國際關係研究所，民國 50 年～60 年。

楊奎松，《西安事變新探──張學良與中共關係之研究》，臺北，東大圖書公司，民國 84 年。

鄭學稼，《中共興亡史》，四冊，臺北，中華雜誌社，民國 59 年～68 年。

Chalmers A. Johnson, *Peasant Nationalism and Communist Power*. Stanford: Stanford University Press, 1962.

Chen Kung-Po, edited with an Introduction by C. Martin Wilbur, *The Communist Movement in China*. New York: Columbia University Press, 1966.

Conrad Brandt, *Stalin's Failure in China*. New York: W. W. Norton & Company, 1958.

Dan N. Jacobs, *Borodin, Stalin's Man in China*. Cambridge, Massachusetts: Harvard University Press, 1981.

Harold R. Isaacs, *The Tragedy of the Chinese Revolution*. Stanford: Stanford University Press, 1966.

Hsiao Tso-liang, *Power Relations Within the Chinese Communist Movement, 1930–1934*. Seattle: University of Washington Press, 1961.

Lyman P.Van Slyke, *Enemies and Friends, The United Front in Chinese Communist History*. Stanford: Stanford University Press, 1967.

Maurice Meisner, *Li Ta-chao and the Origins of Chinese Marxism*. Cambridge, Massachusetts: Harvard University Press, 1967.

Robert C. North, *Moscow and Chinese Communists*. Stanford: Stanford University Press, 1953.

Thomas C. Kuo, *Chen Tu-hsiu (1879–1942) and the Chinese Communist Movement*. South Orange: N. J. Seton Hall University Press, 1975.

Tien-wei Wu, *Lin Biao and the Gang of Four*. Carbondale: Southern Illinois University Press, 1983.

【許倬雲著作集】

倚杖聽江聲　　許倬雲／著

本書為作者近六、七年來的散篇著作，其中包括史學的討論文章、對時事的評論，以及為友人的歷史著作而撰的序論。

作者晚年不太撰寫學院式的考證與專題研究，因為他認為學院的專著與讀者接觸的作品之間，已有嚴重的脫節，故嘗試從稍微宏觀的角度，介紹學術界已取得的結論，以回饋社會大眾。

江渚候潮汐　　許倬雲／著

一九八〇年代的臺灣，面對的是新舊社會形態交替、教育改革呼聲高漲與兩岸緊張關係消融等轉變。站在時代的十字路口，作者透過文字傳達他對世界的期待與熱望。此書選錄作者於此一時期的文思作品和歷史研究，並於書末選錄時人與作者的訪談紀錄。透過此書，能使我們從宏觀的歷史角度認識所處的世界，以及展望新未來。

江心現明月　　許倬雲／著

一九六〇至一九八〇年代時的臺灣正由全然的威權逐漸轉型為民主開放，內部秩序擾攘不安。加上複雜的歷史背景——兩次「祖國」戰爭的交錯，使得老者有失根的無奈，而少壯者卻有滿腔熱情無處宣洩的不耐。作者以一介海外學人的身分，跳脫一切利害糾葛，關注國內外政治展演，借鑑歷史，在錯綜的局勢中，融會出法理情兼具，卻又不鄉愿畏葸的中治之道。